古现东村志

古现东村志编纂委员会

方志出版社

图书在版编目（CIP）数据

古现东村志 / 徐嘉殿，解广海主编；《古现东村志》编纂委员会编. -- 北京：方志出版社，2014. 9
ISBN 978-7-5144-1377-9

Ⅰ. ①古 Ⅱ. ①徐… Ⅲ. ①解… Ⅳ. ①古… Ⅴ. ①村史—烟台市 Ⅵ.①K295. 25

中国版本图书馆CIP数据核字(2014)第223734号

古现东村志

编　　者：	《古现东村志》编纂委员会
责任编辑：	黄　彦
出 版 人：	冀祥德
出 版 者：	方志出版社
	地址　北京市朝阳区潘家园东里9号（国家方志馆4层）
	邮编　100021
	网址　http://www.fzph.org
发　　行：	方志出版社发行中心
	电话（010）67110500
经　　销：	各地新华书店
印　　刷：	招远市新华彩印有限公司
开　　本：	889×1194　1/16
印　　张：	29
字　　数：	686千字
版　　次：	2014年9月第1版　2014年9月第1次印刷
印　　数：	0001~3000册

ISBN 978-7-5144-1377-9/K·1123　定价：388.00元

《古现东村志》编纂委员会

《古现东村志》编审人员

《古现东村志》上限始于春秋时期，下限断于2012年末，较全面地反映了山东省烟台市经济技术开发区古现东村的地理、政治、经济、文化、风土人情、风景名胜等历史和现状。编纂者的辛勤努力使得本书成为读者了解和研究古现东村情况的重要历史资料，有较大的出版意义和价值。

出版人 [signature]

王懿荣

村庄全貌

2008年古现东村全貌图

厚重的歷史文化

羣賢的誕生聖地

古現東村

歷史悠久

農業發達

商貿繁榮

文化昌盛

教育進步

人才輩出

民風淳樸

释文：厚重的历史文化\群贤的诞生圣地\古现东村\历史悠久\农业发达\商贸繁荣\文化昌盛\教育进步\人才辈出\民风淳朴

王宇信
中国社会科学院荣誉学部委员
中国社会科学院研究生院博士生导师
中国殷商文化学会名誉会长
中国甲骨文书法艺术研究会顾问
中国社会科学院历史研究所研究员
中国民间收藏品鉴定委员会顾问
北京师范大学历史学院『985』工程特聘教授

弘扬王懿荣道德文章事
建设古现村文化名人苑

壬辰夏 王宇信

卓識壯志

天壤常存

李學勤

二〇一二年五月

李学勤

清华大学出土文献研究与保护中心主任

清华大学历史系思想文化研究所教授

楚文化研究会理事长

中央文史研究馆馆员

中国先秦史学会名誉理事长

中国文物学会青铜器专业委员会会长

国际欧亚科学院院士

谢玉堂
山东省政府原副省长
山东省慈善总会会长

山东省政协九届副主席
山东省大舜文化研究会会长

甲骨文之父故里

壬辰年荷月 玉堂

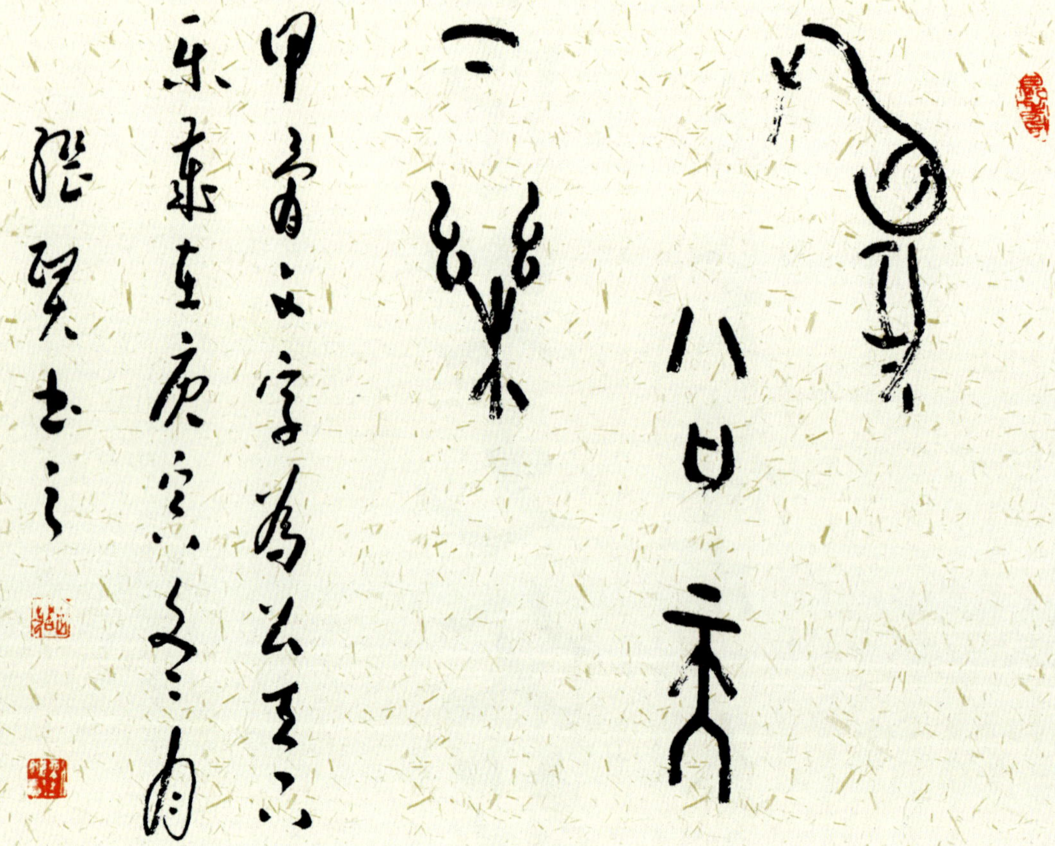

刘继贤

中国甲骨文书法艺术研究会副会长兼秘书长

释文：为公天下乐

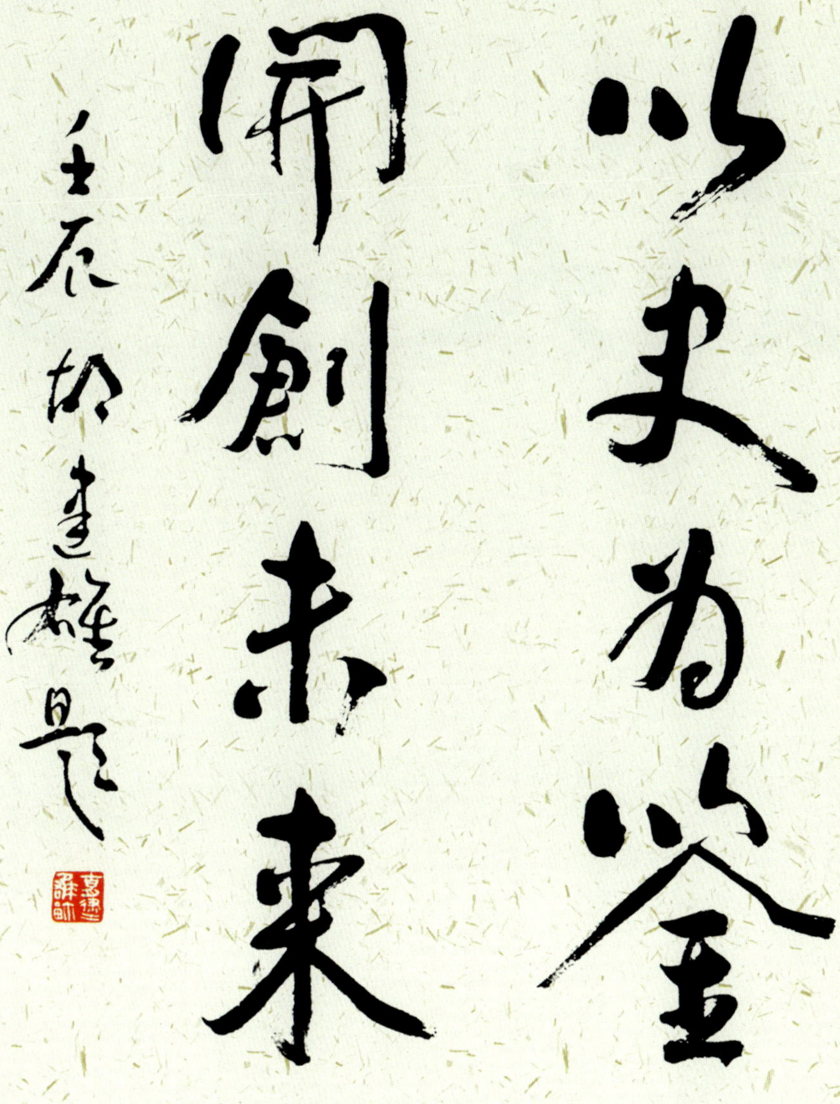

胡建雄

中国书法家协会会员
中国华侨文学艺术家协会会员
中国收藏家协会会员
乐山大佛画院名誉院长
中国书法艺术研究院艺术委员会委员
中国楹联学会书法艺术委员会委员
乐山市民间文艺家协会名誉主席
《书法报》特约记者
北京市教育考试指导中心、北大书画协会全国书法高级师资研修班客座教授

梅御

中国长城将军书画院副院长

御学开宗、哲人、画家、书法家、诗人

著名公益事业活动家

迟志邦
中国书法家协会会员
山东省书法家协会学术委员会副主任
中国榜书艺术研究会理事
烟台市书法家协会顾问

恭贺古现东村志付梓

古现钟灵孕育千年俊士
东村毓秀筹谋万代宏图

癸巳秋 迟志邦撰句并书

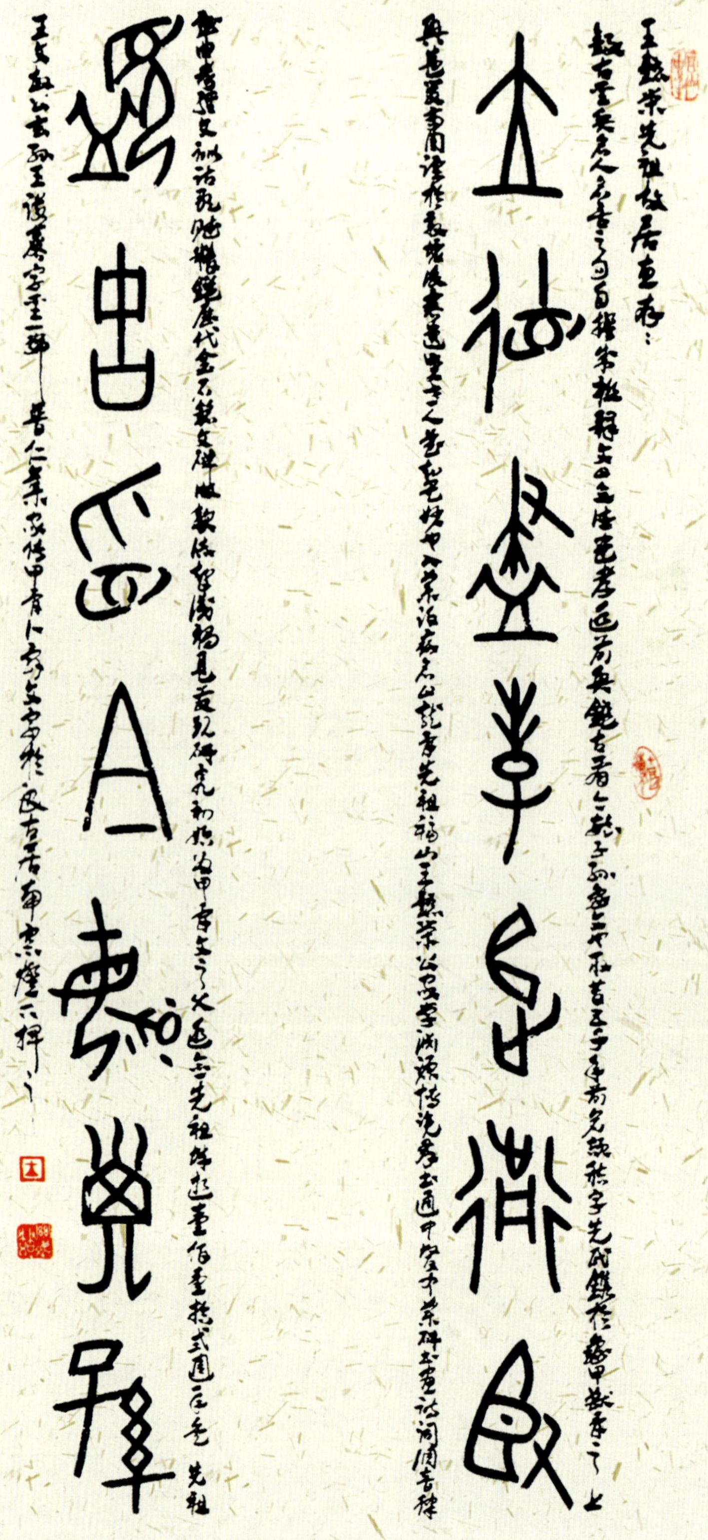

王滋麟

中国甲骨文之父王懿荣玄孙　中国书画篆刻艺术家协会副会长

中国甲骨文书法艺术研究会理事　中国殷商文化学会会员　书画艺术教授

释文：立德尽孝追前贤；鉴古看今育子孙。

北靠黃渤波濤潮湧京
都金殿翰林獨占
現東村文俊輩出
南依崱岦峰巘翠叠古

壬辰年徐永發

徐永发
中国农民书法家协会理事

前有鳳凰來儀古現東村人氣正旺

西樵峪山靈脉莘莘学子科第绵绵

其耀撰聯并書

王其耀

中国书法家协会会员　原福山区人大副主任

卫生部医政司司长王羽（前排中）来村视察。

村党支部书记居委会主任王明忠在工作。

1975～1996年3月期间村党支部成员合影。

1996年4月村党支部成员合影。

1996年8月～1998年班子成员合影。

1999年4月～2001年3月村党支部成员合影。

2011年村两委成员合影。

2002～2010 年村两委成员合影

村两委成员

2012 年村两委成员

2012年村两委成员在开会。

两委扩大会议研究村志编写工作

1. 支部书记、居委主任王明忠与帮扶干部合影。
2. 支部书记、居委主任王明忠与部分编辑人员合影。
3. 支部书记、居委主任王明忠与大学生村官合影。
4. 村两委成员与大学生村官合影。
5. 办事处领导向当选人颁发证书。
6. 村委换届选举会场。
7. 王丙见出席福山区第八届党代会时古现团合影。
8. 党支部书记王明忠出席烟台开发区工商业联合会古现商会第二届会员大会。
9. 王学忠、王学义2010年9月回故乡时留影。

7

8

9

村民活动

2009年11月古现东村党员、村民代表外出参观学习留念。

古现东村党员、村民代表赴栖霞参观牟氏庄园留念。

2011年东村第二届老年节荣获“好媳妇”、“和谐家庭”人员与领导合影。

2012年东村第三届老年节获奖者与办事处、村领导合影。

2012年东村第三届老年节获奖者与办事处、村领导演员合影。

2013年村第四届“好媳妇”潘丽荣。

2013年村第四届“和谐家庭”李植才夫妇。

村莊建設

王懿荣石雕像

王懿荣广场

村委大院

新建古现中心小学

古现中心幼儿园

老年节剪影

LIAO NIAN JIE JIAN YING

山会活动

1. 三月三人山人海的东西大街
2. 秧歌表演——古现东村向全区人民问好
3. 东村山会高跷表演
4. 三月三大秧歌
5. 山会大秧歌
6. 山会大秧歌
7. 东村山会秧歌队

集体荣誉

Ji ti ru yu

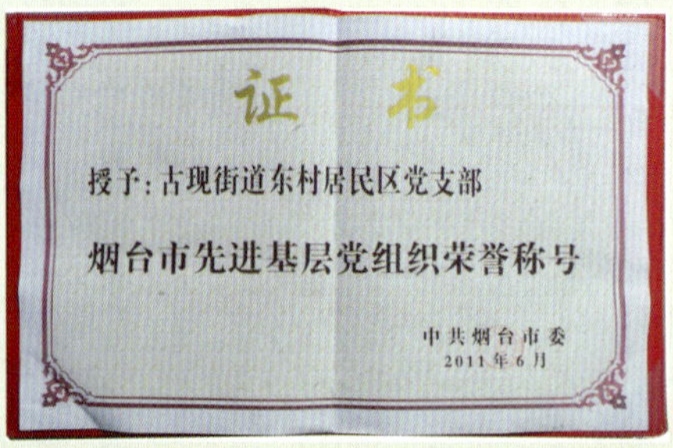

王道增夫妇

王道增长子　王隲

王道增五子　王序

王道增六子　王典夫妇

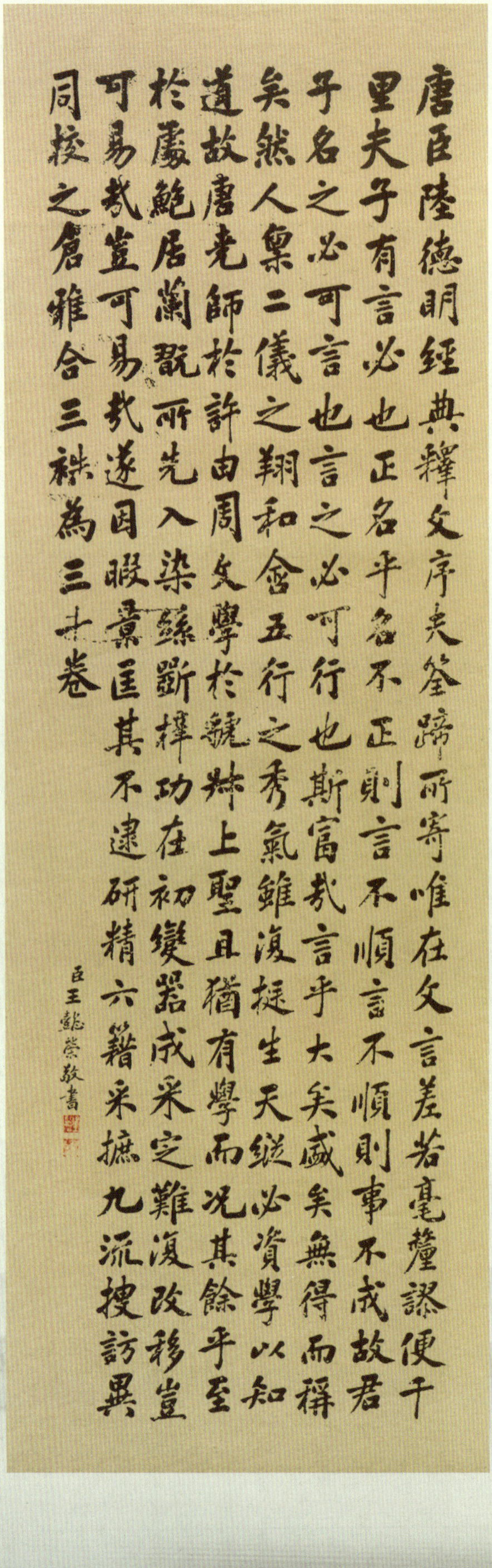

故宫养心殿藏王懿荣书法中堂

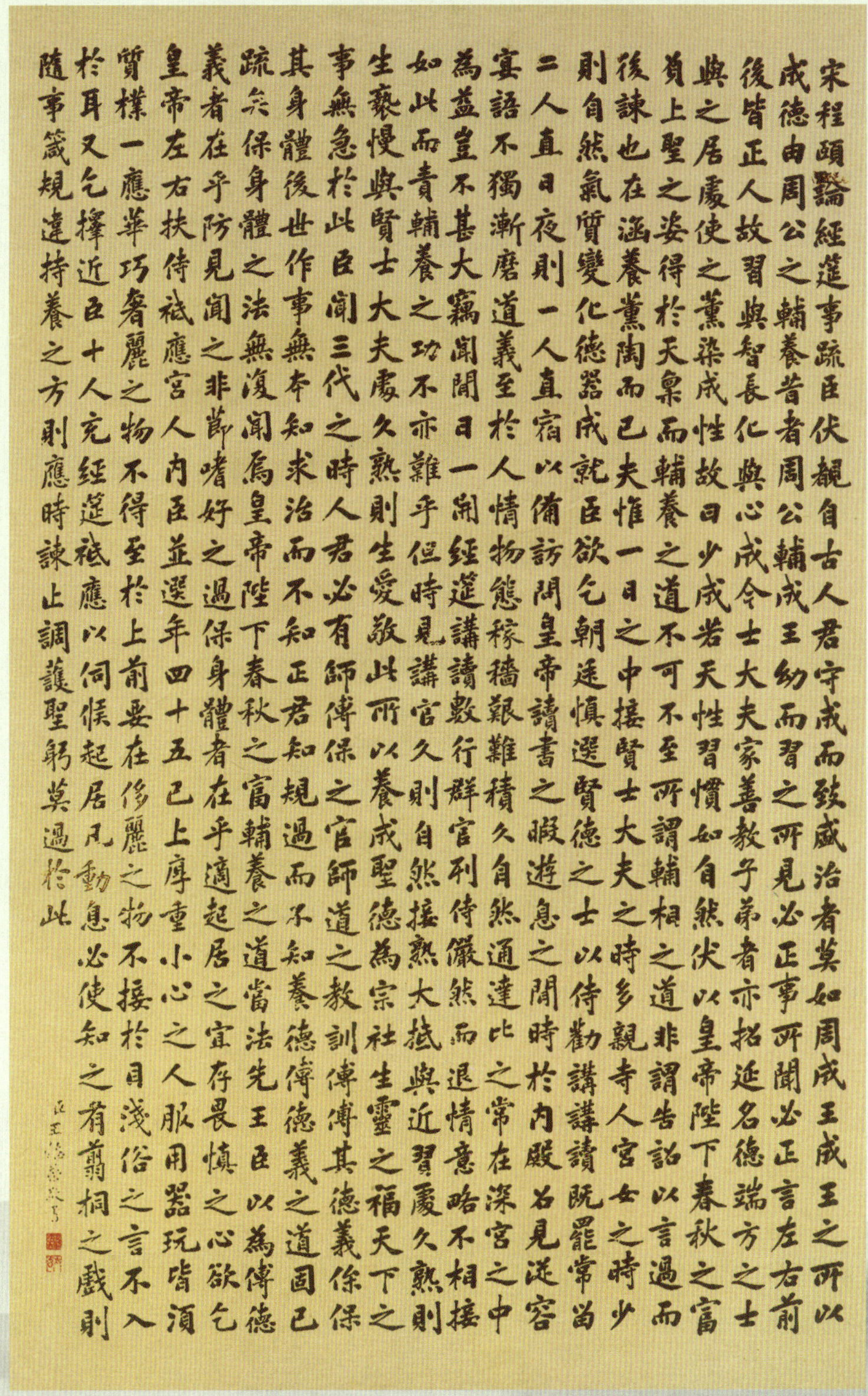
宋程頤論經筵事疏臣伏覩自古人君守成而致盛治者莫如周成王成王之所以成德由周公之輔養昔者周公輔成王幼而習之所見必正事所聞必正言左右前後皆正人故習與智長化與心成今士大夫家善教子弟者亦必延名德端方之士與之居處使之薰染成性故曰少成若天性習慣如自然伏以皇帝陛下春秋之富負上聖之姿得於天稟而輔養之道不可不至所謂輔相之道非謂告詔以言過而後諫也在涵養薰陶而已夫惟一日之中接賢士大夫之時多親寺人宮女之時少則自然氣質變化德器成就臣欲乞朝廷慎選賢德之士以侍勸講講讀既罷常留二人直日夜則一人直宿以備訪問皇帝讀書之暇遊息之間時於內殿召見從容宴語不獨漸磨道義至於人情物態稼穡艱難積久自然通達比之常在深宮之中為益豈不甚大竊聞間日一開經筵講讀數行群官列侍儼然而退情意略不相接如此而責輔養之功不亦難乎但時見講官久則自然接熟大抵與近習處久熟則生褻慢與賢士大夫處久熟則生愛敬此所以養成聖德為宗社生靈之福天下之事無急於此臣聞三代之時人君必有師傅保之官師道之教訓傅傅其德義保保其身體後世作事無本知求治而不知正君知規過而不知養德傅德義之道固已疏矣保身體之法無復聞焉皇帝陛下春秋之富輔養之道當法先王臣以為傅德義者在乎防見聞之非節嗜好之過保身體者在乎適起居之宜存畏慎之心欲乞皇帝左右扶侍祗應宮人內臣並選年四十五已上厚重小心之人服用器玩皆須質樸一應華巧奢麗之物不得至於上前要在侈麗之物不接於目淺俗之言不入於耳又乞擇近臣十人充經筵祗應以伺候起居凡動息必使知之有翦桐之戲則隨事箴規違持養之方則應時諫止調護聖躬莫過於此

臣王懿榮敬書

故宫养心殿藏王懿荣书法中堂

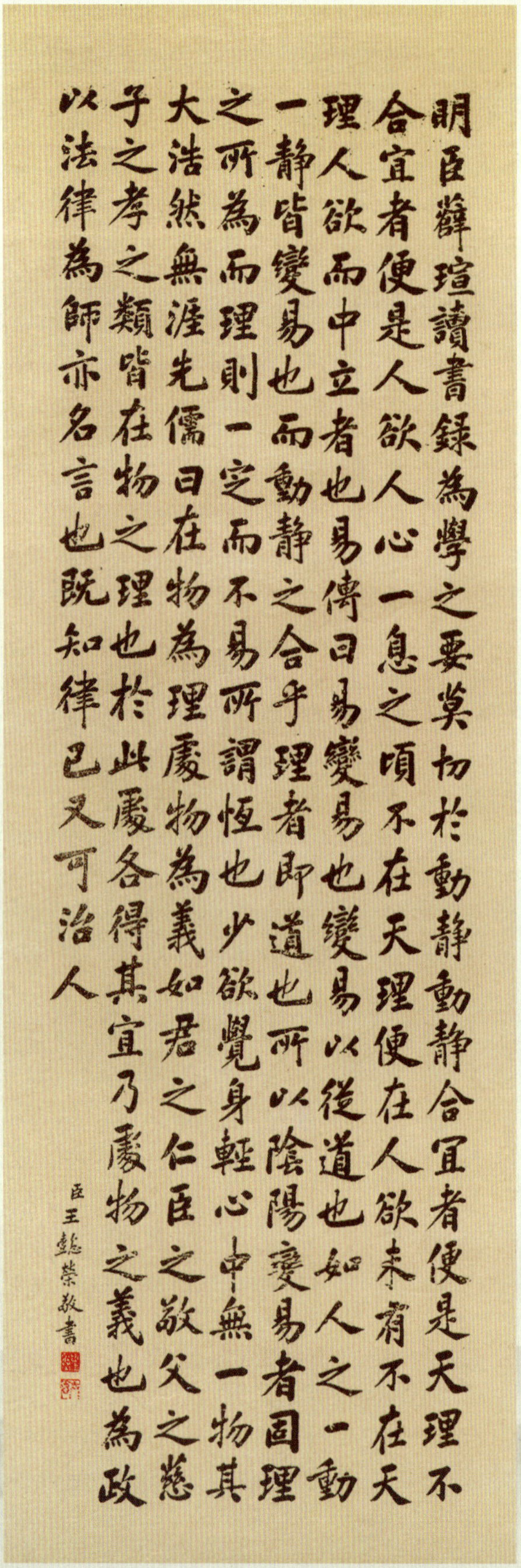

故宫养心殿藏王懿荣书法中堂

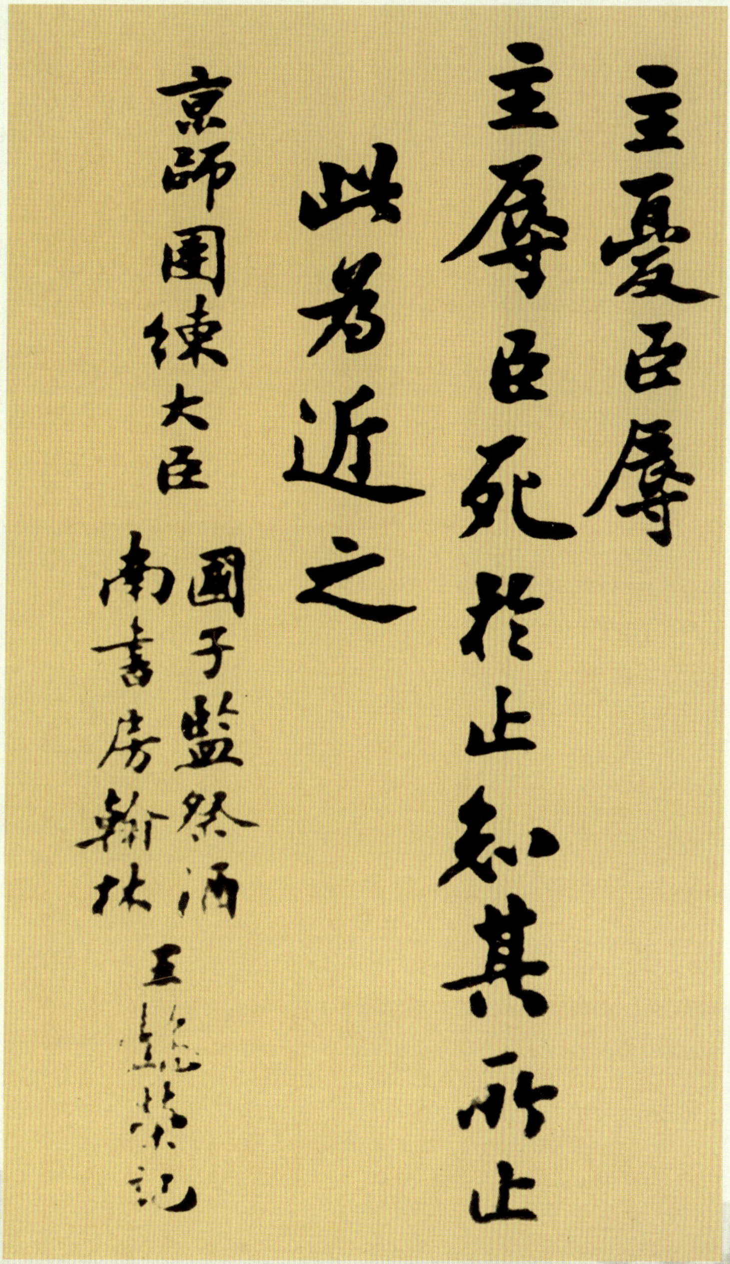

庚子年（1900），八国联军入侵北京，王懿荣时任京师团练大臣，兵败城破后，为表达对侵略者的抗议，王懿荣以楷书从容写下壮烈词句，随后偕夫人谢氏、长子媳张氏投井殉国。

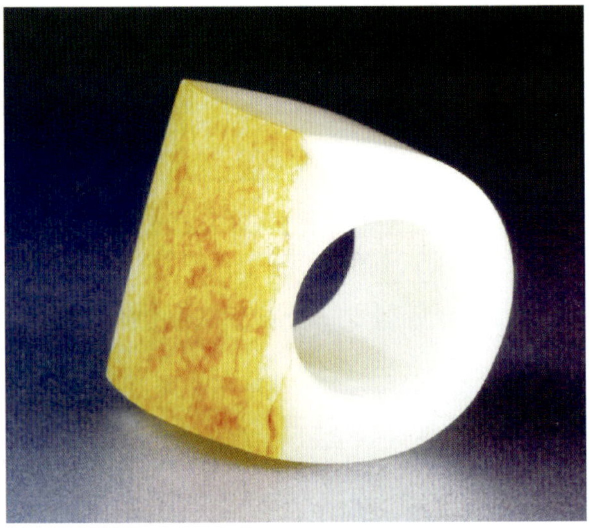

清王崇烈墓出土玉板指
高2.60cm　　口径3.30cm

清王崇烈墓出土雕花翡翠鼻烟壶
高5.30cm　　口径1.80cm

清王崇烈墓出土秦车軎
长5.70cm

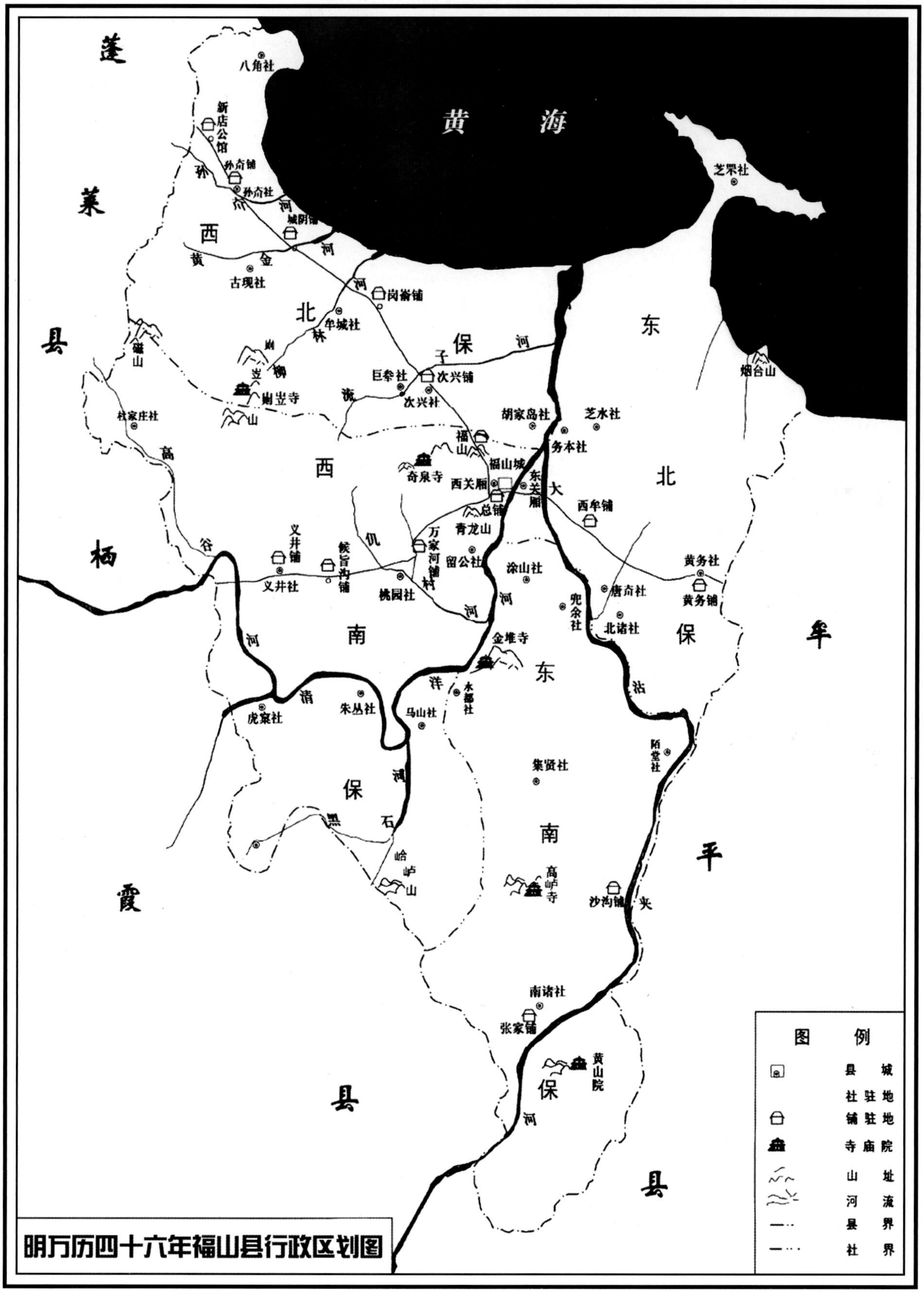

明万历四十六年福山县行政区划图

清光绪三十四年福山县行政区划图

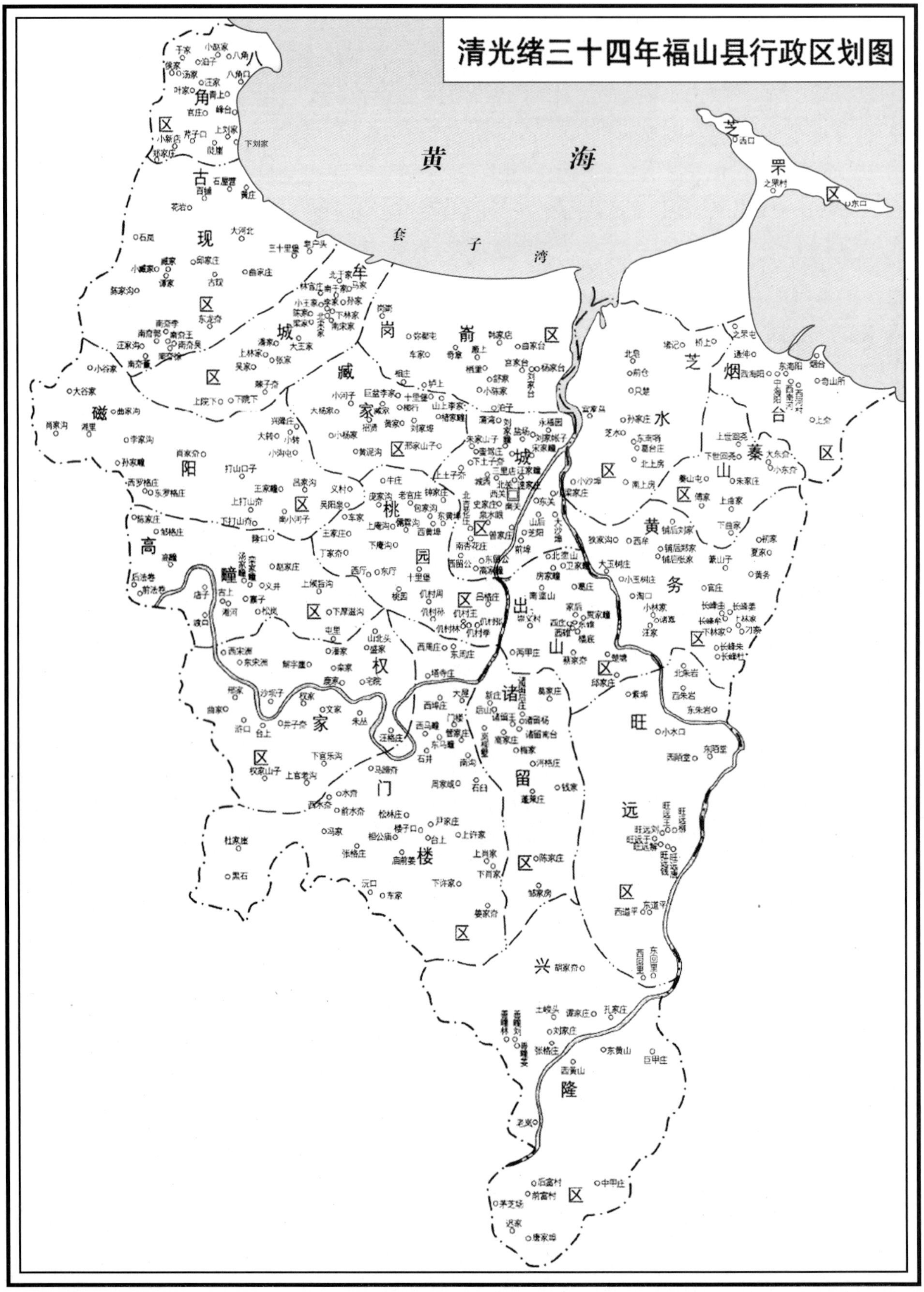

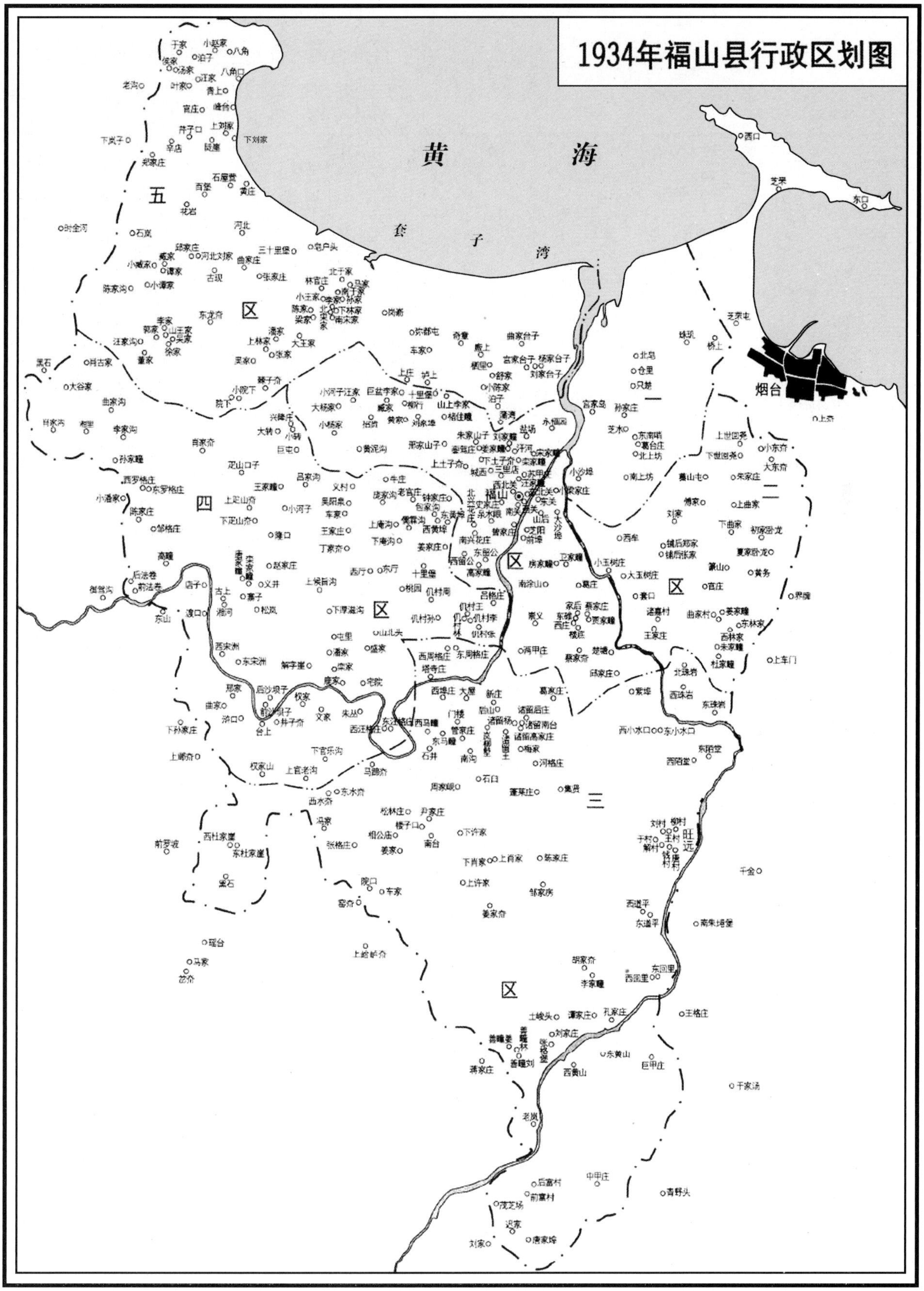

1934年福山县行政区划图

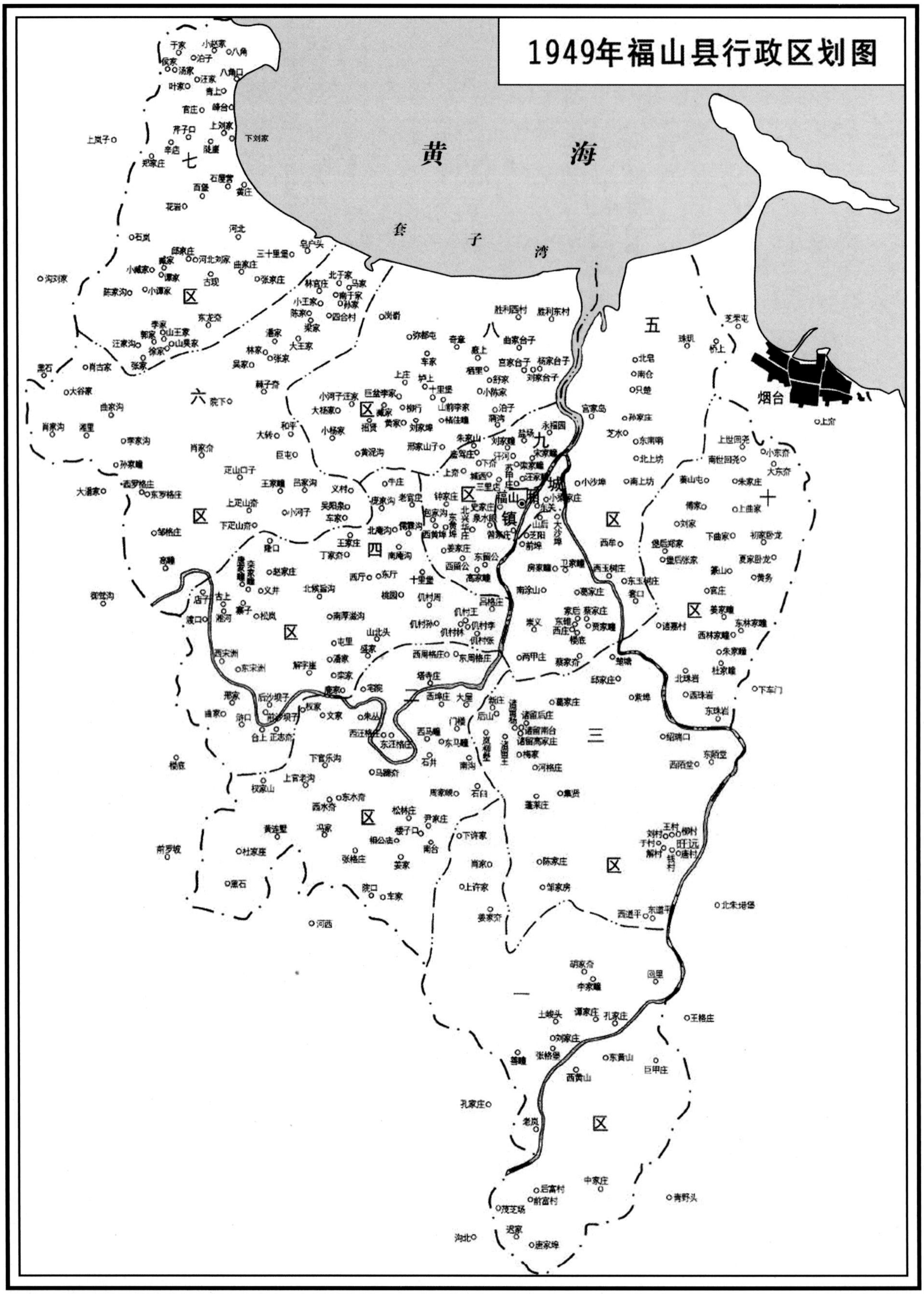
1949年福山县行政区划图
黄
海
套
子
湾
烟台
七
区
六
区
八
区
九
城
区
五
区
十
区
四
区
二
区
三
区
一
区
福山
镇
八角
八角口
峰台
上刘家
下刘家
石屋营
百堡
黄庄
花岩
石岚
河北
河北刘家
三十里堡
皂户头
沟刘家
陈家沟
小谭家
东龙夼
汪家沟
郭家
张家
肖古家
大谷家
曲家沟
肖格沟
滩里
李家沟
孙家疃
大潘家
肖家夼
邹格庄
高疃
迎驾沟
店子
渡口
西宋洲
东宋洲
邢家
曲家
楼底
前罗坡
黑石
河西
谭家
北子家
林官庄
南子家
孙家
小王家
陈家
四合村
岗前
潘家
大王家
林家
吴家
小杨家
和平
大转
巨屯
黄泥沟
王家疃
吕家沟
义村
吴阳泉
车家
上疃
丁家夼
西厅
东厅
十里堡
桃园
仉村周
仉村王
仉村孙
仉村李
仉村林
仉村张
南薄涝沟
山北头
屯里
潘家
栾家
解宇崖
唐家
宅院
文家
朱从
西汪格庄
东汪格庄
西马疃
东马疃
石井
南沟
下官乐沟
马疃夼
上官老沟
松林庄
尹家庄
南台
下许家
肖家
上许家
冯家
相公店
姜家
张格庄
陕口
车家
姜家夼
塔寺庄
西峰庄
大屋
新庄
后山
诸留高家庄
梅家
河格庄
集贤
蓬莱庄
陈家庄
邹家房
胜利西村
胜利东村
曲家台子
杨家台子
刘家台子
小陈家
朱家山
刘家疃
宋家疃
小沙埠
前埠
西牟
卫家疃
东玉树庄
西玉树庄
房家疃
南涂山
寨口
崇义
蔡家庄
西庄
蔡家夼
两甲庄
邱家庄
黄埠
邹塔
北皂
南仓
只楚
孙家庄
东南响
芝水
北上坊
南上坊
珠玑
芝罘屯
上夼
上世回
南世回
小东夼
大东夼
姜山屯
上曲家
朱家庄
刘家
下曲家
初家卧龙
夏家卧龙
黄务
姜家疃
东林家疃
西林家疃
朱家疃
杜家疃
北珠岩
西珠岩
东珠岩
下车门
绍瑞口
东陌堂
西陌堂
王村
柳村
刘村
于村
解村
旺远
唐村
钱村
西道平
东道平
北朱境堡
胡家夼
李家疃
回里
土岭头
谭家庄
孔家庄
王格庄
刘家庄
张格堡
东黄山
西黄山
巨甲庄
孔家庄
老岚
后富村
前富村
中家庄
青野头
茂芝场
迟家
唐家埠
沟北

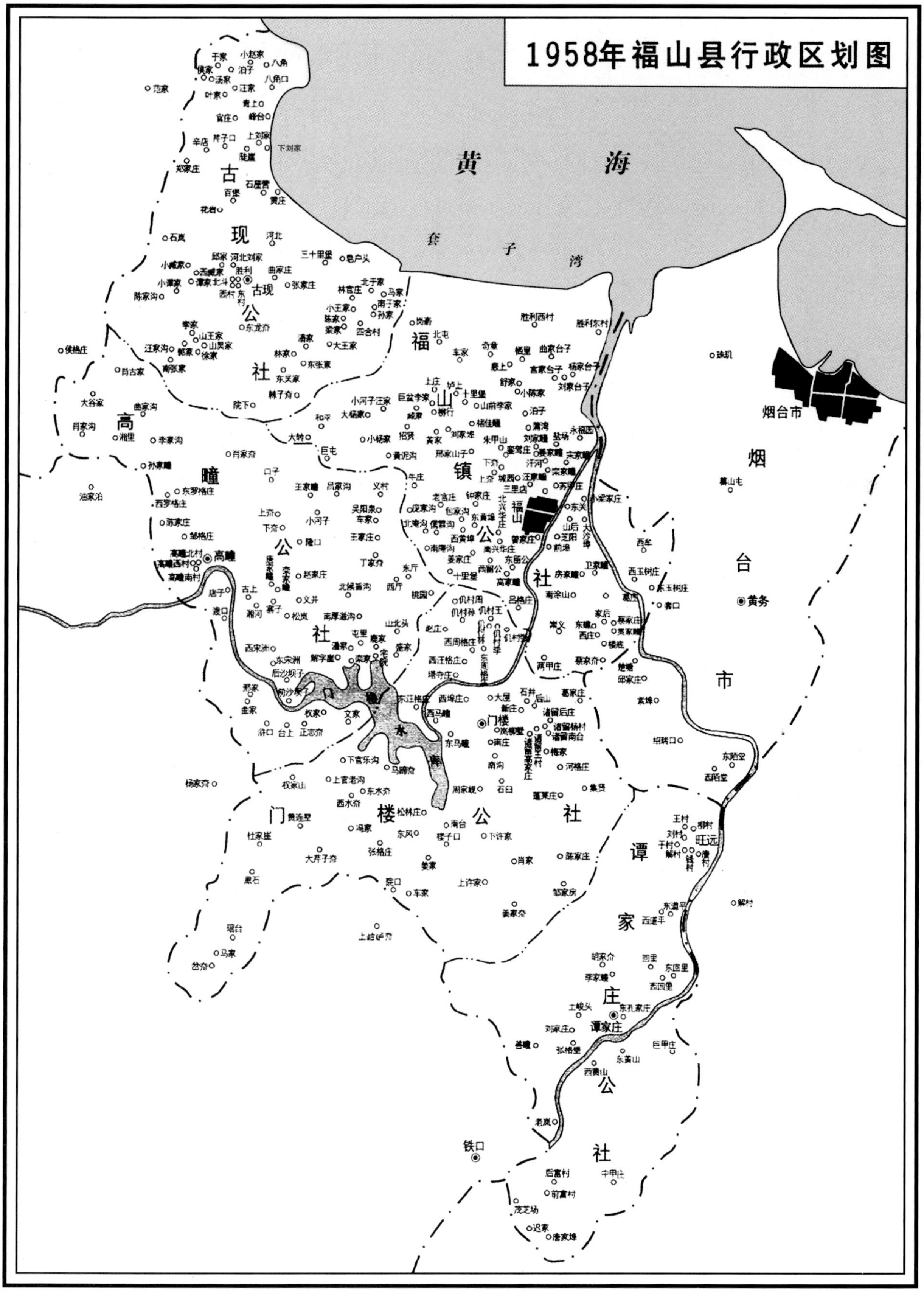
1958年福山县行政区划图
黄海
套子湾
烟台市
烟台市
古现公社
古现
高疃公社
高疃
福山镇公社
福山
门楼公社
门楼
门楼水库
谭家庄公社
谭家庄
黄务
旺远
铁口
八角
八角口
三十里堡
大谷家
回里
东回里
西回里
东厅
西厅
两甲庄
集贤
卫家疃
蓁山屯
解村
东陌堂
西陌堂
胜利西村
胜利东村
永福园
曲家台子
杨家台子
刘家台子
老官庄
松林庄
张格庄
上许家
下许家
梅家
河格庄
潘家埠
石臼
周家疃
后富村
前富村
庄家埠
迟家
茂芝场
上峪岭沟

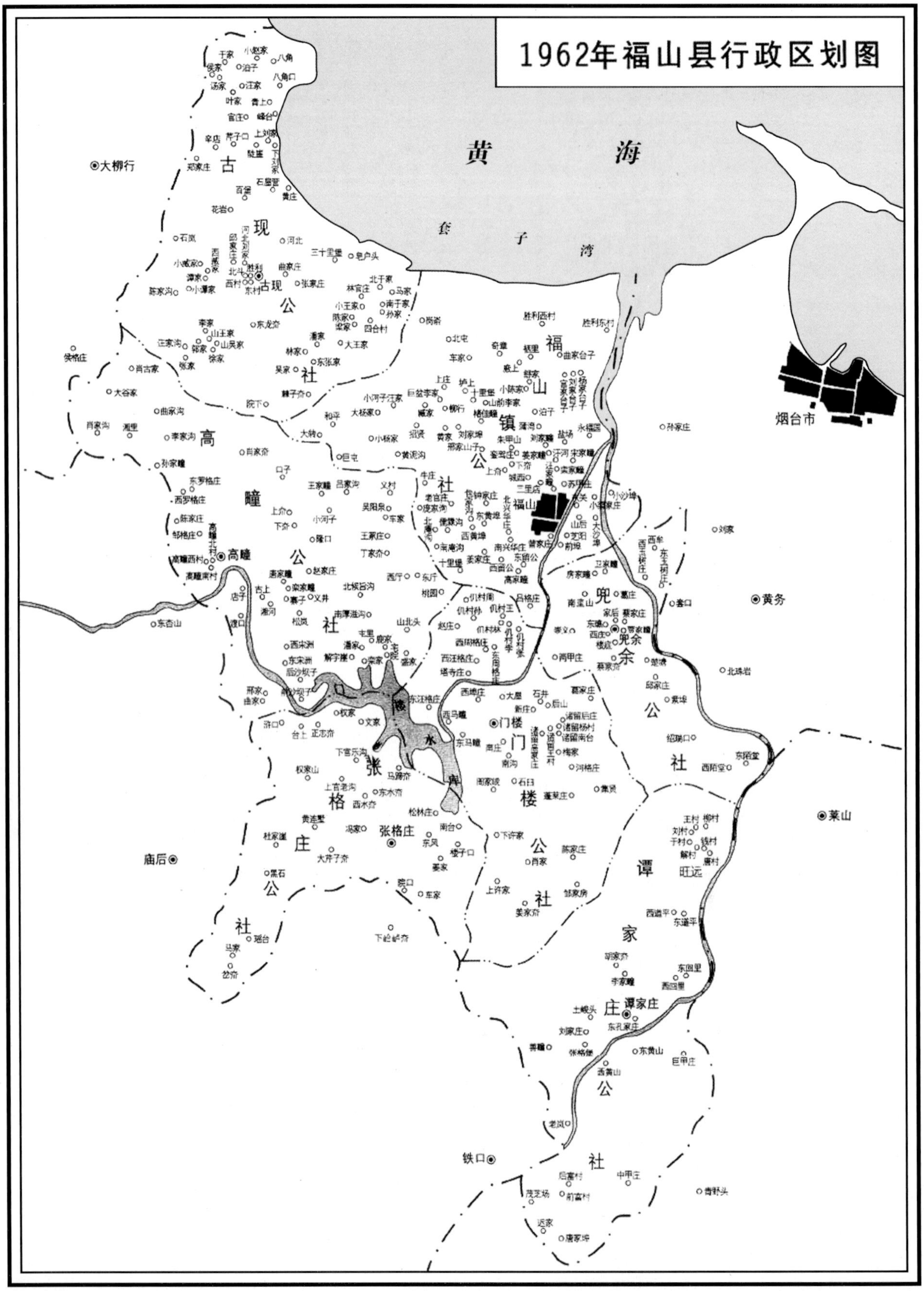

1962年福山县行政区划图

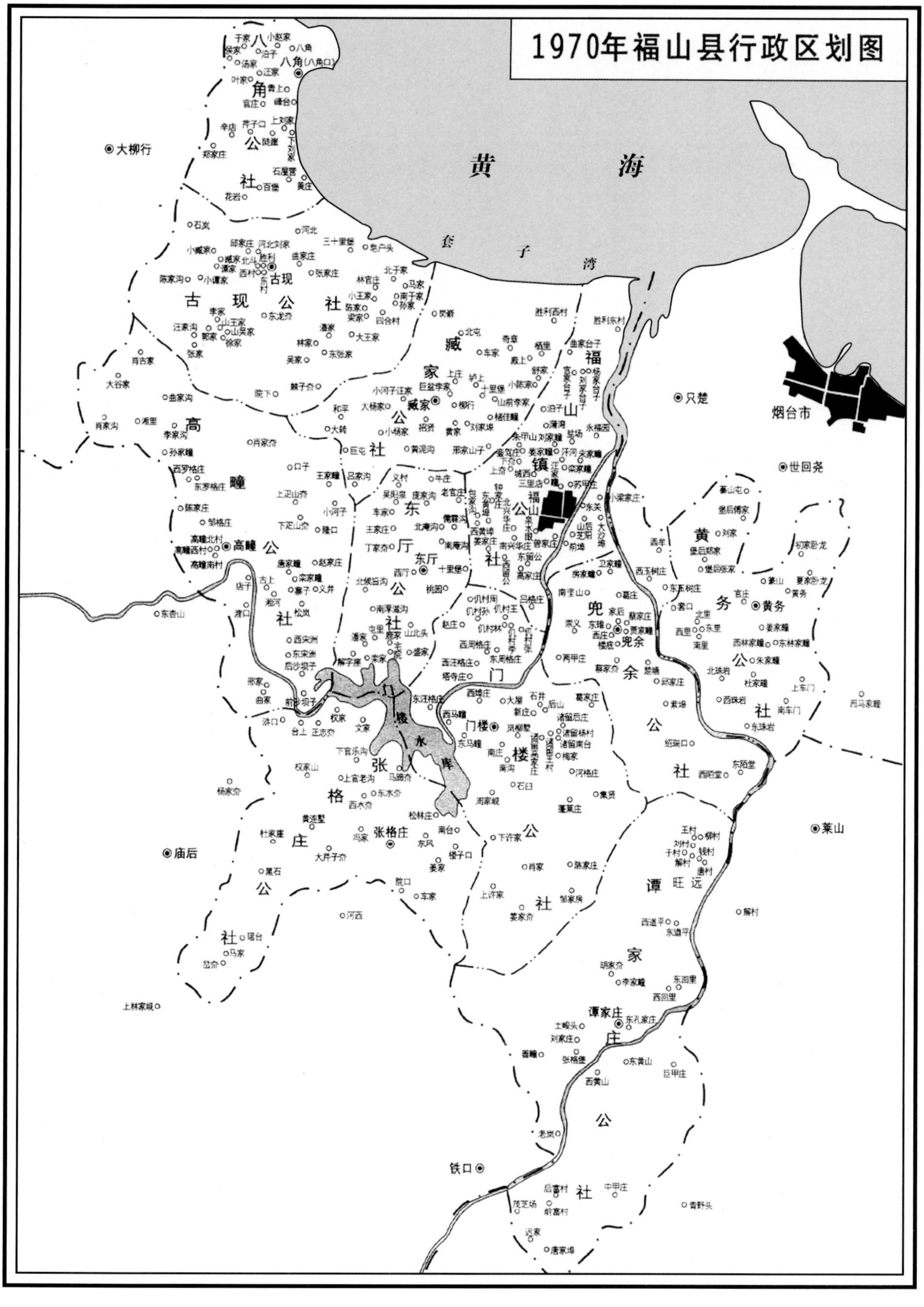

1970年福山县行政区划图
黄海
套子湾
八角公社
古现公社
臧家公社
福山镇
高疃公社
东厅公社
兜余公社
黄务公社
门楼公社
门楼水库
张格庄公社
门楼公社
谭家庄公社
大柳行
只楚
烟台市
世回尧
莱山
庙后
铁口

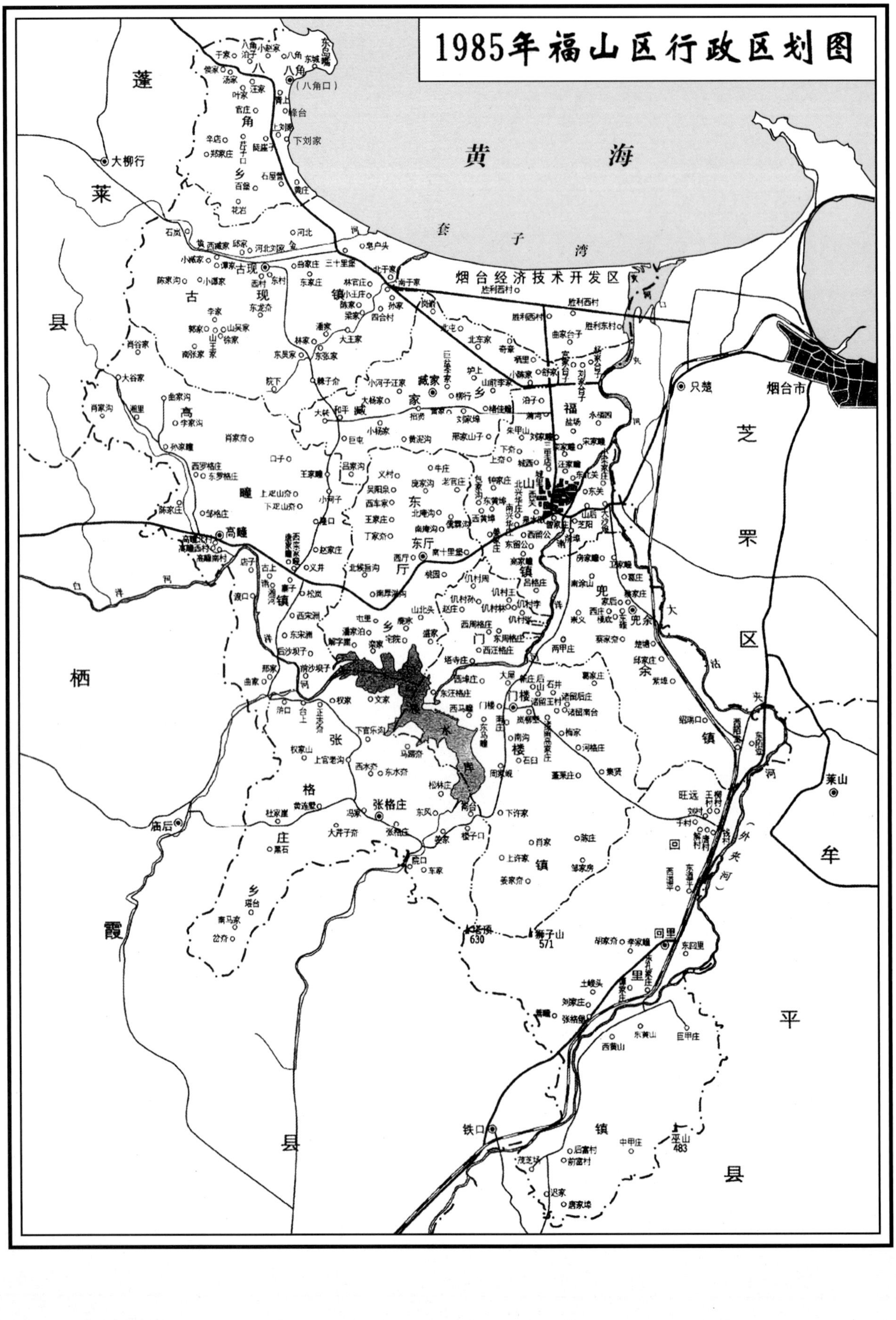
1985年福山区行政区划图
黄海
套子湾
烟台经济技术开发区
烟台市
芝罘区
蓬莱县
栖霞县
牟平县
八角乡
八角
(八角口)
古现镇
古现
高疃镇
高疃
臧家乡
臧家
福山镇
东厅乡
东厅
门楼镇
门楼
门楼水库
张格庄乡
张格庄
兜余镇
兜余
回里镇
回里
只楚
莱山
大柳行
铁口
庙后
大沽夹河
外夹河
磁山
630
狮子山
571
巫山
483

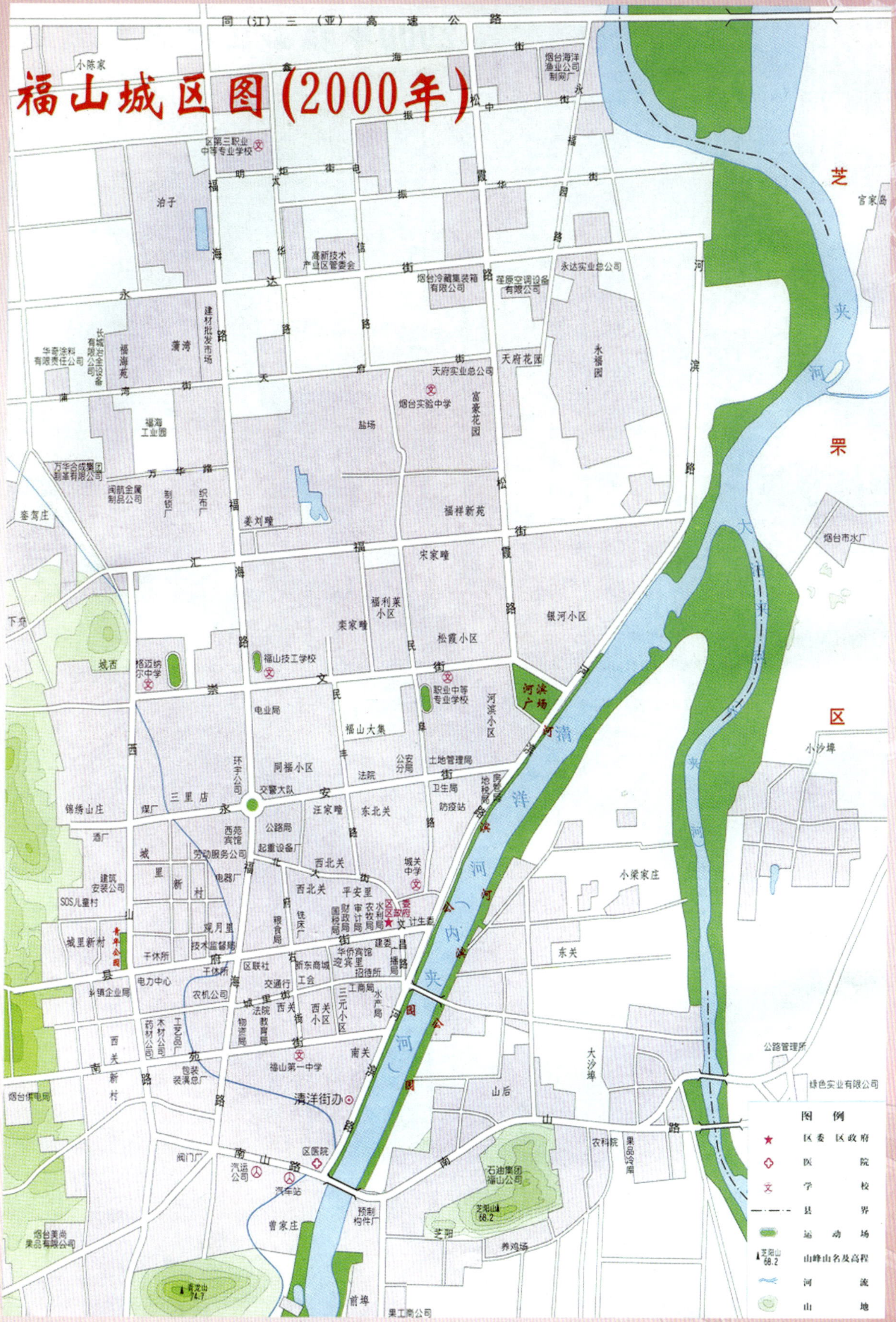

福山城区图（2000年）
同（江）三（亚）高速公路
小陈家
烟台海洋渔业公司制网厂
区第三职业中等专业学校
冶子
高新技术产业区管委会
烟台冷藏集装箱有限公司
荏原空调设备有限公司
永达实业总公司
华泰涂料有限责任公司
长城冶金设备有限公司
福海苑
蒲湾
建材批发市场
天府实业总公司
天府花园
永福园
烟台实验中学
富豪花园
盐场
福海工业园
万华合成集团制革有限公司
闽航金属制品公司
制毯厂
织布厂
姜刘疃
福祥新苑
宋家疃
福利莱小区
栾家疃
松霞小区
银河小区
福山技工学校
格迈纳尔中学
城西
下夼
职业中等专业学校
河滨广场
河滨小区
电业局
福山大集
同福小区
环宇公司
交警大队
法院
公安分局
土地管理局
卫生局
防疫站
三里店
锦绣山庄
汪家疃
东北关
西苑宾馆
公路局
起重设备厂
劳动服务公司
西北关
城关中学
建筑安装公司
电器厂
SOS儿童村
平安里
城里新村
青年公园
干休所
技术监督局
粮食局
区委
区政府
区联社
新东商城
华侨宾馆
招待所
电力中心
乡镇企业局
农机公司
交通行
工会
法院
教育局
三元小区
工商局
水产局
物资局
药材公司
木材公司
工艺品厂
包装装潢总厂
福山第一中学
南关
清洋街办
区医院
汽运公司
汽车站
阀门厂
预制构件厂
曹家庄
烟台福电局
烟台美尚果品有限公司
青龙山
74.7
芝阳山
68.2
石油集团福山公司
芝阳
养鸡场
前埠
果工商公司
农科院
果品冷库
山后
大沙埠
东关
小梁家庄
公路管理所
绿色实业有限公司
小沙埠
烟台市水厂
宫家岛
芝罘区
夹河
大沙河
清洋河
内夹河
河滨公园
图例
区委 区政府
医院
学校
县界
运动场
山峰山名及高程
河流
山地

2000年福山区行政区划图

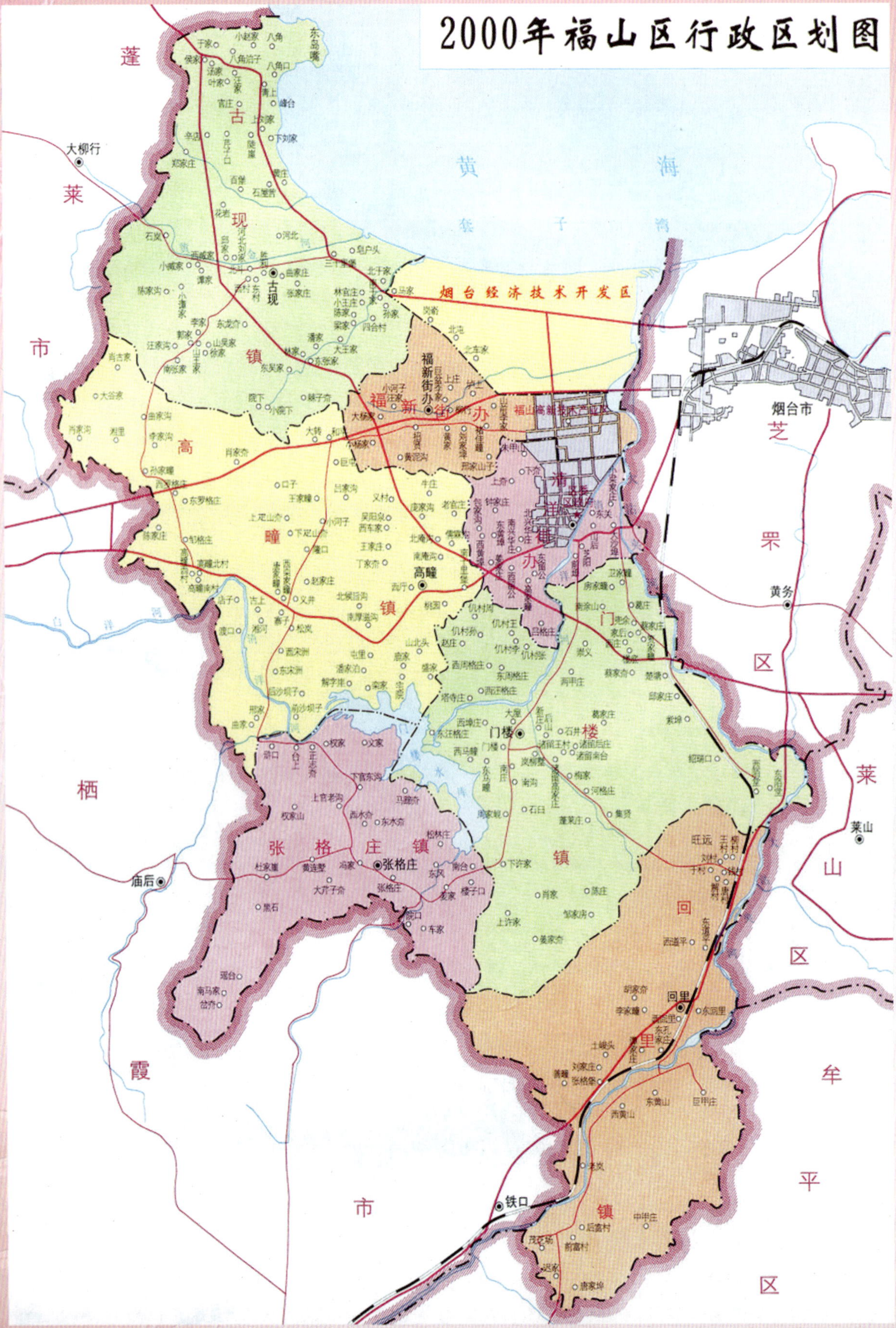

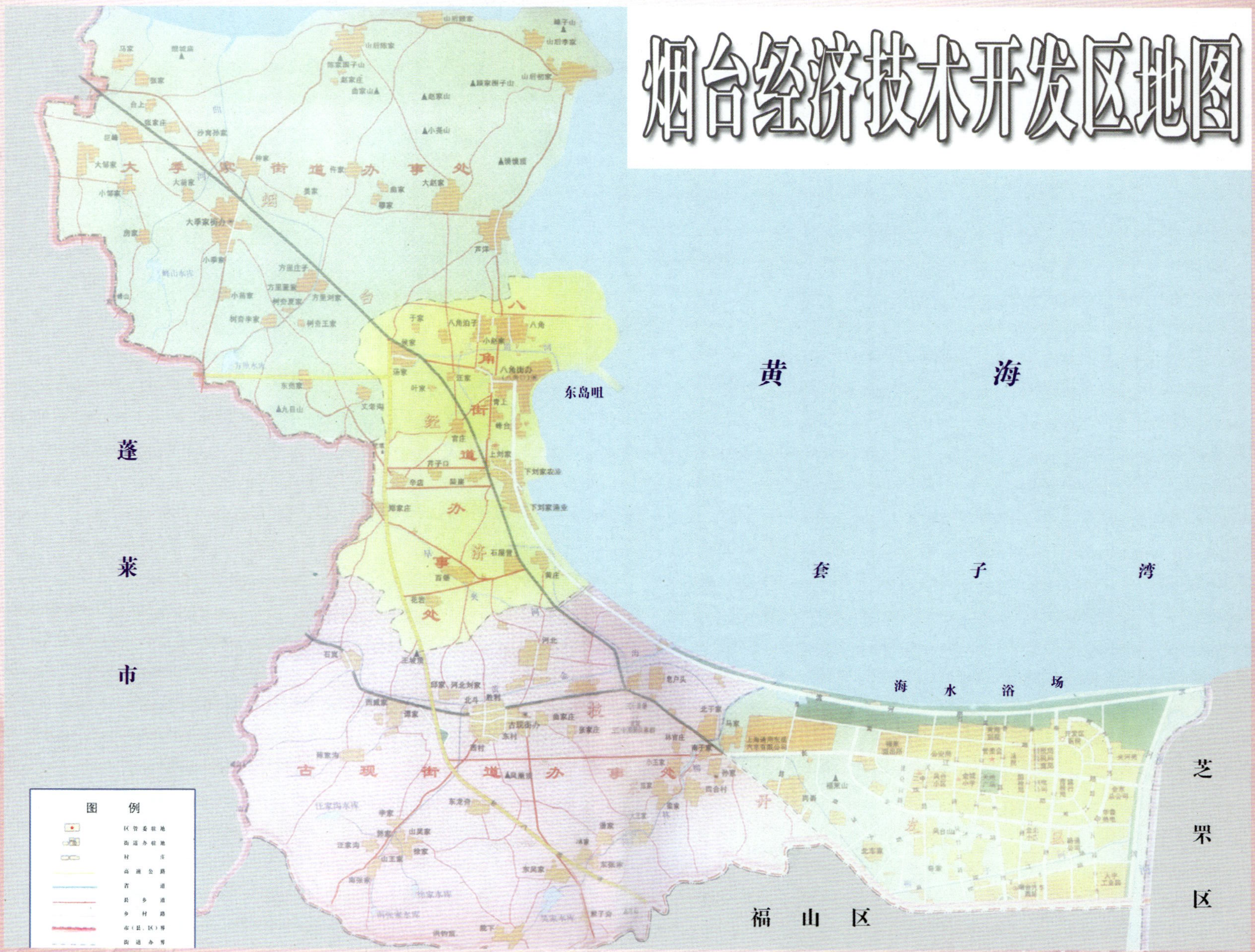
烟台经济技术开发区地图
黄海
套子湾
海水浴场
东岛咀
蓬莱市
福山区
芝罘区
大季家街道办事处
八角街道办事处
古现街道办事处
图例

目　录

第四章　村庄建设

第五章　农　　业

第六章　林果牧渔

第七章　工　　业

第八章　商贸服务

第九章　党政团体

第十章　村政组织

第十一章　王懿荣

第十二章　教　　育

第十三章　文化艺术

第十四章 古迹文物名胜

第十五章 医疗卫生

第十六章 村民生活

第十七章 习俗风尚

第十八章 方 言

人　物

附　录

序　一

《古现东村志》即将付梓,不仅是烟台经济技术开发区文化建设的盛事,也将在全国方志界产生重大影响。之所以如此,是因为古现东村是甲骨文之父、伟大的爱国主义学者王懿荣诞生的圣地,村志记载了王懿荣及其家族生于此,长于此,发达于此,并直到现在还影响着海内外学术发展的最基础史料和村落兴旺发展的历程,其存史、资政、教化的作用不可低估,尤其对王懿荣、甲骨学史的研究必将产生深远的影响。

今天的古现村,也曾有她历史上的辉煌,这个如今普通的村邑,曾是汉至北齐东莱郡牟平县治,《登州府志》记为“古县”。这里历史悠久,经济繁荣,文化发达,人才辈出。当年享誉华夏的“出斗米官之村”,今天成了当之无愧的“中国历史文化名人第一村”。古现东村是东莱郡牟平县治“古县”旧址析出的四村之一,无论在古代还是在当今,村民们创造了骄人的历史业绩,为中华民族的发展做出了贡献。而改革开放之后,各项事业更加蓬勃发展。特别是划归烟台经济技术开发区的十年,古现东村旧貌换新颜,发生了更大的变化。

今天的古现,已被烟台经济技术开发区规划为重点建设区。我希望村党支部和村委班子以村志出版为契机,在开发区工委和管委的支持下,以“兴国之魂”——中华文明为根本,以优秀的甲骨文化和王懿荣所体现的爱国主义精神为切入点,加强基层传统文化和社会主义精神文明、政治文明、社会文明建设,推动社会主义文化大发展、大繁荣,为建设中华民族的共同精神家园做出新贡献!我也祝愿古现东村在扎实做好“新型工业化、新型城市化、科技创新和富民惠民”四篇大文章的基础上,建设好王懿荣故居文化名人苑,从而使古现东村成为区重点文化经济建设的典范,不辜负前贤和世人的厚望,并以优异的成绩,稳中求进,续写《古现东村志》的新篇章!我竭诚向广大读者推荐这部给人以知识、力量、希望和启迪的《古现东村志》!

谨以为序。

中国社会科学院荣誉学部委员
中国殷商文化学会名誉会长　王宇信

2012年6月18日于北京

序　二

归去来兮，游子切期；夙夜思乡，落叶归根。

古现东村是我可爱的故乡。山美水美不如故乡的美。儿时的凤凰山，春来，新芽吐绿，万象复苏，莺歌燕舞，生机盎然；夏临，遍地绿茵，山花争艳，林蝉欢唱，圣水飞溅；入秋，天高气爽，果硕枝繁，五谷丰登，马叫人欢；进冬，松柏披雪，峰岚举莲，红装素裹，雄姿娇艳。故乡的凤凰山呀！钟灵毓秀，蔚为壮观！

凤凰山真有灵气吗？有，关键在人。先祖王忠、王锦、王道增育人传统代代相传，所以才有历史和今天人才辈出的局面，必将会有更加美好的明天。

拜读《古现东村志》稿，心情激动，久久不能平静，特别是细思志书所述家乡出人才的奥妙，回忆我的成长历程，深有同感。我至今没有忘记先父每次回家都跟我和弟、妹讲的一句话："人一辈子可以不求官，却不可以不读书。"我六岁时先父去世，母亲也总是以此遗训教育我与弟、妹，启发诱导，指出学习榜样和奋斗目标，并要求持之以恒，矢志不移，读书成材。巍巍先祖，功德无量，细读志书，感怀不已！先辈的育人之道，所有的读者都会从中受到启迪。

我从小学到中学，明白了"学以致用"的校训，进了伯明翰大学，领悟了该校追求"光与真理"的真谛，方知学就是追求光、追求真理。在探索与追求中，学得知识，增长智慧，培养才干，掌握真理。为达此目的，就要边读边思考，带着思考的问题，再读书，再观察，再分析，把书本知识变成自己的智慧和才干，从而坚持真理。我相信，历史文化名人村的后代一定会继承发扬光大先人的好经验和好传统，努力攀登科学高峰，早日造就出一位世界最高奖——诺贝尔奖的获得者。

吾十岁离村到烟台读书，后又到北京读初中、高中，至今已近80年。上海圣约翰大学毕业后，又离开祖国，旅居美国业已60余年。十年前，首次返里探望，看到了家乡天翻地覆的巨大变化,回忆起儿时的古现村,今昔对比,心潮澎湃,百感交集。家乡的父老乡亲祖祖辈辈前赴后继,艰苦奋斗,终于迎来了故乡繁荣、国家强大的今天。家乡抚育了我,而我对家乡的贡献却很少,深感惭愧。

明忠主任嘱吾为村志作序,乐乎为之,借此良机,写下几笔,以表念乡爱乡之情。

是为序。

美国加州州立大学终身教授

王桐观于世桥教育基金会设立者 王学忠

旅 美 华 侨

2010 年 11 月于美国家中

序　三

期盼已久的《古现东村志》在村内村外人士的支持和编纂人员的共同努力下，终于成书出版，这是全村人民精神生活中的一件大喜事！今天出版《古现东村志》，在我们这个历史文化体验区具有更加重要的现实意义和特别深远的历史意义，这必将产生现代社会人文历史的正能量，适时推动村居先进文化建设健康发展，并激励全体乡亲与后代，为实现村居小康文明生活目标而努力奋斗！

唐太宗说得好："以铜为鉴，可以正衣冠；以人为鉴，可以明得失；以史为鉴，可以知兴替。"古现东村，物华天宝，人杰地灵，文化昌盛，人才辈出，甲骨之父、爱国志士王懿荣就是一位杰出的代表。东村先贤启人的科考历程，羡人的学问著述，喜人的艺术创作，惊人的科学发现，感人的精神品格，是我们取之不尽用之不竭的宝贵文化遗产和精神财富，而王懿荣为人类所做出的伟大贡献，更是令全体村民乃至全国人民感到光荣并引以为豪，永远感召人们为中华民族共同利益而不懈追求与奋斗，为人类文明继续增加新的光环。正因为如此，我们的修志工作才得到下至村民乡亲、上至国家精英的热情参与和鼎力支持。这部村志由著名书法家题写书名，有著名学者题词作序；村志还首次披露了有关王懿荣家族鲜为人知的珍贵史料，更是浓墨重彩地记述了东村人民在现代社会发展进程中，尤其是改革开放之后，建设小康和谐社会所取得的丰硕成果。专家学者的鼎力支持，村民乡亲的积极参与，修志人员的辛勤努力，史志、出版部门的指导把关，以及各级领导、各界贤达的关心帮助，加之珍贵丰富的基础资料，使志书质量有了可靠保证。我相信，随着时间的推移，这部村志必将越来越显示出其存史、资政和教化的社会价值。

古现村曾经是古牟平县治所，历来为经济文化发达重镇，进入现代社会之后，一直是人民政府驻地。古现东村近水楼台，得天独厚，一向为本地经济文化建设发展的中心。现代东村人民在驻地政府的直接领导下，各项工作始终走在时代前列。改革开放以来，村民发扬先辈优良传统，与时俱进，开拓创新，立宏志，干大事，谋发展，兴伟业，取得一个又一个骄人的成绩；尤其是划归开发区之后，东村人民如虎添翼，百尺竿头，更上层楼，事业更加兴旺发达，生活更加幸福美满。现在，东村又成为开发区重点建设区域之一，又一次给我们带来发展的新机遇。我坚信，东村人民一定能和全区人民一道，发挥无尽的聪明和才智，奉献满腔的热情和力量，以自己的优势，用勤劳的双手，描绘更新更美的新蓝图，聚焦更大更明的新亮点，把村居建设得更美好，不辜负世人厚望，无愧于古人前贤，造福于伟大时代，我们的前程将更加灿烂辉煌！

值此村志出版之际，我衷心向权希军、李学勤、王宇信等诸位先生，向王学忠、王其耀、王宪钧等各位前辈，向史志、出版部门和街道办事处领导，向社会各界贤达，向所有参与村志编辑的工作人员，向支持村志编纂出版的海内外游子及父老乡亲，表示最深切的敬意和最诚挚的谢忱！

谨为之序。

古现东村党支部书记
古现东村居委会主任　王明忠

2013 年 6 月

凡　例

一、本志运用辩证唯物主义和历史唯物主义的观点和方法，实事求是地记述古现东村历史与现状、自然与社会的真实史实，突出村域经济建设和人文历史的特点和亮点；力求思想性、资料性和科学性的统一，为人们提供有益的借鉴。

二、全书由概述、大事记、专志、人物、附录五部分组成。概述，综述村邑历史变迁，呈现古今进程大略，记述村民奋斗足迹，揭示社会发展规律；大事记，记述村庄发展史上的大事和要事；专志，记述全村政治、经济、文化、教育等建设发展的状况；人物，记述村居在古今中外有影响、对社会做出贡献的历史人物与现代先进模范人物，以及在外地工作的副科以上干部、中级以上专业技术人员；附录，收录与专志有关的文件、文献、言论、轶闻等资料。

三、本志为小编制的章节体，全书共设18章、89节，节下一般设二级目。章次大体按村庄村民（1～4章）、经济基础（5～8章）、上层建筑（9～15章）、风土人情（16～18章）顺序排列，采用述、记、志、传、录、图、表等体裁，以志体为主，辅以图、表和照片。

四、本志上限追溯至建村的春秋时期，下限延续至2012年，个别情况适当下延。

五、古现东村由古牟平县治和历史重镇古现析出，今为街道办事处驻地，其纵向历经久远，横向涉及广泛，本志所记只与村庄、居民有关。

六、古现东村为“中国历史文化名人第一村”，其中甲骨之父、爱国志士王懿荣为举世闻名的人物，且为山东省第二轮修志确定的八个立专志人物之一，因此，本志专列《王懿荣》一章，以承省旨。

七、本志计量单位名称、符号按国务院1981年颁发的《中华人民共和国计量单位名称与符号方案（试行）》执行，《农业》及《林果牧渔》章涉及面积单位仍用亩（1亩=666.7平方米），其他凡计算单位产量者亦用亩。数字用法以国家颁布实施的《出版物上数字用法的规定》为标准。凡小数均保留两位，凡单称年代均为20世纪。1949年10月1日中华人民共和国成立前后用“新中国成立前”和“新中国成立后”表述。

八、本志以现代白话文为语体，使用国家推行的规范简化汉字；引用、转载的文言材料语体不变，为方便读者，将其标点与校勘；已简化字改为简体，未简化者仍用繁体。人名从俗，古人名从家谱；古地名沿旧，今地名依法定标准行文。

九、本志人物以传记、名录、简介（含模范先进）为记述体裁。传记在人物名字后注明生卒时间，无者注不详；为研读方便，附以国史、县志所载相关人物传；立传者以卒年为序，古人不详者参酌支派辈分排序；入录者以姓氏笔画为序，否则加注说明；简介者以生年为序；模范先进（仅为居村者）；古代进士、举人、贡生（秀才）和近现代大学生列表以科考、高考入学或毕业时间为序，附于相关章节。古代人物来源于家谱、县志、国史，无家谱者资料阙如；国内外无法联系的现代人物未能收编，有待将来赓续。

十、本志第十三章第四节著述目录按人物编次排序，以便对照查找。旧志人物志中提及著述偶与艺文志抵牾，辑录时从后者，另有不同，参酌为之。

十一、本志古代和近代资料采集于家谱、史籍、相关著述等文本资料和口碑资料，现代资料取自于新中国成立后的档案资料及村镇报表。

概　述

古现东村位于山东半岛东北部，北纬37°34′、东经121°07′。西邻古现西村，北邻北斗村和胜利村，东邻曲家庄和张家庄，南邻东龙夼村。村西5公里有磁山，北有黄金河，东北4公里即是黄海，东有古现泊，南有凤凰山与崮岂山。距烟台市芝罘区16公里，距烟台经济技术开发区党政机关驻地10公里，距福山城区14.60公里，现属烟台经济技术开发区古现街道办事处。村现有408户、1193人。耕地42.47公顷，果园16.67公顷，山岚13.33公顷。村民居住区呈长方形，东西长约1500米，南北宽约1000米。村北有成龙公路，东有古张公路，南有长江路，西有中古路，通公共汽车，交通方便。

古现东村自然条件优越，为北温带大陆季风型气候，四季分明，光照充足，冬无严寒，夏无酷暑，年均降雨量729毫米，无霜期223天，宜人宜物生长繁衍。村北黄金河白沙万斛，水流清澈，岸边一片沃土。村南丘陵地为黄粘土壤，宜果树生长；村东为冲积沙壤泊地，宜粮油果蔬生长，俗称“粮屯子”。

古现东村历史悠久，开化比较早。

据考古分析，6000年前就有人类居住周围地域。春秋时期，这里就已经有了村庄部落，进入农业文明时代。牟子国、齐国国都带动这里繁荣起来，农业已经有“牟图腾”小麦品种传播，商业开始了货币流通。

秦朝时期，秦始皇东巡三次经过这里，君臣侍卫的后勤保障依靠当地村落供应。秦始皇驻跸磁山，封禅阴主，移置阴主祠，这里的人已经具备了承建大型土木工程的能力，商贸经济全面活跃起来。

西汉时期，古现辟为牟平县治，这里早已人丁兴旺，经济更加繁荣，为文化的发展提供了有力的物质基础。

唐朝时期，古现经济文化达到历史繁荣的鼎盛时期，千佛寺建成。自汉以来的佛教文化广为传播，人们在享受物质生活的同时，开始了精神文明生活追求，文化活动兴旺起来。

明清时期，古现王氏成为胶东望族，乡贤王道增开拓了海上贸易之路，促进了农业发展，经济繁荣一时为福山之冠。从古现运出的粮食及其他物资，可以满足军需，可以弥补国课。灾年，这里可以开办粥场，赈济灾民。在福山境内，王氏大兴义举，捐资修筑军事防御工程，修缮庙堂寺观，兴学济贫，这些国防和公益事业全凭古现农业发达、商业兴隆的经济实力。

清末至新中国成立前，战乱不断，农商受到严重影响，经济文化发展一度缓慢下来。但古现凭借地理位置优势，仍然可以靠商业弥补生活基本需求，经济可以自给自足。

新中国成立后，村民成立互助组、合作社，团结合作，粮油作物产量有所增长，全体村民基本可以维持生活。1958年，成立“人民公社”、搞“大跃进”，村民生产和生活受到严重影响。1960年，度过三年“困难时期”之后，生产、生活稍有好转。1966年，“文化大革命”开始，村民坚持“抓革命，促生产”，排除一切干扰，坚持“以粮为纲”，开展“农业学大寨”运动，大搞农田水利基本建设，整山地，修塘坝，打机井，扩大农田灌溉面积，把“运动”造成的损失减到最小，为搞好农业生产打下了一定基础。

1978年，拨乱反正，集体经济开始走农工商全面发展之路。1980年，村粮食亩产达到479千克，工商副业收入达到85万元。1984年，实行农村经济体制改革，村民的生产积极性调动起来，在发展果品、花卉、蔬菜高效农业的同时，不断调整经济结构，大力发展养殖业和工商贸易服务业，第三产业从业人员不断增加，占全村劳力60%以上。1985年，村粮食亩产上升到525千克，工商副业收入达到128万元。1995年，粮食亩产达到800千克，工商副业收入达到364万元。集体经济不断发展，村民收入不断增加，生活有了很大改善。

2002年，古现镇划归烟台经济技术开发区，在新的发展经济优惠政策鼓励下，村居领导班子抓住历史机遇，迎接新的挑战，采取有力措施，不断发展壮大集体经济力量，有力地促进了村居建设快速发展，向全面建设小康社会的目标大步迈进。村委先后注册千万资金成立烟台经济技术开发区东宇房地产开发有限公司，投资百万元建设标准厂房和门市房，招商引资，租赁商铺，又翻新村委旧房，兴办服装厂，集体产业规模不断扩大，经济收益不断提高，用于改善村居、提高居民福利的实力越来越强。村委先后建成新的办公用房、文化大院；建成体育活动中心，配套健身设施；扩修、硬化、绿化、美化街道路面。同时，大幅提高居民生活福利。2004年，村委率先在古现街道全部减免中小学生学杂费，并出台相应措施，鼓励学生到大学深造。2011年，大幅提高老年人生活福利，举办首届老年节，并表彰、奖励文明家庭及先进个人。

集体经济发展壮大的同时，个体经济飞速发展。1978年之后，首先是个体商业户迅猛发展起来，到2012年，村内个体商业发展到131户，从业人员达到200余人，年社会商品销售额500万元。1982年以后，个体私营工副业迅速崛起，粉条加工、面粉加工、食品加工、服装加工、铝合金门窗加工、车辆运输、建筑施工等不同产业小型企业遍村开花。1990年以后，个体私营企业开始向现代化、科技含量高的企业转型，逐步形成以建筑、建材、服装加工、食品加工、房屋装修、机械加工等为主协调发展的工副业新格局。2000年以后，浩宇砖机厂、安康浩宇石子厂、安康大修厂、去锈砂厂、格瑞特混凝土搅拌站等相继兴起。到2012年，村内已有各类大小私营企业9家，从业人员达到100多人，年实现工业总产值1亿多元，年创利润2000万元。个体私营经济的发展，使一部分人先富起来，提前实现了小康目标，同时，补充了集体经济的不足，加快了现代化建设步伐。

随着村庄的兴旺发达，村民崇文重教蔚然成风。明季以降，富裕家庭均以私塾教子读书，学有所成者层出不穷，明清两代王氏出了27名进士，6名翰林，3名封疆大吏。本村就有23人考中进士，58人考中举人，516人成为贡生（秀才），另外还有103人有九品以上官职而无科考功名记载，人称“出斗米官之村”。

清光绪年间，提倡办新学。清光绪二十六年（1900年），村里建成凤凰山小学。民国19年（1930年），村民开始到福山读师范及中学，后亦有到烟台读中学者。新中国成立后，小学适龄儿童入学率达100%。1956年，有村人就读古现中医学校。1958年，凤凰山北麓建成福山第三中学，读中学的村人大幅上升。1968年，村与邻村联办初级中学，村人上学读书更加方便。为改善办学条件，村里几番修建小学，帮扶中学，划归开发区后的古现中心小学，已经成为现代化的规范化学校。

从中华民国至今，古现东村又有大批后代学有所成，献身国家，造福人民，被誉为“中国历史文化名人第一村”。

发展文化教育的同时，村庄卫生、体育、科技等事业亦同步兴起。清代中后期，村开设“杏泉堂”（人称“行善堂”）诊所和“乐善堂”中药房。1956年，村建成保健室，从此有了正规村医和接生员。1969年，村实行合作医疗制度，小病不出村就可以得到治疗。1975年，村民参加公社合作医疗，解决大病住院困难。2006年，推行“新型合作医疗”制度，村民全部参保，大大减轻了经济负担。2012年，在保证失地农民“两保一补”待遇有效落实的基础上，积极推行“新农合”、“新农保”，全村居民参保率已达96%。随着传媒业的发展，科学知识不断普及，讲科学、用科学蔚成风气。现在，村民生活更加富裕，医疗条件更加优越，健康水平不断提高。1981年，村平均寿命达到70.33岁，比1961年提高近10岁。至2012年平均寿命超过75岁。

东村人民不仅有优良的文化传统，而且还有强烈的爱国爱民精神和光荣的革命传统。明清乡贤王道增好善乐施，赈灾济民，报国尽忠，义举被人们传为美谈。清官王騭上疏康熙帝停止采运四川楠杉修建太和殿，获允之后，大大解除了民众劳役负担。清光绪二十六年（1900年），八国联军入侵北京，国子监祭酒王懿荣临危受命，出任京师团练大臣，率军奋力抵抗列强，以身殉国。民国4年（1915年）12月袁世凯称帝后，遭到国人军民讨伐，王懿荣之侄、吴佩孚部讨贼联军第一军军长王为蔚率部讨袁。

民国18年（1929年），共产党员彭雪枫到村小学任教，传播革命火种，村民从此开始觉醒。抗日战争爆发，村民踊跃参加“青抗先”“青妇队”，有11名青年积极参加抗日游击队，和全国人民一道与日寇进行艰苦卓绝的斗争。解放战争和抗美援朝战争中，有35人踊跃参加中国人民解放军和志愿军；有5人参加支前担架队、运输队，支援鲁南、淮海、渡江、上海和长山岛等解放战役；有6人先后为建立新中国和保家卫国而献出宝贵生命。

新中国成立后，先贤的优良传统和爱国精神得到进一步发扬，化为村民建设新国家的实际行动。合作化初期，村里对烈军属实行代耕制度。1951年，抗美援朝，保家卫国，村民和学生积极参与捐献飞机大炮，支援朝鲜。1952年，村里建立民兵连，实行劳武结合，进行军事训练，保卫胜利果实。1955年，国家实行义务兵役制，此后每年的适龄青年都踊跃报名参军，为国防建设履行自己的义务。20世纪，村民生活不算富裕，但是，只要国家需要，人民需要，大家都能履行义务，施以善举，积极参加国家公路修筑，水利建设，并热情支援灾区人民。21世纪以来，村民生活富裕了，国家和人民需要的时候，更是踊跃参与公益活动。2008年5月，四川省汶川大地震，全体村民救灾捐款23175元，1人无记名捐款1万元（直接捐款），彰显了新时代的崇高风尚。

综观古现东村历史，世代村民在这片古老的土地上，改造自然，发展经济，建设文明，创造生活，一代又一代，一年又一年，不畏艰辛，迎难而上，前赴后继，勇往直前，成就了今天的丰功伟业，造就了时代的风流人物。

进入21世纪，古现东村成为烟台经济技术开发区历史文化建设重点区。在新的历史起点上，村党支部、居委会带领全村人民，继承先辈的优良传统，团结一心，艰苦奋斗，扬长避短，开拓前进，继续书写更加辉煌灿烂的历史新篇章。

大 事 记

公元前770年(春秋)

先民建村。

公元前567年

牟子国迁至三十里堡,村域内种植小麦——“牟图腾”。

公元前221年(先秦)

秦统一中国,始皇三次东巡,经过古现一带,涉水“柳林”,畅饮“圣水”,造访“古城”,展风“崩岜”,驻跸“磁山”,封禅“阴主”,移建祠庙,村民参与建设工程及材料供应。

公元前206年(西汉)

村庄繁荣,村域辟为牟平县治。

唐先天元年(712年)

僧人善庆建古现寺。

建隆六年至靖康二年(960~1127年)

王姓人迁入定居。

金天会九年(1131年)

村属福山县。

明洪武元年(1368年)

张、刘二姓人先后迁入。

明永乐六年(1408年)

地屡震,声如雷,年内大震51次。

明正统十年(1445年)

3月21日,地大震。

明弘治五年(1492年)

大旱。

明弘治十四年(1501年)

雨雹杀禾。

明正德四年(1509年)

大饥,人相食。

明正德八年(1513年)

夏,飞蝗蔽日。

明嘉靖七年(1528年)

大饥,死者载道。

明嘉靖十二至十四年(1533~1535年)

连续三年发生蝗灾,禾稼食尽。

明嘉靖二十七年(1548年)

9月13日,发生大地震。

明嘉靖三十七年(1558 年)

大饥,籴粮于辽东。

明嘉靖三十九年(1560 年)

大旱。

明嘉靖四十一年(1562 年)

夏,不雨,民大饥。

明万历二十二年(1594 年)

雨雹伤禾,大饥,斗米钱四百余。

明万历二十五年(1597 年)

农历十一月,地震有声。

明万历二十六年年(1598)

2 月 12 日,地震。13 日,复震。

4 月 4 日,再震。

明万历二十七年(1599 年)

3 月 28 日,地震。

4 月 5 日,又震。

明万历三十三年(1605 年)

农历七月,地震。

明万历三十七年(1609 年)

农历七月,地震如雷。

明万历三十八年(1610 年)

大旱。

邑人王明捐资重修古现寺。

明万历四十一年(1613 年)

8 月 22 日,异风暴作,大雨如注,经三昼夜,坏房舍,拔大树,禾稼一空。

明万历四十二年(1614 年)

秋,暴雨三昼夜。

明万历四十三年(1615 年)

农历三至九月,不雨,千里如焚,蝗蝻遍野,人食树皮。

明万历四十四年(1616 年)

春,大饥,人相食,饿殍载路,市卖子女。

明崇祯十一年(1638 年)

春,无雨。

夏,蝗飞蔽天,食谷殆尽。

秋,蝗复大起,禾稼食尽。

明崇祯十三年(1640 年)

自春至秋,无雨,禾稼焦枯,人相食。

明崇祯十四年(1641 年)

王道增携全家及六个儿子由河北村迁入。

清顺治十二年(1655 年)

王道增长子王隲考中进士。

清康熙四年(1665 年)

春,大旱,麦无收。

秋,遭蝗,大饥。

清康熙六年(1667 年)

农历六月,大雨连绵,至 8 月始止,稼伤过半。

清康熙七年(1668 年)

农历六月十七日,地震,房屋多倒。

清康熙八年(1669 年)

4 月 9 日、10 日、14 日、15 日,连日地震,有声如雷。

清康熙九年(1670 年)

旱,地无苗。

冬,大雪,柴价昂贵,冻死者甚多。

清康熙十年(1671 年)

秋、冬,无雨雪。

11 月 3 日,地震有声。

清康熙十一年(1672 年)

地震。

清康熙二十四年(1685 年)

4 月 15 日,大水。

清康熙二十五年(1686 年)

1 月 18 日,地震有声。两日后又震。

清康熙四十三年(1704 年)

大饥,瘟疫狂发,死者无数。

清康熙五十一年(1712 年)

4 月 23 日,地震。

清康熙五十四年(1715 年)

1 月 16 日夜,大雷雨。

清康熙五十八年(1719 年)

秋,大水。

清雍正二年(1724 年)

7 月 3 日,雨雹,大如鸡卵。

清雍正十一年(1733 年)

王检考中进士,改庶吉士。

清乾隆元年(1736 年)

12 月 25 日、26 日、27 日,地震。

王显绪考中进士,授吏部额外主事。

清乾隆十一年(1746 年)

夏、秋,连绵大雨,伤禾。

清乾隆十二年(1747 年)

8 月 10 日,雨后烈风拔木,禾稼尽伤。

清乾隆十三年(1748 年)

农历六月,涝灾严重,飞蝗蔽日。

清乾隆十六年(1751 年)

王启绪考中进士,授翰林院庶吉士。

夏、秋,霪雨不止。

清乾隆十九年(1754 年)

王希旦考中进士,授官山东沂州府学教授。

清乾隆二十五年(1760 年)

王燕绪考中进士,入选翰林院庶吉士。

清乾隆三十六年(1771 年)

王积熙 60 岁考中进士,复试未及答卷,吐血而卒。乾隆帝为之惋惜,追授七品文林郎。

清乾隆四十九年(1784 年)

王善垲 51 岁考中进士,授礼部礼仪制司主事。

清嘉庆六年(1801 年)

王厚庆考中进士,授官内阁中书、军机处

章京。

清嘉庆十年(1805 年)

王延庆考中进士,授莱州府教授。

清嘉庆十三年(1808 年)

王余晋考中进士,授国史馆誊录。

清嘉庆十四年(1809 年)

王余师和王余英二人同科考中进士。王余师朝考二等,授官直隶宁津县知县;王余英朝考二等,分发湖南宁乡县知县。

清嘉庆十六年(1811 年)

秋,大水。

清嘉庆十七年(1812 年)

春,大旱,瘟疫盛行,死者无算,贫者卖田宅或子女。斗米白银二两。

清嘉庆十九年(1814 年)

王德瑛考中进士,授官河南扶沟县知县。

清嘉庆二十二年(1817 年)

王兆琛考中进士,改翰林院庶吉士。

清嘉庆二十四年(1819 年)

王森长和王善壁二人同科考中进士。森长授海丰县教谕;善壁授广东省翁原县知县。

清道光三年(1823 年)

农历六至七月,无雨。

清道光九年(1829 年)

大水。

清道光十三年(1833 年)

王麟瑞考中进士,发放直隶省武邑县知县。

清道光十五年(1835 年)

王武曾考中进士,授官浙江省东阳县知县。

清道光十七年(1837 年)

大旱。

清道光二十三年(1843 年)

大水,房倒甚多,秋稼尽没。

清道光二十八年(1848 年)

夏、秋,大旱。

清道光三十年(1850 年)

王大辂考中进士,大考二等,归班铨选知县,因病返乡休养,未到任。

清咸丰八年(1858 年)

飞蝗蔽日十余日,所到处禾稼尽伤。

清咸丰十年(1860 年)

张恩煦考中进士,铨选知县,发放直隶试用。

清同治元年(1862 年)

大雨连绵,河水泛涨,淹禾稼。

清同治十一年(1872 年)

6 月,王懿荣确认了商代文字。

清光绪二年(1876 年)

春、夏,大雨,米价昂贵。

清光绪五年(1879 年)

农历五至六月,大雨连绵 40 余日。

清光绪六年(1880 年)

王懿荣和王乘燮同科考中进士。王懿荣入选翰林院庶吉士,授编修;王乘燮亦入选翰林院庶吉士。

清光绪二十五年(1899 年)

王懿荣发现甲骨文,研究确定甲骨上的文字为商代文字,开始收藏甲骨文片。

清光绪二十六年(1900 年)

八国联军攻陷北京,王懿荣出任京师团练大臣,寡不敌众,携妻和长媳投井殉国。

村建凤凰山小学。

清光绪三十四年(1908 年)

废除保社制。县下设区,村属古现区。

清宣统三年(1911 年)

1 月 30 日,夜雨如注,河水暴涨。鼠疫大作,人死者甚多。

民国 11 年(1922 年)

村学改初级小学 4 年,高级小学 2 年,高小设国文、算术、地理、历史、修身、论说、尺牍、唱歌、图画、体操和劳作。

民国 14 年(1925 年)

由国外传入"肥田粉"(硫酸铵)。

民国 16 年(1927 年)

12 月,共产党员彭雪枫到古现一带活动。

民国 18 年(1929 年)

12 月,共产党员彭雪枫到村,以教学为掩护,在周围宣传马克思主义。翌年,暴露身份,被迫离开。彭为第一个到福山的共产党员。

民国 19 年(1930 年)

苹果较快发展。

果园开始用单管喷雾器。

民国 23 年(1934 年)

古现王氏家族后裔王福星家开办油坊。

民国 27 年(1938 年)

3 月,村民兵参加山东人民抗日救国第三军二大队于德水所部抗日游击队。

村遭日军飞机狂轰滥炸。

民国 30 年(1941 年)

国民党福山县党支部陈昱盘踞古现。

5 月,古现区成立农救会,村有部分群众参加。

村开展减租减息运动,实行对半交租。

民国 31 年(1942 年)

村民兵参与抗日民主政府组织的破坏敌通信和运输线路的斗争,割电话线,拔电线杆,挖路坑,毁桥梁。

5 月,陈昱在村建福山中学,校址在王道增故居。

民国 33 年(1944 年)

村小学成为古现区中心完小。

村建立青年抗日救国会,王德辉任会长。

王子政开办花边庄。

民国 34 年(1945 年)

8 月 15 日,日寇投降,村获解放。

村党支部成立,朱元禄任支部书记。

村建立农救会组织,于吉秀任会长。

村建立妇女抗日救国会，王凤英任会长。

王福埏赴美国，任中国资源委员会驻纽约办事处会计。

民国 35 年（1946 年）

3 月，村开展斗争汉奸、恶霸运动。

4～5 月，村发生金龟子和土象鼻虫。

5 月，村实行减租减息，在对开分租的基础上实行 25% 减租，按单产 37.50% 交租。

10 月，村进行土地改革。

民国 36 年（1947 年）

3 月，村派出第一批支前人员。民兵组织开展反蒋保田训练。

4 月，村进行土改复查。

7 月，村派出第二批支前人员。动员青壮年参加人民解放军。

7 月 9 日，大水，房屋倒塌，禾稼被淹，粮食霉烂。

民国 37 年（1948 年）

6 月，因上年水灾，粮食歉收，粮价飞涨。

8 月，村开始动员村民成立互助组。

10 月，福山县人民政府派医务人员首次对村民进行牛痘疫苗注射。

11 月，村派出第三批支前人员。

中华人民共和国建立（1949 年）

4 月，村民第一次接受预防伤寒与霍乱疫苗注射。

夏，大旱。

7 月 26 日，村遭受特大暴风雨袭击，房屋倒塌，地被淹，水果大多落地。

10 月 1 日，中华人民共和国成立，举村欢庆。

同月，设村政府。

村设公安员，负责村里治安工作。

村成立“古现东村妇女联合会”。

村设调解委员会，村政委员任调解主任。

12 月，开展冬季学文化活动，村成立夜校和妇女识字班。

1950 年

2 月，村民开始婚姻登记。

同月，村成立中国新民主主义青年团支部，王金珊任团支部书记。

秋，大水成灾。

村出现狂犬病，范围较小。

村对烈、军属实行定期实物或现金补助。

村引进约克夏、巴克夏、新金猪种。

村开始使用疫苗预防禽畜传染病。

1951 年

1 月，村开始镇压反革命（1953 年 3 月结束）。

同月，学习、宣传、贯彻《中华人民共和国婚姻法》，青年男女自主成婚。

同月，掀起“抗美援朝，保家卫国”热潮，村民和学生参与捐献飞机大炮，支援抗美援朝。

村成立爱国卫生领导小组。

11 月，村颁发土地证。

1952 年

1 月，村开始“三反”运动。

2 月，村开始“五反”运动。

4 月，开展爱国卫生运动，家家户户和学校积极开展大扫除，消灭老鼠。村民接受疫苗注射。

村开始使用“六六六”、滴滴涕、敌百虫等有机农药。

1953 年

春，红蜘蛛为灾，村民积极防治。

村成立初级农业生产合作社。

3 月，开展《中华人民共和国婚姻法》宣传月活动,批判重男轻女、男女不平等封建残余思想。

村政府改为生产合作社,以社代政。

开始培训村干部和技术人员。

4月,村开展“爱国卫生运动突击月”活动。

7月1日,全国第一次人口普查工作在村启动。

7月13日,降雹,大者如核桃,粮果受灾,减产三成。

9月3~7日,大雨连绵成灾。

同月,棉布、棉织品、棉花实行按人每年定量凭票供应。

11月,村对粮油实行统购统销,取缔粮油商贩。

1954年

春,村订立“卫生规划”。

推广农作物套种间作新技术,改革耕作方式。

8月12日,暴雨4小时,成灾。

村派出10名民兵参加烟(台)兰(村)铁路和夹河堤防建设工程。

1955年

3~4月,长腿红蜘蛛为害,影响小麦生长。

村开始推广使用磷肥。

全村开展“灭四害”(蝇、蚊、鼠、麻雀)活动。

7月15~17日,降大暴雨191毫米,房倒、地淹,粮食减产。

7月30日,国家按《中华人民共和国兵役法》规定在村征集义务兵。

8月,村发生粘虫,玉米和谷子受灾减产。

同月,国家对粮食实行定产、定购、定销、定量供应。

1956年

2月,村开始肃清反革命分子。

春,初级农业生产合作社转为高级社。

村设治安保卫小组,姜宝恩任组长。

村学习福山县南庄科技队耕作技术,引进各种新品种。

4月,村成立爱国卫生运动委员会。

县农技站派人到村讲授农业新技术,推广窝瓜下蛋的地瓜栽培新技术。

6月,福山县广播站开始播音,家家户户通喇叭。

9月4日晚至5日下午,降暴雨174毫米,房倒、地淹,粮食减产严重。

在县文化馆指导下,村成立俱乐部。

村设保健室。

村民经济收益分配人均52元。

1957年

2月,村开始计划生育工作。

以朱仕昌为社长的第一个初级农业合作社成立。

林木所有制改造基本完成,除个别单干户外,村山林树木基本上都为合作社集体所有。

村普遍改良茅坑,用双罐分积人粪尿。

村推广地瓜回笼火炕育苗新技术。

5月,村新民主主义青年团更名为中国共产主义青年团。

7月11日,雨雹成灾。

8月1日,雹灾。

同月,村开始“反右派”运动。

村民经济收益分配人均51元。

1958年

8月,村成立人民公社,农业合作社改为生产大队。大队办食堂。

同月,福山县在村内建医院。在凤凰山北麓建福山第三中学。

9月,村实行军事化编制,村为连。

治保组改称大队治安保卫委员会(简称治保

会),王炳炽任治保主任。

村大队管理委员会下设调解委员会,大队管委委员兼任调解主任。

同月,村开始大炼钢铁。

村推广使用改良农具三角楼。

村成立木工组,王旭升任组长兼师傅。

村办幼儿园。

大队安装磁石电话机(带把手摇)。

村生产大队办起敬老院。

村掀起以打井为主的农田水利建设新高潮。

村生产队培训兽医防疫员。

村建民兵连。

村派出32名民兵(门楼水库建设大军10团3连2排)参加福山门楼水库建设。

1959年

春,村开展整社运动。

5月,村恢复生产大队管理委员会。

9月,香烟、白酒、火柴、肥皂等凭票供应。

民兵王丙义、王永花、王镇才等响应国家号召,到黑龙江支边,王淑善、张传秋等赴新疆建设兵团。

1960年

村食堂停办。

每人每天不足半斤粮,村民以野菜、树叶、树皮、花生蔓、地瓜蔓、花生皮充饥,水肿病大发,死亡率上升。

村开始进行挂瓶插花人工授粉。

大队设农田病虫害测报组,生产小队设测报员。

村推广背负式人力喷雾器。

村推广使用地瓜收获犁。

村引进跺山、哈白、长白等猪种。

1961年

1月,"一平二调"、纠正"浮夸风",村民可种少量自留地和搞家庭副业。

4月,村实行人民公社、生产大队、生产小队"三级所有,队为基础"体制。

村购买第一台拖拉机。

年人均分配93元。

1962年

8月,大水淹地,粮食减产。

村开始改造饮水井。

村始建状元沟水库。

1963年

3月,全村开展学雷锋活动。

村推广玉米制种技术。

社员养猪分配饲料用地,圈肥以质论价,国家对销售生猪户实行奖售饲料和布票政策。

8月,村开展"清政治、清经济、清组织、清思想"四清运动。

村保健室改称卫生室,配卫生员1人。

村建立大队科技队,王丙见任队长。

人民公社体制改革,权力下放,确定了包括口粮、油料、柴草、蔬菜、奖售物资、土肥付酬等实物分配办法。村口粮采取人7劳3的分配方式。

1964年

7月,村进行第二次人口普查。

7~8月,连阴雨,大涝成灾,粮食减产。

村民兵连副连长王炳炽和基干民兵王瑞圭参加烟台军分区在福山永福园村召开的民兵比武观摩现场大会。王瑞圭参加步枪实弹射击比赛,并取得较好成绩。

县农技站培训村农业科技人员。

村开始施"氨水"肥。

村林木确权发证。

1965年

春、夏,少雨,小麦减产。

7～8月，连降暴雨，屋倒、桥塌、禾伤，秋粮减产。

村推广使用1059、1605等农药应用技术。

普遍制绿肥。

村派出一个排（20名）民兵，参加修建福山西干渠工程建设。

大队成立贫下中农协会。

年底，村开展评选“五好生产队”“五好社员”活动。

1966年

村生产大队和生产小队购置动力机械。

6月，“文化大革命”开始。

生产大队管理委员会改为大队革命委员会。

妇女等群众团体机构瘫痪。

村贫协组织被“贫下中农造反组织”取代。

8月，学校和村民组织“红卫兵”。学校“红卫兵”涌向社会破“四旧”，进行抄家，古书、字画被焚，文物被毁，干部都被当成“牛鬼蛇神”“当权派”被批斗、游街。

10月，学生停课闹革命，进行大串联，进京受检阅。

1967年

2月前后，村革命委员会成立。

5月，红卫兵成立战斗队，分成“造反派”与“保守派”。

6月，村发生小麦全蚀病。

村科技队成为县良种试验示范点。

王丙见率村宣传队组织编演《红医连队备战忙》节目，参加全县文艺汇演，并获奖。

1968年

村自办动力发电，主要供磨坊用电。每户一个灯泡，主要街道安装3盏路灯，供电到晚上9点。村办磨坊，从此无需再用自家的石磨加工粮食。

基干民兵王德泉等参加莱山机场扩建工程。

解放军第22野战医院（现为107医院）到村帮助民兵连建设。

4月，“反逆流派”再批村干部。

4月11日，村“清队”运动全面展开。

5月，村开始在毛主席像前早请示、晚汇报，跳忠字舞，唱语录歌。

同月，村开展“清理阶级队伍”运动。

8月，贫下中农协会开始管理学校。

12月，小学教师回村教学，挣工分，吃农业粮。

1969年

基干民兵进行“三打”（打飞机、打伞兵、打坦克）、“三防”（防原子、防化学、防细菌）训练。

每家每户将人粪尿送生产队，统一加土拌匀，堆积发酵。

6月，花生遭蚜虫害，减产严重。

7月，渤海湾地震，村民有感，个别瓦房瓦片震落。

12月，村卫生室改称合作医疗室，实行合作医疗制度，村医改称“赤脚医生”。

1970年

长电进村，供集体浇田使用。

2月，村开展“一打三反”运动（打击反革命破坏活动，反对贪污盗窃，反对投机倒把，反对铺张浪费）。

青年团恢复工作。

村推广实施疏花疏果技术。

村推广背负式机动喷雾器与担架式机动喷雾机。

9月，村开展“农业学大寨”运动，“大兵团作战”，大搞农田基本建设。

村民养猪进入高峰期。

村引进鲁西黄牛、南阳牛等改良牛。

村引进荣昌、内江猪与本地猪杂交改良。

1971 年

5 月，村开展清查“5 · 16”反革命集团运动。

全村婴幼儿接种肺结核疫苗。

村发生玉米青枯病。

1972 年

3 月，福山县卫生局抽调 4 名医务人员，组成结核病普查小组，进村普查。

9 月，妇女联合会恢复。

王宪钟应中国科学院邀请回国讲学。

1973 年

村引进红富士苹果。

村与西村、北斗村、胜利村联办幼儿园。

王宪钟应中国科学院邀请再次回国讲学。

村推广使用深耕犁。

村推广草木灰加盖单积、单施。

村开始对主要病虫害做定点系统调查，在病虫防治适期之前发布预报，告知发生程度和防治适期。

8 月，村恢复贫下中农协会。

村恢复治保会，张文成任主任。

村贫协组织参加古现联中、古现中心小学管理。

1974 年

6 月，村接受知识青年插队落户。

8 月，村接受小麦“小畦大背”播种新技术。

村建立计划生育领导小组。

村推广“二四”畦种植法。

村保送王克邦到福山师范学习。

1975 年

春，古现公社组织 39 个大队分摊任务，改造黄金河道，修筑堤岸。

村开始推广人工授粉技术。

8 月 13 ~ 16 日，连降大雨，洪涝成灾。

古现东村纸袋厂建成，厂址坐落于村副业大院处，于德深任厂长。

村实行鸡鸭圈养，粪尿双罐化。

公社成立合作医疗管理委员会，村民每人交费 0. 50 元，解决群众大病住院治疗的困难。

1976 年

长电供应到户。

1 月，周恩来总理逝世，举村哀悼。

3 月，村搞“反击右倾翻案风”运动。

7 ~ 9 月，村人罹患钩端螺旋体病，患者 11 ~ 58 岁占 77. 50%，男性占 73. 40%，经应时治疗，均获痊愈。

9 月，毛泽东主席逝世，举村哀悼。

村推广用播种机播种。

10 月，粉碎江青反革命集团，举村欢庆。

全村搞“两管五改”卫生基本建设。

王学忠回国，到北京、济南、广州、湖南、香港等地讲学。

1977 年

王宪钟应中国科学院邀请第三次回国讲学。

由村副书记于林春带领数 10 名民兵，参加乳山马陵铁矿大会战。

6 月，小麦发生全蚀病，减产严重。

秋，松干蚧壳虫为害，松树枯死。

12 月，恢复大中专招生考试制度，村民子弟可自主参加考试。

1978 年

1 月，党员大集中，开展整党整风。

2 月 12 日，蓬莱大季家海域发生地震，村民有感。

春，公社农技站派技术员对村植保人员进行培训。

释放赤眼蜂，生物防治玉米螟寄卵；用“666”毒沙点根方法防治花生蚜虫或撒施防治小麦红蜘蛛，防治小麦条（叶）锈。

“碳酸氢氨”取代“肥田粉”和“氨水”。

8 月，村发生粘虫灾害，受害面积大。

10 月，秋收结束，县组织“古现古城战场”，从各公社调劳力整地，村派员参加。

12 月，传达党的十一届三中全会决定，“把工作重点转移到社会主义现代化建设上来”，不再搞“以阶级斗争为纲”的各种运动。

同月，落实政策，给在“文化大革命”中遭受批判揪斗的人平反。

张植敏服装店成立，个体私营，开创改革开放后个体私营企业先河。

王光奎、朱仕华先后办起家庭私营水泥管加工厂，厂址均设在自己家院内。

村发放自愿申请独生子女家庭“独生子女父母光荣证”。

1979 年

2 月，中共中央决定为地主、富农摘帽，改为社员，恢复政治权利，村民受益。

5 月，贫协组织撤销。

桃面积大幅度减少。

县农技站为村培训农林果业技术人员。

夏，大旱，军队到村域用高炮发射人工降雨弹。

村首次在玉米地使用西玛津、绿麦隆除草剂。

10 月，国家提高肉、蛋、菜、奶等农副产品价格，村民受益。

古现东村绣花厂成立，位于村中，厂长由王丙见兼职，王其光为驻厂负责人。

福山县卫生防疫站在村建立了预防疫病苗接种卡，按卡进行接种登记。

1980 年

大队革命委员会撤销，恢复生产大队管理委员会。

2 月，村推广地膜覆盖种菜技术。

村推广小孔径喷片喷头。

村开始使用尿素。

村引进罐头加工品种春密、黄露桃等。

9 月，大旱，1 ~ 9 月总降雨量为常年之半，农作物减产严重。

村出现狂犬病，范围较小。同时狗、猫也出现了犬瘟热，死亡数量较多。

11 月，恢复调解委员会工作。

金利服装店开业，以业主王金利名字命名，属个体私营性质。初期在村内自家，后店铺坐落于古现菜市大街东。

村引进美国杜洛克猪。

1981 年

村实行专业承包联产计酬生产责任制。

“赤脚医生”改称“乡村医生”，经福山县卫生局考试，取得乡村医生证书，凭证进行诊疗。

4 月，县有线广播站开办“农业技术广播讲座专题节目”，受到村民热烈欢迎。

全年降雨量偏低，为 441.40 毫米。

1982 年

4 月，村采用地膜覆盖种花生新技术。

春，大旱，河道、水库干枯，人畜吃水困难。

村第二次林木确权发证。

村部分山岚划定了“自留山”和“责任山”。

村大力发展干杂果。

村开始引进并大量推广施用复合肥。

7 月，第三次全国人口普查在村启动。

同月，村实行专业承包、联产到劳责任制。

8 月，村开始实行大包干，推行家庭联产承包责任制。

生产队解体，村民按要求上缴公粮和“三提五统”后，余者全归个人所得。

村出现畜牧养殖专业户。

8月25日，降雨257毫米，黄金河70%的堤防遭到洪水破坏，沿河近千亩农田被淹，直接损失6万元。

医疗室称卫生所。

村贯彻落实国家提出的“开展计划免疫工作”精神，从此，预防接种疫苗工作均按国家卫生部制定的计划免疫程序、接种率指标、传染病发病控制指标、卡册的管理以及计划免疫监测等项要求进行。

公社合作医疗停止。

1983年

春，古现公社重新修复黄金河堤防，两岸坝体压柳植草。

5月，利用粉锈宁防治小麦全蚀病，效果明显。

推广拉索、西草净、除草醚等除草剂。

猪5号病流行，造成较大损失。

12月1日，布票取消，村民敞开购买纺织品。

土地全部承包到户。重点户、专业户大发展。

村达到国家提出的麻疹等六种传染病控制指标要求。

村植保队伍解体。

村内出现养鸡专业户。

从北京、上海、济南等地，引进星杂288、星杂579、京白四系、伊莎红、海赛克斯、迪卡、B6、罗斯等鸡种。

1984年

村建立村民委员会。

村设妇女代表会。

王丙见被古现镇推选为中共烟台市福山区第六届代表大会代表。

树种育苗开始商品化发展。

村引进波尔山羊、崂山奶山羊和杂交莎能奶山羊等优良品种。

4月，人民公社撤销，改镇，撤销生产大队、生产小队，改行政村。

5月28日，雹灾。

年底，村被评为“文明村”，部分户被评为“五好家庭”。

1985年

村内大樱桃初始发展。

4月，村推广花生带壳播种新技术。

村推广草甘膦、乙草胺、扑草净等除草剂。

村提倡使用氮、磷、钾复合肥。

8月19日，台风持续6小时，降暴雨90.90毫米，倒树毁房，苹果损失严重。

支持村民压缩粮油种植面积。退耕还林，发展林果和养殖业。村办企业快速发展。

王德礼开办改革开放后村内第一家私人油坊。

合作医疗停办，卫生所由乡村医生自主经营。

卫生工作全部达到国家要求1990年达到的指标，乙型脑炎、白喉、麻疹、麻风病、婴儿瘫、天花等六种疾病绝迹。

81%的村民领取了林权证。

王铭玉首批参加镇党校农村后备力量培训班学习。

村成立计划生育协会。

1986年

遭遇大旱，全年降雨仅273.60毫米，为1931年以来最少的一年。依靠水利设施，未造成严重减产。

11月7日，党员全部参加整党。

1987 年

王其耀与人合编历史剧《雄风祭酒》，在北京《剧本》上发表，荣获中国戏剧家协会山东分会颁发的“剧本奖”。

1988 年

大旱，全年降雨量不足常年之半。水利设施发挥作用，未造成重大灾害。

王义永开办除锈砂厂，位于村北。

王其耀剧本《雄风祭酒》荣获山东省委、省政府颁发的“山东省泰山文艺创作奖”三等奖。

秋，小学迁至胜利村北黄金河南岸。

村民兵连被烟台市福山区人民武装部授予“先进民兵连”称号。

1989 年

8 月 19 日，飞机在磁山以东播牧草种。

村实行老党员、老干部优待政策。

1990 年

村小学获福山区“大面积提高教学质量实验先进单位”称号，学校少先队获烟台市“金星大队”称号。

葛竹花被中共烟台市委、烟台市人民政府授予“烟台市计划生育先进工作者”称号。

王丙见被古现镇推选为中共烟台市福山区第八届代表大会代表。

村推广使用复合肥和作物专用肥。

村引进油桃、雪桃、春艳、红甘露等品种。

畜牧养殖开始专业化、规模化。

村引进瘦肉品种猪进行养殖。

生猪普遍使用“增长素”“催生素”一类料素喂养，猪肉质量下降。

1991 年

村推广农业生产新技术，获得粮食大丰收，创历史最高水平。

村民兵连被中共古现镇委员会、古现镇人民政府授予“先进民兵连”称号。

村小学获烟台市“花园式学校”称号。

葛竹花被山东省计划生育委员会、山东省人事局授予“全省计划生育系统先进个人”荣誉称号。

对苹果、桃、山楂等老品种进行改造，老残果园被刨掉。

下划的山、滩林收归集体所有，进行集体管护。

1992 年

取消粮票、油票，村民自由购销。

建渤家具店开业，坐落于东西大街街北，个体私营，经理刘建渤。

村荣获烟台市小型水利工程企业化管理“达标单位”称号。

7 月，村党支部在“创建党建工作先进党支部活动”中，被中共烟台市福山区委评为“先进党支部”。

1993 年

1 月，村委换届选举。

小曲电器维修开业，坐落于东西大街北面中部，个体私营，租赁门市，经理曲华文。

建峰建材陶器店开业，坐落于东西大街，个体私营，经理刘建峰。

村小学获烟台市教育局“校园经济先进学校”称号。

《烟台日报》载文《王其耀的书法艺术》介绍王其耀书法。

村实行养老保险。

中共古现镇委员会、古现镇人民政府授予“东村计划生育先进村”荣誉称号。

村被中共古现镇委员会、古现镇人民政府授

予“民兵预备役工作先进单位”称号。

1994 年

6 月，小麦大丰收，创亩产历史最高水平。

同月，村采用苹果套袋新技术。

村开办农业种植示范园。

王其耀书法作品获“金春杯”书画大赛二等奖。

王其耀参加新加坡举办的国际书法大展，作品载入《狮城国际书法大展作品集》。

王学忠在古现完小设立“王桐观于世桥教育基金会”。

1995 年

2 月，汝贵饭店建成开业，坐落于村北 200 米处，个体经营，经理王汝贵。

永顺利酒店建成开业，坐落于村北 200 米处，个体经营，经理王建波。

永顺利洗浴中心开业，坐落于村北 200 米处，个体经营。

党支部书记王丙见、妇女主任于雪梅，分别被福山区委、区政府授予“计划生育先进工作者”称号。

大部分农户养鸡由散养改为笼养。

1996 年

4 月，村采用地瓜脱毒栽培新技术。

是年，地瓜、花生大丰收，创亩产历史最高水平。

玉波理发美容店开业，位置在北大街路北（后于 2001 年迁往东西大街南部），店主刘玉波。

村小学获山东省“单元达标教学先进学校”称号。

王其耀书法作品参加马来西亚举办的国际书画艺术邀请展。

《中国书画报》（总第 525 期）以《书苑人——王其耀》专题介绍王其耀书法艺术。

1997 年

1 月 5 日，降暴雪，草莓和蔬菜大棚受损严重。

6 月 ~8 月 18 日，大旱。

8 月 19 日，遭台风袭击，暴雨持续 39 小时，降雨 242.70 毫米，果树、高粱、玉米多被刮倒，减产严重。

村小学获烟台市“少先队素质教育示范单位”称号。

1998 年

清娟复印打字开业，坐落于政府西大街，个体私营，经理王清娟。

龙凤美容理发店开业，位置在东西大街，店主王翠萍。

村小学少先队获烟台市“雏鹰大队”称号。

村被中共古现镇委员会、古现镇人民政府授予“农业工作先进村”称号。

1999 年

3 月，村进行土地第二轮承包，承包期 30 年不变。

村被中共古现镇委员会授予“民兵预备役工作先进村”称号。

村小学获烟台市“经济先进学校”和“优秀家长学校”称号。

王其耀与人合撰《王懿荣其人及其书法艺术——纪念王懿荣发现甲骨文一百周年》论文，在上海《书法》杂志第 5 期上发表。

12 月 19 日，降暴雪。

2000 年

村设“平安村庄”工作领导小组，王明忠任组长。

建南北大街东边临街商品楼，高两层。单栋建筑面积200余平方米，建成后出售给本村村民，共有铺位15个。

王其耀撰《百年翰墨，百年星光》一文在《书法导报》上发表。

上级政府投资67万元，组织劳力、机械对黄金河再次整治，修建拦河坝站8道。

有少数家庭开始养"宠物狗"。

全年大旱。蓄水库塘干枯，地下水位下降。

2001年

8月1日，降暴雨，伴有8级大风，果树、禾稼受灾严重。

金源五金交电开业，坐落于东西大街向南往东处，个体私营，经理张心波。

玉波音像店开业，坐落于东西大街街南，个体私营，经理刘玉波。

汇鑫家具店开业，坐落于西大街北，个体私营，经理王守文。

移动手机店开业，位于东西大街街南，为福山移动公司下设营业部，个体私营，王中任业务经理。

美味快餐店开业，位于东西大街东首，个体私营，李菁臣任经理。

2002年

4月，村委换届选举未果。

9月13日，村随古现镇全部划归烟台经济技术开发区。

王明东创办私营浩宇石子厂，厂址位于蓬莱。

百信超市开业，位于东西大街处，个体私营，王柏岩任经理。

村设立计划生育公益金。

2003年

4月20日，村委换届选举，王明忠当选村委主任。

9月，村委会改称"古现东村居委会"。

10月，兴建烟台开发区格瑞特砼建材有限公司，位于村东烟龙公路北侧，法人代表王建平。

11月，村注册资金千万元成立"烟台经济技术开发区东宇房地产开发有限公司"。

孚德皮鞋店开业，坐落于东西大街路南，个体私营，经理张霞。

2004年

8月，居委会决定对全村小学、初中学生免交学杂费。

开始为全村五位(女，55岁，男，60岁老人)发放养老金。

2005年

2月27日，居委会换届选举，王明忠当选，再次任居委会主任。

9月，居委会、文化大院建成。办公室、图书室、老年活动室、会议室启用。

永丰照相婚庆服务开业，位于政府西大街。

村开始对年满60周岁独生子女父母实行每人每年奖励600元政策。

2006年

6月，村投资20万元，建成体育中心，设灯光球场，配备各种健身器材。

49元服装店开业，坐落于东西大街路北处，个体私营，经理张霞。

秋，村推行"新型合作医疗"制度，参加村民达100%。

烟台经济技术开发区投资5000万元，对黄金河下游进行整修，河床及两岸河堤全用水泥灌浆、料石砌面铺就。

2007年

11月8日，居委会换届选举，王明忠当选，第三次担任居委会主任。

村奖励有独生子女证的家庭。

实行区、街道两级财政补贴的“地方新型农村社会养老保险”制度。

王明忠被烟台经济技术开发区中共古现街道工作委员会、古现街道办事处授予“优秀计划生育协会会长”荣誉称号。

王丙见被烟台经济技术开发区中共古现街道工作委员会、古现街道办事处授予“优秀计划生育专职副会长”荣誉称号。

村被烟台经济技术开发区中共古现街道工作委员会、古现街道办事处授予“计划生育先进集体”称号。

2008 年

3 月，村投资 100 万元，建设标准厂房和门市房 1800 平方米，翻新村委旧房，改成服装厂。年收租金 20 余万元。

村扩修、绿化、硬化、美化街道 1000 余米。

5 月，四川省汶川大地震，全体村民救灾捐款 23175 元，有 1 人无记名捐款 1 万元(直接捐款)。

6 月，村党支部被中共烟台市委、开发区工委授予“先进基层党组织”称号。

王明忠被中共烟台市委、开发区工委授予“烟台开发区优秀党务工作者”荣誉称号。

10 月，由政府投资重新整修村南北大街，在原柏油街面基础上改铺水泥街面。

金源窗帘厨具用品装饰炊具店开业，位于东西大街，个体私营，租赁门市，张心波任业务经理。

妇幼保健服装店开业，位于东西大街西首，个体私营，张君敏任经理。

村奖励有独生子女证的家庭。

2009 年

5 月，村投资 200 万元，延伸、硬化、修建粮食市大街，并安装路灯 22 盏。

王懿荣故居被定为区级重点文物保护单位。

村奖励有独生子女证的家庭。

2010 年

3 月，村荣获烟台市“城市型示范村”五星级称号。

4 月，村荣获烟台市“人口和计划生育先进集体”称号。

5 月 3 日，村党支部和居委会换届选举，王明忠第四次担任党支部书记和居委会主任。

6 月，村党支部获烟台市“先进基层党组织”称号。王明忠获嘉奖奖励。

10 月，全村村民转为非农业人口，共计 1100 人。

村奖励有独生子女证的家庭。

王明忠荣立三等功。

2011 年

1 月，开发区修古现六路，征村土地 18.67 公顷。

3 月，村荣获“山东省农村优秀文化团队”称号。

4 月，村委荣获“全区人口和计划生育工作先进集体”称号。

5 月，开发区修上海大街，征村土地 20 公顷。

6 月，村投资 20 万元，对尚未硬化的街道进行硬化、绿化。

村党支部被中共烟台市委授予“烟台市先进基层党组织”称号。

9 月，村委投资 20 余万元，改造翻新集体旧房 400 平方米。同时，完成古现六路工程、福利中心土方工程，增加集体收入 20 余万元。

10 月，村举办第一届老年节，并隆重表彰经“两推一选”产生的“好媳妇”“好婆婆”。

12 月，村委荣获“全区普法依法治理工作先进集体”称号。

村奖励有独生子女证的家庭。

2012 年

2 月,村荣获“全省妇联基层组织建设示范村居”称号。

3 月,村委荣获“履行社会责任三十佳村居”称号。

村根据办事处统一部署,历时 8 天,清明节前完成旧坟集体搬迁落山坡任务。

4 月,村委被中共烟台市委、市政府授予“文明社区”和“社会主义新农村建设城区型示范村”称号。

6 月,村投资 20 余万元,完成王懿荣故居前大街与胜利村连接段和市集大街南接长江路的硬化、绿化工程,全村街道硬化率已达 98%。

9 月,村承接的上海大街绿化土方和福利中心土方等工程,增加集体收入 25 万元。

10 月,村举办第二届老年节,表彰“好媳妇”与“和谐家庭”。

12 月,村在保证失地农民“两保一补”待遇有效落实的基础上,积极推行“新农合”“新农保”,全村居民参保率已达 96%。

村老年体协荣获区“先进单位”称号。

村奖励有独生子女证的家庭。

第一章　村庄沿革

第一节　地理位置

古现东村位于北纬37°34′、东经121°07′，为古现街道办事处驻地。古现东村：东距烟台经济技术开发区工委、管委行政中心办公大楼10千米；西距蓬莱阁50余千米；北临黄海套子湾；南依凤凰山和崮岂山；地处磁山之东。

古现东村东邻曲家庄和张家庄；西与古现西村为界；南到凤凰山南麓，与东龙夼村为界；北至黄金河。总面积2.64平方千米。

村聚落呈长方形，东西最大距离1500米，南北最大距离1000米。有东西向主街6条，南北向主街5条。

古现东村交通便捷，四通八达：北临成（威海成山头）龙（龙口）公路和上海大街，南接横贯东西的开发区长江路，东靠纵贯南北的开发区湘潭路，西接中（栖霞中桥）古（古现）公路。

第二节　隶属变更

古现东村在商、西周时为莱国地；春秋时为牟子国迁徙地；战国时为齐康公食邑；秦时为齐郡腄县地。

古现自公元前770年（春秋）先民建村，迄今（2012年）已有2782年历史。

古现东村全貌图（含古观西村、北斗村、胜利村）

古现自西汉元朔三年(公元前126年),经东汉、三国、西晋、东晋至南北朝北齐天保七年(556),先后隶属青州东莱郡(西汉、东汉)、长广郡(三国)、东莱国(西晋)、东牟郡(西晋)。东牟郡为西晋武帝司马炎泰始元年(265)置,治所在牟平县(今古现),不久废。北魏明元帝拓跋嗣泰常五年(420),复置东牟郡,治所在牟平县(今古现),属光州。北齐天保七年(556),东牟郡并入光州长广郡。南北朝北齐文宣帝天保七年后,牟平县治所迁至蓬莱境。北齐后主天统四年(568),分牟平、观阳两县地,置文登县。时分牟平县东及南部为文登县隶,西、北部仍为牟平县隶,故村先后为青州东莱郡牟平、文登县地。高齐以后,经北周至隋朝仍属东莱郡牟平、文登两县;唐至五代,先后分属河南道登州的牟平、文登、清阳、蓬莱诸县;北宋分属京东北路及登州东牟郡所辖的蓬莱县、牟平县;金天会九年(1131),割蓬莱东境与牟平西境置福山县,村隶属山东东路登州福山县;元隶属般阳路登州福山县;明隶属山东布政司登州府所辖的福山县;清隶属山东行省登州府所辖的福山县。中华民国初年,隶属胶东道福山县;民国14年(1925)隶属东海道福山县;民国17年(1928)直属山东省政府所辖的福山县。民国34年(1945)8月福山解放后,随属胶东行政公署北海专署辖之福山县。国民36年(1947)11月,村随福山划归山东省烟台市所辖;民国37年(1948)10月,福山二次解放后,仍属胶东行政公署北海专署辖福山县;1950年5月,北海专署撤销,随福山划归文登专区;1956年4月,文登专区并入莱阳专区后,随属莱阳专区;1958年10月,莱阳专区改称烟台专区,同时撤销福山县建制,并入烟台市,随属烟台专区;1962年4月,恢复福山县,仍属烟台专区所辖;1983年11月,烟台地区改为烟台市,撤销福山县建制,改为烟台市辖福山区,村随属福山区;2002年9月11日,古现镇从福山区析出,划归烟台经济技术开发区,村属古现街道办事处。

古现东村隶属变更一览表

表1-1

朝　代	年　代(年)	隶　属	治所与政府、管委行政中心驻地
商、西周	约前16世纪~前771	莱国地	
春秋	前770年~前476	牟子国	
战国	前475~前221	齐康公食邑	
秦	前221~前207	齐郡腄县	
西汉	前206~公元25	青州东莱郡牟平县	古现
东汉	25~220	青州东莱郡牟平县	
三国(魏)	220~265	青州长广郡牟平县	
西晋	265~316	青州东莱国牟平县	
东晋	317~420	东牟郡牟平县	
南北朝	420~581	东莱郡牟平县、文登县	牟平县治所先设古现,后迁今蓬莱境;文登县治所在今文登城
隋	581~618	东莱郡牟平县、文登县	郡治在掖县

续表 1-1

朝　代	年　代	隶　属	治所与政府、管委行政中心驻地
唐	618~907	登州牟平、文登、清阳、蓬莱县	州治在蓬莱城，牟平县治在今牟平城，清阳县治在今福山城
五代	907~960		
北宋	960~1127	东牟郡牟平县、蓬莱县	州、郡治在蓬莱城
南宋、金	1127~1279（1131年置福山县）	登州福山县	州、府治在蓬莱城，福山县治在福山城
		登州福山县	
元	1271~1368	登州府福山县	
明	1368~1644	登州府福山县	
清	1644~1911	胶东道福山县	
中华民国	1912~1924	东海道福山县	福山城
	1925~1927	直隶山东省福山县	
	1928~1945.07	胶东行政公署北海专署	
	1945年8月~1947年8月	直隶山东省烟台市	
	1947年9月~1948年9月	胶东行政公署北海专署	县人民政府移至县南境
	1948年10月~1949年9月		县人民政府迁回福山城
中华人民共和国	1949年10月~1950年4月	胶东行政公署北海专署	县人民政府迁回福山城
	1950年5月~1956年3月	文登专区福山县	福山城
	1956年4月~1958年9月	莱阳专区福山县	
	1958年10月~1962年3月	直隶烟台专区烟台市	
	1962年4月~1983年10月	烟台专区福山县	福山城
	1983年11月~2002年8月	烟台市福山区	
	2002年9月~	烟台经济技术开发区	管委行政中心在海河社区中部

第三节　行政区划

明洪武九年（1376），始行保社制，以保领社，以社辖村。明万历十年（1582）以前，福山县设4保（东北保、东南保、西南保、西北保）29社（东关厢社、西关厢社、务本社、芝水社、北诸社、芝罘社、唐家夼社、黄务社、涂山社、兜余社、陌堂社、水都社、集贤社、南诸社、黑石社、留公社、马山社、桃园社、朱丛社、虎窠社、义井社、杜家庄社、胡家岛社、次兴社、巨夆社、牟城社、古现社、孙夼社、八角社），村属古现社。明万历十年（1582）以后，四保沿之，29社调整为23社，将东北保的北诸社并入芝罘社，唐家夼社并入黄务社；西南保的桃园社并入朱丛社，义井社并入杜家庄社；西北保的次兴社并入巨夆社，孙夼社并入八角社。时古现村属西北保的古现社。

清基本沿袭明制，保社划分基本同明万历十年(1582)前，除北诸社外，唐家夼社、桃园社、义井社、次兴社、孙夼社全部恢复，并增设福中社、奇山社，将虎窠社改名为其相社，福山县共设4保30社。时村仍为福山县西北保的“古现社”建制。清光绪三十四年(1908)，废保社制，县下设区，全县划为20个区。时村属古现区(以地名名区)，此政区一直延至民国21年(1932)秋。

民国21年(1932)秋，建制改为区、乡制，区下设乡，以乡领村，村下设闾，闾下设邻。时村属福山县第五区(以序数名区，区公所驻古现村)古现乡。民国23年(1934)，烟台成立特区后，福山县仍设5个区，将1个镇43个乡调整为4个镇39个乡，以乡镇领村。时原“古现乡”改为“古现镇”，村属第五区古现镇。第五区领2个镇(古现镇、八角镇)、8个乡(臧家乡、林家乡、李家乡、奇章乡、舒家乡、河北乡、刘家乡、官庄乡)。

民国25年(1936)下半年，推行梁漱溟的“乡村建设”实施方案，福山县5个区改为5个乡农学校，撤销区公所，村属乡农学校管辖。民国26年(1937)抗战爆发后，撤销乡农学校，恢复区、乡制，村仍属第五区古现镇。抗战时期，国民党县政府和日伪县政府在其统治区内实行保甲制，并用一套乡保政权组织，百户为保，10～20户为甲。民国30年(1941)，抗日民主政府成立后，福山县划为8个区(以序数名区)。民国33年(1944)9月至民国37年(1948)，又改为以地名区。其间，政区划分先后有所调整，最多到11个区(狮子山区、门楼区、旺远区、宅院区、芝水区、疋山区、古现区、奇章区、芝阳山区、蓁山区、铁口区)。民国34年(1945)，古现村按方位划分为三个行政村，分为古现东里、古现西里、古现北里。本村在东，称古现东里。分村后隶属仍为古现区。民国37年(1948)古现东里改称古现东村，沿用至今。

1949年10月1日，中华人民共和国建立后，福山县共设10个区，又改为以序数命名，古现东村属福山县第七区(区公所设在古现东村)。

1951～1954年，区下设乡，村为第七区古现乡。七区下辖古现、三十里堡、湘里、孙家疃、山王家、臧家、河北、辛店、刘家、泊子、八角、官庄、百堡13个乡。1955年，区名又由以序数命名改为以地名命名，七区改为古现区，村隶属未变。1956年7月，撤销福山县原有区、镇、乡，全县设1个城厢镇和20个大乡(兜余、许家、门楼、旺远、黄山、张格庄、西牟、谭家庄、高疃、权家、王家疃、宅院、留公、奇章、臧家、大王家、八角、古现、黄务、绍瑞口)，村属古现乡。1958年8月，废除乡、镇制，实行人民公社制。福山县成立5处人民公社(古现、高疃、门楼、谭家庄、福山镇)，村属古现人民公社。是年10月，福山县撤销，村随古现人民公社并入烟台市辖。1962年4月复县后，村隶属同前，仍为福山县古现人民公社。

1983年11月，撤销福山县建制，改为烟台市福山区。1984年4月，改人民公社建制为乡、镇建制，设乡、镇人民政府，生产大队改为行政村，设村民委员会，村属福山区古现镇。

2002年9月11日，撤销古现镇，将其划归烟台经济技术开发区，设烟台经济技术开发区古现街道办事处，古现东村为古现街道办事处管辖，村委会改居委会。

古现东村村碑

明朝万历十年(1582)后古现东村所属行政区划一览表

表1-2

朝代	时间	区划名称	所辖村庄
明朝	万历十年(1582)	西北保	韩家岛、洋家岛、刘家帐子、盐场、宋家疃、泊子、舒家、小陈家、刘家台、杨家台、宫家台、曲家台、栖里、相庄、垆上、韩家店、廒上、奇章、车家、弥都屯、岗嵛、黄家、刘家埠、楮家疃、小河子、十里堡、招贤、巨夆李家、臧家、大杨家、小杨家、南于家、北于家、马家、林官庄、张家、李家、小王家、上林家、下林家、洋家、梁家、大王家、上院下、下院下、北宋家、南宋家、棘子夼、皂户头、三十里堡、曲家庄、南夼董、南夼王、南夼吴、南夼徐、南夼李、南夼郭、汪家沟、古现、大河北、花岩、臧家、谭家、陈家沟、郑家庄、百堡、石屋营、八角、峰台、上刘家、陡崖、芹子口、辛店、绿杨寨、官庄、汪家、汤家、侯家、泊子
清朝	光绪三十四年(1908)	古现区	皂户头、三十里堡、曲家庄、邱家庄、南夼董、南夼王、南夼吴、南夼徐、南夼李、南夼郭、汪家沟、东龙夼、古现、大河北、花岩、臧家、谭家、陈家沟、石岚、小臧家、百堡、石屋营、黄庄
中华民国	1934年	第五区(辖2镇8乡)	古现镇:河北刘家、邱家庄、古现、东龙夼、张家庄、曲家庄
			八角镇:八角、八角口、小赵家、泊子
			臧家乡:石岚、臧家、谭家、陈家沟、汪家沟、郭家、李家、吴家、山王家、徐家、张家、小臧家、董家
			林家乡:潘家、上林家、张家、吴家、大院下、小院下、棘子夼
			李家乡:陈家、梁家、大王家、李家、北宋家、南宋家、孙家、南于家、马家、北于家、下林家
			奇章乡:岗嵛、弥都屯、车家、上庄、奇章
			舒家乡:曲家台子、杨家台子、刘家台子、宫家台子、栖里、廒上、小陈家、舒家、泊子、蒲湾、垆上
			河北乡:河北、三十里堡、皂户头、林官庄、小王家
			刘家乡:上刘家、下刘家、陡崖、黄庄、石屋营、百堡、花岩
			官庄乡:青上、峰台、于家、侯家、汤家、汪家、叶家、官庄、芹子口、辛店、郑家庄
	1947年	古现区	于家、泊子、小赵家、八角、八角口、侯家、汤家、汪家、叶家、峰台、青上、上刘家、下刘家、郑家庄、辛店、芹子口、陡崖、花岩、百堡、石屋营、官庄、黄庄、石岚、小臧家、臧家、小谭家、谭家、邱家庄、河北刘家、河北、三十里堡、皂户头、大庄、小庄、古现、陈家沟、李家、郭家、山王家、山吴家、汪家沟、张家、徐家、东龙夼
中华人民共和国	1949年10月	第七区	于家、泊子、小赵家、八角、八角口、侯家、汤家、汪家、叶家、青上、官庄、峰台、上刘家、下刘家、郑家庄、辛店、芹子口、陡崖、花岩、百堡、石屋营、黄庄、石岚、小臧家、臧家、小谭家、谭家、邱家庄、河北刘家、河北、三十里堡、皂户头、曲家庄、张家庄、古现、陈家沟、李家、郭家、山王家、山吴家、汪家沟、张家、徐家、东龙夼

续表 1－2

朝代	时间	区划名称	所　辖　村　庄
中华人民共和国	1955 年	古现区	于家、泊子、小赵家、八角、八角口、侯家、汤家、汪家、叶家、青上、官庄、峰台、上刘家、下刘家、郑家庄、辛店、芹子口、陡崖、花岩、百堡、石屋营、黄庄、石岚、小臧家、臧家、小谭家、谭家、陈家沟、邱家庄、河北刘家、河北、三十里堡、皂户头、曲家庄、张家庄、古现、李家、郭家、山王家、山吴家、汪家沟、张家、徐家、东龙夼、肖古家、大谷家、曲家沟、肖家沟、湘里、李家沟、孙家疃
	1958 年 8 月	古现人民公社	古现东村、古现西村、胜利、北斗、石岚、陈家沟、西臧家、小臧家、小谭家、谭家、河北刘家、河北、曲家庄、张家庄、三十里堡、皂户头、林官庄、北于家、南于家、马家、小王家、陈家、孙家、大王家、东龙夼、梁家、四合村、东吴家、林家、东张家、潘家、棘子夼、院下、郭家、李家、南张家、山王家、山吴家、徐家、汪家沟、邱家、八角口、侯家、于家、汤家、泊子、叶家、汪家、小赵家、八角、青上、辛店、官庄、芹子口、峰台、陡崖、上刘家、下刘家、郑家庄、百堡、石屋营、黄庄、花岩
	1970 年 7 月	古现人民公社	古现东村、古现西村、胜利、北斗、石岚、陈家沟、西臧家、小臧家、小谭家、谭家、河北刘家、河北、曲家庄、张家庄、三十里堡、皂户头、林官庄、北于家、南于家、马家、小王家、陈家、孙家、大王家、东龙夼、梁家、四合村、东吴家、林家、东张家、潘家、棘子夼、院下、小院下、郭家、李家、南张家、山王家、山吴家、徐家、汪家沟、邱家庄
	1984 年 4 月	古现镇	古现东村、古现西村、胜利、北斗、石岚、陈家沟、西臧家、小臧家、小谭家、谭家、河北刘家、河北、曲家庄、张家庄、三十里堡、皂户头、林官庄、北于家、南于家、小王家、陈家、孙家、大王家、东龙夼、梁家、四合村、东吴家、林家、东张家、潘家、棘子夼、院下、郭家、李家、南张家、山王家、山吴家、徐家、汪家沟、邱家
	2000 年 12 月	古现镇	古现东村、古现西村、胜利、北斗、石岚、陈家沟、西臧家、小臧家、小谭家、谭家、河北刘家、河北、曲家庄、张家庄、三十里堡、皂户头、林官庄、北于家、南于家、小王家、陈家、孙家、大王家、东龙夼、梁家、四合村、东吴家、林家、东张家、潘家、棘子夼、院下、小院下、郭家、李家、南张家、山王家、山吴家、徐家、汪家沟、邱家、八角口、侯家、于家、汤家、泊子、叶家、汪家、小赵家、八角、青上、辛店、官庄、芹子口、峰台、陡崖、上刘家、下刘家、郑家庄、百堡、石屋营、黄庄、花岩
	2002 年 9 月	古现街道办事处	古现东村、古现西村、胜利、北斗、石岚、陈家沟、西臧家、小臧家、小谭家、谭家、河北刘家、河北、曲家庄、张家庄、三十里堡、皂户头、林官庄、北于家、南于家、小王家、陈家、孙家、大王家、东龙夼、梁家、四合村、东吴家、林家、东张家、潘家、棘子夼、院下、郭家、李家、南张家、山王家、山吴家、徐家、汪家沟、邱家、八角口、侯家、于家、汤家、泊子、叶家、汪家、小赵家、八角、青上、辛店、官庄、芹子口、峰台、陡崖、上刘家、下刘家、郑家庄、百堡、石屋营、黄庄、花岩
	2008 年 10 月	古现街道办事处	古现东村、古现西村、胜利、北斗、石岚、陈家沟、西臧家、小臧家、小谭家、谭家、河北刘家、邱家、河北、曲家庄、张家庄、三十里堡、皂户头、林官庄、北于家、南于家、小王家、陈家、孙家、大王家、东龙夼、梁家、四合村、东吴家、林家、东张家、潘家、棘子夼、院下、郭家、李家、南张家、山王家、山吴家、徐家、汪家沟

第四节　村名由来

古现东村，由古现村析出。古现，原称“古县”（又作古岘）。

“古县”由来　自西汉元朔三年（公元前126年）至北齐天保七年（556），古牟平县（因牟山即磁山以东为平泊而得名）治所均设于古现村，古现是后起之名，原称“古县”。以“古县”称村，表示此村从古至今，历史久远，且为县治。县治一般设在发达地区，古现建村当早于古牟平县建制很久，只是后来因县治居此，加之福、蓬、栖三县人皆到这里赶“古县集”，时间既久，县名称之日著，村名随之淡化，终被“古县”取代，原村名却不知为何。

古现由来　汉代以降，山东王氏家族已达十八个之多，胶东古现王为十八大家族之一。至明洪武年间登宁盐课司大使王忠定居河北村，繁衍生息，兴为望族；王忠“再传之后以明经登仕，版官县令者踵相接”。至乡贤王道增更是声望日隆，有口皆碑，以致“古县”这个地名也因之而衍为“古现”。福山第一部县志——明万历《福山县志》即将“古县”记为“古现”。

古现东村由来　民国34年（1945），古现村按方位划为3个行政村，分别为古现东里、古现西里、古现北里。今之古现东村即昔之古现东里。民国37年（1948）古现东里又改为古现东村，一直沿用至今。

第二章　自然环境

古现东村,南依崑崳山脉之凤凰山,西临磁山和南夼河,北有黄金河和黄海套子湾,东呈一片平川,山清水秀,地灵人杰。

第一节　地质地貌

古现东村处于胶东地盾的胶北北隆起区,基底长期隆起。出露的地层主要为元古的变质岩系。分布最广的地层为粉子山群,次之为新生代第四纪地层,少量为蓬莱群。褶皱、韧性剪切带及断裂构造较发育。岩浆活动以发育元古代和中生代侵入岩为特征。

地质　村域以西至磁山以东为新太古代胶东群,出露该群下部的庙家岩组(Ar_4JM)呈包体状分布于元古代花岗岩体中,岩性为斜长角闪岩、角闪变粒岩夹黑云变粒岩。

村域内地层为"古元古代粉子山群"中的一部分,地层呈近东西走向,由下而上出露张格庄组、巨屯组和岗嵛组。张格庄组出露二段和三段,二段岩性为透闪岩、透辉岩夹透闪大理岩,厚度244米;三段岩性为白云石大理岩、方解石大理岩夹薄层二云片岩,厚度404米。巨屯组划分为两段:一段岩性为含石墨黑云变粒岩、透闪变粒岩夹透镜状含石墨大理岩,厚度185米;二段岩性为含石墨大理岩、含石墨黑云变粒岩,厚度167米。岗嵛组划分为两段:一段岩性为二云片岩、黑云片岩夹黑云变粒岩,底部夹透镜状透闪大理岩,厚度562米;二段岩性为疙瘩状矽线二云片岩、二云片岩夹黑云变粒岩,底部薄层长石石英岩,厚度为319米。

村域以南至洪钧顶一带为古元古代蓬莱群,角度不整合于粉子山群之上。出露该群为豹山口组和辅子夼组。豹山口组可划分为三个段:一段岩性为千枚状板岩、钙质板岩夹千枚状大理岩,底部薄层长石石英岩,厚度79米;二段岩性为绢云绿泥大理岩夹板岩,厚度107米;三段岩为紫红色厚层板岩、钙质板岩、硅质板岩,厚度239米。辅子夼组亦划分为三个段:一段岩性为厚层石英岩夹硅质板岩、泥质板岩,厚度77米;二段岩性为厚层板岩夹薄层石英岩,厚度45米;三段岩性为厚层石英岩、长石石英岩夹薄层板岩,厚度97米。

村域山间河谷及沿海平川为第四纪松散堆积物。可划分为山前组、临沂组、寒亭组、沂河组及旭口组。山前组分布于村域以西的山前地带,岩性为含砾砂质粘土、粘土质粉沙砾石层,成因为残破积,形成时代为更新统——全新统,厚度10米~15米。临沂组分布于前冲积平原及大河流两侧一组阶地,岩性为砂质粘土、粘土质粉砂夹砾石层,成因为冲积,形成时代为全新统,厚度3.80米~5米。寒亭组分布于沿海地带,岩性为混粒长石石英砂、细粒长石英砂,成因为风积,形成时代为全新统。沂河组分布于现代河流的河床及河漫滩,岩性为含砾混粒砂,成因为冲积,形成时代为全新统,厚度<10米。旭口组分布于沿海地带,岩性为混粒砂、含粒细砂夹海积淤泥,成因为海积,形成时代为全新统,厚度10米~15米。

村域内褶皱、韧性剪切带及断裂构造较发育。

褶皱按其展布方向可划分为近东西向褶皱和北东向褶皱。村域以东的岗嵛组地层走向近东西，属于和平背斜的北翼，该背斜的核部为巨屯组（位于村域外），北翼为岗嵛组（位于村域外），岩层倾向北，倾角25度～35度。北东向褶皱主要有洪钧顶（位于村域外）向斜，分布于西南部洪钧顶一带，向斜的核部为辅子夼组，翼部为豹山口组，枢纽走向60度。

村域内以北东向断裂最为发育，次有近南北向和北西向。北东向断裂（30度～60度）规模比较大，走向上可延伸几十千米。断裂多倾向南东，部分为北西，具有长期多次活动的特点。晚期则表现为压扭性。

村域南为洪钧顶韧性剪切带，走向北东，性质为自南东向北西顺层滑脱式。

村域东至大王家周围为古元古代侵入岩，该侵入岩为双顶超单元，其中龙王山单元岩性为含电气石伟晶花岗岩。该期岩浆活动表现为结构演化的特点。

新元古代侵入岩为玲珑超单元，分布于境西至牟山（磁山）以东，岩性为弱片麻状细中粒含石榴二长花岗岩、不等粒伟晶花岗岩。

地貌　古现东村属典型的丘陵海滨地形。南依凤凰山，向北延伸为海滨平原，地面平坦，微向海面倾斜；东北距黄海套子湾1.50千米，整体地势南部高而北部低。村域内丘陵地与海滨平原泊地相连，村北的黄金河由西迤东而过，洪枯有变，主支河流与沟渠网络地面，水流入海，形成了三份山地七份泊地的地形特点。

第二节　山川河流

村域面积除村聚落南部少量属丘陵区域外，村聚落以东和以北，多数为平展坦阔的沿海平原地带，俗称“古现泊”。海拔均在1米～10米以内，地面坡度小于2度，成土母质为第四纪冲积物和海冲积物，土层深厚，土质肥沃。村平原泊地，北至黄金河以南，东到曲家庄、张家庄，东西长1500米，南北长1000米，总面积为46.67余公顷。村南部丘陵区域，南与东龙夼村为界，东到潘家道为界，西与古现西村为界，总面积66.67余公顷。

村域地表水主要为客水补给，年际变化大。境内地势南部高，东部、北部低。由蓬莱市进入客水量多年平均563.40万立方米，平水年（50%）为501.43万立方米，偏枯年（75%）为318.32万立方米，主要补充村北黄金河，然后直入黄海。

村域径流量季节性变化大，正常降水年份，黄金河夏、秋两季有水，冬、春两季干涸或小流。多年平均径流量深216.30毫米，径流系数0.30。多年平均径流量为1.34亿立方米。最大值1964年为2.41亿立方米，是多年平均值的1.80倍。最小值1968年为1.03亿立方米，是多年平均值的81%，最多值的45%。径流年际变化造成丰枯水量相差悬殊，丰水年大量溢水，形成洪涝灾害；枯水年塘坝干涸，河流断水，形成旱灾。

村域内为第四纪洪积层中的孔隙水，分布于村中、北、东部地带，为海积及河积冲积而成。具有水位高、水层厚、蓄量大、矿化度低（<3克/升）等特点。含水层岩性为粉细砂、中细砂，颗粒均匀，分选性好，厚度一般在2米～12米，水位埋深1.50米～2.50米。单井出水量小于100立方米/日。机井开采深度30米～40米。

村域东北部地下水丰富，机井水是地表水补给源，其中较旺的有：川道机井、碱地机井、长心地机井等，平均井开采深度15米，水位埋深8米，单井出水量不少于100立方米/日，灌溉土地面积66.67公顷。

村域水质为山前冲洪积平原区和沿海海积平原区两类。山前冲洪积平原区，地下水化学类型为Cl（氯）、$H_2CO_3^-$（碳酸根离子）、Ca（钙）、Na（钠）或Cl（氯）、$H_2CO_3^-$（碳酸根离子）、Na（钠）、Ca（钙）型，矿化度0.37～1.23克/升；沿海海积平原区，主要为孔隙水，地势较缓，地下径流缓慢，地下水化学类型为Cl（氯）、Na（钠）型和Cl（氯）、Ca（钙）型，矿化较高，为0.61克/升～1.75克/升，总硬度和氯离子虽高于饮用水标准，但仍属较好水。

村域为低山丘陵、山涧谷地及山前平原，地下水物理性质符合饮用水标准，有害离子未检出或超标，卫生条件尚好，属中性、低矿化水，可直接作饮用水。在沿海海积平原的近海地带，分布有 Cl（氯）、Na（钠）型水，氯离子含量高，大于 0.20 克/升，矿化度大于 1 克/升，总硬度达 30.86 德国度～33.96 德国度，不宜直接长期作饮用水。村民院内所凿压水井，由于厕所、猪圈等污染，地下水三氮（NH_4^+ 氨根离子、NO_2^- 亚硝酸根离子、NO_3^- 硝酸根离子）含量及六价铬超标，氢化物、砷等也有检出，不宜作饮用水。

凤凰山　坐落于村南的一座名山，属崮岜山系，呈东西走向，南北宽 1 千米，东西长 2 千米，海拔 136.40 米。山有三顶，中高东西低，形似凤凰展翅，故名。昔日，西峰顶有石潭，常年有水。山上树木茂密，后屡遭砍伐。新中国成立后，不断加强山林保护和种植，20 世纪 90 年代，凤凰山的植被覆盖率达到 95% 以上，尤其山半腰以上，60 年代所植松树，挺拔茂密，翠绿一片。

凤凰山之阳

黄金河　村域内主要河流为黄金河，史称“古现河”，因河沙中含金，有人在河中淘过金，故名。黄金河为古现街道办事处境内两大独立水系之一（另一水系为柳林河），属季节性河流，其水源依靠降水补给为主，春季河流断水干涸，汛期河水暴涨。黄金河上游有西、南两个支流：西支流发源于磁山和蓬莱市尖顶山东麓，由石岚村西入古现街道办事处境内东下；南支流发源于磁山东麓和洪钧顶北麓，于山王家村北合流北下。西、南两支流在村域西北部汇流东下，经三十里堡村西转北入黄海。黄金河全长 9750 米，河床宽 80 米，流域面积 78 万平方米。在村域内长 2000 米，流域面积约 16 万平方米。黄金河源短流急，汛期洪水暴涨暴落，含沙量大。洪峰期径流量为 210 立方米/秒。

黄金河输沙率的年内分配与降水量、径流量的年内分配相适应，大都集中于汛期，河流泥沙是水浊的主要原因；地表水温，多年平均为 12.50℃，结冰始于 11 月 17 日，终于次年 3 月 26 日，冰冻期一般为 135 天，冻土深最大为 0.60 米左右。

第三节　土壤植被

土壤　村域土壤属“棕壤亚类（Ac）”和“潮棕壤亚类（Ae）”两种。

棕壤亚类（Ac）　俗称黄堰土、黄粘泥、黄泥头等。剖面特征：通体以棕色或棕褐色为主；心土层粘重、紧实；在自然剖面上“剥离”，结构为柱状或扁柱状，垂直裂隙明显，“破碎”结构为棱块状；结构面多覆被铁锰胶膜。分布于村域山丘中下部及地形较高的坡麓地上，垂直分布在潮棕壤之上，棕壤性土质下，成土母质为酸性岩或基性岩的残积或洪积冲积物。土体厚或深厚不受地下水影响，表层土较疏松，质地较轻，有一定程度的水土流失，易旱易涝，肥力一般。利用现状主要是粮、油轮作和果树种植。

村域内棕壤亚类（Ac）代表土种举例：

剖面 16－02－40 号。

地点：自村南距凤凰山 N28°E1050 米，海拔 135 米以下的缓坡上。母质为洪积冲积物，农业利用方式为小麦、玉米。土层深厚，质地适中，浇水条件差，有旱涝威胁，土壤肥力一般，亩产小麦 200 千克，玉米 325 千克。发展水利和增施肥料是提高生产性能的主要措施。

剖面形态：

0 厘米 ~ 22 厘米浅棕色，质地轻壤，屑粒结构，多孔隙，疏松，植物根和动物穴多。

22 厘米 ~ 85 厘米棕色，质地中壤，碎块结构，紧实，孔隙、植物根和动物穴少，有少量的铁锰结核。

85 厘米 ~ 150 厘米褐棕色，质地重壤，块状结构，紧实，孔隙、植物根和动物穴少，有较多的铁锰结核。

古现东村棕壤亚类土理化性状表

表 2 - 1

项目 \ 指标 \ 土层		层级厘米		
		0 ~ 22	22 ~ 85	85 ~ 150
质地	1 毫米 ~0.01 毫米	70.90	59	
	<0.01 毫米	30.10	41.10	
有机质%		0.98	0.77	0.55
全氮%		0.06	0.05	0.04
全磷%		0.06	0.04	0.03
碱解氮 ppm		50	34	26
速效磷 ppm		4	1	1
速效钾 ppm		55	57	75
代换量 me/100g		6.10	11.00	10.60
砾石含量 >1 毫米		10.50	13.70	15.80
容重克/立方厘米		1.37	1.46	
土壤空隙度%		48.30	45.44	
毛管孔空隙度%		32.67	28.94	
通气孔隙度%		15.63	16.50	
PH 值		6.30	6.50	6.50

潮棕壤亚类（Ae）　俗称黑黄土、老黄土、油黄土等。分布于村域地势缓平的泊地上，所处地形部位在棕壤亚类之下，地下水位 3 米左右，水质良好。剖面一米以下有铁锈斑纹，有明显的附加潮土成土作用。成土母质为洪积冲积物，土层深厚，土壤肥力高，适种作物广，生产性能居棕壤土类三个亚类之首位。利用现状主要是种植玉米、小麦，一年两熟。面积 40 公顷，占总面积 60%。

村域潮棕壤亚类（Ae）代表土种举例：

剖面 16 - 08 - 12 号。

地点：村域东北部一带，距村东 N30°1030 米，海拔 5 米以下的泊地上。地下水位深 3.50 米，母质为洪积冲积物。农业利用方式为小麦、玉米。土体深厚，质地适中，地下水位较高，浇水条件良好，施肥量较大，土壤肥力高，生产性能好，适种作物广，亩产小麦 375 千克 ~ 400 千克，玉米 425 千克。

剖面形态：

0 厘米 ~ 19 厘米暗棕色，轻壤土，粒状结构，土壤疏松，孔隙、植物根系和动物穴多。

19 厘米 ~ 43 厘米棕色，轻壤土，碎块状结构，较紧实，孔隙、植物根系和动物穴少。

43 厘米 ~ 98 厘米深棕色，轻壤土，碎块状结构，较紧实，孔隙、植物根系和动物穴少。

98 厘米 ~ 150 厘米灰棕色，轻壤土，碎块状结构，较紧实，孔隙、植物根系和动物穴少，有铁锈斑纹。

古现东村潮棕壤亚类土理化性状表

表 2 - 2

项目 \ 指标 \ 土层		层级厘米			
		0 ~ 19	19 ~ 43	43 ~ 98	98 ~ 150
质地	1 毫米 ~0.01 毫米	73.30	81.40	80.30	82.50
	<0.01 毫米	26.70	18.60	19.70	17.50
有机质%		0.93	0.57	0.42	0.41
全氮%		0.06	0.03	0.03	0.03
全磷%		0.05	0.04	0.03	0.03
碱解氮 ppm		45	30	26	16
速效磷 ppm		1	1	1	0.40

续表 2-2

项目＼指标＼土层	层级厘米			
	0～19	19～43	43～98	98～150
速效钾 ppm	54	38	35	37
代换量 me/100g	10	8.80	7.50	6.80
砾石含量>1毫米	12.10	11.20	10.07	15
容重克/立方厘米	1.29	1.32	1.39	
土壤空隙度%	51.32	5.19	45.32	
毛管孔空隙度%	30.51	28.14	27.30	
通气孔隙度%	20.81	22.05	18.02	
PH 值	6.40	6.20	6.50	6.50

植被　村域自古至今生长着多种自然植被。类型有温带常绿针叶林，如松、赤松、侧柏等；温带落叶阔叶林，如柞树、杨、柳、刺槐、楸树、香椿、臭椿、泡桐、法桐、芙蓉树、榆树等；草甸植被，如羊胡子草、黄背草、白茅、马唐、狗尾草、马齿苋等；灌木，酸枣（俗称棘子）、胡栀子、蜡条、荆条等；落叶藤木，葛藤、山葡萄等；草本植物，野菊、艾、鬼针草、芦苇等。

村人历代都有植树造林的传统，还有在房前屋后栽植梧桐等成材树或各种果树的习惯，形成山青村绿的格局。新中国成立以后，林果业迅速发展。1950 年村有林地（包括自然植被、人工栽植果树等）面积 2 公顷，1958 年有林地面积 5.34 公顷，1965 年有林地面积 10 公顷，1979 年有林地面积 13.34 公顷，1995 年有林地面积 16.67 公顷，2002 年有林地面积 20 公顷，2012 年有林地面积 13.34 公顷（因占地减少），植被覆盖率 95%。

第四节　物产资源

物产　村域内野生动物鸟类有 30 科 50 多种，主要有苍鹰、雀鹰、埃及夜鹰、普通鹰、猫头鹰、金雕、山鸡、石鸡、野鸡、花田鸡、燕子、家燕、白腰雨燕、大雁、白鹅雁、云雀、麻雀、黄雀、大山雀、燕雀、金翅雀、喜鹊、乌鸦、斑鸠、杜鹃、长耳、鹌鹑、布谷鸟、灰喜鹊、山鹊、蝙蝠、岩鸽、白鹭、天鹅、红隼、戴胜、海鸥、银鸥、燕鸥、虎纹伯劳、黄鹂、寿带、黄眉、鸽子、柳莺、啄木鸟及其他季候鸟等。

村域内兽类有狐狸、山狸、獾、刺猬、黄鼠狼、野兔、狼（古有今无）等。

村域内虫类有白蛇、青蛇、毒蛇、鼠、大小仓鼠、田鼠、褐家鼠、蝎、蟾、山蚕、鸣蝉、蝴蝶、螳螂、蜻蜓、蜘蛛、蚯蚓、蜂子、青蛙、蝼蛄、蜥蜴、蟋蟀、蚂蚁、瓢虫、金龟子、小地老虎、萤火虫、赤眼蜂、小茧蜂、蝗虫、天牛、草青蛉、豆天蛾、蚂蚱等。

村域水塘河沟里有鲫鱼、鲤鱼、鲢鱼、鳝鱼、泥鳅、白漂、虾、蟹、龟、鳖等水生类生物。

村域内植物有农田杂草 50 余种，主要有马唐、稗草、牛筋草、狗尾草、小旋花、西风古、麦蒿、芥菜、刺菜、灰菜等；山间杂草 120 多种，主要有黄背草、野谷草、臭蒿、茅草、苫草、小臭草、白羊草、山麦草、芦子草、狗尾草、田皂角、布墩草、白蒿茜、银柴胡、香茶菜、结缕草、鸡眼草、白毛草、虎尾草、水红豆、水竹子、大叶狗尾等。

村域内木本植物种类较多，主要分两大类：有用材林、经济林。解放前主要是山岚自然林木，人工林和四旁植树极少，树木种类也较少。其主要用材林树种有松、柏、槐、杨、柳、椿、榆、桑、柞等。民国时期引进刺槐、黑松、法桐、紫穗槐、加杨等；主要果树品种有苹果、梨、山楂、杏、桃、板栗、大枣、樱桃、银杏、核桃、海棠、李子、石榴、柿子、无花果等。新中国成立后，各届村政领导高度重视林业生产，不断引进新的树种和优良品种，先后引进用材林树种有泡桐、意大利杨、毛白杨等。到 1985 年，村域内果品种类达 100 余种，其中，苹果属 12 种，桃属 5 种，大樱桃属 20 种。至 2012 年果类品种达 110 多种。观赏花木和灌木种类有木槿、丁香、月季、梅花、迎春、山葡萄、山枣、鼠李、蜡条、杞柳等。

村域内常见中药材有 100 多种。

动物类主要有蝎子、土元、泥鳅、蟾蜍、蜥蜴、鸡内金、蜜蜂、蜂房、蝉蜕、全虫、蛇蜕、蜂蜡、蜂王浆、狗胃、羊肝、驴肾、蝼蛄、蜗牛等。

植物类主要有黄芩、桔梗、防风、柴胡、远志、地丁、前胡、紫参、苦参、葛根、元参、穿地龙、天花粉、紫草、芦根、山药、芍药、野百合、黄花、党参、地榆、生姜、葱根、大蒜、白头翁、玉竹、魔芋、平贝母、半夏、益母草、艾叶、桑叶、紫苏梗、蒲公英、金钱草、车前草、仙鹤草、猫眼草、鬼针草、猪毛草、三棱草、伸筋草、瞿麦、芥菜、浮萍、荆芥、葛叶、迎山红、蓖麻叶、山梗菜、爬山虎藤、马鞭草、桃仁、杏仁、核桃仁、酸枣仁、银杏仁、车前子、枸杞子、蓖麻子、山楂肉、刺槐子、绿豆、红小豆、葱子、麦芽、谷芽、小茴香、韭子、牵牛子、芝麻、松籽、槐角、黑豆、野菊花、金银花、鸡冠花、月季花、牡丹花、黄花、菊花、葵花、槐花、玫瑰花、槐米、榆皮、西瓜皮、狗奶根皮、柞树皮、桑枝、柿蒂、香椿皮等。

资源　全村土地至民国26年(1947)4月土地改革时始有统计数字。1951年村土地总面积196.43公顷(包括耕地、园地、林地、疏草地、居民点、工矿用地、交通用地、水域、未利用地),1958年土地总面积203.10公顷,1965年土地总面积202.70公顷,1975年土地总面积189.22公顷,1982年土地总面积188.40公顷,1990年土地总面积185公顷,1995年土地总面积184.33公顷,2002年9月11日,村划入烟台经济技术开发区时土地总面积183.67公顷。截至2008年12月,村土地被开发区征用46.67公顷,2012年底土地总面积98.33公顷。

1951年耕地面积162.18公顷,占土地总面积的82.56%。

1965年,耕地面积114.87公顷,占土地总面积的57%(根据1965年村各生产小队社员收益分配表得出)。

1978年耕地面积102.53公顷,占土地总面积的54%(根据1978年村各生产小队社员收益分配表得出)。

1984年耕地面积98.89公顷(根据1984年村第一轮土地承包一览表得出),占土地总面积的53%;园地面积26.67公顷,占土地总面积的14%。

2002年耕地面积89.14公顷(根据2002年村第二轮土地承包一览表得出),占土地总面积的48.50%;园地面积33.33公顷,占土地总面积的18%;林地面积(指森林地、灌木林地、疏林地、苗圃)13.33公顷,占土地总面积的7.20%(自1984年4月人民公社改镇,生产大队改行政村,土地全部承包到户。耕地利用完全由村民自己做主,村委未再进行统计)。

古现东村被征土地一览表

表2－3　　单位:公顷

年　份	征用项目	征用面积
1958年后	福山三中占地	3.38
1976年后	供销社、煤厂占地	1
1958～1985	政府占地	0.63
1958～1985	水库、塘坝占地	0.67
2002	长江路占地	12.20
2002	湘潭路占地	6.07
2002	22路	7
2002	厂企占地	21.40
2011	古现六路、上海大街	38.67

古现东村土地面积抽年统计表

表2－4　　单位:公顷

年份	耕地面积	年份	耕地面积
1951	162.18	1982	103
1958	124.53	1985	95.93
1960	127	1990	86.27(土地承包数)
1965	114.87	1995	85.60
1970	116.47	2002	89.14
1975	104.20	2008	42.07

村域水资源包括地表水和地下水，以地下水为主。地下水资源主体为第四纪浅层地下水，水资源较丰富，地下水开发率较高。村有一定蓄水能力的平塘（大口井）、机井较多，其中有：1968年修建的平塘1座，蓄水10万立方米，灌溉面积20公顷；机井5眼，1970年以后全部配套，灌溉面积33.33公顷。实行土地承包到户后，各户打机井更多。根据有关资料推算，村域内年平均水资源总量基本上可保证农业生产和群众生活用水。黄金河上现有8道拦水坝涵养水源。

第五节　气候灾害

气候　村地处沿海，属北温带季风型大陆性气候，具有四季变化分明的气候特点。春季3～5月，前期冷，暖空气交替频繁，气候多变。后期偏南风日数增多，气温回升较快，气压渐降，蒸发加快，降水较少，约占全年的15%，多风少雨，易旱。夏季6～8月，受太平洋气候影响，空气湿润多雨，降水量约占全年的60%，暴雨日数多，占全年的80%以上，偶遇伏旱。秋季9～11月，9月上、中旬，暖湿空气仍比较活跃，降水也较多，有时形成阴雨连绵天气，影响秋晒。9月下旬至10月，冷空气南下，暖湿空气衰退，降水显著减少，往往出现秋旱；同时，北风增多、加强，气温下降较快。11月冷空气侵入，天气多变，地方性的低云、阵雨、阵雪天气开始出现。冬季12月至来年2月，受西伯利亚冷空气影响，北风盛行，霜雪次数多，气压高，气温低。

气温　村域气温受海洋调节，与同纬度内陆相比，冬不甚冷，夏不太热，温度年振幅和昼夜差都较小。年平均气温11.30℃～11.50℃，极端最高气温38℃，极端最低气温－13.10℃。7月最热，平均气温为25.20℃；最冷月为1月，平均气温为－3.40℃。水面结冰平均初日为11月19日，平均终于3月底。平均10厘米冻土深始于1月8日，终于2月14日，最大冻土深度46厘米。越冬期平均为73天左右。

降水　新中国成立前，境内无降水量记载，只有暴雨或大旱灾害记载。新中国成立后，从1951年均有记载。年降水量一般在670毫米～740毫米，全年降水量多集中在6月～9月，占全年降雨量的70%左右。按季节分降水量，春季为102.20毫米，占13.90%；夏季为428.40毫米，占58.10%；秋季为164毫米，占22.20%；冬季为42.40毫米，占5.80%。雨季一般始于7月5日，终于9月8日。平均降水量505.20毫米，占年总降水量的68.50%，1月最少，为11.30毫米。年平均降水日数90.50天，1964年最多124天，1968年最少为67天。降雨月份日数最多的7月为13.20天，1月、2月、3月日数最少为5天。暴雨年平均2.40天，一般始于7月8日，终于8月25日。降水量大于50毫米与年出现日降雨量超过100毫米，平均两年一次。大于200毫米二十年难遇一次。丰水年最高多达1122.20毫米，最低年只降336.10毫米。

古现东村历年月份平均气温表

表2－5

月份	1	2	3	4	5	6	7	8	9	10	11	12	全年
平均气温（℃）	－1.60	－0.50	4.30	11.20	17.80	21.70	24.70	25	21.20	15.60	8.40	1.60	12.50

古现东村历年月份旬平均气温表

表2－6　　单位:℃

温度 旬 \ 月份	1	2	3	4	5	6	7	8	9	10	11	12
上	－1.10	－1.40	2.10	8.90	16	20.40	23.60	25.80	22.40	17.70	11.30	3.40
中	－2	－0.60	4.60	11.30	18	21.90	24.10	24.40	21.30	15.70	8.40	1.80
下	－1.70	－0.40	6.20	13.50	19.40	22.90	25.80	24.20	19.70	13.50	5.50	0.20

古现东村1951～2002年历年降雨量表

表2－7　　单位:毫米

年份	降雨量	年份	降雨量	年份	降雨量	年份	降雨量
1951	965	1964	956.20	1977	601.20	1990	888.40
1952	590.60	1965	968.20	1978	766.20	1991	504.50
1953	822.10	1966	715.60	1979	635.80	1992	460.30
1954	758.20	1967	638.70	1980	509.10	1993	638.80
1955	776.60	1968	434.80	1981	452.40	1994	810.10
1956	662.50	1969	620.60	1982	684.30	1995	587.10
1957	501.30	1970	768.40	1983	531.80	1996	693.30
1958	563.60	1971	920	1984	640.40	1997	480.50
1959	926.30	1972	762.80	1985	675.50	1998	769
1960	751.20	1973	880.40	1986	336.10	1999	339.40
1961	643.20	1974	787.90	1987	620	2000	478.10
1962	718.40	1975	937.40	1988	404.30	2001	654.70
1963	841.40	1976	884.80	1989	336.80	2002	410.50

古现东村历年月降水量相对变率和降水日数表

表2－8

月份	降水量(毫米)	相对变率(%)	降水日数(天)	月份	降水量(毫米)	相对变率(%)	降水日数(天)
1	11.30	79	5.90	3	17.80	69	5
2	12.80	70	5	4	40	57	6.40

续表 2-8

月份	降水量(毫米)	相对变率(%)	降水日数(天)	月份	降水量(毫米)	相对变率(%)	降水日数(天)
5	44.40	69	5.90	10	41.80	61	6.20
6	72.90	46	9.20	11	30.30	57	7
7	187.60	46	13.20	12	18.30	47	7.90
8	167.90	45	12	全年	737	16	90.50
9	91.90	45	6.90				

气压　村域气压变化季节性比较明显。冬季受强大的蒙古高压外围控制，气压最高；夏季处于印度低压伸出的槽内，气压最低。年平均气压较全省各地差异不大，在海拔高度 33.90 米的年平均气压为 1013.90 毫巴。累年月平均气压，一月最高，为 1024.80 毫巴；7 月最低，为 1000.50 毫巴。2～6 月分别是 1021.50、1018.40、1011.40、1006.80、1003.40 毫巴，8～12 月分别是 1003.10、1011.00、1016.10、1020.10、1023.00 毫巴。

风　村域地处沿海，风速较大，发生频繁，风力达 6 级和大于 8 级以上日数，年平均 66.90 天。风速，3 月最大，平均为 4.30 米/秒；7～9 月风速最小，平均为 3 米/秒。10 月开始冷空气势力加强，平均风速随之增大，12～2 月平均风速均在 4 米/秒以上。春季风最多，4 月为 9.40 天，9 月最少为 2.20 天。历年最大风速为 39.60 米/秒。从 10 月开始，冷空气势力加强，平均风速随之加大，12～2 月平均风速在 4 米/秒以上。

古现东村大于 8 级大风历年平均日数表

表 2-9

月份	1	2	3	4	5	6	7	8	9	10	11	12	全年
天数	5	5	7	9	9	7	5	3	2	4	6	5	54.20

古现东村历年月份平均大风日数和最多风向及频率表

表 2-10

月份	1	2	3	4	5	6	7	8	9	10	11	12	全年
天数	5.30	5.10	6.70	9.40	8.90	6.80	5.10	3.10	2.20	3.70	5.60	5.10	66.90
最多风向	NNW	NNW WSW	C SSW	SSW	SSW	C SSW	C SSW	C SW	C SSW	SW	SW	WSW	C SSW
频率	14	11	11 10	12	15	14 13	16 11	17 9	14 11	13	14	16	12

古现东村累计各月平均风速情况表

表 2-11　　单位:米/秒

月份	1	2	3	4	5	6	7	8	9	10	11	12	全年
风速	3. 70	3. 60	3. 70	4	3. 70	3. 30	3. 30	2. 80	3	3. 40	3. 80	3. 70	3. 50

降雪　每年深秋以后(11 月),当北方冷空气南下时,经渤、黄海水域的加温增湿,常造成低层空气不稳定,形成大量积云性层积云,形成降雪天气。降雪初日,平均在 11 月 10 日;降雪终日,平均在 3 月 18 日。年降雪日数(包括微量降雪),平均为 44 天。

积雪　积雪初日,平均在 11 月 25 日;积雪终日,平均在 3 月 5 日。一般 1 月降雪日数最多,12 月次之,累年年平均积雪日为 35 天。积雪深度一般不足 10 厘米,有时可达到 25 厘米 ~30 厘米以上,累年最大积雪深度为 250 厘米,出现在 1985 年 12 月 10 日。

湿度　年平均相对湿度为 65%,由于受明显的季风环流影响,相对湿度春季最小,为 57%。累年各月平均相对湿度,8 月份最大,为 81%;4 月份最小,为 54%。累年各月最小相对湿度,1 ~6 月比较干燥,月最小相对湿度一般不超过 10%,特别是 3、4 月份,最小相对湿度只有 5%。

蒸发　年蒸发量:根据抽年度统计,1981 ~2003 年,累年年平均蒸发量为 1927. 90 毫米。最大是 1994 年,为 2096. 10 毫米;最小是 2002 年,为 1285. 50 毫米。月蒸发量:自 1 月始,累年月平均蒸发量逐月递增,5 月达到高峰,为 360. 50 毫米。后逐月递减,至 12 月,减到最低值,为 68. 90 毫米。各月一日最大蒸发量,5 月最大,为 26. 60 毫米,6 月次之,为 20. 30 毫米。春季大于夏季,冬季最小,一般维持在 5 毫米左右。累年日蒸发量极端值为 26. 60 毫米,出现在 1982 年 5 月 7 日。

日照　年平均日照时数为 2672. 20 小时。日照时数以 5 月最多,为 288. 20 小时;12 月最少,为 156 小时。年平均总辐射为 114. 90 千卡/平方厘米。最高年份达 135. 00 千卡/平方厘米;最低年份为 90. 40 千卡/平方厘米。年内最高值在 5 月,为 14. 30 千卡/平方厘米,最低值在 12 月,为 4. 50 千卡/平方厘米。月日照,3 ~5 月和 9 ~10 月日照时数较多,日照率在 63% 左右;7、11 月日照时数最少,日照率在 55% 左右。

古现东村历年年月平均日照时数表

表 2-12

月份	日照时数(时)	日照率(%)
1	170. 60	56
2	186. 10	61
3	238. 70	65
4	246. 50	63
5	291	66
6	271. 80	62
7	232. 60	52
8	238. 70	57
9	241	65
10	227. 20	66
11	175. 10	58
12	154. 10	52
全年	2673. 30	60

云　总云量,6 ~8 月最多,累年平均在 6 以上;12 ~2 月最少,平均在 5 以下。低云量,7 ~8 月、11 ~1 月最多,平均在 2 以上;4 月、5 月、9 月最少,分别为 1、1. 10、1. 10。各月平均晴天日数,按总云量统计,全年晴天日数为 87 天。1 月、2

月、10月晴天最多,均在9天以上;6～8月晴天最少,不足5天。按低云量统计,全年晴天日数为247天。3～6月、9～10月晴天最多,均超过20天;12月晴天最少,为14.50天。各月平均阴天日数,按总云量统计,全年阴天日数为113天。7月阴天最多,为12.80天;2月、12月阴天最少,不足8天。按低云量统计,全年阴天日数为19天。12月、1月阴天最多,均超过4天;4月、6月、8月、9月阴天最少,不足1天。

冻土　冻土初日,一般在12月上旬中期。10厘米深冻结初日,平均在12月下旬末,最早在12月15日,最晚在1月11日;30厘米深冻结初日,一般在1月中旬末,最早在1月11日,最晚在1月27日。解冻日期平均在3月上旬末。10厘米深解冻日期,平均在2月下旬末,最早在2月16日,最晚在3月8日;30厘米深解冻日期,一般在2月中旬末,最早在2月4日,最晚在2月27日。冻土深度以1月、2月为最大,平均最大冻土深度均在30厘米以上。极端最大值出现在1981年2月,最大冻土深度达45厘米。

霜期　霜期一般始于11月7日左右,最早出现在10月下旬中期,最晚在11月下旬初;终霜日平均在3月下旬中期,最早在3月下旬初,最晚在4月上旬中期。初霜与终霜间的日数,平均在140天左右。全年无霜期平均为223天左右。

灾害　影响村域内的自然性灾害有旱灾、水灾、风灾、雹灾、暴雨、虫灾、地震、霜灾、连阴雨等。

旱灾　解放前,由于对村域内地表水和地下水源的开采利用落后,常遇旱灾。

明成化十三年(1477),先旱后涝。

弘治五年(1492),大旱。

明嘉靖三十九年(1560),大旱。

明隆庆二年(1568)夏,不雨,大饥。

明万历三十八年(1610),大旱。

明万历四十一年(1613)夏,大旱。

明万历四十二年(1614),旱。

明万历四十三年(1615),大旱,3至9月(农历)不雨,田野如焚,蝗蝻遍野,人食树皮。

明万历四十七年(1619)夏,旱。

明崇祯十三年(1640),自春至秋无雨,禾稼尽伤,人相食。

清康熙四年(1665),大旱,无麦。

清康熙九年(1670),旱,地无苗。

清康熙十二年(1673)春,旱。

清康熙五十五年(1716)夏,旱。

清康熙五十八年(1719)夏,旱。

清乾隆十二年(1747)5月(农历),旱。

清嘉庆十七年(1812)春,大旱,大饥,瘟疫盛行,死者无算,贫者卖田宅、子女,斗米白银二两。

清道光三年(1823)6至7月(农历),不雨。

清道光十六年(1836),旱。

清道光十七年(1837),大旱。

清道光二十八年(1848)夏、秋,大旱。

清同治十年(1871)6月(农历),旱。

清光绪二年(1876),久不雨,米价昂贵。

民国23年(1934),大旱,作物半数以上旱死。

民国28年(1939)春,大旱,春作物减产三成以上,有的颗粒无收。

1960年,春旱,小麦几乎绝产,民众缺粮,以野菜、草根、地瓜叶、花生叶、树叶等为食,水肿病发生严重。

1965年,春旱,6个月仅降雨雪31.90毫米;8月下旬至9月底,又旱,仅降雨11.60毫米。

1973年,旱,2～3月,降雨5.20毫米。

1977年,旱情严重,水库、塘坝几乎全部干枯,地下水位下降2米多。

1979年夏,大旱,农作物受灾严重,村丘陵地减产甚至绝产。

1982年春,特旱,水库干涸,人、畜吃水困难,小麦减产严重。

1986年,特旱,1～5月降雨25.50毫米,全年降雨仅271.50毫米,受灾严重。

1988年,干旱严重,1～4月降雨7毫米,全年降雨不足400毫米。

1989年,全年降雨只有336.80毫米,7～9月3个月未雨,严重干旱。

1997年,秋旱,9~10月降雨仅11.70毫米。

1999年,春旱、夏旱,全年降水339.40毫米,中小水库、塘坝干涸;地下水位下降。

2001年,秋旱,9~11月,降水52.20毫米。

风灾　风灾为村域内自然灾害之一。平均风力≥6级或瞬间时风力≥8级,累年平均大风日数为66.90天,春季占37%,秋季占22%,冬季占18%。平均大风强度以春季最大,3月一般为7级,4~5月为8级;冬、夏季一般为7级;秋季一般为6~7级。大风的阵性强度夏季最大,受台风影响,台风袭击时,带来的狂风暴雨造成高秆作物折断或倒伏,低洼受淹,常造成严重破坏。

明万历四十一年(1613)7月7日,异风暴作,大雨如注,经三昼夜,庐舍倾倒,老树皆拔,禾稼一空。

清乾隆十二年(1747)8月20日,烈风拔木,暴雨大作,禾稼尽伤。

清道光二十七年(1847)4月15日,大风坏屋。

清咸丰六年(1856)3月16日,大风扬尘,日月无光。

民国37年(1948)4月17日,遭台风侵袭。

1949年7月26~28日,12级台风夹暴雨连续3天,屋瓦苫草被刮飞,房屋受损69%,高秸作物全部绝产,60%~70%的水果被刮落。

1956年9月4日晚至5日下午5时,大风大雨,不少房屋倒塌。

1964年8月7日,遭受暴风雨袭击,最大风力10级。

1985年8月18至21日,受9号台风影响,高秸作物几乎全部倒伏,造成严重减产。其间19日,台风持续6小时,风力达10级,庄稼、树木倒伏严重。

1994年7月15日,遭遇15号台风袭击,风雨大作,农作物损失为新中国成立后最严重的一次。

1997年8月19日,台风持续39小时,秋粮及果品减产严重。

水灾　村域内每年出现水灾时间最早发生于4月中旬,最晚结束于10月上旬,集中于7~8月,轻则2~3年一遇,重则10年一遇。新中国成立后,从1952~2008年大涝年一次,中涝年2次,小涝年9次。20世纪80年代后期,随着农田水利设施的增加,排灌能力有了较大改善,大面积洪涝明显减少。

明正德十一年(1516)秋,大水。

明万历四十一年(1613)8月22日,异风暴作,大雨如注,经三昼夜,庐舍倾圮,老树皆拔,禾稼一空。

明天启三年(1623)秋,大水。

明天启七年(1627),大水。

明崇祯十二年(1639)秋,大水。

清康熙六年(1667)6月(农历),大雨,至8月始止,稼伤过半。

清康熙十九年(1680),大水。

清康熙二十四年(1685)4月15日,大水。

清康熙四十二年(1703),多雨酷涝。

清康熙五十四年(1715)1月16日夜,大雷雨,河水暴涨。

清乾隆十一年(1746)夏、秋,大雨伤禾。

乾隆十六年(1751)夏、秋,霪雨不止。

乾隆二十七年(1762)夏、秋,大雨酷涝。

乾隆六十年(1795),夏雨淋漓,大水。

清道光二十三年(1843),大水,房屋倾倒甚多,秋稼尽没。

清咸丰元年(1851)7月,大雨,河水溢,秋季歉收。

清咸丰三年(1853)7月26日,大风雨,树折,房塌,伤禾苗。

清同治元年(1862)7~8月,大雨连绵,河水泛滥,淹禾稼。

清光绪二年(1876)春、夏,大雨,米价昂贵。

清光绪五年(1879)5月前后,大雨持续40余日。

清光绪六年(1880)3月(农历),大雨,河水涨。

清宣统三年(1911)1月30日(农历),夜雨如注，河水暴涨。同年，鼠疫大作，死者甚多。

民国35年（1946），水、风、虫灾俱全。

1950年8月，倾盆大雨，村平原泊地受水灾严重。

1953年9月3～7日，大雨连绵，山洪暴发，村泊地受灾严重。

1954年8月12日，暴雨4小时，村过水泊地达26.67余公顷。

1956年9月4日晚至5日下午，19小时降雨174毫米，村泊地受灾严重。

1959年7月5日，暴雨成灾，降雨110毫米。

1962年8月，大雨连绵，河水暴涨，庄稼被淹，粮食减产，重者绝产。

1964年7～8月，霪雨连绵，粮食作物减产3成以上，水库、塘坝损坏严重。

1965年7～8月，连降暴雨，降雨量达613.90毫米，粮食作物减产，重者绝产。

1975年8月13～16日，连续降雨272.20毫米，农业生产受到较大危害。

1982年8月25日，连续降雨258毫米，造成黄金河大坝冲毁，沿河部分村庄倒房屋136间，塘坝被冲毁，部分桥梁被冲垮，农作物受灾严重，损失巨大。

雹灾　域内冰雹灾害多发生在6月和11月，最早在3月。降雹具有局部性和小范围的特点，多数降雹时间是午后到傍晚，降雹持续时间一般为几分钟或十多分钟，极少超过半小时。冰雹对作物的危害，严重时造成绝产。

明弘治十四年（1501），雨雹杀禾。

明万历二十二年（1594）五月（农历），雨雹伤禾，大饥。

清雍正二年（1724）七月（农历）3日，雨雹，大如鸡卵。

民国13年（1924）4月，降冰雹，大者直径寸许，春作物受损严重。

1957年7月11日，雨雹，农作物受损严重。

1962年7月、8月，雨雹。

1984年5月28日，降雹，最大直径60毫米，历时20分钟，苹果、小麦损失严重。

2002年9月，域内遭受冰雹袭击，苹果、梨、桃等损失严重。

虫灾　新中国成立前，历史上仅有蝗灾记载。新中国成立后随着科技普及，对虫害的防范认识逐步加深，及时采取防治措施，虫害逐步减少。20世纪50年代，农田主要有土蝗、豆天蛾、玉米螟、小麦红蜘蛛等虫害；林果主要有卷叶虫、避债蛾、星毛虫、食心虫、红蜘蛛等虫害。70年代，农田主要有粘虫、玉米螟、小麦蚜虫、花生蚜虫等虫害；林果主要有卷叶虫、食心虫、柳毒蛾、松干蚧壳虫等虫害。80年代，农田主要有玉米螟、小麦蚜虫、花生蚜虫、棉铃虫等虫害；林果主要有潜叶蛾、梨木虱、卷叶虫、苹果黄蚜、桃小食心虫、山楂红蜘蛛、松毛虫、榆兰金花虫、松干蚧壳虫等虫害。

明建文元年（1399），蝗。

明建文二年（1400），蝗。

明建文三年（1401），蝗。

明正统元年（1436），蝗。

明正统六年（1441）秋，蝗。

明正德八年（1513）夏，飞蝗蔽日。

明嘉靖十二至十四年（1533～1535年），蝗，禾稼食尽。

明万历四十三年（1615）三月至九月（农历），不雨，蝗蝻遍野，人食树皮。

明万历四十七年（1619）夏，飞蝗蔽天，食谷殆尽。

秋，蝗复大起，无禾。

清康熙四年（1665）秋，有蝗，大饥。

清康熙三十年（1691）六月（农历），蝗。

清乾隆十三年（1748）六月（农历），飞蝗蔽日。

清道光二十九年（1849）四月（农历），麦尽瘅。

六月（农历），禾生虫。

清咸丰八年（1858），飞蝗蔽日十余日，禾稼遭之立尽。

清咸丰九年（1859），蝗。

1950年5月，小麦红蜘蛛、土蝗为害。

1951年，土蝗、粘虫为害。

1953年春，小麦红蜘蛛为害。

1958年8月，玉米螟为害。村玉米近半受害，轻者每株玉米有虫1～3只，重者每株达20～30只。

1969年，花生蚜虫为害。

1977年，松干蚧壳虫为害。

1981年，玉米螟为害，粮食大量减产。

1983年，小麦蚜虫为害，造成减产。

地震　域内为七度烈度区，无深层大活动断裂，无破坏性地震。据《福山县志》记载，历史上虽有地震，但多由外围影响，有震无灾或小灾。有感地震有：

明永乐六年（1408）2月19日，地屡震，有声如雷，至农历十二月末方止，有感地震51次。

明永乐七年（1409）一月（农历），地震，至三月二十日（农历）。

明正统十年（1445）三月二十一日（农历），地大震。

明嘉靖二十七年（1548）九月十三日（农历），地大震。

明万历二十五年（1597）十一月（农历），地震有声。

明万历二十六年（1598），二月十二至十三日（农历），地震。

4月4日，复震。

明万历二十七年（1599）三月二十八日（农历），地震。

4月5日，复震。

明万历三十年（1602）冬，地震。

明万历三十一年（1603）秋，地震。

明万历三十二年（1604），冬，地震。

明万历三十三年（1605）七月（农历），地震。

明万历三十七年（1609）二月（农历），地震如雷。

7月，地复震。

明天启元年（1621）十一月（农历），地震。

清康熙八年（1669）四月九至十日（农历），地震。

14～15日，震声如雷。

清康熙十年（1671）十一月三日（农历），地震有声。

清康熙十一年（1672），地震。

清康熙二十五年（1686）一月二十三日（农历），地震。

清康熙五十一年（1712）四月十八日（农历），地震。

清乾隆元年（1736）十二月二十五、二十七、二十八日（农历），俱地震。

清道光二十九年（1849）五月二十日（农历），地震。

民国37年（1948）5月23日，威海西北海域地震，域内有感。

1969年7月，渤海湾地震，域内有感。

1976年2月25日，长岛地震，域内有感。

1981年8月3日，烟台市东北部海域地震，域内有感。

1983年9月5日，烟台市西北部海域地震，域内有感。

几种动物的物候现象表

表2-13

名　称	现　象	时　　间	名　称	现　象	时　　间
大　雁	始见北飞	年均3月14日	青　蛙	始鸣	年均4月18日
	始见南飞	年均11月6日		终鸣	年均9月23日
小　燕	始见南来	年均4月13日	蟋　蟀	始鸣	年均6月24日
	始见南去	年均10月20日		终鸣	年均10月7日
布谷鸟	始啼	年均5月6日	蚱　蝉	始鸣	年均6月21日
	终啼	年均9月25日		终鸣	年均9月27日

几种植物的物候现象表

表2-14　　单位:℃

现　象	发　　芽		开　　花		结　　果(采收)		落　　叶	
名　称	时间	温度	时间	温度	时间	温度	时间	温度
柳　树	2月24日	4~6	4月7日	8~13	5月20日	15~19	11月10日	7~6
苹　果	4月4日	4~6	4月21日	12~13	10月14日	12~14	11月20日	10~7
毛白杨	4月7日	7~8	3月底	4~10	4月中旬	8~13	10月25日	16~12
榆　树	4月5日	7~8	4月初	8~13	5月中旬	15~19	11月下旬	5~3
泡　桐	4月15日	10~11	5月15日	14~16	9月中旬	22~18	10月中旬	16~12
蒲公英	2月27日	4~6	3月28日	4~10	5月12日	15~19	11月14日	5~3
苍　耳	4月8日	7~8	8月25日	22~27	9月19日	22~17	11月19日	5~3

第三章　村民人口

第一节　村民状况

人口数量　宋代以前,古现没有域内人口居住资料。宋元时期,有王姓人迁入。明初有张、刘两姓迁入。明崇祯十四年(1641),王道增携6个儿子从河北村迁入。清初至民国又有孙、曲、朱、夏、于等姓迁入。因战乱、自然灾害、瘟疫,加上繁重的赋税和徭役,村民背井离乡逃难者甚众,村内人口增长缓慢。王道增迁入后,全村人口增长较快。新中国成立前,没有人口统计资料。

新中国成立后,社会稳定,人民安居乐业。随着医疗卫生水平不断提高,人口死亡率逐年下降,出生率逐年提高。1951年,村总户数250户,总人口986人。1958年,总户数243户,总人口984人。20世纪60年代中期,开始计划生育,人口数量趋向稳定。1970年后,加强了计划生育工作,自然增长率呈合理状态。1983年,总户数达到354户,总人口1270人。1990年,总户数406户,总人口1253人。2000年,总户数407户,总人口1123人。2008年,总户数405户,总人口1161人。2012年,总户数408户,总人口1193人。1951~2012年,村总人口净增207人,平均每年增加3.34人。

1951~2012年古现东村户数和人口数统计表

表3-1　单位:户、人

年份	户数	人口数	年份	户数	人口数
1951	250	986	1960	234	1003
1952	244	1005	1961	245	1033
1953	243	1008	1962	248	1062
1954	246	998	1963	245	1084
1955	241	992	1964	243	1107
1956	240	995	1965	250	1168
1957	235	983	1966	258	1184
1958	243	984	1967	257	1201
1959	243	998	1968	257	1233

续表 3－1　　单位：户、人

年份	户数	人口数	年份	户数	人口数
1969	263	1201	1991	396	1237
1970	271	1267	1992	395	1177
1971	272	1269	1993	396	1202
1972	276	1272	1994	396	1199
1973	279	1277	1995	398	1198
1974	287	1295	1996	398	1156
1975	289	1290	1997	418	1143
1976	293	1272	1998	426	1174
1977	295	1285	1999	417	1137
1978	296	1279	2000	407	1123
1979	301	1287	2001	422	1112
1980	305	1289	2002	420	1101
1981	305	1286	2003	421	1107
1982	310	1282	2004	409	1101
1983	354	1270	2005	410	1120
1984	353	1268	2006	408	1138
1985	378	1280	2007	406	1159
1986	375	1268	2008	405	1161
1987	365	1267	2009	405	1165
1988	388	1178	2010	404	1172
1989	398	1238	2011	410	1180
1990	406	1253	2012	408	1193

注：各年度人口数为户籍人口数

人口变动　自然变动　宋元至明，人口自然增长率偏低，死亡率则偏高，人口增长不稳定。至清代，人口出生率逐年增长。民国时期，人口出生率呈上升趋势。新中国成立初期，人口出生率趋高，死亡率降低，村属高自然增长率典型。1952～1958 年，平均出生率为 33.02‰，平均增长率达 22.73‰。1959～1970 年，出生率又上升至 33.10‰，死亡率则下降至 9.37‰，年平均净增长率为 23.73‰。1970 年以后，出生率增长开始走低，特别是计划生育被越来越多的人接受，至 1985 年，出生率降到 10.78‰，净增长率降到 3.60‰。1987 年，村出生人口 23 人，出生率为 18.15‰，死亡 17 人，死亡率为 13.42‰，自然增长率为 4.70‰。1990 年，出生人口 10 人，出生率为

7.98‰,死亡6人,死亡率为4.78‰,自然增长率为3.19‰。自然增长率比1987年下降1.51个千分点。2000年,出生人口6人,出生率为5.34‰,死亡5人,死亡率为4.45‰,自然增长率为0.90‰。自然增长率比1990年下降2.29个千分点。

1987～2003年古现东村人口自然变动一览表

表3－2　单位:人

年份	出生		死亡		自然增长	
	人数	出生率(‰)	人数	死亡率(‰)	人数	增长率(‰)
1987	23	18.15	17	13.42	6	4.70
1988	21	17.83	7	5.94	14	11.88
1989	28	22.41	6	4.80	22	17.61
1990	10	7.98	6	4.78	4	3.19
1991	9	7.28	6	4.85	3	2.43
1992	10	8.50	6	5.10	4	3.40
1993	7	5.82	7	5.82	0	0
1994	13	10.84	14	11.68	－1	0
1995	15	12.52	5	4.17	10	8.35
1996	10	8.65	12	10.38	－2	0
1997	14	12.25	10	8.75	4	3.51
1998	12	10.22	6	5.11	6	5.11
1999	8	7.04	5	4.41	3	2.64
2000	6	5.34	5	4.45	1	0.90
2001	8	7.19	3	2.70	5	4.51
2002	2	1.82	1	0.91	1	0.91
2003	5	4.52	3	2.71	2	1.81

机械变动　人口机械变动有六种情况:外地迁入,自宋至民国,先后有九姓人迁入;儿娶女嫁迁入与迁出;外地、外村人到本村域办实业;村民闯关东,或到外地办实业;在外地工作,新中国成立后落户当地;落户外国或成为华侨。历年迁入迁出基本差别不大。

人口构成　性别构成　明清时,无人口、性别比例构成统计。民国23年(1934),男性占53.30%,女性占46.70%。抗日战争时期,男性因参加抗战,死亡多于女性。1946年,男性占45.40%,女性占54.60%。至1964年,男性所占比例上升到48.83%,女性占52.17%。1982年,男性占49.22%,女性占50.78%。但在0～14岁年龄组中,按性别比例,女性为100,男性为106.25,男性多于女性;而在15～64岁年龄组中,女性为100,男性仅为98.74。在65岁及以上年龄组中,女性和男性的比例为100: 74.92。

1990年,村总人口为1253人。其中:男性为639人,占总人口的51%;女性614人,占总人口的49%。女男性别比为100: 104.07。2000年,村总人口为1123人。其中:男为549人,占总人口的48.89%;女574人,占总人口的51.11%。男女性别比为95.64: 100。与1990年比,男性比例下降了8.32个百分点。

年龄构成 1964年,村内0~14岁的少年儿童占总人口的41.90%,1982年占27.33%,1990年占16.59%,2000年占13.27%。20世纪70年代中期后,少年儿童数量呈下降趋势,与1964年相比,1982年下降14.57个百分点,1990年下降25.31个百分点,2000年下降28.63个百分点。

1990年,村内15~59岁年龄段人口占总人口的72.63%,总抚养比为37.69%,其中少年儿童抚养比为29.23%,老年抚养比为8.46%,即每100名劳动力负担被抚养人口37.69人,其中少年儿童29.23人、老年8.46人。2000年,村内15~59岁年龄段人口占总人口的72.84%,总抚养比为37.29%,其中少年儿童抚养比为18.22%、老年抚养比为19.07%,即每100名劳动力负担被抚养人口37.29人,其中少年儿童18.22人、老年19.07人。2000年与1990年相比,总抚养比下降0.40个百分点,其中老年人抚养比上升10.61个百分点。

1990年古现东村人口年龄构成指数表

表3-3

人口(人)				占总人口百分比(%)			年龄构成指数(%)		
合计	0~14岁	15~59岁	60岁及以上	0~14岁	15~59岁	60岁及以上	总抚养比	少儿抚养比	老年抚养比
1253	266	910	77	21.23	72.63	6.15	37.69	29.23	8.46

2000年古现东村人口年龄构成指数表

表3-4

人口(人)				占总人口百分比(%)			年龄构成指数(%)		
合计	0~14岁	15~59岁	60岁及以上	0~14岁	15~59岁	60岁及以上	总抚养比	少儿抚养比	老年抚养比
1123	149	818	156	13.27	72.84	13.89	37.29	18.22	19.07

文化构成 明崇祯十四年(1641)前,无统计资料。明崇祯十四年(1641)后至清末,在260年内,全村共有23名进士,58名举人,516名秀才。此后,接受各种教育程度的比例不断提高。

1990年,村总人口数为1253人,具有小学文化程度以上人口为984人,占总人口的78.53%。其中:高中(含中专)文化程度108人,占总人口的8.62%;初中文化程度413人,占总人口的32.96%;小学文化程度463人,占总人口数的36.95%。不识字或识字很少者269人,占总人口数的21.47%。

2000年,村总人口为1123人,具有小学文化程度以上人口为905人,占总人口的80.40%。其中:大学文化程度2人,占总人口的0.18%;高中(含中专)文化程度164人,占总人口的14.60%;初中文化程度593人,占总人口的52.80%;小学文化程度146人,占总人口数的13.00%。不识字或识字很少者57人,占总人口数的5.08%。与1990年相比,大学文化程度上升0.18个百分点,高中文化程度上升5.98个百分点,初中文化程度上升19.84个百分点。

1990年古现东村各种文化程度人口一览表

表3-5

文化程度	合计(人)	占人口比(%)
高中(含中专)	108	8.62
初中	413	32.96
小学	463	36.95
不识字或识字很少	269	21.47

注:含幼儿

2000年古现东村各种文化程度人口一览表

表3-6

文化程度	合计(人)	占人口比(%)
大学专科以上	2	0.18
高中(含中专)	164	14.60
初中	593	52.80
小学	146	13
15岁以上不识字或识字很少	57	5.08

注:不含幼儿

职业构成　1990年,村在业人口总数为656人(指18周岁至60周岁),占总人口数的52.35%。各职业中,从事农业者(包括农、林、牧、渔)为520人,占总人口的41.50%,占在业人口的79.27%;从事交通运输、商业、饮食服务业者126人,占总人口的9.60%,占在业人口的19.26%。

进入21世纪,全村在业人员从业情况发生了深刻变化,从事农业的劳力迅速减少,农田靠租用农机耕、种、收。大多劳力转向工商业和服务业或外出打工。2000年,在业人口总数为603人(指18周岁至60周岁),占总人口数的48.12%。

第二节　姓氏渊源

宋代以前,古现东村姓氏,未获文稽。宋、元时期,王姓人迁此居住。明代初期,张、刘二姓迁入。明崇祯十四年(1641)王道增全家由河北村迁入。清代至民国时期,又有孙、曲、朱、夏、李、于等姓先后迁入。新中国成立后,林、姜、崔、吴、臧、徐、邹、吕、董、陈、蔡、周、衣、马、郭、潘、赵、栾、葛、宋、谢、谭、乔、黄、邱、杨、邓等次第迁入,亦有婚嫁迁入者,至2012年,共有73个姓氏。

古现东村姓氏一览表

表3-7

姓氏	人数(人)	姓氏	人数(人)	姓氏	人数(人)	姓氏	人数(人)
王	507(290户)	刘	44(12户)	吴	12	陈	10
张	84(26户)	孙	38(10户)	臧	11	蔡	9
李	80(27户)	林	18	徐	11	周	8
于	78(23户)	姜	17	邹	11	衣	8
朱	58(26户)	夏	16(8户)	吕	10	马	7
曲	46(17户)	崔	14	董	10	郭	7

续表 3－7

姓氏	人数(人)	姓氏	人数(人)	姓氏	人数(人)	姓氏	人数(人)
潘	7	贾	3	荆	1	罗	1
赵	7	彭	2	翟	1	戚	1
栾	7	史	2	仇	1	侯	1
葛	6	时	2	汤	1	郑	1
宋	5	郦	2	庞	1	卫	1
谢	5	孟	2	程	1	伊	1
谭	4	戴	2	战	1	牟	1
乔	4	倪	2	鹿	1	施	1
黄	4	梁	2	邵	1	安	1
邱	3	苏	2	毕	1	滕	1
杨	3	由	2	逄	1		
柳	3	嵇	2	房	1		
谷	3	邓	2	宇	1		

王姓　《中国百家姓氏源谭〈王氏源谭〉》载，汉至清，王氏家族分布于山东省十八个大家族中，清朝古现东村"王懿荣家族"为其中之一。据村中《王氏家谱》记载，始迁祖王忠，祖籍为云南大理府云南镇，即今云南省大理市巍山县永建大仓西山鸡头村人，明洪武五年(1372)，以官山东登宁盐场盐课大使到福山，卜居古县集之河北村。王氏家族自明初世居河北村以来，历经600余年，其后裔有迁胶东、辽宁省者。古现、八角两个街道办事处的古现东村、北斗、古现西村、胜利、石岚、三十里堡、上下刘家、黄庄、百堡等19个村，福山区城里、东关、南关、湘里、回里、王家疃、旺远王村及栖霞市的唐家泊、高格庄等20多个村皆有河北王氏后裔。王氏后裔分布较远的有莱阳市的门家沟、蟹子湾，海阳市的西古现，文登市的张家庄，辽宁省的大连市、锦州市、庄河、沈阳市等。更有因事业而定居在全国各地者，西到乌鲁木齐，北到哈尔滨，南到上海和广州都有古现东村人。旅居国外的亦有近百人。

于姓　清至民国时期迁入。

张姓　明初洪武年间由江西迁入，为张德之后代。

李姓　清代至民国时期从蓬莱县内迁入。

朱姓　清至民国时期，由蓬莱县迁入。

曲姓　清代迁入。

刘姓　明初迁入。

孙姓　清代迁入。

夏姓　清代由莱阳、莱西等地迁入。

其他姓氏均无文稽。

落山坡公墓王氏始祖碑

第三节　华侨台胞

民国以后,始有少数村民出国及到香港、澳门特别行政区及台湾省谋生,之后不断增加。

随着新中国经济建设和科学技术事业的发展,海外华侨和港澳台同胞的社会地位也不断提高,经济条件不断改善,大学毕业生、硕士、博士,高级研究员、专家、教授越来越多,他(她)们都爱祖国、爱家乡。王宪钟、王学忠曾多次回国讲学,把高深知识和研究成果、信息传回祖国,为国家科技事业发展做出重大贡献。王学忠还回乡设基金助学,并决定辞世后,将遗产的大部分献给古现中心完小。

旅居加拿大者　张起英,女,民国 17 年(1928)生,小学文化,民国 37 年(1948)去香港,后移居加拿大。丈夫姓吴。长女吴玉环,1953 年生,女婿是上海市人,在加拿大开纺纱厂。次女吴玉萍,1961 年生,大学文化。国内亲属:姐张起荣,弟张起禧,弟媳王明兰。

旅居美国者　王福埏,甲骨之父、爱国志士王懿荣之孙,现居美国纽约,亲属有妻子、儿子、女儿。妹王福庄,民国 14 年(1925)生。民国 33 年(1944)辅仁大学毕业,民国 36 年(1947)去美国,在纽约的一家图书馆任职。在纽约有丈夫、儿子、女儿。现居美国纽约。国内亲属:兄王福坪,民国元年(1912)生,在天津市任建筑工程师。妹王福重,详见《人物》。王福茂,男,民国 9 年(1920)生,小学文化。民国 36 年(1947)去香港,后随女儿移居美国,当门卫。在美国有妻子、两个儿子、3 个女儿。在村内有叔弟王福胜等 5 人和出嫁的两个妹。王宪钟,王懿荣之曾孙,详见《人物》。王学忠,详见《人物》。

旅居台湾者　衣淑珍,女,民国 19 年(1930)生,小学文化,1949 年去台湾省,料理家务。丈夫姜德云,民国 4 年(1915)生,子姜学政,1951 年生。居住台湾永和市。母亲由仁秋一直居住村内。夏曰兰,女,民国 15 年(1926)生,小学文化,1949 年去台湾省,经营饭店。在台亲属有丈夫张维明,民国 13 年(1924)生。两个儿子、3 个女儿。村内亲属:父,夏仁山,清光绪二十六年(1900)生,母,王景贤,民国元年(1912)生;弟,夏曰强,中学教师,夏曰友,福山电业公司职工,弟夏曰顺,在村务农。

王维凤 1970 年生,中学文化,1989 年去澳大利亚墨尔本从事饭馆生意,现医院职员。

王德发 1938 年生,小学文化,1992 年 3 月去澳大利亚墨尔本。

刘仙英 1934 年生,1992 年去澳大利亚墨尔本与女儿同居至今。

第四节　婚姻家庭

婚姻　新中国成立前,婚姻为一夫多妻制。结婚年龄一般在 16 ~ 20 岁之间,少数或个别低于或高于此年龄段。新中国成立后,实行一夫一妻制。1950 年《中华人民共和国婚姻法》颁布,结婚年龄一般在 21 ~ 22 岁左右。1972 年提倡晚婚,村民积极响应。男青年在 25 岁以后结婚,女青年在 23 岁以后结婚。1980 年,颁布新《中华人民共和国婚姻法》,晚婚率逐年上升,达到 70% 以上。

家庭　民国以前,村中有不分家的传统,有不少"四世同堂"的大户。这类户型,一家十几口、二十几口,甚至三十几口。民国以后,这类户型逐渐减少。新中国成立后,传统观念淡漠,超十口的大户基本没有。进入 21 世纪,每户多为 1 ~ 5 口。1990 年,村共有 406 户,户均人口为 3.09 人。其中,家庭为 1 人户、2 人户、3 人户、4 人户、5 人户占总家庭户的 99%;6 人以上户很少。2000 年,村共有 407 户,户均人口为 2.76 人。其中,家庭为 1 人户、2 人户、3 人户、4 人户、5 人户占总家庭户的 100%。2012 年,村共有 408 户,户均人口为 2.92 人。其中,家庭为 1 人户、2 人户、3 人户、4 人户、5 人户占总家庭户的 100%。

第五节　计划生育

领导机构　1957 年，村民在上级领导下开始节制生育，时村无专门机构管理计划生育工作。1974 年，村建立计划生育领导小组，成员由大队党支部书记、大队长、妇女主任等组成。党支部书记于维祥任组长，王淑娥、葛竹花任副组长。1980 年计划生育领导小组改称计划生育委员会。1984 年又改称计划生育领导小组，党支部书记王丙见任组长，葛竹花、李华英任副组长。1999～2012 年，计划生育领导小组组长一直由党支部书记王明忠担任，副组长由于雪梅担任。

证　书
葛竹花同志在计划生育工作中，成绩显著，被评为烟台市计划生育先进工作者。
中共烟台市委
烟台市人民政府

葛竹花“烟台市计划生育先进工作者”证书

计生政策　1957 年 2 月，实行“生育三胎的夫妇必须有一方结扎”的生育政策。1965 年，实行“提倡二胎，反对三胎和多胎生育”的节育政策。1971 年，实行“一对夫妇两个孩，两胎间隔四五年”的节育政策。1988 年 7 月，提倡晚婚、晚育，提倡一对夫妻只生一个孩子，对确有实际困难和特殊情况的夫妻可以允许有间隔地再生一个孩子，但无论什么情况都不准生第三胎。1996 年 10 月，对符合规定申请生育第二个子女、女方系初育的，做出须年满 25 周岁的规定。2002 年 9 月，实行在稳定现行生育政策基础上适当微调的原则，鼓励村民晚婚晚育、少生优生，提倡一对夫妻生育一个子女；符合《山东省计划生育条例》规定条件的村民，经批准可以生育第二个子女。

葛竹花同志
全省计划生育系统先进个人
山东省计划生育委员会
山东省人事局

葛竹花“全省计划生育系统先进个人”奖状

东村“计划生育先进村”

优惠政策　1965 年，免费供应一切避孕药具。1971 年，对节制生育者免收节育手术的一切费用。2002 年，建立计划生育公益金，开展有关计划生育特殊情况的扶持和救助工作，并对计划生育贫困家庭，在扶贫贷款、以工代赈、扶贫项目、社会救济等各方面给予优先照顾。在发展经济中，给予信息、资金、技术、培训等方面的支持和优惠。在分配集体经济收入、享受集体福利、培训、就业、医疗、住房及子女入托、入学等方面，体现男女平等、优先优惠的原则。2003 年 5 月，向实行计划生育的育龄夫妻免费提供避孕节育技术服务，居委会农业户口的已婚育龄夫妻技术服务费由街道办事处财政负责解决。

开展工作　1971 年，开始制定一系列管理制度。1984 年，先后公示了《村民申办一孩生育证程序》《村民申办二孩生育证程序》以及《村民申办结婚登记程序》。1998 年后，建立了《计划生育工作月查季访制度》《计划生育工作例会制度》以及《计划生育培训学习制度》等。

1972 年，开始提倡晚婚，男子平均为 26 岁，女子为 24 岁。1980 年，晚婚率进一步提高。1983 年，晚婚率为 77.03%，1984 年晚婚率提高到 81.15%。1988 年，村人口再生产开始向现代生育型的晚婚晚育转变。1991 年，晚婚率为 94.48%，晚育率为 97.37%，计划生育率为 97.67%。1995 年，晚婚率、晚育率、计划生育率分别为 95.32%、97.58% 和 98.63%，其中女性初婚晚婚率、晚育率、计划生育率分别比市下达指标高出 12、15、2.73 个百分点。2000 年，晚婚率、晚育率、计划生育率均保持在 99.50% 以上。2003 年，晚婚率达 98.52%，晚育率 100%，计划生育率达 100%，其中晚育率和计划生育率分别比 2002 年上升了 0.59 和 0.23 个百分点。2012 年，晚婚晚育率 100%。

王丙见“计划生育先进工作者”证书

1978 年始，给自愿申请独生子女家庭发放“独生子女父母光荣证”，到 2012 年，共有 92 个家庭申请领取“独生子女父母光荣证”。

2002 年，独生子女父母从申请领取“独生子女父母光荣证”当月起，到子女年满 14 周岁止，每月领取不少于 10 元的奖励费。对自愿终生只要一个女孩的夫妻，由街道办事处给予现金或物质等一次性奖励。2007～2012 年，92 户有独生子女证的家庭得到奖励，其中奖励 120 元的 70 户，奖励 60 元的 22 户。自 2000 年开始到 2012 年，村共有 230 户独生子女户自愿放弃生育二胎。每户给予一次性奖励 120 元。其中自愿终生只要一个女孩的夫妻有 94 户，每户获得街道办事处给予现金或物质等一次性奖励 120 元。

2005 年，开始对独生子女父母年满 60 周岁者实行每人每年奖励 600 元政策。至 2012 年，全村共有三户 4 人享受到此政策。

于雪梅“计划生育先进工作者”证书

1990 年，村妇女主任葛竹花被中共烟台市委、烟台市人民政府授予“烟台市计划生育先进工作者”荣誉称号；1991 年，葛竹花又被山东省计划生育委员会、山东省人事局授予“全省计划生育系统先进个人”荣誉称号。1993 年，中共古现镇委员会、古现镇人民政府授予“东村计划生育先进村”荣誉称号。1995 年，村党支部书记王丙见、妇女主任于雪梅分别被中共福山区委、区政府授予“计划生育先进工作者”荣誉称号。2007 年，村被烟台经济技术开发区中共古现街道工作委员会、古现街道办事处授予“计划生育先进集体”荣誉称号。

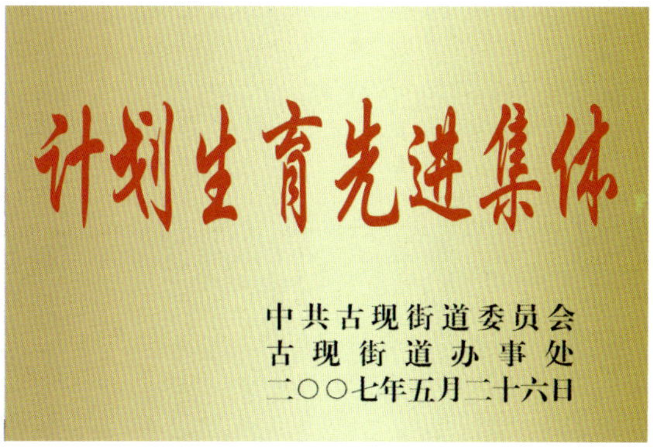

村“计划生育先进集体”奖牌

第六节　长寿老人

新中国成立后，随着社会进步与人民生活水平的不断提高，尤其是改革开放以来，随着全村社会养老保险、医疗保险的普及，国家医疗、卫生、保健事业的发展，加之山水宜人的自然环境和尊老爱幼的良好道德风尚，人口寿命明显增长，长寿老人逐渐增多。

1990 年，村 90 ~ 94 岁长寿老人 3 人，均为女性。95 岁及以上长寿老人尚有 2 人，均为女性。2000 年，90 ~ 94 岁长寿老人为 3 人，均为女性。到 2012 年，村内 90 岁以上长寿老人有 9 人，其中男性 4 人、女性 5 人。

姜刘氏，女，汉族，清光绪三十年（1904）2 月生人，2004 年 100 岁，东村人。现家庭四世同堂。

平生多半务农，年龄偏老后在家料理家务，照看孩子。有一男四女，一直同儿孙们住在一起，儿、孙媳孝顺可嘉，家庭和睦，也从不与外人争吵。老人生性勤劳，在家一直闲不住，直到年龄很大不能自理为止。饮食规律性强，主食馒头、大米，最喜吃玉米面和清淡食物。

第四章　村庄建设

古现为古邑牟平县治和历史重镇，发展较早，唐代先天元年建成的古现寺，清代古色古香的“太师第”等建筑为村庄古代建设的代表。尤其是现代社会，因经济文化中心地位，东村比其他村庄更是超前发展。划归烟台经济技术开发区之后，村域高楼矗立，交通发达，百业兴旺，繁荣昌盛。今又被列为历史文化体验区重点加强建设，展示出更加美好的光辉前景。

第一节　村庄建筑

新中国成立前，村庄街道狭窄，建筑物凌乱，布局不合理。普通房屋基本相同，皆为土石砖木结构，建筑质量不一。一般村民住宅矮小、狭窄，每间房使用面积8平方米左右，沿用木制条格式棂窗，屋内黑暗潮湿，透光差。建筑材料多为乱石、土坯，用泥浆粘结砌筑。木料多用马尾松、杨木、河柳等杂木。坡面多用山草、麦秸苫成，称草房。富者住宅多属高门大屋，一般为四合院式平房，北屋至少3间，多者6～7间，南屋间数与北屋相等，厢房或2间或3间。富家北屋、南屋多为5檩房架、挑檐出厦、起脊抱垅的瓦房。布局多为纵贯式，院落环口，屋宇栉比，宅深院大。建筑材料皆为精选的优质石料、砖瓦和东北红松，经过精凿细磨，达到丝合缝对，构成精良建筑体。1949年，村共245户，多数为草房，少数为瓦房。

传统五檩大瓦房

传统旧式民房

古现公社旧址

新中国成立初期，民房建设缓慢。20 世纪 60 年代中后期，民房建设逐年加快，质量较前有所提高。所用建筑材料逐渐改变提高，石灰砂浆代替泥浆，红瓦代替山草、麦秸。70 年代后期，村内新建住宅皆为瓦房。80 ~ 90 年代后，住宅结构布局和式样变化很大，地基、展墙、柱檄加高，梁头加长，质量较高。墙壁皆用砖石砌成，用石灰、水泥灌浆粘合。不少富裕家庭屋宇建起混凝土铸成的

村民新居

框架结构，达到防震效果。水泥、钢筋、玻璃、油漆、涂料、塑钢、瓷砖、马赛克等建筑材料和装饰材料被广泛使用，房屋皆为大门大窗，大间口，大跨度，带套间，宽敞明亮。内设客厅、寝室、书房、厨房、储藏室，有的还设卫生间。到 90 年代中后期，住宅门窗皆改用坚固耐用的铝合金或塑钢，少数富裕人家开始建楼房住宅。2003 年以后，室内设施与装修富丽堂皇，一般居民家均安装太阳能、热水器，个别户安装空调等家用电器，内墙贴壁纸，加木墙围，地面铺设多为高级瓷砖或实木地板，装壁灯、吊灯等，厨房、卫生间贴瓷砖。

村民新楼

第二节　村庄规划

1982 年，村对民房作全面调查，并制定发展规划。1983 年，村开始粗线条规划编制工作。2002 年划入开发区后，村服从开发区的总体规划。粮食市大街南部加宽硬化，直通连接长江路，路旁原有规划全部改变。

第三节　村庄建设

1983 年，村按照规划要求开始新村建设，对山、水、林、田、路、村统一规划，综合治理，全面开发。

住房建设　1985 年，在规划新区建起 22 排 426 间宽敞明亮、整齐的村民住宅。2005 年 9 月，

村委大院

村居委会办公室开始建设，建筑面积456平方米，共有房屋27间，其中分设党支部、村委办公室，会议、接待室，综治办公室，劳保工作办公室，计生人口办公室，应急活动室等。

80年代新建民宅

村民楼区

村民楼区

道路修建　古时建村街道无规划，基本以姓氏范畴圈地建房。解放后，经过政府逐步规划，现已形成东西向主街6条，南北向主街5条。20世纪80年代后，街面全部用混凝土铺筑。东大街路面硬化。

整洁硬化的街道

新建连接长江路集市南大道

2003年，整修村街、村路。2008年10月，由政府投资重新整修村南北大街，在原柏油街面基

硬化的街道

础上改铺水泥街面。大街北挨烟（烟台）龙（龙口）公路，南连烟台开发区长江路，全长300米，宽30米。2010年，开始村街道全面硬化、绿化、美化，全村共有11条街道进行了硬化、绿化、美化。

绿化的村街

绿化的村街

绿化的村街

宽敞的粮市大街

公用设施　公用设施建设主要有供电、篮球场等。

供电　1968年，村自办动力发电，每户安一盏电灯照明。村主要大街安上路灯照明。1976年，村长电入户，各户可根据需要安装电灯及各种家用电器。2012年，村内安装路灯累计达到100盏。

灯光球场

篮球场　位于村东南角的村委办公室大院前，修建于2008年。总投资10万元，总面积1400平方米，供人们锻炼身体之用。

第四节　建筑队伍

集体建筑队　20世纪60年代中期，村即创办集体建筑队，资金收入归集体，瓦工挣工分。1967年，古现东村建筑队（亦称施工队）规模较大，王德辉任建筑队长，施工人员达80余人。

随着建筑队伍的发展、壮大，先后购置了运输车辆、砂浆搅拌机、打夯机、振动器、磨石切割机、井子架等建筑设备设施。建筑队资质为5级，有专业技术人员2名，可建2层楼房以下所有建筑。建筑工程多为在外承揽的工程。先后承揽了烟台海洋渔业公司和芝罘岛油库土石方两项工程，历时一年。随后又在烟台警备区、解放军22医院、西木场、烟台铸造厂、船厂、军分区等单位承包了工程。

村建筑队承建的镇广播站、伙房

1980年，古现东村建筑队由村副大队长王其伟任队长，一方面承担村集体一些水利设施、机井房、平塘修建及村民住房修建工程，一方面对外承揽机关、企事业单位的建筑工程，开辟外地建筑市场。1980年后，建筑队先后承揽建设过的工程有：烟台船厂码头建设，烟台企业厂房修建，古现镇公交公司厂房建设，冷库扩建，古现镇东西大街西段改造，烟台第十九中学校舍和食堂改造，皂户头扬水站建设，东吴家厂房建设等工程。到1983年，工程量累计约为1.80万平方米，年产值百万元以上。

随着农村家庭联产承包生产责任制的发展，1984年，村集体建筑队承包给个体私营，建筑队人员由过去集体性质的工分制改为工资制。

个体私营建筑队　1982年以后，个体私营建筑队迅速发展。个体私营建筑队的兴办者大都是以前从事过建筑工程的，有一定的土木建筑技术基础，但建筑设施、设备大都较简单，多数只能承揽一些农村民房土木建筑工程，只有少部分能承揽一些工程量较大的建筑工程。到1984年，村个体私营建筑队发展规模较大的有3个，分别是王义永施工队、王其卫建筑队、李花本建筑队。其建筑资质均属5级。

东村体育中心（王懿荣广场）

王义永施工队　有建筑工人50人，其中技术人员2人，拥有砂浆搅拌机、打夯机、振动器、磨石切割机、井子架等建筑设备设施和运输车辆3部，拖拉机2辆，主要在烟台承包人防工程。固定资产10万元，年创利润5万元。

王其伟建筑队　有建筑工人50人，其中技术人员2人，建筑设备设施齐全，拥有砂浆搅拌机、混凝土搅拌机、打夯机、振动器、磨石机、井子架等较现代化的各种设备设施，拥有运输车辆1部。1998年，建有2万平方米工程量，产值达60多万元。

李花本建筑队　有建筑工人20人，其中技术人员1人，建筑设备设施由起初的土法上马到逐步实现半机械化和机械化，拥有砂浆搅拌机、混凝土搅拌机、打夯机、振动器、磨石机、井子架等各种建筑设备，拥有运输车辆1部，固定资产达到2万元。其建筑工程多数承揽一些本村土木建筑，同时也兼揽社会上一些较大的建筑工程。所承揽的古现东村“体育中心”工程和村委大院及街面硬化工程，高质量完成了个性化建设工程任务。

到2012年，村私营建筑队规模较大的有李花本建筑队，另有张泗敏、李华君、李芳正、王东文、朱仕光等小规模的个体建筑施工队（俗称瓦匠帮），活跃在农村建筑市场。

古现东村街道示意图

第五章 农 业

古现东村农业文明的历史久远,进入现代社会之后,农业生产更是得到长足发展,是当年农业发达的典型村庄之一。

新中国成立前,以自给自足的自然经济为主,农业发展相对缓慢。民国 2 年(1913),粮食亩产 50 千克左右。民国 25 年(1936),粮食、花生亩产 65 千克左右。

新中国成立后,全村人民努力发展生产,农业发展逐步加快。1951 年,粮食亩产超过 100 千克。1956 年以后,依靠集体力量,开展农田水利基本建设,整修梯田,修水库、塘坝,治河治水,扩大了水浇地面积,自选优良品种,增加肥料种类及施用量,粮食亩产上升到 275 千克以上。1958 年,大跃进搞大炼钢铁,人民公社搞"一平二调""一大二公""吃大锅饭",大刮"浮夸风",极"左"路线严重挫伤了村民的生产积极性,粮食亩产徘徊在 126 ~ 177 千克。

度过"三年困难"时期,20 世纪 60 年代中期,村在大搞整地改土的同时,水库、塘坝拦蓄工程也随之兴起,山、水、林、田、路统一规划,综合治理。自 1970 年以后,掀起"农业学大寨"热潮,全村开始进行大规模农田基本建设,共整造耕地 500 余亩,成为旱涝保丰收的稳产高产田。1974 年,村组建了农田水利基本建设专业队,出现了农田水利建设的黄金期。60 年代,水利建设的重点是地表水——修水库。70 年代,开挖浅层地下水为水利建设的重点——建平塘、打机井。到 2008 年全村共有机电井 24 眼,灌溉面积 1000 亩。

1978 年以后,上级利用冬闲季节对村农技专业队进行培训,农业种植技术得到推广和提高。1982 年后,随着经济体制的变革,种植业结构逐渐调整,粮食种植面积逐渐减少,只有少量土地种植花生等作物,大量土地用于发展果园等,出现了发展高效农业的新潮。2002 年后,村划入烟台经济技术开发区,由于修路、上工业项目、房地产开发建设等用地大量增加,村向城市化发展,带动产业转变,农作物种植不是主业,村民逐渐失去土地转产转业。

第一节 土地制度

私有制 新中国成立前,全村土地、山岚均为私有,可以买卖、租典、转让、赠予和继承。在这种制度下,有人无地或少地;有人占有较多土地。

民国 35 年(1946),村总户数为 280 户,总人口为 872 人,全村私有耕地共 1540 亩。其中:地主、富农 8 户,占有土地 557 亩,户均 69.60 亩;贫雇农 107 户,占有土地 238 亩,户均 2.20 亩;佃农 2 户,租种土地 20 亩,户均 10 亩。占村总人口中 5.20% 的地主、富农占有村耕地总面积的 29.67%,人均占有耕地为贫雇农的 5.90 倍,拥有大量土地的地主、富农将土地租给或雇用缺少耕地的农民耕种。土地租种期限一般为 1 ~ 3 年,地租一般为耕种作物产量的 4 ~ 6 成,收获后一次性交齐。遇到天灾人祸,佃农常因交不上地租而破产。解放前,全村有 17 户 20 人因生活所迫出外逃荒讨饭。

民国 30 年(1941)4 月至民国 35 年(1946)5 月,村先后开展减租减息(简称"双减")运动。在原对开分租的基础上，按单产37.50%交租。民国35年（1946）10月，开展土地改革运动，村地主、富农“献”土地25亩，房屋90间，大牲畜1头。1951年年底，土地改革运动结束，广大贫雇农都分得自己应有的土地。1951年，全村共有250户，总人口986人，耕地总面积为2432.73亩，人均耕地2.47亩，比土地改革前人均增加0.70亩。

1951年古现东村各户耕地面积与人口一览表

表5－1

户主姓名	耕地（亩）	家庭人口（人）	人均耕地（亩）	户主姓名	耕地（亩）	家庭人口（人）	人均耕地（亩）
王寿先	4	4	1	于同言	2	1	2
王潘氏	5	1	5	于维民	0	2	0
张元好	2.10	1	2.10	王在基	8.55	11	0.78
张厚远	14.60	5	2.92	王耀咸	11.15	7	1.59
张厚德	0	8	0	赵慎之	6	4	1.50
张厚祥	0	3	0	王瑞域	9.90	4	2.48
孙中庆	2	1	2	王慎然	9.46	3	3.15
朱廷芝	7.30	4	1.83	王耀基	13.80	8	1.73
孙德馨	6.52	3	2.17	王其瑞	6.30	5	1.26
孙王氏	4.55	1	4.55	王竹楼	5.95	2	2.98
王精财	7.20	4	1.80	王耀义	4.10	4	1.03
孙茂松	6.73	2	3.37	张忠信	0	1	0
夏忠云	9.90	9	1.10	张仁昌	6.76	2	3.38
孙德财	6.70	2	3.35	王福仁	13.80	12	1.15
王恺墅	8	3	2.67	李玉臣	8	2	4
王其瑞	6.43	3	2.14	李永田	6.10	4	1.53
王惇然	2.90	3	0.97	李长齐	5.30	4	1.33
于同言	2	1	2	王竺香	4.28	3	1.43
王憍然	6.12	3	2.04	王竺馨	1.50	2	0.75
张其龙	0	5	0	王和三	5	1	5
刘　氏	0	2	0	曲文星	3	4	0.75
李成均	10.96	2	5.48	曲永发	9.30	4	2.33
王毓欣	4	4	1	葛其昌	9.40	4	2.35
马文敏	5.45	1	5.45	于吉艺	9.40	3	3.13

续表 5－1－1

户主姓名	耕地（亩）	家庭人口（人）	人均耕地（亩）	户主姓名	耕地（亩）	家庭人口（人）	人均耕地（亩）
王镇山	10	11	0.91	齐希义	8	6	1.33
王作塬	6.13	5	1.23	王绥芳	12.57	7	1.80
王德泰	12.05	7	1.72	王景齐	4.50	2	2.25
高凤熙	0	6	0	李乐山	13.20	10	1.32
李桂芬	8.20	5	1.64	王崔氏	2.70	1	2.70
王福堂	12.94	5	2.59	吴维顶	0	1	0
王常义	10.05	6	1.68	陶云良	11.80	2	5.90
王子超	10.98	5	2.20	王世丰	15.75	10	1.58
王喜昌	18.12	9	2.01	王元丰	4.50	3	1.50
王守法	9.83	4	2.46	王厚丰	1.90	6	0.32
王芙芳	8.50	8	1.06	姜吉元	8	3	2.67
王绥禄	10.48	7	1.50	王瑞臣	4.22	2	2.11
王潘氏	4.50	1	4.50	夏仁芝	5.30	3	1.77
王圣希	8.10	6	1.35	王耀丰	8.40	3	2.80
张洪义	12.18	6	2.03	王镇起	5.65	3	1.88
王秀岷	5.90	6	0.98	王绍熙	19	10	1.90
王立先	12.18	6	2.03	李文轩	10.73	3	3.58
张道德	16.32	7	2.33	王福元	15.08	6	2.51
王李氏	6.99	4	1.75	于学祥	18.77	13	1.44
王竺馨	2.60	4	0.65	于德新	2	1	2
王竺宾	8.35	7	1.19	王立夫	13.85	7	1.98
王辑生	4.38	3	1.46	王竺宾	0	0	0
姜宝恩	3.50	1	3.50	王侃玉	5	6	0.83
王竺宾	7	1	7	王金崇	6.50	1	6.50
王贤熙	17.02	8	2.13	王吉宾	8.33	6	1.39
于吉庆	6	2	3	张子宾	4.10	1	4.10
董文水	14.70	4	3.68	许德重	4.80	4	1.20
王喜盛	37.95	17	2.23	马洪志	3.97	1	3.97
王常奎	11.70	6	1.95	张同云	5.50	3	1.83

续表 5 - 1 - 2

户主姓名	耕地（亩）	家庭人口（人）	人均耕地（亩）	户主姓名	耕地（亩）	家庭人口（人）	人均耕地（亩）
王常英	8.99	4	2.25	王茂榛	3.37	1	3.37
赵久禄	1	3	0.33	冯玉齐	2	1	2
王在和	5	2	2.50	李长安	19.62	11	1.78
王树萱	2.20	4	0.55	王德馥	15.88	7	2.27
王路坦	7.19	2	3.60	王德馨	9.10	9	1.01
王炳灼	6.88	5	1.38	王德镛	6.50	4	1.63
王炳燮	8	4	2	于凤金	15.91	5	3.18
王竹坡	6.20	2	3.10	辛曰敏	1.35	1	1.35
石永芳	5.60	3	1.87	王明石	3.50	5	0.70
王喜庚	8.10	4	2.03	林正民	5	6	0.83
乔永山	7.16	5	1.43	朱万义	5.71	3	1.90
王郭氏	3	1	3	高世友	4.50	8	0.56
王仲强	10.70	7	1.53	张长祥	6	3	2
衣智田	7.16	4	1.79	王陈氏	3	1	3
戴宋氏	3	1	3	王香杭	5.75	8	0.72
王静庵	5.86	6	0.98	王子明	8.86	6	1.48
刘玉堂	2.70	1	2.70	王郭氏	3.50	1	3.50
林永盛	2	1	2	王子春	7.60	6	1.27
王镇国	3.70	1	3.70	王子亭	3.67	3	1.22
于能吉	5	2	2.5	王金堂	0	8	0
刘恒先	15.19	5	3.04	刘洪昌	7.35	5	1.47
王基周	4.89	3	1.63	王丙欣	10	6	1.67
王玉卿	13.35	10	1.34	李培东	5.81	4	1.45
王季文	10.70	4	2.68	嵇镇恒	9.90	5	1.98
夏曰善	13.41	5	2.68	陶清元	7	3	2.33
夏曰宝	2.95	1	2.95	曲逢友	8	2	4
于同刚	18.12	8	2.27	高世友	3	1	3
郭临庭	1.80	3	0.60	王文西	4.56	6	0.76
王炳和	9.80	5	1.96	张洪宾	13.40	9	1.49

续表 5－1－3

户主姓名	耕地（亩）	家庭人口（人）	人均耕地（亩）	户主姓名	耕地（亩）	家庭人口（人）	人均耕地（亩）
王明东	8.37	9	0.93	王克善	7.25	7	1.04
王玉卿	90	0	0	王德禄	14.35	8	1.79
王炳禄	6.17	3	2.06	王镇东	5	4	1.25
王在田	9.62	5	1.92	王秀岍	8.80	4	2.20
王炳熙	2	1	2	王俊兰	10	4	2.5
王在明	7.97	4	1.99	王善同	11.74	5	2.35
王振福	7.40	4	1.85	王有更	17.56	7	2.51
王林氏	4.80	2	2.40	王坤璞	12.40	6	2.07
王振才	3	1	3	王镇海	3	5	0.60
王常福	3.80	4	0.95	于林春	11.60	2	5.80
王树芸	7.90	5	1.58	于洪江	6.96	2	3.48
王树茂	3.50	3	1.17	朱万利	13.13	5	2.63
王铭芸	2.90	2	1.45	朱万令	12.30	11	1.12
王铭文	8.06	4	2.02	朱万田	10.60	6	1.77
陈发芝	4.80	4	1.20	王福才	7	4	1.75
王炳起	12.40	6	2.07	朱万庆	2.66	2	1.33
王树仁	5.95	4	1.49	王福茂	8.95	5	1.79
王炳煌	10.30	3	3.43	王长和	13.50	7	1.93
王炳煜	6.80	4	1.70	王长焕	13.46	7	1.92
王炳熠	3.30	2	1.65	朱元璋	2.60	7	0.37
王炳耀	0.77	1	0.77	王胜贵	9.50	3	3.17
王在敬	9.90	4	2.48	王汝堂	5.60	3	1.87
王茂楠	2.23	6	0.37	王秉钢	9.56	4	2.39
王绥履	23.57	9	2.62	王秉铁	6.37	4	1.59
王绥福	19.16	8	2.40	王芳洲	8.57	3	2.86
王紫家	0	1	0	王徐氏	4.50	1	4.50
王绥芳	15.50	6	2.58	朱仕青	11.81	7	1.69
李文忠	34.35	9	3.82	王泽民	13.67	18	0.76
张美杰	5.50	2	2.75	王成家	11.50	9	1.28

续表 5－1－4

户主姓名	耕地(亩)	家庭人口(人)	人均耕地(亩)	户主姓名	耕地(亩)	家庭人口(人)	人均耕地(亩)
王炳戌	9.30	5	1.86	王盛福	9.30	3	3.10
孙玉江	7.90	4	1.98	孙德昌	7.01	3	2.34
刘邦义	11.80	7	1.69	李长海	4.35	1	4.35
夏仁山	26.10	8	3.26	栾淑兰	3.50	6	0.58
王祖沂	9.87	7	1.41	高世崇	3.39	3	1.13
王张氏	3.80	2	1.90	王克成	3.30	6	0.55
王永坤	5.50	6	0.92	张同华	4.43	6	0.74
王在庆	2	2	1	王镇西	8.76	5	1.75
贾宝贵	9.20	7	1.31	姜宝玉	13.70	6	2.28
贾连仲	7.10	3	2.37	姜宝田	0	6	0
王肇基	5.50	4	1.38	王洪基	18.29	7	2.61
李培友	5	5	1	王文希	5.66	5	1.13
王克亭	6.80	4	1.70	于学禄	10.50	5	2.10
王福星	11.48	8	1.44	王福先	9.17	7	1.31
王仁谷	13.10	6	2.18	王廷基	4.30	3	1.43
李永言	6.10	2	3.05	李常乐	7.70	4	1.93
李常荣	7.70	3	2.57	于吉秀	10.80	4	2.70
于吉海	10.35	4	2.59	李长平	23.27	11	2.12
曲永田	47.69	17	2.81	曲永堂	22.10	8	2.76
乔宝善	9.65	8	1.21	于吉庆	10.77	4	2.69
史吉祥	16.28	6	2.71	王仕垣	18.40	5	3.68
王耕礼	3.75	2	1.88	王仕培	10.34	3	3.45
朱　二	5.70	1	5.70	牟　仁	5.40	1	5.40
房孟盛	1	1	1	衣元发	4.70	5	0.94
崔福进	3.60	1	3.60	吕禄忠	8.80	7	1.26
崔福洪	7.66	4	1.92	张仁德	2.30	4	0.58
崔福祥	9.95	5	1.99	张宽丰	0	1	0
王启家	156.50	6	26.08				

注:1、王玉卿系当时村干部,部份土地登记在其名下。

2、王启家属磁山看山人员,当时部份土地登记在其名下。

集体所有制　1955年秋，掀起农业合作化运动高潮。1956年秋，村初级农业生产合作社转为高级农业生产合作社。高级社土地为集体所有，农具、耕畜等生产资料折价归公，实行各尽所能，按劳分配的社会主义分配原则，男女老幼同工同酬。劳动收入扣除生产费用、国家税金、公益金等，其余部分按劳动工分分配。由于发展过快，部分农民缺乏思想准备，加之缺乏管理经验，个别社员收入下降，出现部分农户要求退社现象。到1957年村土地全部归集体所有，除5.80%分给社员作自留地外，其余全部由集体耕种。

1958年8月，村高级社转入古现人民公社。人民公社化后，土地归公社集体所有，实行"政社合一"和"工、农、商、学、兵五位一体"，社员只允许有自留地和小农具，土地及大型农具、牲畜全部归公社集体所有。1967年，自留地收回，1978年又重新分配。1982年，村实行以农户为单位的联产承包生产责任制，土地仍为三级所有。联产承包生产责任制以统分结合的双层经营体制取代了"一大二公"的人民公社体制，农民有了生产经营自主权，大大促进了生产力的发展。1984年撤销人民公社，恢复乡镇建制，村土地归行政村集体所有。

第二节　体制变革

古现东村经济体制改革进程，大体经历了互助组、生产合作社、人民公社到家庭承包生产责任制几个阶段。

互助组　1947年，部分村民按照自愿互利、等价交换原则，开始成立互助组。土地属私人所有，只进行换工互助，以解决单独耕种的困难。土地改革以后，村民占有土地数量增加，互助组迅速发展，至1954年，季节性互助组达到3个，参加户数20户；常年互助组1个，参加户数4户。

生产合作社　农业生产合作社经历了初级农业合作社和高级农业合作社两个阶段。1955年，村成立初级农业合作社，当年入社农户17户，入股土地113亩。初级农业合作社实行土地入股、统一经营的管理体制，土地所有权仍归个人，集体劳动，劳动所得按土地和劳动日比例分配。

1956年春，村初级农业生产合作社转为高级农业生产合作社。是年，全村244户，入社农户241户，占全村总农户的99%，入社土地1806亩。

人民公社　1958年8月，村高级社转入古现人民公社。村为古现东村生产大队，由原来4个生产小队改为8个生产小队。

人民公社成立不久，由于"左"的思想指导，生产上劳力统一调配，"瞎指挥""大兵团作战"，提出"人有多大胆，地有多大产""不下千斤种，难打万斤粮"等口号；分配上搞平均主义，实行供给制；生活上大办集体食堂，严重挫伤群众积极性。1960年，开始纠正"左"的错误，解散村集体食堂，开展生产自救。1962年3月，实行人民公社、生产大队、生产小队"三级所有、队为基础"体制，农业基本核算单位下放到生产小队，把生产与分配统一起来，促进了生产力的发展。1966～1976年，学习大寨经验，搞"政治评分"，不按劳取酬；"割资本主义尾巴"，取消自留地，把生产小队核算改为大队核算，搞"穷过渡"，再次挫伤村民的生产积极性，严重影响了生产力的发展。人民公社时期，是国家计划经济时代，生产大队和生产小队都严格执行县和公社下达的种植计划，未经上级批准，其他经济作物绝不允许种植。1978年以后才逐步改变这种局面，直至人民公社废止才彻底改变。此后，村民可以在自己承包的土地上种粮，亦可种植其他经济作物。

1982年古现东村各生产小队家庭人口一览表

表5－2　　单位：人

队别	户主姓名	家庭人口	男	女	队别	户主姓名	家庭人口	男	女
一队	战桂德	6	1	5	一队	王秀臣	1	1	
	王维潭	5	3	2		王秀平	3	2	1
	陈惠玲	4	2	2		王秀伦	3	2	1
	张洪江	7	2	5		王秀君	4	2	2
	王维洋	3	1	2		王宪均	6	2	4
	夏曰顺	4	2	2		王维江	4	3	1
	夏王氏	2	1	1		王汝团	4	2	2
	朱相荣	5	3	2		王考良	3	2	1
	李植敏	6	1	5		于克敏	3	2	1
	王喜龙	6	2	4		王汝贵	3	2	1
	张同华	6	3	3		张长香	3	1	2
	王成发	7	4	3		王子春	1	1	
	王秀义	3	2	1	小计	40户	171	79	92
	李玉臣	2	1	1	二队	王福胜	4	3	1
	刘惠凤	3	2	1		王德礼	3	2	1
	朱元寿	5	2	3		王秀路	6	2	4
	王德利	4	2	2		于维祥	6	2	4
	王金状	6	1	5		王晨岩	6	2	4
	王福寿	5	2	3		王其光	4	1	3
	李成义	5	2	3		朱元乐	4	1	3
	王永志	7	2	5		朱仕勇	3	2	1
	于德起	6	2	4		朱仕强	3	2	1
	王德芝	3	1	2		王金岭	4	1	3
	王福喜	5	4	1		王汝国	3	1	2
	张其乐	6	4	2		李长安	2	1	1
	孙成运	4	2	2		李植德	2	1	1
	李植华	4	1	3		李植辉	3	1	2
	王光辉	4	2	2		朱元湖	3	1	2

续表 5－2－1　　单位:人

队别	户主姓名	家庭人口	男	女	队别	户主姓名	家庭人口	男	女
二队	朱仕华	3	2	1	三队	王光荣	4	1	3
	王耀基	3	2	1		王明涛	5	2	3
	王铭玉	5	2	3		张其祥	4	1	3
	王铭家	5	2	3		孙茂松	7	4	3
	李植春	5	3	2		王耀咸	2	1	1
	李德崇	4	1	3		朱仕昌	5	3	2
	王福江	1	1			刘同川	2	2	
	王昌勇	3	1	2		王德辉	7	1	6
	王柏林	3	1	2		林宝玉	4	3	1
	王柏文	5	2	3		夏仁芳	6	2	4
	王秀璞	5	3	2		李义凤	8	2	6
	王汝言	5	2	3		王宪志	4	2	2
	王子明	2	1	1		王光璞	5	3	2
	王仁卿	4	3	1		王光亮	5	4	1
	王永海	5	2	3		张其喜	7	5	2
	王善同	2	1	1		于德深	3	2	1
	王子光	4	2	2		李义英	3	2	1
	王维光	2	1	1		王汝光	4	2	2
	朱元芳	3	2	1		于林春	5	2	3
	朱万金	3	1	2		赵署光	3	1	2
	王金崇	5	2	3		于克平	4	2	2
	王金海	4	2	2		于克明	4	2	2
	王金瑞	4	3	1		王瑞圭	4	2	2
	王德美	2		2		张厚远	7	4	3
	王秀理	3	2	1		夏仁贵	5	4	1
	林淑玉	3	2	1		王瑞珍	2	1	1
	王汝鹏	5	4	1		王金涛	4	2	2
	王汝光	2	1	1		王精华	4	2	2
	王明宽	1	1			王光奎	3	2	1
小计	44 户	157	75	82		张洪君	4	3	1

续表 5 - 2 - 2　单位：人

队别	户主姓名	家庭人口	男	女	队别	户主姓名	家庭人口	男	女
三队	孙成恕	3	1	2	四队	于维海	5	2	3
	王喜利	2	1	1		王茂楠	5	2	3
	王明清	3	1	2		张长祥	3	1	2
	王明波	3	2	1		马敬海	6	1	5
	朱洪君	3	2	1		王殿鳌	5	4	1
	于　波	2	1	1		李维强	3	2	1
小计	36 户	150	77	73		李义敏	7	3	4
四队	孙桂英	1		1		刘学文	7	3	4
	王镇德	7	3	4		王其祥	3	2	1
	王德耀	4	3	1		王竹朋	6	3	3
	王镇玉	6	3	3		贾宝贵	6	2	4
	刘剑波	3	2	1		夏仁芝	6	3	3
	王瑞坞	5	1	4		李维松	3	2	1
	刘洪斌	7	3	4		朱洪岩	3	2	1
	王旭升	2	1	1		朱洪斌	2	1	1
	孙德才	1	1		小计	37 户	164	80	84
	王瑞坪	4	3	1	五队	王德璞	5	3	2
	王德全	4	3	1		曲永发	6	4	2
	王德山	4	3	1		曲永涛	5	2	3
	乔永山	6	2	4		稽玉茗	2	2	
	王永泰	8	3	5		董仕元	5	3	2
	朱仕清	8	4	4		徐春良	3	1	2
	贾曰刚	5	3	2		宋文谦	2	1	1
	朱洪海	5	4	1		崔禄香	5	2	3
	王瑞墅	4	2	2		王秀文	4	2	2
	李德国	3		3		王胜贵	5	3	2
	朱洪涛	2	1	1		王镇东	2	1	1
	于德敏	3	1	2		王丙坤	6	4	2
	王永禄	3	1	2		王丙见	5	2	3

续表5－2－3　　单位：人

队别	户主姓名	家庭人口	男	女	队别	户主姓名	家庭人口	男	女
五队	王栋玉	3	1	2	六队	王在和	8	5	3
	于克升	4	3	1		王金红	1		1
	王守安	4	2	2		王镇西	5	3	2
	王喜光	4	1	3		王禄坦	7	3	4
	王福增	1	1			王维臣	5	3	2
	王福成	1	1			王德光	5	2	3
	王金中	3	2	1		王汝强	1	1	
	吕凤卿	2	1	1		于维德	5	2	3
	王汝敏	3	1	2		李桂芳	6	3	3
	李义山	8	5	3		孙德寿	2		2
	徐建武	4	2	2		王义永	5	4	1
	王金国	3	2	1		王喜庚	2	1	1
	王栋有	3	2	1		王坤璞	6	2	4
	王栋财	2	1	1		王迎乐	1	1	
	崔胜利	3	2	1		王迎喜	6	2	4
	崔守海	3	1	2		姜笃善	5	2	3
	王汝勤	3	1	2		张美珍	3	1	2
	王金胜	3	2	1		衣克先	8	4	4
	崔秀强	3	1	2		张仁德	6	3	3
	王秀发	7	4	3		王光模	4	1	3
	王华光	6	5	1		李桂芬	3	2	1
	王福兴	6	3	3		王德复	3	1	2
	于德江	4	1	3		王镇祥	6	1	5
	王镇山	6	3	3		张文成	6	4	2
	王瑞域	3	2	1		李花开	6	2	4
	于维发	6	4	2		王其伟	4	2	2
	王秉镇	8	2	6		王明君	2	1	1
	王德发	1	1			王汝富	3	2	1
小计	41户	164	87	77		崔颖波	5	1	4

续表 5 – 2 – 4　单位：人

队别	户主姓名	家庭人口	男	女	队别	户主姓名	家庭人口	男	女
六队	王光祥	1	1		七队	于维光	1	1	
	李焕玉	4	2	2		王永荃	6	3	3
	葛竹平	4	2	2		王铭文	3	2	1
	王其训	4	2	2		王喜君	3	2	1
	王其杰	3	2	1		曲忠臣	3	2	1
	李花国	3	2	1		王福深	6	2	4
	王镇仁	3	2	1		蔡玉虎	6	3	3
	王其坤	6	2	4		王德芳	6	3	3
	崔颖华	2	1	1		王德泉	4	3	1
小计	38 户	159	75	84		王绥福	1	1	
七队	张长民	5	2	3		王德金	6	3	3
	曲华山	3	2	1		于维明	6	4	2
	曲忠君	3	1	2		朱兆言	5	2	3
	王喜元	4	3	1		朱明山	4	2	2
	王树芸	6	3	3		侯春华	3	2	1
	葛竹光	4	1	3		张恩芬	5	4	1
	刘景文	5	1	4	小计	35 户	148	77	71
	王镇海	3	1	2	八队	王　基	8	3	5
	曲华仁	6	2	4		于维良	3	2	1
	于忠秀	1		1		曲华民	5	4	1
	王　辉	4	2	2		王光明	3	1	2
	曲忠华	7	4	3		王炳炽	6	4	2
	王炳义	3	3			林树庆	6	3	3
	张长珍	2		2		曲忠学	5	1	4
	乔寿海	3	1	2		王秉鉴	6	3	3
	臧桂花	4	2	2		王绥立	2	2	
	王福生	6	3	3		李植玉	6	2	4
	王生贵	6	4	2		李植金	6	3	3
	于维禄	5	3	2		李植才	5	4	1

续表 5－2－5　　单位:人

队别	户主姓名	家庭人口	男	女	队别	户主姓名	家庭人口	男	女
八队	王福堂	7	3	4	八队	邹本贤	5	1	4
	王炳南	5	3	2		于维玲	4	2	2
	于吉海	4	1	3		王德玺	4	2	2
	吕景海	1	1			王维利	4	2	2
	朱仕光	3	2	1		王德云	6	3	3
	王金凯	1	1			王福强	3	2	1
	崔禄军	4	1	3		吕长海	2	1	1
	王福君	2	1	1		吕崇海	3	2	1
	于维民	6	2	4		吕平海	3	1	2
	吴国英	4	1	3		于　辉	3	1	2
	王秉生	6	2	4		朱仕明	3	1	2
	夏曰善	5	2	3		吕龙海	3	2	1
	张传起	6	2	4	小计	39 户	169	81	88
	王德见	7	5	2	总计	310 户	1282	631	651
	吕青海	4	2	2					

家庭联产承包责任制　1978 年后,以家庭联产承包为主的生产责任制在全国农村展开,古现东村亦然,村民有了生产经营自主权,生产积极性大大提高,村农业生产进入大发展时期。

1983 年春,村开始推行农业生产责任制,将村 1552 亩耕种土地按人口和劳力分下去承包到户,生产队统一耕种,个人管理收获。当年 8 月,村开始推行家庭联产承包责任制,土地划为口粮田、责任田,按人固定到户,长期使用,农户除完成税金、粮油征购任务和集体提留外,其余收入归自己。1984 年,土地承包基本结束,并签订了相应的土地承包合同。为巩固家庭联产承包责任制,将 1984 年土地承包期延长到 15 年。责任田、果园、水库、机械等以及各项集体工副业,以合同的形式承包给个人,大多数以农户为单位承包,收益"交够国家的,留足集体的,剩下全是自己的"。土地仍属集体所有,不许买卖,但可以转给他人生产。1984 年,全村共签订承包合同 354 份,合同承包土地 1483.30 亩。实行家庭联产承包责任制后,粮食产量逐年攀升,村民的经济收入也大大提高。

1998 年,村被中共古现镇委员会、古现镇人

村被授予"农业工作先进村"荣誉称号

民政府授予“农业工作先进村”荣誉称号。1999年，第一轮土地承包到期后，村土地进行第二轮承包，土地承包期延长为30年，与农户家庭重新签订土地、果园承包合同，发放由人民政府盖章的土地承包经营权证书。到2002年，村委会已经完成了第二轮土地承包。全村共签订各种承包合同358份，累计合同承包土地1337.16亩，其中合同承包土地1070.68亩，租赁土地266.48亩。当年承包果园96亩。

古现东村村民两轮土地承包情况一览表

表5－3　单位：亩

1984年第一轮土地承包		2002年第二轮土地承包		
户　名	承包土地	户　名	承包土地	租赁土地
陈惠玲	2.41	孙成运	4.71	1.95
孙成运	3.56	李芳正	6.22	1.43
王宪君	6.06	王洪波	4.54	–
王秀君	5.19	孙成先	4.44	2.36
于德起	4.55	王永峰	3.86	–
王考良	4.34	王维洋	3.91	–
王德利	5.44	谢爱君	3.64	–
张起乐	5.64	王秀平	1.65	1.06
张卫海	2.33	王考良	3.75	–
李玉臣	1.93	王柏岩	5.78	1.63
王金状	4.10	王德利	1.96	–
张洪江	5.20	王光平	5.04	1.07
王维谭	6.55	张维海	3.25	–
王维江	4.36	王光辉	4.86	2.89
王维洋	3.24	王仁松	3.40	–
王永志	6.61	李植民	7.21	2.29
王秀军	3.48	王仁青	2.75	–
张同华	3.48	李植华	1.80	2
张长发	3.53	王维江	7.34	–
张长香	2.23	于克敏	4.09	–
王福喜	5.83	王德君	4.80	–
王成发	7.04	王汝光	4.18	0.64
李成义	4.72	战桂德	2.86	–

续表 5－3－1　　单位:亩

1984 年第一轮土地承包		2002 年第二轮土地承包		
户　名	承包土地	户　名	承包土地	租赁土地
王德芝	3.68	朱元春	2.93	0.64
孙成选	4.96	王金选	4.01	–
王昌永	3.98	王铭玉	2.08	0.64
王维光	4.39	张长辉	1.50	–
王汝言	5.92	王德忠	12.33	–
王铭玉	5.50	张长发	3.01	–
林淑玉	3.54	王汝国	2.66	1.28
王子光	4.94	王　忠	8.77	–
王秀礼	3.67	朱元芳	3.97	0.64
王喜龙	6.54	王永海	4.60	2.82
王光辉	4.55	王　辉	3.69	1.43
朱仁江	3.04	王秀路	1.49	1.67
李植敏	4.15	王　兵	3.86	–
李植华	3.30	王仁卿	6.54	3.85
王汝贵	3.46	王铭家	5.64	1.67
王丙欣	3.39	王瑞猛	2.66	1
王汝团	3.49	朱仕强	1.86	
夏曰强	5.19	王维光	3.81	0.74
夏曰顺	5.55	王德强	2.98	1.49
于克敏	3.45	王维俊	4.96	2.23
王秀伦	3.55	王巧玲	2.91	0.74
王福寿	5.50	王福江	4.92	–
李　乐	6.82	于振成	3.47	1.49
王秀臣	2.30	王金瑞	3.12	0.64
王秀义	3.48	朱仕华	5.75	0.76
王金崇	4.98	林宝强	3.10	0.51
李德谦	3.54	王子光	3.16	1.47
朱仕勇	3.44	王宪志	2.26	–

续表 5－3－2　　单位:亩

1984 年第一轮土地承包		2002 年第二轮土地承包		
户　名	承包土地	户　名	承包土地	租赁土地
王子明	1.95	李德胜	4.96	1.49
王秀璞	5.42	夏仁芳	2.26	–
朱仕华	3.43	王柏林	6.08	–
王福江	0.98	赵曙光	3	–
王福胜	3.55	王柏文	5.66	2.45
王德礼	3.21	王明山	4.83	1.53
王瑞华	3.20	王汝良	5.26	1.77
王德强	2.33	王金涛	2.58	1.27
王金岭	3.48	朱仕永	3.51	1.89
王汝国	3.65	王瑞珍	3.90	1.53
王伯文	3.27	王德礼	5.76	–
于维祥	2.85	朱洪军	3.80	1.27
王仁卿	5.05	王喜利	5.05	2.50
王维钊	3.51	孙成波	0.95	1.06
王明臣	4.19	朱洪光	3.25	3.62
朱仕强	3.78	孙成林	12.09	1.89
王伯林	3.32	于克平	2.42	0.97
王秀路	5.77	王静华	9.41	1.59
王汝光	4.74	于克庆	1.25	0.42
朱元湖	1.95	蔡玉民	1.87	1.06
朱元芳	3.79	王光亮	5.48	4.29
王明宽	1.64	王汝光	5.95	1.34
王永海	5.66	林宝玉	7.19	1.62
王金瑞	5.44	谷克禄	3.53	2.68
王明家	6.31	夏曰国	3.54	2.32
王金海	5.09	王瑞墅	2.19	1.18
王其光	4.44	张庆君	4	3.35
朱元春	4.60	王德山	4.04	1.07

续表 5－3－3　　单位：亩

1984 年第一轮土地承包		2002 年第二轮土地承包		
户　名	承包土地	户　名	承包土地	租赁土地
朱元乐	3.38	张庆波	3.80	1.62
王汝明	10.55	王维民	3.52	1.07
王晨岩	4.62	于　波	5.41	2.09
王伯松	2.07	于德民	4.59	1.64
王喜利	4.26	朱洪国	4.51	1.40
王巧玲	1.34	于德平	1.92	1.53
朱洪光	3.34	张恩福	3.67	0.77
于振城	2.05	贾曰刚	6.60	0.57
于克平	6.93	张其喜	1.19	－
李德崇	2.94	王镇玉	1.13	0.57
张道起	7.99	张其祥	0.38	0.42
李植德	3.62	乔玉波	2.54	1.02
王光良	6.94	王光奎	2.65	1.26
李植春	5.19	王瑞坞	5.70	1.38
王明清	5.29	孙成军	10.05	1.48
李植辉	3.78	王永泰	3.52	－
林宝玉	2.52	马敬海	4.10	1.71
夏曰国	6.29	张长祥	1.72	－
王汝光	6.87	李维强	1.84	2.04
张起喜	6.29	曲华波	2.71	－
张心友	5.11	王建璞	11.47	－
王瑞珍	2.52	曲华平	2.11	－
朱洪君	4.25	王建涛	4.80	－
王明涛	7.46	王金忠	2.43	－
王瑞圭	7.86	刘玉清	5.21	－
于临春	6.06	王　山	2.80	－
林宝国	2.75	刘玉涛	4.73	－
朱洪国	4.81	王永波	2.57	－

续表 5－3－4　单位：亩

1984 年第一轮土地承包		2002 年第二轮土地承包		
户　名	承包土地	户　名	承包土地	租赁土地
王金涛	7.10	刘建波	1.51	1.12
张洪君	4.09	王永涛	1.83	–
李义凤	9.79	刘建峰	1.51	1.12
张其祥	2.58	夏曰萍	0.72	–
王德辉	6.07	王启祥	1.32	0.89
王光奎	4.18	王汝波	11.02	–
王广璞	4.50	王德金	7.25	1.79
张茂松	7.68	王秀安	2.14	–
王明波	4.42	朱洪春	3.78	1.79
孙成恕	3.57	王维波	2.49	–
王明山	3.35	朱洪海	7.53	2.68
孙成林	2.44	王维国	2.49	–
夏曰芳	8.40	朱德武	1.68	–
刘同川	2.45	王丙见	0.71	–
王宪志	5.84	朱德胜	1.69	–
王精华	4.94	王金国	5.11	–
赵曙光	1.59	朱洪岩	1.55	0.89
张庆方	1.34	王汝勤	8.53	–
林宝强	3.79	王盛旭	4.02	1.79
于克明	9.94	于振波	3	–
王明霞	1.83	于振军	11.98	–
王旭升	2.18	于吉波	2.74	1.91
刘学文	7.63	于振国	5.70	–
王瑞墅	4.34	于吉为	2.74	1.91
王瑞坞	6.35	王金利	2.48	0.79
王瑞坪	4.10	崔秀海	4.57	2.80
王永泰	8.98	王金胜	3.65	1.13
王德山	4.10	李焕玉	3.89	1.51

续表5-3-5　　　　单位:亩

1984年第一轮土地承包		2002年第二轮土地承包		
户　名	承包土地	户　名	承包土地	租赁土地
马景海	6.44	王福成	1	-
王永禄	3.02	于振涛	6.47	-
孙德才	1.32	稽玉名	-	1.97
王殿鳌	4.32	王镇礼	2.48	1.45
李维强	5.12	王栋有	5.36	1.13
王永进	2.03	王光模	0.80	-
李义敏	2.63	徐春良	4.54	0.36
于德敏	3.37	王光祥	0.20	-
李维松	4.73	王栋玉	3.61	1.50
于维海	2.98	王栋强	2.20	0.76
王丝明	7.50	王栋财	2.28	1.13
于德平	2.19	王栋国	1.71	1.06
刘洪滨	7.19	王　波	2.26	1
王镇德	7.75	李花本	1.30	1.47
吴淑芬	2.07	王镇强	3.39	1.67
夏仁芝	4.13	崔颖波	6.28	1.52
刘剑波	2.99	王镇学	3.35	2.67
夏曰波	3.03	王明君	2.12	0.76
贾宝贵	7.50	崔秀强	3.79	2.67
贾曰刚	6	赵春梅	2.03	0.77
贾曰强	5.24	王喜强	5.78	2.78
王镇玉	4.90	黄九祖	3.68	1.56
王其祥	2.63	于克升	2.70	3
乔玉波	7.47	张君敏	2.88	1.56
王德耀	4.94	王德光	3.40	2.73
王德全	4.63	于维光	1.04	-
董仕元	3.96	姜笃善	4.79	2.67
孙桂英	1	王　基	4.37	0.89

续表 5－3－6　　单位：亩

1984 年第一轮土地承包		2002 年第二轮土地承包		
户　名	承包土地	户　名	承包土地	租赁土地
董传波	2.77	李花果	4.73	1.70
朱仕清	4.71	王德泉	5.30	1.79
王镇山	3.06	衣树春	2.10	1.71
朱洪海	5.97	王维忠	3.24	0.75
王守安	4.10	衣建春	2.10	1.71
朱洪涛	2.46	滕淑清	3.50	–
徐忠敏	4.70	李成波	3.09	2.57
朱洪岩	3.94	朱明江	5.26	1.09
李德果	3.75	王维臣	7.49	–
王德璞	5.10	王喜元	1.14	1.29
王丙见	5.10	王仁波	5.90	2.14
王茂楠	4.31	王光卫	1.81	2.05
王金国	4.30	王镇田	4.16	–
张长祥	4.14	蔡玉祥	5.13	0.38
王汝敏	3.70	王光明	2.83	–
王喜光	4.21	蔡玉胜	9.49	–
王汝勤	3.87	曲忠臣	2.75	–
曲永发	5.79	葛祖光	2.22	1.53
于维发	5.30	王生贵	3.50	1.57
曲华平	3.61	曲忠君	3.73	–
王瑞玉	1.40	曲忠礼	1.95	–
王金中	4.42	曲华民	1.76	–
李义山	9.50	王永荃	4.90	–
王炳坤	6.13	曲忠防	2.67	1.15
李焕平	2.13	朱明山	3.58	–
王胜贵	4.92	曲忠江	4.69	–
王金胜	4.04	张长民	1.83	–
王永涛	2.81	曲华山	3.87	0.91

续表 5－3－7　　单位：亩

1984 年第一轮土地承包		2002 年第二轮土地承包		
户　名	承包土地	户　名	承包土地	租赁土地
王福成	1.20	王喜军	0.67	0.83
王福增	1.20	王福民	4.49	1.64
王克邦	2.94	王生堂	4.99	3
稽汝茗	2.28	李德光	6.17	1.64
崔守海	4.57	吕敬海	0.59	–
王东友	3.18	崔禄军	6.65	–
王守发	7.25	吕崇海	3.72	–
徐建五	4	吕龙海	3.76	1.37
王喜强	3.60	于　辉	1.38	–
徐春良	3.53	吕青海	1.55	1.23
王桂芝	3.25	张美珍	2.16	–
曲永涛	5.78	王维强	2.39	–
于克升	4.75	王　健	3.21	–
王桂芳	5.33	曲忠学	5.09	1.77
王镇东	2.18	于维玲	4.87	–
王栋玉	3.25	王维军	2.20	1.90
王在和	12.69	王铭玺	3.45	–
谭淑智	2.25	王永江	2.99	1.23
王镇西	4.97	王福军	3.91	–
王福兴	5.58	朱仕光	5.30	–
王禄坦	4.85	王维勇	3.69	1.23
崔胜利	3.77	朱仕明	4.19	–
王维臣	5.10	王德玺	1.89	0.41
王守文	3.77	林齐国	4.38	–
王德光	6.31	王维利	4.55	1.23
王华光	5.05	林齐涛	3.21	–
于维德	6.43	李植才	3.12	1.23
王镇学	2.03	夏云堂	8.15	–

续表 5 - 3 - 8　　单位:亩

1984 年第一轮土地承包		2002 年第二轮土地承包		
户　名	承包土地	户　名	承包土地	租赁土地
李桂芳	5.01	李德民	4.11	1.23
王德发	1.28	王维升	1.51	1.77
王义永	5.26	李德君	4.23	1.64
崔守强	4.17	王炳卫	8.26	–
王镇田	7.03	王镇德	1.88	–
王迎春	6.97	王明涛	14.12	–
王其训	4.56	蔡玉玲	1.40	1.40
姜笃善	5.35	孙成恕	7.07	1.89
王汝芳	4.08	张维波	3.59	–
张美珍	0.72	王永进	3.86	1.06
王其杰	3.48	王德民	3.79	1.33
衣克先	8.58	夏曰军	5.42	1.13
李花果	3.68	王德志	1.74	0.60
张君波	2.27	夏曰波	1.23	0.56
王镇仁	5.18	王德海	1.68	0.59
王光模	3.26	曲华君	7	–
王其坤	7.08	王汝团	3	1.03
李花本	2.03	王　岩	3.35	–
崔英华	2.01	朱仕江	0.81	–
王镇祥	6.22	李焕军	1.54	–
张君敏	5.92	李德谦	2	0.72
张文成	8.08	李焕虎	1.56	0.75
王镇义	4.03	王余仲	1.45	0.64
李花开	6.16	崔胜利	3.39	2.67
王喜庚	1.30	王栋文	3.31	2.20
王其卫	4.97	王镇民	3.66	1.23
杨淑平	0.63	王栋武	3.91	2.19
王明君	4.33	王镇元	2.86	2.72

续表5－3－9 单位：亩

1984年第一轮土地承包		2002年第二轮土地承包		
户 名	承包土地	户 名	承包土地	租赁土地
王树芸	7.72	王汝鹏	6.23	2.57
王汝富	4.22	王喜家	3.59	2.78
王光明	3.52	李德崇	2.99	1.49
崔英波	5.65	王金福	2.03	1.29
刘景文	2.47	王明波	5.73	–
李焕玉	5.10	王金禄	2.35	0.50
王福深	8.22	张庆利	6.05	–
葛竹平	3.92	王金寿	4.05	1.69
曲忠臣	3.62	王金喜	0.98	1.10
曲忠君	4.08	王维林	2.26	2.52
王德金	7.83	王金红	2.22	0.80
曲华仁	3.62	张恩波	2.87	2.07
臧桂花	3.85	王镇义	5.46	1.19
王永荃	7.68	衣淑芝	1.17	–
朱兆言	5.82	王镇仁	3.31	1.41
张长民	7.40	蔡玉虎	6.60	1.02
王德芳	5.38	王其坤	3.23	1.13
张恩芬	5.74	王永波	4.49	–
王明文	3.62	葛小杰	3.64	1.56
朱明山	4.75	邹本贤	2.54	0.82
王福生	7.89	谢维玲	3.48	–
于维明	7.12	王福强	3	1.23
王喜元	4.84	臧宜莲	0.23	–
于维良	3.86	王 浩	3.80	1.64
蔡玉胜	6.38	李华君	6.73	2.19
于维光	1.30	王维波	3.08	1.23
葛竹光	6.12	王汝军	1.41	–
王丙义	5.27	王海伟	3.30	1.23

续表 5－3－10　单位：亩

1984 年第一轮土地承包		2002 年第二轮土地承包		
户　名	承包土地	户　名	承包土地	租赁土地
王生喜	5.60	王生喜	6.86	–
于维禄	6.06	李植辉	0.82	–
王生贵	0.95	于　勇	7.99	–
曲忠华	8.44	王金国	1.34	–
曲华民	7.05	于　涛	1.31	–
王　基	5.74	王　礼	2.87	–
曲华山	5.22	曲金勇	1.26	–
王德泉	4.44	王维民	5.49	–
王喜君	4.07	王维军	2.65	–
乔登云	3.29	于维苓	4.76	–
乔寿海	1.30	曲忠学	5.74	–
吕凤香	3.29	王绥立	2.40	–
王炳炽	5.57	李德生	4.11	–
王炳南	6.60	王德玺	4.20	–
李德君	2.34	王德见	7.98	–
王金凯	0.44	王维利	4.74	–
邹本贤	4.69	王绥芳	1.27	–
吕景海	0.44	李植才	5.16	–
王福强	2.38	吕清海	5.49	–
吕长海	1.59	吕龙海	4.52	–
王福敏	2.38	崔路军	5.95	–
吕崇海	4.01	吕平海	4.40	–
王福军	3.61	吴国英	2.88	–
张传起	7.75	朱仕明	4.23	–
李植全	5.31	朱仕光	3.80	–
王洪元	6.42	林树庆	7.03	–
李德光	2.32	夏曰善	5	–
于维敏	5.88	李植玉	6.49	–

续表 5－3－11　　单位：亩

1984 年第一轮土地承包		2002 年第二轮土地承包		
户　名	承包土地	户　名	承包土地	租赁土地
王秉鉴	8.88	合　计	1070.68	266.48
于　辉	3.89			
王秉生	6.16			
于吉海	4.77			
王德昌	5.62			
王德云	7.32			
合　计	1483.30			

第三节　农田水利

农田建设　新中国成立前至 20 世纪 60 年代初，村民大多利用农闲时间刨地，特别是土地改革后，村民分到土地，各家各户利用冬闲季节刨地成为习惯。70 年代后，随着农机具的增多，刨地者甚少，逐渐由人工刨地向役畜拉犁耕地转变，再由拖拉机耕地代替役畜拉犁耕地。

深耕深翻　20 世纪 60 年代末至 70 年代初，村民深耕深翻土地，运用大犁深耕技术，打破了原有犁底层，使土壤活土层由原来的 10～20 厘米增加到 30 厘米，大大提高了土壤的蓄水保肥能力，土壤容重减少，总孔隙度增加，物理性状明显变好。还利用冬春闲季大挖“丰产沟”，增厚熟土层，增加了土壤中的团粒结构，对保墒也起到良好作用。

耙耢保墒　耙耢土地是村民的传统习惯。一般在冬耕后，开春再顶凌耙耢破除雪粘裂缝，对土地保墒起到很好作用。

压沙换土　村压沙换土始于 20 世纪 60 年代。村北牟黄公路以北的土地，由于靠黄金河南岸，长年受河水侵浸，多数为盐碱地，农作物生长受到严重影响。农业合作化后，集体力量增强，开始对该地段盐碱地进行改良，先将土地深挖排碱沟后，放水冲灌，排泄掉土壤中所含的盐碱成分，在此基础上再进行压土。经过两个冬闲时间，出工 1000 多人次，共改造盐碱地 200 余亩，使其变为高产稳产田，主要做法是利用机井浇水冲碱，粮食产量由过去亩产 80 千克一跃进入亩产 500 多千克。

整土造田　1970 年以后，掀起“农业学大寨”热潮，每年冬春都组织劳力进行农田基本建设，共整造耕地 500 余亩，成为旱涝保丰收的稳产高产田。1982 年实行生产责任制后，每年冬春大规模整地改土运动基本停止。

改土培肥　1986 年，村土地化肥用量逐渐增加，而土杂肥用量减少。为改造土壤板结和有机肥不足状况，村开始推行小麦高留茬技术。在收割小麦时，留下地表往上 15 厘米以上的小麦秸秆，中耕灭茬后，通过降雨或浇水使小麦秸秆腐烂，以增加土壤有机质，维持土壤养分平衡，改善土壤结构，培肥地力。小麦高留茬不仅肥效显著，增产明显，而且能抑制杂草生长，减少地力消耗，省工省力，方法简便易行。到 1991 年，全村推广面积累计 600 余亩。据试验，小麦高留茬当季可亩增产玉米 35 千克，亩增产小麦 53.40 千克。

水利建设　新中国成立初期，水利建设重点是防洪排涝，疏通河道，加固堤防。20 世纪 50 年代末，拦蓄工程得到发展。20 世纪 60 年代中期，村在大搞整地的同时，水库、塘坝拦蓄工程也随之兴起。1974 年，村组建了农田水利基本建设专业队。1983 年，实行家庭联产承包责任制。从 1984 年始，逐步对原有部分水利工程的管理与使用进行了改革，使水利工程适应土地分户经营的特点。水利建设以农户为单位，自发进行小型水利配套，小型提水机械发展非常迅速。1992 年，村荣获烟台市小型水利工程企业化管理"达标单位"荣誉称号。

村荣获"烟台市小型水利工程企业化管理达标单位"奖牌

修建水库　1962 年，始建村状元沟水库（属平塘类型），拦截凤凰山水源，总库容 10 万立方米，灌溉面积 200 亩，季节性灌溉。

修建平塘　20 世纪 70 年代初，开挖浅层地下水为水利建设的重点。村建有平塘 2 座：村东南平塘，在原有大湾的基础上扩建，加高堤坝而成，属粘土堤坝，水源来自南山河流；孙家茔平塘，以石护坡，石块砌护。两平塘控制灌溉面积 500 亩。

井灌工程　1949 年前，村只有吃水井和少量的菜园地头井，粮田基本没有井灌工程。1958 年，以打井为主的农田水利建设出现了新高潮，开始使用大锅锥、淘沙器打井。是年，村共打机井 2 眼，井深在 10 米左右，灌溉面积 200 亩，井灌面积达到总灌溉面积 20%。20 世纪 60 年代中期，电力事业发展，为发展井灌工程打下了基础。1968 年，随着打井技术的发展，机井数量不断增多。是年，村共打机井 8 眼，井深一般在 15 米左右，灌溉面积 600 亩，井灌面积达到总灌溉面积 60%。到 1991 年，全村共有机电井 10 眼，到 2008 年全村共有机电井 24 眼，灌溉面积 1000 亩。

黄金河治理　村北黄金河，原河道呈 S 形，河道宽 150 米，荒滩面积较大，汛期两岸土地盐碱化严重。1975 年春，古现公社组织 39 个大队分摊任务进行改河筑堤，总工程量为 32 万立方米，新河床宽 80 米，堤高 2. 50 米，堤防迎水坡为乱石护坡，治理后河道顺直，造地 600 亩。1983 年春，古现公社重新修复堤防，并采取两岸坝体压柳植草等生物措施护堤。20 世纪 90 年代，由于淘金滥采乱挖，堤坝损坏严重，河床坑洼不平，严重影响防洪。2000 年，上级政府共投资 67 万元，其中，福山区政府投资 22 万元，组织劳力、机械进行再次整治，动用工日 8. 70 万个，机械台班 1800 个，移动土石方 11. 50 万立方米，修建拦河坝站 8 道。治理后，堤坝防洪能力增强，灌溉面积增加。2006 年，烟台经济技术开发区投资 5000 万元，对黄金河下游（三十里堡以西至金河实业公司以西河段）进行整修，河床及两岸河堤全用水泥灌浆、料石砌面铺就。

第四节　作物种植

良种繁育　新中国成立前至新中国成立初期，村粮油种子皆由各家各户自己选留、繁育。农业合作化时期，多采取穗选、块选、片选等简易选种方式繁育良种。1958 年人民公社化后，建立县、社、队三级良种繁育体制，良种选育试验田由县种子站选择条件较好的大队科技队或生产队地块，选出良种由生产队种子田繁殖，提纯后供应大田生产。1963 年，村成立大队科技队。1967 年后，村科技队成为县良种试验示范点。试验范围：粮食作物主要为小麦、玉米。试验过程：先进行小区试验，再写出小区实验报告，然后推广到大田。试验面积：粮田 40 亩。粮食作物良种引进试验繁育品种为小麦“烟农78”“蚰包”“烟农15”；玉米“烟单15”、“烟双4号”“掖单2号”。大面积推广种植在20世纪70～80年代，全村小麦和玉米分别为600～700亩，亩单产均超过400千克。与20世纪60年代初相比，亩产分别增长100余千克。

20世纪70年代中期至80年代初，良种繁育实行新体制，常规品种由大队（村）繁育供种，杂交种由公社（乡镇）繁育供种，自交系亲本种由县（区）繁育供种。80年代中后期，实行生产责任制后，村科技队解散，良种繁育靠专业科研单位。村民自行到种子部门购买良种。

作物种类 新中国成立前后，在较长一段时期内，村种植的粮油作物有小麦、玉米、甘薯（地瓜）、大麦、荞麦、大豆、小豆、黑豆、谷子、高粱、黍子、豌豆、绿豆、花生、芝麻、芋头等。其中，普种种类有小麦、玉米、地瓜、花生和豆类、大麦、荞麦等。豌豆种者较少。20世纪20年代至新中国成立前夕，以高粱、小麦、玉米、花生为主要粮油作物，豆类次之。新中国成立初期，以小麦、玉米、地瓜、大豆为主，其次是高粱、谷子。60年代前期，夏粮中的小麦、豌豆和秋粮中的谷子、黍子、绿豆、小豆、大豆、高粱等普遍种植。60年代后期，以小麦、玉米、地瓜、花生为主，其次是大豆、高粱和谷子。80～90年代后期，部分杂粮逐渐淘汰，小麦、玉米、地瓜、花生逐渐成为最主要的粮油作物。

新中国成立前后，蔬菜种植主要有韭菜、大葱、大蒜、芹菜、菠菜、白菜、茼蒿、萝卜、莴苣、茄子、胡萝卜、眉豆、蚕豆、马铃薯、辣椒、冬瓜、黄瓜、丝瓜、茭瓜、菜豆、芸豆等。20世纪20年代至新中国成立前夕，蔬菜以白菜、马铃薯等为主；大葱、茄子、萝卜、茼蒿、韭菜等次之。新中国成立以后，蔬菜种类增多，主要有速生绿叶菜类、茄果类、瓜果类、豆类、葱蒜类、根茎类、结球类、薯芋类及大菜类，如小白菜、菠菜、油菜、芹菜、茴香、茄子、番茄（西红柿）、辣椒、黄瓜、冬瓜、茭瓜、方瓜、芸豆、韭菜、大蒜、大葱、萝卜、莴苣、胡萝卜、大白菜、甘蓝、马铃薯（土豆）、芋头等。

品种引进与栽培管理 粮食作物 主要粮食作物为小麦、玉米、地瓜等。新中国成立前，全村所种主要农作物的品种分别为：小麦有红秃头和白秃头；玉米有小粒红、大粒红、红骨子；地瓜有大红袍（俗称穷不够儿）；花生有爬蔓大花生、小花生，立蔓大花生、小花生；谷子有齐头黄；大豆有小白荚、八月忙和水里站。老品种产量低、质量差、宜生病害。

自1950年起，先后引进：小麦品种8批，共计50个品种；玉米品种7批，共计43个品种；地瓜品种7批13个品种；花生品种5批17个品种；谷子9个品种；大豆17个品种；水稻6个品种。这些新品种的引进更新，加上科学化的管理、机械化的帮助和水利化的保证，各种作物的产量不断上升。如小麦，由新中国成立前的亩产不足40千克，1969年达到120千克，增长3倍，1995年达到285千克，增长7.50倍，2003年达到400千克，增长10倍。玉米也由1949年的亩产40多千克，提高到1963年的152千克、1969年的197千克，1977年有2.40亩单产520.80千克，1983年的376千克，1995年以后则达到亩产400千克以上，增长了近10倍。地瓜则由1931年的亩产90千克（按5千克折粮1千克，下同）逐年增长到1936年的148千克、1948年的153.50千克、1950年的185千克、1955年的196千克、1970年的364千克、1980年的393千克、2002年的800多千克。

小麦。早在公元前567年牟子国迁至三十里堡时，就在村域内种植，时称“牟图腾”。新中国成立前种植品种是有芒和无芒的红、白和尚头。

品种更换与引进：新中国成立后至20世纪50年代末，引进的小麦品种有扁穗、碧蚂1号、碧蚂4号、齐大195、蚰子、黄县大粒半芒、解放麦、钱交、关东矮等；60年代引进的小麦品种有烟农3号、烟农5号、烟农7号、蚰包、济南2号、济南9号、烟农78（矮78）等；70年代主要种植品种有泰山1号、蚰包、济南13号、烟农15号、烟农78号、685系、科红1号、高38等；80年代引进小麦品种有烟农7578、莱阳4671、05403号等系列；90年代主要品种有鲁麦21、烟农18、济南17、莱州137等。

2002年后主要栽培烟农15号、烟农18号、鲁麦21等。

栽培管理：新中国成立前及20世纪50～60年代，小麦播种多用7寸或8寸木楼条播，每亩用种2～3.50千克。1974年开始推广"二四"畦种植法，即二尺大背，四尺畦面。畦背种玉米、畦内种小麦，小麦收前套种玉米，增产效果显著。1976年开始推广播种机播种，每亩撒种10千克～12.50千克。小麦播种期于20世纪50～70年代流行"白露早、寒露迟、秋分前后最适宜"之说，从80年代始，由于技术进步，水肥充足和气候演变，播种过早易徒长起身，一般在秋分到国庆节后5天播种。随着水利工程的兴建及各种化肥的使用，麦田管理逐渐加强，村非常注重浇封冻水、返青水、拔节水和抽穗灌浆水，在浇返青水和拔节水的同时有追施氮肥的习惯，在冬春有镇压和划锄的习惯。20世纪60年代开始用药物防治小麦锈病和红蜘蛛等，80年代防治小麦白粉病、粘虫等，90年代主要防治纹枯病、蚜虫等。境内小麦一般6月中旬成熟到夏至收获结束。收获小麦过去习惯采用人工手"拔麦子"，1966年开始提倡以割代拔，留于地中的麦茬可提高土壤肥力。到2000年后，全部使用机械收割。小麦品种不断更新，管理水平不断提高。亩产量：1946年前为45千克～75千克；1965～1974年为100千克～140千克；1989年为250千克，高产地块400千克～500千克；1990年以后，稳定在300千克～400千克以上。

玉米。学名玉蜀黍，俗称苞米、棒子。村民种植历史悠久。新中国成立前使用的品种有小粒红、大粒红、红骨子、60天还家，这些老品种产量低。

品种更换与引进：新中国成立后至50年代末，引进的品种有金皇后、黄县二马牙、坊杂2号、安东马牙11号等；60年代引进的品种有双跃4号、维斯641、新双1号、双跃150、烟双544、烟双545、烟双302、英粒子、烟三1号等。其中，新双1号玉米适应性强、早熟、产量较稳定，种植时间长达13年之久，1976年被新的杂交品种所代替；70年代初期以推广种植三交种为主，主要有烟三1号、烟三6号、烟三10号、烟三31号、烟三33号等；70年代中期又推广单交种，主要有烟单2号、群单105号、中单2号、丹玉6号、烟单14号、烟单15号等；80年代推广种植鲁玉1号、鲁玉2号、掖单2号、掖单4号、丹玉13号等；90年代后推广种植掖单13号、掖单20号、西玉3号、登海1号、登海9号等。

栽培管理：玉米播种分春播和夏播两种。新中国成立前玉米多为春播，新中国成立后随小麦播种面积扩大，玉米夏播面积逐渐增加。春玉米播种一般在小满前后，夏播玉米一般在6月中下旬，套种玉米多在5月下旬。玉米种植以等行距、等株距播种方式为主，一般行距60厘米～67厘米，20世纪50年代每亩2000～2500株。随着生产水平的提高，品种的更新，密度逐渐增加，到1980年以后，烟单15号，每亩5000～5500株，烟单14号每亩4500株。玉米最初只施基肥，随着生产水平提高及化肥数量的增加，有追肥的习惯，速效氮肥施用量大增，使玉米产量不断增加。玉米对水分需求很高，遇干旱时浇水比不浇水增产50%以上。玉米的主要害虫有粘虫、玉米螟、棉铃虫，用"六六六"粉防治效果显著，20世纪80年代用菊酯类药防治粘虫效果较好，用锌硫磷毒砂可控制玉米螟的危害。1971年玉米青枯病发生，预防措施是注意防涝，一旦发病无特效药。品种不断更新，管理水平提高，亩产量也由1949年前40千克提高到1963年的192千克（1977年有2.40亩亩产520.80千克），1982年的376千克，1995年以后都在400千克以上，比1949年增长10倍。

地瓜。学名甘薯，又称白薯、红薯、番薯。村域内早在明代万历年间就开始种植，品种为大红袍，曾是村民主要粮食作物之一。

品种更换与引进：新中国成立后至20世纪50年代末，首先引进的品种有莱阳红、一窝猴、瞎八斤，后引进的主要是胜利百号。胜利百号地瓜推广快，面积大，延续时间长。1956年，胜利百号地瓜占地瓜面积的85%，1959年基本淘汰。60年代引进的品种有北京553、5245、遗字138、烟薯3号(65－78)、烟薯1号(696)、一窝红(541)、烟薯2号(252)等。其中北京553地瓜1960年引入村内,具有适应性强、产量高而稳定等特点,后因该品种出干率低,种植者渐少,烟薯1号地瓜继续种植。70年代引进的品种有济薯1号、烟薯5号、烟薯6号、烟薯8号、烟薯7号、丰收白等。其中"丰收白"种植面广,延续时间较长。80年代后,村内地瓜栽培的主要品种是胜利百号、华北117、北京553、烟薯系、徐薯系、济薯系、遗字138、丰收白等。

栽培管理:地瓜栽培方式分为窝瓜和芽瓜两种。窝瓜的栽培方式是将瓜种直接埋入地里,易栽、高产,但费种。芽瓜栽培须在清明前后育苗,当芽长至20厘米左右时拔出起垅栽植。地瓜种植习惯为春地瓜、半夏地瓜和夏地瓜3种。春地瓜是在立夏前后栽植,半夏地瓜是在麦收后夏至前后栽植(又称麦茬地瓜),夏地瓜栽植最晚,以留地瓜种为栽植目的。"窝瓜"分平地、起垄两种栽植方式,平地主要是母膨大,垅栽主要是以"下蛋"为主。20世纪70年代初窝瓜栽植法停止。芽栽是提前用火炕、温床育苗,育出瓜芽再栽植,这种方法用瓜种少,同时地瓜黑斑病得到控制,2000年后仍沿用此法。另外,村民有从春地瓜蔓上剪下一段再栽植的做法。垅栽芽瓜,一般是起垅时施基肥,垅距55厘米左右,亩栽植5000~5500株。1973年后栽植密度进一步加大,每亩7000~8000株。田间管理主要是中耕松土除草。20世纪70年代前农民有雨后翻蔓习惯,后被科学试验证明是错误的,即基本上停止翻蔓做法。90年代中期始,有的农户采用覆膜技术栽植地瓜,增产效果显著,一般可增产42%。地瓜病害较少,主要是黑斑病,用多菌灵浸种可防治此病发生。地瓜适应性强,耐旱、抗风、抗雹,遇干旱生长停滞,一旦遇雨再度生长,不受发育阶段限制,在山丘薄地及沙地都能正常生长,为其他作物所不及。收获地瓜一般在寒露开始,晾晒后入地窖储藏,或切成瓜干晒干后储藏。随着人民群众生活水平提高,地瓜从20世纪80年代中期已不作为主粮,农户少栽一点当作稀物调节食用。亩产量由1931年90千克,提高到1948年的153.50千克,1970年的364千克,1980年的393千克,1998年的435千克。

花生。又名落花生。清初即有种者,乾隆年间形成规模。品种有小花生、爬蔓大花生、立蔓小花生,每亩产量均不足50千克。

品种更换与引进:新中国成立初期,多以爬蔓大花生和蓬莱"一窝猴"为主,辅以少量的夏播伏花生。20世纪60至70年代初,以伏花生为主。70年代引进的品种有白沙1016、白沙171、花11、花17、徐州68－4、花27、花28、花29、花31、花36、两杂14等。其中,种植面积较大、延续时间较长的品种有白沙1016花生,于1972年引入,由于早熟、适应性强、结果集中、腾茬早、春夏播均可等优点,面积扩大较快。1979年村内种植面积占花生总面积的90%左右,1983年种植面积仍在80%以上。80年代后,花生栽培的主要品种有蓬莱一窝猴、伏花生、徐州68－4、大油果、白沙1016、白沙131－17、花17、花28、花37、花39、海花1号、双红2号、鲁花9号、鲁花11号、鲁花4号、反修1号、反修2号、杂选4号、双季2号等。90年代以后,以212、鲁花11、白沙系等品种为主。

栽培管理:新中国成立前,一般每亩种植2800~3000墩;新中国成立后,提倡合理密植,密度逐渐增加,每亩种植5500~6000墩,每墩以二粒种产量最高。村域内花生春播一般在5月1日前后,夏播越早越好。1983年试验花生带壳播种成功,随后推广较快,采取壳播覆膜比米播覆膜增产13.80%。清棵蹲苗是花生生产的一项重要管理措施,在花生出齐苗后,将植株周围的土扒开,使子叶露出地面晒到太阳,有利于基部花芽分化,使低节位花多花早,为结果集中、早结果、多结果奠定了生理基础。锄草松土是不可缺少的管理措施。20世纪80年代中期开始使用花生专用肥,增产效果显著。

经济作物　村域内主要经济作物栽培为黄烟、西瓜、甜瓜等。

黄烟。俗称旱烟。村域内栽培历史较长,但面积少,一般每户种几分地,多自产自用,多余者也有在当地市场销售的习惯。春烟在立夏后栽培,夏烟在麦收后栽种。株距为40厘米~46厘米,行距53厘米~60厘米。田间管理主要是松土、除虫、抹叉、打顶心,幼苗期追喂炒熟的大豆饼或花生饼。亩产一般80千克左右。

西瓜、甜瓜。西瓜,古称寒瓜、各色瓜,是传统的消暑瓜类之一。村域内偶有种植,品种为中育6号。20世纪70年代,因农业贯彻"以粮为纲"方针,西瓜种植消失。1984年后,部分村民开始种植,引进密宝、新红宝等新品种,具有成熟早、个大、皮薄、产量高等特点。甜瓜,属传统消夏佳品,解放前后村域内均有少量种植,种植品种主要有黄金塔、银瓜、面瓜、花皮等。

蔬菜　村民历有种植蔬菜的习俗,作为弥补粮食不足的充饥物和增进食欲的副食品,种植面积逐年增加。村域内主要蔬菜栽培品种有:大白菜、萝卜、胡萝卜、大葱、大蒜、黄瓜、土豆、菜豆、芸豆、茄子、辣椒、芹菜、番茄等。

大白菜。古时称崧,是一季生长半年食用的蔬菜,一般亩产4000千克~5000千克,是冬季主要蔬菜之一,栽培历史悠久。一般播种前先整地施肥,一次性施足基肥,加施过磷酸钙化肥,播种时带尿素作种肥。立秋后3~5天播种为宜,一般以株行距50厘米~60厘米不等。20世纪60年代,主要栽培福东15号。70年代引进推广山东1号、核桃纹、山东2号、78-3、78-4、青杂中丰等品种。90年代主要栽培烟杂1号、烟杂2号、鲁白2号等高产品种。管理措施是出苗后2~3天浇小水一次,4~5片真叶定苗。苗期根据天气情况浇水,包心后4~5天浇水一次,自定苗到包心,结合浇水追肥2~3次,以氮肥为主,其中以拉筒肥最为重要,每亩施尿素30千克~35千克。早熟品种9月底上市,冬贮菜一般在小雪前后收获,俗语说:立冬萝卜,小雪菜。收后村民多在田间挖窖或室内贮藏,可贮藏到翌年3月下旬。

萝卜。古书称莱菔,种植历史久远,是传统菜之一,一季种植,半年食用,亩产4000千克~5000千克,属村域内大宗蔬菜。村民除鲜食外,还有用作盐渍咸菜的习惯。播种时间在立秋前5天左右,俗语说:头伏萝卜,二伏菜。通常起垅播种,株距33厘米,行距50厘米,每亩4000~5000株。田间管理要求及时间苗、中耕、除草,追肥1~2次即可。立冬前收获,贮藏同大白菜。新中国成立前主要栽培翘头青、象白牙。新中国成立后,种植面积有所增加,主要品种有青潍1号、济杂2号、济杂3号等。20世纪80年代后引进了大连青,2000年后还推广春萝卜。虫害主要有菜青虫、蚜虫等,可用药物防治。

大葱。栽培历史悠久而且普遍,其性耐干旱,对环境适应性强,村民都有栽培的习惯。传统品种为当地山葱和鸡腿葱,清道光十二年(1832)引种永福园村培育的"七叶葱",抽薹晚,质量好,亩产高达1000千克左右。20世纪60年代引进章丘大葱、掖辅1号等品种,产量较高,但味不如当地品种。一般秋播,亦可春播,还可移栽。通常行距30厘米,株距6~7厘米,开沟将适量土粪撒入沟中定植。田间管理要求中耕培土,随时可收获食用。冬藏于霜降前后收获,拟在翌年春季收获或取种者,则在田间直接培土越冬。

大蒜。传统调味菜之一,栽培历史悠久。村民栽培普遍,可作烹饪佐料,亦可鲜食,具有一定的杀菌作用。分春播和秋播,春播在清明前后栽培,秋播在10月上旬栽培。新中国成立前主要品种有狗牙、紫皮等。1980年以后,引进苍山白和东北白皮等。紫皮蒜为当地品种,味道较辣。20世纪70年代引进苏联杂交蒜,产量高、蒜头大。蒜的种植一般行距23厘米,株距10厘米~12厘米,每亩3万~4万株。其收获期较长,从蒜苗期便可收获食之,在收获蒜头前还可收获蒜薹,收获蒜头在夏至前后,一般蒜头、茎、叶整体收获,晒干后编成串,置于阴凉通风处保存。80年代后推广塑料大棚栽培,以生产青蒜苗为主,进入2000年后,生产方式仍未变。亩产一般在650千克左右。

黄瓜。古名胡瓜,属传统蔬菜,四季可种植,可架、可地爬。村民习惯鲜食和用来做菜。品种有:线黄瓜和棒槌黄瓜。线黄瓜产量低,棒槌黄瓜结瓜早,产量高,品质好。20 世纪 60 年代引进长春密刺、宁扬大刺等高产抗病品种。80 年代引进了北京大刺、津研 2 号等。90 年代引进北农大 2 号、烟青 2 号和 3 号,种植效果较好。20 世纪 70 年代前一般是露地栽培,于清明前后播种,此法至今农户还沿用。70 年代中期,专业种植户开始采用塑料大棚栽培为主,通常分立春、雨水、春分、清明四茬种植。一般采用阳畦育苗,2 月上旬播种,3 月中下旬植于塑料大棚内(春棚),株距 40 厘米,行距 60 厘米。冬暖大棚种植一般是秋分后霜降前大棚内育苗,定植后浇水缓苗,用木、竹竿搭架或用吊绳吊蔓,用多菌灵、百菌清等防治霜霉病和白粉病。收获期可达 2 ~ 3 个月,亩产 5000 千克以上。90 年代随着大棚种植技术提高,亩产可达 0.6 万千克以上。

番茄。又称西红柿、洋柿子。初期引入时用于观赏,后作为蔬菜作物被广泛种植。先后引进“济南粉红”“济南士红”“青岛枣红”等品种。20 世纪 70 年代引进一种自封顶、果型较小的新品种,耐寒丰产,并有结果早的特性。80 年代主要栽培“价粉 1 号”“价粉 2 号”。90 年代起,推广保护地栽培,全年可进行生产。番茄常规种植是在清明后阳畦育苗移栽于大田。80 年代后期,一般采用塑料棚内育苗,清明栽于大田。冬暖大棚于 8 月中旬开始育苗,一个月后进行二级育苗,霜降前移栽于大棚内,行距 40 厘米 ~ 50 厘米,株距 20 厘米,亩保苗 4000 株左右。番茄栽培特别注重培育壮苗,苗期控制肥水,防止徒长,适时设置支架并整枝。冬暖大棚用吊绳盘,留足 3 ~ 5 层花絮后摘心,一般亩产可达 5000 千克,通常在市场销售,效益较好。番茄主要病害有炭疽病、猝倒病。虫害有蚜虫、棉铃虫,均采用化学农药防治。

粮田面积与作物产量　*粮田面积*　新中国成立初(1951),村实有耕地面积 2432.73 亩,其中粮田面积 1768 亩。1958 年实有耕地面积为 2532.73 亩,其中粮田面积 1868 亩,占耕地面积的 73.50%。1970 年实有耕地面积为 2412.50 亩,其中粮田面积 1747.50 亩,占耕地面积的 73.40%。

20 世纪 90 年代后,随着农村生产责任制巩固和深入发展,种植业结构发生较大变化,粮食作物播种面积逐年减少。村民在自己承包的土地上拥有种植调节自主权,大多数粮田改为种植草莓、葡萄、苹果、桃、大樱桃等经济效益较高的经济类作物,粮田种植面积减少。

2002 年 9 月村划归烟台经济技术开发区后,随着开发区经济和农村城市化的快速发展,村土地被大量征用,耕地面积越来越少。到 2012 年,村域内已有 1280 亩土地被征用,剩下实有耕地面积 1666.50 亩。

作物产量　新中国成立前,村域内粮油作物产量低且不稳,其中小麦亩产在 40 千克 ~ 50 千克;玉米亩产在 40 千克 ~ 60 千克;地瓜亩产在 90 千克 ~ 100 千克;花生亩产在 80 千克 ~ 90 千克。新中国成立后,粮油生产发展较快。1957 年,村粮食总产量 227.75 万千克。其中:小麦总产量 63.51 万千克,亩产 85 千克;玉米总产量 164.24 万千克,亩产 135 千克。1965 年总产量 294.21 万千克。其中:小麦总产量 70 万千克,亩产 95 千克,与 1957 年相比,总产量增加 6.49 万千克,亩产量增加 10 千克。玉米总产量 224.71 万千克,亩产 150 千克,与 1957 年相比,总产量增加 60.48 万千克,亩产量增加 20 千克。1970 年,粮食总产量 393.90 万千克。其中:小麦总产量 118.04 万千克,亩产 130 千克;玉米总产量 241.11 万千克,春玉米亩产 189.50 千克,秋玉米亩产 245 千克,花生亩产 171 千克。1982 年改革开放后,随着家庭联产承包责任制的巩固和发展,大大提高了村民粮食生产的积极性,到 1989 年,粮食总产量 503.09 万千克,其中小麦总产量 215.20 万千克,亩产 250 千克,与 1978 年相比,总产量增加 97.18 万千克;亩产量增加 120 千克。小麦的总产量和亩产量均创历史最高水平,其中总产水平荣获中共烟台市福山区委、区政府“1989 年古现东村小麦总产创历史最高水平”表彰。2000 年后,随着

农村种植业结构的调整，粮食作物种植面积逐渐减少，不少粮田改种经济效益较高的草莓、大樱桃等，到2002年，粮田种植面积减少到1337.16亩。比1978年减少了200.04亩。2002年9月村划入烟台经济技术开发区后，因工业的迅速发展和工厂企业的投资建设，大量土地被征，到2012年，村所剩粮田也全变成果树和部分蔬菜地。

村获"一九八九年小麦总产创历史最高水平"奖状

农作物保护　农作物病虫害　新中国成立前，没有农药，村域危害农作物的病虫害种类较多。民国35年(1946)4至5月，发生金龟子和土象鼻虫，全靠人力捕灭。新中国成立后，农药品种多，效率高，病虫害基本被控制或逐年下降。

病害。小麦病害主要有锈病、腥黑穗病、白粉病、全蚀病、纹枯病；玉米病害主要有大斑病、小斑病、玉米粗缩病；花生病害主要有倒秧病、根腐病、叶斑病等；地瓜病害主要有黑疤病；蔬菜病害主要有枯萎病、霜霉病、大白菜软腐病、白菜病毒病、角斑病、白粉病、番茄病毒病、茄子绵疫病、韭菜灰霉病等。

虫害。小麦的虫害主要有麦蜘蛛、蝼蛄、金针虫、粘虫、蚜虫、麦叶蜂等；玉米主要有玉米螟、棉铃虫、玉米蚜、红蜘蛛、地老虎、金针虫、稀点雪灯蛾等；花生主要有花生根结线虫、蚜虫、棉铃虫、红或白蜘蛛、甜菜夜蛾、地老虎、金针虫等；地瓜虫害主要有茎线虫、甘薯天蛾、甘薯麦蛾、蛴螬等；蔬菜主要虫害有菜蚜、红蜘蛛、二斑叶螨、菜青虫、菜螟、韭蛆、甜菜夜蛾等。

病虫害防治　新中国成立前，全村防治虫害靠天敌自然控制或人工捕杀，暴发性虫害听天由命。新中国成立后，病虫害防治受到各级政府重视，逐步实施农药防治。

预测预报。从1950年开始，各级主管农业的机构发现虫害后，采用通知、信件或会议形式把虫情和防治办法传递给基层，群众开展防治。1958年起，以发布"虫情报告"形式告知群众。1960年，公社设测报点，村大队设测报组，生产小队设测报员。1973年，开始对主要病虫害做定点系统调查，在病虫防治适期之前发布预报，告知发生程度和防治适期。1978年春，公社农技站派技术员对村植保人员进行培训。1983年生产责任制后，村植保队伍解体，农作物病虫害预报改由乡镇农技站负责。1990年后，由过去单项预报发展到综合预报。

防治措施。新中国成立前后多使用土农药砷石、砷精、砒酸铅等。1952年开始使用"六六六"、滴滴涕、敌百虫等有机农药，至1960年前后这几种农药占主导地位，土农药逐渐被淘汰。1961～1978年有机磷1059、1605、乐果、敌敌畏等农药相继投放市场，其特点是广谱杀虫，用药少，效果好。退菌特、乙磷铅、多菌灵等投放市场后，扩大了防病范围，增加了防病面积，但由于长期使用，导致害虫天敌也受到极大伤害，并且害虫和病菌大多产生抗药性，防治效果不断下降，用药量也越来越多。1978～1983年，化学防治次多面广，施药方法有毒沙、撒施、点穴、点心、喷雾、喷粉、拌种、浸种等。防治病虫害多是采取"治早、治小、治了"的原则，在病害始见期就开始用药，也多连防2～3次；对于地下害虫及幼苗期病虫采用选种晒种、药剂拌种或浸种方法。对玉米螟多用"六六六"毒沙或林丹粉毒沙点心防治，1978年后，曾搞过释放赤眼蜂生物防治玉米螟寄卵；也有用"六六六"毒沙点根方法防治花生蚜虫或撒施防治小麦红蜘蛛，防治小麦条(叶)锈。白粉病多用敌诱钠喷雾并采用抗性品种；对小麦全蚀病用轮作换茬隔年种植方法防治；对各种作物线虫病用二溴氯丙脘土壤熏蒸防治。植物生长调节剂推广于20世纪80年代，主要有赤霉素（920）、防落素（2.4－d）、萘乙酸、生根粉等。

杂草是病虫害的滋生源之一，为消除根源，除草剂发展迅速。1979年首次在玉米地使用西玛津、绿麦隆后，到1983年又推广了拉索、西草净、除草醚等。1985年后，又先后推广了草甘膦、乙草胺、扑草净等。2000年前后，用量较多的主要有草胺磷、阿特拉津、丁草胺、扑草净、克芜踪等。

综合防治　麦田综合防治。村域内麦田病虫防治一般根据冬小麦生育期分3～4个阶段进行。秋种幼苗期防治：选用高产抗病良种，预防某些病虫发生；晒种选种，用饱满干燥的种子播种，提高发芽率，增强抗病力；药剂拌种，防止根腐和地下害虫；高质量播种，搞好田间管理。苗期防治：冬前小麦苗期病虫一般不多，对症防治用阿维菌素或吡虫啉喷雾。拔节抽穗期防治：此期小麦生长逐渐旺盛，病虫进入盛发期，危害加重。一般采用病虫兼治，药剂以粉锈宁为主，主治白粉病，兼治叶锈条锈。

玉米综合防治。田间防治一般分3个阶段进行。播种出苗期：玉米苗期病虫较少，主要防治对象为地老虎，同时做好茎腐和叶斑病预防工作。具体操作一般是在选用抗病良种和包衣种子的基础上只注重除草灭草。幼苗期防治：玉米苗期，叶面害虫逐渐上升，穗虫、蚜虫、叶病也在叶面始发。田间防治多视虫情而治，注重叶心保护。玉米中期防治：玉米大喇叭口期以后，病虫明显发生。防治措施使用甲基异柳或辛硫磷等制成毒土、毒砂撒于喇叭口内或喷雾粉防治玉米螟及辛叶芽虫等。有大小斑病的用扑海因或百菌清等防治，病初用药，7～14天一次，连喷2～3次。

花生综合防治。村域花生多种植在丘陵地或间种于果树下。20世纪80年代后，病虫逐渐变多，重茬地病虫更重。90年代花生叶斑病、棉铃虫明显发生，甜菜夜蛾也有上升。防治主要抓三个时期。播种出苗期：主要防治对象是地下害虫和预防叶斑病。用晒种或选种及1.50%硫酸铜液浸种1小时预防叶斑病，用煤油拌种或用甲胺磷、辛硫磷拌种防治地下害虫和鸟鼠害等。封垄前期：病虫兼治，不可兼治时可分别喷药防病治虫治螨，防病可喷洒1%波尔多液、甲基拖布津等。结果后期：花生封垄后，一些病虫上升，主要是在田间观察的基础上对症下药，喷药防病灭虫灭螨。

药械　20世纪30年代，村民开始在果园用单管喷雾器喷药。新中国成立初期，开始出现国产552丙型压缩喷雾器、工农16圆筒式喷雾器和手摇喷雾器。70年代，开始使用机动喷雾器，多数药械属生产队集体所有。

村域内药械的发展，主要表现在社会拥有量和机动药械增长上。常用药械仍然是60年代推广的背负式人力喷雾器和70年代推广的背负式机动喷雾器与担架式机动喷雾机，以往2～3人操作的单管手压喷雾器、圆筒式压缩喷雾器及手摇喷粉机数量下降，并在市场上逐渐消失。人力踏板式手压喷雾器、双缸高压喷雾器用量也已下降。1982年，全村实行家庭联产承包责任制以后，家家户户逐渐都有治虫治病的药械，农作物和果园喷药基本实现半机械化和机械化。20世纪80～90年代，市场上销售的药械主要是背负式手动喷雾器和背负式机动喷雾器。背负式手动喷雾器的药液箱由铁制的变为塑料或强力聚乙烯药箱，80年代推广了小孔径喷片，喷头也出现了双喷头、三喷头、高射喷头等。进入21世纪，全村药械数量明显减少，质量相应提高，可满足防治需要。

第五节　肥料使用

有机肥料　自古至今，村民种地都使用农家肥料（有机肥料），主要包括人粪尿、土粪圈肥、草木灰、饼肥、河泥湾泥、绿肥、炕土、腥肥、堆肥、沼气肥、畜禽粪等，是相当长时期的主要肥源。

人粪尿　养分高而且完善，为速效性肥料。除农田做基肥外，还用于菜园追肥。1957 年以前，村民对人粪尿的积攒多是混存，使大部分养分损失。1957 年起，村普遍改良茅坑，用双罐分积人粪尿。20 世纪 60 年代后期至 70 年代中期，通常是每家每户将人粪尿送生产队统一加土拌匀堆积发酵，增加肥力，农户也有自己堆积备自留地和自留菜园使用的习惯。

圈肥　俗称猪圈肥，由驴、马、牛、羊、猪、鸡等家畜禽粪尿和土混合堆积沤制而成，是主要有机肥，这种肥养分释放缓慢，肥效长，通常用作基肥。

草木灰　柴草烧成的灰。在很长一段时间里，草木灰没有被村民重视，而是与人粪尿、圈肥混积。20 世纪 70 年代初，此法被科学实验证明是错误的。露天堆积遇雨极易将其中的有效磷、钾、钙等渗漏掉，从而降低肥效。1973 年后，推广草木灰加盖单积、单施。

饼肥　油料作物籽实榨油后剩下的渣，是含氮、磷较多的有机肥料。主要有豆饼、花生饼、麻子饼等。这种肥料既可作基肥，又可作追肥，新中国成立前被广泛使用。新中国成立后，由于饼类做了牲畜的精细饲料，所以没有大规模使用。

炕土　含速效钾较多，是一种季节性的土杂肥，一般每年夏秋季之交农户拆除旧炕，将炕土加水泡湿泡酥捣碎，用作基肥或追肥。1980 年以后，经济条件变好，村民生活水平提高，建火炕用塈逐渐改成用水泥制件，炕土逐渐减少，今已少见。

绿肥　20 世纪 60 年代中期至 70 年代后期是村很普遍的一种肥料。绿肥的沤制，在高温季节的 7 ~ 8 月。方法是用麦糠、麦秧、未成熟的鲜草、棉槐叶、植物秸秆等与水、土、人粪尿、家畜禽粪尿混合成糊状，堆成肥台，四周用黄土封严，台顶槽内灌上人粪尿沤制。这是一种很好的有机肥，通常用作基肥。至今仍有制绿肥的做法。

根瘤菌　具有固氮能力。用根瘤菌拌花生种，可增产花生 10% ~ 20%，在生茬地和新垦地上施用，增产效果更显著。1953 年，开始推广花生瘤菌拌种，因增产效果显著，推广迅速，已成为群众习惯做法。

化学肥料　化学肥料又称无机肥料，有氮素肥料、磷素肥料、钾素肥料、复合型多元素肥料以及微量元素肥料等。

氮素肥料　主要包括硫酸铵、氯化铵、硝酸铵、氨水、碳酸氢氨、尿素等。最早于民国 14 年（1925）前后由国外传入，逐渐被富家采用，时称“肥田粉”即硫酸铵。新中国成立后，在科研部门的大力推广下，施用技术有了明显提高，并成为当家肥料，主要用作种肥、基肥、追肥。作种肥一般每亩用 2.5 千克 ~ 5 千克拌种，可增产 25 千克 ~ 30 千克；作基肥每亩用 5 千克 ~ 10 千克；作追肥一般每亩 5 千克，通常追肥 2 ~ 3 次。1964 年，在施用“肥田粉”的基础上开始施用“氨水”，这种肥料成本低、见效快。1965 后，成为农业作物增产的当家肥，为保管好、使用好氨水，村相继建造了氨水池，并研制出使用氨水专门器械，以保证氨水直接施入地里，防止肥分流失。1978 年，“碳酸氢氨”以突出的优点迅速取代了以往的“肥田粉”和“氨水”两样氮肥，成为当家肥，且作基肥效果最佳。1980 年，开始使用尿素，这种肥既可作基肥又可作追肥，增产效果显著。1985 年后，提倡使用氮、磷、钾复合肥。20 世纪 90 年代初期至今，推广使用复合肥和作物专用肥，效果显著。

磷素肥料　主要包括过磷酸钙、钙镁磷肥、磷矿粉等。1955 年前后，开始推广使用磷肥。过磷酸钙、钙镁磷肥是主要品种，一般是与圈肥混拌堆积发酵作基肥，也有沟施的做法。每亩使用磷肥 40 千克，能增产小麦 30 千克以上，对下茬作物增产效果更为显著，一般增产大豆 50 千克左右。至 80 年代初开始使用“复合肥”（氮、磷、钾）后，才停止单纯使用磷肥。

钾素肥料　主要包括硫酸钾和氯化钾。土地使用钾肥，在很长时间内主要依靠草木灰，工业产钾肥不被重视，农业部门对土壤情况普查后发现土壤中钾肥缺乏，便宣传施钾肥的好处。1979 年，每亩一次性施钾肥 20 千克，比不施钾肥每亩增产玉米25%,效果显著,被群众接受。1980年以后,被广泛用于粮田、花生地、果园和菜地。

复合肥料　1978年,农业科研部门开始对引进的含氮、磷、钾等多元素复合肥进行试验,证明复合肥肥效高、成本低、使用方便。1982年,开始引进并大量推广施用。由于一次性作业可施入多种元素,省工省力,受到村民欢迎。氮、磷、钾三元素复合肥用于基肥,每千克可增产玉米1.80千克、谷子1.55千克、地瓜10.10千克、花生0.90千克。到1994年以后,复合肥成为村民使用的主要肥料。复合肥品种十分丰富,按所含元素种类分二元、三元、多元复合肥;按养分含量分低(25~29%)、中(30~39%)、高(40%以上)三种养分含量复合肥。对粮油作物,一般用中、低含量复合肥料;高效经济作物,一般选用中、高效复合肥料。

其他微量元素　主要有微生物肥、叶面肥等。1978~1980年,村民使用叶面肥主要是尿素、九二零、磷酸二氢钾等。1980年后,市场上出现了专门用于叶面喷施的肥料,有“喷施宝”“翠竹”等。1990年后,又出现了氨基酸、腐殖酸等系列叶面肥,有氨基酸钙、氨基酸锌等。

第六节　农业机具

新中国成立前,村内农业生产主要靠传统农具。新中国成立后,1961~1968年为农业机械发展的初始阶段,这一时期的农业机械较少,在农业生产中发挥的作用也不大。1969~1980年,社队经营时期,农用被动机具和拖拉机及农用动力发展较快,农用机械化水平逐年提高。1982年以后,农村经济体制改革,农机化事业进入了调整阶段,出现了社队集体经营与农户个体经营形式并存的局面。1984年后,村及各生产队集体农机具逐渐以拍卖、承包等形式,放到个体农户,村经济体制的改革促使村民开始走上有选择地自我发展农机化的道路。至此,各类大、中、小型农用机械作为一种新型生产力进入了村民家,在农业生产中形成以机械化作业为主、传统农具为辅的局面。

传统农具　整地工具　有旧式犁、耙、木耢、铁锨、大镢、镐头、三齿子、分耙。旧式犁用牛牵拉,耕翻深度14厘米左右,每天可耕地3亩左右,今已淘汰。新中国成立初期,推广新式步犁、双轮双铧犁等改良农具,耕深增至20厘米左右。1973年,推广使用深耕犁,耕深增至27厘米以上。耙和耢均为畜力牵引,主要用于破碎土块和平整地面。大镢多用于刨山地,三齿子多用于刨较松软的土地,镐头用于深翻较坚硬的泥土或酥石硼,分耙主要用于畦面拉平。

播种工具　有耠子、木耧、点葫芦、小沟镢等,多为多人操作。耠子、小沟镢均用于开沟下种、施肥。木耧用于播种小麦、高粱、谷子等农作物。1958年,推广使用改良三角耧。点葫芦是将种子盛入葫芦壳中,用敲点方式点种。以上传统农具全部系人工操作,劳动强度较大。

锄耘工具　主要有锄和铁齿划子。锄分大锄和小锄两种,用于除草、松土、剜苗。铁齿划子用于划锄土地,今仍使用。

收获工具　有镰刀、三齿子、小镢等。镰刀,用于收割小麦、谷物、大豆等。三齿子用于刨收地瓜、花生、土豆等地下果实。小镢用于刨玉米、高粱等作物秸秆。1960年曾推广使用地瓜收获犁。

场上工具　有碌碡、连枷、木锨、木杈、搂场耙、簸箕、筛子等。碌碡,用于小麦、谷物的滚压脱粒,一般用毛驴牵拉。连枷用于大豆谷物的拍打脱粒。木锨、木杈、搂场耙、簸箕、筛子用于清选谷物、堆积粮草,今部分尚用。

运输工具　有筐、扁担、驮篓、木轮手推车、木轮马车等。新中国成立初期,推广胶轮手推车和胶轮马车,木轮手推车和木轮马车被淘汰。

农产品加工工具　有石磨、石碾、油榨、纺线车、织布机等。石磨主要用于将粮食加工成面粉、磨制豆浆、粉浆等。石碾用于碾轧加工和谷物脱壳,20世纪70年代后很少使用。油榨主要用于榨取花生油和豆油。纺线车、织布机,新中国成立后淘汰。

石碾

碓臼及臼头

石磨

纺线车

农业机械化　新中国成立后，村内农业机械化的发展较快，主要是被动机械和动力机械两大类。

被动机械　主要为磨面机、粉碎机、榨油机、脱粒机、花生摘果机、机动喷雾器、农用水泵、机引播种机等。1958～1965年，村先后购置磨面机1台、粉碎机1台、榨油机1台、脱粒机1台、农用水泵1台，累计总台数为5台。1970～1980年，先后购置收割机2台、脱粒机8台、磨面机3台、榨油机8台、花生摘果机8台、粉碎机10台、扬场机2台、机动喷雾器8台、农用水泵30台、机引播种机2台，累计总台数64台。

动力机械　1966年以后，生产大队和生产小队都购置了动力机械。主要有电动机、柴油机、汽油机、拖拉机、农用汽车、农用三轮车等。1970～1980年，村里除拥有多种被动机械外，生产小队都有了小型拖拉机、电动机、柴油机、汽油机、农用三轮车。大队从原有14.7千瓦拖拉机发展到拥有20.6千瓦、36.8千瓦、51.4千瓦较大型拖拉机和柴油发电机组（备停电用），同时购置了较大型联合收割机。从此，收小麦结束了人工收割和脱粒时代。耕种方面，也全部用上了36.8千瓦以上拖拉机和播种机，耕、种、收基本实现了机械化。

家庭联产承包后，由于地块分散，作物布局不能完全统一，而使机械化程度受到一定制约。从此，个人家庭发展了一大批农用三轮车和农用汽车。

古现东村被动机具抽年统计表

表5－4　　单位：台

年份	收割机	脱粒机	磨面机	榨油机	花生摘果机	粉碎机	扬场机	机动喷雾器	农用水泵	机引播种机
1965	－	1	1	1	－	1	－	－	1	－
1970	－	－	－	－	－	2	－	－	1	－
1975	－	－	－	－	－	3	－	－	1	－
1980	2	8	3	1	10	8	2	8	20	2
1985	－	－	－	－	－	10	－	－	8	－

第七节　农业科技

科技宣传普及　民国时期,依靠村小学教师偶尔向学生讲授一点科学基本知识。新中国成立后,村开始重视农业新技术和新品种的宣传推广。1953年,开始培训村干部和技术人员。1954年,县农技站的技术人员到村推广农作物套种间作新技术,改革了耕作方式,提高了单位面积产量。1956年以后,县农技站经常派人到村讲授农业新技术,并推广窝瓜下蛋的地瓜栽培新技术,亩增产达30%以上。1957年,推广地瓜回笼火炕育苗新技术。新技术育苗又肥又壮,栽种适时,增产增收。1963年,开始推广玉米制种技术。1964年,县农技站培训村农业科技人员,在各生产小队推广落实,此项活动一直坚持到1966年。文化大革命中,科普活动受到严重破坏。

1978年,全国科学大会以后,村加大了科技宣传普及力度,随着村民文化素质的不断提高,相信和接受科技的人越来越多。1979年,县农技站多次为村培训农林果业技术人员。1981年4月,县有线广播站开办“农业技术广播讲座”专题节目,受到村民热烈欢迎。1983年,农果林田承包到户以后,家家户户都渴求农科知识,县农牧局和科委的科技人员不仅年年季季都深入村举办培训班,还深入田间地头、果园,面对面操作指导,提高了村民科学种田的水平,为增产增收打下了坚实基础。1996年,福山区科技局利用古现三月三的机会组织大型科普宣传活动,邀请市科技馆专家及市有关新闻单位参加活动,组织23个单位,100多名科技人员参加科技咨询与宣传,发放“科技明白纸”,推广新技术10多种,现场售书100余种。此后,又组织科技培训下乡活动,送科技到户。

科技队　1956年,村学习福山县第一个科技队——南庄科技队改革的13项耕作技术,引进各种新品种,增产效果明显。

1963年,村建立大队科技队,时为福山县最早的科技队之一。历任队长是:王光荣、王丙见、张起乐、王炳义、王瑞圭、于维法。科技队有土地40亩、果园20亩、山岚200亩,队员16人,最多时达24人。凡上级推广的新技术、引进的新品种,都先在科技队进行试验,取得经验,写出书面报告,再进行大田推广。试验包括:粮油作物、林果和山岚绿化等新品种的引进和新技术的推广,其中有小麦新品种“烟农78、蚰包、烟农15”等,玉米品种有“烟单15、烟双4号、掖单2号”等,还有地瓜和花生新品种。这些新品种极大地提高了单产和总产量。特别是推广新技术,包括合理密植、合理施肥、科学防治病虫害等等,科技队的试验起到了示范作用,各种作物的亩产量都超新中国成立前的几倍、十几倍。

科技队多次获得县、市“科技战线先进单位”荣誉称号,多次出席县、市级表彰会议,并在会上交流发言,获福山县农业局奖励科技试验工具一套。

第八节　收益纳税

收益　新中国成立前,地主、富农自家留种土地的收益,除去长工和短工的点滴工钱外,全部归己。民国30年(1941)前,出租土地地租一般为每亩2斗(每斗14千克左右),粮食产量亩产不足50千克,交上地租所剩无几。民国30年(1941),减租减息,实行对半交租。民国35年(1946)5月,在对开分租的基础上实行25%减租,按单产37.50%交租。中农、贫农、雇农的收益只有自家的土地收获和工钱。村民生活水平呈阶梯形,地主高于富农,富农高于中农,贫雇农最低。民国35年(1946)8月,村实行土地改革后,土地收益除去税捐,余者归己。

初级社时期收益　扣除当年生产中的各项消耗,留足下年生产费用;留出一定数量的公积金和公益金;支付社员的土地、林木和牲畜的报酬,支付租种土地的租金;支付税收;按照农业生产、副

业生产和社务工作的全部劳动日，分给社员劳动报酬。

1956 年，村民：经济收益分配人均 52 元，其中实物分配折合 41 元、现金分配 11 元；劳动日（工分制）平均工值 0.72 元；粮食分配人均 170 千克。

高级社时期收益　夏收和秋收农产品除留下集体所需部分和支付税收外，余者按社员实得劳动日数量进行预分，年终结算。现金包括合作社的现金收入和国家对农产品的预购定金，除留下集体所需部分外，余者以社员实得劳动日数分期预支，年终统一结算。

1957 年，村民：经济收益分配人均 51 元，其中实物分配折合 39 元、现金分配 12 元；劳动日（工分制）平均工值 0.65 元；粮食分配人均 185 千克。

人民公社时期收益　1958 年 8 月，古现人民公社成立，分配实行"供给制"，村办食堂，吃饭不要钱。1960 年，缺粮，食堂停办，村民吃糠咽菜度年。1961 年：人均分配 93 元，其中实物分配折合 90 元、现金分配 3 元；劳动日（工分制）平均工值为 1.68 元；粮食分配人均 268 千克。

1963 年初，随着人民公社体制改革下放，确定了实物分配政策，包括口粮、油料、柴草、蔬菜、奖售物资、土肥付酬等分配办法。

口粮分配有三种，其中有按人劳（肥）比例分，村采取的分配方式为人七劳三。油料分配方法：每人定量 10 千克花生果，平均分配后，多余的部分也按人七劳三分配。柴草分配方法：以户坐底，余者随粮走。蔬菜分配方法：一般采用菜随粮走，也有按人口平均分配的。奖售物资分配方法：征收任务以内奖售的物资，一般按粮食分配比例分配。土肥的付酬办法：采取以肥折工或以质论价，或以钱代粮或以粮付酬。

生产责任制以后收益　1982 年后，经济体制改制，生产队解体，实行生产责任制，村民按要求上缴公粮和"三提五统"（"三提"指国家规定的公积金、公益金、管理费；"五统"指国家规定的教育附加费、计划生育费、优抚费、民兵训练费、乡村道路费）后，余者全归个人所得。

1965 年古现东村各生产队社员收益分配一览表

表 5－5

项目 数量 队别	人口总数（人）	耕地面积（亩）	粮食总产（千克）	人均分粮（千克）	经济总收入（元）	人均分配（元）
一队	148	214	38181	199	14640	67
二队	134	218	41084	218	15853	80
三队	152	215	42420	213	16963	78
四队	155	216	38259	194	15041	63
五队	144	213	39249	198	15278	70
六队	140	210	35600	181	14148	64
七队	148	218	40321	201	16085	76
八队	147	219	37352	192	15372	68

1978 年古现东村各生产队社员收益分配一览表

表 5－6

队别＼数量＼项目	人口总数（人）	耕地面积（亩）	粮食总产（千克）	人均分粮（千克）	经济总收入（元）	人均分配（元）
一队	166	186	70950	253	28572	75
二队	157	186	60470	230	32478	103
三队	156	193	66207	246	33023	90
四队	162	185	62888	234	30450	81
五队	157	197	73120	263	32478	103
六队	167	197	68120	245	35883	102
七队	158	197	67640	248	33060	100
八队	156	197	70962	256	33552	95

纳税　解放前，地税、田赋历代强制征收。田赋每年分夏、秋两季征收，征收实物。新中国成立后，田赋称公粮，后改为农业税，仍以征收实物为主。

农业税　明弘治年间，田赋按亩计征，夏征小麦，秋征粟米，并随征马草（谷草）。嘉靖年间，改实物赋为货币税征收。

清朝沿用明朝赋制。丁（男称丁）增而税额加，地增而赋增。清康熙五十二年（1713），改田赋征收为人丁常额征收，再生男孩永不加税，并按地亩增收药材费和工匠费等，一律征银两。清雍正四年（1726），改为田赋，丁税统一，丁银摊与地亩计征银两。

民国年间，沿用清时田赋制度。民国 3 年（1914），改征银为折征银元，并带征田赋附捐和杂项附捐。

1949 年，古现东村田赋按抗日根据地时的征收法征收公粮，人民政府按人均产量计征。1953 年，实行统购统销后，征收之粮食、油料与统购之粮食、油料同时入库，分别结算。此种征收公粮方法一直沿用到 1957 年。1958 年，重新评定纳税额，对农业税进行改革，一律实行比例税率，全国统一农业税，随同农业税征收的地方税，一般不超过 15%。1961 年，由于农业严重减产，农业税粮征收下降 15. 59%。1962 年，调整后的农业税，调减比例为 23. 88%，实际负担率（正税和附加税）不超过农业收入的 15%。此征收办法一直沿用到 1978 年。1979 年起，征收农业税按生产队人均口粮 180 千克，人均分配 40 元为起征点。对人均分配不足 40 元的生产队，一律免征农业税。1983 年，全面推行联产承包责任制后，农业税由原生产队缴纳改为由户缴纳，同时取消了农业税起征点的规定。1984 ~ 1985 年，征收农业税仍贯彻合理负担、依率计征政策，实行夏季预征，全年统算，实物抵交，金额结算办法。同时对烈军属、残废军人及无劳力的困难户仍实行减免政策，减免额度点为总额的 2% 左右。1994 年 1 月 1 日起，实行分税体制，分中央级收入和地方收入，中央级收入地方无权减免。2002 年 9 月划入开发区后，先后实行两次税费下调。2003 年在第一次下调基础上又下调 50%，人均负担下降 59 元。2006 年，全部免去农业税收。

特产税　1992 年，开始收取果园承包费和果树特产税。收缴方法：按照村民上缴果园提留款的比例计收，最后由村统一上缴镇财政所。

2006 年，国家废除农业特产税征收。

第六章　林果牧渔

古现东村因自然环境制约山少，只有凤凰山为用材林地。另有黄金河岸亦为用材林地。丘陵比较多，包括凤凰山山腰以下山地，适合发展经济林，即果树。实行生产责任制以后，村民有了耕作自主权，大量农田用于发展果业，形成了果业发展的黄金期。过去的牧业发展仅以提供农业畜力和村民食肉为目的，单纯以牧获取经济效益的成分很少，所以没有形成规模。渔业仅以外租海域发展，经济效益不高，时间不长即停止。

第一节　林　　业

林地面积　村域属缓丘、海滨平原地貌。1950 年前，林地多为自然林地。1957 年，林地面积发展到 20 亩。1958 ~ 1961 年国民经济困难时期，林业受到严重破坏，造林不见林的现象严重。1964 年，实行林木确权发证，落实林业政策，调动了群众造林积极性，到 1965 年，村有林地 169 亩。“文化大革命”中，尤其 20 世纪 70 年代初，出现了重粮轻林倾向，加上病虫害危害，林业生产又遭到破坏。1982 年，贯彻党的十一届三中全会精神，落实林业造林规划，对荒山、疏林地开挖鱼鳞坑，大力发展干杂果。1984 年《中华人民共和国森林法》颁布实施，林业生产步入了法制轨道，村林业生产和护林出现了新局面。为消除“年年植树不见林”的现象，村领导在加强林业生产的同时，积极做好护林育林工作，常年安排专人看护山林，严防乱砍滥伐、失火烧荒现象发生。到 1990 年，村林地面积（包括果园）达到 400 亩，比 1965 年增长 58%。是年，村被烟台市福山区人民政府授予“护林先进单位”荣誉称号。1991 年后，大量的苹果、桃、山楂等经济效益低的老品种和老残果园被逐步改造刨掉，林地面积受到一定影响，但随着优良果类品种的更新，林地面积很快又得到恢复和发展。

村获“区护林先进单位”奖状

同时，在市场经济的推动下，种植业结构调整，促使以果品树木为主的植树造林成为村民的自觉行动。到 1995 年，村内有林地 500 亩，比 1990 年增长 8%。2002 年划入烟台经济技术开发区后，随着农村城市化的进程，林地面积逐渐减少，到 2008 年，村林地面积下降到 300 亩。2012 年林地面积 200 亩。

古现东村有林地面积抽年统计表

表6－1　单位:亩

年份	林地面积	年份	林地面积
1957	20	1995	500
1965	169	2008	300
1990	400	2012	200

林木权属　新中国成立前和新中国成立初,村域内山岚林木多为私有。1955年合作化运动后,发动群众将山林入社,到1957年,林木所有制改造基本完成,除个别单干户仍有自留山树木归私人所有外,村山林树木基本上都折价入社为合作社集体所有。1964年,村全面开展了林木确权发证工作,对村民在允许范围内栽植的树木确权归个人所有。1966年,福山县政府颁布通告,强调社员"四旁"植树的私人所有权和林木所有证的效力,调动了村民个人植树的积极性。"文化大革命"期间一度出现混乱。1982年,进行了第二次林木确权发证。1982年后,对村内部分山岚划定了"自留山"和"责任山"。1984年,81%的村民领取了林权证。1991年,逐渐把下划的山、滩林收归集体所有,进行集体管护。至2012年,村内私人林木主要为村民房前屋后的零星树木和责任田内的经济树木。

树木种类　村域内树木种类主要分二类:用材林、经济林。林业用地分为有林地、无林地(荒山、荒地)、非林业用地(四旁、田间林网)三大块。新中国成立前,林业用地主要是山丘自然林,人工林和四旁植树极少,树木种类也较少。新中国成立后,特别是1984年改革开放后,重视林业生产,新的优良品种不断从国内外引进。

用材林树种:赤松、黑松、毛白杨、小叶杨、加拿大杨、垂柳、国槐、刺槐、紫花炮桐、楸树等。

经济林树种:山核桃、花椒、无花果、香椿、大枣、柿子、苹果、桃、杏、李、石榴、山楂、樱桃等。

灌木林树种:酸枣、紫穗槐、杞柳、黄荆、柘树等。

观赏花木树种:腊梅、皂角、山茶花、紫薇、花石榴、山杜鹃、尖叶杜鹃、紫丁香、桂花、迎春、连翘、茉莉、夹竹桃、栀子、金银花、淡竹、刚竹、金橘、橘子、柠檬、西府海棠等。

林业生产　村林业生产主要为采种育苗和植树造林两方面。

采种育苗　新中国成立前,村域山岚归私有,村民很少采集树种,基本没有育苗,主要靠自然生长或分苗栽植。新中国成立后,政府林业部门组织树木种子收购,每年树种成熟季节,村有群众采集,供林业部门调拨,同时由外地调入黑松等种子,各生产队按上级下达的年度育苗计划育苗。1984年后,林业生产实行各种形式责任制,树种育苗进入商品化阶段,村民根据林、果业育苗的需求,由集体育苗转入个体农户育苗。1991年后,在果树优良品种大量繁育的同时,园林绿化苗木的繁育也出现了强劲的势头。

植树造林　村植树造林有着优良的传统,历年清明节前后,村民多在房前屋后或茔地栽树。新中国成立后,植树造林活动逐渐开展起来。1952年,村零星植树1000株。1965年植树面积达到169亩。1978年后,植树造林又出现生机。1982年以后,村民从提高经济收入出发,自发营造经济林的积极性空前高涨,到1995年,植树造林面积达到500亩。2002年村划入烟台经济技术开发区后,大量土地被征用,造林面积急剧下降,到2008年,林地面积仅为300亩,2012年,降至200亩。另有10000株四旁及道路绿化植树。

第二节　果　业

果业资源　村水果种植历史悠久,早在千年前即有栽植。明清时,主要品种有梨、柿、枣、桃、李、山楂、海棠、苹果、樱桃等。民国18年(1930)以后,苹果发展较快。新中国成立后,果类栽培的发展经历了品种引进、优化、更新和管理技术进步的过程。

樱桃属　20世纪80年代中期是村内大樱桃发展初始阶段，大樱桃市场不断扩大和较高的经济效益，激发了村民发展大樱桃的积极性。1990年后，大樱桃优良品种大量引进，1995年进入高峰期，至2000年，优质大樱桃品种已有50多个。主栽品种为红灯、拉宾斯、先锋、雷尼、滨库、美早、芝罘红、萨米脱、那翁、红密、意大利早红、佐腾锦、大紫、水晶、胜利、奇好、牛心、红丰、鸡心、艳阳、抉择、友谊、早大果、莫瑞乌、布来特、萨米豆、斯塔克等。随着大樱桃品种的优胜劣汰，2000年后，重点推广的品种有美早、早大果、友谊、奇好、胜利等。

苹果属　主要有烟富1－6号、红富士、红将军、秀水、乔纳金、嘎拉、金帅、烟青、新世界、国光、萌、烟嘎1号和2号、恋姬、桑萨、藤木1号、津轻、北斗、北海道9号、红香蕉、新红星、秋花皮、红玉、印度青等。20世纪70年代前，苹果主栽品种是青香蕉、红香蕉、国光、金帅、秋花皮等，后逐步淘汰。80年代初，引进红富士苹果，在大力推广栽植的基础上，积极推行龄小老品种高接换头，进行更新换代，至1989年，适于高接换头的老品种苹果树基本上改接了新的苹果品种，以红富士苹果等为主的优良品种逐渐替代了老化苹果品种。

葡萄属　村域内葡萄的种植主要为庭院栽培，以口食品种为主。新中国成立后，主要传统品种为玫瑰香、龙眼、水晶等。20世纪80年代后，口食品种有巨峰、先锋、牛奶、无核白、无核紫、白佳、甜水、红鸡心、水晶、白莲子、胜利、红富士、红提、龙眼、泽香、龙宝、大宝、红瑞香等。

桃属　新中国成立后，主要品种为五月红、六月鲜、蜜桃、白银桃、血桃、毛桃等。20世纪70年代末，鲜桃滞销，面积大幅度减少。80年代，引进罐头加工品种春密、黄露桃等。90年代，引进油桃、雪桃、春艳、红甘露等品种。2002年划入开发区后，随着土地面积的减少，很少有种植。

草莓属　村域内栽培种植草莓始于20世纪80年代初，主要品种有明宝、丰香、辛香、美香莎、甜宝、宝交早生、弗吉尼亚、红丰、金明星等。

村域内其他李、石榴、杏等传统属亦有零星栽培种植。

面积与产量　新中国成立前，村域内果树栽植大部分属零星种植和小面积栽培，且技术落后，产量低。新中国成立后，党和政府制定了相关扶持政策，促进了果业生产。1957年，果业面积达到10亩，总产量13吨。1959～1962年，果业生产受到一定影响，几乎处于停滞状态。20世纪60年代中期后，果业生产开始恢复，果园面积不断增加，1968年发展到89亩，总产量150吨。从1969～1978年，片面强调“以粮为纲”，果业生产被忽视。1979年后，不断清除“左”的思想认识，发展果业生产的认识有所提高。1982年实行联产承包责任制后，集体果园由个人承包管理。承包人有王守平、王成发、王福寿、王德礼、王福江、朱仕强、李植辉、朱元春、王光普、王明涛、王明波、王汝光、林宝玉、朱洪涛、李维松、王永禄、王瑞坞、刘学文、曲永发、于德江、李义山、于克升、徐春良、王汝波、王镇敏、王义永、王在和、王德光、王镇西、王迎乐、王福生、王喜军、曲华仁、曲忠华、吕清海、吕崇海、吕龙海、朱仕光、王福君、王福强、李植才。1983年果园全部分产到户经营管理。果业生产直接带给村民可观的经济效益，使村民发展果业生产的积极性空前高涨，果园面积逐年扩大，到1985年，果园总面积发展到200余亩，占总土地面积的15%。是年，总产量达到600吨。1998年，果树的种植总面积上升到400亩，总产量800吨。随着市场经济的快速发展和人民生活水平的不断提高，果业的品种和品质需求不断提高和更新，果农的收入不断增加，积极开发新的果业资源。到1996年，果业种植结构调整基本完成，根据市场需求，果业种植品种基本以优质大樱桃、苹果、草莓栽植为主。2000年后，果业种植品种发展又有所变化，苹果、桃呈逐年减少趋势，大樱桃成为栽植重点，优质果树总面积不断增长。2002年9月后，村随古现镇划入烟台经济技术开发区，土地大量被征用，果园面积越来越少，到2008年，果园总面积仅剩250亩，总产量仅为300吨。

果树栽培 育苗 村域内苹果、梨、桃、大樱桃等果树的苗木主要靠当地繁育来满足栽植需要。成品苗木是果树枝、芽通过砧木嫁接培育而成。村砧木树种资源丰富，苹果砧木主要有洋白海棠、沙果、福山小海棠、花红、红海棠及苹果种子出的实生苗。梨砧木为杜梨或梨种子出的实生苗。大樱桃砧木有毛把酸和小樱桃、大青叶、莱阳矮等。桃砧木是毛桃。苹果、梨、桃的砧木苗主要靠种子繁育，即把砧木种子去杂、漂洗干净后，混入湿沙拌匀，在室外不积水的泥土地方挖沟，将种沙撒入沟内抹平后，上覆25厘米左右厚度的泥土。覆土用锨拍实并高出原地面，以防积水烂种。经过冬藏的种子，翌年早春应经常检查种情，以便适时播种。播种前整地打畦待播，播种后待砧木长到一定粗度后，便可进行嫁接。一般于当年六月初至八月底前进行芽接，亦可翌年春在砧木叶芽萌动前进行劈接、切腹接或带木质部芽接，但此时芽接成活率较低。樱桃砧木用小樱桃种育出的砧木苗，嫁接上大樱桃后，易得小脚病。抗风能力弱，树体寿命较短。因此一般采用毛把酸、大青叶、莱阳矮等较优质的砧木苗压圃分苗或将砧木苗顺沟平栽压条培育大樱桃砧木苗。葡萄苗的繁育较简单，其枝条地下冬藏后，翌年春扦插繁育即可。1980年后，村果树苗木繁育除满足自植外还外销。1984年后，随着改革开放和市场经济的深入发展，果树育苗进入专业化和个体私营化，个体育苗者越来越多。到20世纪90年代后，村果树栽植的苗木大都从专业化苗圃或个体育苗者购买。

栽植 20世纪70年代前，村域内的果树栽植一般采用挖大穴栽植法，种植密度一般每亩50棵左右。80年代后，随着果业栽培技术的发展，果农非常重视果树的栽植条件，植前一般采取先整平地面，挖深0.80米、宽1.50米~2米的栽植沟。土层深厚的平原地和肥沃地一般是开长、宽、深各1米的定植穴。开沟挖穴时特别注意熟土和生土分别放置，回填时不打乱土层，生土与有机肥料置于下面，熟土放到上面，回填后灌水沉实。其密度乔化苗一般采用2.50米×5米或3米×4米的株行距，矮化品种密度则大一些，一般采用2米×3米的株行距。具体视树种、土壤条件和管理水平而定。果苗栽上后，地面覆盖1米见方地膜，用来保墒提高成活率。苗干用塑料包护，防止虫害破坏叶芽。

果树管理 树下管理 主要为除草保墒、整刨果园、压沙、压土、施肥、浇水等内容。1964年前，果树的地面管理主要有除草保墒、整刨果园、打水盆、施肥浇水等。1965年后，推广果园压沙、压土或含磷风化石，以增加活土层和蓄水保肥能力。20世纪70年代，推广果园扩穴或沿树行开沟深翻。80年代后，推广旱薄地果园塑料地膜覆盖及穴贮肥水，一系列地面管理技术措施的推广应用，促进了果品的稳产高产。

施肥。新中国成立前，肥料种类多为农家肥，主要有猪圈肥、人粪尿、炕土、草木灰等。新中国成立后，逐步开始使用化学肥料。20世纪60年代中期，开始使用氨水、碳酸氢氨。70年代，主要用氢氨和磷肥。80年代后，化学肥料品种不断增多，主要有尿素、复合肥、磷酸二铵、钾肥和各种微肥、叶面肥、专用肥等。施肥方法根据果树种类、施肥时期、栽植密度及树龄等情况而定，分土壤施肥和根外追肥两种。80年代前，果树施肥仅有基肥和追肥两种。基肥是冬春刨地前将农家肥、化学肥料撒于地面，随整刨果园施于地下。80年代后，土壤施肥主要为放射状沟施法、环状沟施法。放射状沟施法：施肥前以树干为中心，在树冠四周等距离地挖4~6条放射状沟，沟深40厘米~50厘米，沟长以树冠大小而定，沟的深度因土壤情况和果树种类而定。大樱桃沟深一般在30厘米左右，苹果等树沟深一般在50厘米左右。下一年施基肥时，在上年施肥沟之间开施肥沟，轮流进行。环状沟施法：在树冠外20厘米~30厘米的地面上，以树干为中心挖一环状施肥沟，沟宽40厘米~50厘米，沟深50厘米左右，施肥方法同放射状沟施法。追肥一般在花前、果实膨大期和摘果后进行。1984年后，叶面喷雾追肥被广泛应用。

浇水。新中国成立前后，村域内果树无浇灌条件，只能靠自然降水。后随着水利建设的发展，不断扩大果园水浇面积，有效地提高了果品产量和质量。水浇条件好的果园基本保证了花前、花后、果实膨大和封冻四遍水。花前水一般在3月下旬至4月初，结合花前追肥进行，水量适中，以防水量过大降低地温，影响根系发育。花后水一般在谢花后半月进行，为促进新梢生长，减轻生理落果，隔15～20天灌2～3次水。在无水浇条件的果园，从1985年始，推广穴贮肥水和地面盖膜、盖草保墒法，对抗旱保湿有明显作用。1995年后，果园树种以大樱桃为主，果园浇水也开始步入规范化。大樱桃浇水分为花前水、硬核水、采前水和采后水。花前水在萌芽至开花前进行，此期浇水可延迟开花，预防和减轻冻害。硬核水一般在5月初至5月中旬前进行，此期灌水要足，以减少生理落果。采前水在果实采收前进行，在硬核水的基础上浇灌，水量适中。采后水在果实采收后进行，此期结合施肥进行灌水，为翌年丰产打下基础。

树上管理　主要有整形修剪，授粉、疏花、疏果，病虫害防治，果实套袋等。

整形修剪。果树修剪是果业生产中的一项重要技术措施，主要调节树体营养和生殖生长的关系，因品种不同有不同的修剪方法。同一树种因地质水肥条件和树势强弱不同，修剪轻重也不同。红富士苹果树整形修剪主要把握三个时期：幼树期的修剪，采用轻剪缓放多留枝，冬剪与夏剪相结合，以拉枝开张角度、刻芽促生短枝的方法使之长树快、成花早和早期丰产。结果期注意培养树体骨架，促进骨干枝生长，抑制辅养枝，并随结果枝增多逐年去掉。骨干枝数量，主干疏层形一般5～7个，纺锤形9～11个。这一时期重在培养和调整结果枝组，平衡骨干枝，保持树体健壮、负载合理。衰弱期的修剪注重增加树体营养，适度短截、抬高骨干枝角度、更新复壮结果枝组，少留下垂枝及枝组，多留两侧和背上枝，培养枝组。大樱桃的整形修剪也把握三个时期：幼树期以轻剪、夏剪为主，采用缓放、摘心、打顶、扭梢等措施，迅速扩大树冠；结果初期的修剪，主要是完成树冠整形，扩大树冠，培养健壮的结果枝组，平衡骨干枝之间的生长；盛果期的修剪主要是保持中庸、健壮、稳定的长势，形成合理的群体结构和树体结构，维持结果枝良好的结果能力。1985年后，大樱桃栽培面积逐年增加，成为果业生产的主体，整形修剪技术也不断改进和提高。20世纪80年代初期，采用俄式自然开心形整形法逐渐淘汰，类似苹果的自由纺锤形的改良主干形整形法得到广泛应用。其特点是：干高50厘米～60厘米，中心领导干保持优势生长，其上配有10个单轴延伸主枝，可以分层，也可以不分层而螺旋着生，主枝角度近水平，在主枝上衍生大量结果枝组。这种树形，在整形过程中很注意及时开张主枝角度，使各主枝保持近乎水平顺直着生长。主枝上一般不培养侧枝和大控制枝。整形技术要点是：幼树定植后留60厘米定干，当年夏剪对选留的主枝新梢开角70度～80度。主枝不选夹皮枝，中干延长枝旺时摘心，不旺不摘，竞争枝和其他长枝重摘心控制。第一年冬剪时，中干延长枝剪留40厘米～60厘米，具体剪留长度根据下部选留的主枝数量而定。下部主枝多时（3～4个），剪留长些，下部主枝少时（2个），剪留短些，并适当选牙刻伤，促发分枝，增加选留主枝机会。对选留主枝缓放或去顶，不行就短截。第二年生长季修剪，中干延长枝和竞争枝处理同第一年。对当年选留的主枝开角，对上年选留的主枝背上强旺枝重摘心控制。经过三个冬夏两季修剪，改良主干形就基本形成。

授粉、疏花、疏果。新中国成立前和新中国成立初期，果树全靠自然授粉。20世纪60年代，部分果农开始进行挂瓶插花人工授粉。70年代中期，开始推广人工授粉技术。花期授粉多采集花粉用纱布包裹于园内撒放，主要用于苹果授粉。这一做法延续多年，且不断普及。经过人工授粉的花朵，不仅能提高坐果率，而且能有效提高果品等级。人工授粉的最佳时间是花朵开放的当天，最好在上午无风时授粉。1983年后，这项技术被广大果农普遍应用。果树的花期授粉主要采用三种方式：人工点授，即适时采集花粉，用毛笔蘸花粉点触花蕊，此法投工量大，费工，但可人为控制授粉花朵密度；授粉器授粉，即在一根木棍或竹竿的顶端，缠绑一个直径约5厘米~6厘米的泡沫塑料或洁净纱布球，用其在授粉树及被授粉树的花絮之间轻轻接触擦花，达到既采粉又授粉之目的；蜜蜂授粉，果树花期将一定数量的蜂箱放入园内，任其授粉，每亩200只蜂即可，但遇到低温、阴雨天气蜜蜂不出箱，影响授粉效果。

果树过量的花和过量的幼果不仅会大量消耗树体养分，影响果品质量，更重要的是容易造成树势衰弱，带来和加重树体病害。20世纪70年代，推广实施疏花疏果技术。疏花，其过程是利用冬剪、花剪、复剪，疏去多余花芽，花期疏去多余花朵；疏果，在幼果生理落果后进行，留果率要高于正式留果率的20%~30%，套袋苹果在套袋前一周，把多余果、病果疏除，果间距一般保持在15厘米~20厘米左右。大樱桃疏花期一般在开花前或开花期进行，主要疏去树冠膛内细弱枝上的花（蕾）及多年生花束状果枝上的弱质花、畸形花。一般在4月上旬至下旬进行，每个花束状短果枝留2~3个花序。疏果期一般在5月中旬大樱桃生理落果结束后进行。每个花束状短果枝留3~4个果。疏去小果、畸形果以及光线不易照到、着色不良的内膛果和下垂果，保留横向及向上的大果。苹果疏花疏果的一般方法是：对花序、树冠内膛中下层多留少疏，对冠外围和上层多疏少留；辅养枝多留，骨干枝少留，强枝多留，弱枝少留；大、中型结果枝组多留，小型结果组少留。疏花期多在盛花期至盛花末期进行，疏果期则在谢花后一周至6月上旬分两次进行。

病虫害防治　新中国成立前，果农对果树病虫害的发现和认定缺乏科学依据，也没有药物，果树出现病虫害，主要靠人工防治。新中国成立后，随着科学技术的发展，不断推广应用农药防治果树病虫害。新中国成立初期，果农与麦收前喷洒160倍的波尔多液防止早期落叶病、褐斑病及黑星病；喷洒石硫合剂防止红蜘蛛。20世纪60年代中期，大力推广使用“六六六”、滴滴涕、1059、1605、敌百虫等农药的应用技术，并获得明显防治效果。70年代开始，随着果业的不断发展，果树病虫害种类也不断增多，防治药物和技术不断增加和提高。2002年统计，村域果树病害有60多种，其中苹果病害26种，有腐烂病、炭疽病、轮纹病、紫纹羽病、白粉病、褐腐病、银叶病、黑星病、褐斑病、灰斑病、根癌病、花叶病、绣果病、苦痘病、花皮病、糖蜜病、日烧病、红玉斑点病、水锈病、缩果病、小叶病、黄叶病等。其中，腐烂病、炭疽病、轮纹病、白粉病、褐斑病危害较重。桃5种，有褐腐病、缩叶病、疮痂病、穿孔病、桃树流胶病。大樱桃15种，有樱桃褐斑病、细菌性穿孔病、樱桃叶斑病、枝干干腐病、流胶病、根茎腐烂病、根癌病、樱桃衰退病、樱桃叶斑驳病、樱桃锉叶病、樱桃扭叶病、紫樱桃斑驳病、樱桃坏死锈斑驳病、樱桃小果病、樱桃锈斑病，其中流胶病、细菌性穿孔病、褐斑病危害较重。

虫害90余种，其中普遍发生的有8种，局部发生的有56种。果树病虫害的防治按树种各有不同的防治措施，村内果农对红富士苹果树病虫害的防治主要分7个时期，采用不同的措施和药物进行防治。

3月中旬至4月下旬，芽萌动至盛花期。3月中旬开始防治轮纹病、干腐病、腐烂病、红蜘蛛、金纹细蛾、蚜虫类和卷叶虫类病害。防治方法是剪除病虫残枝，刮除枝干病瘤、病疤翘皮；清除果园内枯枝落叶、病虫僵、落果；涂抹多效灵与腐必清各50~60倍混合液，或三效王30倍，或20倍腐必清；喷洒100倍福美砷与200倍浓缩高渗腐必清混合液；喷5°Be石硫合剂。以上措施一般在3月末至4月初进行。4月初喷施氨基酸锌300倍液；开花前喷施20%粉锈宁乳油1500倍液；14.50%多效灵600~800倍液灌根以防治白粉病、烂根病、小叶病。4月中旬喷30%硫丹或48%乐斯本乳油1500倍；4月中旬末喷20%杀蛉脲5000~6000倍液或25%灭幼脲1200~1500倍液，用来防治苹果棉蚜虫、瘤蚜、绿育蝽、金纹细蛾、苹果小卷叶蛾等。

5 月为谢花至幼果形成期。5 月上旬防治轮纹病、干腐病、腐烂病、斑点落叶病、霉心病、苦痘病。防治方法是谢花后喷 30% 含井岗霉素的复方多菌灵 500 倍与大生 M－45 之 800 倍混合液；喷 10% 宝力安 1200 倍或 1.50% 多抗霉素 400 倍液；喷安钙宝 600 倍或氨基酸钙 300 倍液；使用杀菌剂每隔 10 天喷一次。苹果谢花后到套袋前以大生 M－45 为主进行保护，并配合杀菌剂和钙肥喷施。5 月中旬初喷 20% 螨死净 2000 倍或 9.50% 的螨必死 2500 倍，或喷 20% 三唑锡悬浮剂 1200 倍液；喷 48% 乐斯本 1500 倍液或 10% 可湿粉毙蚜铃 1200 倍，或喷 2.50% 扫死蚜 2500～3000 倍；喷 20% 杀蛉脲 5000～6000 倍或 25% 灭幼脲 1200～1500 倍，或喷 30% 蛾螨灵可湿粉 1500 倍，防治山楂红、苹果红、二斑叶螨、棉蚜、黄蚜、棉铃虫和金纹细蛾等。

5 月下旬至 6 月中旬为幼果绒毛脱除期。5 月下旬以大生 M－45 为代表的进口锰锌类 800 倍液或高质量的原粉甲基拖布津或多菌灵，每隔 10 天喷一次；1.50% 多抗素 400 倍或 10% 宝丽安 1200 倍液用以防治轮纹病、斑点落叶病；6 月上旬喷扑虱蚜、蚜虱净 2000～3000 倍；90% 万灵或快灵粉 4000 倍＋灭幼脲 1500 倍防治苹果黄蚜、棉铃虫、金纹细蛾等。

6 月中下旬为幼果膨大期。6 月中旬用 70% 甲基拖布津 800 倍或大生 M－45 也为 800 倍、波尔多液 1∶2∶220，防治轮纹病、炭疽病、褐斑病等叶部病害。6 月下旬用 90% 万灵或快灵粉 4000 倍或 30% 桃小灵 1500 倍，或 52.25% 农地乐 1500～2000 倍；25% 灭幼脲 1200 倍或 1.80% 果虫速杀净乳油 1000 倍，防治桃小食心虫、金纹细蛾、苹果小卷叶蛾等。

7 月上旬至 8 月下旬为果实发育期。喷波尔多液 1∶2.50 至 3∶200 倍或多效灵Ⅱ号 400～500 倍或绿乳铜乳油 600 倍；大生 M－45、甲托或多菌灵 600～800 倍或 75% 百菌清可湿粉 800 倍。这期间各类杀菌剂交替轮换使用，内吸与保护交替，波尔多液喷 3 遍，有机杀菌剂不超 10 天喷一次，用来防治轮纹病、炭疽病、斑点落叶病、褐斑病等。用 30% 灭铃光或广克威 1500 倍或 48% 乐斯本 1500 倍、果虫速杀净 1000 倍；20% 三唑锡 1500 倍或螨必死 2000 倍；30% 蛾螨净 2000 倍防治桃小食心虫、棉铃虫、棉蚜、红蜘蛛、潜叶蛾类虫害。

9 月～10 月下旬为果实成熟期。喷多效灵Ⅱ号 400～500 倍，77% 多宁 700 倍，大生 M－45 为 800 倍，与复方甲托、复方多菌灵或复方乙膦铝等交替轮换使用，防治果实及叶部病害。用乐斯本或农地乐防治二代桃小兼治苹果棉蚜及棉铃虫。9 月底打最后一次杀菌剂，套袋果除袋后喷一次环中菌病清。

果实采收后至休眠期。全面清扫落地叶、落地果及地面地埂杂草，压低各种病虫冬基数。

村域内对大樱桃的病害防治主要是流胶病、褐斑病和细菌性穿孔病等。

流胶病防治。发病机理尚不清楚，初步认为是一种生理性病害。此病与树势强弱、伤口多少、土壤通气状况有关。树势强、伤口少、土壤通气状况好就轻，反之，发病较重。防治方法是：增施有机肥，防止旱、涝、冻害，健壮树势，提高树体抗性。树干涂白，预防日灼。修剪时少作伤口，避免机械损伤。对已发生病的枝干及时、彻底刮治，伤口用生石灰 10 份、石硫合剂 1 份、食盐 2 份、植物油 0.30 份加水调制成的保护剂涂抹。

褐斑病防治。除了做好清园工作外，分别在谢花后至采果前喷 1～2 次 70% 代森锰锌 600 倍液或 75% 百菌清 500～800 倍液。采果后，喷 2～3 次 180～200 倍的等量式波尔多液。

细菌性穿孔病防治。在发芽前喷一次波美 4 度～5 度石硫合剂，谢花后新梢生长期喷 77% 可杀得、101 可湿性粉剂 800 倍液或农用链霉素 200

单位，防治效果较好。

第三节 畜 牧

村民素有饲养禽畜的习惯，畜牧生产历史悠久。在生产力低下的时代，养殖品种和养殖数量非常少，少数富裕家庭养牛，多数家庭养猪。1950～1960年间，村民根据自家粮食资源多少决定养殖畜牧种类及数量。到1960年后，转为以养殖猪、鸡等杂食性动物为主，20世纪70年代是村民养猪高峰期。1982年后，村出现了畜牧养殖专业户，畜牧生产成为村民主要副业生产之一。20世纪90年代初期，畜牧养殖开始向专业化、规模化方向发展，对增加村民经济收入起到了很大推动作用。

家畜饲养 牛、驴、马、骡在村内作为役畜，有较长的饲养历史。1950～1955年，村内此类大牲畜养殖较少。1958年成立人民公社后，大牲畜由集体饲养，到1965年，村内大牲畜为34头。进入20世纪70年代，农业生产逐步开始以机代畜，再加村处泊地，荒山丘陵较少，大牲畜饲养不断下降，尤其是马、骡、驴下降突出，到1984年村内大牲畜存栏仅有5头。1985年后，随着农村经济体制的进一步改革，畜牧业内部结构得到调整，部分大牲畜作为肉食品生产，尤其是牛的饲养有所回升。到2008年，村内大牲畜存栏数为2头。

牛 适宜性、繁殖性能较强，但由于当地品种近亲交配，出现了一些体型矮小的近亲后代“毛桃牛”，无使用价值。20世纪70年代后引进鲁西黄牛、南阳牛等改良牛，其中鲁西黄牛和南阳牛改良效果最佳。牛以舍饲为主，村民在夏、秋季节有放牧的习惯。饲草以玉米秸、花生蔓为主，精料为玉米、地瓜干、花生饼等，但用量很少。

马、骡、驴 主要为农业和运输而养，当地较少有配种繁殖仔畜的习惯，主要从外地购进。新中国成立前后，仅有少部分农户饲养马。主要品种有蒙古马、新疆马和渤海马。马的饲料以谷草为主，随着谷的播种面积减少，逐渐以玉米秸、花生蔓替代。骡主要用于胶轮大车驾辕、拉套运输。骡饲养管理基本同马一样。驴，为山地小毛驴，主要用来拉磨、拉碾、拉水车、拉碌、拉小型平板车运土粪、庄稼等。驴的饲养基本同马、骡，但喂精料甚少。

猪 村民历有养猪习惯，猪肉是村民主要肉食来源，猪的饲养在畜牧养殖业中占重要地位。1950～1957年，村内生猪存栏量累计约396头。20世纪50年代末到60年代初，养猪数量大幅下降，1960年，村内生猪存栏量仅为185头。从1963年起，落实社员养猪饲料用地，圈肥以质论价，国家对销售猪户实行奖售饲料和布票政策，调动群众养猪积极性，养猪数量迅速提高，1965年，村养猪发展到232头。1970年后转为以养殖猪、鸡等杂食性动物为主，整个70年代是村内养猪最高峰时期。1971年，村养猪数达到435头，是1960年的2.30倍。1978年以后，家畜养殖业进一步发展，到1980年，村内生猪存栏量达到516头。1982年农业实行经济体制改革后，集体社队的养猪停止，养猪专业户兴起，并朝规模化发展，到2012年，村内养猪专业户发展到2个，共养猪100头。

新中国成立初期，村内以饲养烟台当地黑猪为主，是亲本品种，具有生长快、产仔多、适应性强和遗传性能稳定等优点。20世纪50年代，引进约克夏、巴克夏、新金猪。60年代，引进跺山猪、哈白猪、长白猪。70年代后，引进荣昌、内江猪与本地猪杂交改良。80年代后，主要引进美国品种杜洛克。90年代后，主要引进瘦肉品种猪进行养殖。

村民养猪以圈养为主，在秋收后有集中放牧

的习惯。其精料以地瓜干、玉米为主，加少量花生饼；粗饲料以花生蔓、地瓜蔓、干草为主，粉碎后饲喂，在春、夏、秋季节，村民有喂青草、野菜的习惯。20世纪90年代后，为使猪生长快，普遍使用“增长素”“催生素”一类料素，致使生猪肉食质量下降。

羊　村内养羊历史悠久，但饲养量不大。新中国成立后，养羊品种不断更新换代。20世纪80～90年代，村内主要引进波尔山羊、崂山奶山羊和杂交莎能奶山羊等优良品种，并进行杂交繁殖，饲养数量呈上升趋势。1982年后，出现几家养奶羊业户，主要是满足自家食用。

养殖品种主要有奶山羊。新中国成立前后，所养的奶山羊绝大多数来源于芝罘（外国传教士带入）。后又从黄县、栖霞、牟平、文登引进部分崂山羊等杂交奶山羊。羊的饲养方式主要有放牧、系牧和舍养三种。冬、春以作物秸秆和干草喂饲，夏、秋通常喂青草、野菜、树叶等，精料主要是玉米、麸皮和饼类。在春、夏、秋季节村民有放牧的习惯。

兔　村民所养的兔子主要品种有7个，其中肉食兔4个品种：比利时、加利福尼亚、青紫兰、巨型肉食兔。长毛兔3个品种：西德、日本、安哥拉长毛兔。20世纪80年代，先后引进优良种兔进行杂交改良，兔的品质有所提高，产毛量有所增多。

家禽饲养　村家禽饲养历史悠久，明代万历《福山县志》即有记载。村内农户普遍有养鸡、鸭、鹅的习惯。1950～1957年，村内每户饲养家禽为5羽～6羽，到1979年增加到5羽～10羽，比1950～1957年总数多4羽。20世纪80年代初期，家禽养殖开始规模化，并向专业化、商品化方向发展，村内出现了养鸡专业户。1990年，家禽养殖专业户发展到2户。随着农村城市化和工业的快速发展，家禽养殖业逐步减少，到2008年大多数村民所需鸡蛋都到市场购买。

新中国成立前，养鸡多为当地品种，一般称为“草鸡”。新中国成立后，养鸡多从青岛、大连、北京、济南引进莱航鸡饲养。同时，引进少量芦花鸡、寿光鸡、东北大骨鸡、洛岛红以及肉食鸡等优良品种饲养。20世纪80年代后，从北京、上海、济南等地引进星杂288、星杂579、京白四系、伊莎红、海赛克斯、迪卡、B6、罗斯等品种。养鸡方式有2种：一是放养，多数户采用此法；二是圈养，通常养殖专业户和重点户采用。养蛋鸡以生产蛋为主要目的，养肉鸡以生产鸡肉为目的。20世纪90年代中期，大部分农户将散养改为笼养。鸭、鹅，有少量户养殖，一般采用放养方式。

村内其他动物饲养有狗、猫等。养狗不足30%，一般每户养一条，主要作用是看门护院。随着人民生活的逐步富裕，进入2000年后，有少数家庭开始养“宠物狗”，作为休闲、爱好之消遣。另外，养猫也是村民习惯做法，主要用作防鼠。

疫病防治　*防疫*　新中国成立前，畜禽疫病发生严重，尤其传染病危害较大，几乎年年流行。主要传染病为牛气肿疽、牛流行热、马流感、破伤风、马鼻疽、炭疽、猪丹毒、猪瘟新城疫等。新中国成立后，党和政府高度重视畜牧养殖业，贯彻“防重于治”方针，1950年，村内开始使用疫苗预防禽畜传染病。1958年，古现人民公社成立兽医站，同时村生产小队培训了防疫员，形成村内兽医防疫网络。村内使用过疫苗若干种，但村民认识不足，打预防不要钱，也有60%的户不打，特别是鸡新城疫苗注射密度仅为20%。20世纪60～70年代中期，每年春、秋进行两次季节性防疫，注射各种疫苗预防疫病发生。80年代初期，村防疫员因报酬得不到落实，大部分改行，公社兽医站（今古现街道办事处兽医站）采取分片包干办法防治。1982年，村内猪瘟免疫注射密度达99%，猪丹毒达99%，鸡瘟疫苗达到92.50%。1991年后，又实行兽医站畜禽防疫承包责任制，直接与每个承包人的经济利益挂钩，是年猪瘟免疫、猪丹毒免疫、鸡瘟疫苗注射达到96%。1999年，国家把猪瘟、新城疫、禽流感和口蹄疫列为强制免疫，至2002年，该四项免疫率达100%。2003年后，按照国家相应要求，对重大动物疫病进行强制性免疫，其中对养殖专业户免收费用。

医疗　1964年前，靠民间兽医以土法治疗。1967年以后，采取中西医结合治疗法。普通病以消化系统疫患为主，中毒和便秘疝死亡率最高。猪的传染病以猪瘟、猪丹毒、猪气喘病危害较重，1970年前，猪流感经常发生。1983年，猪5号病流行，造成较大损失。家禽的传染病以新城疫危害最重，其次是禽霍乱、雏白痢、鸡痘、鸡传染性喉气管炎等。狂犬病在新中国成立初期和1980年曾出现，但范围较小，同时狗、猫也出现了犬瘟热，死亡数量较多。20世纪80年代中期至2006年后，由于防治技术及手段的提高，没有发生重大疫病。

第四节　渔　　业

淡水养殖　村淡水养殖始于1960年，因受水面和水量的限制，只引进少量的花鲢、鲤鱼、鲫鱼放养于村池塘。没有管理，没有喂养，任其自由生长。

海水养殖　1969年，村开始在下刘家海域进行养殖生产。因投资有限，规模不大，效益不高，经营五年即停止。

第七章　工　业

古现东村工业发展起步较晚。早期工业为私营手工业，仅有几家铁匠炉、木匠铺、豆腐坊、果子铺、油坊等零星作坊。1958 年成立人民公社后，村队集体工副业开始发展，至 1982 年，先后建起集体磨房、油坊、粉条加工厂、绣花厂、纸袋厂、建筑工程队等，从事工、副业者累计达 100 余人。1964～1982 年，累计实现产值 10 多万元。

1982 年改革开放后，集体工副业体制实行改革，全部转为个人承包或租赁。随之兴起的是个体私营工副业的迅速发展，相继办起了私营粉条加工、面粉加工、食品加工、服装加工、铝合金门窗加工、车辆运输、建筑施工等几个不同产业的小型企业。到 20 世纪 90 年代后，村内个体私营企业均以提高经济效益为中心，由以往的小打小闹转向现代化科技含量较高的企业，逐步形成以建筑、建材、服装加工、食品加工、房屋装修、机械加工等为主协调发展的工副业格局。2000 年后，村先后办起了浩宇砖机厂、安康浩宇石子厂、安康大修厂、去锈砂厂、格瑞特混凝土搅拌站、东宇房地产开发有限公司等企业。到 2012 年，村内已有各类大小工业企业 9 家，从业人员达到 100 多人，年实现工业总产值 1 亿多元，年创利润 2000 万元。

第一节　食品加工

面粉加工　昔日各家各户的面粉靠石磨加工，一般为人推。20 世纪 50 年代一度吃公共食堂，面粉亦靠石磨加工，改人推为驴拉。60 年代初期，逐步实现机械化，先以柴油机为动力，后改为电动机。1965～1975 年，村有磨面机 2 部（主要是柴油机为动力），为大队集体所有。日加工粮食 2000 千克～3000 千克。1982 年以后，大队集体所有的磨面机承包或拍卖给村民个体经营。到 1985 年，村民王德辉、王守义、李义山、王光亮、王守平、吕景海、朱仕光、李焕虎先后投资办起家庭磨坊，面粉加工机械增至 16 部（主要以电动机为动力）。

20 世纪 90 年代中期后，村民大多数靠买成品小麦面粉和大米食用，村内仅剩 1 个面粉加工户。

李焕虎个体磨房

食品加工　食品加工分普通和高档两种。普通食品一般为家庭日常之用，高档食品一般为节庆和馈赠之用。

糕点加工　新中国成立前，有老字号糕点铺“德泰”“福春”等若干家，加工品种主要为大众化的桃酥、月饼、蛋糕等。1956 年，随着对资本主义工商业的社会主义改造，各糕点铺的人员全都加

入了农业生产合作社，糕点铺亦随之停业。1982年以后，糕点加工业又开始发展，到1984年，村内从事糕点加工经营的业户达到4家，业主分别为王汝芳、王金国、王克邦、王启萍。加工和经营品种主要为桃酥、月饼、糖馅酥饼、蛋糕、沙琪码、雪饼、面包、元宵等。其工艺精湛，具有香、脆、酥、甜等特点。各户年累计加工面粉能力在2500千克~3000千克左右，年总利润达6万元以上。

其他面食加工　新中国成立前，其他面食加工主要为颇具地方特色的烧饼、杠子头、老豆腐、面鱼、油条等。在四邻八乡最具名气的有夏仁山的烧饼、油条；有贾仲连、贾宝贵的"三角"火烧；有李文忠的"杠子头"火烧；有刘同川的"老豆腐"。其中，夏仁山的烧饼外焦内软，百食不厌；李文忠的"杠子头"火烧坚硬香甜，极富营养；刘同川的"老豆腐"白嫩细腻，润滑可口。新中国成立后，这些加工技艺极佳的老业主随着年龄的增长，相继去世，其加工面食也随之淡去。1984年以前，村三队开办了一个挂面面条加工点。1984年以后，面食加工业有所发展，主要为馒头、大饼、挂面、面条生产加工，先后发展起来的馒头、大饼业户有于克明、李维强、崔喜兰等，挂面、面条加工业户有于克平、吕崇海、徐春良、王德辉、张庆波、曲进等。随着市场经济发展变化的需要，到2012年，村仅有崔喜兰一户加工馒头、大饼，挂面、面条加工仅剩曲进一户。

粉条加工　1978年，村创办粉条加工厂，属集体企业。厂房坐落于村副业大院，加工机械设施有粉碎机、打浆机、火锅、漏板、漏条及晾晒支架等。有工人10名，年加工鲜地瓜5万千克，生产成品粉条1万千克左右。粉条加工属季节性产业，每年从秋天收获鲜地瓜开始，到翌年春结束。

油脂加工　1934年，村内始有从事油脂加工行业者，古现王氏家族后裔王福星家便是开办油坊者之一（古现老油坊），时有职工6人，资本近万元，年加工大豆1.20万千克。20世纪40年代，花生榨油业兴起，到新中国成立初期，油脂加工系手工操作。1945年古现东村从古现村析出后，到1984年，一直无油脂加工业。1985年，村民王德礼自筹资金购置榨油机等设施，开办改革开放后村内第一家私人油坊，工人以自家人员为主。年加工花生果4万千克左右，年生产成品油约5000千克。自20世纪80年代至21世纪初，生产加工业户主要靠收取加工费和按比例付清客户油、饼后的剩余部分来赚取利润；2003年后，生产加工业户则主要靠来料加工赚取利润，只挣加工费。

第二节　建材加工

建材加工主要包括水泥砖、石子、沙、水泥预制件和混凝土建材等。

浩宇水泥砖厂　建于2008年，性质为私营企业，厂长王明东。厂址位于长江路西首，有生产工人10名，技术人员1名。机器加工砖坯，设备有制砖扣、搅拌机、输送机、汽车等。固定资金30万元，年生产能力为700万块砖，年产值为50万元，利润为10万元。

浩宇砖厂

浩宇石子场　2002年，村民王明东创办，私营企业。厂址位于蓬莱，有石子粉碎机4台，铲车3部，生产工人20余人，年生产成品石子30000吨，年创利润10万元。

预制构件厂　1978年，村民王光奎、朱仕华先后办起家庭私营水泥管加工厂，主要进行水泥管件加工。两家厂址均设在村内。

除锈砂厂　村民王义永开办，建于1988年，位于村北，总投资50万元，固定资产50万元，主要设备有输送机、筛选机等，有6部运输车辆。年生产除锈砂1万吨，年产值200万元，年创利润50万元。

烟台开发区格瑞特砼建材有限公司　于2003年10月投资兴建，现更名为“山东格瑞特混凝土有限公司”，法人代表王建平。公司位于村东烟龙公路北侧，预拌砼二级资质，是一家集商品混凝土、道路稳定土、砼路石生产于一体的混凝土建材专业生产企业。公司注册资金2000万元，占地面积36亩。公司下设财务部、经营管理部、办公室、实验室、生产部、机械维修部等七个部门。现有职工150余人，其中管理人员20余人、工程技术人员15人，产值达8000万元。2005年公司投资2000万元购进莱阳鸿达搅拌机组，建成1.50立方米搅拌机站2套。2007年，又投资600万元，购进南方路机搅拌机组，建成3立方米搅拌站1套，形成360立方米/小时的搅拌能力。公司现有32米韩国大象泵车、37米莱阳鸿达泵车各1台，45米三一重工泵车2台，50米三一重工泵车1台，斥资450万元购进的三一重工52米泵车，是目前烟威区域泵车臂架最长的设备。公司还拥有柴油80拖式输送泵2台、7立方米运输车3辆、10立方米运输车20辆、12立方米运输车3辆及各种专业机械16台，年生产能力达到100万立方米。

为扩大公司规模，新征地20亩，增添沙砾机组和沥青机组，购买了8台罐车、1台车载泵。同时斥巨资在芝罘区化工路新建一处4.50万立方米混凝土搅拌站，是目前山东省单机产量最大的搅拌站。

公司先后承揽了公路大厦、同三高速路大兴立交桥、富士康工业园、八角小区、奥林风情、上海通汇、烟台冰轮重工、富豪青年国际广场、大宇造船等大型、高层工程的混凝土供应。在高层住宅、大型基础工程一次性浇注、桥梁及特殊工艺要求的混凝土等施工方面积累了丰富经验，博得客户一致好评。公司一次性通过GB/T 19001质量管理体系认证，GB/T 24001环境管理体系认证和GB/T 28001职业健康安全管理体系认证。

格瑞特公司一角

格瑞特经理王建平

烟台开发区安康机械工程有限公司　法人代表王建平，公司拥有大型运输车队，较大规模石子厂、洗砂厂。石子厂采用烟台区域独有的反击破两级破碎生产工艺，所生产的石灰岩石子骨料具有低针片状的特点，质量好，产能大。洗砂厂主要是为满足“格瑞特”生产需要，投资建成烟台区域独有的自制筛洗砂生产工艺，所产砂质地优良，为生产各种标号混凝土提供了优质砂料。

第三节　木材加工

新中国成立前，村内有一家木匠铺，一家寿货（棺材）铺，为私营小作坊。新中国成立初期，村内木匠行业多为以师带徒，师徒合伙经营。经营方式大多按雇主要求加工房架、制作家具以及修修补补等。

1958年后，村成立了木工组，王旭升担任组长兼师傅。木工组主要是为村队集体或本村村民的木工活（做木制手推车、马车、建房房架、门窗以及普通家具等）服务。此外，为村集体对外承包木工工程，为集体创造经济收入。木工组所从事的木材加工，从锯木、刨光、开榫、凿眼到成装，时均系手工操作。到20世纪70年代后，锯木实现机械化，刨光机、沙光机、压力机、开榫落榜机、打眼机、压刨床、平刨床、车床、铣床相继安装使用。

1982年以后，村内个体私营木工业迅速发展，从事家具生产，对外承接房屋修建、房架、门窗和室内装修。人员有王其坤、王其勋、王其杰、张传起、于维禄、王维江、王维洋、王秀路、王守文、夏曰波、曲忠礼、王维忠、曲金勇、于振军、于振成、王浩、王波、张恩波、林齐涛、刘建波、王德山、王辉、王汝良等。从事沙发生产者王维潭，其中王其勋经营过家具店。

第四节　工艺品与服装加工

工艺品　村内民间工艺生产历史悠久，主要是织花边和做绣花两种。

花边　新中国成立前，村内有王子政花边庄，时从事花边工艺的妇女达20人。新中国成立后，工艺品生产迅速发展。20世纪50～60年代，村从事花边制作工艺的妇女约有50人，年人均收入100元。70～80年代，村从事此业的妇女约有50人，年人均收入200元。

村绣花厂全体职工合影

绣花　绣花历史虽然悠久，但旧时只是妇女在自家织做，或自用，或代人加工。1979年，村成立了“古现东村绣花厂”，属集体所有制性质，厂长由村党支部书记王丙见兼职，王其光为绣花厂具体负责人。绣花厂位于村中，共有厂房5间，厂工人全是本村青年妇女，共24人。

服装加工　村内服装加工业起步于1978年，主要发展于1982年以后，到2008年，全村服装加工业者有王卫东、张君敏、王美玲、吕淑美、吕凤卿、张志梅、张心清、张春丽、曲娟、彭爱云等。

金利服装店　服装店以业主王金利名字命名，成立于1980年，属个体私营性质。店铺坐落

双惠服装厂

于古现莱市大街东。店铺主要靠夫妻加工经营，设计时尚，做工精细，服务周到，远近闻名。

张植敏服装店　成立于1978年，个体私营，是开创个体私营先河的企业。店铺由夫妻二人加工经营，因其服装设计理念先进，做工考究，而赢得顾客。不仅进行服装加工，还先后举办过多期缝纫技术培训班，参加培训学习人员累计达100余人。

第五节　纸袋与铝合金加工

纸袋制品加工　1975年，古现东村建成纸袋厂，为大队集体所有。厂址坐落于村副业大院，占地面积300平方米，建筑面积200平方米。总投资2万元，固定资产3万元。主要生产设备有大桶、胎板等，有职工16人，厂长于德深。产品为水泥袋，年产水泥袋120000个，年总产值12万元，年创利润2万元。产品主要销往各地水泥厂，后因水泥包装全部改成编织袋，致使产品无销路而倒闭。

铝合金门窗加工　村从事铝合金门窗加工者先后有王伯文、张维涛、朱洪岩3家。其中，规模较大的是朱洪岩家，位于古现莱市大街北首。主要生产设备有车床、钻床、手持电钻、锯床、电气焊机等，有职工10人。王伯文、张维涛两家均位于村中。三家共有职工20人，固定资产100万元，

张维涛铝合金加工车间

年总产值500万元，年创利润15万元。

第六节　电气焊与机械加工

电气焊与机械加工位于村南北大街西边，主要设备有车床、锯床、电气焊机等。主要业务范围为加工、维修等，固定资产10万元，经理王永涛。年营业额20万元，年利润5万元。

1980年前，村集体有修配车间（副业大院）配有车床、钻床、电气焊等设备，主要由张传起、于维明负责村农机具的维修和保养。1984年后，村从事电气焊机械加工业户有于维明、王永涛、王铭玺、王柏林、孙健等，从事汽车、农用车维修的有王建平、王汝敏、姜国兴、王英杰等。

第八章　商贸服务

古现东村地处古邑和历史重镇，商业自古发达，当今更加繁荣。

昔日，村内有众多商铺，较有名者为“德泰”与“福春”糕点铺、“乐善堂”与“杏泉堂”药房以及“洪昌”“仁昌”“德意诚”等日用杂货铺；餐饮业也较发达，如“陶家面馆”“孙老五包子铺”等。

20世纪50年代初期，在积极发展国营和供销合作社商业的同时，努力保护和扶持私营商业。村内私营商业进一步发展，仅村北大街的商店、饭馆、理发店等就有10余家，其中较有名者为大众饭店、世丰车子铺、刘同川老豆腐铺。1956年，村内不少私营从商者被安排到集体商业中工作。1958年以后及“文化大革命”中，村私营商业基本绝迹，只有供销合作社的几个商业网点。

1978年后，村内的个体商业户迅猛发展起来，到2012年，村内个体商业发展到131户，从业人员达到200余人，年社会商品销售额500万元。其中：经营烟、酒、糖、茶的商店、超市3户，从业6人；餐饮酒店4户，从业12人；糕点、面食铺3户，从业6人；建材、装修5户，从业15人；理发美容、照相、洗浴2户，从业15人；服装店4户，从业8人；五金交电1户，从业2人；手机、家用电器3户，从业6人；家电维修2户，从业2人；车辆维修2户，从业10人。

第一节　商号店铺

南北大街两侧临街商店　南北大街为东村主要街道之一，两侧各类商业店铺鳞次栉比，为古现街道办事处（原古现镇）主要商贸大街。南北大街东边是临街商品楼，高2层，建于2000年，建筑面积200平方米。建成后出售给本村村民，共有铺位10个，分别为百货店、超市、药房、窗帘店、手机店、连锁店等。南北大街西边为平房店铺，分别为超市、肉铺店、药店、小吃店等。

商铺楼区

东西大街两侧临街商店　东西大街是东村的主要街道之一，也是老古现的最老最大的主要街道，西端的商号店铺兴办较早。

金源五金交电　坐落于东西大街向南往东

金源五金机电

处，成立于2001年，个体私营。营业面积80平方米，固定资产20万元，流动资金10万元。经理张心波，有职工2人。经营项目主要为五金交电、劳动保险器材等。年营业额50万元、利润5万元。

孚德皮鞋店　坐落于东西大街路南，成立于2003年，个体私营。营业面积40平方米，固定资产12万元，流动资金6万元，经理张霞。经营品种主要为青岛孚德鞋厂生产的皮鞋及其他鞋等。年营业额36万元、利润3万元。

49元服装店　坐落于东西大街路北处，成立于2006年，个体私营。营业面积20平方米，为租赁店面，流动资金6万元。经理张霞，有职工2人。经营服装品种款式主要为特步、威力天舜、梦芭蕾、红豆等。年营业额24万元、利润3万元。

红豆家访金猴皮鞋

玉波音像店　坐落于东西大街街南，成立于2001年，个体私营。营业面积20平方米，固定资产5万元，流动资金1万元。经理刘玉波，有职工2人。经营品种主要为音响、音像制品、收录放机、电视机、卫星天线等。年营业额12万元、利润3万元。

玉波厨卫音像家电超市

小曲电器维修　坐落于东西大街北面中部，成立于1993年，个体私营。营业面积20平方米，租赁门市，流动资金3万元。经理曲华文，有职工1人。维修范围主要为黑白电视机、彩色电视机、电冰箱、空调、电风扇、DVD、收音机、录放机、微型电视机等日常家用电器。主要服务设备有小型电焊机、万用表、电脑等。年营业额16万元、利润4万元。

小曲维修店

清娟复印打字　坐落于东西大街，成立于1998年，个体私营。营业面积20平方米，主要设备有电脑1台、复印机1台，固定资产10万元，流动资金2万元。经理王清娟，有职工1人。服务范围主要为复印各种文件、资料、影像，编排、打印各种文字材料。年营业额12万元、利润3万元。

清娟打字复印

建峰建材陶瓷店　坐落于东西大街，成立于1993年，个体私营。营业面积50平方米，固定资产12万元，流动资金6万元。经理刘建峰，有职工2人。经营范围为各种建材和陶瓷。建材主要为各种砖瓦、理石板材、白水泥、水泥等；陶瓷主要为碗、碟、花盆、茶具、厨具等。年营业额12万元、利润3万元。

建峰建材陶器店

建渤家具店　坐落于东西大街街北，成立于1992年，个体私营。营业面积100平方米，固定资产20万元，流动资金10万元。经理刘建渤，有职工2人。经营范围为各种家具。年营业额20万元、利润5万元。

建渤家具店

汇鑫家具店　坐落于东西大街北，成立于2001年，营业面积60平方米，个体私营。经理王守文，有职工2人。固定资产50万元，流动资金10万元。经营、定做各种家具40余种，年收益5万元。

汇鑫家具店

移动手机店　位于东西大街街南，开业于2001年，为福山移动公司下设营业部，个体私营。营业面积20平方米。王中任业务经理，有职工2人。主要业务为经营各种款式手机，以移动公司推广品牌为主，同时兼营移动手机的话费充值业务。年营业额12万元，年创利润3万元。

中国移动通信忠平指定专营店

金源窗帘厨具用品装饰炊具店　位于菜市大街街东，开业于2008年，个体私营。营业面积40平方米，租赁门市。固定资产10万元，流动资金6万元。张心波任业务经理，有职工3人。主要经营项目为抽油烟机、炊具、电饭锅、电水壶、电磁炉、窗帘、室内装饰品等。年营业额20万元，年创利润5万元。

百信超市　位于东西大街处，开业于2002年，个体私营。营业面积100平方米，固定资产20万元，流动资金10万元。王柏岩任经理，有职工2人。主要经营品种为烟酒糖茶、糕点、乳制品等副食品。年营业额 20 万元，年创利润 4 万元。

百信超市

妇幼保健服装店　位于东西大街西首，开业于 2008 年，个体私营。营业面积 10 平方米，流动资金 3 万元。张君敏任经理，有职工 1 人。主要经营品种为妇女和婴幼儿服装等。年营业额 5 万元，年创利润 1 万元。

新铭超市

福兴电器维修部

另有外地来村办商业多家，分别是新铭超市、永泰大药房、联通手机店、鸿运窗帘、金猴皮鞋店、家家悦连锁店、翰林五金交电、茶庄、明山超市、老岚馒头连锁店等 10 家商业门市部。

干干净净老岚馒头

永泰大药房

鸿运窗帘家访

家家悦大型超市进村

明山超市

金猴连锁店

第二节　集市贸易

集市　古现集市,历史久远,逢三八赶集。古现集位置几经变迁。新中国成立前,设于古现西河;新中国成立后,迁于村北大街,东至福山精神病医院(旧址),西到咸盐市。1984 年,东迁至村新拓宽整修的东大街。

民国以前,上市人数少,商品单一,规模较小。商品交易主要有柴草、瓜果、蔬菜、水产品、禽、畜、蛋、生熟肉食、棉、麻、陶器、手工业品等。新中国成立后,随着国民经济的恢复,集市贸易逐步得以发展。上市自由交易商品主要是农副产品,以粮食、蔬菜、水果、柴草为主,以禽蛋、水产品、牲畜为辅。粮油等农产品完成征购任务后也可以上市交易。但在计划经济时期,经商人数少,上市品种及数量受到一定制约,市场规模不大。“文化大革命”间,商品交易严格控制在一定范围内,集市贸易再度萧条。1984 年后,执行对内搞活经济政策,集市规模扩大,商品交易范围迅速增加。20 世纪 90 年代中期,古现镇政府投资拓展整修纵横贯通的古现集市大街,铺就柏油路面,分别设有粮食市、肉食市、水果市、蔬菜市、水产品市、糕点市以及服装家具等市,使集市摊位面积达到 18000 平方米。市场上市品种丰富多样,上市经营者和消费者日渐增多,到 2003 年,市场交易日上市人数约有 6000 余人,上市摊位 350 余个,集日成交额 15 万余元。到 2012 年,集日上市商品达 4000 多种,年成交额达 1500 万元。

集市一角

山会　古现山会为每年的农历三月初三,规模较大,为福山三大山会(太平顶、黄家、古现)之一。新中国成立后,人民政府为了繁荣农村经济和活跃群众文化生活,利用山会形式进行物资交流,开展传统的民间娱乐活动。“文化大革命”时期停止。1978 年后,山会又逐渐恢复。1985 年后,山会盛况接近往昔,每年山会由村东大街赶集处延伸扩展到北边黄金河河床里,连赶三天。赶山会者来自四面八方，东到牟平、芝罘区；西至蓬莱、龙口市；南有栖霞、莱阳诸地。唱戏三天三夜，戏剧团、马戏团、杂技团均来演出助兴。每年农历三月初三，古现大街上彩绸飞舞、彩扇翩然，本村的秧歌队、高跷队积极参与表演。还有来自境内大王家、北于家、古现西村、皂户头等村组织的群众演员扭秧歌、跳扇子舞；学校师生的舞狮表演精彩纷呈，舞狮者随着锣鼓点闪展腾挪，施展矫健身手；古现西村的大鼓更显威风，鼓手们甩开膀子，一擂就是 10 多分钟，鼓手汗流浃背。整个庙会一直持续到深夜。

古现山会日上市人数达 12000 余人，上市摊位 1000 余个，日成交额达 40 余万元。每年的农历三月初三，已成为当地居民走亲访友、购物消费、文化娱乐的民俗节日。村山会已成为当地居民的商品经营、购物消费等不可缺少的一个经济文化活动节日。

山会晚会

市集人流

三月三山会五金鞋帽市场

第三节　饮食服务

汝贵饭店　建于 1995 年 2 月，坐落于村北上海大街路南，北临烟龙公路，个体经营。建筑面积 1450 平方米，内设 5 个 10 人桌雅座房间，3 个大厅，一次性容纳 600 多名客人。酒店以鲁菜为主，做法考究，有炸、熘、爆、炒、烧、扒、焖、炝、拌、烩、蒸、煎、拔丝等；配料科学，口味以鲜为主，偏重清淡，讲究色泽造型，尤重菜品火候。其传统名菜有四喜丸子、糟熘鱼片、熘虾仁、红烧海参、烧蛎黄、软炸里脊、油爆肚仁、熘腰花、清汤全家福、爆大虾、清蒸加吉鱼、芙蓉干贝、红烧海螺、韭黄炒海肠子、熘肝尖等。固定资产 200 万元，流动资金 30 万元。年经营额 120 万元，年创利润 12 万元。经

汝贵饭店

理王汝贵,有职工7人,其中一级厨师1名、二级厨师1名。

永顺利酒店　建于1995年,坐落于村北上海大街路南,北临烟龙公路,个体经营。建筑面积1000平方米,内设10个10人桌雅座房间,一次性容纳300客人。酒店以鲁菜为主,其传统名菜有熘虾仁、红烧海参、烧蛎黄、爆大虾、清蒸加吉鱼、芙蓉干贝、红烧海螺、韭黄炒海肠子、软炸里脊、油爆肚仁、辣椒鸡、九转大肠、熘腰花、清汤全家福、四喜丸子、糟熘鱼片、熘肝尖等。固定资产100万元,流动资金20万元。年经营额100万元,年创利润10万元。有职工8人,其中一级厨师1名、二级厨师2名。经理为王建波。

美味快餐店　开业于2001年,位于东西大街东首,个体私营。营业面积40平方米,一次性容纳50个客人。固定资产5万元,流动资金3万元。有职工2人,李菁臣任经理。主要面食为面条、水饺、馄饨、米饭等;主要菜品为糖醋鱼条、熘肚片、炒肝尖、三鲜汤等。年营业额12万元,年创利润3万元。

美味饭店

第四节　其他服务

古现东村地处邑镇重地,村民足不出村即可享受他村享受不到的其他便利服务。

物品典当　清乾隆三十四年(1769)后,古现开始有人设当铺。当铺被村民称为"当铺场"。民国18年(1929)4月,军阀刘珍年与褚玉璞交战,福山城的"通惠"当铺在战火中烧毁,此后,福山城再未设当铺,而古现的当铺仍继续营业,直至抗日战争爆发后停业。

当铺经营项目包括衣服、用具、金银首饰、玉器、古玩等,营业对象多系贫苦群众或急需钱币的富户,营业方式以零星抵押为主。典当盛期多为春秋两季,农民春夏时需用资金做农本,故多以质物入当。当铺一般皆按抵押品之半价以下向当户放款,月息2分,18个月为期,利息于贷款中当即扣除。当期一般为一年,逾期再延长一个月,以示"宽厚"。当期期满后,当户如不赎出或办理续当手续,即为"死当",当铺即将其收为己有,按时价拍卖。其抵押品有金银首饰、手表、被褥、衣物、皮袄、绸缎、布匹和书画、古玩等。

货币存贷　民国27年(1938),日军侵占福山后,城区各钱庄相继倒闭,古现钱庄则应运而生。钱庄主要经营兑换及存放款业务,放款对象多系小手工业者、小商贩短期资金周转和农民生产、生活短期信用或抵押放款,月息一般为2~5分。债主与债款人订立借约,写明借款金额、利率、偿还期限、抵押品及中间人、保人姓名等,抵押品大多为本金价值相当的房产契约。无抵押品者,则找一个在社会上有较高声望的人或资本较雄厚的商家作担保,到期不还者,债主便以借约或地契、房契为证,接管或变卖借债人的房屋、土地,或由保人垫付。

新中国成立后,中国人民银行福山办事处始开办不同形式储蓄。1951年福山县支行又相继开办活期储蓄、整存整取定期储蓄、定额储蓄、整存整取有奖定期储蓄等。1953年为鼓励农民出售余粮的积极性,又开展了"售粮优待储蓄",面额有1万元(相当于今之1元)、3万元、5万元、10万元4种,存款自愿,利息从优,年底停办。同年实行"存款自愿、取款自由,存款有息、为储户保密"的原则,从而推动了农村储蓄工作的开展。1956年,由农民入股组成社员集体所有的金融组织农村信用合作社，后由人民公社和生产大队自我管理，本村社员存款户不足 30%。“文化大革命”期间，农村储蓄工作受到影响，个人储蓄缓慢。1978 年前，社员靠挣工分仅能维持日常生活，无钱可存。1978 年后，村民手中逐渐有了钱，储蓄户由 1978 年前的不足 30% 到 2012 年储蓄户达到 95% 以上，增长了 65 个百分点。

1986 年 9 月 16 日，福山邮局与古现所始办邮政储蓄业务。存期有活期、定期、整存整取和零存整取，利率执行中国人民银行统一标准。古现邮政支局于 1987 年 9 月底开办邮政储蓄业务。1995 年，邮政储蓄开办代发工资业务。2000 年 3 月，福山邮政与太平洋保险公司和中保财产公司签订代理协议。2001 年上半年又与中国人寿保险公司签订协议，代理保费业务，为村民存取贷款提供了方便。

证券购兑　1950 年 1 月，人民银行代理中央人民政府发行人民胜利折实公债，并规定了公债的募集和返本付息，以实物为折算标准，每“分”折实物大米 3 千克、免费 0.75 千克、白布 1.33 尺、煤炭 8 千克，票面额有 1 分、10 分、100 分、500 分四种，年息 5 厘，分 5 年抽签偿还本金。是年 2 月，福山县成立公债推销委员会，区乡也相继成立公债推销组织，并发动群众自愿认购，村民多有购买者。自 1951 年 9 月 30 日起，每年 9 月 30 日至次年 3 月 31 日为公债兑付本息期。

1954～1958 年，人民银行代理国家发行经济建设公债，年息 4 厘，分 8 年偿还，从 1955 年起付息及抽签还本，到 1968 年全部偿还完毕。

自 1981 年起，银行代理国家发行“中华人民共和国国库券”，发行对象为国营和集体所有制企业、党政机关、团体、部队和事业单位、农村社队、城乡个人，个人自愿认购，年息 8 厘，单位购买年息 4 厘，计息一律从当年 7 月 1 日起，不计复息。自发行的第六年起，一次抽签分五年偿还本金，每年偿还本金的 20%。发行面额 1981 年有 10 元、50 元、100 元、500 元、1000 元、1 万元、10 万元、100 万元 8 种；1982 年发行面额有 1 元、5 元、10 元、50 元、100 元、500 元、1000 元 6 种；1983 年有 5 元、10 元、30 元、100 元 4 种；1984 至 1985 年发行面额有 5 元、10 元、50 元 3 种。大队均按上级要求购买。1986～1995 年，国家继续发行国库券，村民只能在分配到村的数量内购买。1996 年以后，虽然国家继续发行国库券，但不再向村分配，村民可到银行自行购买。

信包邮寄　明始，古现境内即设递铺。投递工具为扁担和背袋，递铺备有驿马，专为官府传递文书。私人书信多系托人捎带或专人递交。清时古现亦设递铺 1 处。清光绪二十九年（1903），登州邮政局在福山开办邮寄代办所，下设古现等 8 处代办所，开办民间邮寄业务，由邮差当班投递，方便了村民。新中国成立初，多骑自行车，采用划段逐日投递，古现邮政所设置信筒信箱。1971 年，投递员配备机器脚踏车投递，至 1977 年，实现摩托化投递。

清光绪二十九年（1903），古现邮寄代办所始收民间普通平信。民国 4 年（1915），增办保险信函业务。民国 23 年（1934），增办平信加快件业务。民国 24 年（1935），又开办收货价挂号函件业务和存证信函业务。民国 26 年（1937），增办小包邮件业务。新中国成立后，50 年代曾办理报价信函，信封内可装 16 元以下现钞，于 1960 年停办。同年又开办“特种挂号”业务。

福山邮政古现所开办初期，只办理普通邮寄包裹业务，民国 24 年（1935），开办代收货价包裹业务，民国 26 年（1937），增办小包邮件业务。新中国成立后，又增办保价包裹业务，后停办。1986 年 7 月，邮局将包裹分为“民用”和“商用”两种，于 1996 年 12 月 1 日停办。1994 年 5 月，古现邮政所开办特快专递业务。1999 年 12 月 28 日，福山邮政与古现所开办省内快件业务。2001 年 8 月 1 日，增办国内快递包裹业务。

男女洗浴　永顺利洗浴中心坐落于村北上海大街路南，北临烟龙公路，建于 1995 年，个体经营。建筑面积 100 平方米。固定资产 10 万元，拥有锅炉 1 台。有公用男、女澡堂各 1 个，面积各为

20 平方米，洗浴单间 6 个，一次容纳 60 人洗浴，季节性经营，日接待顾客 200 人次。年营业额为 10 万元、利润 3 万元。

永顺利浴池

理发美容　*玉波理发美容店*　成立于 1996 年，位置在北大街路北，后于 2001 年迁往村东西大街南部。店面面积 15 平方米，店主王波，为夫妻理发店，主要设施有现代各种理发工具等。服务项目有理发、烫发、染发等。年服务能力达到 3000 人次，年营业额为 3 万元、利润 2 万元。

龙凤美容理发店　位置在东西大街，1998 年成立，店面面积 15 平方米，店主王翠萍。服务项目有理发、烫发、染发等。年服务能力达到 2000 人次，年营业额为 4 万元、利润 3 万元。

婚庆照相　永丰照相婚庆服务部位于政府大街西，成立于 2005 年，营业面积 20 平方米，主要照相摄影设备齐全，服务项目主要有化妆、录像及其他服务等。

古现东村私营商业店铺一览表

表 8－1

业主姓名	门牌字号	店铺位置	开业年份	主要经营内容
王德泰	德泰	碓臼街	1949 年以前	糕点
王作塬	德意诚	老邮局街	1949 年以前	日用杂货
王作栋 王作梁	福春	东村北大街	1949 年以前	糕点
王修赉	乐善堂	东村北大街	1949 年以前	药房
王庸熙	杏泉堂	东村北大街	1949 年以前	药房
王绍熙	洪昌	东村北大街	1949 年以前	日用杂货
王泽民	仁昌	东村北大街	1949 年以前	日用杂货
陶清元	陶家面馆	东村北大街	1949 年以前	福山大面
孙昌注	孙老五包子铺	东村北大街	1949 年以前	特色包子
王世丰	大众饭店	东村北大街	1949 年以前	各种炒菜及面食
工世丰	世丰车子铺	东村北大街	1949 年以前	自行车维修
刘邦义	邦义理发店	东村北大街	1949 年以前	理发（剃头）
夏仁山	仁山饭馆	东村北大街	1949 年以前	油条、火烧
贾宝贵	宝贵火烧铺	东村北大街	1949 年以前	烤饼、火烧
刘同川	豆腐坊	东村北大街	1949 年以前	豆腐、老豆腐

续表 8－1－1

业主姓名	门牌字号	店铺位置	开业年份	主要经营内容
林洪奎	花　铺	东村北大街	1964 年前	加工棉花
刘洪斌	理发店	东村北大街	1975 年	理发
王守平	小卖部	村委大街	1984	烟酒糖茶、杂货
王景义	羊肉馆	村委大街	2012	涮羊肉、烧烤
李成鸣	沃丰建材	村委大街	2012	艺术瓷砖、玻璃背景
于福军	金猴连锁店	古现大街	2012	金猴皮鞋
王守文	汇鑫家具店	古现大街	2001	各式家具
李菁臣	维强餐馆	古现大街	2008	快餐
张心波	金源五金交电	古现大街	2001	五金交电、劳保用品
张　霞	孚德鞋店、服装	古现大街	2003	各式皮鞋、胶鞋、服装
刘玉波	玉波美容理发、音像	古现大街	1996	美容、理发、音像、电器
王翠萍	龙凤理发美容	古现大街	1998	美容、理发
曲华文	小曲电器维修	古现大街	1993	家电维修
刘建渤	建渤家具店	古现大街	1992	各式家具
刘建峰	建峰建材陶瓷店	古现大街	1993	建材和陶瓷
王　中	移动手机店	古现大街	2001	手机维修、充值、零售
王柏岩	百信超市	古现大街	2002	烟、酒、糖、茶、食品
张君敏	妇幼保健服装店	古现大街	2008	幼儿服装
王明珠	化妆品专卖店	古现大街	1994	田之缘品牌专卖
曲　进	压面店	古现大街	2004	面条加工
朱洪福	蔚文书屋	古现大街	2012	各种图书
王秉欣	油条店	古现大街	1985	面鱼、油条、老豆腐
贾宝贵	小卖部	古现大街	1985	烟、酒、糖、茶
王镇德	玻璃店	古现大街	2000	玻璃、三合板
曲忠江	酒水批发部	古现大街西首	2002	各类酒批发
王　军	景德堂洗浴中心	古现大街南	2012	男女洗浴服务
朱德胜	农资店	村南北大街	2012	农药、化肥
李德强	清真全羊	村南北大街	2011	炒菜、羊汤
张心友	心友车铺	南北大街十字路口	2001	自行车修理

续表 8－1－2

业主姓名	门牌字号	店铺位置	开业年份	主要经营内容
李菁臣	美味快餐店	东西大街东首	2001	饮食服务
姜笃善(外租)	新铭超市	菜市大街	2008	烟酒糖茶
朱洪岩(外租)	鸿运窗帘	菜市大街	2010	各式门、窗帘
王金利	金利服装	菜市大街	2008	服装制作、零售
王　礼	家家悦连锁店	菜市大街	2010	烟酒糖茶
王礼(外租)	茶庄	菜市大街	2012	茶叶
崔积明	永泰大药房	菜市大街	2002	中西药品
王金福(外租)	馨源祥糕点	菜市大街	2010	各式糕点
夏云江(外租)	尚香化妆品	菜市大街	2010	化妆品
王明东(外租)	老岚馒头连锁店	菜市大街	2012	馒头
王金福	福兴电器	菜市大街	2010	电器维修
林齐涛	利民装饰炊具店	菜市大街	2011	装修各种炊具
崔寿强	寿强粮店	菜市大街	2002	粮、油、蛋
王永涛	电气焊部	粮市大街	2005	电气焊机加工
王建普	康普小吃	粮市大街	2003	油条、面鱼、老豆腐
王英杰	古现汽修部	粮市大街	2010	汽车维修
王　林	明山超市	粮市大街	2008	烟酒糖茶
王　波	艺术玻璃店	粮市大街	2008	装饰玻璃加工
王栋忠	手机店	粮市大街	2011	充值
李　伟	理发	粮市大街	2011	美容、理发
王清娟	复印打字	政府西街	1998	复印、打字
王永丰	永丰照相婚庆	政府西街	2005	照相、婚庆
张惠君	利群百货店	政府西街	2012	文具、烟酒糖茶
王汝贵	汝贵饭店	上海大街	1995	饭、菜、住宿
王建波	永顺利酒店	上海大街	1995	饭、菜、住宿
王建波	永顺利洗浴中心	上海大街	1995	男女洗浴服务
夏曰敏	悦来快餐	上海大街	2000	快餐

李伟美容理发店

金利服装

林齐涛橱柜店

王英杰汽修

世友批发超市

儿童服装学习用品

第九章　党政团体

本章专载中国共产党组织和政务，团体亦为共产党影响或领导下的群众团体，亦有群众自发组织的团体。其他党派因在村域没有组织，个别成员影响极微，亦无资料，故不记载。

第一节　中共组织

在中国共产党建立后不久，村域即受到影响。民国18年（1929）12月，共产党员彭雪枫来古现一带活动，时以古现村“凤凰山小学”教师身份作掩护，一边于“凤凰山小学”教学，一边进行革命宣传工作，不久因暴露身份而转移。

民国34年（1945），东村建立党支部，朱元禄为第一任书记。1950年后，第二任党支部书记为许德重，党员队伍发展较快。1967～1969年，因受“文化大革命”冲击，未发展党员。1978年后，

古现东村党支部、居委会

党组织恢复，到1984年，村党员发展到36名。2000～2012年，村共有党员42名。

1989～2002年，村党支部先后5次被中共古现镇委员会授予“先进党支部”荣誉称号；1992年7月，村党支部在“创建党建工作先进党支部活动”中，被中共烟台市福山区委评为“先进党支部”；2008年6月，村党支部被中共烟台市委、开发区工委授予“先进基层党组织”荣誉称号。

1945～2012年村历届党支部书记一览表

表9－1

姓　名	任　　期（年、月）
朱元禄	1945
许德重	1950～1954
朱万金	1955～1956
夏仁芝	1957～1958
王在和	1959～1966年7月
于维祥	1966年8月～1974
王丙见	1975～1996年3月
曲忠臣	1996年4月～1996年7月
于克升	1996年8月～1998年12月
王明忠	1999年1月～

历任党支部书记

夏仁芝

朱万金

王在和

于维祥

王丙见

曲忠臣

于克升

王明忠

东村党支部获“先进党支部”奖状

东村党支部获“先进党支部”奖状

东村党支部获“先进党支部”奖状

东村党支部获“先进党支部”奖状

东村党支部获“先进党支部”奖状

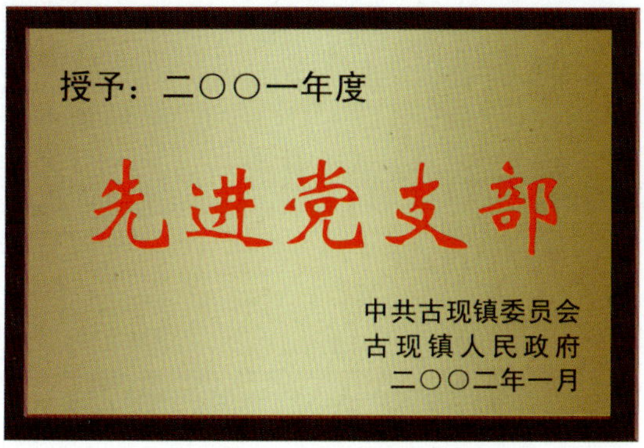

东村党支部获“先进党支部”奖牌

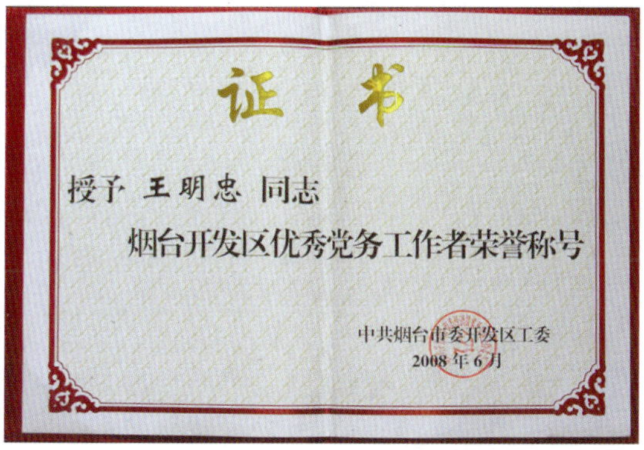

王明忠获“优秀党务工作者”证书

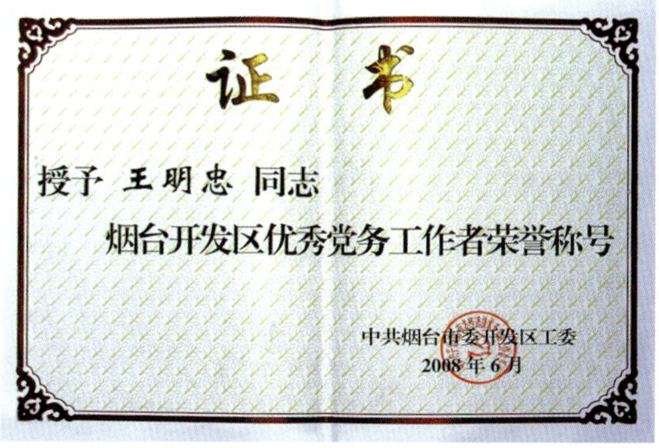

2008年村支书王明忠被开发区工委授予“烟台开发区优秀党务工作者”荣誉称号

第二节　党员教育

日常教育　新中国成立前，仅在党小组或党支部内部秘密进行党员日常教育，主要是宣传教育群众，发展壮大党的组织，通过批评和自我批评，增强团结和战斗力。20世纪50～60年代初，村党组织以小组生活方式进行党员日常教育，每月一次，主要是学习党的文件。“文化大革命”中，党的生活制度中断。“文化大革命”后，恢复党员“三会一课”（党员大会、支部委员会、小组生活会和党课）。村党支部大致每两月召开一次支部会；每季度召开一次党员大会并上一次党课；每月召开一次党员小组会。会议主要内容是学习党的文件和党的基础知识，小组讨论，开展批评和自我批评，表扬先进，带动后进，找差距，统一思想，发挥党员先锋模范作用。1979年，进行“四项基本原则”“只有社会主义才能救中国”的教育。

1981～1984年，以新党章为基本教材，对党员进行教育，加强党的自身建设，不断提高政治思想素养，树立全心全意为人民服务的思想。1983年，在党章精神指引下，村党支部书记王丙见率先垂范，积极带领群众发家致富，被福山县人民政府授予“劳动模范”荣誉称号。1984年，村党支部书记王丙见被古现镇推选为中国共产党烟台市福山区第六届代表大会代表，1990年又一次被古现镇推选为中国共产党烟台市福山区第八届代表大会代表。

1985～1991年，先后围绕发扬党的光荣传统、学习党章和党的十三大文件及《在新形势下如何加强思想政治工作》《中共中央关于加强同人民群众联系的决定》《党建工作制度汇编》等内容进行学习和教育。1992年，学习党的十四大文件精神，充分认识“一个中心，两个基本点”的基本路线，明确建立社会主义市场经济体制的必要性，党员树立把社会主义经济建设搞上去的信心。通过学习教育，在改革开放和两个文明建设中，共产党员充分发挥了先锋模范作用，村党支部书记王丙见1991年、1992年连续被中共烟台市福山区委员会授予“优秀共产党员”荣誉称号。

王丙见“劳动模范”证书

1993～1994年，先后围绕大力发展高产优质高效农业，进一步优化农村产业结构，切实减轻农民负担，保护和调动农民生产积极性；建立和完善农村社会主义市场经济体制，长期稳定以家庭承包为主的责任制和统分结合的双层经营体制，使广大农民的生活水平由温饱达到小康并走向富裕等内容进行学习和教育。

1995～1996年，先后围绕省委《关于加强农村基层组织建设的三年规划》和《关于进一步深化农村改革的意见》文件精神进行学习和教育。主要内容是整顿好党支部存在软弱涣散和瘫痪的状态，提高党支部书记的素质，加强和改进党员教育管理，配套抓好党支部的组织建设；稳定全村基本政策，加强土地制度建设，优化农村产业结构和劳动力结构，加快全村科技进步和城乡一体化进程。

1997～2002年，先后围绕中共中央、国务院《关于切实做好减轻农民负担工作的决定》、《高举邓小平理论伟大旗帜，把建设有中国特色社会主义事业全面推向二十一世纪》、《关于按照“三个代表”要求加强和改进党的基层组织建设的意见》等文件进行学习和教育。

2003～2004年，主要围绕《中国共产党党内监督条例（试行）》和《中国共产党纪律处分条例》等文件精神学习教育。

2005～2008年主要围绕党的“以人为本、创建和谐社会、坚持可持续发展的科学发展观”等进行学习和教育，并取得可喜成绩。

2008年1月，村党支部书记王明忠在2007年度工作中成绩优良，中共烟台市委、开发区工委和开发区管委给予“嘉奖”奖励；2008年6月，村党支部书记王明忠又被中共烟台市委和开发区工委授予“烟台开发区优秀党务工作者”荣誉称号。

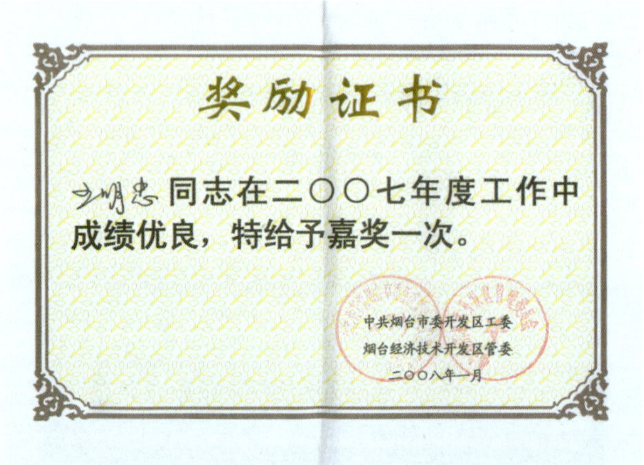

王明忠“嘉奖”证书

集中教育　新中国成立后，每年冬季以10天至半月的时间进行一次集中教育，主要通过学习党章和党的基础知识，提高党员的党性观念，纯洁思想，使之在生产和工作中发挥党员先锋模范作用。1952年，进行集中整党，主要批判党内的非无产阶级思想，以解决党员在“三反”“五反”中所暴露的问题。在整党中，对有违纪行为的党员进行批评教育，掌握以批评教育从严，组织处理从宽的原则，给予必要的纪律处分。1959年，在市委统一领导下，结合人民公社整顿，村党支部进行了摸底排队，对揭发出来的问题进行严肃处理。1978年1月，组织10余天时间进行党员大集中，开展整党整风。此次整党以揭批江青反革命集团为纲，以毛泽东的建党学说和“三要三不要”原则为指针，以领导班子整顿为重点，集中解决领导班子的方向、干劲、作风等问题。广大党员通过“四查”，其先锋模范作用和组织纪律性得到巩固和促进。这次整党，解决问题较好。1986年11月7日至1987年2月25日，党员全部参加整党。此次整党增强了共产主义信念，提高了为人民服务思想；强化了改革意识，促进了经济发展；弄清了两个文明建设的关系，明确了搞好精神文明建设的重要性；增强了组织、纪律观念。

党校培训　村培训党员干部，主要参加镇党校举办的各种培训班。古现镇（公社）中国共产党党校建立于1985年，每年利用农闲时间对农村党员分批分期进行轮训。1985年镇党校第一期学习班为农村“第三梯队培训班”（即农村后备力量培训班）。村党支部选送青年骨干王铭玉首批参加了轮训班学习。1985～2003年，村先后共派出4名人员去镇党校培训学习。

第三节　群众团体

古现东村有爱国的光荣传统，王道增支持朝廷打击倭寇；王懿荣发扬先辈的光荣传统，率军抵抗八国联军的侵略。抗日战争时期，全村人民积极参加共产党发动和领导的抗日组织，如“中华民族解放先锋队”“青年抗日救国会”“妇女抗日救国会”“农民抗日救国会”“儿童团”。各组织参加人数颇多，为抗日战争胜利做出了积极贡献。新中国成立后，村先后建立了妇女、青年、民兵和计生等组织，为全村的工农业生产、社会治安、精神文明建设、计划生育工作发挥了积极作用。

民兵组织　民国27年（1938）3月，山东人民抗日救国第三军二大队于德水所部到古现各村宣传抗日，组织抗日游击队，村有民兵参加。民国31年（1942），古现磁山抗日中队成立，队员30余人。同年11月，日伪军对磁山地区进行大扫荡，村民兵参与割电线、破公路、毁桥梁的斗争；支持抗日的北海部队某部袭击驻古现东村凤凰山的日伪军据点，并击伤伪军副大队长张立业。民国34年（1945），日伪军采取“九分政治，一分军事”的策略，强化特务活动，民兵严密搜查，未给敌人可乘之机，并配合武工队以地雷爆炸、“飞行”爆炸战法，打破敌人控制烟潍公路的企图。民国36年（1947）9月，支援胶东军分区第二军分区于古现磁山一带设阵阻击国民党二十五师和五十四师东进。

1952年12月，民兵由自愿参加过渡到普遍实行民兵制，凡年满18～35岁、身体健康的男性公民皆参加民兵组织；18～25岁之政治纯洁、身体健壮者，均入基干民兵。姜宝恩任村第一任民兵连长。1958年，村民兵组织进一步普及和加强，村建民兵连。1981年11月，民兵组织进行调整，由原来的普通民兵、基干民兵、武装基干民兵三种改为普通民兵和基干民兵两种。到2012年，村普通民兵仍然保留原有建制。

新中国成立后，村历任民兵连长分别为姜宝恩、夏仁芝、于维祥、张文成、王炳炽、王铭玉、王金磊。

农民抗日救国会　民国30年（1941）5月，在共产党的领导下，抗日根据地成立福山县农民抗日救国会，随后古现区成立了区农救会。古现东村有部分群众参加。民国34年（1945），村建立起农救会组织，于吉秀任会长，发展会员几十人，约占总人口数的20%。新中国成立后，农救会组织撤销。

妇女代表会　民国34年（1945）下半年，福山第一次解放，古现东村（时名古现东里）建立妇女抗日救国会（以下简称妇救会），设会长1人，王凤英、王秀兰、朱元秋先后担任会长。新中国成立后，妇女抗日救国会改称民主妇女联合会，村成立了“古现东村民主妇女联合会”，设主任1人。1958年，改称“妇女联合会”，村大队设妇女主任。1966～1971年“文化大革命”期间，妇女组织撤销，1972年9月恢复。1984年后，村设妇代会，全称为“古现东村妇女代表会”，设妇女主任1人。

1945～2012年古现东村历任妇女主任一览表

表9－2

姓　名	任　期（年）	姓　名	任　期（年）
王凤英	1945	葛竹花	1970～1989

续表 9 - 2

姓　名	任　期(年)	姓　名	任　期(年)
王秀兰	1950 ~ 1952	李华英	1990 ~ 1991
朱元秋	1952 ~ 1955	于雪梅	1992 ~
王淑娥	1966 ~ 1970		

中国共产主义青年团　抗日战争时期，村成立了“青年抗日救国会”，简称“青救会”。民国 33 年至 35 年(1944 ~ 1946)，王德辉先后任会长。1950 年 2 月，中国新民主主义青年团福山县工作委员会成立，是年 6 月，古现第七区建立团工委，古现东村在古现第七区团工委领导下建立了团支部，王金珊任村第一任团支部书记，有团员 8 人。1957 年 5 月，新民主主义青年团更名为中国共产主义青年团。“文化大革命”开始，团组织被迫停止活动。1970 年，恢复村团组织活动，共青团队伍不断得到发展壮大。

1950 ~ 2012 年古现东村历任团支部书记一览表

表 9 - 3

姓　名	任　期(年)	姓　名	任　期(年)
王金珊	1950	王克邦	1972 ~ 1974
王德辉	1951 ~952	张长芬	1975 ~ 1976
王光荣	1952 ~ 1953	张　燕	1976 ~ 1977
朱仕昌	1954	王铭玉	1998
王福盛	1955	葛少杰	1999 ~ 2001
张起乐	1956 ~ 1961	王金磊	2002 ~
王丙见	1962 ~ 1972		

注:1978 ~ 1997 年村不专设团支部书记，青年工作由党支部副书记或委员兼任。

贫下中农协会　1965 年，村成立贫下中农协会。1966 ~ 1976 年“文化大革命”中，村贫协组织被“贫下中农造反组织”取代。1973 年 8 月，恢复村贫下中农协会。1974 年底，村贫下中农总户数为 107 户，会员达到 384 人。1978 年底，村贫下中农总户数仍为 107 户，会员 384 人。1979 年 5 月，贫协组织撤销。

红卫兵组织　1966 年 8 月以后，古现中学(包括农业中学)、小学纷纷成立“红卫兵”组织，各小学低年级学生成立“红小兵”组织，继之扩大到社会。“红卫兵”“红小兵”是“文化大革命”运动中产生的群众造反组织，随着“文化大革命”结束，两个组织即取消。

计划生育协会　1985 年成立。计划生育协会是党支部领导下的协助村政进行动员群众参与计划生育、扶贫开发、社会发展以及精神文明建设等工作，不以盈利为目的的群众团体。1985 年计划生育协会成员由村党支部书记、村民委员会主任、妇女主任等组成。会长由王丙见担任，秘书长由于雪梅担任，理事为王铭玉。1999 ~ 2012 年，

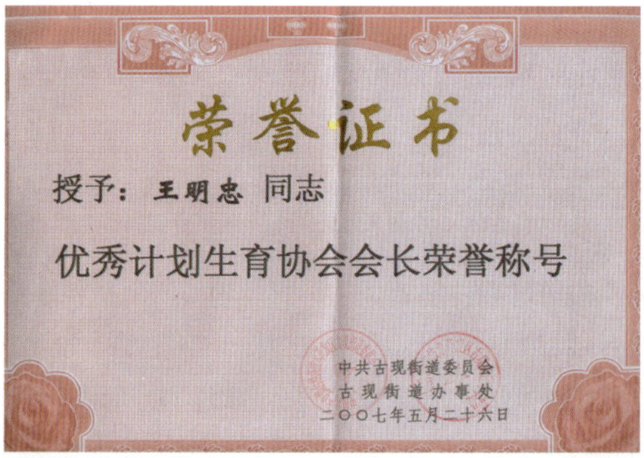

王明忠获“优秀计划生育会长”证书

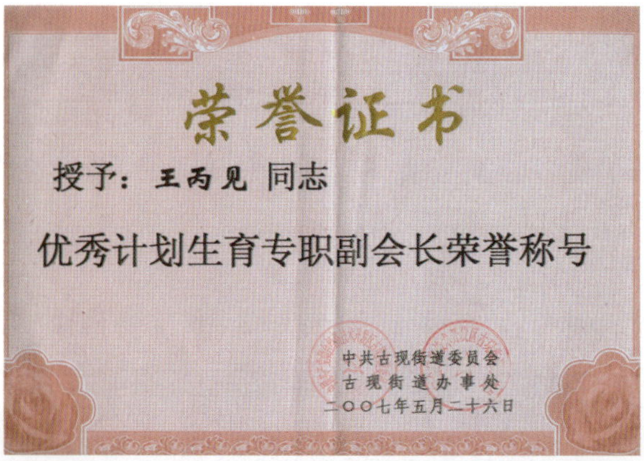

王丙见“优秀计划生育专职副会长”证书

计划生育协会会长由王明忠担任，专职副会长由王丙见担任，秘书长由于雪梅担任，理事分别由王明清、王铭玉、于克升担任。

计划生育协会会长王明忠于2007年5月被中共古现街道工委、古现街道办事处授予“优秀计划生育协会会长”荣誉称号；计划生育协会副会长王丙见被中共古现街道工委、古现街道办事处授予“优秀计划生育专职副会长”荣誉称号。

第四节　团体活动

民兵组织　新中国成立前，村民兵积极参与站岗放哨，盘查行人，除奸防特；配合当地政府进行“抗捐抗粮”活动；配合正规部队与敌作战，保卫家乡不受侵犯。尤其在“还乡团”回村搜捕共产党员和干部时，村民兵发挥了保护作用。

民国36年(1947)，村广大民兵踊跃参军，先后有30人报名，支援三大战役(淮海战役、渡江战役、上海战役)。民国37年(1948)11月，为支援淮海战役，中共福山县委、县政府组建以福山民工为主体的“胶东担架第八团”，村派出王盛贵、李文轩、王福财、王镇才、王镇东5人参加担架队，奔赴战场。

在抗日战争和解放战争中，村先后有马进忠、张其寿、王迎焕、王绥禄、王维涵、王炳燮6名战士为国捐躯。

新中国成立后，民兵“以劳为主，劳武结合”，

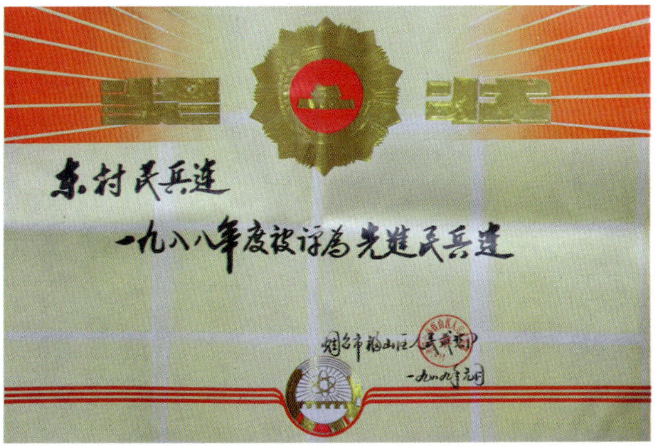

村民兵连获“先进民兵连”奖状

不仅是保家卫国、维护本村社会治安的基层力量，也是本村社会主义建设的中坚力量，在社会主义建设发展的各个时期发挥积极作用。

村民兵连获“先进民兵连”奖状

1954年，村派出10名民兵参加烟兰铁路和夹河堤防建设工程；1959年，村民兵王丙义、王永花、王镇才等响应国家号召，到黑龙江支边，王淑善、张传秋等赴新疆建设兵团；1958~1960年，村派出32名民兵(时为门楼水库建设大军中的10团3连2排)，历时两年参加福山门楼水库建设；1965年，村派出民兵一个排(20名)，参加修建福山西干渠工程建设；1968年，基干民兵王德泉等参加莱山机场扩建工程；1977年，由村副书记于林春带领数十名民兵，参加乳山马陵铁矿大会战。20世纪70年代中后期，在农业学大寨、整大寨田以及绿化凤凰山等重大社会主义建设活动中，村民兵都做出了巨大的贡献。1988年，东村民兵连被烟台市福山区人民武装部授予“先进民兵连”荣誉称号。1991年，东村民兵连又被中共古现镇委员会、古现镇人民政府授予“先进民兵连”荣誉称号。

军事训练　新中国成立后，村民兵军事训练多采用分散、集中、小型多样的方式进行。训练前，县武装部集中培训民兵连长，公社武装部培训排以下民兵干部。主要传授战法、投弹、射击，实地学习战术等军事常识。

1958年始，村民兵军事训练主要利用冬闲时间开展。村民兵连为武装连，轻机枪、重机枪、步

枪、手榴弹等装备齐全。早晨，由民兵连长于维祥组织民兵跑操以及队列训练；其余时间，由县、社武装部人员直接参与指导，进行传授战法、利用地形地物、实弹射击等常规训练。

1964 年，村民兵连副连长王炳炽和基干民兵王瑞圭参加了烟台军分区在福山县永福园村召开的民兵比武观摩现场大会。在比武观摩现场大会上，王瑞圭参加了步枪实弹射击比赛，并取得较好成绩。时任中国人民解放军副总参谋长的张云逸大将莅临大会，观看了比武表演。

1969 年，村基干民兵进行了“三打”（打飞机、打伞兵、打坦克）、“三防”（防原子、防化学、防细菌）训练。

20 世纪 60 年代中期后，解放军第 22 野战医院（今 107 医院）到古现东村驻村帮助村民兵连建设，将村民兵组成“红医连队”，设“战地救护队”“担架队”，主要帮助训练民兵战地救护技能。解放军驻福山部队来村拉练，村基干民兵积极配合部队参加村凤凰山阵地实弹演习。1993 年，村被中共古现镇委员会、古现镇人民政府授予“民兵预备役工作先进单位”荣誉称号，1999 年，又被中共古现镇委员会授予“民兵预备役工作先进村”荣誉称号。2000 年后，村民兵军事训练增设防火、防汛、防爆、通信、抢险等应急应用训练。

村获“民兵预备役工作先进村”奖状

服兵役　抗日战争和解放战争时期，共产党所领导的人民军队实行志愿兵役制。民国 34 年（1945），村里有 11 名青年先后参军和参加地方武装，分别为于维民、于德友、王镇国、王德镇、王瑞堪、王利光、王迎焕、王炳燮、朱元寿、朱万金。

在“反蒋保田”运动中，到民国 36 年（1947）大参军时，村先后有 30 名青壮年经动员自愿参军，他们分别为曲华仁、孙茂松、朱仕昌、王德昌、吕德太、于维海、王禄坦、夏仁芝、王在和、王绥禄、王树云、李义山、朱元乐、张其寿、王基瑞、王金城、王秉镇、王忠义、王忠强、王德显、于德江、朱兆言、王喜龙、王光普、于吉海、王炳黄、王发先、史作民、张传和、陶元良。

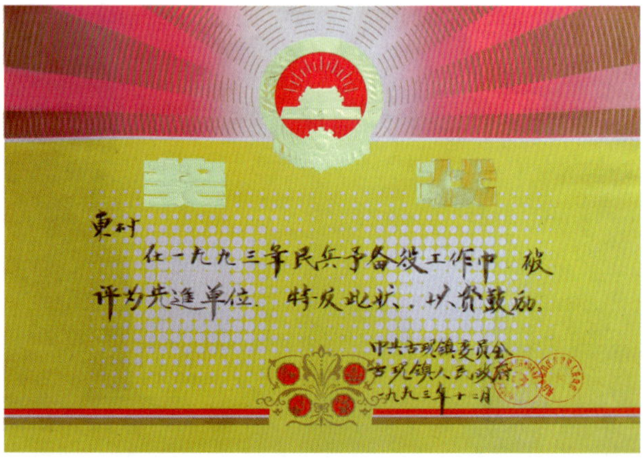

村获民兵预备役工作“先进单位”奖状

1951 年上半年，全村适龄青年响应党中央“抗美援朝，保家卫国”的号召积极报名参军，5 名青年被批准加入中国人民解放军，后转为抗美援朝志愿军，奔赴朝鲜战场，他们分别为夏仁芝、于维祥、王在和、于吉海、张长祥。

1955 年 7 月 30 日，国家按《中华人民共和国兵役法》规定在村征集义务兵。自 1955 ~ 2012 年，全村适龄青年应征入伍，新兵合格率达到 100%，实现连续多年无责任退兵，他们分别为张文成、王宪钊、王瑞城、王仁君、王秀林、王金福、王德丰、王铭富、王仁章、王瑞墅、王福荣、王福增、王秀军、王仁卿、王金钟、王铭玉、夏曰国、王治磊、王治学、王治杰、于维强、王光明、张植会、于克明、李维发、于辉、王金胜、王汝敏、王文波、朱德武、朱元涛、王生贵、王福民、朱明山、朱洪国、朱洪岩、孙涛、林宝强、林春雨、王文凯、夏云环、张心礼、李维松、王建璞、王德志、李德君、王维涛、张惠臣、王景义、曲忠臣、曲忠富、曲海林、王金磊、王德玺、王俊、张家礼、葛小杰、王栋辉、朱波、王伦、谷振成、王余仲、王维杰、王旭日、王明德、王汝强。

农民抗日救国会　抗日战争时期，村发动村民参加抗日救亡，开展减租减息运动。民国33年(1944)上半年以前，在村里开展“二五”减租和“分半”减息运动。解放战争时期，民国35年(1946)上半年，村召开反奸反霸斗争会，政治上清算地主的反动罪行，经济上清算地主土地、房屋、山岚、牲畜。民国35年(1946)至民国36年(1947)9月，在土改复查运动中，改出土地258亩、房屋90间、牲畜2头。

妇女代表会　抗日战争时期，村妇救会组织妇女参加站岗放哨、传递情报等革命工作。解放战争时期，村妇救会发动妇女支援前线，动员亲属参军参战，组织妇女识字班，学习文化；组织老婆组，每周一次给读报或宣传材料，使其知道国家大事。在社会主义建设中，妇联发动广大妇女积极参加生产劳动，大力宣传《中华人民共和国婚姻法》，保护妇女儿童合法权益。1958年，村参加农业生产劳动的妇女占92%。进入20世纪80年代后，村妇代会积极开展“三八”红旗手和创“五好家庭”“十星级文明家庭”等活动。

葛竹花“优秀妇女工作者三八红旗手”证书

1987年3月，村妇女主任葛竹花被烟台市妇女联合会授予“优秀妇女工作者”和“三八红旗手”荣誉称号。1996年，在福山区举办的“双学双比”成果展览会中，村妇女主任于雪梅的参展作品“三件套服”荣获福山区双学双比协调小组、福山区妇女联合会颁发的“优秀奖”。1998年，村妇代

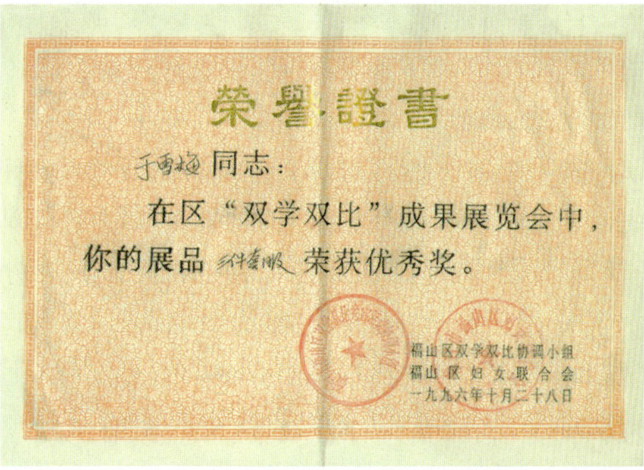

于雪梅“三件套优秀奖”证书

会被福山区妇女联合会授予“先进妇代会”荣誉称号。至2012年，全村先后有1人荣获“三八红旗手”(公社、镇级以上)，多户多人获“五好家庭”“十星级文明家庭”“好媳妇”“好婆婆”等荣誉称号。

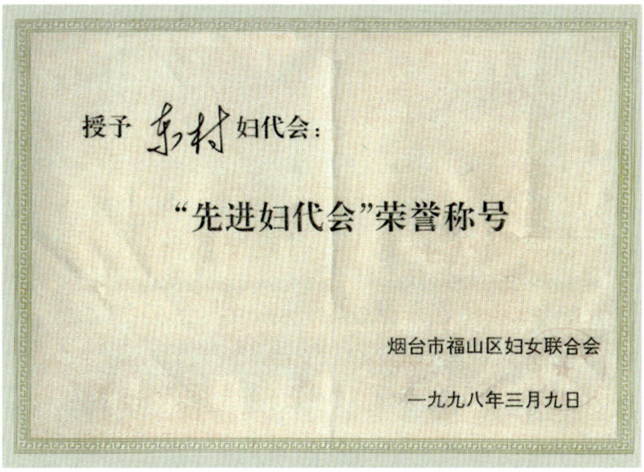

东村妇代会获“先进妇代会”奖牌

中国共产主义青年团　1950年，村团组织成立后，领导团员青年支援抗美援朝，参加互助组、合作社，开展劳动竞赛，在社会主义改造中充分发挥骨干带头作用。20世纪50～60年代，每年冬闲时间，团支部组织成立村业余剧团，排练节目，春节在本村或外村演出，活跃村民文化生活。1963年，团支部组织团员青年开展学雷锋、树新风活动，为村里四属及五保户争做好事。1978年以后，团组织发动团员青年进一步开展学雷锋、树新风、争当新长征突击手等活动。20世纪80年代

后，团支部积极带领团员青年发展商品经济，办商店、开饭店酒楼、搞运输，创办多种多样的服务业，繁荣农村经济，带头致富，为加快农村向城市化转变步伐做出重要贡献。

贫下中农协会　村贫下中农协会建立后，组织发动会员积极响应党的号召，模范执行党和国家的政策法令，坚持社会主义方向，生产中发挥骨干作用。1973～1976年，村贫协组织执行"左"的路线，参加古现联中、古现中心小学的管理（贫下中农管理学校），学校的领导、教师靠边站，贫下中农登上了讲台，影响了正常的教学秩序。

红卫兵组织　从1966年8月下旬开始，红卫兵走上社会，掀起破"四旧"（旧思想、旧文化、旧风俗、旧习惯）狂潮。此间，村有4家无一幸免地被"红卫兵"抄家。被抄者家中的"牌位"、古书籍、古字画等均被当作"四旧"拿出焚毁掉；有3人被当成"牛鬼蛇神"，先后从青岛由红卫兵押送遣返回村，接受贫下中农监督劳动改造。

是年11月中旬，村中、小学学生相继停课"闹革命"，并开始进行"革命大串联"。9月20日后，村颁发毛主席著作"老三篇"（《为人民服务》《纪念白求恩》《愚公移山》）600余册，《毛主席语录》（"红宝书"）300余册。是时，村到处都可以看到满墙标语和语录牌；社员下地带着毛主席语录，扛着语录板；每家院内、屋内以往的楹联大都以毛主席像和毛主席语录代之；社员开会前皆背诵一两条毛主席语录。是年12月，村部分群众成立和参加红卫兵组织。

1968年4月始，村开展"三忠于"（忠于毛主席、忠于毛泽东思想、忠于毛主席的革命路线）、"四无限"（对毛主席无限热爱、无限忠诚、无限信仰、无限崇拜）活动，唱"语录"歌，向毛主席"早请示晚汇报"，同时祝毛主席"万寿无疆"。活动持续到"文化大革命"结束。

批斗夺权　1967年2月前后，村党支部书记王在和被群众以"大字报"形式批判。不久，令其"靠边站"。新的村革命委员会领导班子成立，村革命委员会共由15人组成，全面接管了支部书记、大队长、会计等职。

清理阶级队伍　1968年4月11日，村"清队"运动全面展开。时村王振邦、王洪源等群众被列为清理对象，召开大会，对其揪斗批判。

1978年12月至1979年1月，村落实政策，对在"文化大革命"中遭受批判揪斗的人进行平反，王洪源重返工作岗位，"文化大革命"中遭遣返人员返城，2人摘掉"地富反坏"帽子。

计划生育协会　协会自成立后，紧紧围绕人口与计生工作总体部署，以控制人口增长，提高出生人口素质，稳定低生育水平为目的，向广大群众宣传人口理论、计划生育方针政策和法律、法规；传播计划生育和生育健康等科学知识，促进群众婚育观念的转变；协调社会力量，开展优质服务活动，向群众提供生育、生产、生活的"三生服务"；发展社会保障事业，帮助群众解决实行计划生育的实际困难和后顾之忧；组织开展计划生育村民自治工作，引导群众进行自我教育、自我管理、自我服务；履行计划生育的民主参与和民主监督职能，向党和政府及时反映群众的意愿和要求，维护育龄妇女的合法权益。

第十章　村政组织

第一节　旧制组织

明万历《福山县志》载，明实行保社制，村设地保，为官府办差。清沿明制。清光绪三十四年(1908)废保社制，实行以区辖村制。

民国元年(1912)至民国21年(1932)，实行区、乡(镇)、闾、邻制，即区下设乡(镇)，以乡领村，村下设闾，闾下设邻。村设庄会，有庄长1人，公役1人。民国23年(1934)，实行保甲制，百户为保，10～20户为甲，设保长、甲长。民国25年(1936)六月至26年(1937)七月，实行乡农学校制。民国34年(1945)八月，福山第一次解放，成立人民政权，古现东村属古现区，村设村长。

新中国成立前，古现东村历届村长：王仕培、王玉卿。伪镇长：王子政、王吉洲、王福垠。保长：曲永田、衣致田、王明文、姜宝玉、王常英、王坤璞、王常焕、王子超、王世丰、王德久、张泽涛、王明寿等。

第二节　新政组织

1949年10月至1952年，仍实行区、乡建制，先后设乡政府、村政府。村政府设村长、副村长各1人，文书、会计各1人。1953～1958年7月，村政府改为生产合作社，以社代政，设社长、副社长各1人。1958年8月，成立人民公社，区、乡建制改为社、队建制，村生产合作社改为生产大队管理委员会，设正、副大队长各1人，大队下设生产小队，设正、副小队长各1人。人民公社化初期(1958年9月至1959年4月)，村实行军事化编制，村为连，设连长、副连长、指导员、副指导员，连下设排。1959年5月，又恢复生产大队管理委员会。1966年“文化大革命”开始后，生产大队管理委员会改为大队革命委员会，设正、副主任各1人。1980年，大队革命委员会撤销，又恢复生产大队管理委员会，仍设正、副大队长及生产小队长。1984年后，撤销社、队建制，改为乡、镇建制，村原有的经济实体(生产大队和生产小队)撤销，实行家庭联产承包责任制，土地承包到户。村建立村民委员会，设主任1人，委员2人。2009年9月，改为居民委员会，设主任、副主任各1人。

1993年，村被中共古现镇委员会、古现镇人民政府评为“先进单位”。2000年12月，村被中共古现镇委员会、古现镇人民政府授予“各项工作先进村”荣誉称号；2007年、2009年、2010年，村被中共古现街道工委、古现街道办事处授予“先进单位”荣誉称号。2008年、2010年，村还被烟台经济技术开发区人事劳动和社会保障局授予“先进集体”和“先进单位”荣誉称号。

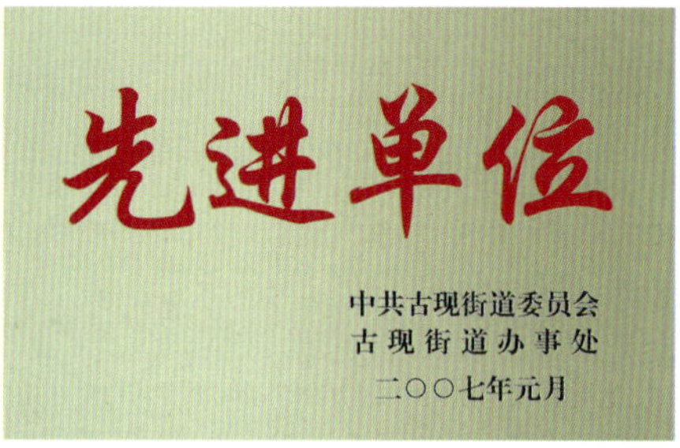

村获“先进单位”奖牌

村获“先进单位”奖牌

村获“先进村”奖状

村获“先进单位”奖牌

村获“先进集体”奖牌

村获“先进单位”奖牌

新中国成立后古现东村历届领导人一览表

表 10－1

职　务	姓　名	任　期(年)
村　长	于吉秀	1950～1954
社　长	史培珍	1955～1956
社　长	王盛贵	1957～1958.07
大队长(连长)	王德辉	1958.08～1960.01
大队长	于临春	1960.02～1966
主　任	张文成	1967～1972
主　任	王丙见	1973～1974
大队长	于临春	1975～1984
主　任	王其伟	1985～1989
主　任	王铭玉	1990～2002
主　任	王明忠	2003～2004
主　任	王明忠	2005～2006
主　任	王明忠	2007～2010
主　任	王明忠	2011～

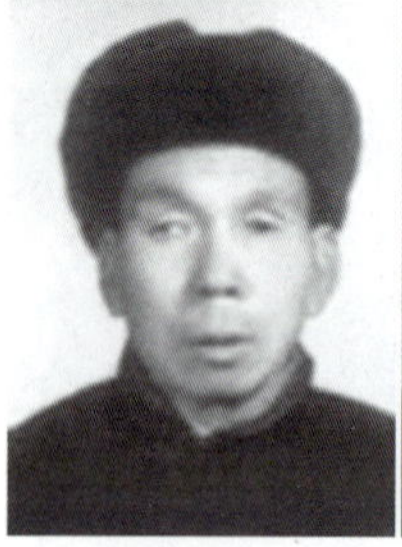
王盛贵

王德辉

于临春

张文成

王丙见

王其伟

王铭玉

王明忠

1958 ~ 1984 年古现东村历任生产小队长一览表

表 10 - 2

队别	小队长	任　期(年)	队别	小队长	任　期(年)
一队	王福胜	1958	四队	朱仕清	1963
	夏仁芳	1958		马洪章	1964
	张起乐	1959 ~ 1961		王克邦	1965 ~ 1971
	李成义	1964		张长祥	1972
	张洪江	1964		马敬海	1973 ~ 1977
	于德起	1965 ~ 1966		王殿鳌	1978 ~ 1983
	李焕玉	1967	五队	王福兴	1960 ~ 1968
	张起乐	1968 ~ 1976		于德江	1962 ~ 1964
	王光辉	1977		王丙见	1969 ~ 1973
	王其伟	1978		于维发	1973
	战桂德	1979 ~ 1984		于克升	1974 ~ 1984
二队	于维海	1958	六队	王镇西	1959 ~ 1964
	朱万金	1960		王迎喜	1964
	王福盛	1960		王喜庚	1964 ~ 1965
	王铭家	1961		王维臣	1966 ~ 1968
	朱元湖	1964 ~ 1965		王其伟	1968 ~ 1971
	王秀路	1973 ~ 1975		王明君	1972 ~ 1981
	李植辉	1975		王义永	1982 ~ 1984
	王柏林	1976	七队	曲华仁	1959 ~ 1962
	王铭家	1979 ~ 1984		王树芸	1963 ~ 1964
三队	王光荣	1958 ~ 1960		王炳义	1964
	张起乐	1961 ~ 1963		王树芸	1960 ~ 1965
	李义凤	1964 ~ 1965		王德芳	1966 ~ 1975
	孙茂松	1965 ~ 1967		王永荃	1976
	张起喜	1968 ~ 1970		李焕玉	1977 ~ 1978
	王明涛	1971 ~ 1984		王永生	1979 ~ 1984
四队	曲华仁	1958	八队	王炳炽	1959 ~ 1963
	朱兆然	1962		王秉鉴	1964

续表 10－2

队别	小队长	任　期(年)	队别	小队长	任　期(年)
八队	王德昌	1964～1965	科技队	王瑞圭	1968～1976
	赵建君	1966～1980		于维发	1977～1980
	朱仕光	1981～1984	林业队	王丙见	1963
科技队	王光荣	1963		张洪江	1964
	王丙见	1964～1966		王明君	1971
	张起乐	1967	菜园一队	王光普	1959～1964
	王炳义	1967～1968	菜园二队	王守发	1959～1964

注：一队 1962～1963 年、二队 1951 年、1962～1963 年、1966～1972 年、1977～1978 年、四队 1959～1961 年、1984 无小队长，均由大队委员兼任，交叉任职者一般不单列。林业队亦同

部分生产队长照片

一　队

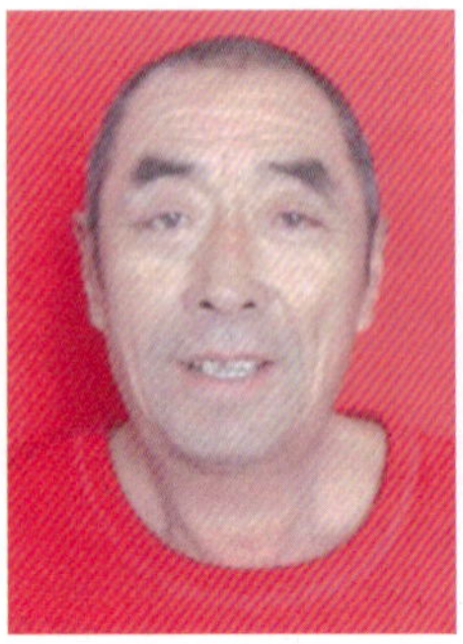

王光辉

李成义

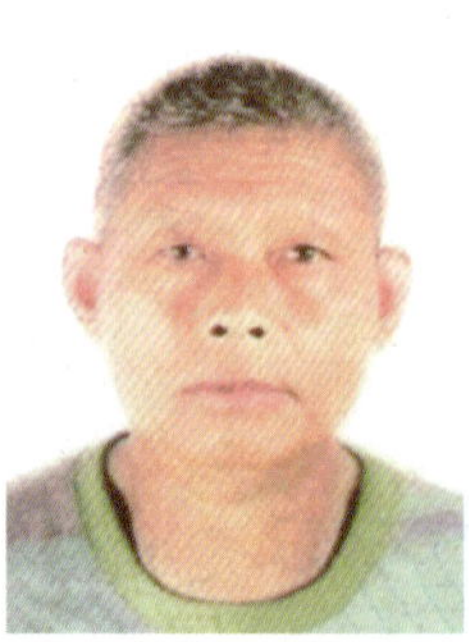

李焕玉

战桂德

夏仁芳

二　队

王秀路

王柏林

王铭家

王福盛

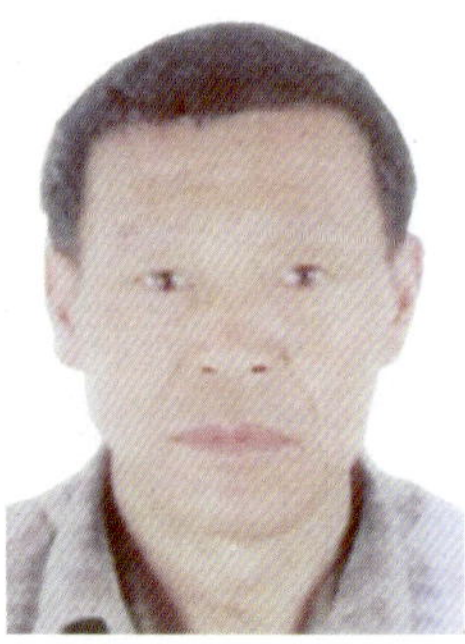

李植辉

三　队

王明涛

孙茂松

朱仕昌

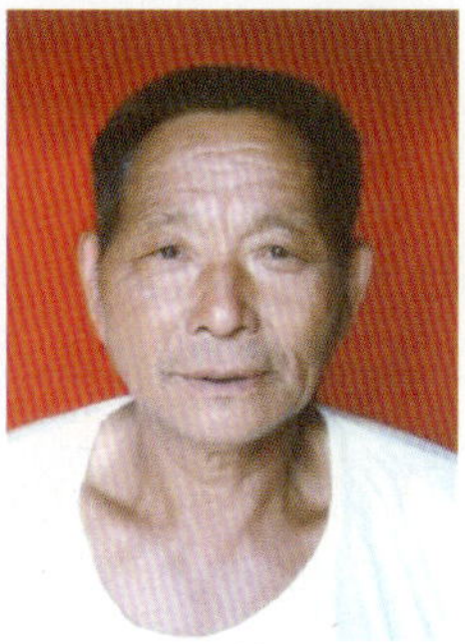
李义风

张起喜

四　队

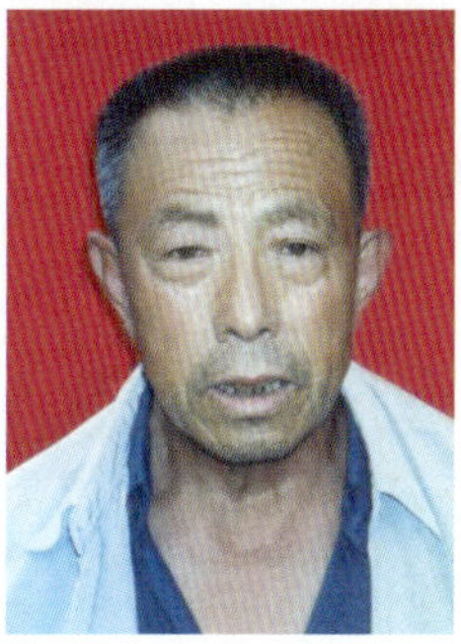
马敬海

王殿鳌

五　队

于克升

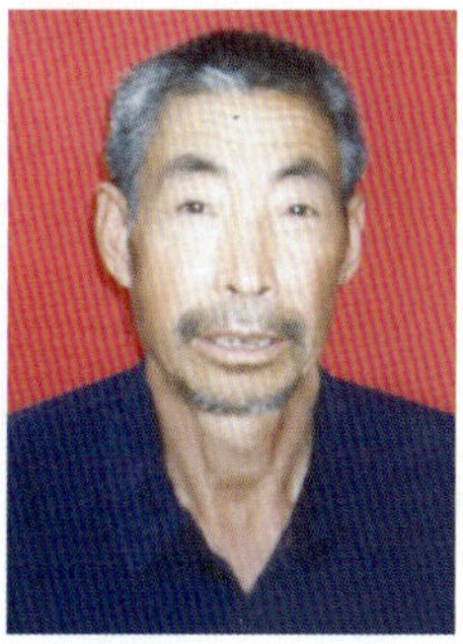
于维发

六　队

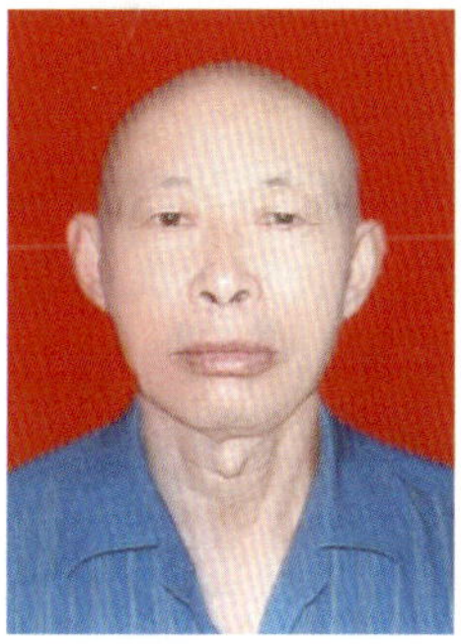
王义永

王维臣

王永荃

七　队

王树芸

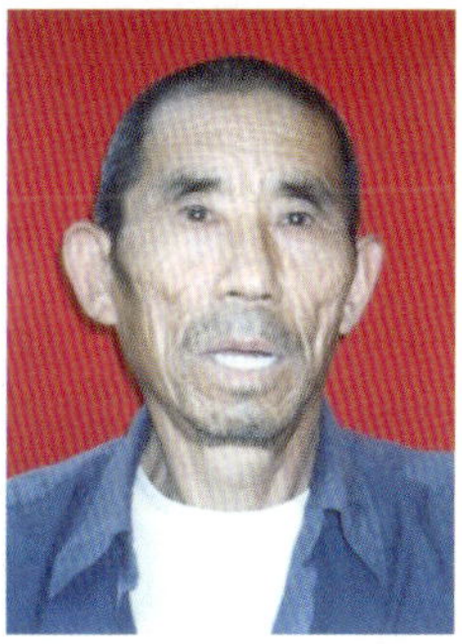
王德芳

八　队

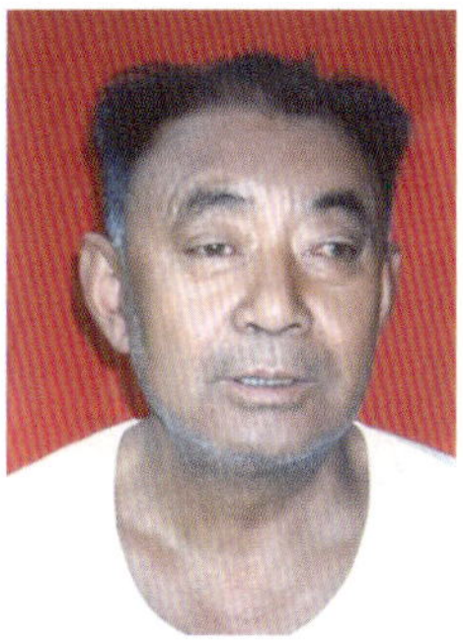
王秉鉴

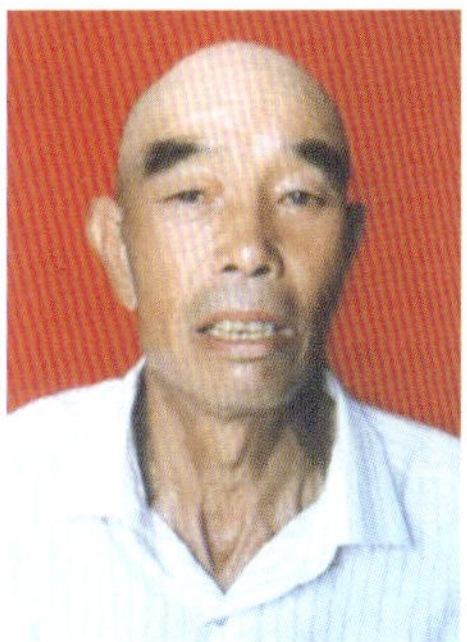
王炳炽

朱仕光

赵建君

第三节　村政实务

治安保卫　1949 年，村设公安员（俗称保卫员），负责村里的治安工作。1956 年，村设治安保卫小组，组长姜宝恩。1958 年人民公社化后，改称大队治安保卫委员会（简称治保会），治保会由 3 人组成，设治保主任 1 人，由王炳炽担任。“文化大革命”前期，大队治保会瘫痪。1973 年，治保会恢复，主任先后由张文成、王铭宽担任。1984 年，村治保主任由王明君兼任。2000 年，设“平安村庄”工作领导小组，王明忠任组长，成员为王铭玉、王明君。为抓好村社会治安综合治理工作，村设立社会治安综合治理办公室，王明忠任主任，成员有王明清、于雪梅、王金磊，现任治保主任王金磊。

综合治安管理　新中国成立初期，村设治安保卫委员会，为群众性治保组织，受村级政权组织的领导和第七区公安特派员的指导。其主要任务是负责所属范围的防特、防盗、防火和防其他事故的“四防”工作，以维护社会秩序，保障生产建设的顺利进行。1958 年古现公社设派出所后，村治保工作在派出所指导下，组织参加“禁赌、监督改造地富反坏分子、打击刑事犯罪”等活动，同时加强对“枪支爆炸物品、车辆交通”等方面的管理。另外，治保组织还配合公安机关侦破案件。20 世纪 80 ~ 90 年代，村综合治理工作主要围绕“创建

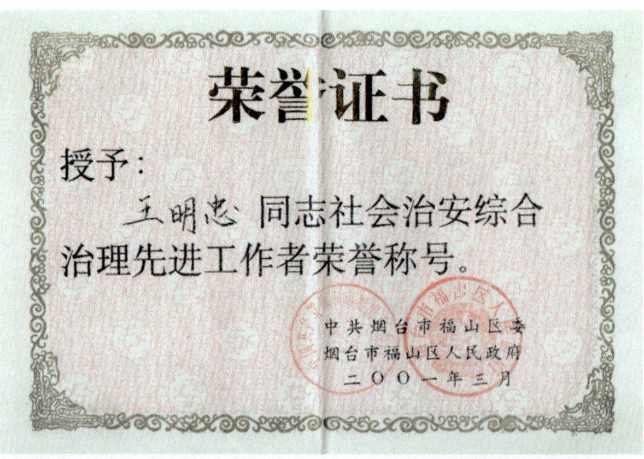

王明忠获“社会治安综合治理先进工作者”

平安村庄”活动进行。

2002 ~ 2012 年，村先后成立季节性和常年性治安巡逻队，昼夜巡逻，建成配套有效的群防群治治安防范网络。

2000 年，村被授予“平安村庄”荣誉称号。2001 ~ 2002 年，村社会治安综合治理办公室主任王明忠连续被中共烟台市福山区委、区政府授予“社会治安综合治理先进工作者”荣誉称号。

王明忠获“社会治安综合治理先进工作者”证书

治安专项治理　20 世纪 80 ~ 90 年代中期，随着个体商业经营市场的进一步开放和搞活，地处村街的古现大集个体经商者越来越多，村里出现少部分专门利用赶集日进行偷盗活动的不法分子和街霸、市霸、路霸分子，利用家庭妇女成帮结伙到集市买鞋帽、布匹、服装，乘摊点上人多拥挤之机进行盗窃，严重破坏、扰乱了市场秩序。村治保会与派出所密切配合，先后多次开展社会治安专项治理，连续破获挖掉了 5 起偷盗团伙，搜出赃物近万元。

民事调解　旧时，村里时常发生家庭与婚姻、分家与财产继承、赡养与抚养、房屋与宅基、地界与邻里、损害与赔偿、债务与买卖以及打架斗殴等民事纠纷，这些民事纠纷多由家族尊长或村里德高望重的长辈出面调解平息。抗战胜利后，古现区设司法助理员，村开始设有调解委员会基层机构。

新中国成立初期，村设调解委员会，村政委员任调解主任。1958 年，村大队管理委员会下设调解委员会，大队管委委员兼任调解主任。1966 ~

1976年，大队调解委员会处于瘫痪状态。1980年11月，古现公社恢复司法助理员工作，村复设调解委员会。在此基础上，公社成立调解领导小组，形成公社、片、大队三级调解网。是年年底，村发生各类民事纠纷5起，村调解委员调处5起。1984年，推广落实民事调解责任制，村与上级管理机构签订了承包合同。是年，村发生各类民事纠纷3起，村调解委员调处3起，调解成功率和处结率均达到100%。1999年后，为使村调解工作进一步规范化、制度化，在村民委员会的领导下，先后建立健全了一系列村人民调解委员会工作的各项规章制度。

2006年后，随着党和国家"以人为本，创建和谐社会"的要求，村调解工作主要围绕"树文明新风，做文明村民，建文明村居"等活动展开。在这一系列活动的促进下，村民事纠纷逐年下降。2006～2012年，村累计发生各类民事纠纷2起，村调解委员调处2起，处结率达到100%，调解成功率达到100%。与1984年相比，下降了33.30%。

2001年，村调解委员会主任王铭玉被烟台市人事局、烟台市司法局授予"烟台市优秀人民调解员"荣誉称号。

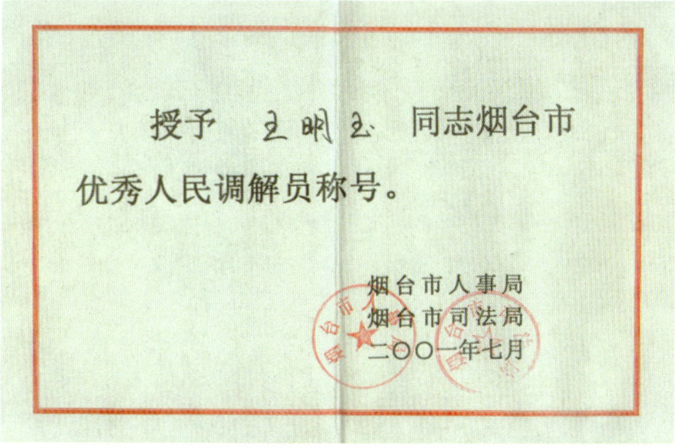
授予 王明玉 同志烟台市优秀人民调解员称号。

烟台市人事局
烟台市司法局
二○○一年七月

王铭玉获"优秀人民调解员"荣誉称号

普法教育　20世纪80年代后，村党支部利用广播、黑板报、街牌标语等多种形式，向村民宣传法律知识，并普及到户，使之懂法、用法。1986年，村党支部购买发放《干部法律知识读本》4百余本，达到一户一本。2000～2008年，广泛宣传《中华人民共和国经济法》《中华人民共和国劳动法》《中华人民共和国婚姻法》等法律知识，使村民自觉依法办事，大大减少了纠纷根源。

村获普法"先进集体"奖牌

拥军优属　村有良好的拥军传统，明末即有王道增支援长山岛驻军的事迹。抗日战争和解放战争时期，村民即为八路军、人民军队救伤、保护、做饭送饭、做军鞋等。

抗日战争和解放战争时期，每年春节前夕，村民敲锣打鼓给烈、军属挂光荣牌、送光荣灯、贴春联，并送鱼肉等过节礼物。新中国成立初，每年春节，村政领导给村里烈、军属分发慰问粮，并组织村干部给烈、军属拜年。

20世纪60年代，解放军6162部队进驻本村，团部机关设在村内。在部队进村时，村民争先恐后地为驻军找房、腾房，逢节日还为部队送去一些慰问品（苹果、花生等）。村里经常组织民兵、妇女到驻地为解放军清扫卫生、洗衣服等。村干部也经常走访驻军，征求意见。军民经常开展联欢活动，如篮球比赛、放电影、文艺演出等。在此期间，解放军22医院（今107医院）派出工作队到村帮助战备工作，村里与医院关系密切，一直保持至今。当年村排练文艺节目到22医院驻地慰问演出。

1958～1984年，村政每年春节给每户烈、军属送去半到整套猪下货（猪头、肠、肝、肚等）。此外，坚持每年给烈、军属送去对联，学校安排学生清理室内外卫生、担水、劈柴、洗衣、贴窗花等。1985年后，国家政府增强对老烈属、老伤残军人、老复员军人的关怀，各级领导每年春节前都带着款、大米、面粉、油等慰问品深入到烈、军属家中进行慰问。2005年春节，开发区管委及各直属单位深入街道、居委会走访慰问老烈属、老伤残军人、老复员军人，并发放慰问金；2006～2012年，每年向老烈属、老复员军人和老伤残军人发放慰问金和大米、面粉、油等慰问品。

婚丧管理　婚姻管理　1954年，实行婚姻登记。村民登记由村出具证明。对不符合《中华人民共和国婚姻法》规定，属父母包办和不够结婚年龄的不予批准登记结婚。1985年下半年，统一使用山东省印制的、加盖区人民政府“婚姻登记专章”的结婚和离婚证。1992年2月起，村民登记由村出具“婚姻状况证明”。2003年10月1日起，申请结婚登记的当事人（男女双方），只需携带户口簿（护照、出入境证明件或旅行证件）、身份证即可办理婚姻登记。

1955～2012年，全村共有23对感情确已破裂的离婚申请人办理了离婚手续。

丧葬管理　1962年下半年，提倡丧葬从简，旧习俗和土葬渐废。20世纪60年代中期，打破家族异姓界限，统一规划墓地，并迁移了耕地中的坟墓，实行统一安葬。1981年12月全国殡葬改革工作会议之后，村决定将凤凰山作为统一安葬墓地，并于2012年清明前集体搬迁至落山坡公墓。

落山坡公墓

第四节　村民选举

1982年以后，人民公社体制改革。1983年10月，中共中央、国务院下发通知，要求普遍成立村民委员会作为群众性自治组织。

1984年，古现东村第一届村民委员会产生，（任期三年），第一任村民委员会主任由王其伟担任。村民委员会主任不属村民直接选举产生，而是由村党支部推选。随后，第二届（1987）、第三届（1990）、第四届（1993）、第五届（1996）村民委员会皆如此产生。自第六届（1999）开始，采取由全体有选举权村民直接投票选举的方式产生。

1999年3月，古现东村村民委员会换届选举工作正式开始。选举前，对选举工作的宣传教育、选举方法、选举步骤及法律程序等进行了认真准备。全村共有417户，每户凡年满18周岁的村民，均直接参加选举，参选人数达到参选率的95%。选出村委会成员3人，村民委员会主任由王铭玉担任，为通过村民直接选举产生的第一个村民委员会主任。

自第七届（2003）至第十届（2011），王明忠连续四届胜出，皆被选为村民委员会主任，并一直任村党支部书记。

第五节　民主监督

自1984年建立村民委员会后，领导监督机制与管理制度日趋完善。至2012年，村民委员会已建立健全了一系列民主监督管理制度。

领导监督机制包括建立村务公开领导小组、村务公开监督小组、民主理财小组，建立“三组一体”组织网络。“三组”即村民小组、党员小组、妇女小组，各小组设组长1人；“一体”即以30～50户为一片区。依照要求，村民小组长联系村民代表；党员小组长联系小组党员；妇女小组长联系本村妇女。每名村民代表联系10户以上群众。一般情况下，每季度走访一次联系对象，全年召开联户会议不少于两次。

村务公开领导小组

组长：王明忠

成员：王明清、于雪梅。

村务公开监督小组

组长：王丙见

成员：于克升、曲忠君、张其喜、王德金、王永荃、王明家、王金磊。

2011年村委换届后，经村民代表选举产生了村务监督委员会，成员为：

于克升、王丙见、王永荃、王德金、王镇儒。

管理制度　包括村务公开制度、"两委"联席会议制度、民主决策制度、印章管理制度等。

因财务管理工作规范化，村被烟台经济技术开发区农业与海洋渔业局授予"农村财务管理规范化单位"荣誉称号。

村获农村财务管理"规范化单位"奖牌

第十一章　王懿荣

古现东村钟灵毓秀，人才辈出，其代表人物甚众，而首推王懿荣。

王懿荣（1845—1900），字正孺，号廉生，出生于福山县西北保古现社古现村（今古现东村），为我国近代著名的金石文字学家、收藏家、甲骨文的发现者、杰出的爱国志士。

王懿荣

第一节　甲骨之父

清光绪二十五年（1899），王懿荣第一个发现了甲骨文，因此，被誉为“甲骨之父”。

广博积累　王懿荣幼承家学，从小受父亲祖源的熏陶，爱上古文字。《福山县志稿》载，祖源“性耽金石、古玩，日流连于厂肆中，量力购置。虽箪瓢屡空，弗恤也”。“俸入稍优，乃汇刻《天壤阁丛书》，以惠学者焉”。可见其父对金石、古玩的热衷程度和学识上的造诣。

王懿荣六岁入古现王氏家塾，先后受业于母舅谢琴南、谢虞臣以及表伯张恩煦等人。十五岁随父进京，拜翰林院编修崔清如、礼部主事周孟伯等人为师，从此，正式开始了古文字研究。他聪颖勤奋，泛涉书史，过目不忘。因全身心投入古文字研究，他“不屑屑于章句帖括”，而“笃好旧椠本书、古彝器、碑版、图画之属”，尤潜心金石之学。为搜求文物古籍，他足迹遍及山东、河北、陕西、河南、四川等地，“凡书籍字画、三代以来之铜器、印章、泉货、残石、片瓦，无不珍藏而秘玩之”。为此，他花费了不少心血和金钱，有时不得不“典衣求之，或质他种以备新收”，比其父有过之而无不及。王懿荣搜求、收藏文物古籍，还得到黄夫人的倾情支持，她对夫君说，“明珠白璧，异日有力时，皆可立致之，惟此等物事往往如昙花一现，撒手便去，移时不可复得，后来纵有奇遇，未必即此类中之此种也”。而“好极力怂恿购之以为快”。

王懿荣搜求、收藏文物古籍，广博地积累古代资料，精心地研究古代文字，为后来甲骨文的发现打下了雄厚的学识基础。

自清同治元年至光绪七年（1862～1881），王懿荣曾先后拜访当时著名的收藏家、金石文字学者潘祖荫、吴大澂、翁同和、陈介祺、缪荃孙、王孝禹等，同他们考订违合，剔抉幽隐。他历时十九年，编纂成《汉石存目》《南北朝存石目》等书，成为当时著名的金石文字学专家，以致北京琉璃厂古玩店的商贾经常向他请教。另外，他所著《大朝石存目》《王廉生古泉精选拓本》，对古币、印章都作过较深的研究。他的500多方秦汉章为《老残游记》的作者刘铁云所得，成为《铁云藏印》材料的主要来源。王懿荣曾欲重修《福山县志》，后未成书，仅存《福山金石录》残稿。由此可见他在金石文字方面的特长。王懿荣生前为世人留下许多著作，其中古文字研究和收藏方面的著作占有不可替代的重要地位。如《攀古楼藏器释文》《古泉选》《天壤阁杂记》等。从这些著述中，足可看出他是一位出类拔萃的古文字学家和收藏家。王懿荣曾三任翰林院庶常馆教习，三为国子监祭酒。“诸生得其指授，皆相勉为实学”，时人称其为“太学师”。他还曾被誉为清末“四大公车”之一，以金石文字学家享盛名于海内达数十年之久。

慧眼识珠　王懿荣从青年时期开始，即爱好、学习、研究古文字，经过近40年的广博积累，终于攀登上了古文字的第一个高峰——第一个发现了甲骨文。

清光绪二十五年(1899)，王懿荣罹患疟疾。家人从宣武门外菜市口达仁堂药店买回一味“龙骨”药物。凭着对古文字颇具造诣的研究，王懿荣偶然发现这味叫作“龙骨”的中药上刻有刀痕，与铜器铭文颇为相似，又好像文字一样的东西，于是他便把这家药铺里刻有这种文字的“龙骨”以重价全部买下。王懿荣经过研究，“其文字，则确在篆籀之前”，终于考证断定出这些“龙骨”並不是真正的龙骨，而是商代遗留下来的乌龟壳和牛的肩胛骨；上面刻的文字就是当时使用的象形文字，即商代文字，并认为这些文字大都是商王室的“档案”，在这些一片片的“龙骨”上，记载了殷代的宗教、战争、农业、牧业、手工业、气象、政权组织及文化生活等方面的概况。

王懿荣对甲骨文的研究发现，把汉字的历史推到公元前1700年的殷商时代，开创了文字学、历史学研究的新局面，轰动了中外学术界。中国社会科学院出版的《建国以来甲骨文研究》一书明确指出：王懿荣不仅第一个发现了甲骨文，而且是第一个将其断为商代文字的人。

甲骨文片

第二节　爱国志士

王懿荣不仅以其学识渊博和发现甲骨文著称于世，而且还是一位秉承“忠孝”“遗命”，忧国忧民，富有民族气节的爱国志士。

清光绪六年(1880)，王懿荣于庚辰顺天乡试中举，成进士，改庶吉士。清光绪九年(1883)，授翰林院编修，曾出任恩科河南乡试正考官。清光绪二十年(1894)，大考一等，迁侍读。明年，入直南书房，任行走，晋国子监祭酒。

王懿荣承担国家教育大任，忠于职守，尽职尽责为国家效力。他非常敬仰民族英雄戚继光，以捍卫国家主权为己任。清光绪十四年(1888)，在翰林院供职时，为激励山东官民发扬明代抗倭名将戚继光杀敌御侮的爱国精神，他特意借抄翰林院所藏戚继光所著《止止堂集》，送交山东巡抚张曜在济南刊刻重印，並亲自为文作序。

清光绪二十年(1894)，中日甲午战争爆发，“日军据威海，分陷荣城，登州大震”。在强烈的爱国热忱驱使下，王懿荣于十一月毅然上疏，奏请光绪皇帝坚定信心，任用忠良，随时作好迎击侵略者的准备。十一月，又上疏，奏请光绪皇帝，“详度夷情，审量时局”，高度警惕，誓同外国侵略者坚决斗争。清光绪二十一年(1895),消息传到北京,王懿荣忧心似焚,毅然上疏请旨,要求回山东故乡办团练,投笔从戎,抵御日寇。光绪皇帝准其奏请,并拨给饷银2.50万两以助军资。王懿荣当即由京驰驿赶赴济南,会同山东巡抚商酌防务后,旋又赴登州防次,周览形势,联络乡团,一支初具规模的抗日团练很快在登州组成。正当团练武装力量要与日本侵略者决一死战之际,李鸿章代表清政府同日寇签订了丧权辱国的《马关条约》。王懿荣痛心疾首,深以"未能为国家尽一力"而遗憾,写下七绝《偶感》,表达了请缨杀敌、保家卫国的英雄气概和壮志未酬的强烈心声。随后,他遣散了调集的抗日将士,变卖家产,缴还国家发给的饷银。山东巡抚馈以千金,他分毫不收。王懿荣将缴还部饷的事禀陈母亲,"谢太夫人欣然色喜,饬即质衣裘,售钗钏,用弥亏欠,并谕曰:'吾衣饰岂所固有?皆国恩之余。以国家赐予复为国家用之,何憾?汝勿以累吾为念!'"母亲充分肯定和大力支持他的这种爱国义举。

清光绪二十六年(1900)六月,八国联军入侵北京,清王室及文官武将纷纷敛财逃命。在国家危难之际,王懿荣受命为京师团练大臣,负责保卫京城。作为一个文职官员的国子监祭酒,担任一个武职要员,王懿荣"勉为其难",但他接受职务之后,"殚竭精力",不辜负朝廷信任,不敢辱没国家的神圣使命。七月二十日,侵略军攻入东便门,王懿荣奋然"率勇拒之",终因寡不敌众,败回私宅。他不甘心做亡国奴,对家人说:"吾义不可苟生!"随即楷书绝命词:"主忧臣辱,主辱臣死。于止知其所止,此为近之。"遂偕谢夫人、长媳张夫人,从容投井殉国,表现了对侵略者的严正抗议和宁为玉碎,不为瓦全的崇高气节。时在清光绪二十六年(1900)七月二十一日。

十日后,王懿荣遗体由张振卿、王伯恭、王杜松等由井中捞出,浅葬于私宅花园隙地。未几,由王孝禹、张燕谋复为移厝于京师郊外宝应寺义园。清光绪二十七年(1901)二月,王懿荣次子崇烈扶柩奉葬于家乡两甲坡西北顶。清光绪二十九年(1903),崇烈就京师锡拉胡同宅王懿荣殉节处建祠奉祀,张文襄为署祠额横匾,陈雨苍题楹联。复于井上甃砖为小亭,勒石记曰"福山王文敏公殉节处"。国子监奏准以王懿荣及熙文贞(元,满洲人,光绪己丑科进士,国子监祭酒,二十六年殉节)附祀国子监韩文公祠。

第三节　做官为民

王懿荣在朝廷做官,禄高位显,但他为民做官,做官为民,秉承王氏家族为官者以民为本的儒家传统思想,一生疾恶如仇,伸张正义,亲民爱民,为民除害,可歌可泣的事迹颇得人心,广为流传。

清光绪六年(1880),王懿荣考中进士后,回乡探亲,路过蓬莱大季家。他走进一家饭店,本想在此用饭,但见店员专横跋扈,便到了另一家饭店。一进这家饭店,店员满面春风,店内却冷落无人。他不明其理,一问方知:这家饭店厨艺高超,原本生意兴旺,但那家饭店有大官撑腰,无人敢惹,客人不敢到这家饭店吃饭,所以生意萧条。得知此情,王懿荣愤然不平,当即索取笔墨,为这家饭店题写了匾额,上署"福山进士王懿荣"几个醒目大字。从此,这家饭店又兴旺起来。

王懿荣在任国子监祭酒时,出门遇见一老汉被差官劫掠,便为其巧妙地索回被抢去的鲤鱼和粮食。在天津码头,他义正词严地怒斥兵丁,为泥塑艺人张明山解围,保护其泥塑作品。他不乘人之危,泥人张登门以作品答谢,他坚持付给银两,敬以对联相送。

王懿荣做官为民的另一面是力戒奢侈,出行简从。他返福省亲,为不惊动地方官府,免除迎送之礼,自己雇一头毛驴赶路,微服返里,被世人传为美谈。

第四节　千古流芳

王懿荣殉国的英雄壮举,惊天地,泣鬼神,连

“敌兵闻知其一门忠烈”，也“相戒勿犯”。

亲眷好友，文人学者，政要同僚，惊悉王懿荣殉国，纷纷撰联哀挽：

为天下师，名教先全，只此正气长存，不必问桑田沧海；

了平生事，忠魂无憾，尚有嘉谋未展，当付与孝子贤孙。

——愚表甥陈恩启顿首拜挽

两都经术；

一代完人。

——世年愚侄有章、敦源顿首拜挽

烈烈群公，汗简应魁忠义传；

绵绵万古，泉台长读圣贤书。

——姻愚侄蒋志达顿首拜挽

大节忽临，自古最难一死；

盛名久负，而今不愧平生。

——户部主事萧树声顿首拜挽

钟河岳精英，硕学鸿文，西清独步；

还天地正气，成仁取义，东海一人。

——受业世愚弟叶大匡顿首拜挽

九重恩命领团营，叹烽火连城，于少保热血一腔，竟洒何地？

七月悲风起智井，看大星殒夜，屈左徒争光二曜，无愧平生。

——姻愚弟陈代卿顿首拜挽

吾君既出，岂向尔虏求生？李洛州义不顾家，慷慨极矣！

与城同仁，当为厉鬼杀贼，张睢阳死犹报国，呜呼壮哉！

——姻愚侄陈新铨顿首拜挽

五经无双，学者仰之若山斗；

三节如一，大义炳然为日星。

——愚弟袁世凯顿首拜挽

合熙祭酒以传，正谊明伦达乎四海；

后李忠节而死，乡贤名宦各有千秋。

——山东候补经历徐抚辰顿首拜挽

为圣清三百年留斯正气；

光地球七万里待我后人。

——侄陈明远顿首拜挽

见危授命，杀身成仁，守先圣遗谟，一死能使泰山重；

世笃忠贞，门彰节烈，邀易名旷典，千古同高止风水。

——二品顶戴前湖北候补道李宗棠顿首拜挽

忠孝一家维圣教；

乾坤正气壮中华。

——毛澄

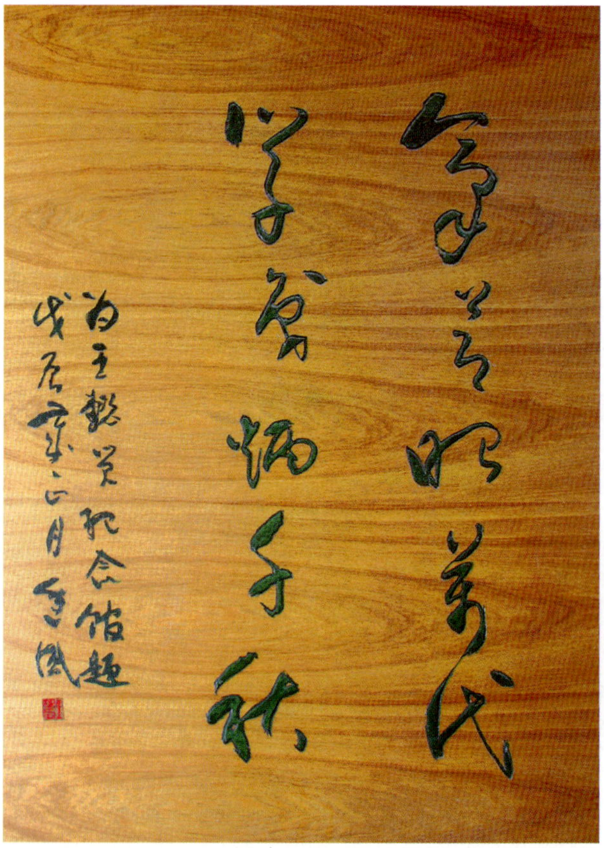

王廷风题词

王懿荣殉国后的九月初八，光绪帝降旨：“袁世凯奏大员殉节，吁恳恩施，据呈代奏一折，二品衔国子监祭酒王懿荣，敦品续学，持躬清正；侍从南斋，叠承恩眷；平日夙怀忠义，恩济时艰。本年七月间，临难捐躯，从容就义，洵属大节凛然，加恩着追赠侍郎衔，照侍郎例赐恤。其妻谢氏及其长子妻张氏，亦同时殉难，忠烈孝义萃于一门，允宜特予褒扬，以彰贞节。王谢氏、王张氏均着准其旌表。伊长孙王福坤着俟服阙后，以主事分部行走。

该部知道。钦此。”九月二十四日，行在内阁抄奉上谕：“前经赐恤之国子监祭酒王懿荣加恩予谥，该衙门知道。钦此。”同日，奉朱笔圈出“文敏”二字。

1983年，《红旗》杂志第4期发表评论员文章《从爱国主义到共产主义》一文写道：“陈天华、王懿荣为了向外国侵略者表示抗议，不惜蹈海坠井而尽，显示了宁为玉碎，不为瓦全的决心。”

1989年10月17日，为纪念王懿荣这位著名的甲骨之父、爱国志士，在其诞辰145年及发现甲骨文壮烈殉国90年之际，福山区政府于城里街路北卍字会旧址建成王懿荣纪念馆，并举行了隆重的开馆典礼。王懿荣纪念馆展览内容分六大部分：“光辉生平”“甲骨之父”“忠烈千秋”“风范长存”“佳作传世”“甲骨文书法”，展示了王懿荣的手札、书信、著作、书法、甲骨片、办团练及抗联军时所用遗物以及生活用品等300余件。中国国际广播电台、新华社、香港《大公报》《文汇报》等媒体皆发布消息或专题予以报道。中国国际广播电台撰文道：“今年是中国发现甲骨文90周年，为了纪念第一个甲骨文发现者王懿荣先生卓越功绩，王懿荣纪念馆日前在他的家乡山东半岛烟台市落成。王懿荣是19世纪中国著名金石文字专家。甲骨文是公元前16世纪刻在龟甲兽骨上的汉文文字。在甲骨发现以前，人们所见到的最古老的文字只有铸或刻在古代铜器的文字，人们称它为金文。王懿荣的这一重大发现，为中国文字和古代史的研究开拓了新领域。王懿荣先生还是一位爱国志士，1900年，他为了向入侵北京的八国联军表示反抗，不惜坠井自尽，显示了他宁为玉碎，不求瓦全的高尚民族气节。”

1995年，著名诗人臧克家先生为王懿荣纪念馆展览书写“前言”并题词。“前言”写道：“王懿荣先生是著名学者，首先发现甲骨文，为中国文化史揭开了新的篇章。他又是抗击帝国主义侵略者以全家之生命抵御外侮的一位忠烈。王懿荣不畏强暴、不惜牺牲的强烈爱国主义精神，激励着子孙后代为祖国的繁荣强盛而奋斗不息。他永远是我们学习的榜样。适逢王懿荣先生诞辰一百五十周年纪念之日和殉国九十五周年爱国主义展览举办之际，谨书短句以志敬仰之忱。”题词为：“慧眼识甲骨，高风拜先生。”

1995年，山东省文化厅、文物局授予王懿荣纪念馆“山东省优秀社会主义教育基地”称号。

1996年，烟台市政府授予王懿荣纪念馆“优秀爱国主义教育基地”称号。

1999年，王懿荣纪念馆迁入盐场村王氏庄园。此馆占地3600平方米，房屋50间，设6个展室，展出王懿荣生前收藏的甲骨文片、文房四宝、著作书籍、手札、手书对联、中堂、戚继光宝刀以及衣、靴、官帽生活用品和遗物等300余件。还有著名书法家、文学家、历史学家，党和国家高级干部、军队高级干部，省部级及地市级干部观展后留下评价王懿荣的书法、篆刻作品。纪念馆落成后，国内外人士和当地学生、烟台市各大学学生、四方游客皆到此参观。

赵朴初题词

周谷城题词

1999年6月，中国社科院主持成立中国殷商文化学会王懿荣研究会，先后编纂出版了《甲骨文之父王懿荣》《王懿荣集》《纪念王懿荣发现甲骨文100周年学术论文集》等专著。

2009年，福山区政府又斥巨

资在青龙山前兴建新的王懿荣纪念馆暨王懿荣广场。

2012 年，福山区成立了王懿荣甲骨学研究会及甲骨文书法家协会。

王懿荣的学识和精神为世人所景仰，每逢重大节日或重大活动，学者、文人、艺术家等皆以各种形式纪念歌颂之。

楹联选

文开甲骨为学者；
武显忠诚是烈风。

——孙世尧

甲骨殷文传万代；
忠良浩气贯千秋。

——王润九

先贤懿品乾坤照；
英烈荣德浩气传。

——唐　元

宗师慧眼识龙骨；
忠烈丹心泣鬼神。

——吴永考

皇城古井安忠骨；
华夏新诗咏赤心。

——纪祥云

紫禁城高标梗骨；
清池水碧鉴丹忱。

——欧阳中石

浩气忠心真铁骨；
高风亮节大英雄。

——王成仁

慧眼识文传甲骨；
丹心报国铸精神。

——贺宗仪

一枚甲骨惊天下；
两代忠良启世人。

——解广海

中华字史，千秋溢彩；
甲骨丰功，百世流芳。

——陈殿堂

抵寇守城，赤胆忠心昭四海；
析文辨甲，奇才睿智耀千秋。

——戚树友

慧眼识甲骨，中华字史源头见；
丹心御群寇，民族精神大节全。

——马萧萧

慧眼识龙骨，中华字库传珍宝；
忠良现赤心，民族英雄铸国魂。

——郭本福

慧眼识甲骨龙文，功德流传百世；
忠良献丹心碧血，英史永载千秋。

——王振业

仓颉造字，许慎说文，周前文字无踪迹；
文敏识龟，鼎堂解卜，殷代卜龟有物证。

——马萧萧

慧心慧眼，刮垢磨光辨甲骨，开新学，钩罗沉轶，掌握文微，功识殷商成信史；

爱国爱民，高风亮节壮山河，抗强敌，前卫芝罘，终殉京城，义凝正气薄云天。

——刘　谷

故事选

以状索鱼

有一天，国子监祭酒王懿荣路过崇文门时，见一位老汉蹲在

胡厚宣题词

启功题词

路旁伤心地抽泣，便躬身询问，老人泪眼汪汪地说道：“我今天运气不好，挑着一担鲤鱼进城来，碰着顺天府尹大人的轿子出城，差官说我冲撞了老爷，就夺去了我的鱼担，还有邻里托我代卖的粮食……”

王懿荣听后很气愤，安慰老汉说：“老人家，不要焦急上火，我给你写个状子。等府尹老爷回来，你就呈上去，他会把担子还给你。”遂到路边客栈借来笔墨，把状子写好，交给老人，便向翰林院奔去。

老汉等了一会，忽听鸣锣，路人闪开，府尹轿至。老汉急跪轿前，高声喊道：“小民冤枉！”官差执事吓了一跳，一见是卖鲤鱼的老汉，便吆喝道：“你好大胆子，敢拦大人轿子，找死呀！”老汉分辩道：“小人不敢，是大老爷的朋友给俺写了状子，叫小人呈上！”差人只好招呼住轿，府尹问明情况，命把状子呈上。府尹一看，上书：府尹大人每日食谱及做法。清蒸鲤鱼，做法……红烧鲤鱼，做法……炸鲤鱼段，做法……糟溜鲤鱼片，做法……烹饪师者，福山县王懿荣也。府尹一看，心里明白，如不还担，这顶子也就没了，忙命人把担子还了老人，并对老人说：“下次走路要当心哟！”老人道了谢，进城卖鱼去了。

“刺”退狗才

王懿荣在家乡办团练，因议和停办，接到上谕，处理完善后事务，即刻乘船经天津返京。到了天津码头，因时间尚早，便到天后宫古董一条街上去搜求文物。

王懿荣来到北城根，发现一人大声吆喝：“买呀！二两银子一个，李中堂老娘的泥像！”顿时围上了许多人。王懿荣亦走上前去，想看个究竟，正在端详，不觉心头一乐。原来泥像捏得栩栩如生，刚要答话，突然一群兵丁，不分青红皂白就要抓卖泥像的老人。王懿荣上前大喝一声：“朗朗乾坤，凭什么乱抓人！？”为首者阴阳怪气地说：“你是什么人哪！敢管中堂衙门的事！”“哦，原来是李中堂的人，敢问这位老人所犯何法？”回道：“吾乃总督衙门总管，中堂大人叫他为其老娘捏泥像，他漫天要价，非要二十两银子，中堂大人说他勒索，他便带着像回家，却在此公开叫卖，有辱中堂大人脸面，所以要逮回交中堂大人发落。”

王懿荣听罢，本想怒斥这些仗势欺人的狗才，转念一想，便说：“这是我的名刺（名片），请回去交给你家大人，就说：泥像并没标出中堂大人老娘的名讳，怎能硬说成中堂大人的老娘！再说泥像是让人供奉的，中堂大人母亲的像能和观世音一样被人们供奉，岂不是中堂大人前世修下的恩德，岂有抓人之理？”总管见了“名刺”，忙道：“原来是王祭酒大人，小人有眼不识泰山，得罪了，得罪！我回去一定如实禀奏中堂大人。”遂向兵丁吼道：“还不快退下！”王懿荣这才对泥人张作揖道：“原来是张明山先生，失敬，失敬！”泥人张忙跪下道：“小人今幸得大人相助，感谢王大人的大恩大德。大人怎知小人名字？”王懿荣笑道：“次子崇烈常向我提及先生，今日得见，三生有幸，不必言谢，继续你的买卖吧。”

第二天一早，家人说泥人张求见。“快请。”不一会儿，泥人张走进客栈，先是感谢昨天救命之恩，又从怀里捧出一尊像，并说：“无以报答大人，捏一像给大人留个念想，请大人务必笑纳。”王懿荣一看心中大喜，忙说：“你们艺人生活不易，我一定付你银子。”泥人张决不肯收，只见桌上有一副刚写好的对联，上联是：热闹场中良友少；下联是：巧机关里祸根蟠。“那好，就请大人将此墨宝赏赐小人可否？”“好！就给先生也留个纪念吧！”说完，两人都哈哈大笑。

这尊泥像现存北京清华大学图书馆。

为民题匾

王懿荣一生疾恶如仇，遇事总能伸张正义，巧妙处之。他考中进士以后，回村路过蓬莱大季家，进一家饭店吃饭。饭店服务人员专横跋扈，他又到了另一家。这家饭店冷落无人，王懿荣一问方知：原来本店厨师手艺高超，本来生意兴隆，但因另家饭店有大官撑腰，无人敢惹，所以客人都不敢

到本店吃饭，只能到另家店凑合。王懿荣当即叫

臧克家题词

权希军题词

店老板拿出笔墨，给他写了一个匾额，署名福山进士王懿荣。

从此，这家饭店又兴旺繁荣起来。

骑驴返里

一年，在京为官的王懿荣欲返福省亲。福山县令闻此消息，立即派出一队轿夫前去芝罘迎接。轿夫走到珠玑村附近，迎面过来一个骑驴的布衣，此人只顾手牵缰绳赶路，未见过来的一乘大轿。轿夫们耀武扬威，横冲直撞，竟将骑驴人撞倒驴下，跌了满身尘土。骑驴人爬将起来质问道：

"役吏，为何将我撞倒?"轿夫班头对布衣横眉竖眼呵斥道："什么?！你挡老爷的轿还敢质问？你知道吗？这是去接京官的大轿，快快让路!"说着吆三喝四地扬长而去。布衣正待上前讲理，但见轿夫已经远去，他连连摇头，苦笑不语，骑驴继续赶路。

轿夫们来到芝罘驿站，得知京官已自己动身去了福山，立即返回县府。当轿夫班头禀报县令老爷情形时，只见大堂上有一布衣正在与县令老爷叙谈。班头一下明白过来，此人就是京官，赶忙上前叩首求饶："小的有眼不识泰山，请大人恕罪。"布衣面含笑容说："站起来吧！本官不怪罪你们，不要叩破了头。"转而神情严肃地说道："不过今后不得以官压人，仗势欺人，这纯属不规之道，应力戒之！记住了吗?"班头连连称是："小的铭记在心，不忘老爷教诲。"布衣轻轻挥了一下手："你们也很辛苦了，下堂歇息去吧!"班头目视着布衣那慈祥温和的脸膛，深有愧疚地连连点头，退下堂来。

原来王懿荣自京师来到芝罘后，为了不惊动地方官府迎送，便自行雇了一头毛驴，微服返里，才弄出这样一场小小风波。

绪阳绘画选

幼承家学

为国分忧

威振民魂

甲骨功臣

月湖剪纸选

王懿荣纪念馆

王懿荣

古现东村王懿荣广场

第五节　收藏著述

收藏　王懿荣之所以能发现甲骨文，是由他的金石文字学识决定的，可贵的是，他的学识不是单靠书本获取的，而是更注重研究散存的历史遗留下来的石刻、铜铸、陶冶、木锲、泥烧的器物、碑碣等物，去发现前人没有发现的东西。因此，他广泛收藏旧椠本书、古彝器、碑版、图画之文物古籍，凡铜器、印章、泉货、残石、片瓦无所不爱之，成为当时京城有名的金石文字学家和收藏家。

王懿荣大量的收藏和访求，为他著书立说积累了丰富资料。《汉石存目》一书记载了尚存的刻石和刻画。其中“字存”45 件，“画存（画像）”76 件。《福山金石志残稿》记载周代 8 件，秦代 5 件，汉代 10 件，晋代 1 件，唐代 1 件，后周 1 件，宋代 1 件，金代 17 件，元代 6 件，不知年代者 1 件，补宋代 1 件。清光绪二十三年（1897），福山修志局向王崇焕采访王懿荣所撰《金石存目》，除已被收录的以外（见《福山县志稿》共收载碑和刻石 245 件），还有 54 个庙宇寺观等 117 幢碑的记载。

从清光绪二十五年（1899）秋到清光绪二十六年（1900）7 月，在不足一年的时间里，王懿荣共收藏甲骨 1500 片，这在当时是其他人所望尘莫及的。

著述　王懿荣著有文集、诗集、书札、考古杂著、时文五卷，并分若干类，计 211 篇（首）。王懿荣著述刊布于世之后，日久传播不衰。作为科第进士，其经世之论自不待言，这里主要选辑有关探求金石文字、报效国家社稷的书目（不拘文体）。

金石类　《天壤阁杂著》《汉石存目》《福山金石志残稿》《说郘钟》《说匽侯鼎》《说

新闻摄影选

王懿荣纪念馆正厅

王懿荣发现甲骨文 110 周年纪念会场

王懿荣发现甲骨文 110 周年纪念大会暨甲骨文国际学术研讨会新王懿荣纪念馆奠基

伯龢卣》《说齐子中姜鎛》《说釿》《古泉说》。

《〈齐鲁古印攈〉序》《〈登州古器物拓本〉跋》《〈南北朝存石目〉叙例》《题初拓精本〈魏刘懿墓志〉》《跋宋牟平宰张益之等题名石刻》《梁家坡石坐刻辞》《鼍矶岛石砚铭》。

《潘伯寅侍郎师滂喜斋拓先秦彝器歌》《芝罘秦刻石歌》。

经世类　《先师孔子告祭文》《请复古本〈尚书〉附入〈十三经注疏〉与今本〈尚书〉并行疏》《请速开马颊分减黄流以弥东患而卫畿辅疏》《〈四库全书〉恳恩特饬续修疏》《胪陈本朝儒臣所撰〈十三经疏议〉请列学宫疏》《训饬衍圣公向学并饬整理衍圣公府地产疏》《醇亲王位分尊崇请恪遵御论收回成命疏》《详度夷情审量时局疏》《吁请暂停点景但行朝贺疏》《时事孔亟请召用亲贤疏》《请重申旧章封禁天下古墓疏》《呈进拟补〈承华事略〉疏》《柔远人则四方归之怀诸侯则天下畏之》《又尚论古之人颂其诗读其书不知其人可乎是以论其世也》《取材于地取法于天论》《子贡曰如有博施于民而能济众何如可谓仁乎子曰何事于仁必也圣乎》《德为圣人尊为天子富有四方之内》《孟子曰人有恒言皆曰天下国家天下之本在国国之本在家家之本在身》《先王以作乐崇德》《凡为天下国家有九经所以行之者一也》《圣人养贤以及万民颐之时大矣哉》《恭进儒臣撰集古金文成书有裨经训疏》。

《谢署理国子监祭酒疏》《谢补授国子监祭酒疏》《谢服阕来京补授国子监祭酒疏》《谢授京师团练大臣疏》。

《重刻明戚武毅公〈止止堂文集〉叙》《戚武毅公宝刀歌》《殉难前绝命词》。

第六节　代表作品

题晋永和六年王氏砖砚匣兼论书脉

唐人伪造二王帖，合入昭陵一家收。
请认此砖分体字，山阴哪得行书留？

砖比兰亭早二年，王家姓字篆文坚。
八分总有几分在，不似宋摹皕亖笺。

汉永和同晋永和，细看波磔自殊科。
神君碑末燕元玺，先后分明字未磨。

北碑南帖苦分明，长笑仪真手眼生。
试出上元众梁阕，还参齐魏一持平。

草篆犹偕草隶存，迥然行草各分门。
周铭汉志寻常见，莫厕过庭一例论。

消夏六咏和潘郑庵侍郎师六首

拓　铭

彝鼎何所得？名山与大川。
椎来文不识，姬孔未生前。

读　碑

裴岑以后碑，止此沙南石。
重订侯获名，先生今六一。

论　印

刀幣与彝鼎，斯文并可观。
我今见周印，据以补周官。

品　泉

古文泉最寿，傅会到羲皇。
若说汉新莽，钱中合作王。

还　砚

妙墨断碑砚，一朝去复来。
何当收费凤？重续小蓬莱。

检　书

宋元慎雕刻，文字唯求旧。

散尽千黄金，犹难一时购。

感　怀

春气破空来，海水兴天际。
海涵并春育，所工在远势。
沧海一何深！阳春一何丽！
窗隙泛驹尘，吁此人间世。

重到济南

二十八年心事违，忆随此地策征騑。
先君到处留诗墨，重对湖山泪满衣。

即事偶感

重裘犹怯晓衣单，殿馆新晴雪未干。
漫说玉堂天上似，从来高处不胜寒。
庭院沉沉二月时，猩红簇上海棠枝。
晨光明似清洋水，不管春寒且觅诗。
碧桃花下清明节，底事家书惯不来。
昨梦乘风破浪去，满山灯火是烟台。
梨花一树垂垂白，才见游蜂尽日忙。
雪鬓霜髭四十七，安排笔砚试明光。

船中静坐有感

百不如人两鬓华，长安居久若为家。
可怜一病成秋境，满耳蝉声满眼花。

举第四子崇焕

京曹岁月太匆匆，二十八年一梦中。
但愿此儿能长大，半耕半读作村翁。

退直偶感示弟

心是儿时境已非，此心空逐北云飞。
剧怜襟上三年血，换作五更朝里衣。

长夏感怀口占呈松溪三兄

全家蜀府逾三载，独历京曹自五秋。
每使人看作冯妇，不堪妻病是黔娄。
典衣还惹群书债，折券时蒙小贾羞。
如此壮年如此度，争令二老见穷愁。

偶　感

岂有雄心辄请缨？念家山破自魂惊。
归来整旅虾夷散，午夜犹闻匣剑鸣。

丙　舍

摇落此心悲，人穷何所归？
呼天身莫赎，处世事相违。
雪掩黄山径，风吹白屋扉。
今朝晴有日，只见岭云飞。

天壤阁杂记

庚辰十二月到家，得同县鹿氏宋拓《太清楼书谱》，翁大年署专，僧达受六舟藏本。鹿丈名泽长，曾官宁绍台道，当是得于南中者。故后，家道凋零，藏书不少，不知售于何许，中必有旧本也。近年烟台海口估舟如织，故家余物多从此去。

闻鹿氏有瓦当及彝器，未知何物。鹿在道光间，亦曾官陕西。得宋赣州本大字《文选》六臣注残本七十叶于蓬莱县城太和银楼。银估好聚旧书，索重值，凡旧版必收之。此刻阙笔谨严。“天禄琳琅”所称，流传者少，惜止此数十叶，已装粗册。此本支六房莲墅先伯家物。伯好收书，兼好刻书，刻有今古文各家注《孝经》十二种。讳德瑛，嘉庆甲戌进士，官河南安阳令。当时所拓《西门豹碑》较今本多十余字。有牟丈陌人校本书，又传有文天祥手批《十七史》。群众乱后零落，遗书多售于烟台富商及山东候补官。

又得六臣注本《文选》，行款却与宋淳熙尤本同。缺卷甚多，皆明翻之一耳。得明刻《苏文忠全集》，亦残缺数卷，皆乱后所致。此为本房先诒堂侍讲公藏书。苏集内有黄签，言某字胜今本，有“臣等谨按”字样，当出自上方。此本房之第四房也，当年收藏书画甚富，直售至乱前，计五六十年始竭，亦不知当年有何物事。多为黄县及烟台富商收去，以其锦函牙签，插架观美。

祠灶后到府城，大雪，仅住二日，尚未登蓬莱阁。此次为生平第一次入郡，仍未登临。见张允勷所藏本县境郭东村所出甗、汉琴亭侯国刻石、书画、砖瓦，多而且精，不及细数，却无一本旧书。近年蓬、黄、福三县所出之古砖，大约西归黄县王穆庵、丁彝斋，北归蓬莱张允勷，东南则为烟台之官、商取去。挖者孙姓，贩者黄县王秀才。莱、掖以东之物，寿丈万不能得也。招远黄里沙曾出一大瓦当，文曰“曲城之富”，字甚晰，末一字不识，黄县丁氏得之。

掖与黄之间有朱桥村，常出古物，印多逢姓、战姓。黄县有战君博，穆庵得之。允勷砖以“日主五官之堂”及“上大夫”两砖为最。

先是十一月间，在直隶道上过盐山之王墅镇，得天保造像残石一。过沧州之五龙堂，见造像卧地，有字无年月，并断碑皆甚巨，类唐刻。

在村中度岁，借居本门长房之有棣堂，七八岁幼读之所也。遗书楼唯不许登览，防我攫取。新年逐门叩贺，见字画双款皆康、雍、乾隆间老辈，率不完。灶上香炉，皆成化五彩、景泰蓝、万历青花之属，皆破乱。追忆当时，为之慨然。族中燕聚，杯盏杂凑，皆雍、乾中官窑也，间有明瓷，则直取数枚以来。群以料壶投赠，皆盛刀创药洗之属，若以料壶为不值钱者。有新雅轩、古月轩。

新年到外家贺节，见有瓦研十二字，残瓦也，不以见赠。又有郝兰皋丈及先从祖姑婉佺安人所辑宋、元、明本史书及殿本《廿四史》。内明监本皆一一挖圈，贴补精致，逐卷有校签粘其上。当年闻以七十金得自郝氏者。得来即置一箧中，至今未一晾，不准我翻。

中间持古泉、字画求售者不一，皆乱索厚值，亦无一精物，却之。

到烟台住二日，得明拓《孔宙碑》一本，汉官、私印各一。私印佳，凡四界，只有三字，甚罕见。用钱一千余几十文。

在县城得张刻《玉篇广韵》一函，直二千，先从祖雪舫解元公物。在先尚书府得康熙闽浙总督官封二，告示一。窗格间多张廷玉书。将来揭取之，此时介者不让撕也。

中表群姓以旧玉玦（纯墨色。此真玦，半高半下，不同今之班指。余有二，先一白，此则一黑，即油泊村出土小节墨刀）一、齐刀五为赠也。

益州人来售古陶。潍之杜估来，售去古陶，乃从益都人得太真实埙。又知小汪家村出齐刀范甚多，近十年矣。访之，得一完者，真是一正砖，有痕无字，浣女溪旁浣衣物也。

二月间，取道北上。过黄县，见松溪新造大楼穿土所得隋大业年长乐乡××一器，非土非石，类白泥烧成，佛家幡盖顶间物，不可名。又罗两峰为桂未谷所书《说文统系图》原幅，又元本吴中（书名忘之，甚熟），阳城张古余物。见穆庵砖、古印。见“彝、斋、齐”三字刀，文在背曲。成瓦出书画箱十许，为之辨别，无剧迹，又所藏砖及古泉。住四日，赠我六字刀一。见鞠彦云墓志。皇兴一象在丁五家，未见。得砖甚伙。

过潍县，住四日，遍访赏鉴家。在陈寿丈处三日，书画古器不具数。见所藏朱子《楚词》与协卿本装潢皆同。见南郑丽珍所藏古泉、古砖、古印。南郑宋版《四书》，闻寿丈称之，未见。槐堂故后，家无长丁。陈九兰藏四朱及蕡化种类极多，皆《泉汇》所未收。陈小兰以办盐下乡。《桑梓之遗》书画一大宗，未见，闻有总目。得一六字刀，十五金。又得高君二字，极佳之。大量几专车，今尚存西泉家。得“齐”字砖二。

过寿光，谒苍颉墓，又谒本生高祖妣母家李宗丞祠。西泉即李氏裔婿，闻其家有文与可《大竹》，为寿丈购去，在潍所见即是。李氏凋零尤甚。

所得古匋、泉范、砖瓦不悉数，并汉印及钱，只一齐刀奇。到京雇车至陕西，见苏估得开皇铜碑，巨直赊得之。见小苏估、马估（呈端）、孙估（文山），所得零星不计，十布将全。到城隍庙，得明初印本《元史》残本，缺数十卷，有太师英国公印章，四明范氏印，最佳，极破（到川裱成巨册），钱一千五百。得元椠《古今均会》，缺三卷，钱四百文。先是京师徐估宝文有缺一卷本，徐殁后，止索十金，贫无力取之，为钱笾仙购去，自是思之。先中丞旧藏一部，乱后亦残，在七兄手，屡索不与。非好之也，若凑合一气，便能重完，自是恨之。余有明刻完者一部，亦难得，极爱之。此又多前一序，张香涛、钱�仙本所未有也。己卯由川回京过此肆，得宋南雍大字明印本《魏书》、《北齐书》、《北周书》，合以旧有之明库册纸元本《隋书》、元本《北史》、明翻宋秘阁本大字《晋书》、元大德本涂改称乾道本之《汉书》，慨然有集旧本全史之志。惟总须编查装潢，不知何日得闲钱为之也。过华阴，见汉石、北周碑。在长安得铁大钱五十，极大；范一，造像二，墓字瓦一。过褒城，见一路古砖在人家墙上，不得取。遇游汇东前辈北上，属代还苏估铜碑钱。又得一觯，为谢公子物；告田二，阳文。

到川，舍弟为得《宋相臣传》元本，不全，不知何人何时所刻。川省无旧书。得《诸子鸿汉》明人选本。新城宗叔翱官四川，见所藏字画及渔洋遗迹，赠我以渔洋诗稿一纸，宝之；又《池北偶谈》原稿十许页，装之。又知县许缙家有蔡友石所藏画卷不少，又一卣子执旗。

于飞卿大令已履宜宾任，未见。闻薛锦堂侍郎字画书籍多归之，有《圣宋文选》、《绍熙公羊》、《张伯颜文选》，余记不晰。云阳令叶庆枏家有《魏鹤山大全集》，宋刊足本。又合州黄刺史号景周，忘其名，有宋南雍本《十七史》。又好聚古泉，真赝参半，有极大之大观钱，有汉兴传形钱，有权钱、古印等物。于、黄所收，凡物真赝相杂。于有"武乡"二字印，确为蜀汉物。朱肯夫学使案临其处，皆见之。于以宋麻沙本《左传》赠朱，乃怡府物；黄以显德钱及别品赠朱。时朱忙，而余将行，见《左传》，未见显德钱也。

有一老幕，周姓，自东而陕而川，亡去数十年矣。好聚古泉，身后萧条，同乡唐真牧为余作缘，以重直得其家古印、古泉，真赝相间。尽涤之，得周鉩，有象形花文。又官印三，尚新奇。钱有太平百钱百，字最奇。濮瓜农同年有此一品，曾傲我，今乃压之。又知古谱所谓五铢稚钱乃蜀汉钱，非梁造，特行用至梁耳。破此一疑，自泉志以来所未有，恨不能起子年、竹朋两丈一说之。得川估刁姓铁钱无算，且昂，竟无奇品。有选余为钱堤江大令磨取奇品二，余未及并收之故也。廖估自陕贩得半两十许千，内选得一东周钱，为诸家藏东周一泉之冠，生砂活翠，文字精完，余以厚直得之。谢估手得瓷印盒一对，又瓶二，皆奇古，土绿甚坚，瓶底厚至五寸。

成都西关有万佛寺故址，忽出残石佛像，大者高如屋，小者卷石，皆无首，或有首无身，无一完者，蜀碧所称献贼凿去者也。两县来报，出凡百余。家大人命地方移送今小万佛寺，出资重完，且尽整之。命余兄弟监其事，不用官家。一文不募，唯府署出资私囊，两县助止各二十千，出私囊。乃拣得有字残象三：一元嘉，极大；一开皇；一无纪元。又残碑五七方，不成文，皆苏石。川石质本松，此又似经火而复入土者，须甚护惜。由海船北上未知如何，斤两太重也。西估寄来牙印二，铅泉印一，涅金二，中布、第布一。十布尚未全，计缺序布。若壮布则盘山李古农家烬余物也，别一种寿丈夙见之。六泉止缺壮泉。闻又出卢布涅金二：一归谢公子，一归吴清卿。壮泉西估沈秃子有一枚，售与陕官黄姓。此泉真者唯鲍丈有。

辛巳年八月，由川北上，回京馆试。到陕西，初见杨估实斋，为陕巨指矣。先是过宝鸡，渡河祷于宝鸡祠陈宝之神，顾得古器。门未启，叩于外。到长安，得杨估彝一，中有犧形，尤佳；方鼎一，小鼎一，觚一；小苏估剑一，当为天下第一，鸟形阳文篆，如花如字，字下又有花，锋如新；马氏殿当瓦一，古泉、古印不具数。陈宝之神所祐也，望空谢之。杨估为清卿寄古泉百余方，佳者累累，兴定宝钞铜板乃绝品。马估得于河南府李姓者，闻又有《文选》铜板一叶，不知何物何归。

到城隍庙，得元诸路本，每页有某路某学字样。残本《北史》与前黑口元本不同，爱之，钱四百。得尤西堂、王山史、刘文正、毕秋帆字条。前年所得元本《豫章别集》、《王梅溪集》，明本亦在此肆，黄残装之，王全不足奇。见同乡赵孚民大令，出所得世祖赐某侍郎御笔画一，触手如新；又刘公戫所记肃刻阁帖七册，非世间所有。

见毛子静、李云生，毛出所得十年宅阳一剑见示，极佳。此与古铣、古匋、古币皆同时，寿丈知之。苏估言有唐墓志五六，价廉而不能购，且不便车行。李说一候补人某藏有唐志五十余种，不过数金一石，余亦好之，不能购，且万不能辇致京师，须数十大车也。皇甫驎一志在内，此魏志也。毛、李同说谢家一敦，已携入京师，尚有一底、盖全者，在候补官韩家。韩乃芝孙本家，有物许多。又扶风令孙氏有一敦，字极多，未多拓本，另一器也。陕西之铜泉范、泥范之精者不暇收，太多也。又一寓公某，家有一大壶，字在口，谢估在川曾言之。此行送女，又将冬令，行囊不给，又匆匆数日便去，不及物色。然天下之地，青州一带，河陕至汉中一路，皆古董坑也，余过辄流连不忍去。东坡说“岐山风物惭”，此语乃皮相耳，东坡未解好古也。然安得腰缠十万哉？若有之，决不上扬州。得泥封载国大行印文一，可补汉志及各家收藏之缺；得“执法护共印”五字一，皆旧谱所无，余不数。

过广元，见金轮石象，唐武后也。过马嵬，忽梦太真，黄病高颧，以青巾扎额，侍者内官黑蟒，与人间所传异。此梦语，然甚真切。

过河南府，有方估言李绅家有书廿箱，字画廿箱，一气出售。此则耳娱之矣。得一玉含蝉与汉印二。卢恒丰京货铺前老滩之王估（叔文）无一物。携来一鼎，新出六、七字，皆剔壤，不准拓，索价二百金。过龙门，两山夹水，即石凿佛，凡亿万身，文字累累，所见拓本万分之一耳。入目即一延昌像，记向无人拓。于是望洋而叹，安得携之以来！

到陈州时，丁少山为仲饴亲家校刻子苾文《捃古录》。见吴氏装册款识，及宋、元人札及他书画，皆精绝。嫁事毕，将去，与少山及家兄知仲谒太昊陵。百年前，先太常祭告奉使之地也，多古砖。

此次过陕，从孙估手恰得序布，直甚廉。十布全，至此蓄志二十年。惟有极精有极漫者，然皆真品也。

此中如在川所得汉残钱枚（旁缀画像，若武梁祠者）唐小铜碑及西番观音咒铜饰，费西墉出使琉球得佳纸，阮文达刻《玉识》初成，印以此纸，复赠费西墉本，皆剧品，不具数。

山东砖匋多，陕西铜器多，书亦多，不及细检，河南特匆匆一过耳。四川止蜀钱、宋钱多，明刻书亦常有之。之罘一山，遥遥在目，刻刻在心。

此中所言各物，书为详，然卷第缺数亦记不清。匆匆到此不及三月，日日作干禄字书，诸物堆积，尚未发箧，故记者便说之耳。

师舟行闷，来请以草纸批答之，交小吏亦钉为一本。寄之何如？到家事大且烦，便不及此，或日后庐中批寄之，亦以所见闻示之。不敢上拟《论》、《孟》，亦河汾中说也。使后百年好古者得之，当奉为剧迹，未悉吾师以为然否？

福山金石志残稿（节选）

周

齐三字化土范　出小汪家村。范正面列刀二面，皆面文三字，首通，流道长，径宽，字已模糊，与青州临淄所出者同。

齐四字化　出县城外。

齐三字化　出山儿汪家村。

酱和连关鉨　现在古现王氏。

古陶残片　出古城埢。

　不知何器，仅存残片。

木　同□字，未完。

　似瓦背之残者，字在其上，未完。

秦

之罘东观刻石　篆书，始皇二十九年。

芝罘刻石　在芝罘山（佚）。（文略）

东观刻石　在芝罘山（佚）。（文略）

二世诏书刻石　二世元年。

半两钱文　出河北村。

两甾钱文　出河北村。

汉

半两钱石范

三铢钱石范　出古城埢。

列钱四行，每行为钱八枚，文曰"三铢"，旁行斜上，中有流道一线，正中首余空地约三寸许。背画纵横界方纹。长径八寸五分，宽三寸八分，厚四分。

三铢钱范残石

仅余残角一方，列钱二行六枚。阴文同前，字尤精致。背已为村童凿为砚。

半两钱　出古城堆。

五铢钱　出河北村。

育黎右尉印　现存闽县陈氏。

牟平余千砖　出古现村。

残瓦　出古城堆。

"万"字残瓦，形制、文字与临淄、掖县所出"千秋万岁"四字瓦相同，四角间以花文，字体篆书。此特存一角，上一"万"字。

唐[illegible]砖　出古现西河。

"**唐[illegible]**"，字系分书，当是人名。

晋

太康二字砖

分书，阳文，二字。

唐

骑都尉徐仁礼等造七级浮图刻石　在塔寺庄太平庵。

开元七年十一月二十七日。

后周

香幢记　在峆峠寺。

广顺三年五月×日。

宋

归化乡诸纪保舍利院故大德尊幢记　在朱岩寺。

开宝四年十一月十一日。（文略）

牟平宰张益之等题名刻石在芝罘山康公墓东石崖下。

大观四年六月初五。

宰张益之、丞张伯起、尉李复同观日出海市于此。大观四年六月初五。（左行）

金

金堆山院记　在金堆寺庙向西。

皇统九年四月旦日。

碑阴有金堆山院之图。

金堆山第一代长老海×塔志铭　在金堆寺。

正隆三年十一月十六日。

××××**石塔铭**　在峆峠寺。

正隆六年八月×日。

八面石柱。

尚书礼部牒　在崱岦寺庙山门。

大定三年十二月。

半截。

……

元

阳主庙碑记　在阳主庙。

元贞元年，初才撰。

曲家茔墓上砖顶　在古现西原。

延祐元年。

楷书"延祐元年"四字。砖顶若今轿上锡顶，形已残，正面直中刻字，旁刻莲花二朵。

……

不知年代

"孝顺"二字砖　出两甲坡。

二字阴文，似唐人石淙诗体。

说　釿

古方足币、圆币有文作"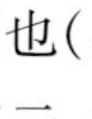"字者，旧识为"金化"二字，非也。荣案：此"釿"字。《说文》斤部"釿"下云：剂也（小徐本），从斤，金声；又"剂"字，刀部，"剂"下云：齐也，从刀，齐声。"釿""剂"字同义。窃意"釿"即"剂"字，"釿""剂"转注字，如"权""衡"等字有转注意同。《周礼·地官·司市》：以质、剂结信而止讼；又，质人大市以质，小市

以剂。先郑司农曰，质、剂月平贾；后郑司农曰，大市用长券，小市用短券，是质、剂二物之明证。“剂”“釿”转注字，不得专训为翦、齐意。司市之剂，质人之剂，皆为“釿”字无疑。今方足币率如翦形，文作“釿”字者是也。后郑司农训“质长”“剂短”，二义甚古，惟“券”字义同而实未协，以当时未见质、剂二物，乃训为券也。质，古方足长币连足，币文作“□”字者是。此二等币制作，较“□”文者倍长不止，与后郑训长意适合，是□、□等币为《地官》所称质、剂二物，自来无人道及者。周平安君鼎文有“□”、“□”字，是“釿”自有剂平意，“剂”、“釿”之转注又一左证。古彝器、刀币，铜质迥异，后世器俗称对铜，即五色釿金也。鼎文“釿□”即此义。币文“釿”上有“一”“二”字者，纪数也。李氏《古泉汇》所著秦权泉文曰第几重四两，以秦半两大钱八权之合，遂定为秦权泉，说甚确。则方足币之□□、□□二□，即以剂安邑、隶邑等小币为司市质人之用明甚。今由安邑等□得《周官》之所谓剂，用以知“剂”为“釿”转注字，又因□、□等□得《周官》之所谓质，兼以明后郑长、短训之为古义。释名由选泉而得，甚自幸也。

懿荣

恭进儒臣撰《集古今文成书》有裨经训疏

光绪二十一年十一月二十五日

奏为恭进国朝儒臣撰《集古今文成书》，有裨经训，堪备御览，仰祈圣鉴事：

窃臣籍隶山东，有海丰县人前内阁学士兼礼部侍郎衔臣吴式芬，道光朝进士，平生专攻训诂之学，长于音韵，精于考订。所集《攈古录金文》一书，凡九册，为卷有三，每卷又各分三册。其书本义专集成周以来钟鼎彝器款识，多据原器精拓及相传旧摹本收入，出前大学士臣阮元所著《积古斋钟鼎彝器款识》、前湖南巡抚臣吴荣光所著《筠清馆金文》二书，后尤为赅备。

其书体例则以各器自具之字定为名数，每一字为一文，由文一、文二以迄文四百九十又七。少者皆象形、指事、记日干支之属，多者可敌真古文《尚书》百篇之一。字各有释，释各成文，又间附以各家之说。虽所释说互有短长，要皆以根据礼典探讨六书、推阐经义为主。治今古文《尚书》者，非得此无以为。同时佐证汉儒许慎《说文》叙云，郡国往往于山川得鼎彝，其铭即前代之古文，是以许书所收，自籀文及壁中经古文外，所谓鼎彝古文者，厥惟此种。盖自宋、明以来，诸家谱录集摩古文之伙无逾于此者。

臣详阅此书，一禀列朝御制钦定《西清古鉴》《西清续鉴》《宁寿古鉴》之旨，为流传古文、裨益经训起见，实无违悖字句，堪备乙览。今其子现河南开封府知府臣吴重熹刊刻成书。臣职在供奉，既有所见，不敢雍于上闻，谨奉进初印本十部，恭呈御览，伏乞皇上圣鉴。

谨奏。

奉旨：着留览。钦此。

安民则惠黎民怀之

心存恤人之谓惠，民思之民重思之矣。夫惠，爱也；怀，思也，上爱民而民思之，皋陶故谓在安民也。吁！惟帝其难之。禹拜稽首乃言曰：昔在帝尧，光宅天下，钦明文塞安安，民有孝慈者爱敬之，尽力农事者劝勉之，旌别淑德，表其门闾，其为道也。若中衢而设尊，过者斟酌，各得其宜。所以养黎民而致时雍者，如是七十年如一日。臣与士师臣皋陶，实亲见帝，茅茨不剪，采椽不斲，大路不画，越席不缘，太羹不盉，粢食不凿。岂其奉养不足乐哉？必求其宽裕慈惠与民更始，盖深知安民之难也。知人则哲能官人。臣向见帝尧，闻帝聪明，纳于百揆，为民请命，巽帝于位。唐虞之事，臣知之矣，凡以为民也。当此之时，洪流沸出，汜滥衍溢，黎民始饥。帝日念哉，司马顺天，汝弃居稷，教民稼穑！时惟司徒臣离，能合和五教，以保于百姓，虞臣柏翳，驯服禽兽，以祛民害。命皋陶，使听直，以除民奸，又命臣治水，画为九州，济民昏垫。灾害灭除，乃降专惠，五载一狩，亲輶远方，群臣从者，咸思攸长。帝之明德远矣，凡以安民也。臣见辰马农祥，后稷所经纬也，秬黑黍，穈赤苗，秠一稃二米，禾一岁三熟。厘黪黄黎之瑞，君臣动色。吐惠函仁，民怀其利。父慈子孝，兄良弟悌，五作十道，孝力为右。天乙之子，长人有慈惠之名，民怀其教；大费出辅，旁皇远野，海外山表，无所不至，以命施惠，民怀其泽；大理鸟喙，决狱明白，察于人情，宽惠以广其物，天下无虐刑，民怀其德。然洪渊既深，何以置之？地方九则，何以坟之？应龙何画？河海何历？民人升降崎岖而不安。臣乃淹鸿水，决江疏河，洒沉淡灾，东归之于海。臣后铲临崖之阜陆，决陂潢而相汳；启龙门之岩岭，垦陵峦而崭凿。群山既略，百川潜渫。凡臣迹所至，靡不陈帝德意，行庆施惠，下逮众民，民怀其居。盖帝尧存心于天下，加志于穷民，一民饥，曰我饥之；一民寒，曰我寒之；一民有罪，曰我陷之，深知安民之难，是以举帝命臣而敷治焉，天下诸侯黔首大安，帝尧之惠其于久远也。惟时海隅苍生，至于万邦黎献，怀哉！怀哉！放勋其仁如天，其智如神，就之如日，望之如云，亲之如父母，祝之以寿福，此不蔽之福也。所以帝廷明农察伦恤远慎狱导河诸大政，皆所以安民之具，帝尧深知其难，而无或一日之晏安也。帝其念哉！臣敢与皋陶陈辞诘难而相与述于帝前。

家　书

稚梅大侄如晤：

得书并来差送到，借款如数收到。贵局诸公挪移假借费心，代谢。将来即由叔处奉还，不至迟误。

现已具折双请，于初九日办发。现已议和，不定廷议乡练仍着办否，一俟批还，再定行止。是以藩运两库已拨之款仍未遽行。请领卡黄县所，请林志魁管带两营月饷，系属自备。

以后捐款恐难为继，此节已经上达天听。即此次团练有捐资出力者，以后由地方官声叙请奖，业已时陈。乃三叔已于初六日启行赴省，先由潍县、青州府城一转，不久即接省眷回矣。

刘关道在此已见过，换约在烟台，不定是十四、十六两日否，渠尚未得上文。吾侄此番与小桥、维之、子正诸公尽心劳力，衣带不解，远近周知。叔遍阅数处，罕有其匹，已向中峰说明。将来汇齐各处考核，必有酬劳之处，千万勿懈。总以收拾人心为第一要义。勿谓和局已定，将来正不知尚有甚样变动也。言之黯然。

此复

问候

近秩懿荣手泐四月十一日

左空

详度夷情审量时局疏

光绪二十年十一月初四

奏为详度夷情，审量时局，仰祈圣鉴事：

窃自倭人肇衅，扰我边隅，凤凰不守，而陆贼全渡叆江；旅顺不守，而水贼亦超北海，我与倭寇势无两全。顷者，濒海一带，逢冬大雪，寇性畏寒，既据要害，借此休息，阴谋布置，兼之彼国空虚，外强中干，久成弩末，若以和议，遽来夷情莫测，愿皇上勿轻许也。

何以言之？我之虚实，彼已知之。彼之所缺者钱耳。和议猝成，巨款洊至，输将逮半。而秣厉重来，挟我之资，便以攻我，近则半载，远或数年，中国无安枕之日，是益寇粮而资之盗也。趁此大兵云集，精厉士马，厚积军火，肃清海隅，使其畏服，切誓有坚不敢再犯之心，而后从容讲信，示以威福，断在圣志。

倭寇狡诈，有非泰西诸国可比，一旦反噬，人心涣散，过于今日。若和议暂成，兵不能散，劳师靡饷，终无了期。是不以之战贼，而以之坐耗粮糈，罗掘一空，民碞可畏。以亿万姓之脂膏，半以贻寇，半以防边，国家将有内溃之患，不可不虑。臣受恩甚重，事机甚急，不敢缄默，削牍上陈，伏乞皇上圣鉴。

谨奏。

时事孔亟请召用亲贤疏

光绪二十六年九月初一

奏为时事孔亟，请召用亲贤事：

窃倭人肇衅，平壤沦胥，卫叶逃溃，左马伤亡，倭师侵及鸭渌。救兵虽多，漫无统制，征调各将，无争胜之意，有相妒之能，列城瓦解，事在意中。兴京、盛京系三陵所在，一有挫折，势将有不忍言者。必须曾办军务、通晓洋情之重臣在帝左右，朝野方恃以为安。伏查恭亲王前因多病，恩予退闲，近闻医言，知于秋来气体康复，实足以胜艰巨之任。倘蒙天恩迅即召用，其于布置将帅，联络与国，震慑强邻，皆可以上佐宸谟，下孚众望。倘该亲王以病为辞，伏恳论旨坚勿允许。谅该亲王身受厚恩，际此时事多艰，亦必不敢出此也。伏祈圣鉴施行。

谨奏。

吁请暂停点景但行朝贺疏

光绪二十六年九月

奏为讹言可虑，吁请暂停点景，但行朝贺，以靖肘腋而弥不虞，恭折仰祈圣鉴事：

窃臣等伏读八月二十六日上谕："钦奉慈禧端佑康颐昭裕庄诚寿恭钦献崇熙皇太后懿旨：'本年十月，予六旬庆辰典礼，着仍在宫中举行。'等因，钦此。"仰见思患豫防，明见万里，曷胜钦佩！第念耳目之观非圣怀所役，而台莱之祝实臣下同殷，一旦撤停，在瞻仰盛典者岂乏向隅之望？以故，承办诸臣于裁减之中，仍寓铺张之意。臣等欢忻下悃，何独不然？惟伏闻近日倭人行踪诡秘，津沽内外不乏华奸。日来都城多出面生可疑之人，以瞻仰点景为名，形状凶恶，行藏靡定，民情惊骇，竟有置盛典而不观，反思往乡村遁逃为避居计者。连日洋人纷纷出京，各处教堂种种聚谈不一。若点景依然热闹，止系稍移地段，万一偶然不警，匪徒乘机窃发，臣等备员差使纵有意外，不足为惜，而变生肘腋，恐非六班及周庐直宿诸大臣一时所能猝辨。应如何防患未然之处，用敢吁请圣明深维事理。况皇太后应天钟庆，福冠古今，转盼七旬万寿近在十年，期颐亿龄非可数计，将来红旗报捷，随时补行，何时非万寿之时？何日非祝厘之日？此际安危所系，实在呼吸之时，必区区于一半月之内汲汲铺张，诸臣所见诚为未广。臣等忝同僚直，既有闻见，不敢不具折密陈，伏祈圣鉴。

谨奏。

第七节　书法艺术

王懿荣书法刚健清华，无美不备（陆润庠语）；不名一体，古意盎然（郭夜惠语）。这是对王懿荣书法准确的概括评价。《中国书法鉴赏大辞典》对其作了到位的具体评价：用笔老辣，字体风格显得轻松而畅达。……其点画之间连接紧密，疏密变化多，颇具姿态。落笔不十分强调藏锋逆入，有时顺锋而入，显得秀而自然；转折多有方折，方圆兼用，这些都是掺以北魏书之笔意。不追求邓石如的厚重，强调整幅作品的节奏韵律，追求严整和灵动。

《王懿荣先生书作集》收录王懿荣楷书、行书、草书、隶书、篆书、碑刻六种，其款式有条幅、斗方、手卷、扇面、对联、手札等，计有100余幅，社会流散不计其数，泯灭者无算。此仅选取代表作，并突出其篆隶之长。

附《清史稿·王懿荣传》

王懿荣，字正孺，山东福山人。祖兆琛，山西巡抚。父祖源，四川成绵龙茂道。懿荣少劬学，不屑治经生艺，以议叙铨户部主事。光绪六年成进士，选庶吉士，授编修，益详练经世之务，数上书言事。十二年，父忧，解职。服阕，出典河南乡试。二十年，大考一等，迁侍读。明年，入直南书房，署国子监祭酒。会中东战事起，日军据威海，分陷荣成，登州大震，懿荣请归练乡团。和议成，还都，特旨补祭酒。越二年，遭母忧，终丧，起故官。盖至是三为祭酒矣，前后凡七年，诸生翕服。

二十六年，联军入寇，与侍郎李端遇同拜命充团练大臣。懿荣面陈:“拳民不可恃,当联商民备守御。”然事已不可为。七月,联军攻东便门,犹率勇拒之。俄众溃不复成军,乃归语家人曰:“吾义不可苟生!”家人环跽泣劝,厉斥之。仰药未即死,题绝命词壁上曰:“主忧臣辱,主辱臣死。于止知其所止,此为近之。”掷笔赴井死。先是懿荣命浚井,或问之,笑曰:“此吾之止水也!”至是果与妻谢氏、寡媳张氏同殉焉。诸生王杜松等醵金瘗之。事闻,赠侍郎,谥文敏。懿荣泛涉书史,嗜金石,翁同和、潘祖荫并称其博学。

《福山县志稿·宦迹·王懿荣》

王懿荣,字廉生,兆琛孙。父,祖源,道光二十九年拔贡,官四川龙绵道,署按察使。

懿荣幼承家学,不屑屑于章句帖括。光绪六年,成进士,改庶吉士,授编修。益讲求经世之学,而尤笃嗜金石收藏,最富与潍县陈介琪商订古文。常熟翁同和、吴县潘祖荫咸推重之,谓博学多识,为近代所罕见。性诙谐,与人语辄喜笑怒骂,独谈至忠孝事,则娓娓忘倦。以是,人多喜就之。

十二年,丁父忧,服阕,典河南乡试。二十年,大考翰詹列一等,升侍读,入南书房行走,晋国子监祭酒。会中东战事,急上疏,请回籍办团练,奉旨驰往,并发饷银五千两,因驰至登州,周览形势,联络乡团,不辞劳瘁。和议既成,请假省亲,缴还饷项,东抚馈以千金不受,而以私财散遣所调兵。二十二年,丁母忧,服阕,补原官,诸生得其指授,皆相勉为实学。国子监自治麟、盛昱为祭酒,人称不愧太学师。至是,议者谓:“得懿荣而三焉。”以会典馆编校叙劳,加三品衔。

庚子夏,拳民乱作,与安邱侍郎李端遇同拜命充团练大臣。召见时,面陈拳民情形,朝廷始知为,乱民不可用。而是时,各国联军已入内,诸军屡败,事不可为。七月二十一日,敌兵入京师,懿荣徘徊庭院,传闻,两宫西狩,慨然曰:“吾可以死矣。”吞金钱及仰药,皆不绝,书绝命词,投井死。懿荣继室谢氏、长子妇张氏皆殉。

敌兵闻知其一门忠烈,相戒勿犯。越数日,乃敛,面如生事。闻行在诏优恤,赠侍郎衔,予谥曰文敏,准建专祠,谢氏、张氏并附祀。孙福坤赏主事。后数年,莱阳王埒为祭酒,复请配享国子监唐韩文公祠。国史有传。

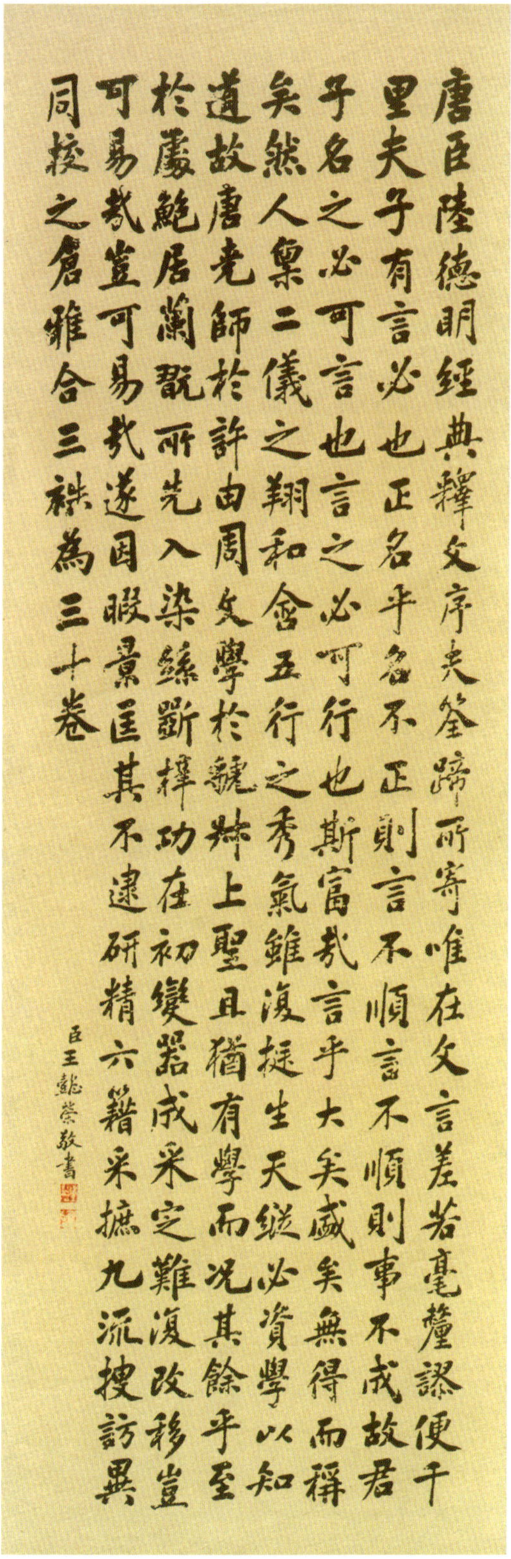

王懿荣楷书

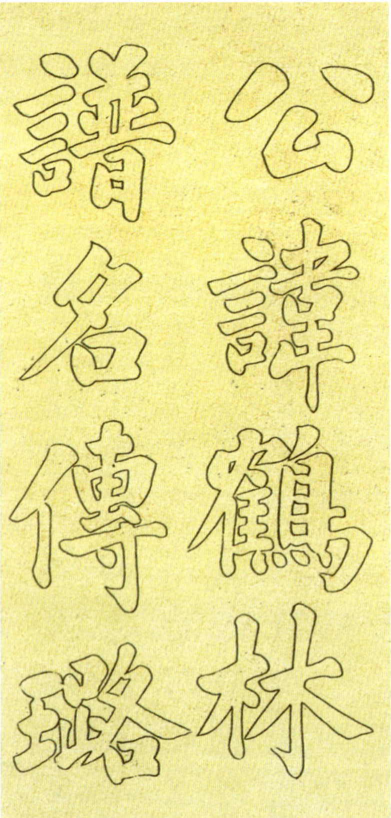

王懿荣楷书

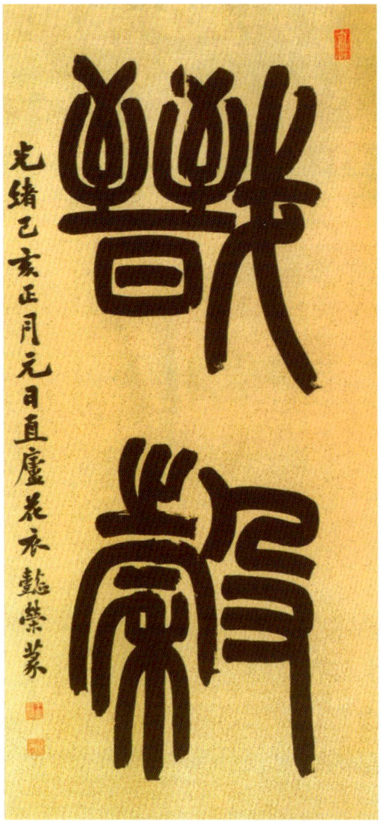

王懿荣篆书　释文：戬穀。

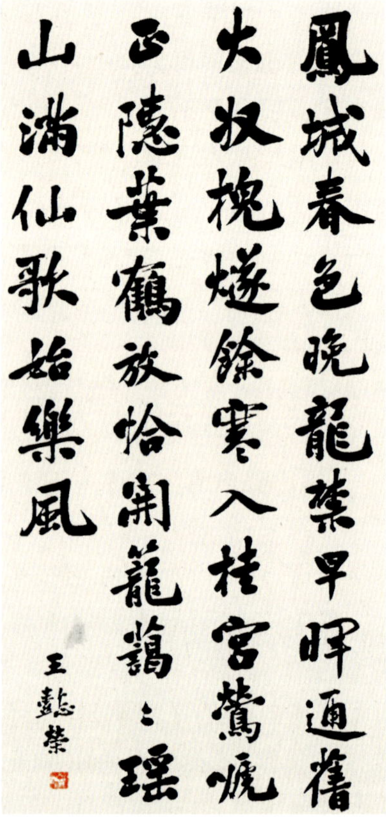

王懿荣书法隶书

王懿荣书法行楷

王懿荣书法行楷

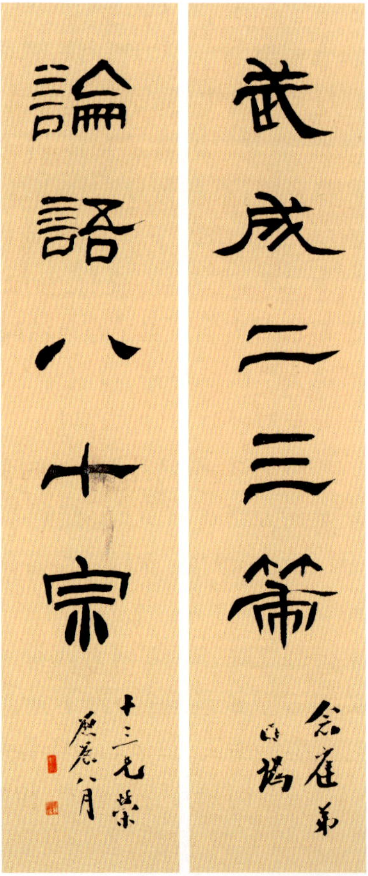

王懿荣隶书　释文：武成二三策，论语八十宗。

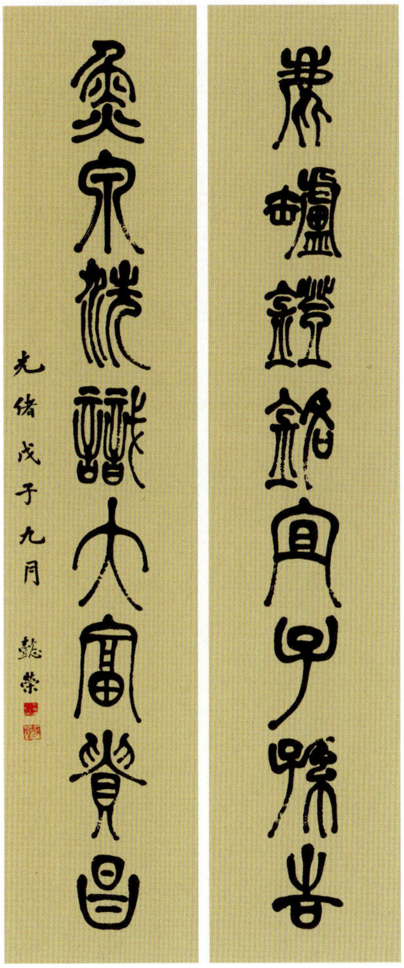

王懿荣篆书
释文：鹿垆灯铭宜子孙吉，
鱼泉洗识大富贵昌。

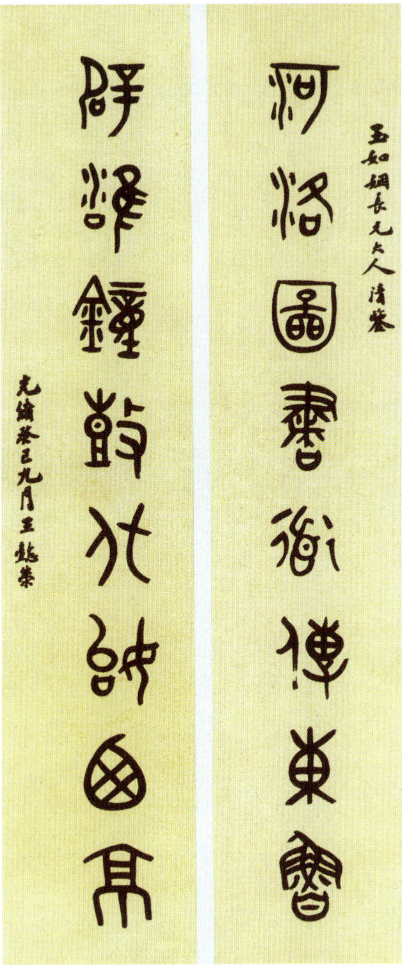

王懿荣篆书
释文：河洛图书道传东鲁，
辟雍钟鼓化始西京。

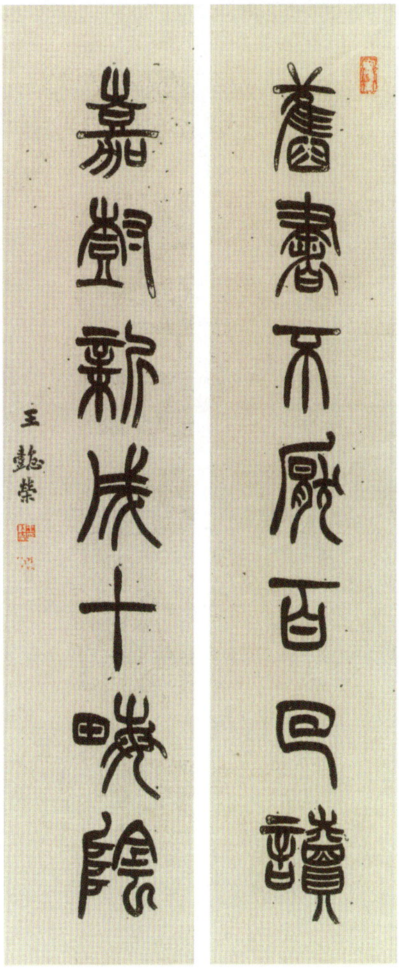

王懿荣篆书
释文：旧书不厌百回读，
嘉树新成十亩阴。

王懿荣隶书　　释文：百晋匋斋。

王懿荣常用印(电子版制作效果)

王懿荣题慈禧太后工笔松鹤图

释文：九皋声远和鸣时，一幅高秋画入诗。
最是朝阳渲染处，金光飞上万年枝。
王懿荣题

王懿荣题慈禧太后工笔菊花图

释文：一洒霜清下九天，忽成春色满宫笺。
陶篱韩圃寻常格，并入仙毫十倍妍。
臣王懿荣敬题

王懿荣题慈禧太后工笔花卉图

释文：承平兰桂羡齐芳，唐棣联翩入庙堂。
筐篚自来称大器，安榴子艳好花香。
光绪戊戌夏五臣王懿荣敬题

王懿荣部份亲属画像

王懿荣大伯父雨堂(伯润)

王懿荣母亲谢老夫人

王懿荣继配谢夫人

王懿荣

王懿荣元配黄夫人

王懿荣长子崇燕

王懿荣次子崇烈

王懿荣亲属芾卿

第十二章　教　育

古邑东村教育进步，有辉煌的教育成就。

明清两代，在清顺治十二年至光绪三十年（1655～1904）的249年中，一个不足200户的村庄，考取进士23名、举人58名、五贡四生（统称秀才）及有官衔而无科考功名者619人。从中华民国至今，又有大批后代，学有所成，献身国家，造福人民。因而，古现东村享有“中国历史文化名人第一村”之美誉，成为村人的光荣和骄傲。

古现东村传统教育的成功之处在于抓住了教育的本质——读书育人。这种进步的教育集中表现在明清两代王氏家族继承优良的传统家训以及儒学民本思想的精髓，教育子孙读书做人，从而发展成材，造福社会。自王隲到王懿荣一脉相承，其“忠孝”家训之遗风持久不衰。在王氏家族的历史上，从素来被传为佳话的一门“三翰林”，到连同亲眷的一榜“三进士”，最后到王懿荣的一家“三忠烈”，就是秉承“忠孝”优良传统家训的生动写照。

新中国成立后，古现东村的教育始终走在地域的前列。村民不仅享受到了受教育的权利，而且从小学到初中，教育环境更加优越。历届党支部始终把文化教育工作纳入重要议事日程。特别是从2000年以后，村委提出“以经济带文化，以文化促发展”口号，制定了一系列尊师重教措施，对本村学生，凡考入大学本科的每人奖励3000元，专科1000元，并对义务教育阶段本村户籍学生的学杂费、书本费全部由村集体负担。每年“六一”儿童节和教师节，村都向学校赞助钱物，极大地提高了学生家长督促学生学习的积极性，有效地激励在校学生奋发向上，刻苦求学，形成了村民家家比重教，学生人人比学习的良好风气。

改革开放以来，全村已出了近百名大学生，还出现了部分“一门双状元”“三状元”的家庭。村民于辉的女儿硕士毕业，儿子又考上了大专；王生喜的儿子考上青岛科技大学本科，女儿考入青岛大学本科；于振成的大女儿青岛大学刚毕业，小女儿又考上了山东大学本科；王毓镛的长女上海外语学院本科毕业，留学美国获电脑硕士学位，儿子王同庆上海同济大学毕业后，留学澳大利亚墨尔本莫纳什大学，获电脑硕士学位；王毓镛侄儿王琳，现正留学英国伦敦大学，攻读电讯博士学位；另一侄儿王家庆留学美国，大学毕业成为工程师，定居美国，他的女儿王佩琦在美国奥斯汀大学获药学博士学位，儿子王中仁现正就读于美国名牌大学。

今天，古现东村人发扬先辈的光荣传统，无论是为官还是为民，无论是在国内还是在国外，都在为国家和人类贡献自己的智慧和力量，呈现一派现代教育的新气象。

第一节　家庭教育

明清时代，古现学子成功者众，皆因自幼接受着良好的家庭教育。学子们牢记优良传统家训，从小立志成才，奋发读书，矢志不移。明盐课司大使王忠的后代先期考取进士1人、武进士2人、贡生等26人。至八世孙王道增不仅自己牢记实践家训,同时还特别注重家教,形成优良传统,代代相传,发扬光大之。

王道增生于书香门第,自幼聪慧,“少年喜颜氏家训”,谨遵父嘱,对自己的一言一行,尤其是对儿孙的教育,严格履行颜氏家训。他深知“教妇初来”的奥妙,懂得“教儿婴孩”的道理:“少成若天性,习惯如自然。”他常以“少小多才学,平生志气高,别人怀宝剑,我有笔如刀”教育儿孙立志读书,树雄心大志:“朝为四舍郎,暮登天子堂,将相本无种,男儿当自强。”要求儿孙以“头悬梁”“锥刺股”的精神刻苦学习。他还通过给孩子讲故事,加深理解和记忆。在他的教诲下,其长子王隲考中古现村第一名进士。此后,王检、王显绪、王启绪等皆考中进士。王检父子3人同为翰林。在其后的120年中,又有王积熙、王善垲、王厚庆等17人考中进士,其中受父母教育、祖父母教育、外祖父母教育成材的典型有王积熙、王兆琛、王懿荣等。

在王氏家族中还有母教女、教子的成功典型。王懿娴(王懿荣之胞妹)、王福重(王懿荣孙女)、王学忠等为其中优秀代表。王善壁之祖父王杖,以岁贡任济阳县训导,为济阳培养不少人才,告老还乡后,以教育20余子侄为己任,使其皆有所成,乡人称之教育有方。

从民国至新中国成立初期,学业有成者、成为国家干部者,层出不穷,其中有王为蔚、王福重、王德镇等24人。新中国成立后,先辈的光荣传统得到继续发扬光大,村人更加注重子孙家教,不仅有多数家庭重视孩子的学校教育,聘请家庭教师进行辅导,还有更多人从胎教做起,从婴幼儿教育做起,注意其兴趣与爱好,进行诱导。王其耀秉承祖训教育子孙,其孙王大蔚不仅在校学习成绩名列前茅,而且特别喜欢学习书法,11岁时参加福山区少年书法比赛即荣获一等奖。

第二节 私塾教育

村里最早的办学形式为私塾,只有少数富人家才请得起塾师,且都是男子可以入学。清后期有了村塾和学馆。

私塾的主要课程是学习儒家经典著作“四书”(《论语》《孟子》《大学》《中庸》)和“五经”(《诗经》《书经》《易经》《礼记》《春秋》),另有作文、习字,此外也传授一些算学、天文、医学等自然科学知识。启蒙教材是《三字经》,后陆续增读“四书”“五经”、八股文、试帖诗。一般农家子弟下学前只能读完“四书”中的《论语》《孟子》;准备参加科举考试的青、中年学生才能读完儒家的主要经书,读写时文、试帖诗。塾师即通过讲授经书向学生灌输儒家的伦理道德观念。

私塾先生一般是1塾1师。1塾之中,学生程度不一,授课方式以单人指导为主,课程进度因人而异。入学后的头一两年,只教学生背书识字,不予讲解,三年后开讲。学制无统一规定,少者一两年,多者三四年,富家子弟时间较长。除少数准备参加科举考试者外,一般农家子弟只以初通文字,具有写信、记账的能力为读书目的。按明清制度规定,学生能写出基本合乎规格的八股文、试帖诗,即可参加县试、府试,取得童生(儒生、文童)资格。童生经院试录取者,才能成为生员(秀才),名义上是县学(官学)学生。明清时期,尤其清代,村内众多进士、举人、秀才大都是经过县学考试后升入州学、府学,步入仕途的。

新中国成立后,教育部明令废除私塾,村私塾相继停办,至民国5年(1916)前后全部废止。

附:进士、举人、贡生(秀才)及有九品以上官职无学位记录者表

全村进士一览表

表 12－1

中式时间		姓　名	生卒时间	备　　注
1655	清顺治十二年	王　隲	1612～1695	官至户部尚书
1733	清雍正十一年	王　检	1707～1767	翰林院编修、广东巡抚
1736	清乾隆元年	王显绪	1717～1784	官至监察御史、布政使
1751	清乾隆十一年	王启绪	1729～1781	翰林院编修，官至知府
1754	清乾隆十九年	王希旦		授山东沂州府学教授
1760	清乾隆二十五年	王燕绪	1730～1800	翰林院编修
1771	清乾隆三十六年	王积熙	1711～1771	授七品文林郎官阶封典
1784	清乾隆四十九年	王善垲	1733～1809	官至云南普洱澄江府知府
1801	清嘉庆六年	王厚庆	1772～1826	官至浙江台州府知府
1805	清嘉庆十年	王延庆	1781～1852	官至国子监博士
1808	清嘉庆十三年	王余晋	1765～1848	任兖州知府教授
1809	清嘉庆十四年	王余师	1771～1848	任莱州府教授
1809	清嘉庆十四年	王余英	1767～1819	任湖南善化知县
1814	清嘉庆十九年	王德瑛	1774～1832	官至河南安阳县知县
1817	清嘉庆二十二年	王兆琛	1786～1852	翰林院编修，山西巡抚
1819	清嘉庆二十四年	王森长	1771～1846	官至陕西蒲城县知县
1819	清嘉庆二十四年	王善壁		官至广东和平县知县
1833	清道光十三年	王麟瑞		任沂州府教授
1835	清道光十五年	王武曾	1782～1851	官至浙江慈溪县知县
1850	清道光三十年	王大辂		授知县，因病未到任而逝
1860	清咸丰十年	张恩煦	1845～1900	官至直隶乐亭县知县
1880	清光绪六年	王懿荣	1845～1900	官至国子监祭酒
1880	清光绪六年	王乘燮	1839～？	官至安徽铜陵县知县

全村举人一览表

表 12 - 2

中式时间		姓　名	生卒时间	备　　注
1714	清康熙五十三年	王从绳	1682 ~ 1757	武举人,庠生,任江南六安营参将
1736	清乾隆元年	王　棫	1718 ~ 1786	任湖北天门县知县
1738	清乾隆三年	王衍绪	1719 ~ 1804	任大名府知府
1750	清乾隆十五年	王令绪		任贵州黎平府同知
1750	清乾隆十五年	王文炯		任四川中江县知县
1760	清乾隆二十五年	王广绪		任云南按板井盐课大使,候选知县
1765	清乾隆三十年	王景绪	1740 ~ 1812	任云南鹤广州知州
1768	清乾隆三十三年	王善至		任海丰县教谕
1768	清乾隆三十三年	王钟泰		任山西蒲州府永乐镇同知
1771	清乾隆三十六年	王庆长	1749 ~ 1791	任福建按察使司按察使
1774	清乾隆三十九年	王余庄	1755 ~ ?	拣选知县,例授七品文林郎
1777	清乾隆四十二年	王善宝		任莱芜县训导
1779	清乾隆四十四年	王余蒨		拣选知县,例授文林郎
1786	清乾隆五十一年	王善培		任陵县教谕
1786	清乾隆五十一年	王绶长		任兖州府四氏学教授
1789	清乾隆五十四年	王余菖		任湖北钟祥县知县
1800	清嘉庆五年	王元玑		拣选知县
1804	清嘉庆九年	王余枚		候补湖北知县
1804	清嘉庆九年	王余孚		任胶州学正
1804	清嘉庆九年	王玉汝		任馆陶县训导
1807	清嘉庆十二年	王兆琦	1783 ~ 1829	任德州学正
1812	清嘉庆十七年	王应衔		任平度州学正
1818	清嘉庆二十三年	王阶庆		拣选知县
1822	清道光二年	王绂庆		任泰安府教授
1828	清道光八年	王鹏程		任德州学正,后任登州知府
1831	清道光十一年	王余萃		任曹州府教授
1837	清道光十七年	王余厚		未入仕途
1837	清道光十七年	王祐庆		任福建建宁县知县

续表 12－2

中式时间		姓　名	生卒时间	备　　注
1846	清道光二十六年	王镦庆		任汶上县训导
1855	清咸丰五年	王伯寅		任馆陶县教谕
1875	清光绪元年	王　庸		任济南宁州学正
1888	清光绪十四年	王文臣	1844～1915	任湖南安仁县知县
1891	清光绪十七年	王崇燕	1868～1893	英年早逝
1894	清光绪二十年	王丙桼	1813～1897	任广东知县
1894	清光绪二十年	王崇烈	1870～1917	任鸿胪寺序班

全村贡生一览表

表 12－3

中式时间		姓　名	学位	备　　注
	明	王国学	庠生	王道增祖父
1586	明万历十四年	王久任	岁贡	王道增父，山西文水县主簿
1635	明崇祯八年	王　铎	附生	
	明崇祯	王　锷	附生	
	明	王斌凯	附生	
	明	王　甲	附生	
	明	王　理	附生	
	明	王　球	附生	
	明	王　瓛	附生	
	明	王　璛	附生	
	明	王　璹	廪生	
	明	王　斑	附生	任武城知县
	明	王　鑪	监生	
1647	清顺治四年	王　珽	附生	山西咸县知县
1649	清顺治六年	王　式	廪生	官至湖广总督
1655	清顺治十二年	王　典	附生、武生	
	清顺治	王　琢	附生	
	清顺治	王　炯	武生	

续表 12－3－1

中式时间		姓　名	学位	备　　注
	清顺治	王家整	附生	
	清顺治	王家品	附生	
1666	清康熙五年	王　泞	附生	
1668	清康熙七年	王　滢	拔贡	任德平县教谕，著《左氏传补解》
1671	清康熙十年	王　溥	附生	
1675	清康熙十四年	王　泌	附生	
1677	清康熙十六年	王　漳	附生	
1677	清康熙十六年	王　灌	附生	
1679	清康熙十八年	王　雅	廪生	任齐河县训导
1685	清康熙二十四年	王　涉	岁贡	任平原县教谕
1686	清康熙二十五年	王　瀹	附生	
1686	清康熙二十五年	王　淯	岁贡	官至四川成都府知府，湖广总督
1688	清康熙二十七年	王　橿	附生	
1690	清康熙二十九年	王　樒	附生	
1692	清康熙三十一年	王　潐	岁贡	任镶蓝旗官学教习
1698	清康熙三十七年	王　棎	庠生	任沂州府教授
1701	清康熙四十年	王　槺	附生	
1710	清康熙四十九年	王　栩	附生	
1712	清康熙五十一年	王　柔	附贡生	任湖北按察使司按察使
1712	清康熙五十一年	王　潘	附生	
1717	清康熙五十六年	王　淄	附生	
1719	清康熙五十八年	王　榛	附生	
	清康熙	王　澉	岁贡	
	清康熙	王　潏	岁贡	
	清康熙	王　枞	附贡	
	清康熙	王　椅	附生	
1724	清雍正二年	王　杶	附生	例授登仕郎
1725	清雍正三年	王之熙	岁贡	候选训导
1727	清雍正五年	王　栊	岁贡	任济阳县训导

续表 12 - 3 - 2

中式时间		姓　名	学位	备　　注
1727	清雍正五年	王和衷	附生	
1733	清雍正十一年	王　枋	岁贡	候选训导
1734	清雍正十二年	王会文	附生	
1734	清雍正十二年	王缵先	附生	
1737	清乾隆二年	王　栐	附生	
1738	清乾隆三年	王积辉	廪生	
1738	清乾隆三年	王维贤	附生	
1738	清乾隆三年	王希哲	增生	
1739	清乾隆十七年	王锡珩	附贡	
1740	清雍正五年	王作肃	附生	
1743	清乾隆八年	王积桼	拔贡	候选县丞
1746	清乾隆十一年	王之德	附生	
1749	清乾隆十四年	王文炳	廪生	
1749	清乾隆十四年	王　昉	附生	
1752	清乾隆十七年	王文熵	附生	
1755	清乾隆二十年	王臣燮	附贡	
1755	清乾隆二十年	王际盛	附生	
1755	清乾隆二十年	王今佑	附生	
1755	清乾隆二十年	王培蔚	附生	
1757	清乾隆二十二年	王　素	附生	
1758	清乾隆二十三年	王建原	增生	
1760	清乾隆二十五年	王士奎	廪生	
1760	清乾隆二十五年	王莪勖	岁贡	任掖县训导
1761	清乾隆二十六年	王中矩	增生	
1763	清乾隆二十八年	王培运	廪生	任河南扶沟县知县
1763	清乾隆二十八年	王培田	增生	
1763	清乾隆二十八年	王培芝	增生	
1764	清乾隆二十九年	王锡瓒	附贡	
1765	清乾隆三十年	王善圻	拔贡	补丹阳县丞，泰州州同

续表 12－3－3

中式时间		姓　名	学位	备　　注
1766	清乾隆三十一年	王希正	岁贡	任定陶县训导
1770	清乾隆三十五年	王善在	廪生	任禹城县教谕
1771	清乾隆三十六年	王余苓	拔贡	候选直隶州判
1771	清乾隆三十六年	王余蔚	廪生	貤赠文林郎
1772	清乾隆三十七年	王善台	廪生	任武定府教授
1775	清乾隆四十年	王善坊	附贡	
1775	清乾隆四十年	王培荃	附生	
1776	清乾隆四十一年	王昶长	附生	
1777	清乾隆四十二年	王士坦	附生	
1777	清乾隆四十二年	王培芳	附生	
1777	清乾隆四十二年	王景元	附生	
1777	清乾隆四十二年	王善畿	附生	
1777	清乾隆四十二年	王培芹	附生	
1777	清乾隆四十二年	王毓泮	廪生	
1777	清乾隆四十二年	王毓淳	增生	
1777	清乾隆四十二年	王　路	附生	
1777	清乾隆四十二年	王毓龙	增生	
1777	清乾隆四十二年	王授珣	附生	
1778	清乾隆四十三年	王岁勖	附生	
1778	清乾隆四十三年	王步峰	附生	
1779	清乾隆四十四年	王瑞升	附生	
1779	清乾隆四十四年	王式玉	增生	
1779	清乾隆四十四年	王允长	附贡生	
1781	清乾隆四十六年	王嗣长	增贡生	貤封承德郎
1781	清乾隆四十六年	王余芊	廪生	
1782	清乾隆四十七年	王仪矩	附贡	
1784	清乾隆四十七年	王其同	廪生	候选训导
1784	清乾隆四十九年	王玉特	附生	
1784	清乾隆四十九年	王培因	附生	

续表 12－3－4

中式时间		姓　名	学位	备　　注
1784	清乾隆四十九年	王元玢	附生	
1785	清乾隆五十年	王善埴	附生	
1787	清乾隆五十二年	王文绪	附生	任河南武陟县主簿
1788	清乾隆五十三年	王念曾	贡生	任镶白旗教习、候选知县
1791	清乾隆五十六年	王绍先	附生	
1791	清乾隆五十六年	王以蕃	附生	
1792	清乾隆五十七年	王瑶林	附生	
1792	清乾隆五十七年	王式旦	附生	
1794	清乾隆五十九年	王善起	附生	
1794	清乾隆五十九年	王凤诰	附生	
1794	清乾隆五十九年	王毓洛	附生	
1795	清乾隆六十年	王　镔	附生	
1796	清嘉庆元年	王寿昌	岁贡	
1800	清嘉庆五年	王汝听	附生	
1801	清嘉庆六年	王培垣	增生	
1803	清嘉庆八年	王元璐	岁贡	任淄川县训导
1803	清嘉庆八年	王善均	附生	
1804	清嘉庆九年	王腾龙	岁贡	候选训导
1804	清嘉庆九年	王彦庆	增生	候选翰林院待诏
1804	清嘉庆九年	王懋庆	附生	
1806	清嘉庆十年	王田玉	岁贡	
1806	清嘉庆十年	王肇庆	附生	
1807	清嘉庆十二年	王金镕	附生	
1807	清嘉庆十二年	王余荀	增生	
1808	清嘉庆十三年	王元瑛	岁贡	
1809	清嘉庆十四年	王度长	附生	授登仕佐郎
1809	清嘉庆十四年	王玉麟	附生	
1810	清嘉庆十五年	王　镃	廪生	
1812	清嘉庆十七年	王赐卺	附生	

续表 12－3－5

中式时间		姓　名	学位	备　　注
1813	清嘉庆十八年	王颖相	附生	
1813	清嘉庆十八年	王殿邦	附生	
1814	清嘉庆十九年	王介璞	岁贡	
1814	清嘉庆十九年	王玉纯	岁贡	任范县训导
1814	清嘉庆十九年	王效曾	附生	
1819	清嘉庆二十四年	王述曾	附生	任府案
1821	清道光元年	王　巘	恩贡	候选教谕
1821	清道光元年	王统庆	附生	
1822	清道光三年	王受祜	附生	
1822	清道光二年	王颖傅	附生	诰赠甘肃肃州知府
1822	清道光二年	王迹曾	增生	
1824	清道光四年	王鈖庆	附生	
1825	清道光五年	王常吉	附生	
1825	清道光五年	王劢相	附生	
1827	清道光七年	王亿龄	增生	
1827	清道光七年	王颖储	附生	
1827	清道光七年	王保璘	附生	
1828	清道光八年	王廷震	附生	
1831	清道光十一年	王保珊	附生	
1831	清道光十一年	王仁溥	附生	
1833	清道光十三年	王世润	廪生	
1833	清道光十三年	王应珍	附生	
1834	清道光十四年	王　鄷	岁贡	
1834	清道光十四年	王保谧	廪生	
1834	清道光十四年	王椝昌	附生	
1834	清道光十四年	王乔龄	附生	
1836	清道光十六年	王世昉	附生	候选训导
1837	清道光十七年	王余曾	附生	
1837	清道光十七年	王钟庆	附生	

续表 12－3－6

中式时间		姓　名	学位	备　注
1838	清道光十八年	王启樾	附生	
1840	清道光二十年	王启梓	附生	
1841	清道光二十一年	王玖庆	附生	
1843	清道光二十三年	王保谔	附生	
1843	清道光二十三年	王执恭	附生	
1843	清道光二十三年	王庆德	附生	
1843	清道光二十三年	王兆琳	监生	貤赠奉直大夫
1845	清道光二十五年	王锡纯	廪生	
1845	清道光二十五年	王镇庆	岁贡	
1845	清道光二十五年	王辑彦	岁贡	
1846	清道光二十六年	王荣绶	附生	
1846	清道光二十六年	王宇清	附生	
1846	清道光二十六年	王郁庆	增生	
1847	清道光二十七年	王介清	廪生	
1847	清道光二十七年	王兆琪	监生	任县案
1847	清道光二十七年	王东敏	附生	
1849	清道光二十九年	王祖源	拔贡	官至四川按察使司按察使
1849	清道光二十九年	王伯津	附生	
1849	清道光二十九年	王贻棠	附贡	诰赠振威将军
1849	清道光二十九年	王承烈	附生	
1851	清咸丰元年	王廷蔼	附生	
1851	清咸丰元年	王执贞	附生	
1851	清咸丰元年	王乘鋆	附生	
1851	清咸丰元年	王保珣	廪生	
1852	清咸丰二年	王世昕	附生	
1852	清咸丰二年	王启槱	廪生	
1853	清咸丰三年	王乘滎	附生	
1853	清咸丰三年	王进德	附生	
1853	清咸丰三年	王余莪	附生	

续表 12－3－7

中式时间		姓　名	学位	备　　注
1853	清咸丰三年	王宗海	附生	
1853	清咸丰三年	王绍楣	廪贡	
1853	清咸丰三年	王廷萼	附生	
1853	清咸丰三年	王启楷	岁贡	
1854	清咸丰四年	王保璋	附生	
1854	清咸丰四年	王受谷	附生	
1856	清咸丰六年	王安庆	附生	
1858	清乾隆二十三年	王祚长	廪贡	
1860	清咸丰十年	王仲涛	增生	
1860	清咸丰十年	王万青	附生	
1864	清同治三年	王伯家	附生	
1864	清同治三年	王伯方	优贡	任柘城县知县
1865	清同治四年	王文川	附生	
1866	清同治五年	王宝政	附生	
1866	清同治五年	王价人	岁贡	候选训导
1868	清同治七年	王继志	附生	
1868	清同治七年	王作蘅	附贡	
1870	清同治九年	王伯滋	附贡	四川乡试监
1870	清同治九年	王远彬	廪生	
1872	清同治十一年	王乘棨	附生	
1872	清同治十一年	王吉甫	附生	
1872	清同治十一年	王焕彝	附生	补用知县
1874	清同治十三年	王文坛	附生	
1874	清同治十三年	王庚耀	附生	
1876	清光绪二年	王世宴	廪生	
1878	清光绪四年	王赐履	附生	
1880	清光绪六年	王畬新	岁贡	
1880	清光绪六年	王书瀚	附生	
1883	清光绪九年	王桂芳	增生	

续表 12－3－8

中式时间		姓　名	学位	备　　注
1884	清光绪十年	王作荫	附生	
1884	清光绪十年	王世佺	附生	
1884	清光绪十年	王世侨	附生	
1884	清光绪十年	王世滋	附生	
1886	清光绪十二年	王焕奎	附生	
1886	清光绪十二年	王堃龄	廪生	
1886	清光绪十二年	王春巘	附生	
1887	清光绪十三年	王荣汉	附生	
1889	清光绪十五年	王奎龄	附生	
1890	清光绪十六年	王赞耀	附生	
1890	清光绪十六年	王庾耀	廪生	
1892	清光绪十八年	王其侯	附生	任鸿胪寺书班
1892	清光绪十八年	王崇焱	廪生	
1892	清光绪十八年	王世偁	增生	
1895	清光绪二十一年	王景南	附生	
1896	清光绪二十二年	王其田	附生	
1896	清光绪二十二年	王龙翔	廪生	
1898	清光绪二十四年	王佐铨	增生	
1899	清光绪二十五年	王伯瀚	庠生	
1899	清光绪二十五年	王凌焱	附生	
1902	清光绪二十八年	王桐观	附生	烟台海关关长
1904	清光绪三十年	王圻苌	附生	
1904	清光绪三十年	王龚耀	附生	
1904	清光绪三十年	王　澍	监生	孝授州判，例授征仕郎
		王　泓	武生	
		王　获	武生	
		王　涵	岁贡	任夏津县训导
		王丕世	武生	
		王　潭	武生	

续表 12－3－9

中式时间		姓　名	学位	备　　注
		王　涛	武生	
		王　渚	武生	
		王　淳	武生	
		王　昂	监生	
		王　术	监生	
		王　杕	附生	
		王　枭	监生	
		王　架	附生	
		王　柾	监生	例授儒林郎
		王僧秀	监生	
		王　棕	监生	
		王　棿	武生	
		王　橓	监生	
		王　彬	监生	任四川中江县知县
		王　业	监生	任山西蒲州府同知
		王　菜	天文生	
		王　机	监生	任甘肃平凉府知府
		王　杲	监生	任浙江按察使司太常寺少卿
		王　樣	监生	
		王　檍	武生	
		王　榧	监生	
		王　梓	监生	
		王　棣	武生	
		王　椈	监生	
		王世翻	监生	
		王世业	武生	
		王世隆	监生	
		王汉中	武生	
		王作乂	监生	

续表 12－3－10

中式时间		姓　名	学位	备　　注
		王积光	拔贡	任禹城县教谕
		王积勋	监生	
		王臣简	监生	
		王臣赞	监生	任淄川训导
		王积熉	监生	
		王维城	监生	
		王维讷	监生	
		王维炘	监生	
		王维纲	监生	
		王维纪	监生	
		王维宁	监生	
		王维哲	监生	
		王维范	监生	
		王维燿	天文生	
		王维屏	天文生	
		王维恭	监生	
		王维清	监生	
		王维岳	监生	
		王　熥	贡生	任山西蒲州府同知
		王自振	监生	
		王承绪	监生	任广西融县知县
		王元绪	监生	任河南高堰外河通判
		王坦绪	监生	任河海防同知
		王宁绪	监生	候选州同知
		王希吉	监生	
		王希良	监生	
		王希在	监生	
		王元綮	监生	
		王元宏	武生	

续表 12－3－11

中式时间		姓　名	学位	备　　注
		王元煌	监生	
		王之勋	监生	候选州同知
		王之炳	监生	任掖县训导
		王之煜	监生	
		王之焞	监生	
		王之柏	监生	
		王　鼎	监生	诰赠奉直大夫
		王裕祖	监生	
		王维正	武生	
		王延祚	监生	候选州同知
		王之生	监生	
		王所需	监生	
		王所瞻	监生	
		王孚先	监生	
		王继先	监生	
		王锡瑜	监生	
		王锡玮	监生	
		王锡璋	监生	
		王建业	监生	
		王郁文	监生	
		王中范	监生	
		王善基	贡生	任武清县淘河主簿
		王善埰	廪生	任巨野县教谕
		王善达	监生	
		王元祺	监生	
		王朝左	武生	任即墨营把总
		王德润	监生	
		王润洲	监生	
		王世英	庠生	任高密县训导

续表 12－3－12

中式时间		姓　名	学位	备　　注
		王凤翔	监生	
		王凤鸣	监生	
		王建原	增生	
		王凤池	贡生	
		王凤翽	监生	
		王凤梧	监生	
		王丕烈	武生	任直隶三台营把总
		王丕度	监生	
		王孝思	监生	
		王庚长	监生	任江西南康府同知
		王履长	监生	任河涧县县丞
		王恩长	监生	任江苏宝应县县丞
		王荫长	监生	任直隶交河县主簿
		王辅长	监生	任广西融县知县
		王泽长	监生	
		王世长	监生	任浙江龙泉县典史
		王守长	监生	敕授登仕佐郎
		王宜长	监生	
		王吉长	监生	
		王垣长	监生	例授儒林郎
		王龄长	监生	
		王惠长	监生	任国史馆议叙
		王秩宗	监生	
		王岱宗	监生	
		王文爽	监生	
		王和南	监生	
		王嵷勖	监生	
		王峄勖	监生	
		王　赍	监生	

续表 12－3－13

中式时间		姓　名	学位	备　　注
		王　貹	监生	
		王永清	监生	
		王　賱	监生	
		王凤藻	恩贡	
		王宏文	监生	
		王惠文	监生	
		王绣文	监生	
		王绮文	监生	
		王毓渭	监生	
		王毓瀛	监生	
		王毓丰	增贡	
		王余芮	监生	
		王余淦	贡生	
		王余茂	监生	
		王余荣	附生	
		王余恒	天文生	
		王余祉	庠生	
		王依仁	监生	
		王泽春	算学生	
		王　昱	增生	
		王耿光	监生	
		王　昀	附生	
		王阶升	增生	
		王予锟	监生	
		王廷镇	监生	
		王心镜	附生	
		王　諴	文林郎	翰林院、庶吉士
		王龙昌	监生	
		王恒谦	监生	任天津县县丞加州同知

续表 12－3－14

中式时间		姓　名	学位	备　注
		王恒观	监生	
		王恒晋	监生	
		王兆球	宝文供事	例授承德郎
		王恩焕	监生	
		王寅曾	监生	
		王宪曾	贡生	
		王敬曾	增生	
		王茂锡		直隶武邑县知县
		王晋锡		河南扶沟县知县
		王介锡		河南扶沟县知县
		王立诚	监生	
		王全璧	监生	
		王授瑄	监生	
		王玉瑛	监生	
		王颖儒	监生	例授登仕郎
		王鸣皋	监生	
		王廷弼	增生	
		王宜裕	廪生	
		王兆瑞	监生	
		王兆元	监生	
		王乔林	监生	
		王森林	监生	
		王知考	监生	
		王得俭	监生	
		王延昌	监生	
		王师昌	贡生	
		王印昌	增生	
		王膺昌	监生	
		王棨昌	附生	

续表 12－3－15

中式时间		姓　名	学位	备　　注
		王骏誉	附生	
		王惠庆	附生	
		王绍庆	附生	
		王孙庆	监生	
		王友庆	监生	候选从九品
		王有庆	监生	
		王执宜	廪生	
		王执逊	附生	
		王执让	岁贡	候选教谕
		王�	贡生	
		王守中	监生	
		王守训	附贡	任陇西县丞六品
		王永诚	监生	
		王守治	监生	
		王守淳	监生	
		王延青	监生	方略馆议叙
		王德璋	增生	
		王克嘉	监生	至圣庙斋奏官
		王钟嵛	监生	
		王钟钰	监生	
		王鸿信	监生	
		王蒙吉	监生	
		王受禔	监生	
		王受恺	附生	供事玉牒馆议叙
		王寿平	武生	
		王受训	武生	例授登仕佐郎
		王伯润	监生	钦加同知
		王伯涛	监生	广西象州知州
		王伯平	监生	诰授奉直大夫

续表 12－3－16

中式时间		姓　名	学位	备　　注
		王伯淳	监生	浙江仙居县知县
		王伯沅	监生	
		王鹏猷	监生	例授登仕佐郎
		王遴士	监生	浙江青村盐场盐课大使
		王德珍	监生	
		王德琳	监生	候选典史
		王经奎	监生	
		王德镇	监生	
		王　卣	监生	供事国史馆议叙
		王良辅	增生	
		王良翰	附生	
		王晋翰	算学生	
		王钟涑	监生	
		王钟淇	监生	
		王钟洲	监生	
		王钟淮	监生	
		王　隣	增生	
		王德荫	监生	
		王德濽	监生	
		王啓瑞	监生	
		王　倬	监生	
		王吉武	监生	
		王丙熙	监生	
		王寅同	监生	
		王寅昉	监生	
		王珍玉	增生	
		王保阶	附生	
		王保玟	附生	
		王保训	廪生	

续表 12－3－17

中式时间		姓　名	学位	备　　注
		王保谟	监生	候补县丞
		王伯顺	附生	
		王保勤	监生	广西玉山镇典史
		王仲寅	供事	广西镇安府知事
		王亮寅	岁贡	
		王伯莪	监生	钜鹿知县
		王季寅	供事	任方略馆议叙
		王继愈	监生	
		王　新	监生	任直隶广宗县典史
		王翰书	监生	
		王懿霖	监生	
		王懿棨	贡生	
		王大桢	监生	
		王启桐	附生	
		王树声	监生	
		王树杰	贡生	
		王嘉椙	监生	
		王嘉榛	廪贡	
		王嘉梅		翰林院待诏
		王承兴	武生	
		王　恂	监生	
		王金相	附贡	
		王世焯	廪生	
		王世柟	附生	
		王作丰	廪生	
		王为皋	供事	
		王为郇	廪生	
		王崇瑛	附生	
		王书华	附生	

续表 12－3－18

中式时间		姓　名	学位	备　　注
		王泰来	监生	候补县丞
		王葆溆	附生	
		王葆田	附生	
		王文林	附生	

注:有年代者以年代为序,无年代者以家谱支派为序,支派再以辈分为序,大体如此

全村有官职而无学位记录者一览表

表 12－4

姓　名	官　职	备　　注	姓　名	官　职	备　　注
王　樘	八品		王乃孚	八品	
王　发	八品		王丕彰	八品	
王秉礼	九品		王丕玉	九品	
王秉聪	九品		王　昀	八品	
王维祺	八品		王　堃	八品	
王维爵	八品		王士墀	八品	
王维煌	八品		王慎思	八品	
王希熺	八品		王孔长	二品	诰赠奉直大夫,二品振威将军
王希谷	八品		王培英	八品	
王元烈	九品		王培莲	八品	
王元熺	九品		王培蔼	八品	
王之煦	八品	任章丘县教训	王培芷	八品	
王之燽	九品		王培芬	八品	
王之荀	八品		王培芝	八品	
王之炤	九品		王培荚	八品	
王希煊	九品		王恺南	九品	
王景先	九品		王周南	八品	
王蒙业	九品		王召南	八品	
王述业	八品		王崐勖	八品	
王吉文	八品		王巄勖	八品	

续表 12－4

姓　名	官　职	备　　注	姓　名	官　职	备　　注
王岩勖	八品		王　峒	八品	
王葑勖	八品		王锡光	八品	
王嶂勖	八品		王敬舆	军功六品	
王岷勖	八品		王寿平	军功六品	
王絜矩	八品		王钟濂	九品	
王执矩	九品		王钟淦	候选典史	
王循矩	九品		王钟瀚	候选州吏	
王居武	九品		王钟瀛	六品	
王裕亨	九品		王钟涝	恩骑尉	
王居重	九品		王德衡	六品	
王汝佐	衍圣公府屯官		王寅杰	从九品	
王宜荣	九品		王觐蓉	候补典史	
王宜政	九品		王伯亚	州同知	
王永绎	八品		王伯凤	从九品	候选典史
王余荫	团练		王作霖	七品	
王余禧	九品		王鸿发	提督	赏三代正一品封典
王元礼	八品		王贻櫺	军功六品	
王荣光	九品		王贻桢	从九品	
王重光	九品		王贻栋	军功六品	
王观光	九品		王贻棻	军功六品	供事方略馆议叙
王　嶔	八品		王曾栻	恩骑尉	
王　听	把总	陕西清军厅	王果行	九品	
王　诜	八品		王凤翼	军功七品	
王墉锡	八品		王世烇		福建试用县丞
王金章	八品		王为蔚	中将	联军副司令
王授璋	八品		王福疆	六品	蓝翎把总
王授谷	九品		王来煜	七品	
王知性	九品		王来炯	蓝翎外委	
王蔚昌	九品		王崇良		
王逢庆	军功六品		王其舆	云骑尉	
王同庆	恩骑尉				

注：以家谱支派和辈分为序。

第三节　新兴教育

清光绪二十六年(1900),村始兴办凤凰山小学,位于北大街,大多数儿童有入学机会。清光绪二十八年(1902),实行近代学制,即壬寅学制。到清光绪二十九年(1903)实行癸卯学制,为中国实行近代学校教育制度之始。清光绪三十一年(1905),清廷诏令废科举,兴学堂,现代学校教育制度开始建立。民国11年(1922)实行壬戌学制,通称"六三三制",即小学校6年(初等教育:初级小学4年,高级小学2年);中学校6年(中等教育:初级3年,高级3年);大学校2至4年(高等教育:专门学校4年,大学院2~4年)。国民党统治时期实行壬戌学制,虽几经修改,但基本上没有变动,此学制一直沿用到全国解放。

民国19年(1930),凤凰山小学初成规模。民国33年(1944),凤凰山小学成为古现区中心完小。

民国初年,小学教育学制为7年,分前后两期,前期四年,后期3年。民国11年(1922)11月,小学改为6年制,初小4年,高小2年。

民国初年,初级小学普遍开设修身、国文、算术、手工、图画、唱歌、体操等课程;高级小学增加自然、历史、地理、尺牍等课程。民国19年(1930)前后,中、小学开始使用白话文教材,课程设置有所变动,废除修身课。高小废除了古文、论说、英文和千家诗等课程。初小主要课程有国语、算术、三民主义(后改为公民)、常识、珠算等;高小主要课程有国语、算术、历史、地理、自然、卫生、公民课等。抗日时期,解放区和敌占区学校的课程设置与战前大同小异,只是敌占区恢复了修身课,借以向学生进行封建道德事项和"中日亲善"的奴化教育。解放区不设公民课。

1910~1949年古现东村学子名录

表12-5

姓名	性别	入学或毕业时间	学校名称	所学专业	学历、学位、职称
王同观	男	晚清	中国海关学堂		专科
王为蔚	男	晚清	北洋陆军速成学堂		专科
王宪钧	男		燕京大学	哲学	专科
王宪钿	男	1939	清华大学	心理学	研究生
王宪钊	男	1939	西南联合大学	地质地理气象	专科
王福挺	男	1944	华西大学	经济	高工
王宪钟	男				博士
王福重	女	1945	燕京大学		本科
王茂林	男	1945	上海圣约翰大学		专科
王学义	男	1939	黄埔军校		专科
王宪铨	男	1945	清华大学	历史	本科
王德镇	男				专科

续表 12－5

姓名	性别	入学或毕业时间	学校名称	所学专业	学历、学位、职称
王学忠	男	1946	上海圣约翰	经济	博士
			美国哥伦比亚大学	工商管理	硕士
王永江	男	1949	国立北洋大学	电机	专科

第四节　现代教育

幼儿教育　1958 年，村始兴办幼儿园，招收 3 ~6 岁的幼儿，进行启蒙教育，为小学教育打基础，同时解放妇女劳动力，使其参加集体生产劳动。

1973 年，村与邻村西村、北斗村、胜利村三村联办幼儿园 1 所。2000 年，联办幼儿园发展为古现中心幼儿园。2010 年，幼儿园达 9 个班，幼儿教师 25 人，本村入园儿童达 20 人，入园率达 95%。

1986 ~ 1989 年，幼儿园开始设置语言、计算、常识、美术、音乐、体育课程。按年龄分大、中、小班三个级别上课。小班 3 ~4 周岁，上半年每周 6 节课，下半年每周增加到 8 节课，每节 10 ~ 15 分钟；中班 4 ~5 周岁，每周 10 ~ 11 节课，每节 20 ~ 25 分钟；大班 5 ~6 周岁，每周 12 节课，每节 25 ~ 30 分钟。

古现幼儿园

小学教育　新中国成立后，直至 1988 年夏，村小学均设在古现东村北街道北，系旧时火神庙改建，占地面积 3200 平方米，平房 57 间，建筑面积 1098 平方米。1988 年秋，学校迁至胜利村北的黄金河南岸（原联办中学校址），占地面积 6700 平方米，平房 54 间，建筑面积 1300 平方米。

旧古现小学（凤凰小学）

1951 年，小学由原来实行“六年制”改为实行“五年一贯制”，修业年限为五年。1953 年，“五年一贯制”暂缓推行。1969 年，小学又改为“五年一贯制”。1983 年，福山县 50% 的小学实行“六年一贯制”。1984 年后，又恢复“五年一贯制”。

新中国成立初期，小学初、高级课程与抗战前基本相同，只是撤销了公民课，增设了政治课、劳动课，国语课改称语文课。“文化大革命”期间，课程设置混乱，学校自行增减变更。1976 年后，逐步得到纠正，按国家统一规定设置课程。1985 年，高小开设的课程有语文、数学、历史、地理、自然和思想品德等；初小有语文、数学、思想品德等；高、初级皆开音乐、体育、美术等。自 1993 年起，执行《九年义务教育全日制小学、初级中学课程方案》。1994 年，根据《实行新工时制对全日制小学、初级中学课程（教学）计划进行调整的意见》，对课程进行了调整。自 1989 年后，小学 3 ~ 5 年级开设英语课。

1978 ~ 1979 年，古现小学 13 个教学班，500 名学生，20 名教职工。1980 ~ 1982 年，13 个教学班，600 名学生，21 名教职工。1983 ~ 1986 年，13 个教学班，600 名学生，24 名教职工。1987 ~ 1990 年，11 个教学班，350 名学生，23 名教职工。1990 ~ 2007 年，11 个教学班，450 名学生，23 名教职工。教职工中：高级职称 1 人，中级职称 10 人，初级职称 12 人；大本 3 人，大专 10 人，中师 10 人。学校先后建有图书室、仪器室、实验室、微机室、教师音像备课中心、语音室等。进入 20 世纪 80 年代后，村儿童入学率和接受义务教育的青少年达 100%。办学环境及教学设施不断得以改善和提高，古现中心小学成为烟台市“花园式标准小学”。

新建古现小学

自新中国成立以后，学校教学成果显著，对全公社（镇、街）的教育教学起到较好的示范辐射作用。1990 年，获福山区“大面积提高教学质量实验先进单位”荣誉称号，学校少先队获烟台市“金星大队”荣誉称号。1991 年，获烟台市“花园式学校”荣誉称号。1993 年，获烟台市教育局“校园经济先进学校”荣誉称号。1996 年，获山东省“单元达标教学先进学校”荣誉称号。1997 年，获烟台市“少先队素质教育示范单位”荣誉称号。1998 年，少先队获烟台市“雏鹰大队”荣誉称号。1999 年，获烟台市“经济先进学校”和“优秀家长学校”荣誉称号。

古现中心完小历任校长一览表

表 12 - 6

校　名	姓名	职务	任职时间（年）
凤凰山小学	彭雪枫	校长	1929
古现区中心完小	孙之光	校长	1955 ~ 1965
古现公社中心完小	李学武	校长	1978 ~ 1979
	张其忠	校长	1980 ~ 1982
	吴语实	校长	1983 ~ 1986
古现镇中心完小	王汝海	校长	1987 ~ 1990
	陈广瑞	校长	1990 ~ 2007
	张亨超	校长	2007 ~

中学教育　实行新学之后，村人皆到福山读中学。民国 19 年（1931）三月，福山成立师范讲习所，民国 20 年（1932），王氏四宅王珍实就读（二级），毕业后去北平崇文门内汇文中学就职。民国 31 年（1942）5 月，陈昱在村创办福山中学，林普光任校长，于泽九任教务主任，招生 50 名，一时方便了村人读中学。是年秋，陈昱兵败，逃至莱阳，福山中学随之迁走，民国 32 年（1943）停办。此时村人又到烟台读中学。1956 年 10 月 15 日，村王考一、王基秋（女）、王耀玲（女）考入古现中医学校，毕业以后，王考一去兰州。1958 年 8 月，福山县在

开发区第三中学（原福山三中）

村凤凰山建福山第三中学，自此村人读中学不需出村。1968 年，村与邻村联办初级中学，初中教育始普及。1988 年，联办中学全部合并于烟台十九中学（原福山第三中学）。

1950～2013 年古现东村大学生一览表

表 12－7

姓名	性别	入学时间（年）	学校名称	系或所学专业	学位
王宪鉌	男	1951	南京军事学院		专科
张道辉	男				专科
于德友	男				专科
王考真	男	1956	锦州工学院	机电系	本科
王　基	男				专科
王德钧	男	1956	新疆大学		本科
王汝弼	男	1960	西安交通大学		本科
王铭富	男	1965	航空学院		专科
夏曰源	男	1966	山东大学	物理系	本科
于菊梅	女	1969	北京钢铁学院		本科
王汝娟	女	1970	上海华东师范大学	教育系	本科
王永玫	女		烟台师专		专科
王昌福	男	1970	哈尔滨建筑工程学院	建筑系	本科
王汝霖	男	1970	山东海洋学院		本科
张心礼	男				专科
王昌萼	男	1978	山东青年干部管理学院	管理系	专科
王　羽	男	1982	哈尔滨医科大学	医学	本科
王昌荣	男		陕西工程学院		本科
王镇军	男	1984	曲阜师范学院	音乐	本科
王雪宁	女	1991	烟台师范学院	外语	本科
王维荣	女	1991	西安电子科技学院	外语	本科
李　波	男	1992	烟台大学	土木建筑	本科
王金芳	女	1992	上海音乐学院	音乐	本科
李淑萍	女	1992	天津师范专科学校	物理	本科
张家勇	男	1993	烟台师范学院	物理	本科

续表 12－7－1

姓名	性别	入学时间（年）	学校名称	系或所学专业	学位
王　妮	女	1993	烟台师范学院	中文	本科
王　俊	男	1993	东北师范学院	体育	本科
王　强	男	1993	大连海事学院	计算机	本科
王光玉	男	1994	广州潜水学院	潜水	本科
王柏松	男	1994	山东经济学院		专科
王　磊	男	1995	大连铁道学院	热力加工	本科
王海明	男	1996	烟台海运学院	轮机	专科
吕秀勇	男	1998	青岛高级职业学校	空调制冷	专科
王玉刚	男	1999	中南神学院	宗教	本科
王铭志	男	2000	中国农业大学	农经管理	本科
王晶晶	女	2001	北京电影学院	导演	本科
张　杰	男	2002	龙口南山学院	机电一体化	本科
于蔚蔚	女	2003	上海财经大学	产业经济学	硕士
王汝丽	女	2003	石油大学	财务管理	本科
王玉栓	男	2003	莱阳农学院	经营管理	硕士
王昌杰	男	2003	山东党校	法律系	本科
于　青	男	2004 年 9 月	德州学院	体育系	本科
于　毅	女	2004	青岛大学	工商管理	本科
曲　伟	女	2004	山东经济学院	营销	专科
李晶晶	女	2004	山东商业职业学院		专科
张雪飞	女	2004	山东理工大学	国际贸易	专科
王润芳	女	2004	泰安学院	旅游	专科
吕永乐	女	2004	山东青年管理干部学院	社会工作	专科
董　斌	男	2005 年 9 月	中国民用航空学院	工商管理	本科
王振兴	男	2005 年 9 月	青岛科技大学		本科
赵英俊	男	2005 年 9 月	陕西科技大学	电子系	本科
王菲菲	女	2005 年 9 月	山东轻工业学院	材控	本科
张　磊	男	2005 年 9 月	淄博职业学院	机电一体化	专科
王晓惠	女	2005 年 9 月	烟台职业学院	环境技术设计	专科

续表 12－7－2

姓名	性别	入学时间（年）	学校名称	系或所学专业	学位
王莎莎	女	2006 年 9 月	青岛理工大学	国际贸易	本科
王贝贝	女	2006 年 9 月	山东青年管理干部学院	韩语	专科
朱媛媛	女	2006 年 9 月	青岛求实职业技术学院	计算机信息	专科
刘雪媛	女	2006 年 9 月	黄石理工学院	建筑装饰工程	本科
王　妮	女	2007 年 9 月	青岛飞洋职业技术学院	会计电算化	专科
刘延航	男	2007 年 9 月	山东理工大学	机械设计制造	本科
王丹阳	女	2007 年 9 月	青岛黄海职业学院	物流管理	专科
曲　菲	女	2007 年 9 月	山东商务职业学院	计算机应用	专科
于军威	男	2008 年 9 月	山东理工大学	应用电子技术	专科
朱德一	男	2008 年 9 月	山东医学高等专科学校	临床医学	专科
王　贇	男	2008 年 9 月	山东体育学院	运动训练	本科
王　京	女	2008 年 9 月	湖北美术学院	工业设计	本科
刘延庆	男	2008 年 9 月	四川师范大学	广电编导	本科
王　娜	女	2009 年 9 月	长春工程学院	环境工程	本科
王　森	男	2009 年 9 月	烟台职业学院	新闻采编制作	专科
于　洲	男	2009 年 9 月	滨州职业学院	轮机工程	专科
王　帆	男	2009 年 9 月	山东艺术学院	舞台美术设计	本科
蔡晓静	女	2009 年 9 月	山东科技大学	广告学	本科
王新妍	女	2009 年 9 月	山东师范大学	应用心理学	本科
王振霞	女	2010 年 9 月	青岛大学	临床医学	本科
于　洋	女	2010 年 9 月	山东大学	电子信息科学	本科
乔　任	女	2010 年 9 月	鲁东大学	生物科学类	本科
王春旭	男	2010 年 9 月	沈阳理工大学	动画	本科
姜　林	男	2010 年 9 月	山东体育学院	健美操	本科
王　琳	女	2010 年 9 月	烟台职业学院	人力资源管理	专科
张家亮	男	2010 年 9 月	山东体院体运学校	运动训练	专科
王春蕊	女	2010 年 9 月	山东工艺美术学院	环境美术	专科
朱　琦	男	2010 年 9 月	菏泽医学专科学校	口腔医学	专科
孙　磊	男	2010 年 9 月	哈尔滨工程大学	热能与动力机械	本科

续表 12－7－3

姓名	性别	入学时间(年)	学校名称	系或所学专业	学位
王仁辉	男	2011 年 9 月	山东体育学院	体育教育	本科
曲　佳	女	2012 年 9 月	山东工商学院	统计	本科
周　悦	男	2012 年 8 月	潍坊科技学院	工程管理	本科
蔡浩然	男	2012 年 9 月	山东工商学院	国际经贸	专科
王正浩	男	2012 年 9 月	山东工商学院		专科
王明月	女	2013 年 9 月	山东师范大学	人力资源管理	本科
朱明明	男	2013 年 9 月	山东师范大学	体育	本科
王　恺	男	2013 年 9 月	山东师范大学	经管及国际贸易	本科
李明晓	女	2013 年 9 月	曲阜师范大学	体育教育	本科
林秀玲	女	2013 年 9 月	青岛农业大学	物流管理	本科
王雅男	女	2013 年 9 月	青岛理工大学	通信工程	本科
王巧娜	女	2013 年 9 月	山东理工大学	计算机应用	本科
曲忠辉	男	2013 年 9 月	鲁东大学	广告	本科
王　欣	女	2013 年 9 月	山东商务职业学院	会计	专科
于建达	男	2013 年 9 月	枣庄学院	光电信息科学	本科
刘雪媛	女	2013 年 9 月	武汉师范学院	教育课程	硕士
王　娜	女	2013 年 9 月	中国海洋大学	环境工程	硕士
王新妍	女	2013 年 9 月	北京大学	心理学	硕士

第十三章　文化艺术

古现东村地灵人杰，文化昌盛，孕育出一代又一代优秀的文化饱学之士。尤其是清代，科第绵绵，人文蔚起，涌现出一大批“进士及第”的优秀人才，他们不仅驰骋于宦海，而且活跃于文坛，文学创作才华横溢，诗词歌赋无所不及。王隲长于古文，颇具韩愈文风；王序工诗，善书法，笔意雄秀，类晋人；王景绪“通经术，擅诗赋”；王钟泰“长于文笔，书法尤工”；王余芉“一切词章无不精工”；王延庆“仕宦止一千里外，文章著廿四科前”“经学渊深”“诗文”“淹雅”；张恩煦“少工诗，赋最有声”；王保训“少有俊才，诗为一时所推重”；王庸“精丹青山水，得元人笔意，寸绢尺素人皆珍之”。尤其是彪炳史册的文化巨擘王懿荣，不仅在古文字研究方面造诣很深，更是诗文创作的圣手；其子王崇焕“治谷梁学能发挥先儒遗蕴”。他们的很多作品脍炙人口，为后世称颂并广为流传。

新中国成立后，新人新作迭出，1978 年，王其耀等人合编的历史剧《雄风祭酒》在北京《剧本》上头题发表，荣获中国戏剧家协会山东分会颁发的“剧本奖”；1989 年，又荣获省委、省政府颁发的“山东省泰山文艺创作奖”。

从事教育、科研、艺术的工作者不断有自己的著述和作品出版和发表，丰富了国家的文化事业。

第一节　诗　　歌

清代为村人诗歌创作的繁盛期，主要是文人学士的作品。其体裁有古体诗和近体诗两种，内容以抒写怀抱、服务社会、描绘山川、表现生活为主。

苦　雪

（清）王　隲

奔奏冰曹序七迁，归家雪甚压村烟。
丁丁伐去山山色，贸贸蒙来处处年。
大厦千间思肯构，横流一筏顾谁编？
西轩伏枕追先德，愁煞春深听朴鞭。

甲戌除日扶病谒乡贤祠

（清）王　隲

八十零一岁，邀恩还旧寓。
出也曾寤欢，归哉亦啸歌。
劳劳五省间，念如苍生何？
谁执太常旗？征功书不磨。
国尔民亦尔，自欺鬼责苛。
大都势与利，豪杰争贪多。
我性天制之，不须费琢磨。
故此四十年，寸步无蹉跎。
人各有肺肠，何可告于他？
忠孝两遗言，铭刻在风波。
善恶迟速报，造物宁终讹。
力疾谒乡祠，祖父列贤科。
子子又孙孙，稽首共婆娑。
得正斯已矣，就毙不求瘥。

游磁山晚归

（清）王　检

郊原廖穴又秋风，禾黍高低野径通。

履齿踏残归去晚，青山白发夕阳中。

牟子国城怀古

（清）王　棫

无限苍茫旧感生，高低禾黍见牟城。
曾传庭实随郱葛，岂有瑶编纪世名？
一代市朝荒夜雨，千秋陵寝佐春耕。
扬尘不信麻姑语，又听寒潮向晚声。

游芝阳洞

（清）王积熙

劳生疲登降，何处栖息好？
胜地指芝阳，遥遵一径小。
既至俨堂隍，豁达展游眺。
西偏殿宇阴，石壁净如扫。
天匠挥巨刃，洞穴辟深窈。
老干盘崖垠，龙拿白云表。
传闻寓仙灵，白日升清昊。
我欲寻遗迹，树隐风袅袅。
他年谢尘块，或可拾瑶草。

观海市用昌黎陆浑山火韵

（清）王燕绪

大气阖辟蒸浑浑，
天东若木输灵源。
嘘噏裨瀛恣横吞，
万境霮昱来凭轩。
阴冰皑皑阴火燔，
广怪幽谲难穷原。
绝界奥府承与坤，
架来潜壑空无垠。
金城乍立萦缭垣，
广路倏披开通门。
晃朗日观招羲暾，
深林蓊郁宜猱猿。
周池漭瀁容蛟鼋，
舞为孤鹄翔双鹍。
飞黄朱鬣腾且奔，
嶒峻峰崿参卑尊。
高得太阁平郊原，
千蕊万萼吐秾繁。
悬瀑影非惊涛喧，
以水济水如鸣埙。
惚恍豹戟扬华幡，
金鳞曜日包衣裈。
珠晴鲛客规黑臀，
跷容狡疾扶丹辕。
巨刃摩雪装兜鞬，
或凭楼橹巢锈轓。
龙绡风缬垂旗帤，
玉帛焚燎具羞膰。
跄济错沓前后屯，
方壶若罍汉若盆。
光华散合奉豆罇，
揖让不闻笑共言。
素霞裂帛随飚翻，
琼軿上下交迴反。
元髾画蛾流清暖，
碧宇浩浩排云根。
金支仿佛降天孙，
须臾勿失肘与跟。
乍愕乍喜何嫌恩？
荡空合漠归厥元。
坤区阔绝无系援，
细寻诡特符前论。
掔曳余谒浮庭阍，
九点浮潏无烟痕。
思之不获劳神魂，
伐蛟取蜃哀其冤。
奇幻亦属功所存，
讙譊众目忘朝飧。
天吴海若疑婚姻，
鱼龙曼衍皆遗昆。
天门蝃蝀矜跳践，
呵嘘万族交腾骞。
乌雀一过多愁怨，

戢翼弗下避鲸鲲。
远者阆风高昆仑，
烛龙能易朝与昏。
水不可濡火不焚，
一登一涉辞嚣烦，
凌绝澒洞当行扪。

四月七日同古现诸叔游奇泉

（清）王余英

小径通山寺，寻芳取径歧。
余香留气味，半老见风姿。
墙短飞红雨，阴浓间柳丝。
缘何低首过，恐触落花枝。

十里铺道傍红白莲花

（清）王余英

一

翠盖红裳斗晚霞，仙姿岂合委泥沙？
从来好色无真赏，冷落瑶池第一花。

二

冷艳幽香最可人，婷婷玉骨不占尘。
素心哪惯趋炎热，谢绝秾华野水滨。

栖霞虎窠道上

（清）王善圻

策马上高峰，漠漠松涛布。
幽鸟何绵蛮，山花杂红素。
日午不逢人，樵歌起深树。

云峰晚秀

（清）王善宝

岚光滴翠叠重重，
楼外斜阳色更浓。
依日青山多不识，
暮云添得两三峰。

游磁山

（清）王保训

六年不见山灵面，今日来游特地青。
汉畤白云何处去？秦时流水几时停？
高凌绝顶天风紧，倦倚平台海气腥。
茗饮迟迟归兴好，野花红煞夕阳亭。

将去文登留别吕友徐先生

（清）王余莒

岿然雅望斗山齐，憎命文章竟久稽。
一室卧余新药里，五云复处旧巢栖。
似能耐俗频推奖，多恐怜才负品题。
拜别暂客依仗屦，明朝马首数峰西。

赴齐东途大风雪

（清）王余莒

晚色动征鞭，飞飞雪满天。
云浓劳酝酿，风急与回旋。
旅雁不闻响，孤村何处烟？
瘏痡嗟仆马，踯躅路歧边。

将赴香河留别同人

（清）王余莒

同官清对玉壶秋，花满棠封怅去留。
东国衣冠多俊乂，南楼参佐亦风流。
论文尊酒虚前席，画壁旗亭感旧游。
挥手临歧情脉脉，夕阳厌次古城头。

将赴钟祥新任留别同城绅士

（清）王余莒

久将宦迹付浮沤，萍合无端怅去留。
俊乂称名自儒雅，韬钤有略足风流。
青云事业论前古，白日心期感壮游。
指点郢中春树近，双鱼莫惜递签邮。

四鼓起赴丽阳

（清）王余莒

月色明如昼，江流静不波。
人行颓岸仄，犬吠小村多。
不觉寒增剧，偏怜睡有魔。

偿他路途债，吾意恨蹉跎。

无题

（清）王余莒

翛然一棹寄沧浪，白傅风流贺监狂。
斸药阶前思昔荫，撷芸窗外放新香。
山林踪迹关怀远，铁豸家声衍绪长。
从被故人问奇字，草元亭畔共飞觞。

铁门旅次逢韩友得家音

（清）王文炯

试险经秦蜀，思亲意未穷。
青灯茅店里，白发梦魂中。
肠断天边月，音稀塞上鸿。
春晖何处是？寸草恨飘蓬。

狮子营途中遇风

（清）王文炯

封姨著力扫尘埃，飒飒山风卷地来。
旷野斜翻飞鸟去，寒晖乱展暮云开。
闲情跌宕诗偏涩，瘦影凌竞马自隤。
堪笑还如狮子吼，河东旅店亦相猜。

在兖州府学署赠白海五侄

（清）王余萃

王济不曾谓叔痴，还如杜牧识阿宜。
凭将国子传经手，演出诗人祝寿词。
计拙自安寒士素，兴高犹似少年时。
灯前白发欣相对，一慰廿年久别离。

秋燕

（清）王伯寅

飞飞燕子引江干，莫作杜陵秋兴看。
采线曾谁系故垒？乌衣转若怯新寒。
朝烟暮蔼迷金屋，苦雨凄风上画栏。
依恋梁园如有约，杏林先与贺春官。

清阳人

（清）王丙焘

浩浩中流下水船，
祝圣山外柳含烟。
望福人去知多少，
回首城头月正圆。

第二节　散　　文

村人散文指广义而言，从体裁上分有政论性散文和文艺性散文两种；从时间上分有古代和现代两种。因现代部分容易见到，所以本章只选收古代部分。

请停止解运楠木疏

（清）四川松威道王隲

谨奏：为殿工之需材甚殷，采运之民力实寡，谨陈见闻，仰祈睿鉴，以免贻误以安残蜀事。该臣按察康熙二十四年七月初一工部议复四川巡抚韩世琦题报采运楠杉捐输银两数目，并称全蜀户口寡少，夫匠等项请派附近之陕西、湖广等省分协帮一疏，奉旨：四川人民稀少，且屡经兵火，困苦已极，采办楠杉等木甚属艰难，起运又派别省民夫络绎解送，必致大累小民。今各省所报起解木植数目曾否足用，着查明确议具奏。见报之日，全蜀臣民莫不感泣嵩呼，咸颂我皇上明见万里之外于蜀省锋镝，残黎疮痍未起，复庆更生有路也。后经部议：各省应解杉木足用，将四川应用杉木四千零五十六根免解，所有各省应解楠木不敷梁柱等项，于四川所报需用楠木四千五百零三根内扣除免运，共一千八百余根，仍令运送两千六百六十三根。奉旨：依议钦遵在案。是四川应运楠杉二木邀恩已免十分之七矣。

建造太和殿，近系万国之观瞻，远系圣子神孙亿万年之基业。采运木料，臣下职分。子来共在民心，艰难岂忍置喙？但事遇艰难，有勉强竭力而后可为者，亦有勉强竭力而终不能为者。臣一介书生，忝任分巡道员，在蜀五载，略有见闻。今当代觐，敢避斧锧，不以入告，上负皇上视民如伤之念，下负臣子事君尽忠之义？所有蜀土山川险易之势，蜀民转运艰苦之情，敢为圣明陈之。

盖四川环山，巉岩亏蔽，惟成都府境左右稍称平衍，所产并无大楠。臣曾出勘产杉处所，如沙坪、灌口、贾家山、何家山等处，具属峻岭悬岩，运路自山抵江，或百余里，或七八十里，所经由者均属深涧幽壑。一溪之行纡折几盘，必费多力而始转一石之塞，横亙长川必待暴水而始过，较他冈阜窘逾千倍，此臣之所见也。至若遵义、马湖等府之楠木大材，尤俱产诸高山穷谷老箐密林之中，非独人迹不到，即鸟道亦稀。前抚臣杭爱登山督察时，遥望一木所在，必纤拽始至其地，足胝履穿，攀藤骨战，侧身亦苦难立，砍伐何以施工？臣尝细访舆论，皆谓今存大楠，因其斧斤难施，所以在山长年。至于运道崎岖，罄竹莫尽。其尤甚者，如遵义府属内之落水孔、猪闸孔、细鳞硐、麆子峡曲折之字拐弯，天生桥、三筒硐、葫芦硐水从硐中流出，又下鱼硐，须搭天桥，长三百六十余丈等语，马湖属内则有高硐、赤岩、黑岩、偏脚板、鬼溪、猪闸岩、吊藤岩、九溪、三渡水等处，峭壁千沟，乱石壅塞，虽山水高过十丈，旋长旋涸，非神术不能济运等语，此臣之所闻也。即以参考古法采取，必须找厢搭架，拽运必须垫低就高，辗转上下，木在溪涧，利于泛涨，木在山陆，又以泛涨为累。故陆运必于春冬，水运必于夏秋。忽水忽陆，非可一直而行，计日而至，其大概然也。

臣伏读：采办楠杉等木甚属艰难之旨，固已蚤悉圣聪矣。如使民力稍可足用，竭力所当勉图。顾四川幅员极广，祸变极惨，满目只有荒烟，百里竟无半灶。当进兵运粮时，疲病死亡，郑图难绘。臣伏读：四川人民稀少，且屡经兵火，困苦已极之旨，又已蚤悉圣聪矣。幸托天威荡平，数年以来，老弱安生，创痍渐起。但以通省之户口总计之，仍不过一万八千九十余丁，是合全蜀数千里内之人民不及他省一县之众。就中抽发五千入山采办楠木，其供送衣粮器具者势不可少，又将盈千累百。且此遣发民夫星散郡邑，远者千里，近者数百里，耕作必致全废，国赋凭谁办供？且盘山度岭，有堕岩坠谷之威，露处风餐，有虎豹豺狼之恐，种种情状不能殚述。抑且，蜀风鹤之后，民情惯听讹传。前当察木时，工犹未动，闻风思逃，携妻挈子，抛弃家室。若实在动工用夫之际，岂不远而他徙，近而走险乎？其采运之艰难如此，人民之稀少如此，而民情之摇惑又如此。四川楠杉虽已减运十分之七，而所应运之大木二千六百六十三根，断不能如他省之解运者可以按数按期也。

殿工不容久稽，迨川运不到致误，官吏之罪责无辞，残黎之疾苦何堪？恐于皇上保赤之心有未符也。臣愚合无，请敕四川抚臣姚缔虞亲诣产楠处所察勘，应运楠木有设法竭力而可以砍运者共若干株，有虽设法竭力而必不能砍运者共若干株，其必不能砍运者题请定夺，其可以砍运者星速採取趱运，俾百姓晓然共知。惟视其力之所犹可为，而非强以力之所必不能为，各安本业，踊跃从事，不致狂惑窜匿，庶残疆孑遗顶戴皇上如天好生之德，同覆载以无疆，而工料亦见实效矣。臣已蒙恩陞任口北道，参议运楠事宜，非臣执掌。但臣任蜀已久，熟悉情形，仰体皇上爱养小民，轸念残疆至意，敢就在蜀所见所闻，披沥实陈事属，条陈运楠事宜，字多逾格，贴黄难尽。如果刍荛可采，伏乞睿鉴全览施行。

移建阴主庙记

（清）四川松威道王隲

祀阴主次居八神之四。史《封禅书》曰："八神将自古而有之。"又曰："或自太公以来作之，大都其起时荒远矣。"八祠俱在齐，阴主则祀三山。师古注谓海内三神山，殊不经。汉《地理志》三山在曲成县，隶东莱郡。曲成久废。登郡志载，其地即今招远县也。招远邻莱，今莱郡北入海数十里，有三山岛，或其地云。其地距福既二百里而遥，即史汉所纪诸祀，初无所谓磁山者，则阴主祀福之磁山非古。或谓秦始皇东祀改置于此，近是。曰阳曰阴,八神之祀福邑,遂有其二。每岁具少牢,以春三月三日祀之罘,在邑东;至秋七月七日祀磁山,在邑西。春阳秋阴,东生西成,厥义固有取也。旧祠置磁之东小山背之坳,斗塞于磁之表里,无所控纵其址,复隘溪涧水涨发,冲蚀其下,庙貌易颓。明之季,岁频饥,里社不自给,牢莫具,先大夫为之代备历十余年。后祠益圮,塑像经霖潦成涂泥,致祭者登顿崎岖,陈牲物于瓦砾、枳棘间,草草耳矣。

国朝顺治六年己丑春,先大夫诏余曰:“祀典有其举之,不可废也。阳主祠吾往以舟,泊其岛,修葺之。今阴主祠圮,此虽有土者之事,吾家居近,亦即吾事也。顾有说神所栖必山水佳胜处。旧址隘,且受水害。磁之北陲有马山者,为吾别墅地,相其峰峦秀峙,溪水前潆;北面石埠揖对,有观瞻。又,昔所树松已多拱抱,挺挺谡谡,精灵其式,凭乎可移置焉。汝其告之官。”时三韩李公讳腾龙为邑宰,余以告。公曰:“可。”

夏四月,先大夫具香祝,率余昭告神以迁意,乃规划马山之阴。计正殿、两庑、戟门若干间,遂庀材纠工,不烦他人一钱。先建正殿,循旧制塑像,刻期告成。

秋七月,李公即其新阡,以致祭焉。

福之为邑,磁山发乎艾,作高于西南;之罘终乎碁,纳气于东北,两山相雄长也。阳主祠故置之罘西南麓,阴主祠今置磁山东北麓,两祠又相顾望。岩崿竟爽,海水泱泱,濛澒澎湃其前后,览者称善。其庑若门材已治,将次第就,而先大夫遽去世,此余小子之责也。夫谨原其移建之由而为记。

亦南园记

(清)四川松威道王隲

文子就舍堂南向,其前隙地六七尺许,杂植菜蔬花卉数种,明曰南园。盖近戏,似欲凌金谷平原,以寄傲焉。予寓柏树胡同,其房亦南向,左耳室前,亦有隙地,广狭如之。原存榆树、丁香各一株。予添植石榴树二株.就地杂植野花草数种。外设罗汉松二盆,木本茉莉三盆,建兰二盆,金银鱼一缸,萍藻半覆其上,遂效颦曰:“亦南园”。非敢学傲也,情景适偶同耳。庚午七月十一日已牌,予退食,闲步阶除间。见天清云卷,树阴扶疏,晴光透露,缸水清澈,如经霜后者然。而萍藻翠浮,鱼游甚乐,且茉莉盛开,兰馨馥郁,微风携以迎面扑鼻。院落乎?丘壑乎?予遭惨异,柴骨蓬心,殆无生人意味。当斯时也,忽忘形内之桎梏,不知门外之尘嚣,淡淡悠悠,一返吾少壮时书斋静观之气象也矣。

口吟绝句寄文字云:“今日磋成一恨人,乾坤何处有清真?谁知到我秋光意,太古深山片刻亲。”

腄城辨

(清)王积熙

汉东莱郡县有曰腄曰牟平。腄为今之福山,牟平即今宁海州。牟平至今始易今名。腄建于西汉,废于东汉,旧址已无可考。郑夹漈曰:“禹贡九州皆以山川定其疆界,九州有时而易,山川千古不易。”至哉言乎!考汉《地理志》腄注有之罘山,《郊祀志》汉武帝祀之罘于腄,《纲目》之罘在东莱腄县,《一统志》曰即今福山县,载籍流传,彰彰可考。《续府志》曰腄城在宁海州东三十里,尚容参考。当始皇之游海上也,曰东过黄腄,其伐匈奴也,曰飞刍挽粟起于黄腄。《十二州志》曰牟平即古腄县。是自黄以东为黄,为腄,并无他县,秦之建置然也。至汉置东莱郡,县判牟城与腄而二之。牟平之西为腄县地,腄县之东为牟平地,不待言矣。向疑福邑应有汉腄旧址,以《纲目》、《一统志》而言,福山县治即是汉之腄城,已无可疑。《府志》所云在州东三十里者,应系秦齐郡之腄,而非汉东莱郡之腄也。不然,与昔之掌故、今之形势皆相矛盾矣。

《解氏家谱》序

(清)王德瑛

解地属晋。相传,唐叔虞子良食采于解,因以为氏。春秋时,有解狐,其苗裔也。后迄晋代,有叔谦者,求丁公滕渍治母之病,以纯孝称。唐有解忠鲠著《兵图》二卷。宋有解晖从太宗征淮南，累战有功，时称骁将。忠鲠不详其里居，叔谦则雁门人，晖则临洛人也，地皆去太原近。吾登郡解姓甚繁，顾不传其本末，其自晋而徙于齐者耶？解族多务农力穑，或列黉序，或仕营卫，散居于蓬福之间。解君青运虑其久而泯忘，以其十代下可考者，联缀叙汇为一谱，乃属余为之序，因为叙唐宋前知名士，使解氏子孙庶几有所观感焉。其在家，则读书学农，上进叔谦之孝；其筮仕，则为国忘家，无愧忠鲠与晖也之忠。是余之望也夫！是余之望也夫！

再叙诗一首：

丕作善基绍世传，居然尚友子心乾。君嘉乃德云开日，汝秉廷常甲锡年。孔道维修邦本树，成章可式福林延。敬培祖肇光生第，宗嗣克昌万代绵。

道光丙戌六年

谨按：院下解氏五世祖天福（登州籍）娶王道增五子序之女为妻，故修谱请王德瑛作序。

第三节　故　　事

村人故事主要指民间故事而言，且为传统故事，流传久远。

落山坡的故事

很多年以前，古现河北村有个穷小子，姓王，都叫他王小。王小的爹爹死得早，撇下他跟妈相依为命过日子。他妈常年病病怏怏的，躺在炕上喘气的劲儿都没有，更谈不上干什么营生了。这样全靠王小给本村一户财主放牛，挣点粗粮麸皮，夹和着野菜养着母子两条命。

王小天天在落山坡上看牛。落山坡坐落在古现南五六里远的地方，是个荒坡，长满了青草，又有泉水，是放牛的好地方。他一边看牛，一边剜点野菜，拣点树枝，割点青草，天黑捎回家去，就锅上锅下都有了。偶尔能掏几个雀蛋，就煮熟给妈吃。王小聪明伶俐，可捞不着读书，他妈每想到这里就吧嗒吧嗒掉眼泪。日子就这样一天天过着。

有一天，王小正在落山坡给财主放牛，忽见一个风尘仆仆的中年人来到落山坡“圣水泉”边，把一个小坛放在地上，东张西望地转来转去，然后折了根枯树枝插在地上，又到别处转悠去了。这人在干什么？王小觉得奇怪，就走过去看他插的树枝。一看，更奇怪了：明明看见那人是将一根干透了的枯树枝插在“圣水泉”旁，转眼功夫就发芽了！王小心里咯噔一下，明白是怎么回事了。他听人说过，有一些南方蛮子，常用坛子装了老家的骨殖，到北方来踩地气。踩着了，把坛子一埋，他们家的日子就会发达，子孙后代就会做官。这人准是来踩地气的。这落山坡正是他踩的地气！想到这儿，他连忙把发了芽的枯树枝拔了，找个地方掩好。然后又折了一根粗细、长短、样子都差不多的枯树枝插到原处。这功夫，那个中年人急匆匆地转了回来，王小也急忙远远躲开，低着头剜野菜。那中年人过来拔起枯树枝，左端详，右打量，并自言自语地嘟囔道：“咦！看花眼了？不，不会错。”他摸着头想了想，就把王小招呼过来说：“我到山顶上去一趟，你在这泉旁好生看着它会有什么变化。”

南方蛮子上了山顶，使劲跺了三脚，此刻在泉旁的王小看得真切，只见泉水跟着蹿了三蹿，蹿得老高。南方蛮子从山顶跑下来问：“这泉水有什么变化没有？”为了打消南方蛮子认为此处有地气的念头，王小说：“泉水一直就这么流着，能有什么变化呀？”中年人摇头，叫王小上坡顶跺。王小爬到坡顶，高抬腿，轻落脚，佯装连“跺”三次，泉水平静无波。南方蛮子心中疑惑，自语道：“难道是个火气？”南方蛮子还是不泄气，就又从布袋里摸出一把鸡蛋，放到泉水里，对王小说：“你帮我看着它，别告诉其他人，你也别动它，我到山下古现街里吃点饭，回头捎烤饼给你吃。”王小应允。待南方蛮子走后，过了一会儿，又过了一会儿，他拿出一个对着日头一瞅，里边浑了，他明白了，这泉水的温度能爆出小鸡来！为进一步打消南方蛮子认为此处有地气的念头，他一口气跑回家去，与邻居借了把鸡蛋在锅里煮了，迅速跑回落山坡，急三火四将泉水里的鸡蛋捞出来，换上从家里带来的熟鸡蛋，然后把南方蛮子放在泉里的鸡蛋在别处掩好。

好长时间，南方蛮子从古现街上吃完饭回来了，他急忙从泉水里捞出鸡蛋看，结果里边连小鸡的影子也没有。他瞅了瞅落山坡，自言自语地说："看错了，真的看错了！"他摇晃着头，带上小坛失望地走了。

"踩气"人走后，王小回家把事情的经过一一向母亲说了一遍，征得母亲的同意，他去对财主佬说，要买下罗山坡，让家人死后有个葬身的地方。这财主佬是败家子，早就不想要那兔子不屙屎的荒山坡了，听王小要买，喜出望外。暗想：几年没给他放牛钱，这块穷坡给他也合算。于是大方地说："你给我放了几年牛，不用买，我留着也没用，送给你吧！"王小想，空口无凭，执意要写契为据。财主佬答应了。

写契那天，王小杀掉家里仅养的一只鹅，又买了一些酒。待财主佬和写契人来王小家就座后，王小把煮熟的鹅放在食盒里提上，用大碗把酒斟满，请他们吃喝。饭后财主佬一字不提王小放牛的工钱，却说："就把今天吃的喝的作为地价，写在契上。"王小答应。写契人拿过文房四宝，指指划划口里念叨说："一海碗酒，一食盒鹅，王小换了个落山坡。怎么样？"财主佬笑着点头："对，行。"

写契人见此事财主佬不拿当回事，他也就不拿当回事，铺开纸，刷刷写完字据，并在字据上闹了个玩笑："海碗"简称"海"字，"食盒"改成一个"河"字，字句就成了"一海酒，一河鹅，王小换了个落山坡。"财主佬看也没看，买卖双方和见证人按上手印，就叫王小收拾了。

买下落山坡不久，王小就请人把祖坟迁到落山坡。从此，王小就白天晚上读书，勤奋刻苦，孜孜不倦。因为他天资聪颖，祖坟葬了个好茔地又沾了灵气，这年开考，王小中了进士，做了官。多少年以后，王小的儿郎又中了进士做了官；再后来，王小的孙子又中了进士做了官。

当年那财主佬的后人见情反悔，断定落山坡有地气，让王小给哄了去，就想赎回来。于是就告到县府，要赎回落山坡。县官升堂时，财主佬的后人说："当初王小请我祖父吃的东西，我现在加倍还他。"王小的后人听了微笑说："只要你还得起，我愿将落山坡归还给你，请大人秉公照约断案。"衙役把王小家的契约放在公案上，县官一看惊奇不解，只见契上写道："……一海酒，一河鹅，王小换了个落山坡……"这样契约上的地价就是"一海酒，一河鹅"。县官问财主佬的后人：能付得起吗？财主佬的后人哑巴吃黄连，有口难辩，只得认输。

凤凰山的传说

紧挨村南处有一座充满神奇色彩的山，名叫凤凰山。凤凰山有三顶，中间高，两翼低，远看似凤凰展翅。山顶常年松树翠绿，景致宜人。

相传，很早很早的古时候，有一老汉在凤凰山下种了一片西瓜，因老汉精心侍理，那一片地里的西瓜长得特别好。在这片西瓜中，有一个长得出奇地大，人见人夸，并觉得惊奇。一天，突然有一个白发银须的老道士来到西瓜地里，一眼便瞅见了那个大西瓜。他用拐杖指着那个大西瓜说："我提前买下了这个瓜，等到'冬至'时，我准时来取瓜。"说着便从怀里掏出一些碎银交给老汉。老汉听后以为老道在说胡话：冬至已是天寒地冻、大雪封山的季节，西瓜早就冻烂了……待老汉要问他时，老道士已杳无踪影了。

斗转星移，西风渐凉，大雁南飞，黄叶遍地，凤凰山已被凛冽的寒风吹去了绿装，老汉那满地的西瓜也早已枯黄。说也奇怪，唯独那个特大的西瓜还是晶莹翠绿，个儿还在疯长。老汉心痛被冻坏，冒着漫天飞雪，忍痛将其摘下来，抱回家去。到了冬至那天，白发老道果然拄着拐杖来取瓜，当发现地里的那个大西瓜已被老汉摘走，气得浑身哆嗦，脸色紫铜一般。他来到老汉家，见面就怒斥老汉不讲信用。老汉争辩道："你这老道怎么不讲道理？天这么冷，我怕把瓜给你冻坏了，出于好心才把它摘回来，天天用棉被包着，不信你看！”说着老汉撩起被子，只见那瓜更加翠绿，在热炕上闪闪发光。老道听到这里，无可奈何，只好将瓜抱走了。老汉疑惑不解地也跟在后面走。

那老道来到凤凰山下，将西瓜放在半山腰间，手持桃木剑，焚上一炉香，然后用剑直指天空，口中念念有词，约摸半个时辰，只听见一声鸟鸣，凤凰山裂开了一道口子。老汉直眼望去，只见那裂缝中闪出道道金光，里面有座宫殿式的建筑，在宫殿的房顶、四周树上全挂满了金银财宝。忽地一声，那西瓜裂了，流出一地鲜血。

第四节 戏 剧

戏剧是村民最喜欢的一种文艺形式，主要在节庆活动时组织演出，演出的剧目主要是传统京剧，亦有吕剧及其他剧种辅之。演出的剧本主要是现成的剧本，创作很少。

戏剧演出 清末至抗日战争前夕，村内戏剧活动多带有季节性，主要集中于庙会和春节期间，俗称“庙会（山会）戏”“年节戏”。庙会有固定日期和地点，每年农历三月初三在凤凰山庙举行。主办庙会村庄的会首请职业戏班和当地戏剧爱好者搭台演出京剧。古现及周边村庄的群众届时聚集到凤凰山，入寺庙进供、烧香，看大戏或购买农副产品。进了腊月门，村京剧“子弟班”就开始排戏，春节后演出，并与各村交流演出。演出的传统剧目有《捉放操》《二进宫》等。凤凰山寺庙于20世纪40年代被拆除，但境内群众三月三赶庙会的传统一直延续下来，戏剧演出亦经久不衰。

新中国成立后，剔除迷信成分的古现庙会已成为当地群众集商贸、娱乐、休闲为一体的盛大节日和宣传社会主义精神文明的重要平台。每逢山会，古现镇政府、古现街道办事处都要请职业戏班、剧团和当地戏剧爱好者一起搭台演出京剧、吕剧等。

20世纪30年代后，新兴的话剧开始在境内登上戏剧舞台。话剧初兴时，人称“文明戏”。主题大都是提倡“男女平等”“婚姻自主”“妇女识字”等方面内容。抗日战争爆发后，八路军五旅十三团驻古现，在街上搭台唱戏，上演的是新编剧目《闯王进京》《木兰从军》《七叶河》《三世仇》等。抗日战争和解放战争时期，党和人民政府十分重视文化艺术工作，境内成立了业余剧团，演出革命话剧、歌剧、活报剧，对群众进行革命教育。新中国成立后，1956年在县文化馆指导下，村内成立俱乐部，冬季排练，春节期间演出，演出时除在本村演出外，还被各村邀请去参加演出。主要剧种为吕剧。剧目多为《小姑贤》《王汉喜借年》《王定保借当》《李二嫂改嫁》等。1966年“文化大革命”初期，古典剧目被禁演，业余剧团解散，改为“文宣队”“革命样板戏”占领舞台。1978年后，被禁锢10年之久的一批传统剧重返舞台。1983年后，业余剧团渐微并消失，庙会、逢年过节大都邀请专业剧团来演出。

文艺骨干 新中国成立前，福山成立“百花京剧团”，聘请了本村有名的老旦演员王镇山，他在任上海一家饭庄的职员时，学成了李多奎（著名老旦演员）的表演艺术，在剧团表演过《遇皇后》《钓金龟》等戏。还聘请了本村有名的老生演员董少甫（董云禄），他戏路宽，唱、念、做、打兼备，人称剧团的老戏包。王立夫自幼喜好京剧，勤学苦练，生、净、旦、末、丑，唱、念、做、打，吹、拉、弹、奏，具为村内行家，又擅长掌鼓板，百花剧团多次上门聘请，都因不愿离家而谢绝，只在村内组织演出活动，还培养、指导村内的骨干与爱好者。

解放后，村第一任党支部书记朱元禄也是村内的文艺骨干，是村内有名气的京剧丑角和鼓师。从新中国成立初期至“文化大革命”，在村俱乐部组织演出的传统京剧和现代京剧《红灯记》《沙家浜》《奇袭白虎团》中，他既是组织领导者，又是鼓师。在村任党支部书记20多年的王丙见，在学校是文艺骨干，回村任团支部书记，是村剧团的领导人、导演、演员，吹、拉、弹、打、奏样样通。他组织村宣传队编演《红医连队备战忙》参加全县文艺汇演，并获奖。村连年被评为全县文化活动先进村。王丙见的老伴李广华，年轻时即主演过吕剧《刘四姐》《丰收之后》《小姑贤》《王汉喜借年》《王定保借当》等，至今仍坚持自娱演唱。

第五节　著　　述

著述分为清代、民国时期和新中国成立后三部分。清代留下的书目比较多，主要是社会科学方面的。民国时期比较少。新中国成立后明显增多，尤其增加了自然科学方面的著述，但是，由于时间仓促，统计很不完全。

清　代

王　隲　《大司农奏议》《养素堂文集》（八卷）、《诗集》（六卷）、《义圃传家集》（二卷）

王　澍　《自强斋集》（五十卷）

王　潸　《云龙州志》《太常集》（二卷）、《王太常诗词》（多卷）

王　柔　《东牟奏议》（八卷）

王　检　《西园奏议》《西园集》

王积熙　《萝谷诗抄》

王启绪　《棣华书屋集》

王显绪　《布政集文》（一卷）、《诗》（二卷）、《燕小诗草》（一卷）、《蓬城集》（一卷）

王　械　《秋灯丛话》（十八卷）

王　杲　《小太常集》

王燕绪　《积翠堂集》

王景绪　《周易遗筌》《曜圃诗集》

王善垲　《贻后庸言》《啸岩草》（一卷）、《金田诗草》（一卷）

王善宝　《〈离骚〉经逆志》（一卷）、《易纂》（四卷）

王余芊　《四香阁诗集》（五卷）

王余英　《四书求是》（十六卷）、《镜山草堂诗集》《镜山草堂四书文》

王余晋　《静香移屋试帖》《静香移屋诗集》（多卷）

王余师　《求六轩文集》

王余萃　《闻木樨香斋诗草》（二卷）

王余厚　《读书余味》（八册）、《四书备考》（一卷）、《全史纪年》（一卷）、《韵字燃犀》（一卷）

王余孚　《遽庐诗草》

王余莒　《迎晖堂诗集》（一卷）

王厚庆　《幼海文稿》（一卷）、《蒉山房诗抄》（多卷），修《嘉庆会典》

王延庆　《史臆》（一卷）《〈马氏绎史年表〉补正》（一卷）、《驳牟庭〈周公年表〉》（一卷）、《学半斋集》（四卷）、《工倚声有词》（若干卷）

王阶庆　《西行日记》（一卷）

王祐庆　《丧服镜》（一卷）、《宦闽草》（一卷）

王兆玑　《算学求通》（十三卷）、《翼周》（六卷）

王兆琛　《经义测海》二卷、《正俗备用字解》（五卷）、《重韵辨义》（四卷）、《御史奏议》（一卷）、《巡抚奏议》（四卷）和《柄棠书屋集》。

王德瑛　《日省吾斋日录》（二卷）、《常谈》《初学辨字》（一卷）、《养正编》（二卷）、《顺正编》（二卷）、《日省斋读曲礼内则注》《孝谱类编》（十八卷）、《格致易简录》

王祖源　《天壤阁丛书》（二十余种，增刊六种）、《判花轩集》（二卷）、《急就篇直音》（一卷）、《声调前谱》（一卷）、《声调后谱》（一卷）、《读谱》（一卷）、《谈龙录》（一卷）、《内功图说》（一卷）、《明刑弼教录》（六卷）、《渔洋山人秋柳诗笺》（一卷）、《〈尔雅〉直音》（二卷）、《判花轩诗集》等。

张恩煦　《储云馆诗草》、《记事珠》（一卷）

王保训　《太拙集》（十二卷）

王文炯　《紫柏山人诗草》（一卷）

王钟泰　《草堂杂缀文》（一卷）、《壶海生诗草》（一卷）

王伯寅　《宗郑堂经说》（二卷）

王　庸　《流民记》（三卷）

王崇燕　《谷梁集解纠缪》（十二卷）、《起谷

梁废疾》(一卷)、《谷梁发微》(四卷)、《谷梁旁通考》(一卷)、《谷梁注疏笺证汇义》(三十卷)。《〈孝经〉戴义》二卷

王崇烈　《公羊解诂义证》(二卷)、《史歳存稿》(四十卷)、《智雨斋文集》(二卷)、《佛教浅说》(一卷)、《智雨斋题跋》(四卷)、《佛藏简目提要》(十六卷)、《璜斋金文》(一卷)、《双红薇馆经眼录》(四卷)、《种瓜亭笔记》(一卷)、《殷墟文解字》(四卷)。

民国时期

王崇焕　《古董录》《甲骨文存》《王文敏公年谱》《澹归大师年谱》《盛意园先生年谱》《刘继庄年谱初稿》《纪晓岚年谱》《福山王氏劫印存》。

新中国成立后

王宪钧　《数理逻辑引论》

王宪钿　《十年来中国心理科学》《人类的智能》《教育心理学》《儿童心理学》《发生认识论原理》(译)

王基仁　剧本《三帅升帐》

王其耀　历史剧剧本《雄风祭酒》《百年翰墨,百年星光——纪念王懿荣殉国一百周年》

王德钧　《云雾山中红哨兵》《818水利工程》《不尽乌江滚滚流》《威海赋》《东陌堂之路》《奔小康的带头人》《都江堰新姿》等。

第六节　书　画

在绘画、书法艺术方面,古现东村自古人才辈出,今天更是后继有人。清代王启绪、王庸擅长画山水画,王延庆善画竹。村内书法艺术家更是延绵不断。清朝王隲、王槭、王序、王柔、王乘燮、张延彦、王懿荣都是著名的书法家。其中王槭"长于文笔,书法尤工。观其墨迹,应规入矩,法度严谨,笔意流畅而深藏不露,积学功深显波澜老成,极似二王、赵松雪一路"。王乘燮为近代享有盛名的书法家之一,其"工书法,尤善草书。其行书瘦硬中见萧疏,规整中见飘逸",其草书源自孙过庭《书谱》,得其"笔势纵横,墨法清润"之旨,控纵有节,疾涩得益,极生动自然之能事。

王其耀,在继承传统书法艺术的基础上,博涉广览,兼容并蓄,但不囿于一时一代,而是熔铸诸家,刻意追求潇洒强劲的个性风格,书法造诣极深。其作品多次在市、省、乃至全国书展中参展并获奖。1996年,《中国书画报》(总第525期)以《书苑人——王其耀》专题介绍其书法艺术。1999年,与人合撰的论文《王懿荣其人及其书法艺术——纪念王懿荣发现甲骨文一百周年》,在上海《书法》杂志第五期上发表。2000年,为纪念王懿荣殉国一百周年,撰写的《百年翰墨,百年星光》一文,在《书法导报》上发表。

王隲书法

王启绪书法

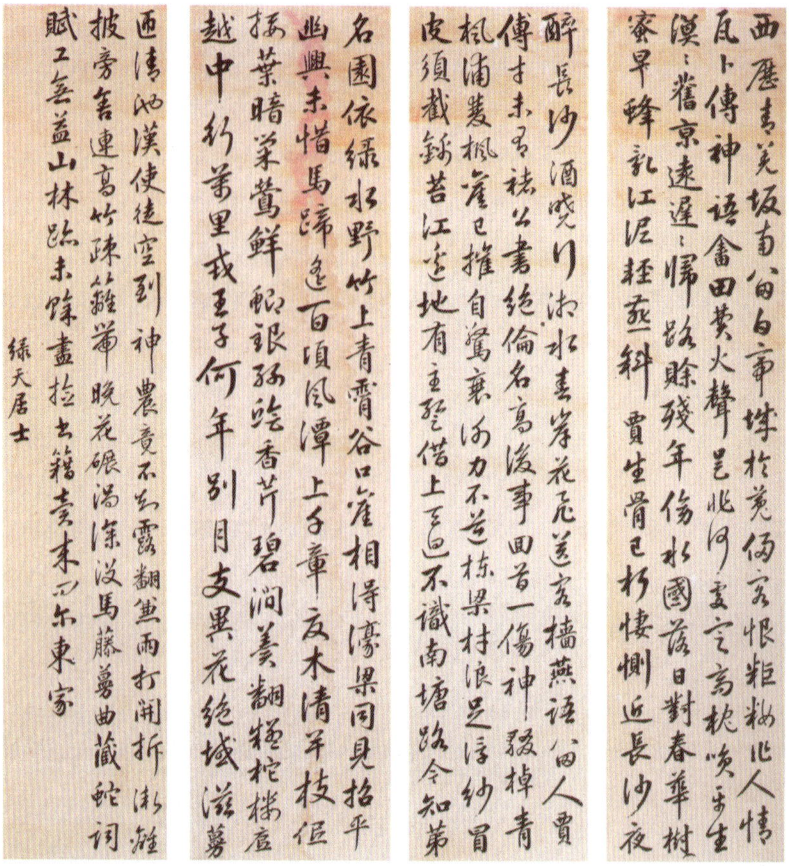
王諴书法

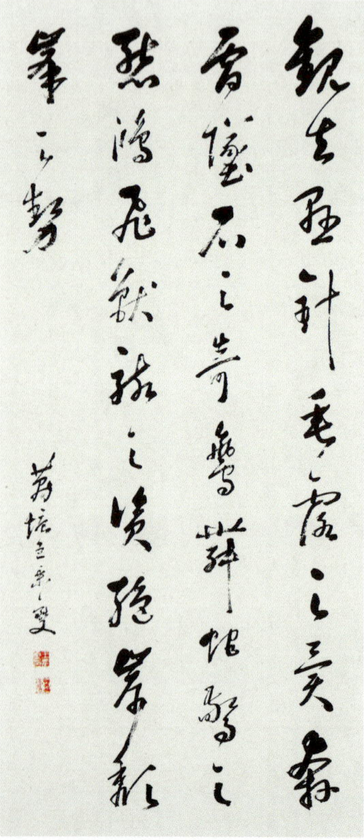
王乘燮书法

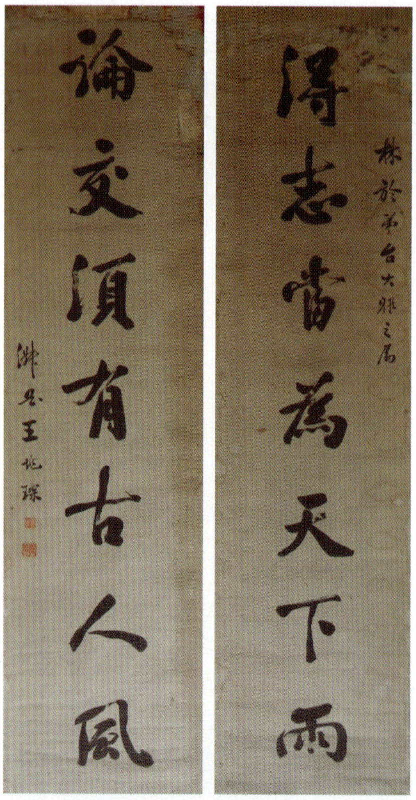
王兆琛对联

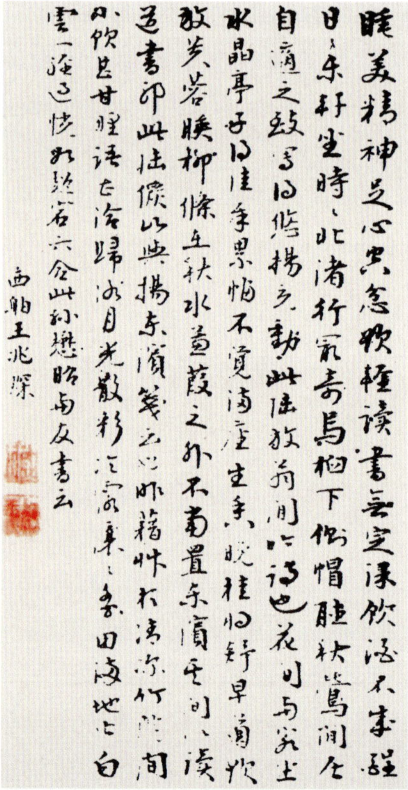
王兆琛书法

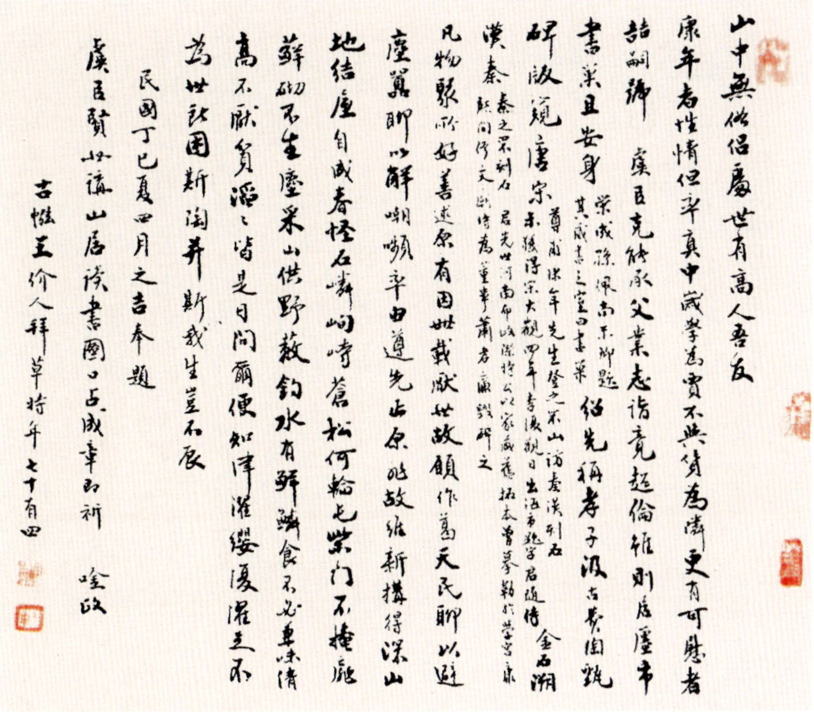

王阶人书法

王乘燮书法

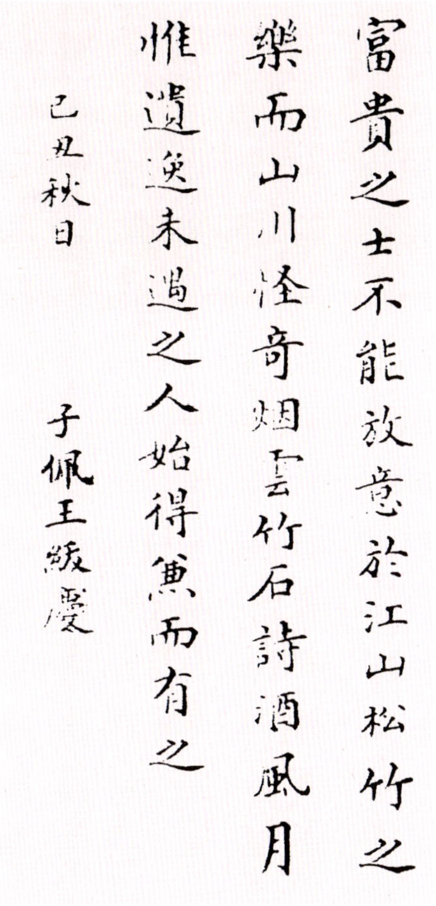

王崇烈书法

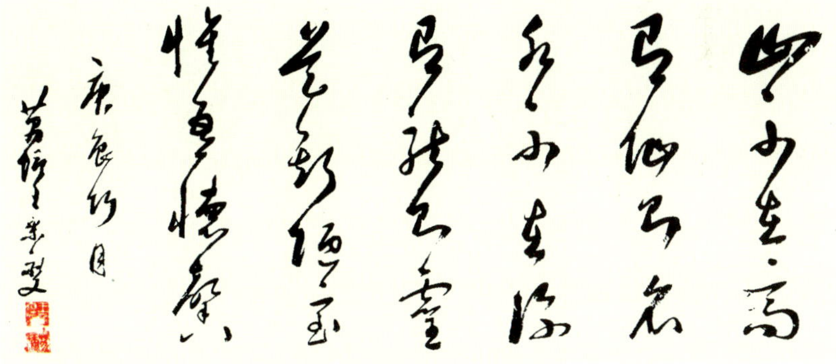

王乘燮书法

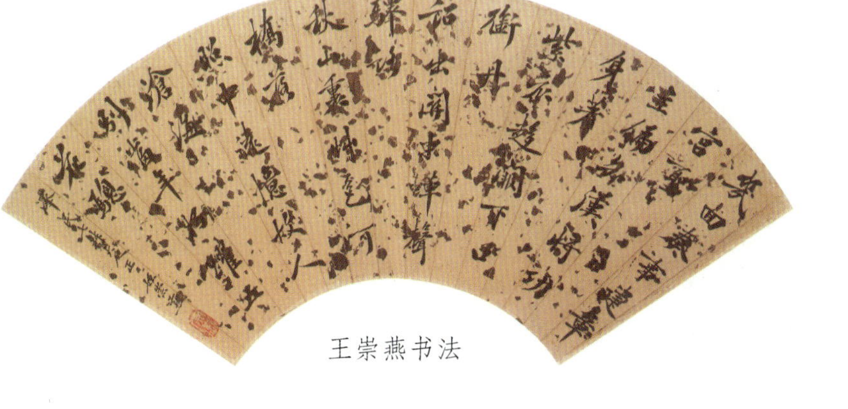

王崇燕书法

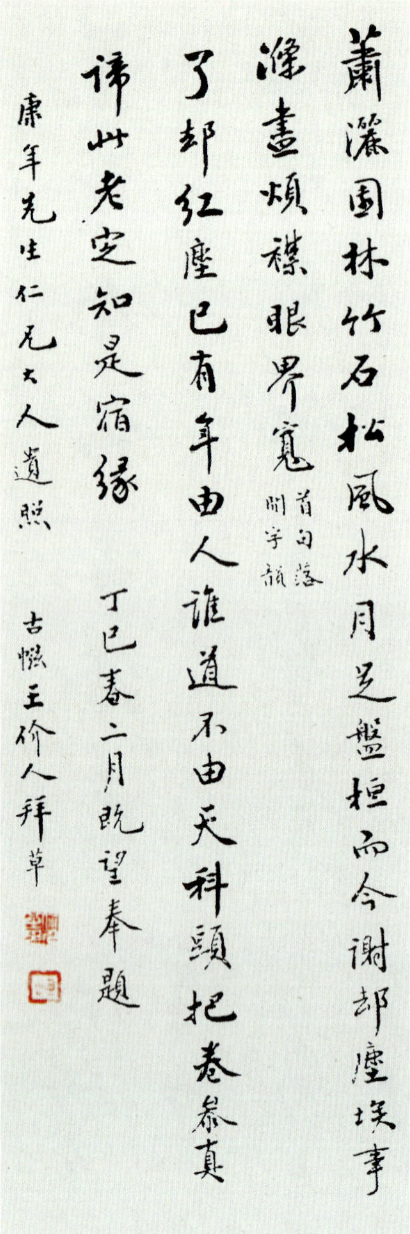

王阶人书法

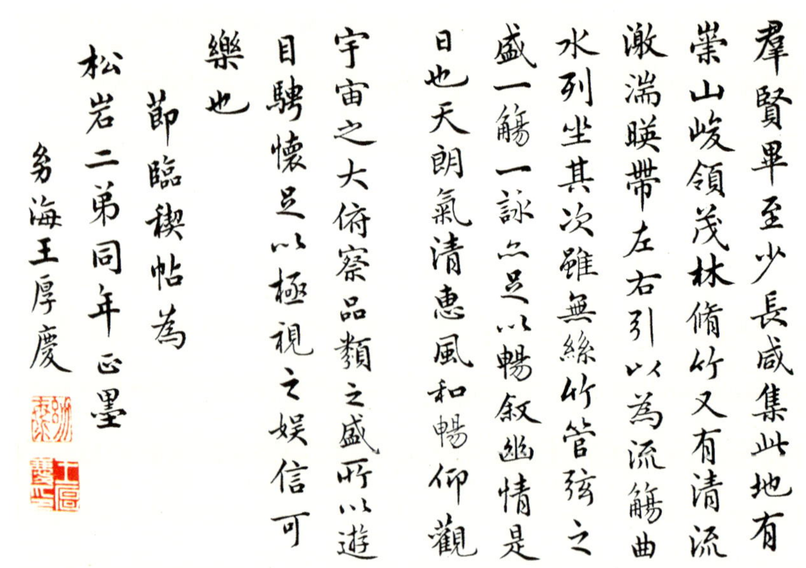

王厚庆书法

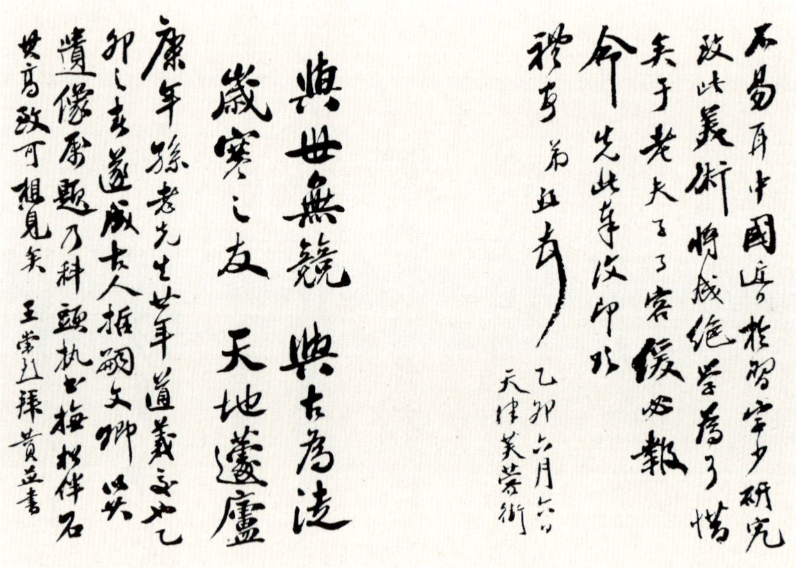

王崇烈书法

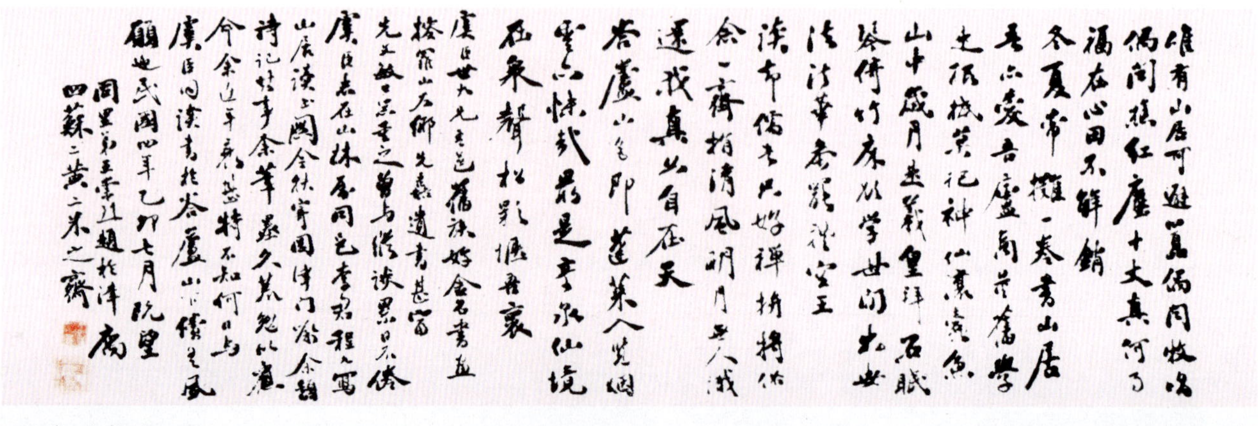

王崇烈书法

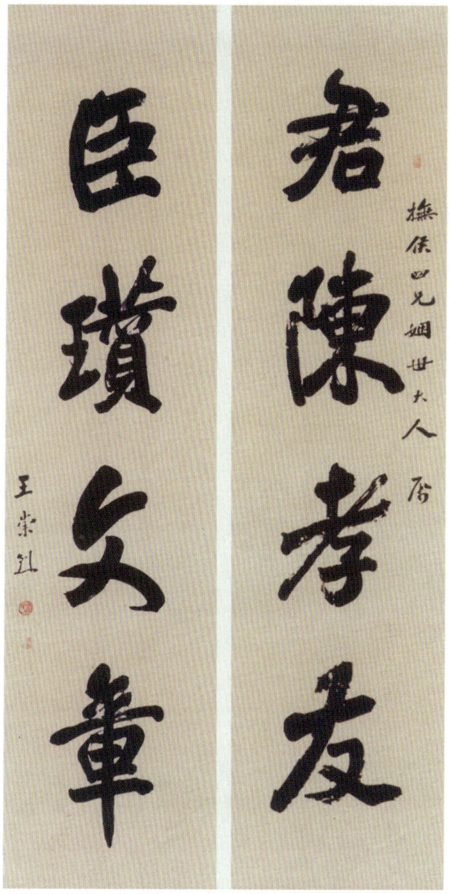

王崇烈书法

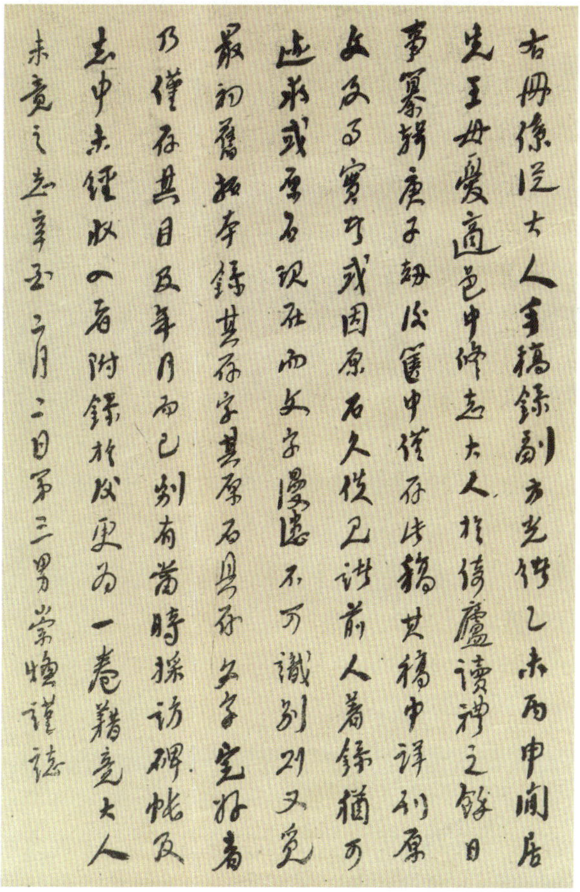

王崇焕书法

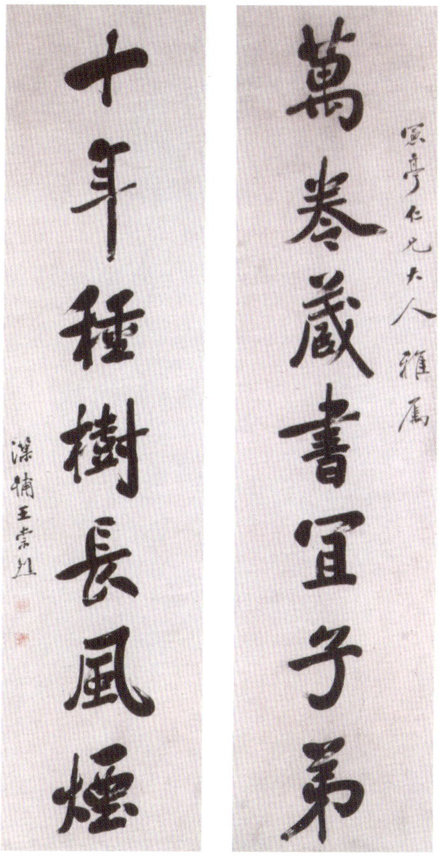

王崇烈书法

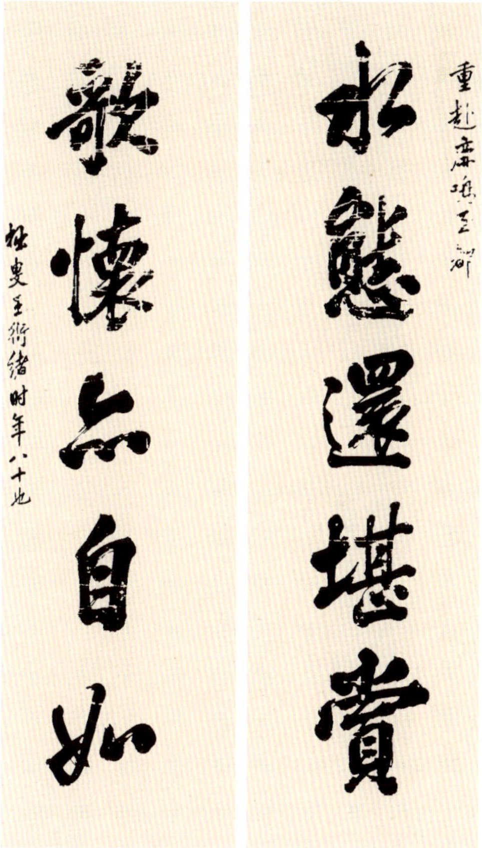

王衍绪书法

王其耀书法

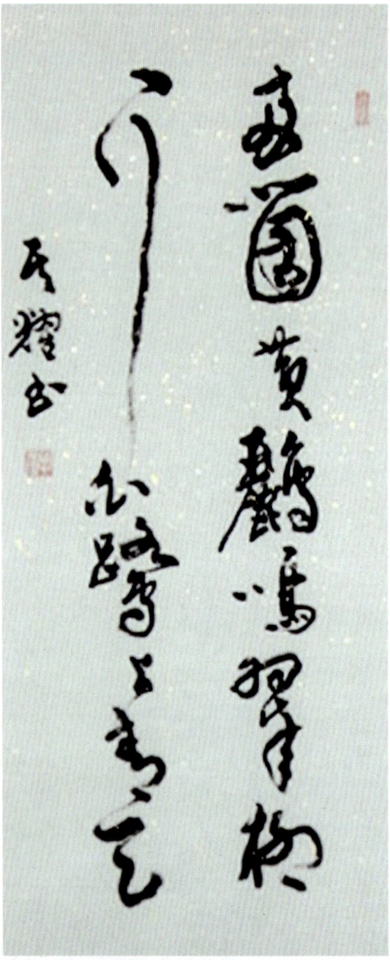

王其耀书法

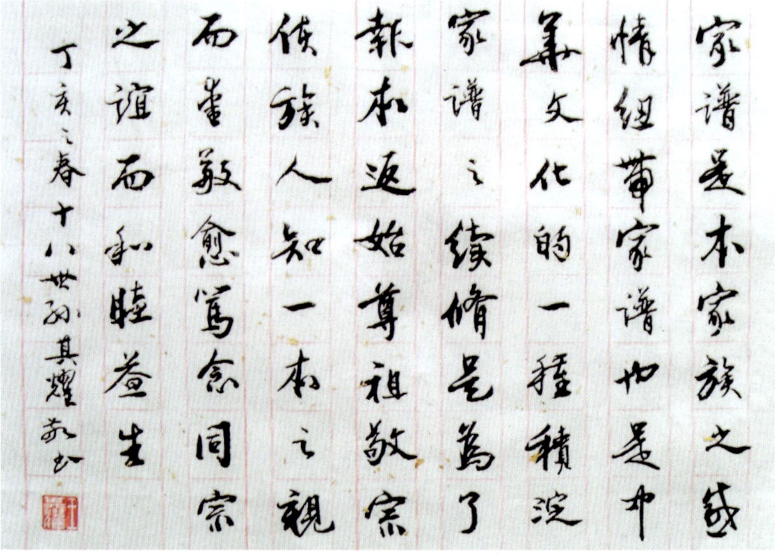

王其耀书法

李卫启篆刻作品

王其耀书法

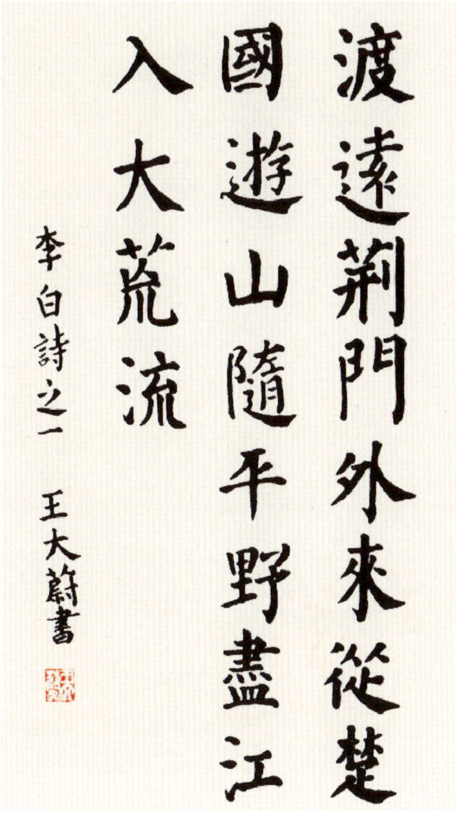

王大蔚书法

王德钧摄影作品《天山雪莲》获1992年中日大自然摄影赛最佳奖。

王德钧摄影作品《草原上的母亲》获得第十一届全国人像摄影艺术展览优秀奖并于2006在北京中国美术馆展出。

陈守蓉工笔画——人物

陈守蓉工笔画——鸟

陈守蓉工笔画——花

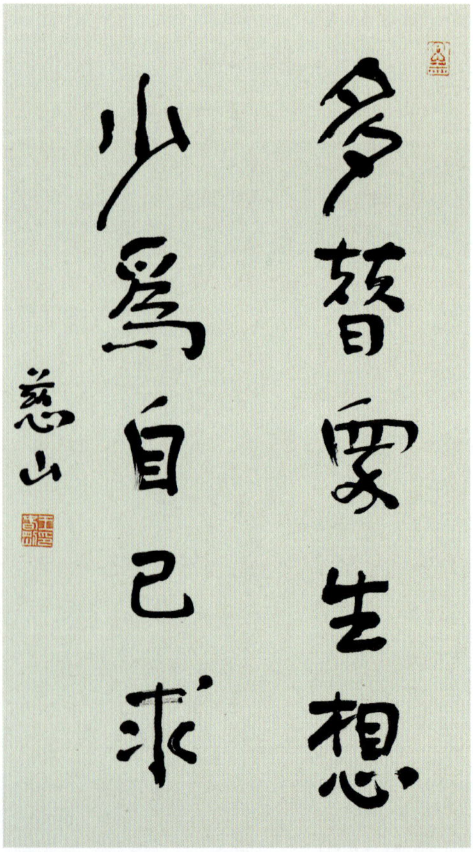

慈山（王春刚）书法

第十四章　古迹文物名胜

第一节　古　　迹

古建筑　古现东村古建筑主要是王氏官宅和庙宇，今大多不存。现存王兆琛、王懿荣故居数间，已列为区级重点文物保护单位。

王道增故居　位于村街中段路南，以房主命名。明崇祯十四年（1641）建。当年发生大饥荒，贫民为逃税流落他乡，死者无数，很多村庄变成废墟。正值此时，王道增把全家从河北村迁此。建房一栋，四合院落，正房、南屋、厢房共16间，五檩房架，砖瓦石结构，为当地精良豪华住宅。清末改为王氏宗祠。民国年间，部分房被拆。民国31年（1942），陈昱在此建福山中学。新中国成立后，被古现粮管所占用。1995年，村占用为磨房。

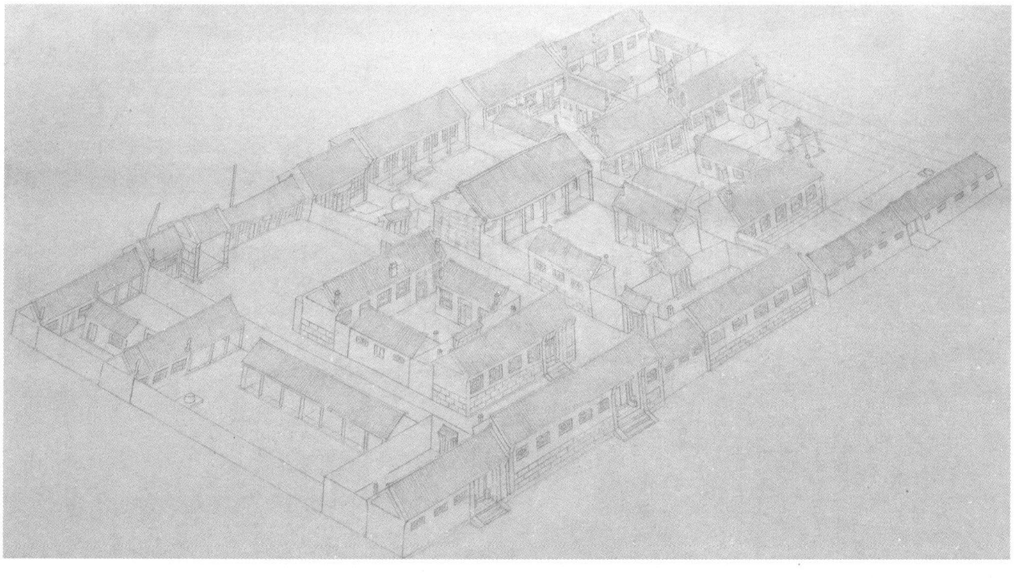

王道增故居绘图

王兆琛故居　位于村街中段路南，以房主命名，为王懿荣祖父住宅。故居为王兆琛筹资，家人在原旧房基础上，进行改建和扩建成两进三院，计

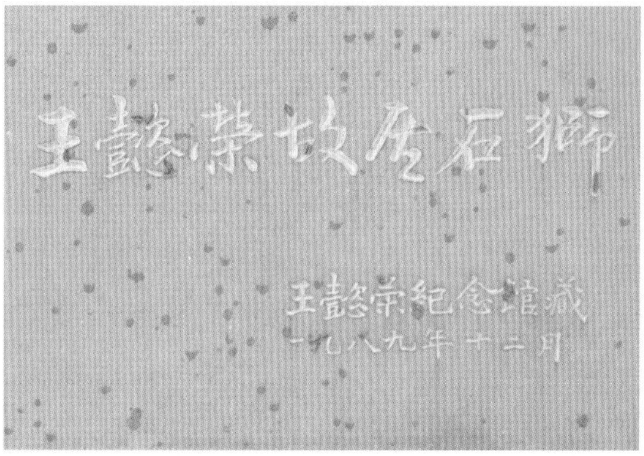

王懿荣故居石狮碑

28间。建筑面积310.80平方米，五檩房架，大屋檐，石展墙，磨砖垛，铜钱垫缝，石条托山，木质花格门窗，院内墙置月牙半圆门，整个建筑宏伟气派。清道光二十九年（1849），此房南两栋失火，后经改建整修复原。清末民初改为王氏祠堂。新中国成立后被古现粮管所占用，现存后两栋，其南屋存四面墙体，北屋为村民王学勇居住。现被列为区级重点文物保护单位。

王懿荣故居　故居原为三进院，房屋共18间，占地1200平方米，建筑面积200余平方米，现存东侧一间、北侧三间、南侧二间，余者被拆除。现存房屋，还存有当年的部分痕迹，临街房墙体的“栓马石”还存在，只是用于拴缰绳的“耳朵”在“文化大革命”“破四旧”时砸掉。做工精美的木栊窗仍存，只是缺乏保养，显现残破不全。2009年，被定为区级重点文物保护单位，加以重点保护。

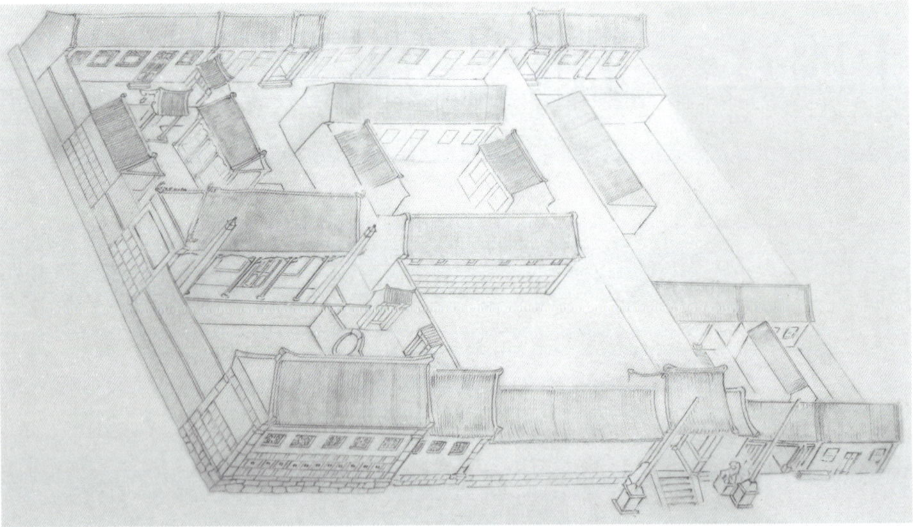

王懿荣故居绘图

王懿荣故居石狮

王懿荣在福山区老县城萝卜市胡同另有一处故居。以房主命名，人称“二宅子”。

天壤阁藏书楼　王氏家族藏书楼，为当时山东四大书楼之一，王懿荣祖父王兆琛创建。原在古现王氏老宅，有楼阁三间，收藏经典书籍两千余种，共计一万七千余卷，供其氏族子弟私塾参阅。王懿荣父王祖源，清同治四年(1865)由兵部主事注选知府，在京候选仍以“天壤阁”为其书斋名。清光绪十二年(1886)王祖源病故于京城锡拉胡同住宅，其子王懿荣、王懿棨为母谢夫人归里定居，在福山城里街北筹建新宅。清光绪十四年(1888)新宅落成。该宅占地3700平方米，有12个院，房屋共97间。有正房四栋，三十八间；厢房八栋，三十四间。全宅青砖瓦顶，四合院格局。“天壤阁”位于西南角，独院，北正房为两层楼房，上下各3间；南正房3间，为平房。至民国初年“天壤阁”藏书两千五百余种，其中家刻《天壤阁丛书》二十六种，共计三万余卷。20世纪20年代军阀混战，30年代末日军侵占，使大部分书籍毁于战火。民国初年，本故居由王氏亲属管理，部分被占为公用。民国35年(1946)土改时，部分房屋分给群众，“天壤阁”改作县粮库。新中国成立后，逐步改建。1983年全部拆除，改建为福山华侨宾馆和建设银行。

观音庙　位于村南凤凰山。昔日，山前有戏台，山巅有魁星楼，山后即为观音庙。庙宇建筑宏伟，气势轩昂。每年农历四月十八日赶庙会，进香者络绎不绝。因战争年代的破坏，“文化大革命”的破四旧，戏台、魁星楼、观音庙全被拆毁。

古现寺(又名千佛寺)　位于村东北，唐先天元年(712)，僧人善庆建，明万历三十八年(1610)，邑人王明捐资重修伽蓝，有众僧居住的房屋和园林，祖师两殿，时颇具规模，有殿堂等30余间，土地200余亩，和尚5人。清末至民国，人们思想开化，信奉者渐少，寺院失修，房屋倒塌。民国35年(1946)土改时，土地分给村民，殿堂被学校占用。解放后寺院拆除，现存遗址。

王懿荣故居石狮

古陵墓　古现东村古墓皆为王氏家族乡贤与仕宦者，遍布福山、烟台(芝罘)等地，皆已毁掉。王崇烈墓于1975年被发现后，进行了抢救性挖掘。

王道增墓　位于落山坡，以墓主命名。王道增清顺治十六年(1659)逝后，朝廷赠封礼部儒官，葬豹卧夼——落山坡。清康熙十八年(1679)公举乡贤，二十年具题入祠。墓前有雕龙碑和石桌、香炉。1958年，在落山坡建炼铁厂，墓被毁。

王隲墓　位于烟台市芝罘区小黄山之麓，原工人文化宫广场内，以墓主命名。王隲，享"奉旨谕祭葬"。墓前造立石坊、华表、石马、石羊、翁仲、石碑等，占地约6000平方米。1958年，扩建文化宫，墓被拆毁。墓中只存骨殖，无一金银玉器随葬。牌坊正面刻有"计想佳成"四字，背面刻着"崇彼九京"(京与京同，读原，与原同义)，有"五世其昌，八世其后"之意。

王检墓　位于高疃镇西厅村西南小米顶南麓，以墓主名命。王检墓坐北面南，前有石人、石马、石羊、石碑、石碑坊，雕工精细，宏伟气派。1958年墓被毁，1967年茔地被平。现存御制龙头碑一方，藏于福山区文物管理所。

王祖源墓　位于古现街道李家村东北，村民称"两甲坡"，又称"西茔房"，以墓主命名。墓坐西面东，王懿荣亲笔题写简传，特制砖砌筑。墓前石为北京琉璃厂制作，并系以辞云："松山一角，海色茫茫，梦魂千里，风雨泷冈。"1958年墓被毁。王懿荣纪念馆收藏20余块墓地特制砖。

王懿荣墓　位于古现街道李家村东北，村民称"两甲坡""西茔房"，以墓主命名。先渴葬于京城王府花园空地，不久，复移京师效外宝应寺之义园，后由其次子王崇烈扶父母及嫂之灵柩经海路回归故里，奉葬于此。民国36年(1947)墓被盗，1958年被毁。

王崇烈墓　位于古现街道李家村东北"两甲坡"，以墓主命名。1958年被平毁。1975年4月李家村村民整地时，发现地下墓穴，挖出棺柩，开棺后见"皇清诰封资政大夫直隶候补道汉辅王公之柩"19个金字，出土随葬物有翡翠鼻烟壶、秦代车軎，甲骨文片、玉雕等，现存于烟台市博物馆。

第二节　文　　物

村内最早的文物在王懿荣的《福山金石志残稿》中有记载，有三件：牟平余千砖、唐㚇砖、曲家茔墓上砖顶，详见《王懿荣》章。

现存文物大都与王懿荣及其家族有关，除社会上有广泛收藏外，大部分现藏于王懿荣纪念馆。

康熙帝赐王隲书"养素"匾额

龟注砚　此砚系朝鲜进给慈禧的贡品。砚台长 20 厘米、宽 12 厘米、高 4 厘米。砚盖阴刻一条

王善璧科考卷雕版之首

王氏“永言孝思”匾

龙,腾空而翔,气势雄伟。两边刻着对联:“名传即墨品重端爰,山水夙好瑜瑾奇光。”底款:朝鲜“国金胜镇堂造”(该堂专为朝鲜皇室贵族制砚)。揭开砚盖,一只小龟跃然砚台之上,栩栩如生,水存砚台中部,用笔轻击,水即从龟口溢出,砚底有一小室,放几块火炭,扣上底盖,砚体和水都是温的,寒冬墨不凝固。此砚研出的墨细腻又滑润。清光绪二十年(1894)十月十日(11 月 7 日)是慈禧六十大寿,孔子的 76 代嫡孙世袭一品“衍圣公”孔令怡与母彭夫人到场拜寿。慈禧亲手绘制金箔“松鹤图”,并当场令王懿荣题款。王懿荣欣然命笔,题上款“光绪甲午季秋下院御笔”,下款“九皋声远和鸣时,一幅高秋画入诗。最是朝阳渲染处,金光飞上万年枝”。慈禧看后十分满意,遂将笔砚均赐给王懿荣。他大喜过望,爱不释手,伴随六个春秋。历经百余年,砚落王宴(同祖 18 世,原辽宁省商业厅长、作家)之手,在王懿荣发现甲骨文 100 周年时,80 多岁的王宴无偿献给纪念馆,成为镇馆之宝,供世人观赏。

王隲养素碑碑印放大图

王隲养素碑

王氏祖传砚台

甲骨文　王懿荣纪念馆仅存 2 片,上书“瞉贞今春王省北方是会得到(上天、祖先)保佑”。另片上书“戊寅卜瞉贞寅时风会不会成灾害”。

鼻烟壶　利用缅甸产精品翡翠制作,做工精美,价值连城。王懿荣的文才、书法和为官的功劳深得光绪帝的赏识,特将他所喜爱的“鼻烟壶”赐之。

戚继光宝刀　戚继光为明代抗倭英雄,他的宝刀曾传之莱阳知县徐桂宝之

王懿荣神位

手，徐桂宝知道王懿荣率兵抵抗八国联军，遂把宝刀献给王懿荣。

对联中堂　王懿荣手书对联 13 幅，中堂 1 幅。

其他文物　清代车 1 件；王懿荣的官帽一顶、衣服一件、靴一双、印一方，所著书籍若干本。

贈侍郎銜國子監祭酒謚文敏王懿榮祭文

朕惟儒臣礪節千秌垂青史之名國典褒忠九陛拜瑚簋之賜爾奮雄心而敦懷義不偷生考彝典以摛文恩宜特沛爾原任國子監祭酒王懿榮稟靈山左抗志朝端經術淹通文章雅正入金門而登上第摛華則譽擅蓬萊持玉尺而涖中州籲俊則材呈嵩洛曾試諫垣而居首旋膺祭典而書名曾回詞苑掄英凌雲賦奏遂荷天章錫寵晝日毫簪命儤直乎南齋竝儷書乎東觀超遷侍讀晉授司成珥筆禁廷紀金鑾之盛遇授經太學流辟沼之清芬效文而會典勤脩頭銜用錫肆武而海防通整指畫無虛爰及還朝聿勤內直豈意猝開兵釁求頗牧於禁中頻教共爐封灰裹鼓鞞於輦下表奮劍結纓之志臣節克完動疾風勁草之思朕衷增慟宜加優卹以慰忠魂既予謚以易名更晉階而錫爵彝章告備俎豆為馨於戲取義成仁讀聖賢書而無愧表忠勵節壯河山色而弥光惟此潔蠲爾其歆受

光绪皇帝祭祀王懿荣文

慈禧太后赐王懿荣『寿』

光绪皇帝赐王懿荣『寿』字

爱新觉罗皇亲赠王氏书

圣旨－王氏墓地碑头文化

第三节　名　胜

凤凰山　位于村南，有三顶，中顶高，似凤凰之身和头，东西顶矮，似凤凰两翅膀，从北看恰似凤凰展翅，故此又称凤凰顶。清乾隆《福山县志》载："凤凰山，在古县（现）南，峰高脉远，岿然独尊，群山环绕，望之如儿派孙支。"唐宋元时代，山前建有戏台，主峰顶建魁星阁，山后有观音庙，建筑宏伟，气势轩昂，每年农历四月十八日赶庙会，进香朝拜者络绎不绝。西峰顶有石潭，常年有水。北麓有清乾隆年进士、官至安徽布政司布政使王显绪墓。20世纪40年代，魁星阁等古建筑毁于战乱。

落山坡　位于古现街道东吴家村西。据传该山原为罗姓所有，故名罗山坡，因靠近凤凰山而取其凤落之意，人们习惯称落山坡。后转给本村王姓，辟为王姓墓地。王懿荣八世祖王道增即葬于此山东麓。1958年古墓被毁。落山坡山脉南北走向，主峰由西向东，海拔22米，两侧有同向山脉相扶，前有桌墩，东北有圣水泉。昔日，山上苍松古柏茂密参天，风景独秀，更有"王小放牛"的故事为山增添传奇色彩，远近闻名。

第十五章 医疗卫生

建村至明代末期，村内无医药事业文字记载。明末至民国时期，全村文化人才辈出，医药名人也相继出现，王道增即颇懂中医中药，曾为戚继光后代戚年治愈疑难重症，还成功地防治了本地一次急性瘟疫的传染蔓延。

清代中后期，先后出现了闻名本地的名医王源、王廷楫、王庸熙（人称“二虎先生”）、王景堂（副教授）。王庸熙在村开设“杏泉堂”（人称“行善堂”）中药铺，坐诊、售药，对贫困家庭的人都实行免费诊视、免费付药或告知患者到山上自采中草药，受到人们普遍赞扬。另有王修赉开设的“乐善堂”中药房，只售药，不诊断。

1951年，古现供销社设药品专柜，经营药品，收购中药材，方便了村民买药治病。1956年，福山县在古现兴办中医学校，村设保健室，村人重视医学，送子学医。1958年8月，福山县在古现建成古现医院，彻底改变了缺医少药的落后局面。

从1969年实行合作医疗，到1985年合作医疗夭折，经过近半个世纪医疗事业的曲折发展，到2006年“新型合作医疗”兴起，最终2011年实行医疗保险，村民真正拥有了医疗保障的权利。

第一节 村医保健

1956年，村设保健室，挑选懂医术、热情为村民服务的人任医生。1963年，保健室改称卫生室，配卫生员1人。1969年，卫生室改称合作医疗室，卫生员改称“赤脚医生”。1981年，“赤脚医生”改称“乡村医生”，经福山县卫生局考试，取得乡村医生证书，凭证进行诊疗。1982年，医疗室称卫生所。1985年，合作医疗停办，卫生所由乡村医生自主经营。

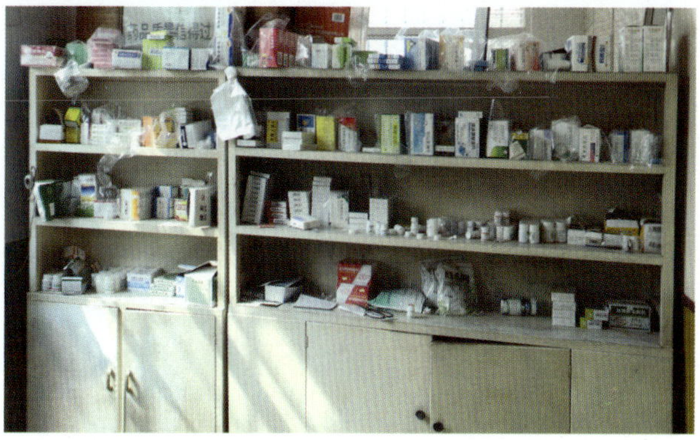

村卫生室药房

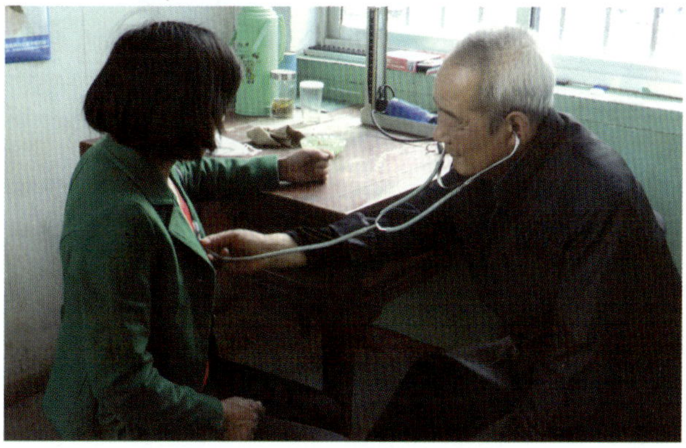

村医朱洪斌在诊病

第二节 疾病预防

民国以前，村内发生传染病，仅能靠中医的土验方治疗，效果有限。自明崇祯五年（1632）至清宣统三年（1911），村内曾发生较大疫情9次，染病者因得不到良药救治，死者甚多。民国8年（1919），村域及周围均发生霍乱病，死者相继，惨不忍睹。

新中国成立后，建立起县、乡、村三级医疗卫生网，对传染病进行控制管理，一旦发现，即实施早隔离，就地抢救，治疗效果明显，传染病发病率逐年下降。至1958年，村内天花、疟疾、黑热病绝迹。至1980年，肠道传染病再未发生。

1948年10月，村内开始疫苗接种，福山县人民政府派医务人员首次对村民进行痘苗注射。1949年，又免费接种牛痘，注射伤寒与霍乱混合疫苗。新中国成立后，国家每年都拨专款，为村民免费接种多种疫苗。1979年，福山县卫生防疫站在村建立了预防疫病苗接种卡，村民按卡进行接种登记。1982年，村认真贯彻落实国家提出的"开展计划免疫工作"的要求，从此，预防接种疫苗工作均按卫生部制定的计划免疫程序、接种率指标、传染病发病控制指标、卡册管理以及计划免疫监测等项要求进行。1983年，全部达到国家提出的麻疹等六种传染病控制指标要求。1985年，全部达到国家要求1990年达到的指标，乙型脑炎、白喉、麻疹、麻风病、婴儿瘫、天花等六种疾病绝迹。

第三节　地方病防治

肝吸虫病　新中国成立前，村民不注意防护卫生，此病时有发生。新中国成立后，国家生产了血防84－6药品，用之即愈。因加大了预防措施，1980年以后再未出现。

钩端螺旋体病　新中国成立前，村民不知发病原因，染病者较多。1976年7～9月，东村、北斗村、胜利村、河北村、大王家5个村共有356人发病，多者一户有3人。患者11岁～58岁占77.50%，男性占73.40%，经抢救治疗，均获痊愈。以后加强了卫生防疫工作，再未出现。

疟疾　新中国成立前，村内每年都有疟疾发病。新中国成立后，卫生部门重视预防，并列为重点传染病管理，发病率逐年下降。"文化大革命"中，社会秩序混乱，正常预防管理不能落实，致使发病率急剧上升。1971年，生产大队又加大防治措施，给患者施药治疗，对未患病者则作预防服药。1972年以后，全村再无疟疾患者。

肺结核（又称痨病）　新中国成立前，村内多有发生。1959年，县卫生局设古现结核病防治所。1964年，福山县医院设防痨科，配·名医生负责门诊。自1971年始，对全村婴幼儿每年接种2～4次疫苗。1972年3月，县卫生局抽调4名医务人员，组成结核病普查小组，对疑似患者全部进行胸透，发病率占总人口的3.87%，并深入到村进行登记建卡，设家庭病床，实施居住、饮食隔离，吐痰入坑，收到良好的治疗和预防效果。1985年以后，再未出现重症患者。

精神病与麻风病　新中国成立前，村内有个别患者，均因无药可治而终。新中国成立后，古现相继建起麻风与精神病医院，方便群众防病治病，至今村内再未出现这两种病。

第四节　爱国卫生

新中国成立前，村民缺乏卫生知识，不重视良好的卫生习惯。新中国成立后，在政府的倡导下，特别注意讲卫生。1950年，村内户户订立"爱国卫生公约"，开展"三净三挖"活动（屋内净、院子净、街道净，挖厕所、挖栏圈、挖鸡窝），填平污水沟，铲除乱杂草。1952年，村建立爱国卫生领导小组。1953年4月，村开展"爱国卫生运动突击月"活动。全村大搞"三光"（墙光、炕光、地面光）、"五灭"（灭蝇、灭蚊、灭蚤、灭虱、灭臭虫）、"一捕"（捕鼠）活动，环境得到净化，减少了各种疾病的传播与发生。1954年春，村订立"卫生规划"，保持了全村的环境卫生。1955年，全村开展

“灭四害”(蝇、蚊、鼠、麻雀)活动,村民积极行动,小学生也积极参与,学校每天都统计灭四害的数量。1956年4月,村成立爱国卫生运动委员会,全村按“五洁四无”要求进行全面治理,评选“五洁四无户”,统一清理臭水沟、污水坑,清除蚊蝇孳生地,继续消灭“四害”(1961年麻雀改为臭虫),全村卫生环境大大改善。1962～1975年,全村开始改造饮水井、鸡窝,实行鸡鸭圈养,改造厕所,实行粪尿双罐化,加盖封闭。各生产队安排专人挑尿、挖粪,各队集中积攒粪便。1976年,全村搞“两管五改”卫生基本建设,至1978年,全村基本达到“两管五改”要求。进入20世纪80年代,村里实行门前“三包”(包卫生、包绿化、包秩序),门内“三净一无”(窗明净、院洁净、室内净,无蚊蝇),村委定期检查评比,表扬先进,成绩显著,受到县、镇的表扬和奖励。进入90年代,村开始硬化村内街道,道旁栽植花卉、果树,既美化了环境,又净化了空气,还建成了排水系统,保证了街道洁净畅通。

2002年以后,爱国卫生工作更加深入。

第五节　医疗保障

村合作医疗　1969年,大队开始推行合作医疗制度,成立合作医疗管理委员会,坚持自愿参加、合作互助原则,资金由加入合作医疗的社员个人、大队双方共同筹集。凡参加合作医疗者,每人每年交1元,大队从公益金中为每人支付1元,作为合作医疗费。合作医疗基金由大队统一掌管,大队卫生室使用,并规定了相关的制度。制度规定:凡参加合作医疗的社员免费到卫生室就诊和拿药,小病不出村。如因确需到公社医院就诊者,应由“赤脚医生”批准,并到指定医院,未经批准,擅自外出治病购药者,一切药费自理。

公社合作医疗　1975年,公社成立合作医疗管理委员会,每人交费0.50元。村与公社的合作医疗因收费太少,不能解决群众大病住院治疗的困难,1982年底停止。

新型合作医疗　2006年秋,村开始推行“新型合作医疗”(简称“新农合”)制度,全村100%参加了“新农合”。对参加“新农合”的村民,在定点医院(门诊)就诊者,门诊医药费用按20%的比例予以报销。在定点街道医院住院者,医疗费用按以下比例报销:1000元以下补助比例为20%;1001元～3000元补助比例为30%;3001元～5000元补助比例为35%;5001元～10000元补助比例为45%。转诊到区、市级医院就诊者,住院费按规定进行报销;对参加“新农合”的人员外出务工、旅游、探亲等因病需就医者,只需选择当地公立医院机构就诊,回乡后可参照医疗机构的分级,按相应的补助标准给予报销。村民定点医院为:古现街道人民医院、烟台市开发区医院、开发区妇幼医院、烟台山医院、烟台毓璜顶医院、解放军107医院。

惠民医疗保险　2011年,开发区管委又出台了新的惠民政策,并对新农合医疗资金的筹集、报销门诊医药费用和住院医药费用标准都相应进行了调整和提高,特别对特殊病种的门诊补偿标准,对尿毒症透析治疗、系统性红斑狼疮、恶性肿瘤放化疗及特殊慢性病患者,在新农合指定的医院门诊治疗费用按符合范围内70%给予补偿,年度补偿由最高限额2万元提高到10万元,原街道级医院主要补偿标准由70%提高到80%,区级医院住院补偿标准由50%提高到65%,市级医院住院补偿标准由35%提高到40%。

参合人员可自主选择定点医疗机构,出院时,需持合作医疗证、身份证(或户口本)、门诊病历、医药费用收据,可直接报销。在区外就医者还需出具费用明细表、住院记录(或诊断证明)。

同时,对村孕产妇住院分娩报销做了以下规定:重大公共卫生服务项目和突发公共卫生事件涉及的病种(如:孕产妇住院分娩等)先执行专项补助,剩余部分中的医药费用再按新农合规定给予补偿,住院分娩的村孕产妇在区内定点医院住院分娩,出院时出示补助卡,补助资金同新农合报销一起结算。

对参加新农合的村民，在原优惠政策的基础上，又增加了“两免（对高血压和糖尿病患者在街道医院、一体化村卫生室门诊时免费提供卡托普利、硝苯地平、复方降压片、格列苯脲、二甲双胍药品）、三补（儿童先天性心脏病手术给予定额5000元补偿，乳腺癌和宫颈癌手术给予定额1000元补偿）、三提高（系统性红斑狼疮、肾透析和肿瘤化疗的门诊治疗报销比例提高到70%）”的政策。

第十六章　村民生活

明清时期，农业生产落后，产量很低，靠天吃饭，无抵御自然灾害的能力，遇到灾害，官宦人家、富裕人家靠积蓄维持生计，贫困家庭则卖儿卖女或逃荒、乞讨，或过着半年糠菜半年粮的艰苦生活。

民国时期，连年战争，苛捐杂税繁重，特别是日本侵略者占领福山后，更是民不聊生，村民仍然生活在水深火热之中。

新中国成立后，村民耕种自己的土地，安居乐业，生活水平有所提高。由于受错误路线的主宰和干扰，1960～1962 年，村民度饥荒。经过三年的恢复和发展，村民生活有所改善，但"文化大革命"又使村民生活艰难了十年，直至 1978 年纠正了错误路线，村民的生活水平迅速提高。20 世纪 80 年代解决了温饱，90 年代达到了吃好，进入 21 世纪，不仅保证了家家户户都吃好，而且都讲吃得科学。

物质生活水平提高之后，居委会注重抓好村民的精神文化生活，提高村民的精神文明素质。为此，村每年利用"三八""五一"、山会、重阳、春节等节日，组织多种形式的文艺活动，丰富了村民的文化娱乐生活。2007 年，村建成健身广场和篮球场，供村民闲暇时娱乐和健身。各种有益活动的开展，在强身健体的同时，丰富了村民的精神生活，增进了村民邻里间的感情，提高了精神文明水平。

第一节　食品饮料

食品　村民日常生活多为一日三餐。1950 年以前，在冬季农闲时，多数家庭一日两餐，可以省粮、省烧草。主食多为玉米、高粱、地瓜、地瓜干、地瓜面、豆面、荞麦面、小米、黍米、豇豆、绿豆，大米很少见，白面也只是在过年、过节、来客时才能食用。副食主要是疙瘩、萝卜、辣椒、芹菜、黄瓜等腌制的咸菜和虾酱、鱼酱、蟹酱、鱼拐子酱、海兔酱等，富裕人家也有食用咸鱼干的。猪、鸡、鸭、牛、羊肉和鲜鱼之类，只有过年过节和来客时才能食一点。偶尔也吃个炒菜或熬菜。1980 年以后，主食和副食皆发生了重大变化。大米、白面成为主粮，鸡鸭鱼肉则成为各户餐桌上的平常菜，午餐、晚餐必有炒菜或熬菜。

从清光绪二十七年至民国 29 年（1901～1940），村民即以玉米面饼子（又称"苞米饼子""饼子""大饼子""片片"等）、面条、面片、包子、饺子、馄饨、油饼、火烧、豇豆汤等食用，亦有小米干饭、高粱米饭、杂合米饭或熬成稀饭调节食用。新中国成立后，饭食传统做法仍保留，也学习、引进了一些新方法，如做片片加奶粉等。

饮料　明清时期，饮料只有白酒、黄酒、茶水、开水、井白凉水。清末至民国时期增加了葡萄酒、啤酒。进入 20 世纪 80 年代以后，果汁、果子露、汽水、山泉水、矿泉水、纯净水等也先后进入了村民之家。

第二节　服装衣着

布料　鸦片战争前，村民皆穿自家纺线织成的粗布(亦称土布)。鸦片战争后,进口细布(又称洋布)虽然进入市场,但村民购者甚少,仍然穿用粗布,直至新中国成立后,国产细布占领市场,粗布才被淘汰。

衣服 新中国成立前,村民崇尚节俭,衣服都是一针一线地自己缝制。一件衣服穿几年、十几年,破了就补,再破再补,一件衣服能补几年,甚至十几年。新中国成立后,开始实行"计划经济"。1953 年实行布票制,最多的 1976 年每人发 18.50 尺,最少的 1964 年每人只发 3.30 尺棉布票。那时,村民都是"新三年,旧三年,缝缝补补又三年",哥姐穿后,弟妹再穿。直至 20 世纪 60 年代,针织卫生衣、卫生裤,针织衬衣、衬裤大量上市,70 年代各种化纤布占领市场,受到广大村民的欢迎。服装的花色品种也大有改观,彻底改变了"文化大革命"时期只穿黑、白、黄的局面。进入 20 世纪 80 年代中期,村民的服装布料繁多,有绸缎、毛呢、麻织及品类繁多的"的确良""人造棉"和各种化纤布料,还有皮革、毛皮、人造革等等。从此,村民告别了补丁衣服,美观时尚又大方、穿着舒适的服装与时俱进,年年月月都有新花样,村民的服装已经跨进了新世纪。

鞋 明清时期,男子多穿圆口布鞋,粗布帮,鞋底是用旧布层层粘合,做成"袼褙",然后多层相叠,用麻绳密密衲实,俗称"千层底",再将帮底缝合。亦有用猪皮做底而缝制的布鞋。式样有"和尚头""朝光鞋""三叉子鞋""牛鼻子鞋"等,有冬用的"蒲窝"、木底"嘎达"、芦花草鞋、生猪皮"绑子"。富裕家庭和妇女结婚则穿绸缎鞋、绣花鞋。民国时期,继续穿用,式样略有更新。

新中国成立后,村民穿五眼系带布鞋、运动鞋、球鞋、解放鞋,自家手工衲制的千层底布鞋、"绑子"等逐渐无人穿用。因缠足,还有小脚女人穿用的特制鞋、衲底鞋、木板底鞋。

进入 20 世纪 70 年代,夏季村民多选用塑料凉鞋。80 年代后,皮鞋、人造革鞋、皮带凉鞋、旅游鞋、高跟鞋、半高跟鞋、拖鞋等,市场广大,花色品种颇多,选购自由。

袜 明清时期,村民多穿布袜。布"袼褙"底,其他为布料缝成。富裕家庭亦有用棉线或毛线手织而成的袜子。新中国成立后,各种机织线袜占领市场,被村人选用。进入 20 世纪 70 年代以后,尼龙袜、尼龙丝袜、锦纶丝袜、高筒袜、毛线袜品类繁多,村民各取所需。

帽 新中国成立前,男子戴布瓜皮帽、棉帽、毡帽、草帽,富者则戴礼帽、风帽、毛皮帽、博士帽等;儿童戴虎头帽、外加耳套(俗称"耳捂");老年妇女戴毡帽、便帽、箍帽(又称勒子)、老婆帽、头缏帽等;青壮年妇女戴方巾。

新中国成立后,曾流行礼帽,春夏秋冬,季节不同,帽料也不同,如毛呢礼帽、纱礼帽、草编礼帽(名为凉帽)、老头乐帽(又称撸头帽子)。"文化大革命"时期,青少年男女皆戴军帽。20 世纪 80 年代至今,帽子的品种多,式样更多,美观大方,实用性更强。

第三节 房屋用具

房屋 明清时期至新中国成立后的 1964 年,村民的房屋多为草房(其中有麦秸草房、扎箍草房、苫草房、海草房),官宦人家与富裕户则建瓦房,多为"四合院",亦有"两进""三进"的复合式建筑。"四合院"由正房、南屋(又称"倒房"或"倒厅")、东西厢房、过道组成。一般民房 3 间、3 间半、4 间、4 间半、5 间。地基在地面上的高度为 0.40 米以下,高至 1 米者较少,展墙 1 米左右,柱角 1.60 米 ~ 2 米。正间最大,卧室略小,半间最小。木门,18 棂木窗。冬季糊上纸。正间为灶间(又称明间或进间),东西两侧建锅台,多选用 8 印锅。其他房间盘炕,上空多以高粱秸扎架,以花纸糊成顶棚。这些民房,皆以木、石、砖、土建造,矮小狭窄,屋内黑暗潮湿,透光性差。

1965 年以后,村民建房者逐渐增多,建筑质量有所提高,所用建筑材料,红瓦或水泥瓦代替麦草、苫草,石灰砂浆代替泥浆,块石和料石代替乱石，新型玻璃窗代替了老式的18棂窗。家里宽敞明亮。

1978年以后，村民建新房和改建旧房增多，并纳入统一规划，综合治理。1982年，县与公社规划部门为村的住房建设制订了发展规划。此后全村建新房、旧房翻新，格局讲究，质量不断提高，其特点是：门大、窗大、跨度大（宽者达7米以上）、间口大。设会客厅、卧室、浴室、储藏室、锅灶间等。建筑材料则选用钢筋、水泥、玻璃、油漆、钙塑板、瓷砖、马赛克等。

1990年以后，村民的住房又有较大变化，草房不见了，厢房多改为平顶房，南屋亦建为平顶房，方便了晒粮。室内铺地板，贴瓷砖，镶铝合金窗、塑钢窗，清洁整齐，亮亮堂堂。村民建别墅楼9栋。

用具　明清时期至1969年，村民家庭有陶盆、瓷盆、铜盆、陶碗、砂碗、瓷碗、木筷、竹筷、葫芦瓢、葫芦漏勺、木勺等炊具，还有茶具、酒具等。

村民家具

家具有八仙桌、太师椅、长条凳、方凳、杌凳、木箱、饭桌、橱柜、桌柜等。1970年以后，大立柜、餐具菜橱等进入村民家。1980年以后，沙发、茶几、写字台、梳妆台、组合柜、高低柜、大圆桌、钢木折叠椅、沙发床、席梦思等高档家具多被采用。

以往，村民室内照明以食油、蜡烛照明，沿袭至清朝晚期。清光绪二十年（1840）“鸦片战争”后，“洋油”（煤油）进入中国，灯具以玻璃煤油灯、罩灯为主。新中国成立后，居民仍多用小煤油灯，集会、演戏用汽灯。

1976年村内通电后，告别煤油灯，各种家用电器渐入百姓家，电灯、电风扇、收录机、电视机、电冰箱、洗衣机、电饭锅、电磁炉、空调等，城市有的，村民也都有了。

村民家具摆设

新中国成立前直至1980年，村民皆睡炕，铺炕席，冬季铺棉褥，盖棉被、棉料毡，枕长方形枕头，夏季铺凉席。1978年以后，以条绒、平绒、金丝绒和绸缎为面料的被褥、丝棉被、羽绒被、毛巾被、毛毯等已成为村民床上的必备用品。

新中国成立前，少数家庭有二胡、京胡、笛、箫等乐器。新中国成立后，少数家庭有矿石收音机。1959年福山县建广播站，村内家家户户安装有线喇叭。1978年以后，缝纫机、钟表、收音机、电唱机、计算机、收录机、音响、照相机、录像机、小提

电脑进农家

琴、手风琴、电子琴、吉他等也越来越多地为村民享用。

第四节　交通电信

运输工具　清至民国，村内运输主要以牲畜驮运、脚夫肩挑为主，兼有人推木制独轮车。牲畜配有鞍子、驮篓、驾子，规模虽小，但便于运输，也是民间运输中坚。脚夫肩挑，多系扁担、担杖，多用于挑柴草、挑水。小推车，又称小车，多系木制（以硬杂木制作），外加铁圈、镶胶皮。手推车，又称地拱子，木制平板独轮，推用较方便。客运工具有轿、驮轿、轱子等。轿多为四人抬，多为官出行、民间嫁娶使用。轱子是以两根木杆为主梁，中间搭穹形席棚，用时须两头牲畜前后驮行，能乘坐2、3人，用完拆卸。驮轿形似轱子，木制，可长期使用。在民国年间，货运工具主要以木制推车和铁木结构畜力大车为主。客运主要工具是人力车。自行车兴起后，驮轿、轱子、轿子逐渐淘汰。20世纪80年代后期，用轿子结婚又悄然在村内兴起。

新中国成立初期，运输工具主要有筐、扁担、驮篓等，木轮、铁轮车改为充气胶轮。20世纪60年代后期，客、货运输逐步向机动车发展。村于1961年购买第一台拖拉机，而后，村内靠拖拉机运输逐渐增多。1982年，全村实行责任承包制后，集体使用的拖拉机被承包或叫行，先富裕起来的村民开始最初购置轻骑（重庆嘉陵50）和重庆嘉陵70（通称小黑驴），搞贩运和小买卖，小青年几乎每人一辆，是交通的必备工具。自行车达到家家户户都有，少数户甚至有几辆，主要用于供学生上学、赶集。80年代后期，村民购置农用三轮车之风兴起，主要用于农田耕作和运输。汽车运输业迅速发展，从业者有夏曰国、王义永、王瑞平、王金瑞、张文成、王建波、王金寿、王其伟、张泗敏、王治勤、夏曰波、王栋文、王明东、王仁青、王仁松、王仁忠、王洪波、朱德武、王建波、董传涛、朱德胜、董航海、王栋武、王静、王维俊、王金强、王维国、王栋强、于振国、曲忠卫、刘玉涛、崔喜刚、朱德松、王胜利、王永进、于吉卫等。还有大客业户王汝芳，出租车业户王治勤、王光模、王伦、张庆波等。有的村民甚至买起了载重汽车兴办建筑队。村第一个购买货运汽车的是夏曰国、王义永，第一个购买轿车的是王建平。

通信工具　新中国成立后，农话线路逐年增加，1958年，村大队开始通磁石电话（手摇带把），线路是木杆和架空明线。1978年，基本由地下电缆取代架空明线，由水泥杆取代木杆，古现邮局设总机，打电话时必须先经过总机，总机联系好后才能通话。1978年6月，县农话台由磁石交换机改换成JT508供电交换机，古现邮政局由50门机改为100门机。1978年9月，古现支局开通对福山自动电路。随着通信的发展，1992年4月，磁石交换机改换成数字程控交换机。是年7月，福山境内始建移动电话体系。随着经济收入不断提高，90年代村民安装固定电话之风兴起，户户安装电话机，入户率达到90%以上。进入21世纪，手机进入村民家，被广泛采用，青年们人手一机，中小学生也多有用上手机者。

第五节　福利养老

福利　优抚　民国35年（1946），土地改革，分土地、房屋等财产时，优先照顾烈、军属。烈、军属缺乏劳动力者，部分土地由群众代耕，无劳动力者全部代耕。1952年，村烈、军属全部代耕。1956年，村成立农业生产合作社，土地归集体所有，代耕制废止，烈、军属、残废军人享受劳动日补助。1983年，实行农业生产责任制后，由劳动日优待改为日工折款优待，对二等以下残废军人、复员和带病回乡的退伍军人，扣除自己劳动所得和子女应负担部分，不足者实行差额补助优待。到2001年，随着年人均纯收入水平的提高而不断调整提高。

1950年，对烈、军属实行定期实物或现金补助。1951年1月始，革命残废军人回乡后，除按规定发给抚恤金外，对特等、一等、二等残废军人及其家属还给予其他照顾，生活高于村民平均水平。自1953年起，二等以上残废军人，享受公费医疗。三等残废军人，确因伤病复发，其医药费、住院费由民政部门报销；住院期间伙食费，由民政部门给予补助。对劳力不足，生活困难的烈属、军属、残废军人、复员军人、带病回乡退伍军人，政府发给临时补助。1955年，村烈属、军属均享受到定期定量补助。1981年11月到1982年6月，对特等、一等残废军人先后两批全部转供商品粮。1984年11月，又将其家属转为非农业户口。1985年7月，对定期发给生活费的优抚救济对象，增加生活费补贴。国家还对生活困难的老复员军人（1954年10月31日前入伍）和带病回乡退伍军人实行定期定量补助。老复员军人补助所需资金主要是国家、市、区三级财政拨款，带病回乡退伍军人补助由区财政拨付。补助标准随着经济发展而不断提高。老复员军人朱仕昌每年可领取补助金：国家5540元，集体3000元，共计8540元。

自1981年始，本村应征服现役的士兵家属，每年由村补给同等劳动力的平均年收入。

五保户供养　从1956年开始，村对无子女又丧失劳动能力的老、弱、孤、寡、残社员实行五保（保吃、保穿、保烧、保教、保葬）。1958年，村生产大队办起敬老院，将散居的五保户集中起来供养。敬老院里设专人为其做饭和其他生活服务。但因物质基础差，很快于1960年解散。解散后，村五保户由生产大队承担，实行分散供养。1983年以后，为进一步保障五保户的日常生活供养，政府对五保户规定统一的生活标准，每人每年口粮不低于250千克，细粮占70%，粮草送到家，医药费村报销，每年适当给些零用钱，衣帽鞋袜由村集体负责供给。1985年，村具备“五保”条件的共4人，分别是姜吉元、王刘氏、王福坦、李玉臣。

对于其中已失去生活自理能力的部分老人、患病者，村领导安排专人负责照顾。到2003年，村只有五保户1人，供养标准每年1698.25元。

2006年，古现街道办事处在东吴家村建敬老院，将全街道所有的五保户进行集中供养，是年，村有一名五保老人王金凯进驻敬老院。东吴家敬老院环境优美，房舍高大坚固，宽敞明亮，现代化设施齐全。供养标准每人每年3883.33元。一日三餐以面食为主，每餐四菜，且饭食、菜谱品种丰富多样。敬老院文化娱乐生活更是丰富多彩，每室一台彩色电视，休闲、娱乐时有扑克、象棋、乒乓球、阅览室等。五保供养资金实行市、区、街道办事处2∶4∶4的比例，分别由市、区、街道办事处三级财政共同负担。现东吴家敬老院五保全部由地方财政拨款。2010年古现街道办事处在凤凰山东麓新建敬老院。

2010年在凤凰山东麓新落成的敬老院

老党员、老干部优待　村于1989年开始实行老党员、老干部优待政策。其中1名老党员、老干部每年享受500元～1000元的津贴，到2008年全村每年支付老党员、老干部生活补贴和退休金10000余元。支部书记、大队长连任10年以上，会计连任15年以上每年享受待遇按现任书记、主任当年基本工资百分比发给退休金。到2008年，村共有1名老党员每年享受优待；共有4名老干部每年享受退休金。

养老　村养老保险始于1993年，投保年龄以20岁为起点，满60周岁停止交纳。1～19岁有条件的可以参加农村养老保险。养老保险费交纳以个人为主，集体补助为辅，分别记在个人账户上。交费的标准，有月交费标准和一次性交费标准。

月交费标准以4元为起点，多交不限，一次性交费以200元为起点，多交不限。养老费可以补交和预交，对个人补交、预交和一次性交纳的，集体可视情况给予补助金。到2002年，全村参保率达30%。

2002年9月村划入开发区后，村民养老保险工作不断上台阶，2007年，建立区、街道两级财政补贴的“地方新型农村社会养老保险”制度，逐步提高村民养老保障水平和体系。新型农村养老保险包括年满16周岁（不包括在校学生），未参加城镇职工基本养老保险的在区常住（有户籍）农村居民和被征地居民，缴费年限和缴费标准是：参保人在新农保实施时（2009年12月1日），45周岁以上的按年缴费，同时累计缴费年限应不少于15年，对不按规定参保者，达到法定退休年龄时，不发给基础养老金，实施新农保前年满60周岁，未享受城镇职工基本养老保险待遇的本区常住农村居民，以及被征地居民和户口在本区的外来人员，不用缴费，可按月领取55元基础养老金，但其符合参保条件的子女应当参保缴费。

村获基层劳动和社会保障工作“先进集体”奖牌

缴费的标准是：参保人按年缴费的标准为400元、500元、600元、700元、800元、900元、1000元、1100元和1200元九个档次（个人缴费额低于400元的不收），可自主选择缴费档次。

2011年，区、街道两级政府对参保人员的财政补贴标准：区级补贴标准是个人交费400元～500元的补贴25元；600元～1000元的补贴40元；1200元以上的补贴60元；59周岁（1952年出生）的人员年度个人一次性缴费达到6000元以上的补贴300元；持有残疾人证的残疾人增设最低缴费300元标准，一次性个人缴费达到300元的补贴18元，其他档次不变，同时持有残疾人证的残疾人个人缴费达到最低标准者除享受普通居民政府补贴外，残疾程度为二级以上的可再增加补贴150元，三～四级的增加补贴50元，补交保费和不在集中收费规定时间内缴费的，不享受区级政府补贴。街道办事处的补贴标准是：根据实际情况，在区级补贴的基础上，制定不低于区级标准的财政补贴办法。到2011年年底，村参保率达到96%。

演出队在排练节目

从2002年9月，村划入烟台经济技术开发区后，随着土地征用标准、经济条件、收入不断提高，村自2003～2012年，对男年满60周岁、女年满55周岁（原村民）给予生活补助金，每年400元～500元；从2010年开始，由财政拨款，对80～89周岁的老人，每人每年发360元，对90～99周岁的，每人每年发600元，100周岁以上者，每人每年发2400元。

第十七章　习俗风尚

古现东村，历史悠久，文化昌盛，教育进步，人才辈出，必然形成淳朴优良的民风，且历久弥新。

第一节　生活习俗

习俗　建筑　从古到今，村民建筑住宅有很多传统习俗。住宅方向，正房皆略偏东南或西南，以防冲了南天门里的神灵，并区分于庙门（庙门都朝正南）。街门内迎面处立一照壁，书一“福”字，并配画松竹等。迎冲道路的山墙上部多书“福星高照”或“紫气东来”等字；有的在墙根处立一石碑，上刻“泰山石敢当”字样。建房上梁，需于梁上贴“上梁大吉”，燃放鞭炮，以求住进新家后，家人平安和谐，事业有成，兴旺发达。

饮食　新中国成立前境内饮食习惯为一日三餐，冬闲时，一日两餐，可节省柴草。1978 年以后，村民生活水平提高，改为一年四季皆是每日三餐。饮食风俗从古至今，家家户户都以长辈、老人和下地干活的男劳力为先。特别是在新中国成立前，多数村民家庭生活困难，常常做两样饭，优先者食用完，剩下一点是孩子，最后才是主妇食用。随着生活水平的提高，一家人都同吃一样的饭。来人来客，需请常来常往的亲邻陪客，客人食用后，剩下的饭菜才给孩子吃。新中国成立后，随着村民生活水平的提高，全家人都吃同样的饭菜。

忌讳　语言　渔民在海上作业谈话时，有些词语必须忌讳，而用他词代替。如“翻过来”和“扣过来”是船翻扣之意，必须改说“划过来”或“转过来”。忌说“老”字，因渔民畏敬鲸鱼称其为“老人家”，“老”字只能用以称鲸鱼，而不能用在对他人的称呼上，故将“老张”“老李”等改称“张伙计”“李伙计”。农家过春节谈话时忌说“死”“穷”“破”“碎”“吹”等不吉利的词语，如春节饺子煮破皮，忌说“破了”“碎了”，要说“挣了”；馒头蒸裂了忌说“裂了”，要说“笑了”。商人特忌讳与“赔”字同音的词语。

行为　渔民吃饭忌将筷子搁在碗上，认为这会招致渔船搁礁或桅杆被风吹倒的事故。船上忌器皿扣放，认为这是翻船的凶兆。忌在船头便溺，因怕亵渎龙王。借别人药铫子使用忌送还，须待物主自己来取回，意思是送还会将病疫带给人家。探望病人忌在下午或晚上，因“下午”“晚上”有表示病势“沉重”或“垂危”的意思。送礼品忌用“梨”，因“梨”与“离”谐音。孕妇忌食兔肉，“以免孩子的嘴长成兔唇畸形”。大年初一忌扫地，怕把“财宝”扫出去。宴席上，吃鱼忌讳挑鱼眼。新中国成立后，许多传统的忌讳基本废除，但在渔民中还仍有人遵循。

第二节　节日习俗

农历节日　春节　农历正月初一是春节，旧称为“过年”，是一年中最隆重的节日，其前一日为旧历的除夕（年三十）。节前，家家户户蒸年糕、枣饽饽和“莲子”，置办年货，清扫房舍庭院。“三十”这天，家家户户皆悬挂家谱，安放祖先神主牌位与祭器祭品，张贴春联（直系长辈死后，晚辈三年不贴春联）等。晚餐，盛备酒菜，吃水饺，团聚欢宴。午夜后即为年初一，亦称大年初一，燃放鞭炮，祭拜祖先，给长辈拜年，长辈分压岁钱。然后，男性家长率儿孙子侄到宗祠和近支神主案前烧香焚纸，叩头行礼；再到同族各家和本村业师家里拜年。熟人见面皆拱手祝贺，相互问好。初二晚上行送神礼。自初二起开始到亲戚家拜年。习惯上是元宵节前，二、四日拜外祖家，三、六、九日拜岳丈家，七、八日拜姑、姨家。20 世纪 80 年代后，除夕之夜，全家人一般观看中央电视台春节联欢晚会或其他文艺节目。90 年代渐兴寄贺年卡之风。进入 20 世纪末，除保持原有走亲访友习惯外，另有亲朋好友间互通电话和发电子邮件、手机短信互相祝福。

元宵节　农历正月十五日为上元节，亦称元宵节和灯节（俗称“过十五”）。解放前，此日各家各户都要用萝卜、胡萝卜或豆面等做成许多小油灯，于黄昏时分送至祖先墓前点燃，并焚化香纸，酹酒祭奠。晚上再于家中以香蜡纸锞、水饺、元宵等物祭祀祖先。供桌上点燃数盏小灯，同时屋子内外阴暗角落和门户两旁也点燃许多小灯。节日前后三日（或二日）夜间，宗祠、庙宇也备多种彩灯，悬挂于顶棚或墙壁上，供人观赏。平日夜间轻易不许外出的青年妇女，唯于此日可以结伴进城观灯看戏。应节的食品为吃元宵，旧时吃元宵者只是少数富家。随着人民生活水平提高，20 世纪 80 年代已遍及各家各户，成为家常便饭。节日观

元宵节彩灯

灯习俗，从 20 世纪 30 年代末到 70 年代末一度中止。从 1983 年开始，人民政府为丰富群众文化生活，每年正月十五，举行盛大的灯节晚会。机关、学校、厂矿竞相制作具有民族风格、行业特点的各式各样的彩灯参加展览。彩灯支架或座架上悬挂放置各种大小不一的灯笼，上有龙、虎、鱼等各种图案，千姿百态，惟妙惟肖；夜晚灯火辉煌，五彩缤纷，观者人山人海，一片升平昌盛的景象，村民多有进城观看者。

二月二　农历二月初二为祭“土地神”的节日，俗称“龙抬头”。旧时，村头有一座土地庙，庙里端坐泥塑土地神。此日黎明，家家用草木灰在庭院、场院内撒成若干大圆圈，里面再撒上五谷杂粮，称为“谷囤”，以作为本年“五谷丰登、粮食满仓”的象征。又用断香、香蒂或其他香料，置于仓房内燃烧，传说此日烧烟熏虫，可保粮食不受虫害。节日之前，一般人家仍沿旧俗，皆炒糖豆（用大豆制作），供小儿零食。妇女将彩布剪成许多小方，同截成许多小段的蒜秸联缀成“小龙尾”给小儿佩戴在身上“辟邪”。传说二月初二为“龙抬头”日，此日妇女不动针，恐“刺伤龙眼”。傍晚，农家男子到土地庙焚纸烧香，燃放焰火。解放后，村土地庙被拆除，迷信活动停止。

清明　农历三月，阳历 4 月 5 日前后。旧时，居民皆于此日祭扫先人陵墓。祭扫时要在墓前供设肴馔、果品、酒浆，墓上挂“飘钱”（长约 10 厘米的正方形白纸片，每座挂十数张），烧香焚纸，叩头行礼。此日，男女老幼衣帽佩插松柏枝，以消除灾病。有的人家节日前后在庭院内架设秋千，招集邻舍男女青年游戏。白天民间艺人演出京剧、马戏、评书、拉洋片等百戏杂剧，热闹非凡；晚上放焰火，银花火树，绚丽多彩。抗日战争爆发后，清明节除祭扫外，其他活动停止。解放后，每到此日，仍存清明扫墓的习俗，但仪式比以前大为简易。

端午　农历五月初五为端午节，亦称端阳节。此日家家户户门楣上皆挂桃枝与蒲艾，幼儿手腕、脚腕系五彩线，称“长命缕”“缕束”。又用彩色麻扎成小笤帚、炊帚，系于衣服扭扣上。有的青年男

女佩戴硃囊或内装香料的绣花荷包。解放后，随着人们文化科学知识水平的提高，端午节的迷信活动逐渐消失，唯吃应节食品粽子的习俗仍相沿不衰。

六月六　农历六月初六，农家多以包子、焦面（用炒熟的小麦、玉米等磨成），为应节食品。新中国成立后，食包子、焦面的习俗仍然存在，但已不如往日之盛。

七月七　农历七月初七，各家各户皆用白面烙成各种形状的小馃，称为“巧馃”，分给儿童作零食。是日夜间称为“七夕”，即神话故事中牛郎织女一年一度相会之夜。民间称织女为“巧姐姐”，说她是天上最为心灵手巧的女神。青年妇女多于此夜在庭院中供设巧馃、五谷菜等，祭祀织女，称为“乞巧”。清末民初，乞巧的活动已废绝，但做“巧馃”的习俗一直延续至今。

七月十五　农历七月十五日为中元节，俗称“鬼节”。民国26年（1937）以前，村民皆于此日中午或傍晚烧纸焚香，祭祀祖先，祭品中必有应时新鲜瓜果。解放后，祭祖活动逐渐变得简易，仅傍晚烧纸焚香，以示祭祀。

中秋节　农历八月十五日为中秋节，亦称团圆节。旧时仕宦缙绅、富商巨贾之家，都盛备肴馔，全家饮宴，并宴请邻舍宾朋，犒劳奴仆雇工。普通人家也尽其所能，改善饮食。月饼是必备的应节食品，除极贫苦者外，各家均购买分食。20世纪80年代后，每至节前，家家户户争相买美酒、月饼馈赠亲友，孝敬老人，并备节日自家食用。十五日晚，各家庭皆举行家宴，品尝“月饼”，饮酒赏月，称为“圆月”，以求团圆。

重阳　农历九月初九为重阳节。旧时，文人墨客，士绅名流，多于此日登临名山，观赏秋景，称为“登高”。还有于此日食花糕、酿菊酒的习俗。清末以后，这些风俗逐渐废绝。民国初期偶尔有学校教师率领学生于此日登山野游。新中国成立后，农家此日多改善饮食。1988年，国家定此日为“老人节”，开展各种形式的尊老敬老活动也传到村里。

十月醮　农历十月初一，民众称为“十月醮”，为民间秋季祭扫先人陵墓的节日，礼仪与清明祭扫相同。解放后，仍有多数人家沿袭旧俗，于此日为先祖和新丧亲人祭扫陵墓。

冬至　冬至亦称“过冬”，为农时节日，也是家祭祖先的节日。旧有早晨吃水饺之习惯。新中国成立后，多有改在晚饭吃或改善饮食，再无其他活动。

腊八　农历十二月初八称为“腊八”，应节食品为“腊八粥”，以八种豆果加米煮成。新中国成立后，喝“腊八粥”的习俗仍然存在。

送灶　农历十二月二十三日为祭祀灶神的节日，俗称“小年”。按迷信说法，灶神为一家之主，专司监察家人行为品德善恶，于每年此日上天汇报。祭祀时，先将旧灶神画像揭下，换上新像。并于新像两旁换上“上天言好事，下界降吉祥”或“红火通三界，青烟透九霄”等新联。祭祀时，在灶神前供水饺、杂面汤、粘饼、麦芽糖等食品，焚纸烧香，旧像也随之焚化；用清水一盏，内放谷草数节，泼于门外，供灶神坐骑饮食，全家叩头行礼。此种迷信活动，20世纪50年代初即废绝。

公历节日　元旦　公历每年1月1日为元旦，俗称阳历年。20世纪80年代后，渐渐被村民接受。到90年代后，渐兴寄贺年卡、赠送挂历、发电子邮件或发手机短信相互祝贺之风。进入21世纪后，此风愈为盛行，村民采取“包饺子”“摆宴席”等形式以欢度节日。

国际妇女劳动节　公历3月8日为国际妇女劳动节，村妇女组织活动。

植树节　公历3月12日为植树节。居民委员会组织村民、学生开展义务植树活动，以美化、绿化环境。

国际劳动节　公历5月1日为国际劳动节。村民一般无纪念活动。

青年节　公历5月4日为青年节。为纪念民国8年（1919）“五四”运动，团组织多举行入团仪式、组织演讲会、报告会等，对团员、青年进行革命传统教育和爱国主义教育。

国际儿童节　公历6月1日为国际儿童节。学校多于这天组织儿童加入少先队，或者组织丰富多彩的文体活动。团支部、妇联等与小学、幼儿园组织活动，并捐助困难儿童。

中国共产党诞生纪念日　公历7月1日为中国共产党成立纪念日。村党支部召开党员大会，重温入党誓词，组织党员学习党的基本知识，召开民主生活会，回顾党的历史，进行爱党爱国教育。

建军节　公历8月1日为中国人民解放军建军节。党支部和村委会组织开展拥军优属活动。

教师节　公历9月10日为教师节。村组织开展尊师重教活动。

国庆节　公历10月1日为中华人民共和国国庆日。村委大院升国旗，村民以改善生活的方式庆祝。

第三节　礼仪习俗

称谓　村内社交中的称谓十分讲究。曾祖父称老爷爷，曾祖母称老奶奶、老太太。祖父称爷爷，祖母称婆、奶奶；外祖父称姥爷，外祖母称姥姥。父亲称爹爹、爸爸，母亲称娘、妈妈；岳父母称丈人、丈母娘（当面称呼随妻）；公婆分别称公公、婆婆（当面称呼随夫）；伯父称大爹，伯母称大妈；叔父称叔叔，叔母称婶子、婶婶；舅父称舅舅，舅母称舅妈、妗母；姑丈称姑父，姑母称姑姑；姨丈称姨父，姨母称姨；义父称干爹、亲爹，义母称干妈、亲妈；兄称哥哥，兄妻称嫂子；弟称弟弟，弟妻称弟妹、弟媳；姐称姐姐，姐丈称姐夫或大哥；妹称妹妹，妹丈称妹夫；夫之兄、弟分别称大伯、小叔子（当面称呼随夫）；妯娌之间互称嫂子、妹妹；夫之姐、妹称大姑子、小姑子（当面称呼随夫）；妻之兄、弟称大舅子、小舅子；妻之姐、妹称大姨子、小姨子；妻之姐丈、妹丈称连襟（当面称呼随妻）；叔、伯的子女之间分别称哥、弟、姐、妹；姑、舅、姨的子女之间分别称表哥、表弟、表姐、表妹；对父辈友人，称伯伯、大大、叔叔、姨；生人相见，称先生、师傅，或大爷、大娘、大叔、大婶、大哥、大姐、同志等。

婚嫁　议亲　旧时青年男女结婚须尊“媒妁之言，父母之命”，本人无选择配偶的自由。初议婚时，先由媒人提亲，交换庚帖，上书男女生辰八字，一般人家只由媒人口头传达。若男女属相、五行无冲克，双方家长又同意结亲，即可办理订婚手续。新中国婚姻法颁布以后，实行婚姻自由，别人无权干涉。多数也先经人介绍，征求家长同意，但能否成婚，由本人决定。

定亲　又称定婚，旧时订婚称为“定亲”。男女双方各自备办柬帖、衣料、首饰及其他礼品，择一吉日，请媒人分别交与双方。柬帖、礼品同时交换者，村内称之为“下柬”；单交换礼品，不交换柬帖者，称之为“定亲”（柬帖于结婚之日互相交换）。“定亲”“下柬”，男女双方一般皆设宴招待媒人与亲朋。“下柬”较“定亲”隆重，男方较女方隆重。男方柬帖书写在世的祖、父（主婚人）和女婿的名字（祖与父皆去世，可由伯、叔或兄长主婚）。女方柬帖书写祖与父的名字（若祖与父皆去世，由伯、叔或兄长主婚）。双方女性家长和新娘名字不上柬帖。柬帖具有婚约的作用，交换柬帖后，一般不得退婚。如因悔婚赖婚而引起诉讼，柬帖就是订婚证明。新中国成立后，村仍沿用旧时定亲礼俗，但不交换或废除“柬帖”之类旧套路的内容。

彩礼　旧时“定亲”或“下柬”男方送与女方的衣料、首饰等物称为“彩礼”或“聘礼”。聘礼多寡，视男方经济条件而定，富家数量多，质量好；贫家数量少，质量差。解放以后，随着经济的发展与人民生活的提高，对彩礼质量、数量的要求亦愈来愈高。20世纪70年代末，彩礼多以钱币为主，数量已由60年代的几十元增至几百元；80年代后订婚送彩礼之风盛而无减，达到600元、700元，乃至千元、几千元；90年代起为6600元～8800元（分别取“六六大顺”和“发又发”之意）；90年代末至21世纪初期又增至10001元（寓万里挑一意），少数条件好的达到15010元（寓万无一失意），个别达到2万多元。

择日　旧时结婚前，男方须请人按照《通书》、当年历书（俗称黄历）及男女生辰八字，选择迎娶吉日，并指明男女冠笄、新娘坐床方向、禳祛不祥的方法及其他禁忌事项，用红纸缮写两份，于迎娶前数日或一两个月，由媒人送1份至女家，谓之“通日”。“通日”时，男方须向女方馈赠礼品或钱币，女方愿接受礼品者称为“吃礼”，觉得光彩体面；女方不富裕者多愿接受钱币，称为“接干”。“吃礼”或“接干”，须征求女方意见，礼品或钱币的多少，由男方自定，女方一般不提出要求。所赠钱币一般只用于为新娘置办嫁妆，穷苦人家亦有用此款解决生活困难的。数额须先议定，近于买卖婚姻。新中国成立后，择日习俗尚有沿袭者，一般选于秋后农闲时月份或冬季腊月间；20世纪80年代后，择日习俗趋向于“五一”节、国庆节、元旦，或其他方便时日举行婚礼。

嫁娶　旧时，结婚前一天上午，女方派人将妆奁送至男家。下午傍晚，新郎先在自己家中叩拜祖先、父母尊长，然后再叩拜宗祠和近支同族以及本村业师家的神主。喜日早晨，新郎到女方家迎娶。除贫寒之家，一般都乘彩轿前往，鼓吹前导。新郎至门，由女方长辈和送客带领（送客为女方伴送新娘至夫家的亲人），叩拜女家及其近支、同族的祖先。礼毕，就宴。宴毕，由送客引至内宅观新娘加笄（亦称上头）。然后偕新娘乘轿回家。彩轿至门，两妇人（称为搀客或扶客）以如意系以红带，令新妇怀抱，由新郎执红带另一端引之入门。至庭院神案前，夫妇南向叩首，俗称“拜天地”，并拜父母、祖父母。拜毕，再扶至洞房。新郎坐床中，新妇独拜床前，谓之“拜床”。接着让新妇按吉利方向端坐床上，时间一般为半日，至晚撤床，婚礼至此结束。婚后第二日，女家来二亲人探望，称为“看客”；第三日再来一亲人迎女回家，称为“搬三”；第九日新郎再伴送新妇回家省亲，称为“转九”。如此往来迎送，双方皆设宴款待。随着社会进步，繁琐旧式嫁娶礼数逐渐简化，提倡“文明结婚”。

20世纪70年代前期，结婚之日，新娘一般皆由亲人骑自行车迎或送至男家，至80年代后，多由新郎乘坐面包车、轿车前往女家迎亲，送客随车伴送。90年代末至21世纪初，随着人民物质生活水平的提高，男家迎娶新娘显阔之风有增无减，一般人家迎娶新娘的轿车为6辆，少数有条件家庭多达12辆，同时雇请主持人、乐队、歌手、录像师等专门从事此行业的艺人，以示婚礼办得隆重而热闹。车去迎接新娘前一般按车档次编号，1号车新郎乘坐迎接新娘，2号、3号车为女方送客人（男，2人）乘坐，4号车为女方伴郎伴娘乘坐，5号车为男方搬嫁妆人乘坐，6号车为录像车。男方用轿车迎接新娘时，要备好送给女方家的面盆、大饽饽、鸳鸯肉、席子等物品。新郎迎新娘至家门，有青年姑娘2人将其迎入院内，随即燃放鞭炮，撒五彩纸屑。中午，开宴招待亲友，新娘亦由女宾中之长辈陪同进餐。21世纪后，不少家庭花钱图方便，婚礼多在酒店、宾馆举行，去前先让迎娶新娘的车队去家里“洞房”一趟举行简单仪式，一般为新妇拜床、坐床、公公翻箱子、钉门帘等程序。主持人在主持这些简单程序时要适时加上一些表达喜主美好愿望的颂词，如“公公翻喜箱，生活奔小康”“公公箱子翻到底，金银财宝平地起”“公公箱子翻得好，来年儿子生个大胖小”等。“洞房”举行完简单仪式后，再到酒店或宾馆隆重举行婚礼。在迎娶新娘的车队抵达酒店或宾馆后，放6～12响礼炮，撒五彩纸屑，以示隆重迎娶。在礼炮声和五彩纸花絮中，新娘由伴娘及男方家族中年轻姑娘簇拥搀扶步入布置豪华的酒店或宾馆中。此刻酒店或宾馆中已是宾朋满座，当时间在11点58分时，婚礼和婚宴相继开始。婚礼仪式由主持人主持，主持人在喜庆的声乐中先将新郎父母（有的是新郎新娘双方父母，因新郎新娘两家一起举行婚宴，除新郎家亲属、亲戚朋友来外，新娘家的也来）请到婚礼台上，再将新郎新娘请上来，接着进行证婚人宣读证婚辞、喜主（新郎父或母）致词、新郎新娘讲话、拜天地、拜高堂、夫妻对拜、戴戒指、喝交杯酒等一系列程序，而后主持人宣布婚宴开始。婚宴中,有歌手或宾朋中人上台唱歌助兴,以使婚礼、婚宴高潮迭起,兴趣盎然。婚后数日,新娘回家省亲,新郎伴随同往。

喜庆　酒宴　村内饮食业高度发达,筵饮名目繁多,礼仪繁琐而不乏情趣,在菜品上尤为讲究。请客,讲究上菜的顺序和节奏。一般是先凉后热,席首和席尾上汤;先荤后素,先高档后一般;先咸后甜,鱼齐。节奏是先快后慢关键缓。以最常见的"四二八"喜筵为例,席首摆4盘点心(俗称"压桌面"),用茶水就食,让客人先垫一下肚子,以免空腹喝酒伤身易醉。4个冷荤之后,8个热炒分两组上完,两个"大件"设在热炒之首和中间,使筵席出现两个高潮:第一件是"全家福",由多种荤素原料和海鲜组成,历来是筵席中的头菜。第一组热菜先上4个,一般是"烤大虾""炸双拼""油爆乌鱼花"和"韭菜炒海肠"。第二个大件多是"扒鸡"。"张口鸡,闭口鱼",取其"鸡"同"吉"(吉祥)之意。第二组热菜一般是"芙蓉干贝""红扒肘子""清蒸加吉鱼""拔丝山药"等。上甜菜之前要撤桌,即换掉全部餐具,以保证甜菜的纯正。最后上主食"福山大面",象征长长远远。"无鱼不成席",吃鱼的讲究也多。整鱼上席时,要"头朝北肚朝客"摆放,以示对客人的尊敬。

生育　旧时,孕妇分娩前,娘家先送鸡蛋数十个,俗称"催生蛋"。婴儿出生后,其家必于街门上挂"弓箭"。弓箭做法:屈杨条为弓,以柳条为箭,与桃枝、柏枝、竹枝和大葱等缚在一起,下挂红布一方,上书"长命富贵""吉祥福禄"等字;女孩"弓箭",实无弓无箭,只有桃枝、竹枝等物。小儿生后,即通知其外祖家,男孩五日,女孩六日,其外祖家遣人馈送鸡子、米面、衣服、被褥、手镯、银锁等物,谓之"馆待"。富家头生男孩生后十二日、百日,皆宴请亲朋,亲朋则馈赠小儿衣物表示祝贺。小儿生日,亲友仍馈赠衣服;喜主用包子、桃子、佛手等面食为回赠礼品。随着社会进步,此俗渐简化,一般只在十二日、百岁、生日时,宴请亲朋好友,亲朋好友去时仍多以衣物相送;20世纪80年代后,则多以钱币相送,一般为100元~200元,多者达1000元。

祝寿　旧时,少数仕宦家庭,人至60岁以后,每逢生日,即举行祝寿仪式,布置寿堂,接受儿孙拜祝和亲人的祝贺馈赠,宴请宾客。平民百姓,只在生日这天全家改善一下生活。20世纪80年代以后,人民生活水平提高,子女为老年父母祝寿者渐多。合家欢聚,举行家宴,食寿糕,以示祝贺。极少数祝寿仪式隆重,规模较大,接受馈赠,并设宴招待亲朋好友。

丧葬　旧时,民间办理丧事的习俗和礼仪均有浓厚的封建迷信色彩。富裕人家人至老年,子女即开始为其准备寿衣、棺木,营造坟墓。棺材用柏、梓等高档木材做成,墓穴大多用砖砌成,呈长方形,上顶为拱形或安墓板。一般人家棺木、衣服与坟墓皆临时置办;贫苦人家有的以苇席裹尸,土圹埋葬。垂危病人尚未停止呼吸之前,即与之穿好寿衣,移至正室。断气后,于其鼻下放新棉絮一块,口中放碎银或银制小喜蛛一枚,称为"属纩""用含"。同时烧"纸钱"一包(俗称倒头包袱)。儿女子息皆披发趿鞋(父死趿左足,母死趿右足),换穿素服,并请阴阳先生按死者死亡的年、月、日、时,推算出在丧葬中禳祛不祥之措施和应避忌事项,再于路口焚烧纸马一匹,家属哭送死者灵魂乘马归阴。随后到土地庙烧纸哭奠,俗称"报庙"。以后每日三次到庙哭奠,称"送汤"。三日内,置尸于棺内,称"入殓"。此时儿女子息,皆换穿白粗布斩缞孝衫,其他亲属皆穿素服白鞋。中下等人家停灵3~5天后出殡,富者停灵7~14天,多者百天。富家出殡者皆雇用吹手,奏乐助哀,请礼宾赞礼,乡宦点主祠土。点主用朱笔在已写好的神主碑牌位上的"王"字上头加一点,使其成为"主"字;祠土是在墓地祭祀土神。另外还要焚化大量纸俑和纸扎的牲畜、房屋、花果和金银钱箱柜等。中产人家出殡,也雇吹手,焚烧少量纸人、纸马、纸房屋,但不请人点主祠土。贫穷人家只购买男女纸俑一对分立于灵柩两头,至下葬时焚化。有的富家还要请和尚道士诵经拜忏,超度死者灵魂;举行题旌礼,将旌亭安放于空地,先请旌客拜旌，然后由死者亲属跪拜；发引（出殡）时，盛设仪仗，吊唁者沿途设香案，叩头行礼，称为“路祭”。葬毕，用素轿抬死者神主归家奉祀，称为“回灵”。中产以下人家皆无此繁文缛礼，葬后3日，家属至墓前哭奠，并用手捧土撒于墓上，称为“圆坟”。自死亡日算起，每7日一祭，至“七七”而罢。百日、周年要隆重祭奠。2周年后，儿女子息换去素服，谓之“脱孝”。3周年后，不再到墓前举行祭奠仪式。

新中国成立后，带有浓厚封建迷信色彩的丧葬礼数渐被破除。1962年，提倡火葬。1984年，村民去世火化率达到95%。20世纪90年代至21世纪初，旧的丧葬礼俗基本革除，全土葬也已基本消失，死者全部实行火葬。火葬时对死者的骨灰安置处所不一，有的存放于殡仪馆，有的安葬于山坡处，有的安置于公墓陵园中。悼念仪式也发生了很大变化，穿孝服被披戴黑纱、白花取代，在殡仪馆为死者举行追悼会，亲属和与会其他人士皆臂戴黑纱、白花，以表示对死者的哀悼。至今仍有在亲人病故后为死者焚烧香纸，也进行“烧七”“烧百日”“烧周年”的活动，不过规模很小，仪式简化。

第四节　道德风尚

村民自古至今，民风敦厚淳朴，崇尚道德，秉公好义，乐善好施，亲邻礼尚往来，友好相处。明清时期为官者致士后，多有从事教育子侄和儿童者。新中国成立后，在历届党支部的领导下，加强宣传教育，制定村规民约，传统美德进一步发扬光大，道德新风尚受到广泛赞誉。尤其进入20世纪80年代改革开放后，党支部在全村开展“争当五好家庭”活动，每年评选五好家庭、好婆婆、好媳妇、好小姑、好妯娌、好嫂子、好丈夫、好妻子等先进典型。共青团、民兵、妇代会紧密配合，广泛开展精神文明建设活动，新道德新风尚蔚然兴起。退休回村干部张舜卿就是其中典型之一。他发扬先辈的光荣传统，余热生辉，为建设社会主义新农村做出了有目共睹的贡献。

张舜卿，男。1975年从原福山县广播局退休回村后，从未间断过寻找一切机会为群众做些力所能及的服务性工作。他发现群众订报送报很不方便，特别是报刊的发放经常不能如期送到订户手中，甚至丢失，为此主动与邮电局联系，在自家建立了报刊发行站，义务为群众订报送报，多者每日挨门挨户送30多家，从未耽搁一天和丢失一份报刊，这项义务服务多年如一日，被群众称之为“义务邮递员”。当年，他在县广播局大部分时间是从事电器维修技术工作，并在南京广播学校学习过3年，对无线电知识和家电维修有较深造诣，单凭这手“绝活”开个家电维修部会很快发起来，但他没有这样做，而是把这一技之长用于为群众服务上，且把自家变成义务修理站，有空就给群众修理收音机、录音机、电视机等。自退休后，近20年为村民邻里修理各种家电2000多件，从不收取一分钱的报酬。

自1991年起，他又干上了“义务交警”。古现镇（今古现街道办事处）中心完小坐落于烟黄公路旁，六七个村五六百名小学生每日早、午、晚上学、放学都要横穿公路。随着经济的日趋发展，这里往返的车辆运行高峰时每小时多达120多车次通过，此时又恰是学生上学、放学的时刻，孩子时刻都受着车祸的威胁。此情此景引起张舜卿老人的关注，于是就自己掏钱扯布做了个红袖章和小红旗，不顾当时患病住院尚未完全康复就披挂上岗了。从此，这个交通要道和集市十字路口旁，就有了一位每日指挥学生、车辆安全通过且不着警服的“义务便衣交警”。每天早晨，他总是准时6点左右提前到岗，春夏秋冬，年复一年，不管刮风下雨，还是雪花飘飞、寒风凛冽，从未误过一次“差”。每天一站就是两三个小时，直到最后一个学生越过公路回家或走进学校，他才回家吃饭。由于年龄关系，站立时间长了腿就发酸发麻，他却从不向别人诉说一句怨言，只默无声响地回家让老伴烧些热水烫烫。1992年秋后，在军队当兵的儿子让他去住几天，可他却以我有执勤任务为由拒绝了儿子的要求。1993 年冬，他因去区参加老干部先进个人表彰大会而不能值勤，为不影响在公路边给孩子值勤，就几次登门请村里一位叫王志的老人为他替几天班。公路值勤之苦，莫过于冬春两季。冬天里寒风刺骨，雪飘地冻路滑，当别人还在热被窝里熟睡时，老人已经裹着棉大衣守立在冰雪闪亮的路旁了；手脚冻麻了，眉毛胡须结了冰茬，他顾不上找个避风暖和的地方呆一会，而是精神矍铄地指挥着学生小心地过公路。车来了，他把三五成群背着书包上学的孩子揽在腋下和背后，告诫不要着急，等车过去再走；孩子被冰雪滑倒了，他就赶过去扶起，给孩子拍拍屁股上的雪，一个个扶孩子过去。到了春天，风和车扬起的泥沙不停地扑落在老人身上，他每天执勤回来都变成了“泥人”，衣服和铺盖每周要洗两三次。这一切都从未动摇过老人那颗始终为公众利益散发光和热的赤诚之心。自老人在此值勤后，在他的悉心维护下，这里从未发生过一起车祸事故，且避免了多起该发生而没发生的车祸。老人的奉献精神赢得了学生、家长及社会各界人士的敬佩和广泛赞誉。自 1986 年后，他先后 5 次被福山区委、区政府授予“老干部先进个人”光荣称号。

第五节　社会陋习

陋习　*赌博*　旧时，村内赌博方法甚多，常见的有押宝、推牌九、看纸牌、打麻将、掷骰子等。以赌博为职业的人有的开设赌局，诱人聚赌，向赢家提成收费，称为“头钱”；有的赌技熟练，善于作假，逢赌必赢。旧历正月十五以前或庙会期间，赌风最盛。有的输钱者无力偿还赌债，被迫典房卖地，甚至偷盗行劫。新中国成立后，党和人民政府将赌博列为刑事犯罪，对少数暗中赌博者，一经抓获，轻则批评教育，重则绳之以法，拘留或判刑。20 世纪 50 ~ 70 年代赌博行为基本被杜绝。20 世纪 80 年代至 21 世纪初，此恶习有所抬头，多以金钱为赌注比输赢，为躲避政府公安机关的惩罚打击，不法分子活动场所十分隐蔽。但随着公安机关打击惩罚力度的加强和精神文明建设的不断深入，赌博行为越来越少。

劝酒　酒席一开始，先要统一喝三杯，或六杯，然后分别进行其他项目。除互相敬酒外，还有其他劝酒陋习。如划拳，又有哑拳与响拳之分。哑拳，每人伸一指，大拇指、食指、中指、无名指、小拇指依次相压，被压者喝酒；响拳，双方伸指头的同时各说一个数，说数与二人所伸指头数相同者为赢，对方喝酒，直到喝醉才算尽兴。除此劝酒陋习外，村内在酒席桌上普遍流行的陋习是“显能”和“相互攀比”。“显能”即彰显自己能喝、量大，并以此为荣；“相互攀比”即我喝多少你就得喝多少，不足者须补上，其中夹有“先喝为敬，不喝不行”强人之难说辞。另有对方敬酒必须喝下，否则就加以不够“朋友”或不讲“义气”等斥辞。进入 20 世纪末以后，随着人们对健身强体意识的提高，劝酒之风渐衰。

迷信　*看风水*　旧时，村民构筑房屋，营造坟墓，皆须聘请“风水先生”相宅图墓。如果家中连遭不幸或事业不顺，便认为是住宅或坟墓的“风水”不好，即按风水先生的指点，改门迁坟。有的人家在街门上方挂一面镜子，或在墙角埋立一块刻有“泰山石敢当”字样的石碑，以使“邪魔”“凶神恶煞”退避。新中国成立后，特别进入 20 世纪 80 年代后，随着科学文化知识的普及与提高，除个别人信奉此道外，此俗已基本消失。

占卜　俗称算命。旧时的一种迷信活动，方法甚多，旧社会里许多男性盲人多以此作为谋生手段。算命是根据问卜者的生辰八字来占算其一生各阶段运气好坏和变化情况的一种卜术，属古代术数学范畴，操此术者皆曾经师传授。旧时算命的盲人都有一套巧妙的骗人法术，能将问卜者过去的情况说得比较近乎事实，因而也就能使问卜者对他为自己将来命运作出的推断半信半疑，或深信不疑。旧时算命盲人一手敲打小铜锣（自称为“报君知”），一手执竹竿（自称为“马”）探路，

走村串街，为人算命。相信其术者，妇女居多。除算命外，尚有批八字、相面、拆字等。相面是通过看人的五官、指纹，然后根据麻衣相书的解释说明祸福，多为模棱两可语言，以骗取钱财。另外还有些人能为人占“马前课”（俗称“掐算”），为人占算失物能否复得，垂危病人能否有转机，在危险境地中的人能否逢凶化吉，或婚姻能否得成等。新中国成立后，对占卜活动虽进行取缔，但一些宿命论观念较深的妇女有时还秘密请算命先生为其算命。20 世纪 90 年代起，出现计算机算命，其原理同传统算命术一样是伪科学，只是形式变换而已，不足为信。

信巫　旧时，村内居民相信狐、蛇、刺猬、黄鼠狼等能修炼成“仙”，具有超自然的神通，既能作祟害人，又能为人驱邪治病，故有人敬称之为“仙家”。替“仙家”代言和代行其术的人称为“巫”。女巫俗称“花姐”，男巫俗称“神汉”。巫者家中供奉一位或几位“仙家”画像。一些迷信思想较重的人，患病后求巫请“仙”治疗，“花姐”“神汉”装神弄鬼（俗称“上神”）为人“驱除妖邪”，从中骗取钱财。新中国成立后，巫被取缔，但极少数秘密以巫术行骗者尚未绝迹。

求神　旧时，人有重病，家人往往祷告神祇，祈求保佑，并表示病愈以后，要以某种方式酬谢神明，称为“许愿”。病愈酬谢，称为“还愿”。还愿，以焚烧香纸和“替身”（纸扎小人，将其烧化，让其替本人为神效劳）为最简易和普通的形式。富有者有的请戏班，在庙前演唱京剧（称“愿戏”）；有的制作新袍服披于神像身上；亦有人舍身寺、观，为僧、为道，但为数极少。初生幼儿父母恐怕不能健康成长，即到附近庙宇请僧人或道士赐一法名，作为庙内的寄名徒弟，以便取得仙佛保佑。妇女不生育，或不生男孩，到庙内送生娘娘（也称“送子观音”）殿内焚烧香纸，求神明保佑其早生子女。小儿生天花、麻疹，家人到庙内求“疹痘娘娘”保佑，病愈后再到庙内烧香烧纸，表示答谢。患气管炎者，到庙内神案前祷告，并在神像嘴上抹上少许面酱。生疮或手臂腰腿疼者，到庙内“十不全”神案前祷告，并将麻皮挂于神像身上。旧时求神愚举尚表现在播种或禾苗生长季节上，遇上久旱不雨，官府平民皆举行求雨活动。求雨方式，一般是地方官绅到庙宇祭祀神祇，诵读祭文；僧道朝夕击鼓撞钟，诵读经文；村民百姓则由老年人率领，头顶簸箕，手持柳枝，一日 3 次到庙内烧香叩头。新中国成立后，公开的求神活动已绝迹。

第十八章 方 言

古现东村居民皆为汉族人。语言属汉语北方方言,华北东北次方言区胶东方言。因受山脉走向、地域的影响,与近邻栖霞、蓬莱方言和本地语言交相掺杂,境内方言语言形式与普通话基本相同,但在其演变过程中,有些也形成了自己的特点,属典型的老福山方言。

第一节 语 音

声母 古现东村声母有20个,与普通话相同的17个,没有[tʂ][tʂ][ʂ·][ʐ],多出cc′ç。普通话的[tʂ][tʂ][ʂ·]在古现方音里分为两大类:第一大类与普通话的[tʂ][tʂ][ʂ·]相对应,又分成两小类:第一小类是[ts][ts·][s],如"支翅诗"[第二小类是[tɕ][tɕ·][ç],如"蒸除书"。第二大类与普通话交叉变化,将[ʂ·]变为[ts·],如"钥匙"的"匙"。

古现东村方音将普通话的声母[ʐ]也分为两大类。

第一大类,将声母[ʐ]变为零声母,又分两小类:第一小类将[ʐ]变为韵母[i],形成零声母,韵母不变。如,"然绕热人日容肉"。第二小类将[ʑ]和其后的韵母[u]共同变为[y],形成零声母,其后部分的韵母不变。这又分两种情况:一种只将韵母[u]变为韵母[y],后面的韵母不变。如,"如软润若"。一种不仅将韵母[u]变为韵母[y],而且后面的韵母改变。如"若弱",将[u]后面的韵母[o]变为[ɤ])。

第二大类,将声母[ʐ]变为声母[l],又分两小类:第一小类将声母[ʐ]变为声母[l],又有两种情况:其一,不改变韵母,如"仍辱";其二,改变韵母,如"锐睿蕊",将[uei]变为[ei])。第二小类将声母[ʐ]变为声母[s]或[l]。如,人名"董存瑞"的"瑞"一般读为[suei];"瑞雪兆丰年"中的"瑞"一般读为[lei]或[luei]。因此,一个人名带"瑞"字,就可能出现三读的情况:有的读成[suei],有的读成[lei],有的读成[luei]。

古现东村方音分尖团,普通话不分。尖音有[tɕ][tɕ·][ç],如,"精青星";团音有cc′ç,如"京轻兴"。将团音字读成尖音字,古现人称为吐舌。20世纪50年代国家推广普通话,60年代出生接受高等教育而回乡工作者,已有人将团音改为尖音。及至七十后、八十后乃至九十后,改为尖音的人越来越多。

声母(20个):

拼音字母	国际音标	例字
b	[b]	巴比布
p	[b·]	怕皮普
m	[m]	麻米母泥(泥的声母普通话为n)
f	[f·]	发冯夫
d	[t]	大底肚
t	[t·]	他梯土
n	[n]	拿奴
l	[l]	拉离路吕
g	[k]	该古跪
k	[k·]	开库狂

h	[x]	海呼寒
j	[tɕ]	焦招主(招、主的声母普通话为 zh)
q	[tɕ']	枪昌除(昌、除的声母普通话为 ch)
x	[ɕ]	线扇书(扇、书的声母普通话为 sh)
z	[ts]	增争祝(争、祝的声母普通话为 zh)
c	[ts']	曹巢锄(巢、锄的声母普通话为 ch)
s	[s]	僧生数(生、数的声母普通话为 sh)
gi	c	经捐局(三字声母普通话均为 j)
ki	c′	丘圈拳(三字声母普通话均为 q)
hi	ç	休靴学(三字声母普通话均为 x)

20 世纪 90 年代古现东村声母为 22 个,其中声母 -n(舌面前浊鼻音)现在 60 岁以下的人群中,已几乎与声母 n 无区别,故此忽略不计。另外,零声母在普通话中也有,不能算作古现东村方音特点,只是古现零声母复杂些。因此本志只记 20 个声母。

韵母 古现东村方音韵母 35 个,没有普通话的ʅ、uəŋ,多出 iai,普通话 tt'nl 和 tsts's 拼 uei、uan、uen 三个韵母的字,古现东村方音没有 u 介音(如"对岁"、"短酸"、"顿孙")。

韵母(35 个):

ᴀ八大沙割 ia 俩傻家牙 ua 爪刷瓜瓦

ɤ 特则个厄 iɛ 别爹哲茄热 yɛ 决靴月钥药疟乐

uo 多左歌窝

ɿ 支资齿诗四 i 必地妻急日

u 布土足古 y 驴主区乳

ai 拜呆晒该 iai 街鞋矮 uai 拽甩怪歪

ei 杯对脆敛 uei 追规回位

ɑu 包刀早高 iɑu 标掉焦巧扰

ou 剖头走口 iou 丢酒求尤柔

an 班单酸甘 iæn 边天尖言然 uan 专川官完 yæn 捐犬玄软

ən 本盾孙很 in 彬真金音人 uən 春舜坤文 yn 旬军训闰

ɑŋ 邦当仓缸 iɑŋ 两丈江央让 uɑŋ 窗光荒汪

əŋ 崩灯争庚 iŋ 冰丁精兴 uŋ 东中工翁 yŋ 垄松窘用

声调 古现东村方音只有三个声调。普通话的阳平和去声,古现东村方音合为去声。古现东村方音声调归类还有一些地方与普通话不同。如古现东村上声的一部分字普通话分为阴阳上去四声。

声调(3 个):

平声 31 刚蒸苏书南人围鱼

上声 214 短酒古许买有午软割节桌说麦裂落岳

去声 445 盘穷床全麻延文元是正助用纳六物略

古现东村方音声母、韵母拼合关系表

表 18-1

四呼 韵母 / 声母	开口呼	齐齿呼	合口呼	撮口呼
	ᴀ ɤ o ɛ ʐ ɿ ai ei ɑu ou an ən ɑŋ əŋ	ia iɛ i iai iɑu iou iæn in iɑŋ iŋ	uɑ uo u uai uei uan uən uɑŋ uəŋ	iɛ y iæn yn yŋ
bb'm	+	+	只与 u 拼合	-
f'	+	-	只与 u 拼合	-

续表 18 – 1

四呼 韵母 / 声母	开口呼	齐齿呼	合口呼	撮口呼
	A̜ ɤ o ɛ ʐ ʅ ai ei ɑu ou an ən ɑŋ əŋ	ia iɛ i iai iɑu iou iæn in iɑŋ iŋ	uɑ uo u uai uei uan uən uɑŋ uəŋ	iɛ y iæn yn yŋ
t tʻ	+	+	+	–
n	+	–	+	–
l	+	+	+	+
ʦ ʦʻ s	+	–	+	–
ʨ ʨʻ ɕ	–	+	–	+
c c′ ç	–	+	–	+
k kʻ x	+	–	+	–
Ø	+	+	+	+

注:声母、韵母能拼合用“ + ”表示,不能拼合用“ – ”表示

普通话卷舌声母字在古现东村方音中声母读音比较表

表 18 – 2

普通话	古现话	例　　字
ʈʂ	ʦ	扎闸栅眨炸札渣乍铡轧榨诈站栈湛盏蘸绽斩债斋寨睁争挣狰臻支肢之址枝纸芝吱脂指只志止旨中衷种众盅终重钟肿罩爪皱骤筑烛嘱瞩竹助祝专砖篆撰转赚拙琢卓茁灼捉酌浊桌镯濯着著
	ʨ	毡瞻詹粘沾展辗战占樟章张漳掌涨丈帐账仗杖胀瘴障招昭召赵照肇沼真斟甄砧针珍疹枕震振蒸征怔整拯正政症帧郑证知蜘汁职织直殖植挚执掷致峙制秩稚质炙痔滞治室周舟州洲粥轴肘帚咒宙
ʈʂ	ʦʻ	搀馋谗掺铲钞巢抄吵炒碜衬谶龇撑匙炽齿翅虫崇充冲重宠瞅愁初雏锄楚础矗搐触畜怵揣穿传船喘串椽窗床幢闯吹炊捶锤垂棰槌春椿蠢醇淳纯唇戳绰辍插叉茬茶查碴搽察差诧岔刹柴豺
	ʨʻ	蝉缠颤昌猖场尝常长偿肠厂敞畅唱倡超朝嘲潮臣陈辰尘晨忱沉趁称城成橙呈乘程惩澄诚承逞骋秤吃痴持池迟驰弛耻尺侈赤斥抽酬稠筹仇绸丑臭
ʂ ʻ	s	莎沙砂杀纱煞厦晒珊山删衫汕梢捎筲哨肾渗参生甥牲省师狮施诗尸虱时史使驶始屎示士柿事是嗜仕侍氏市恃试瘦蔬疏叔淑梳赎熟孰束数蜀属漱刷耍摔衰率甩帅栓拴霜双爽谁水睡税吮舜瞬顺烁说朔硕妁铄

续表 18－2

普通话	古现话	例　　字
ʂ‘	ɕ	傻啥苫闪陕擅赡善扇伤伤殇商觞墒熵上尚垧晌赏尚绱裳烧勺韶少邵绍劭佘奢赊猞畲舌蛇舍设社射涉赦摄慑麝深娠神沈申伸身呻绅珅深什神沈审哂婶甚慎升声绳盛剩胜圣失湿士石拾什食蚀实识世誓逝势噬适释饰试式收守首手寿授受兽狩
	tsʻ	匙
	tɕʻ	束售
ʐ	Ø i 起头	然燃染冉苒髯瓤嚷壤攘让饶扰绕娆人忍韧刃轫葚妊仁壬任认日揉柔肉蹂糅惹热戎绒蓉容荣融熔溶茸冗
	Ø Y 起头	如儒孺乳入褥若弱软闰润
	l 起头	蕤蕊芮锐瑞睿扔仍礽
	s 起头	瑞

注：卷舌声母变化之后，后面韵母有的随之变化。如：傻，声母 ʂ‘ 变为 ɕ 后，韵母ᴀ变为 ia；售，声母 ʂ‘ 变为 tɕ‘后，韵母 ou 变为 iou。其他从略

古现东村方音与普通话相同声母发音混淆情况比较表

表 18－3

声　母		例　　字	声　母		例　　字
普通话	tʂ	樗	普通话	x	(杏)核(夹)弧(韵母为 u)
古现话	c′		古现话	k	
普通话	t	堤提(防)	普通话	c	酵(母)校(对)
古现话	t‘		古现话	ɕ	
普通话	t‘	突头(枕)	普通话	ɕ	械
古现话	t		古现话	c	
	s	趿		c′	朽
普通话	n	弄	普通话	s	松宿(舍)粟(子)夙
古现话	l		古现话	ɕ	
	m	泥		ts‘	寺饲
普通话	k	给			
古现话	k‘				
	c	耕刚			

注：卷舌声母混淆情况参见《普通话卷舌声母字在古现东村方音中声母读音比较表》

古现东村方音与普通话之韵母异同对比表

表 18－4

<table>
<tr><th colspan="2">韵　母</th><th>例　　　字</th></tr>
<tr><td>普通话</td><td>a</td><td rowspan="2">啥傻</td></tr>
<tr><td>古现话</td><td>ia</td></tr>
<tr><td>普通话</td><td>o</td><td rowspan="2">拨波玻钵饽剥菠播伯驳帛泊柏勃钹铂亳舶脖博渤搏箔薄礴跛簸坡泊泼
颇婆鄱叵笸迫珀破
摸无摹模膜麽摩磨蘑魔抹万末没茉殁沫陌脉莫秣漠寞靺墨镆瘼默磨貘
佛</td></tr>
<tr><td rowspan="4">古现话</td><td>e</td></tr>
<tr><td>ei</td><td>卜</td></tr>
<tr><td>u</td><td>谟蓦佛</td></tr>
<tr><td>uo</td><td>佛</td></tr>
<tr><td>普通话</td><td>ai</td><td rowspan="2">掰白百伯柏
拆
麦脉
宅翟窄</td></tr>
<tr><td>古现话</td><td>e</td></tr>
<tr><td>普通话</td><td>an</td><td rowspan="2">占沾毡粘詹瞻展战
谗婵禅孱缠蝉蟾谄阐忏颤
苫扇煽膻闪陕讪单善骟缮擅膳嬗赡鳝</td></tr>
<tr><td>古现话</td><td>ian</td></tr>
<tr><td>普通话</td><td>uan</td><td rowspan="2">（温）暖</td></tr>
<tr><td rowspan="2">古现话</td><td>an</td></tr>
<tr><td>ao</td><td>暖和（“和”字读 huo，轻声），福山方音读 hun，轻声）</td></tr>
<tr><td>普通话</td><td>ang</td><td rowspan="2">刚（才）
张章鄣獐彰漳璋樟蟑长仉涨掌丈仗杖帐账胀障幛嶂瘴
昌猖场尝常长偿肠厂敞畅唱倡
伤殇商觞墒熵上垧晌赏尚绱裳</td></tr>
<tr><td>古现话</td><td>iang</td></tr>
<tr><td>普通话</td><td>ao</td><td rowspan="2">超晁朝嘲潮
烧勺韶少邵绍
钊招昭着朝沼召兆诏赵棹照肇</td></tr>
<tr><td rowspan="3">古现话</td><td>iao</td></tr>
<tr><td>uo</td><td>烙酪
勺芍
凿</td></tr>
<tr><td>ou</td><td>（蛇）蚤</td></tr>
<tr><td>普通话</td><td>ei</td><td rowspan="2">北
没
黑
贼</td></tr>
<tr><td rowspan="2">古现话</td><td>e</td></tr>
<tr><td>i</td><td>被（介词，被他骗了）</td></tr>
</table>

续表 18－4－1

<table>
<tr><th colspan="2">韵母</th><th>例字</th></tr>
<tr><td>普通话</td><td>ie</td><td rowspan="2">别</td></tr>
<tr><td rowspan="2">古现话</td><td>ai</td></tr>
<tr><td>i</td><td>(烙)铁</td></tr>
<tr><td>普通话</td><td>e</td><td rowspan="2">折蜇遮哲辄詟蛰谪摺辙者锗赭褶这浙蔗嗻鹧
车扯彻坼掣撤澈
奢赊猞畲舌佘蛇舍设社射涉赦摄慑麝</td></tr>
<tr><td rowspan="3">古现话</td><td>ie</td></tr>
<tr><td>uo</td><td>讹俄哦峨娥鹅蛾恶厄扼垩饿鄂萼遏崿愕腭噩鳄
戈哥歌阁各哥戈舸葛
苛珂柯轲科棵稞窠颗磕(打)蝌可课骒缂嗑溘
禾合何和河荷盒貉贺鹤壑
乐</td></tr>
<tr><td>a</td><td>割
磕(头)瞌渴
喝</td></tr>
<tr><td>普通话</td><td>uo</td><td rowspan="2">(暖)和</td></tr>
<tr><td rowspan="2">古现话</td><td>un</td></tr>
<tr><td>uang</td><td>戳</td></tr>
<tr><td>普通话</td><td>en</td><td rowspan="2">抻郴琛嗔瞋臣尘辰沉忱陈宸晨谌趁谶
申伸身呻绅珅深什神沈审哂婶甚慎
贞针侦珍帧真斟甄箴诊枕轸疹缜圳阵鸩振赈震镇</td></tr>
<tr><td rowspan="2">古现话</td><td>in</td></tr>
<tr><td>an</td><td>伧</td></tr>
<tr><td>普通话</td><td>eng</td><td rowspan="2">柽称蛏瞠成丞呈诚承城晟乘程惩澄橙逞骋秤
耕
升声胜绳圣晟乘盛剩
正征怔症烝证郑政</td></tr>
<tr><td>古现话</td><td>ing</td></tr>
<tr><td>普通话</td><td>ou</td><td rowspan="2">舟州周洲啁粥妯轴碡肘帚纣咒宙胄籀
抽仇俦帱惆绸畴酬筹踌丑臭售
收手守首寿受狩授兽绶</td></tr>
<tr><td rowspan="3">古现话</td><td>iu</td></tr>
<tr><td>ong</td><td>馊</td></tr>
<tr><td>u</td><td>哞牟眸谋某</td></tr>
<tr><td>普通话</td><td>u</td><td rowspan="2">朱诛茱洙珠株诸铢猪蛛主拄渚煮住贮注驻柱著蛀铸箸
出厨橱处楮储褚
殳书抒纾枢叔殊舒摅输秫赎熟暑黍署鼠薯曙术戍述沭树竖恕庶墅澍束(束腰带)</td></tr>
<tr><td>古现话</td><td>ü</td></tr>
<tr><td>普通话</td><td>i</td><td rowspan="2">臂</td></tr>
<tr><td>古现话</td><td>eng</td></tr>
</table>

续表 18-4-2

韵母		例字
普通话	ia	家
古现话	i	
普通话	ü	绿
古现话	u	
	iu	取(钱)
普通话	o	摸
古现话	e	
普通话	ing	冰(凉)
古现话	ei	
普通话	ong	农浓
古现话	u	
	iou	(化)脓
	iong	松嵩
普通话	ui	蕤蕊芮锐瑞睿
古现话	ei	
普通话	iao	药钥
古现话	üe	
普通话	üe	跃
古现话	iao	

注:1. 不含带 u 介音的韵母。2. 有些韵母改变,声母也随之改变,此表不加说明,声母也不标出。本表韵母为汉语拼音字母

第二节　词　　汇

太阳——日头 上午——头晌 下午——下晌 流星——贼星 彗星——扫帚星 昨天——夜来 一会儿——没趋歇儿 天天——见天 祖母——婆 云——云彩 刮风——起风了 风停了——住风了 闪电——打闪 雾——雾露 下小雨——放雾露渣 晴天下雨——晴天漏 冰锥——冰漏钻 结冰——冻冰了 冰雹——叭子 阴天——阴呼啦天 旱天——干天 空地——闲地 山根——山脚 小河——沟 儿子——儿郎 男孩——小子 痱子——热疙瘩 踝骨——脚骨拐 膝盖——波娄盖 模样——漂儿 巷——胡同 路——道 坟——茔 山林——岚子 农村——乡下 土豆——地蛋 板栗——栗蓬 向日葵——转日莲 香椿——樗叶 黎明——傍亮 晚上——下黑 早晨——早起 半夜——半宿 明天——明儿 年景——年头 以前——以往 将来——往后 伏季——伏当 多

年——好几年 除夕——大年三十 海带——江波菜 水果核——固(核)儿 雄狗——牙狗 雌狗——母狗 雄骡——二骡子 双胞胎——双棒子 下地——上山 收玉米——剥苞米 车轮——车轱辘 缰绳——纲绳 碾东西——压碾 磨面粉——推磨 经商——做买卖 干活——做营生 理发——剪头 路费——盘钱 借债——拉饥荒 饭店——馆子 浴池——澡堂 学校——书房 读书——念书 低头——耷拉头 公驴——叫驴 母驴——草驴 乌鸦——黑老哇 拍手——拍巴掌 叉腰——卡腰 调解——调和 剪——绞 肥皂——胰子 饿了——饥困 熄灯——吹灯 睡觉——躺下了 打鼾——打呼噜 吃饭——啖饭 请客——伺候客 黄鼠狼——水狼 萤火虫——狗屎虫 村庄——疃 周围——四围遭 高粱——胡黍 番薯——地瓜 西红柿——洋柿子 萝卜——萝贝 花蕾——花骨朵 狼——犸子 蛇——长虫 喜鹊——鸦秋 麻雀——家雀 烟囱——釜台 手电筒——电把子 围巾——围脖子 占便宜——占上益 蜘蛛——老老蛛 猫头鹰——咕咕喵 蚜虫——密虫 螳螂——刀龙 蝉——知了 蛤蟆——疥疤子 厢房——厢屋 院门——街门 台阶——门台 顶棚——仰棚或虚棚 厕所——茅房 风箱——风匣 暖瓶——暖壶 篮子——篓子 水泥——洋灰 煤油——火油 磁石——吸铁石 火柴——触灯 骂人——噘人 吵嘴——接仗 数落——扒讼 丈夫——外头或汉们 教师——先生或教学匠 演员——戏子 杂技演员——要马戏的 单身汉——光棍 乞丐——要饭的 头——脑袋瓜 腋——夹肘窝 肘——胳膊弯 背——脊梁 胸——胸脯 肋骨——肋巴 乳房——奶子 肚脐——迷丑 屁股——腚 修理——掇弄 撕开——来开 放好——稳好 打——扯 糟蹋——捉所 撮——策 拿着——得着 拴——缆 接着——掌着 病了——不好 癫痫——羊角风 便秘——拉硬屎 病危——不行了 诊病——看病 傻——彪 精神病——疯子 驼背——罗锅腰 口吃——磕巴 衣服——袄 内衣——小褂 衣兜——布袋 短裤——裤衩 毛巾——手巾 饺子——箍揸 烧饼——火烧 酵母——引子 糖葫芦——糖梨膏 比量——量比 忽闪——闪忽 滑溜——溜滑 耷拉——拉耷 摆布——布摆 火红——红火 喜欢——欢喜 酱油——青酱 醋——忌讳 食盐——咸盐 娶媳妇——将媳妇 出嫁——发付 小产——掉了 去世——老了 出殡——发殡 青——铮青 紫——血紫 黄——焦黄 黑——墨黑 玩——要 剥——扒 腼腆——害淡 稠——厚 多——老鼻子 小——没大点 长——老长短 整个——囫囵个 眨眼——磕巴眼 骗人——熊人 提着——提拉咋 不理睬——不耳习 不漂亮——丑 结实——挺妥 心眼多——精细 固执——犟孙头 受不了——草鸡 走亲戚——出门 讨厌——隔殃 选择——挑挑 不好——不值 拥挤——塞巴 软——绵软 硬——硬棒 修理——扎固 走运——走字 搅动——喝娄 恫吓——哈唬 竖立——创 将就——凑付 逃学——滑学 袖手——抄手 头发——头浮

第三节　俗　　语

气象谚语

早晨放雾露，晌午晒葫芦

朝看东南，夜看西北

东虹雾露，西虹雨

天黄有雨，人黄有病

早晨胭脂红，无雨必刮风

天上起鱼斑，明天晒谷不用翻

老龙斑，不过三，过了三，还得十八天

大旱三年，忘不了五月十三

谷雨以后下场霜，百天以后下满缸

春冷秋热，必是雨节

燕子低飞蛤蟆叫，蚂蚁搬家蛇过道，必有大雨到

一场秋雨一场寒，一场春雨一场暖

八月初一下一阵，干到来年五月进

八月十五月不明，正月十五雪打灯

立冬十月节,反风就是雪

久晴必有连阴

重阳无雨看十三,十三无雨半冬干

不怕初一阴,就怕初二下

七九、八九,沿河看柳

冷在三九,热在中伏

云彩往南,扛着锄头上山

豆黄麦黄,叭子一天一场

清明断雪不断雪,谷雨断霜不断霜

云交云,雨淋淋

朝怕南云涨,夜怕北云堆

乌头风,白头雨,黄头下叭子

旱刮东风不下雨,涝刮东风不晴天

西北风是开天的钥匙

春雨贵如油,连下三场天不收

春旱干不杀,秋旱一刀刮

农时谚语

九九加一九,黄牛绕地走

早浇花,午浇瓜

过了“芒种”,不得强种

八成熟,十成收,十成熟,二成丢

头伏萝卜,二伏菜(白菜)

七月十五(农历)定旱涝,八月十五定年成

麦喜胎里富,人怕老来穷

六月六,看谷秀

蚕老一时,麦熟一晌

麦喜八、十、三场雨(农历八月、十月、次年三月)

立冬的萝卜小雪的菜(指收获)

楝子发芽,点豆种瓜

三春不如一秋忙

春天捅一棍,秋后吃一顿

早黍晚麦,十年九不得

白露早,寒露迟,秋分前后最适宜(指种小麦)

鞭杆芝麻卧牛黍(指种芝麻、黍子株距要大些)

一穗两穗,四十天入囤(指小麦见穗后,再过四十天即麦收)

生活谚语

越吃越馋,越坐越懒

头锅饺子,二锅面

宁吃飞禽一口,不吃走兽半斤

多贪一口食,折了四两膘

吃不穷,穿不穷,打算不到一世穷

人不可貌相,海水不可斗量

孤树不成林,独锤打不响

路遥知马力,日久见人心

朝喂猫,夜喂狗

打人不打脸,骂人不揭短

耳听为虚,眼见为实

有理走遍天下,无理寸步难行

吃了人家嘴短,拿了人家手软

不怕不认货,就怕货比货

病从口入,祸从口出

兵屃屃一个,将屃屃一窝

马屃有人骑,人屃有人欺

南京到北京,买的不如卖的精

宁吃鲜桃一口,不吃烂杏一筐

苍蝇单叮有缝的蛋

豆黄蟹子麦黄杏

守着勤的无懒的,守着馋的无攒的

早饭吃好,午饭吃饱,晚饭吃少

成家好比肩挑土,败家好比浪冲沙

儿孝不如媳妇孝,闺女孝不如女婿孝

人要脸,树要皮,不要脸的没法治

有志不在年高,无志空长百岁

纸里包不住火,雪里埋不住尸

百闻不如一见

人怕劝,车怕垫

打人一拳,防人一脚

身正不怕影子斜

狗不嫌家贫,儿不嫌母丑

真金不怕火炼

一个篱笆三个桩,一个好汉三人帮

师傅领进门,修行在个人
仇人一个不少,朋友一百不多
磨刀不误砍柴工

歇后语

小葱拌豆腐——一青(清)二白
大蒜爆锅——混葱(充)
猪八戒照镜子——里外不是人
黑瞎子跳高——又熊(㞞)又不老实
羊群里跳出个驴来——混充大个
吃大烟拔豆棍——各事各码
罗锅子上山——前(钱)紧
黑瞎子睡凉炕——仗着腰板硬
电灯泡攧蒜——一下就完
飞机上挂暖瓶——水瓶(平)很高
吃地瓜用接碟——穷谱
黑瞎子叫门——熊(㞞)到家了
阎王爷贴告示——鬼话连篇
老鼠钻风匣——两头受气
老和尚打光光——老一套
老太太吃柿子——专拣软的捏
母鸡打鸣——出力讨人嫌
碟子里洗澡——水浅
坐着飞机看电影——望风捕影
麻袋片缝龙袍——不是那块料
苍蝇转锅台——混饭吃
高射炮打蚊子——大材小用
老鼠跳在猫头上——大胆了
拖拉机撵兔子——有劲使不上
大喜子他妈吃面——没有数
长虫带草帽——混充细高挑
老太太奔鸡窝——拣蛋(简单)
搂草打兔子——当捎
八仙桌子将媳妇——少轿(教)
娘俩出门子——各顾各
蝎子的屁股——勾勾货
冰块掉进醋缸里——寒酸
海蜇包饺子——不成丸
鸭巴子和鸡亲嘴——口大口小
墙上挂门帘——没门儿
狗皮挂在墙上——不像画(话)
大年五更的月亮——没沾光
嘴上抹石灰——白吃
黄瓜打驴——去了一截子
警察打他爹——公事公办
十个眼的喇叭——捂不过来了
门缝看人——把人看扁了
手电筒照人——看不到自己
电线杆子绑鸡毛——好大的掸(胆)子
豆腐掉在灰里——吹不得打不得
猴烤火——热毛了
两手捧刺猬——捧不住,放不下
阎王娘怀孕——一肚子小鬼
锄钩子掏火——又弯又黑
猪鼻子插葱——装象(相)

第四节　记　音

tĄ^{31} kuo^{31} ni^{214} tɕ·iŋ^{31} ti^{31} ciɑŋ^{31} tɕiŋ^{31} ɕiɑŋ^{214} bɤ^{31} u^{214} tĄ^{31}
大 哥 , 你 诚 的 犟 , 正 晌 白 午 大
bu^{214} tɕiɑu^{31} ɐʐ xai^{31} ləŋ^{214} tɕiɛ^{31} sɿ^{31} iɛ^{214} ɐʐ lĄ tɕiŋ^{214} xuo^{31}
不 瞧 儿 害 冷 , 这 是 热 儿 了 。正 合
ɕi^{31} ɐʐ iɛ^{31} lai^{31} an^{214} tuo^{31} bei^{31} ɐʐ ciɑŋ^{214} sɑu^{214} ti^{31} ts·Ą^{31} uo^{214}
适 儿 , 夜 来 , 俺 大 伯 儿 刚 捎 的 茶 , 我
nou^{31} xu^{31} suei^{214} ni^{214} xĄ^{214} tiæn^{214} ɐʐ ciɛ^{214} ciɛ^{214} k·Ą^{214}
弄 壶 水 , 你 喝 点 儿 , 解 解 渴 ,
təŋ^{214} mɤ^{31} tɕ·y^{31} ɕiɛ^{214} ɐʐ tɕiou^{31} xɑu^{214} lĄ bĄ^{214} ni^{214} ti^{31} ciɑ^{214}
等 没 处 歇 儿 就 好 了 。把 你 的 家
bĄ^{214} si^{31} ɐʐ uən^{214} tɕ·iɑŋ^{31} ciɑ^{214} ku^{31} ɐʐ biɛ^{31} ciɑu^{31} niɛ^{31} ɕiɛ^{31} ɕiɑu^{214}
把 什 儿 稳 墙 角 谷 儿 , 别 叫 那 些 小
tuŋ^{31} ɕi^{31} ɐʐ kuai^{31} lĄ ɕən^{31} ɐʐ tɕ·yæn^{31} tɕiɑŋ^{31} ɐʐ tsi^{31} kɤ^{214} ɐʐ kuei^{31}
东 西 儿 乖 了 。身 儿 全 仗 儿 自 各 儿 贵
cin^{31} K·Ą^{214} tĄ^{31} tɕ·y^{214} biŋ^{31} ɐʐ kuo^{214} kĄ^{214} ku^{31} ɐʐ tiæn^{214} ɐʐ
珍 , 磕 打 出 病 儿 可 生 古 儿 点 儿
lĄ tsĄ^{214} ku^{31} i^{31} uei^{31} tsɑu^{31} bu^{214} xɑu^{214} xuɑ^{31} ɐʐ tɕ·iæn^{31} y^{214} lin^{31}
了 。扎 固 一 围 遭 不 好 , 花 儿 钱 遇 怜
in^{31} lĄ^{31} bu^{214} liɑu^{214} ɐʐ tsi^{31} kɤ^{214} ɐʐ ɕiou^{31} tsei^{31} ni^{214} k·an^{31}
人 , 落 不 了 儿 自 各 儿 受 罪 。你 看
lɑu^{214} xuo^{214} cia^{31} ni^{214} tsĄ^{214} sou^{31} ɐʐ biŋ^{445} kuən^{31} ɐʐ tai^{214} ɐʐ t·ɑŋ^{31}
老 伙 家 , 你 扎 搜 儿 冰 棍 儿 呔 儿 糖

ɐʐ xai31 bu214 k'ou31 lou31 ciaŋ214 lou31 tA̧31 kuo31 tsi214 mei31 xuən31
儿，还不快溜张罗大哥，姊妹浑
ci31 bu214 t·iau445 iæn214 ɐʐ uai31 in31 çiau31 xu31 ai31 ni31 ci31
家不挑眼儿，外人笑话。哎，人家
suo214 bu214 nəŋ214 tçiŋ31 kuaŋ214 kau31 kai31 xu31 tsi31 kɤ214 ɐʐ
说，不能尽听广告掰话，自各儿
çin31 li214 tei214 iou214 ti214 ɐʐ sɿ31 yɛ214 san31 f·ən31 tu31 tan445 f·an31
心里得有底儿。是药三分毒，但凡
bu214 tai214 iɛ214 bu214 tai214 bu214 ci31 tai214 xau214 ti31 bu214
不呔也不呔。不及呔好的补。
lau214 bei445 ɐʐ kuo31 c·yŋ31 i214 ɐʐ liæn31 ts·u214 təŋ31 ɐʐ i31 ɐʐ
老辈儿过穷日儿，连触灯儿、胰儿
tou31 mɤ31 iou214 suei445 ciau31 bu214 tçin31 tou31 tçin214 kuo31 niæn31
都没有，睡觉不枕头枕，过年
tai214 bu214 çiaŋ31 ku31 ɐʐ liæn31 iou445 ɐʐ tou31 bu214 kA̧214 çi31
呔不上箍儿，连油儿都不割舍
tai214 biɛ31 suo214 kA̧214 iou31 tai214 çiæn31 si31 ci31 ci31 ia214 y445
呔，别说割肉呔。现时今，鸡鸭鱼
iou31 bu214 çi31 xan31 luo31 bei ti31 kua31 liou445 ɐʐ ciɛ214 ts·an31 ɐʐ
肉不稀罕，萝卜地瓜留儿解馋儿。
çiaŋ214 mɤ31 çiaŋ214 ɐʐ tA̧31 iau445 tçin31 nA̧31 i31 niæn31 ɐʐ tsou31
想没想儿，大跃进那一年儿，邹
ci31 tsuaŋ445 biau214 çy214 tsai31 tu214 ci445 tei31 çiaŋ31 tA̧445 uaŋ31
家庄表叔在突击队，上大夼
t·iau445 mɤ214 ɐʐ kan214 çiaŋ31 çia31 bA̧31 ɐʐ liæn31 uo31 tai31 lei31
挑麦儿，赶上下雹儿，连饿带累，
bei31 cyɛ214 ku31 kai31 ɐʐ k·A̧214 ɐʐ lA̧ lau214 lA̧ tsau214 tç·i31
把脚孤拐儿磕儿了，老了，找齐
çiaŋ31 lA̧ i31 bA̧214 yɛ214 ts·ɿ31 k·ai445 i31 bA̧214 suo214 k·A̧214
上了。一把钥匙开一把锁，磕
ɐʐ lA̧ tçiou31 tei31 iaŋ214 xu31 sɿ31 xi31 k·ou214 xau214 lA̧
儿了，就得养护。时下可好了，
tsuŋ31 tsuaŋ31 ci31 sɿ214 xuən31 ci445 ciɛ445 tç·y214 muən445 ban31 si31
种庄稼使唤机械，出门办事
ɐʐ tsuo31 k·ɤ214 tç·iɛ31 tsuo31 f·an31 iɛ214 səŋ214 si31 ɐʐ lA̧
儿坐客车。做饭也省事儿了，
tçiŋ31 mai214 çiæn445 tç·iŋ31 ti31 xA̧214 k·uaŋ31 tç·iæn214 suei214
尽买现成的，喝矿泉水
ɐʐ tsou31 tiæn214 ɐʐ f·an31 ɐʐ iɛ214 bu214 çiau445 ts·au214 ɐʐ
儿。做点儿饭儿也不烧草儿，
sɿ214 xuən31 c·i31 ɐʐ xuo31 tiæn31 ɐʐ tçiau445 liaŋ445 ɐʐ tiæn214
使唤气儿和电儿。照亮儿点
tiæn445 təŋ31 y31 cin31 uai31 miæn31 iou214 in31 kən31 cia31 iɛ214
电灯。如今，外面有人，跟家也
bu214 yŋ31 kua445 kua445 ɐʐ lA̧ iou214 si31 ɐʐ tA̧214 kɤ31 tiæn445
不用挂挂儿了，有事儿打个电
xua445 çin31 li214 tçiou31 y214 t·i31 iA̧ iou214 ci214 si31 ɐʐ
话，心里就入贴了。有急事儿，
suo31 çin31 tA̧214 ti31 c·y445 ban445 tçiou31 si31 tsuo31 f·ei31 ci445
索性打的去办，就是坐飞机
iɛ214 bu214 ts·ou31
也不愁。

词语注释

诚的：副词，太，实在。

正晌白午：名词性词组，中午。

大不瞧：副词，突然，忽然。

热：动词，中暑。

夜来：名词，昨天。

弄：动词，此为烧水、烫水之意。

没处歇：名词，一会儿。

家把什：名词，工具。

稳：动词，放置。

东西：代词，指孩子，含喜爱之情。

乖：动词，表示不应有的触摸、拿取、玩弄等动作。

贵珍：动词，疼爱。

磕打：动词，不善保养。

生古：形容词，结局不好。

扎固：动词，治疗。

一围遭：数量词，一半天。

遇伶：动词，使人感觉丢脸，不光彩。

落不了：名词，最后。

咂搜：动词，用嘴唇吸，仔细辨别滋味。

呔：动词，吃。

快溜：副词，赶紧。

浑家：代词，大家。

掰话：形容词，说。

但凡：连词，用于否定句。

触灯：名词，火柴。

胰子：名词，肥皂。

头枕：名词，枕头。

箍子：名词，饺子。

割舍：动词，舍得。

夼：名词，特指大山谷。

脚孤拐：名词，踝骨。

找齐：动词，补上。

钥齿：名词，钥匙。

跟：介词，在。

普通话译文

大哥，你太犟了，中午突然感到冷，这是中暑了。正合适，昨天，我大哥刚刚捎的茶，我烧壶水，你喝点儿，解解渴，等一会儿就好了。把你的工具放到墙角处，别叫那些孩子动了。身子全靠自己疼爱，折腾出病就不好了。治疗一半天不好，花钱丢人，最后自己受罪。过去过穷日子，连火柴、肥皂都没有，睡觉不枕枕头，过年吃不上饺子，连花生油都不舍得吃，别说割肉吃。现在，鸡鸭鱼肉不稀罕，萝卜地瓜留儿解馋儿。记得否，“大跃进”那一年，邹家庄表叔在突击队，上大山奋挑麦子，赶上下冰雹，连饿带累，把脚踝骨摔坏儿了，老了，愈发抵抗不了了。一把钥齿开一把锁，摔坏了，就得调养。时下可好了，种庄稼使用机械，出门办事儿坐客车。做饭也省事儿了，尽买现成的，喝矿泉水儿。做点儿饭儿也不烧草儿，用气儿和电儿。照明用电灯。如今，外面有人，在家也不用惦记了，有事儿打个电话，心里就踏实了。有急事儿，索性打的去办，就是坐飞机也不愁。

说明：与普通话对应的方音未注明，对照文字自然明白。如，普通话喝水的“喝”，福山话说“哈”，三声。

人　物

古现东村，钟灵毓秀，人才辈出，素有“人才摇篮”之美誉。

清至民国，整个胶东乃至山东省，在民间广泛流传着古现王家“官多一斗米”“历史文化名人村”之说。自明至清，古现东村共考取进士23名，举人58名，秀才516名。其中，王检一家出了父子三进士“翰林”，可谓“科第绵绵，仕宦之乡”。尤其是那些仁人志士留下的高风亮节，自古至今被世人传为美谈。

在诸多出类拔萃的人物中，不仅有户部尚书王隲、湖广总督王检、山西巡抚王兆琛等政坛要员和封疆大吏，更有甲骨之父、爱国志士王懿荣等杰出人物。他们在中华民族的历史长河中，曾对国家和人民做出过不可磨灭的贡献。在为官执政的仕途中，他们无愧于齐鲁孔孟之乡的孕育，无不传承着“君为轻，民为贵”的儒家思想，时刻奉行着“为民造福，为民请命，为国献身”的信条，谨守着“诚以居心，廉以立节”的准则。被乡里百姓联名公举为“乡贤”的王道增，乐善好施，疾恶扶贫，“内无匿情，外无讳事，见义勇为，敦行不怠”。为官勤政，改革时弊，为民请命，解民于倒悬的王隲，其为官之地，民众为颂其政绩功德，多处绘像、立碑刻、建祠堂以示纪念。一生为官廉洁、刚正不阿、铁面无私的王溍，在离任时，百姓等数万人拦车不绝，相送十余里。为官一任，造福一方，抚恤百姓，爱民如子，两袖清风，一生清廉的王检，其深得乾隆帝器重，赞曰“女父子三人，俱为翰林，一门多显官，皆能办事，可谓世臣矣”。百姓感恩于他，为其立功德碑，逝后百姓“白衣冠者，里巷哭声相闻”。举世闻名的王懿荣，视国家民族安危为己任，在国难当头之时，义无返顾，弃文从戎，为抗击侵略者，宁折不弯，壮烈以身殉国。

这些胸存大略，治国安邦的人物，不仅政绩斐然，彪炳史册，而且在精神文化领域中也多有建树，给后世留下的诗词文赋多有佳作，至今仍闪烁着文学艺术和思想的光辉，令人感叹不止。在文化领域中，贡献最大、有里程碑意义的要属王懿荣，他是中国发现甲骨文第一人，开我国考古学、殷商学之先河，为我国历史学等领域做出了卓越贡献。

在现代史上，古现东村的人才更是百家竞秀，群星灿烂。在国内战争、抗日战争、解放战争以及新中国成立后各个领域中，成长出一批批优秀人才。在这些人才中，有政要、有学者、有劳模等优秀人物。他们为家乡续写着辉煌，为祖国的建设与富强奉献着年华与智慧。

一、人物传记

王道增

王道增（1577—1659），字仰池。《福山县志稿·行谊篇》载：“生而俊伟，修准棱颧，秀目美髯。性阔达倜傥，多大略。少好颜黄门家训，长通《左氏春秋内外传》，得其要领。”17岁的王道增因家境艰困，只得放弃科考，挑起生活重担，支持父亲（王久任）为官。他躬身田渔，且耕且读，一人支撑贫寒的家庭。

明末，海上平岛（今长山列岛）设防驻军，熟悉海运的人很少，给养难以供应。镇守岛上将领发告示于附近州县，以重金招募海运者。因海上盗寇及风浪诸险，无一人敢应募。道增却认为，运粮之事，关系国防安危，故慨然应允。他组织族人，驾船前往，不顾生命危险，终于在无边际的大海上打通运输给养通道，把军需及时运于岛上。岛上驻军统领感激万分，欲留道增做官，而被婉言谢绝。归途中，所经岛屿，他必绕近登临观测，成为熟悉这些岛屿登岛航路的好把式。

一年冬天，道增路过石城岛（属辽宁庄河县），守将池凤高屯千兵，而现粮一月不支。见道增至，垂泣乞求增援。应允后，回乡即组织族人和乡民，收集粮米装船。然而天气寒冷，海口结冰，道增乃弃故道，绕转海道抵屯。将士见粮，欢腾雀跃，千恩万谢。

明崇祯十三年（1640），“自春至秋无雨，禾稼焦枯，人相食”。福山县西北数十里，村落成墟，灾难延至次年。明崇祯十四年（1641），道增携全家由河北村迁入古现村。村处交通要道，逃难的饥民连绵不断。道增搭棚赈粥，没有柴草，即拆屋上草木，救灾民于水火。当时牟城、次兴等六社百姓，欠税粮五百石，军中传檄催交，知县吴闻诗无法，找道增商议。道增即发动族人，如数借足上缴。此后知县欲向百姓征还，道增曰：“时事如此，安所得米？仍追比，先后均一死也，非某初心。”乃尽捐之。知县十分感动，特书“燕山堂”大幅匾额相赠，并跋诗：“国课亏矣，赖尔输完；民生鲜矣，赖尔安全；爵尔所羞，名尔所浼，天道福善，报而燕山。”在赈粥的同时，道增还把饿死村域者，以百文钱收尸一具，建义冢一处，给予全部掩葬。

有一年，村域周围发生瘟疫，死亡惨重，人们多逃离家乡，剩下的老弱病残只能等死。道增见状，心如刀绞。此时，他想起先祖曾留下两个秘方，其中之一是用观音柳蒸水治此疫，他立即采用此方为患者治疗，治好了多人。不久药店的药销完了，他就在自家地里种植，并且到外地购买，再免费分给众人，疫灾很快消除了。此后，他为了更好地为穷人治病，就学习祖医书，还到登州城去求教老中医。天长日久，他的医术大有长进，且治病不收钱，上门求医者络绎不绝。登州戚继光之后戚年患“粒喉痧”，被称为“不治之症”，无人能治。道增给戚年配制了汤药，加上秘方针灸，以“冰片粉”吹入喉咙，没多久就痊愈了，因而医名大震。他又以祖传秘方，将地榆、刘寄奴研成粉，用麻油调敷，专治烫伤，效果极佳。又自己研制了治烂腿、治膨胀病、治蛇痧疮等疑难杂症药方，治愈了众多患者。其时，福山县城有一恶霸放高利贷，敲骨吸髓地盘剥穷人，做尽了坏事，恶贯满盈。可是他得了膨胀病，求道增给治。道增劝他不要再干欺压穷人的事，他表面答应了，遂给开了一剂药，服后即有好转，后又带着重礼再求药。道增既不收礼，亦不再开药，因为他恶习不改，不仅又逼死了人，还抢其女儿抵债。此人因无良药医治，不久即死。

道增以颜氏家训严格律己，效训治家，教育后代，独树一帜。他从胎教做起，从婴儿开始启蒙教育，尽早教其识字、背诵诗文，注意孩子的爱好，表扬其优点，指示学习的榜样和努力方向。他从不打骂训斥孩子，认为打骂孩子是无知无能的表现。按照他的教育方法，孩子们个个立志读书成才，尤以“忠孝”二字为遗命，代代相传，其后代中翰林、进士、举人、秀才层出不穷，成为文化名人第一村的创始人。

道增“生平内无匿情，外无讳事，见义必为，敦行不怠。无虑情事大小，每遭人侮陷，事白情见，而终不修怨，故里党取法焉”。他“忧国、忧民、善交、善教。其精神、其德望，已与凤凰山共存。巍巍然兮，绵绵远哉！”清顺治十六年（1659），逝于家中，朝廷赠封为礼部儒官。清康熙十八年（1679），乡里公举道增入乡贤祠，并撰联曰：“读丘明之书，能知大义；抗仲连之志，不屑微名。”所生六子皆朝廷命官。

附《福山县志稿 · 行谊 · 王道增》

王道增，字仰池，久任季子。生而俊伟，修准棱颧，秀目美髯。性阔达倜傥，多大略。少好颜黄门家训，长通《左氏春秋内外传》，得其要领。父为廉吏，家素苦贫，计一人治生，道增曰："此吾事矣。"于是，且耕且读，年十七躬亲田渔，以济家用。迨久任以王官归，贫如故，道增竭力孝养。亲殁，尽出己所得产，具丧葬费。诸兄及群从生死婚嫁事一身任之。尝为母舅吕翁夫妇预置美棺二，吕子鬻其一，复他购以给之，曰："我见舅氏如母存焉，不可使其二老有异也。"

平岛初设镇，运道未开，防抚檄郡县，重购募官商，无敢应者。道增慨然曰："粮糈事亟，东江岂在天上耶？"遂凿空汗漫极危险，卒致军需。岛师奇而礼之，辟幕职，辞不就。归途所经岛屿纡近上，当事者登岛通运，自道增始。尝孟冬过石城，守将池凤高屯千兵，现粮不支一月，见道增至，垂泣乞命，矜许之。归聚米，岁冱寒，海口冰合，乃弃故道，纵大洋直抵其寨。屯众焚香号呼，庆更生。壬申，邑城戒严，道增输粮收兵，为一邑倡，搜括沿海炮具，募散兵之晓行阵者，教攻守，习火器，会知县朱国梓，婴城誓守，城赖以全。时县中奉文，使焚沿海船只，诸渔户倚船为性命，号泣不靖。道增与朱国梓谋，谕以设计沉埋，事平可复用。众应声悦服。

明末，盗贼蜂起，蓬福界黠贼王德甚骁健，乘乱劫掠，党羽甚众。朱国梓与道增谋剿之。士人素服道增义，多悔祸输诚者。乃率壮士捣其巢穴，擒王德诣县，斩以殉，散其党，四境盗息。

登州城复后，遭怨家贿恶宦，以开运道故识东江将佐，诬交通，几陷重辟。事白乃免。及怨家罹祸，仇者众，莫不下石，道增独不报，亲知交促之。乃曰："七日不火，决无生理，宣圣何为不报乎？"

辛巳岁大饥，县西北数十里村落成墟，以追逋毙者相继。古县社张国宪等数十人羁责濒死，道增悯之，统保去节次，代完者约千余金，不责偿。

移居古县村，地当孔道，出粟赈粥以待饿者，乏柴火至撤屋材以佐薪。牟城、次兴等六社负宁运米五百石。军檄星驰，知县吴闻诗计穷，迫谋之，道增如数。事讫，当征还，道增曰："时事如此，安所得米？仍追比，先后均一死也，非某初心。"尽捐之。闻诗为书"燕山堂"三字，具额以旌。跋曰："国课亏矣，赖尔输完；民生鲜矣，赖尔安全；爵尔所羞，名尔所浼，天道福善，报而燕山。"大荒之后，暴骨积野，道增募收骨一具者，钱百文，建义冢一区，尽掩之。蓬莱武进士周试，甲申年为其土人踣击殆毙，距所居六十里，连夜令壮士救出。及死，置别馆居其妻子，先葬洼湿处，为之卜地改葬。

性喜施与，尤好修建。凡祠庙之有关祀典者，无不尽其力。切念里甲苦累，日与绅商父老谋，酌其平者行之。生平内无匿情，外无讳事，见义必为，敦行不怠。无虑情事大小，每遭人侮陷，事白情见，而终不修怨，故里党取法焉。

晚年精通《内典》，深入佛海，啸傲山水间，日与方外游，足不履城市。所造磁山洞、佛刹、樱桃涧、阴主祠，幽绝胜处，常栖息其中，有再从兄弟披度为僧，释名行志者主之。以礼部儒官，终年八十二。

国朝顺治十六年四月初六卒。弥留之际，谆谆嘱诸子以"忠孝"二字为遗命。殁后，远近赴哭者，家人多不识其姓名。葬城北豹卧夼。康熙十八年，乡官郭诗、吕封齐暨贡监合学一百二十四人等公举乡贤，其文有曰："读邱明之书，能知大义；抗仲连之志，不屑微名。"又曰："拟诸经，明行修之条；固足范，今而垂后；比乎捍灾御患之列，抑当报德而酬功。"二十年具题，五月初九入祠。子隲、铎、锷、珽、序、典皆诸生，隲、序、典俱自有传。

赞曰：呜呼！若道增者，可谓善人也夫！夫其心性光明，识量冲远，浩浩落落，虽自豪者见之，不觉羞龃龉焉。要率其天之所动，非人为也。董文敏之传吴礼部也，谓任真似达气，义似侠，啬取似狷，生死去来之间似禅。尝闻道增易箦时，危坐聚其族，君子教以明义，小人教以务本，各如其人之长短为劝戒，言毕而逝，神识了然。在彼教中，亦所谓证上乘者。惜乎生际明季，潜隐在下，经济运量，一无所施，仅一二行事见之于闾里乡党间。然迹其所为，处危疑而不惊，极震撼而不变，抱海涵地负之才，而归之以有伦有脊，使明之朝堂。有此一老，何至朝政错乱不纲若是？此其经济运量岂当于闾里乡党间求之者哉！呜呼！天地闭，贤人隐，顾莫谓秦无人也，若道增者，洵善人也哉！

王　骘

王骘（1612—1695），字相居，一字人岳，号几庵。进士，授户部主事，累官户部尚书。

骘幼年聪慧过人，16 岁应童子试，在道、府、县皆为第一。长大后，博览群书，并究心于经世致用。清顺治十一年（1654），应顺天府（今北京）乡试，考取第一百四十九名举人。次年，连捷全国会试，殿试二甲第四十九名，赐进士出身。以都察院观政改授户部主事。任职间，监督通州中南粮仓时，杜绝陋规，拿获“仓虫”王小槐、赵光德等，按律审办，积弊一清。后迁户部员外郎，又迁刑部郎中。刑部任职间，平反海州知州马中炬冤狱。清康熙十九年（1680），擢升四川松威道。为官清廉，公私分明，跟随他的两个家僮，所费皆取之于自家，不取公家和民间粒米束草。初到松威时，吴三桂余党尚未尽灭，朝廷分兵进剿永宁、建昌，进征云南。骘管运军粮，至虾蟆滩覆舟，又坠马于狮子坎，几濒于死亡，但他仍按期到达，转运无误，既不扰民，又立军功。他在蜀为官五年间，恰值四川变乱初复，村无犬吠，市鲜行人，学宫倾废，水道淤塞。他为官勤政，竭尽全力改革时弊，疏通江水之利，且带头捐俸集资，修缮学宫，聘师讲学，培养人才，兴教化，励德行，逃荒百姓纷纷返回家乡安居乐业，一时松威地面出现繁荣局面，为百姓所拥戴。清康熙二十六年（1687），京师修太和殿，工部令川省采运楠木、杉木各 4000 根，巡抚韩世琦上疏说明解运困难，得以减少，但仍需运 2600 余根。当时骘已离任，但觉得事关川民生计，毅然上疏，乞全部豁免，疏词恳切，康熙帝诏令停止采运，为川民解除一场艰苦劳役。川民欢欣鼓舞，以诗歌形式颂扬其事，绘骘肖像，并置于有史以来有功于民的秦时李冰、汉代文翁与廉范、宋代张泳与崔与之等之列，称为“七公祠”，还特别撰写了《松威治绩纪略》，立碑刻以示纪念。骘在宣化任职时，保安州庄头衡有林欲谋夺宣府士民地产二十余顷，康熙帝命户部派人前往会同地方官调查。骘带领同知汪宗豫、守备张钊前往查明，上奏得到康熙帝允准后，把土地断归各业主马瑞麟等 487 户，使宣化百姓得到安宁。骘抑制劣绅豪右，揭参贪官污吏，深得宣化百姓拥戴，将其祀于“四贤祠”，并建室于衙署西侧，内悬骘画像，大门匾额题曰“王公讲堂”。

是年，授江西巡抚。在其赴任时，康熙帝按常例外，另赐其盘费银一千两，鞍马一匹。当时江西粮（田赋）政、漕（向北京运送粮米）政弊端甚多，官吏胥役随意增征，克扣和敲诈勒索，民深受其害而无可告诉。骘到任后，力主剔除积弊，以纾民困，並将实施办法和所立规章上报朝廷，请立以为法，永远实行，务使其法不因其去任而废。

骘在任期间，极力兴利除弊，设法减轻人民负担，为江西人民做了许多益事，已 75 岁高龄又升任闽浙总督。他以身作则，荐贤任能，一年多时间，下达了十几道告示，除弊惩劣。他大小事皆躬身明断，夜以继日办理清楚，直至累得双目昏花，双手腕糜烂，闽浙两省百姓皆称其为清廉总督。离任时，两省绅士、兵民、百姓列队数十里，填街塞巷，泣涕挽留不成，又为他进酒、脱靴相送，走后把他的绘像和政绩分别供奉在四川（成都）、河北（宣化）、浙江（金沙巷）等地。清康熙二十八年（1689），康熙帝南巡时在无锡召见骘，特赐予御用冠服及物品数宗，并御书“养素”匾额赐骘，还御书苏东坡《古风》诗轴及自撰七言诗绫书一幅赐骘。

清康熙三十二年（1693），骘内任户部尚书，进京觐见，康熙帝见骘下跪、起立敏捷如轻，笑道：“八十岁的老人尚能如此轻便，真可谓福德老翁矣。”骘乞求致仕，康熙帝不允。

骘升任户部尚书，全家人一到京城，户部张侍郎即携礼银求见，迎进中堂后，行礼坐下，家人捧上一杯清茶，宾主寒暄，讲的都是天气变化、身体健康之类的客套话。时至中午，张侍郎因急要巴结上司，并听说福山人好客，以为中午尚书定会设宴款待，谁知王尚书只是一句接着一句的问话，丝毫看不出有宴请的意思，侍郎肚子饿得直叫，双眼不时地往后堂看，耳也专注后堂的动静，多次出现所答非所问。騭看了暗暗发笑，便问："张大人可曾用过午膳？"张侍郎连忙答道："卑职一闻大人今日到位，立马赶来参见祝贺，未曾用饭。"王尚书道："啊，这可要饿坏肚子的，待老夫速叫厨下备饭。"侍郎假意推辞道："不敢，不敢，卑职见过大人，回府用饭便可。"说话间，仆人端出一盘金黄圆饼，却不见一碟一碗佳肴。尚书说："请张大人快用饭吧。"虽无山珍海味和鸡鸭鱼肉，但肚子直叫，就三下五去二地填饱了肚子，拱手道："谢部堂大人赐饭，这东西实在好吃，不知道叫啥名？望部堂大人赐教！"騭笑道："这是家乡名吃'三不粘'，即不粘筷、不粘牙、不粘锅，就像老夫为官一样，一不爱财，二不好色，三不贪酒，我明天在部堂设宴，每人一盘'三不粘'不知可否？"张侍郎道："好、好、好！"擦了满头大汗，把袖里的银票往里塞了塞，满脸羞愧地走了。

清康熙三十三年(1694)，騭致仕归里。清康熙三十四年(1695)五月二十二日卒于家中，葬于大海阳村南。生前著有《大司农奏议》一卷、《养素堂文集》八卷、《诗集》六卷、《义圃传家集》二卷。

附《清史稿·王騭传》

王騭，字辰岳，山东福山人。顺治十二年进士，授户部主事。康熙五年，典试广东。历刑部郎中。十九年，出为四川松威道。时征云南，騭督运军粮，覆舟坠马，屡经险阻，师赖以济。二十四年，叠溪大定堡山后生番出掠，巡抚韩世琦檄兵追剿，令騭驻茂州，与总兵高鼎议剿抚。騭赴堡开谕，番族据巴猪寨，阳就抚，负嵎如故。騭招抚附近诸寨，遣兵自庙山进，围寨，斩获无算。追至黑水江，贼渠挖子被焚死，山后番众悉降。调直隶口北道，未行。

时以太和殿工，命采蜀中楠木，騭入觐，疏言："四川大半环山巉岩，唯成都稍平衍。巨材所生，必于深林穷壑，人迹罕到，斧斤难施，所以久存。民夫入山采木，足胝履穿，攀藤侧立，施工既难，而运路自山抵江，或百余里，或七八十里，深涧急滩，溪流纡折，经时历月，始至其地。木在溪涧，必待暴水而出，故陆运必于春冬，水运必于夏秋，非可一径而行，计日而至，其艰如此。且四川祸变相踵，荒烟百里。臣当年运粮行间，满目疮痍。自荡平以后，休养生息，然计通省户口，仍不过一万八千余丁，不及他省一县之众。就中抽拨五千入山采木，衣粮器具，盈千累百，遣发民夫，远至千里，近亦数百里，耕作全废，国赋何征？请敕下抚臣，亲诣采楠处察勘，量材取用，其必不能采运者，奏请上裁。"疏入，上谕曰："四川屡经兵火，困苦已极，采木累民。塞外松木，取充殿材，足支数百年，何必楠木？令免采运。"未几，吏部循例疏请司道内擢京堂，騭未与，特命内升。寻授光禄寺少卿，累迁太常寺卿。

二十六年，授江西巡抚。陛辞，上谕曰："大吏以操守为要，大法则小廉，百姓蒙福。"騭对曰："臣向在四川，不取民间粒米束草，日费取给于家。"上曰："身为大臣，日费必取给于家，势有所不能。但操守廉洁，念念爱民，便为良吏，且亦须安静。贪污属吏，先当训诫；不悛，则纠劾。"濒行，赐帑金千。二十七年，擢闽浙总督。疏言："江西自荡平后，积年蠲免银米二百万有奇，民生渐裕。然征收之弊，尚为民累，钱粮明加火耗，暗加重戥，部院司道府皆有解费。臣入境之初，火耗已减，解费尚存，既揭示剔除积弊，尽革官役上下大小杂费。南昌、新建二县漕粮尚仍民兑，俱行革除，漕运积年陋规，搜剔无遗。但在民则省费，在官则失利。恐臣去后，空言无用，乞天语严禁，不致前弊复生。"下所司知之。

时湖广叛卒夏逢龙据武昌，陷黄州。騭次邵武，闻警，恐蔓及江西，奏拨福建兵协剿。自海禁既弛，奸民杂入商贩出洋劫掠。騭既上官，即檄温州总兵蒋懋勋、黄岩总兵林本植、定海总兵董大本以舟师出洋搜捕。懋勋、本植得贼舟七，大本于白沙湾获巨舰一，斩盗渠杨仕玉等十六辈，释被掳难民百十一人。二十八年，上幸浙江，赐騭御用冠服。谕曰："尔任总督，实心任事，浙、闽黎庶称尔清廉，故特加优赉。"未几，召拜户部尚书，以老病累疏乞休，诏辄慰留。

三十三年，召大学士、九卿及河督于成龙入对，上责成龙排陷靳辅，并及隲与左都御史董讷、内阁学士李应荐附和成龙，隲等具疏引罪，讷、应荐并夺官，隲原品休致。

三十四年，卒于家，赐祭葬。

《福山县志稿·宦迹·王隲》

王隲，国史有传。隲，字相居，一字人岳，道增长子。生而八月能言，十月能行，见者异之。七岁就外傅，明敏绝人。年十六应童子试，道、府、县皆擢第一。既长，博极群书，究心体用之学。顺治戊子，选拔贡成均辛卯科，中顺天乡试副榜。甲午，领乡荐，乙未联捷成进士，选督察院观政，除户部山西司主事。

庚子，监督通州中南仓，杜绝陋规，拿仓蠹王小槐、赵光德等，审办如律，积弊一清。八月，丁母忧。康熙二年癸卯服缺，补云南司主事，视榷淮、安关，悉心剔厘，商民便之。

丙午，副同部吕正音典广东试，所取文部科，称为直省最，迁浙江司员外郎。

己酉，擢刑部江南司郎中，平反海州知州。马中矩狱持议甚坚，中矩卒得旨从减等，旋出狱。

庚申，考满，外转四川松威道。时蜀疆始复，人民凋敝。滇贼刘起龙出围建昌，全蜀震动。隲奉敕后，促装就道，至则军需营运督抚尽以委隲。水陆交驰，所历天险，颠坠濒死，或并日而食讫，事举而民不扰，大军乃得长驱入滇。献贼乱后，川省学宫坛宇焚毁倾圮。隲到官后，倡捐安集，以次修复，详载成都保宁等学碑记。

乙丑七月，叠溪大定堡山后生番挖子叛，巡抚韩世琦奏调官军进剿，令隲驻扎茂州弹压，并同松潘镇总兵高鼎会议先抚后剿机宜。其地在岷山黑水之间，前有庙山、双马、列角，后有梁黄、六定，诸寨环集，陡绝插天，贼猿狖行，逋者据碉房死守。官兵束手，睨不能下。隲驰至大定堡，传示招抚，反复开谕。番族盘踞巴猪寨，恃有卓沙、白卜等寨羽翼，阳奉阴违。隲与高鼎议先取列角寨，以制其要冲。乃从间道建浮桥一座，率汉土官兵先于河岸诱贼对击，阴用劲旅潜渡浮桥，令瓦寺土官坦朋卜吉先登，官兵继之。声言："所在皆缚木为桥，以误贼。"贼只守要害，官兵从间道入，捣其巢穴。贼不能支，退据山岭。官兵复从梁后绕击，贼众果尽溃。隲驻营山顶，树白旗招降者，安插免死。又令安抚司苏天荣等持白旗号，布招卓沙、白卜等六寨。复令瓦寺土官，招双马、庙山二寨，望风詟服，俱各就抚，唯巴猪寨仍负固守碉卡，官兵由庙山进围之。隲令束脂实硝磺于薪，入石罅以焚其碉，烧毁高碉共二百余座，斩馘数千，于寨内搜获伪札印等物，穷追至黑水江，贼渠挖子被焚死，山后番众悉降，事平。九月，迁直隶口北道，以松威卓异计典赴部。引见时，太和殿灾需大木，部议应取巨楠二千六百六十三根于川省。丙寅二月，隲上疏，备陈四川民气未复，及向来采运险阻艰苦状。诏许停止。川人感诵，为作《松威治绩纪略》，并绘像祀之"七公祠"。四月，抵宣化任，保安州庄头衡有林谋夺宣府士民城产地二十余顷，具呈内务府，以奸民盗种报部转奏，上命户部派员前往会查。隲带领同知汪宗豫、守备张钊尽行查明，断归业主。马瑞麟等八百四十七户具实详院报部，得旨依议，郡民大安。揭参恶弁，傅之礼、吴大任、晁豹等员贪酷知惧，劣绅豪右按之以法。宣人祀之"四贤祠"，建室设像于署之西偏，颜曰："王公讲堂。"

丁卯，特旨内升。三月，补光禄寺少卿，转通政司右参议，晋鸿胪寺卿。十月，迁太常寺卿。十二月，授江西巡抚。戊辰正月，陛辞请训。上曰："巡抚为地方大吏，以操守为要，大法则小廉，百姓俱蒙福矣。"隲对以："臣向在四川时，不取民间粒米束草，唯带一、二家僮，日费取给于家中，不敢有私。"上曰："身为大臣，寻常日用岂能一无所费？若必分毫取给于家，势亦有所不能。但操守廉洁，念念从爱百姓起见，便为良吏，人贵始终如一。朕特简尔，当砥砺清操。地方一切利害有关百姓，不妨事事奏闻。"隲对以："臣当严禁属吏科派及词讼贿赂诸弊。"上曰："为大吏者，亦须安静。安静则为地方之福。凡贪污属吏先当训诫之，若始终不悛，乃纠劾可也。”时与新授广东巡抚朱宏祚相间启奏，各赐盘费银一千两。越日，复赐騭鞍马一匹。三月，抵任，屏馈遗，革陋规，陈设供张尽发南昌新建二县，各领去，以绝公派科敛之源。南昌七州县浮粮沿前明弊政，已议裁，而南漕米十余万石尚格于例，未豁除。騭专疏请免，部议不行。未一月，擢闽浙总督。将入闽，复疏言：“江西征守之弊、火耗解费皆已革除，唯漕粮定例每石只准加银三分、米三升为断，但在民则省费，在官则失利，未有不以刻薄怨臣者，恐臣去之后，空言无用，乞天语严禁，不致前弊复生。”下所司知之。

五月，途次邵武，闻湖广督标裁兵，夏逢龙据武昌叛，黄州失守。騭星夜抵延平檄兵固守，以壮闽之藩篱，夏逆平，始抵福州任。十月，檄饬温州总兵蒋懋勋、黄岩总兵林本植、定海总兵董大本，不拘疆界，出洋逐㟙，搜捕贼踪，温黄二镇于杨柳坑、大阵㟙等处获贼船三。定海镇于思头、马迹外洋获贼船四，又于白沙湾获贼大船一。疏入报闻。先是，海贼顾君星、杨仕玉等出没洪涛，屡降屡叛，为商民害者数十年。騭稔知之，密饬标员李涵往宁波，设计会剿捕获盗首，置诸法，开释掳协，余分别杖，流海疆，自此无警。

己巳二月，上巡幸江浙，騭迎銮于无锡舟次，召问蔼恻，先后蒙赐蟒缎、参枝及珍味七种，复赐书“养素”二字匾额一幅、临宋臣苏轼书手卷一轴。及驻跸杭州，赐御用官服。谕曰：“尔任总督，凡事悉心办理，操守清廉，浙闽黎庶称尔为清廉总督，故特加优赉。”扈跸至苏州，复赐御制御书诗绫一幅。回銮，送驾于浒墅关外河岸。谕令回任，遵旨。议浙江入学广额名数，并命重修禹庙，发交御书“地平天成”四字匾额，令悬宇下。五月，内升户部尚书。

庚午二月，以坠马伤病乞休，特遣阁学朱都纳神医绰班至寓视治，命在任调理。时值河工奏销，騭依理驳察，以在假不列名，疏上。上叹曰：“朕道王騭定不苟且，病中尚办事妥当如此。”伙房招买，岁支金钱百余万，商以浮冒者分贿堂司，騭不授。未几露发，独超然事外。五月，疏荐直隶清苑知县邵嗣尧清廉慈惠，得旨优擢。辛未，以老疾求罢，温旨慰留之。壬申，陕之西安凤翔饥，命同工部尚书萨穆哈前往察赈，并假以军令。癸酉四月，复乞休，上仍慰留之。九月，召对乾清宫。上见騭起跪便捷，笑曰：“八十岁人尚如此轻便，真可谓福德老人矣。”甲戌，召大学士九卿等同河道总督于成龙入对。谕责成龙平日排陷靳辅，并及騭与左都御史董讷、内阁学士李应荐畏惧成龙，交相附和。寻各具疏引罪，部议并革职。騭得旨，以原品休致归里。乙亥，年八十二岁。五月二十二日卒于家。七月，山东巡抚桑格疏入，赐祭葬如例。墓在城东北海洋村南黄山原。

騭一生拳拳于父之遗命，以“忠孝”二字为宗主，故在家为令子，在国为纯臣，为学一本经。术长于古文，明于公牍，内外奏疏为一时之冠。著有《养素堂集》。康熙四十一年，合学生员邹宾、王乡民、陈棿四百八十人等公举乡贤。四十二年，具题入祠，并祠四川口北、江西、福建、浙江名宦，复祀浙江金沙庵祠遗爱堂。子四人：渉、澄、瀹、湶皆诸生。渉、澄有传。

赞曰：王臣蹇蹇，匪躬之故。騭任松威时，以之嘉谋、嘉猷入告；尔后，騭任督抚时，以之敷政优优，百禄是遒；騭任司农时，以之此，騭之功烈也。奏议剀切，似陆敬舆诗歌；奥折似韩退之杂著；古劲则得力于左国，此騭之文章也。至四川采运大木为有明一代虐政，嘉靖间工部营缮郎中龚辉西槎汇草中，著采运图说痛言之。我朝圣明，在御得騭一疏而立止。仁人之言其利溥哉！

王　序

王序，原名式，字石文，道增五子。兄弟六人，一门孝友。道增故慷慨好施，诸子乐善，出于性生，潜德阴行莫可殚述。序与弟典为孖生，生而颖异，丰眉秀目，仪容倜傥不群，昆季一时同游庠序。娴骑射，能文章，并负奇材。序尤嗜学，群经子史靡不淹贯。为文务诠实理，言本至性。工诗，善书法，笔意雄秀，类晋人。为诸生，食饩，屡试不第，名噪士林者二十余年。时父道增春秋高,倦游,颐养山居不出。序左右无方,先意承志,莫不曲当。年虽壮,犹时时饶膝下,作孺子慕也。母病乳痈,日夜侍榻前,无少闲,闻痛楚声辄皇皇不欲生。及宅忧,哀毁柴立,杖而后起,远近称之。亲殁后,友悌深至,终身共爨,内外无闲言。

明既末世,滨海诸县良莠杂处,所在嚣然不靖,恩怨睚眦,日寻仇复。仲兄铎,字先三,性侠而勇,年少饶膂力,食量兼人。尝随父至十里铺,猝遇冤家,只身扶护,夺械反击,多人环视,辟易无敢前。次锷,字剑峰。精于治家,佃、渔、树蓄成本富。又次,珽,字方于。遇事持正,交游皆当路,用名检自立,无敢易之者。里中有争言,率取直于一语,必剂其平,得和息。幼随三从叔允谐,读书陕西成县任所,应试入成县学。顺治五年,咨送原籍,为本学生员。序中年从伯兄隲官南北,周知世变,洞达事体,所至屋宇,图史纷陈,博访名流,穷极要眇,学以益进。痛弟典之早亡也,抚遗孤涵如己出,朝夕于侧,提携教诲。长则督之学,俾成立,迄为名宿。

生平好吟咏,不自收拾,脱稿辄佚去。康熙八年,己酉秋试报罢,北上省兄于燕邸。越岁,庚戌春,病殁京师,年四十有四。子一人,澔,有传。五十七年,公举题请祀乡贤。(《福山县志稿·行谊·王序》)

王　典

王典,字泐,道增季子。工文词,娴弓马,兼应文武试,并列学官,一时称奇才。性至孝,母病甚,与诸兄深夜露祷吁天,乞以身代母,旋愈。葬父,值庚甲。形家言于典,命属岁压,最犯忌,宜暂避。诸兄喻之,泣曰:“焉有父将入圹,而子反远避者?”卒哭如仪葬。不数年而殁,年三十四,时顺治十七年庚子也。

生平好施与,于族党尤敦睦。居家以严,重见惮。在京师,偶于正阳桥上拾遗金一封,坐候至暮,得其人询明还之。其细行不苟,多见此类。

妻滕氏,前明都督同知江浦滕绍宗女,抚孤守节,茹素终身。康熙五十一年旌表。子,涵。少孤,事母以孝闻。长而劬学,读书有心得,精堪舆五行之说。以岁贡生任夏津县训导。勤于讲习,文风一变。值岁饥,奉委办赈,缓急周至,多所全活,合境感诵。尝预知死期,告归不逾年而殁。(《福山县志稿·行谊·王典》)

王　淜

王淜,字缁来,隲长子。兄弟四人并为名诸生。

淜赋性颖异,有才思,长于文笔,多识朝章、国故。父贵显之日,内理家政,外修门第里居。及随任,约束诸弟兄,读书励品,家风庭训遵奉不敢逾尺寸。迨父殁后,终身如一。值岁饥,里党有贫乏者,分所蓄谷赡贷之约二千石,后皆还其券,不取偿。辽左饥,登属应运赈谷四万石,而黠者巧卸福山,小县独派六千,官民俱困。淜上布政使喻成龙书,备沉利弊,获减其半。孙夼社税契先以他社,飞诡每多摊六两,贫民苦之,淜为详免。县城多圮,淜首倡捐修葺,城遂完固。后宁海兵哗,率陴登守,赖以无恐。食饩后,十困棘闱,以康熙二十四年岁贡选授费城县训导,丙戌莅任。甫一年,即谢病归。辛卯,考终,年六十四。所著有《自强斋集》。

弟滢,字念公。幼嗜学,博通经史。兄弟皆屡困秋试,艰于一第。滢仅以康熙丙寅选拔贡成均,恒随父任,所能关防、吏役、监察、仆吏,使无敢勾通作弊。绝交游,不预外事,不以汛爱贻亲庭忧。心地爽直,性好施与。县西有福山至三教堂,地势洼下,雨辄泥泞,行旅艰难,陡遇沥水,每淹没田畴。滢出资造石桥二,引水由官渠行,耕者、行者两便之。尝于祖居之河北村储谷数百石,岁稍祲,即行赈贷,若义仓然。积二十余年,不少懈。任德平县教谕,以道义勉诸生,说经铿铿,终日不倦。家贫者却其贽仪,反从而周之。然不乐逢迎,亦一年致仕归。诸生祖道境外,咸涕泗不忍别。归则键户如故,目涉手披,朝夕不辍。年七十三而终。

次,瀹,附生。次,潍,岁贡生。镶蓝旗官学教

习,候选知县。(《福山县志稿·行谊·王澎》)

王　澔

王澔(1667—1742),字征远,号溟波,岁贡。

澔因屡试不第,授例谒选。后入国子监。清康熙五十二年(1713),选授云南省云龙州知州。该州原有盐井8处,灶户除交纳官府规定税捐外,还要交纳许多名目繁多的杂税,致使灶户濒临倒闭,转谋他业。澔见此况,张贴布告,废除官税之外的各项盘剥,为防此项改革反弹,便勒石立碑为证。此举得到康熙帝赞允。后澔参加朝廷官吏考察,以"才守第一"擢升为广西省太平府(今广西崇善县)知府。太平府是古南诏国极边缘之地,辖21个少数民族土司。其中思明州土司黄而芸在各土司中势力最强,尤为凶残。他聚集数千人与各土司相杀,剽劫行旅,杀害内地商贾,肆虐地方,不把官府放在眼里,连广西巡抚也惧怕他三分,不敢管拿。澔见此状十分气愤,便向巡抚立了军令状,以官职作担保,请缨前去擒拿。他先秘密派人前去侦探,掌握虚实。尔后,自己轻装单骑,以巡抚名义进入思明。黄而芸先是大吃一惊,但他发现澔只是单枪匹马,便放下戒心,迎澔进城。澔趁其不备,将其擒住。众党羽蠢蠢欲动,澔厉声对他们晓以利害,并以官职作保,声称只捉拿黄一人,协从者既往不咎。众党羽见大树已倒,顷刻散去。澔将黄押回府衙,依法治罪。当地百姓无不焚香跪拜,欢呼雀跃。至此,思明州全境按当时改革举措,顺利推行"改土归流"政策,百姓安居乐业。

太平府所辖的龙英州土司赵雍城巧立名目,盘剥州民,百姓不堪其苦。澔为民伸冤,惩治赵罪。赵托人送澔三千贿金,请求宽恕。澔不动声色,收下赵转来的贿金。第二天,便召集官民于官衙大堂,当众拿出赵的三千贿金,为州民偿还了所欠赋税,并依法治赵之罪,州民大快。其他土司见澔刚正不阿,执法如山,皆心悦诚服。至此,太平府令行禁止,真正成为太平之地。

澔在太平府有勤政务实、惠政为民的政绩,美名远扬,百姓赞不绝口,但却遭到了上司和同僚的嫉妒。清雍正元年(1723),他遭受诬陷,被免去官职,返里务农。他离任时,太平学子、百姓、官绅数万人拦车不绝,相送十余里。

清雍正六年(1728)春,澔长子柔任湖南乾州(今四川茂县)知州时,赴任前雍正帝召见了他,并问及家庭情况,柔将父亲遭陷革职一事详细奏上。雍正帝闻之动容,认为澔革职一案实属冤案,于是下旨召见澔。澔奉旨觐见了雍正帝。雍正帝见澔精神尚足,谈吐不凡,详细询问了任太平府的情况,澔一一作答。雍正帝大悦,降旨简授他为四川成都知府,并赐貂皮、手珠等物,以示褒奖。澔当日动身,四月抵蜀到任。澔到任后,顾不上休息,便到都江堰亲自察看水利、农田等,了解当地情况,之后,将前任留下的诉讼案件一一处理完毕。他办案公平、公道,百姓称为"王青天"。不久,他又首倡开浚李冰故堰水道,为成都府地区灌溉农田。清雍正八年(1730),澔在成都任满,调京官补用,旋任京师署顺天府(今北京)知府,不久又擢升光禄寺卿、太常寺卿。是年,山东鲁西南地区遭旱灾,百姓口粮吃紧,澔令家人捐粮三千石,运往灾区赈灾,受到朝廷嘉奖。清雍正十年(1732),山东兖州一带遭灾,澔与翰林院检讨隋人鹏奉命前去协办赈务。澔以66岁高龄亲自到田间察看灾情,计口授粮,"往来于阑风伏雨之中,经营区划,不遗余力"。因在赈灾抚民方面做出贡献,清乾隆二年(1737),澔被擢升为大理寺卿。清乾隆四年(1739),澔以68岁高龄乞请告老还乡。

澔一生为官勤政清廉,刚正不阿。生活上别无嗜好,以简朴而著称。酷爱诗词歌赋和藏书,平日里有点余银全部购买了孤本图籍。著有《云龙州志》《太常集》两卷、《王太常诗词》多卷。清乾隆七年(1742),病逝于家中,享年76岁。

附《福山县志稿·宦迹·王澔》

王澔,字征远,庠子。生四岁而孤,哭踊若成人。事母迟笃孝,及长常痛父,以名诸生。赍志殁,冀得一第,以慰地下,兼博节母欢。于是,发愤绩学,入成均,冠上舍,文誉大起。德州孙勷、胶州王懿叹为斯道国工，九困秋试，年四十余循例注籍。

康熙五十二年，选授云南云龙州知州。州治在万山中，蛮猺杂处，溍至始兴教化，旧俗浸变。地故有盐井八，例由官给薪本，纳所出于官，官辄于额外苛索，岁获利不赀，而灶户大困，溍悉除之，民不病而课足。又，故事官一切日用费皆取给井里，名曰井七里三如令甲，上官知而不问，溍为勒石永禁，积弊始除。

会课最，以才守第一，擢广西太平府知府。太平，古南诏极边，领流官四，土司二十有一类，皆宋元时山洞，明初始辟，其人犷悍难治。思明土州黄而芸在众土司中尤枭桀，肆虐其下，与各司相仇杀无已，剽劫行旅至内地，商贾咸被其毒。聚党数千人，钲鼓旗纛漫山谷，势猖獗莫能治。溍白于巡抚，请擒治之，不许。固请曰："极知上宪虑之深也，顾溍区区唯恃朝廷威德方隆，不当令豺虎窥伺边徼。且流土皆赤子，忍坐视所部陷水火中乎？愿假便宜，得自处置，不烦一兵，不济，则以官徇之。"巡抚壮其言，许之。溍返郡，密遣侦者廉得其虚实，乃佯以巡边为名，径赴思明，而芸闻郡将猝至，大駴，既乃闻轻装单骑，遂不为备，循故事来迎入城，抵廨舍。舍房旁有钟楼，钟以发号集兵。溍遣人断其悬而仆之，趣召而芸，执之。而芸出不意，不知所为，其党汹汹欲为变，溍乃出怀中大宪檄，厉声数其罪，且曰："罪止而芸，汝曹皆良民，各自安业。敢有哗者，大兵且至，汝曹无噍类矣。"众皆詟服，有顷，各散去。溍以而芸归，州人焚香罗拜，道左欢呼动天地。溍复遣隶，密捕其尤用事助恶者数人，具揭上，巡抚以闻。于是，而芸等抵罪，其旁州愿谨顺命者，捐袍服以示奖异。思明之"改土为流"自此始。龙英州土目赵雍城剥下无厌，按治之，雍城献赂三千金求贷。溍集官民于堂，出其金为州人偿逋赋，而置雍城于法。以故，诸司感悦，令行禁止，为前此所未有。

雍正元年，所属知左州罗士奎征条银过急，民罢市。溍闻，立往解散，惩其首事者。事定后，邮牒驰报。同城武弁某素有衔于溍，知邮递行迟，先期揑揭，谓属州民变，知府不以为意。巡抚遽以其言奏劾。牒至无及，遂罢任。士民泣送者数万人。六年正月，长子柔以湖南乾州同知特简衡永彬道，蒙恩召对，询及家世，柔具悉奏闻。翼日，传王溍引见勤政殿。奉上谕：溍革职之案少属冤抑。今观其人，精力尚健，若令闲居，殊为可惜。成都、遵义知府二缺，朕欲调用，着各部拣选材能司官一员，如有曾经外任者更好。于十九日与溍一同带领引见。再降谕旨，溍引见奉旨，补授四川成都府知府，赐貂皮、手珠、墨、刻锭、药数种，命驰驿赴任。四月，抵成都。至则首开浚李冰故堰，躬自相度督察，以利农田。会大军进藏，擘画储偫及时，议丈量诸务，次第毕举故事。各省谳狱，凡题奏案件，率令首府听治。四川俗尚健讼，成都兼理庶狱，猥并交错。溍明慎详鞫，无一不得其平。值巡抚较射旗员，溍旁坐终日，自辰至酉，困不能支，偶尔假寐。巡抚遽弹劾之。疏入，奉上谕："上司之于属员，遇贪赃枉法、蠹国虐民等事，自应即行参劾，不容迟缓。若举动粗疏，礼仪错误，此等无心之过，则当申饬教导，令其悛改，或于朕前折奏，待朕降旨训诲之，此乃为国家爱惜人才，以情理课吏之道也。宪德以知府溍于考验武弁齐集之日，在坐甜睡，肆然无礼，特疏纠参，此举过于苛刻。从前，赵申乔于圣祖仁皇帝亲试武进士骑射之时，与诸臣坐班，公然睡去。圣祖仁皇帝尚矜其年老，止加以训诲，未曾交部议处。今溍赋性粗率，又因望七之人，精神不足，以致失礼于上官之前，只应面加训饬，使之省改，不应以此小节急切见之于弹章也。至于溍向宪德禀称高维新之语，宪德体察所禀是虚，此一节事，或系溍误听人言，或高维新本有此意，而不露圭角于宪德，均未可定。若因溍误禀即重加谴责，则属员有所见闻皆不敢直达，是自蔽其耳目矣。为督抚者，不拒绝属员之言，而又胸有定见不为所惑，方可以收群策之益。但宪德因怒溍失礼即据实参奏，尚是宪德直爽之处；若含怒于心，目前隐而不发，将来苛求他事，以严劾之，则险薄甚矣。督抚等倘有如此居心者，即暂时蒙混，究难逃朕之洞察，必获重谴也。溍不便仍留川省，着来京以京官补用。成都府知府员缺，即着宪德于通省人员内拣选题补。钦此。”澝既蒙召来京。十一月，授顺天府府丞，专司学政，一时所得士如介福、双庆、邵大业皆有名于世。八年二月，署顺天府府尹。八月，迁光禄寺卿，领府丞事如故。是年，山东偏灾，澝奏捐杂粮三千石，由本籍运丁河口以备赈济。奉上谕："王澝奏称愿捐杂粮三千石，伊既有周恤乡里之心，或将粮谷平粜，或散给穷民，听其自便，不必交官。"澝命四子检装运至利津，遵钦差奏定赈数，散给永利、永阜二场，灶民全活无算。十年，兖东旱，澝复奏请偕检讨隋人鹏前往协办赈务。奉旨：王澝、隋人鹏俱准其前往，所派兖东本地人员，令王澝带领商同办理。时方炎暑，履亩亲勘，计口授食，日往来于阑风伏雨之中，经营区划，不遗余力。七月，擢太常寺卿，仍兼理光禄寺印务。澝在东意见与巡抚略龃龉，巡抚遂以市恩滥赈密请查参。奉朱批：王澝居心端直，尚非不肖之流。八月，奉旨回京供职。十三年正月，奉命祭告河源之神，条进驿递数事，并蒙嘉纳。秋，高宗纯皇帝御极元年，遣官祭告岳渎及历代帝王陵寝，澝奉命致祭河南伏羲氏等三十陵。途次采访时事，还朝条上捏报垦荒数事，蒙赐克食。恭办山陵升祔郊坛诸大典礼，皆称上意，先后赉文绮有差。二年，兼署大理寺印务。四年秋，御史某摭拾细故入奏，下议奉旨质审。事白，致仕归里。县城久圮，捐千金为倡首，修复坚固。年七十有六，以乾隆七年十月十七日卒。葬牟城东南原。

澝性颖悟过人，酷嗜图籍，每弃产购书。丹黄评隲，岁以数周。诗古体宗萧选，近体宗盛唐。古文词简严有议法。乾隆元年，博学鸿词科举桐城叶酉一人，保举河员，内不避亲，以中表弟张傅应诏发往。叶酉以文学著，所著书采入四库。张傅历任，并能其官。历年密奏封札皆手自具稿，不令人知。官光禄时，山左偶饥，有奏开海运一折，事载《艺文志》。奏上，九卿集议，得旨允行。一时粮石云集，山东谷价顿平。官太常时，轮班条奏，有预定接署之员一折，略曰：直省官员遇降调革职者，督抚题参摘印后，方委员署理。署员未到之日，凡其所司之仓库、牢狱旷无专员职掌，近者动经旬日，远者常及月余，虽有佐杂微员，难资弹压。其间，重犯生心，奸吏作弊，以致后费整顿者不一而足。臣请嗣后督抚题参属员委令摘印之人，即为署理之人，使官虽易而任事者无旷官，则钱粮案件皆可及时清理。得旨允准，着为定例，至今遵行。所可见者，仅此。知云龙时，编州志有史法，为世所称。后人裒其诗文成二卷，曰《太常集》。妻蓬莱张氏，家居乐善。康熙四十三年，岁大祲，煮粥散粮，远近多所存活。子六人：柔、从绳、机、检、杲、楲俱有传。

王　柭

王柭，澎长子。赋性诚直，恪承先志，垂髫能文。年十三应童子试，学使者面试以五艺，顷刻立就，因补博士弟子员。年十八食饩，益究心经史诸大家之文，学问淹贯，数奇不售，且垂老矣。遂杜门却归，严干谒饬，名行唯祖训是凛。承司农官，南北不名一钱，家固无长物。雍正辛亥岁祲，亲知以缓急告者无不应，而性尤不事浓华，布袍芒履，啜蔬饮水，泊如也。乾隆辛酉，由岁贡司训济阳。时学宫倾圮日久，当事谋修，举卒不就，公捐俸倡修，纠工两月余，轮奂一新。莅任数载，孜孜以奖拔孤寒、崇起士类为己任。期满，升任平原教谕。育才教秀，规旨一视济阳。戊寅致仕归。子侄辈廿余人守公训，无敢陨越。阅四年卒。所著诗文藏于家(《福山县志稿·宦迹·王柭》)。

王从绳

王从绳(1682—1757)，字司直，武举人。

从绳幼而颖悟，刻苦读书，能识要领，17岁补府学生员。清康熙五十三年(1714)，甲午科乡试，考中本科武举，出任直隶宣化镇右营游击。清雍正六年(1728)，调张家口右营游击。适逢鄂尔坤之役，战守期间，率所辖士卒，规划屯田，身先士卒，所获每年有余。驻军处，距敌营数十里，从绳协理修城，武装团练。敌见官兵守瞭，具有程法，惕息不敢犯。清雍正十年(1732)，调任宣化镇左营，寻署张家口参将。张家口地控边陲，旗民旅居，情况繁杂。从绳采取严厉的方法，对不法者进行制裁，引起同僚嫉妒。皇帝偏信谗言，奉调入京，授山西老营参将，后随提督转调松江，署提标左营参将。清乾隆三年（1738），调任六安营参将。此地西接霍山，纵连楚豫，境丛僻，易藏奸，为江南贫困地区。从绳受任，调勘地势，尽得要害，挑选武官勇卒，将奸贼缉捕。适逢年旱，从绳目击民困，实情上报总督，总督据实上奏，得旨赈恤灾民。因矛盾招怨，有司教唆，镇帅以其细小琐事，弹劾从绳去职。未过一月，六安发盗十七案，总督惋惜从绳，具疏乞留，得旨发陕试用。未几日，父母先后过世，回乡奔丧，未再归职，居于故里。清乾隆二十二年（1757），卒于家中，葬于岗嵛村东茔地。

附《福山县志稿·宦迹·王从绳》

王从绳，字司直，溶仲子。生而颖悟，读书能识要领，尤喜《左氏春秋》。既长英伟，娴骑射。年十七以文艺受知学使者，补府学生员，乡党子弟交口侈艳之，从绳独夷然不屑。尝曰："昔西京诸班代以文学显，顾定远特著武功，丈夫亦各自立耳，何穷年守案，席刺促占，毕为于时功？令文生得请一试武闱。"从绳遂以康熙甲午科，循例应武试，中式本科武举人，出任直隶宣化镇右营游击。

雍正六年，调张家协右营游击。会鄂尔坤之役，领所辖士卒从征，规划屯田，身先劝率，辄倍稔供，岁支而羡。当是时，大将军驻扎处所距贼巢才数十里，从绳赞理修城，度山伐木，材赡工良。以部军多远戍，日团练，贼见官兵守瞭具有程法，惕息不敢近。大将军上其事，累获优叙。所议屯制，后来采用不复变。

十年，调宣化镇左营游击，寻署张家口参将。张家口地控边陲，旗民旅处，号称剧任。从绳一裁之以法，总督甚为倚任，同官心忮，用蜚语龁龁之，几及祸。世宗宪皇帝素闻从绳有僿直声，特奉调入京，授山西老营营参将。提督南某素重从绳，及移调松江，奏请从绳自随署提标左营参将事。松江故有马厂地，岁久盗卖略尽，而税额尚存，洒扣为全营累，前官隐忍莫能违。从绳以实报，得予复除，士众感激，为建立生祠。

乾隆三年，补六安营参将。六属西接霍山，毗连楚豫境，丛僻易藏奸，为江南阻厄。从绳受任，轻骑往勘，尽得出没要害。遴弁目习事者，授指往缉，且厚其犒赀，积逋无漏网，六民以安。中值岁旱，从绳目击民困，谓郡县曰："嗷嗷者势难支旦夕，吾为将率，无越俎理，盍申上急办？"不听。从绳蹙额曰："吾已诚告矣。终以畛域膜穷黎，如莅兹土，何乃以实上总督？"总督据奏，得旨赈恤，从绳亦奉委，分勘无遗滥，全活甚多。复因是抵牾召怨，有司嗾镇帅摭细故弹劾去职。未逾月，而六之以盗告者具案十有七，总督惜从绳去，具疏乞留，得旨发陕试用。未几，丁父艰，匍匐奔丧，尽哀尽礼。旋丁母艰，鬓发皆白，绝意仕进。自是，每揽镜邑邑，以不获矢报效为恨。

平居教诸子诵读，严督课，稍暇，手自批阅。诸子长大，并为名孝廉。持家严整，约族中有德望者举行房社，每月置酒论家事，有不率教者，严行斥诫，族姓靡不服从。居官待士卒如家人父子，宽而有法，士卒乐为用。帐中无事，手戚武毅公《练兵实纪》一编，与部伍相讲求，有轻裘缓带、雅歌投壶之风。以乾隆丁丑岁卒于家，年六十有五。葬岗嵛东原。子四人：衍绪、广绪、景绪、坦绪。衍绪、景绪自有传。广绪字德，心性警悟，有才干，笃行能文章，中乾隆庚辰科举人，官云南姚州白盐井盐课大使，治有声，调镇沅府按板井盐课大使。一意唯恤丁灶，劳于民事，不避瘴疠，不二年以疾殁于官。坦绪监生，考取四库馆誊录，官南河山盱通判，海防同知。

王　柔

王柔（1689—1765），字东牟，附贡。

柔自幼从师读经，刻苦用心，深得书中奥旨，尤工书法，文行有奇气。经考，补县学生员，后乡试举人不第，入国子监谒选。清康熙十三年（1714），选授湖南永州同知，旋授乾州同知。

乾州地红苗杂处，动辄仇杀，旁掠村民。柔到任后，亲履各寨，察其民情，让每寨公举苗首一人，给以印照，制订寨规，上下统辖，自此，寨民安定。六里苗地位于川、黔交界处，泉流成河，土地肥沃，宜植水稻，可设郡邑。柔创议以抚绥红苗，举书湖南巡抚布兰泰，上奏旨准，柔被超授衡永彬道，赴部带领引见，上召对便殿，面询六里苗抚绥情况，帝悦，改授辰沅靖道，赐西洋折匣五个。清雍正六年（1728）抵任，时永顺、保靖、桑植三土司正在“改土归流”之际，大吏议于永顺等处增设一府三县，又，桑植有副将一员，特旨命柔署理。柔前往永顺等地观察形势，悉知保、桑二县向为土司所侵渔，六里苗兵民乏食，柔捐廉买粮，运贮接济，并请旨开辟六里苗疆。督抚惑议，寻衅干扰。柔力排众议，统兵前往，到苗寨宣布：大清皇帝对红苗民族一视同仁，辰沅所属无田贫民皆予授田。从此，苗民相安，命名“永绥”。柔任同知，兼署副将，并赏加按察使衔。

清雍正十年（1732）春，柔授湖北按察使司按察使。到任月余，柔清理前任积案400余件。次年冬，容美土司田旻如不服征调，附近18个土司也都畏惧他。柔前往查办，经开导，各土司欣悦争请归流，田旻如势孤自缢。遂以柔议，于其地设“施恩”府，辖四县。有麻城县民涂如松殴妻杨氏身亡一案，总督判为自杀结案。柔觉此案疑点甚多，遂开棺验尸，真相大白，奇冤昭雪。时湖北省有人将此案编成小说或戏剧《一线天》传奇，又名《楚江清》，皆颂柔之贤明。

清雍正十三年（1735）秋，柔改授浙江海防兵备道，协办海塘事务。柔以方书内汲沙牛法，以磁石等物下桩，排列二里许，防护塘脚。月余，沙涨异常，塘工永固。因染病，告归调养。

清乾隆六年（1741），湖南城绥苗匪大乱，界连广西义宁。贵州总督张广泗剿办失利，朝廷下旨：以柔补授辰沅靖道，仍带按察使衔，督办城绥军务。柔设计诱擒头目杨青保等12人，协从苗民不究，并以好言相抚，皆返乡务农，城绥复平。乾隆帝赞曰“军功第一”。

清乾隆十三年（1748），柔授四川建昌道。在任二年，以老病乞休归里。后乾隆两次东巡，柔皆召幸迎驾。返里后，居门不出，教育子孙读书。著有《东牟奏议》8卷。清乾隆三十年（1765）病逝，葬于大杨家村西夹鹿山东麓。

附《福山县志稿·宦迹·王柔》

王柔，字东牟，淓长子。幼从同县进士刘元声学经史，通奥旨。工书法，行文有奇气，为学政陈恂所激赏。补县学生员，秋试不利，注籍谒选。

清康熙十三年（1674），选授湖南永州同知。遇事敏断。初，山东巡抚李树德任登州镇时，奇柔器局，负文武才略，以千金注选，资使早入仕。柔感其义，辞弗获。及树德以事败，议以外欠抵亏短，柔请解任为清交，事毕赴部。拣选川陕同知，循例得引见。适湖南乾州同知缺出，世宗宪皇帝特简柔授斯缺。乾州地红苗杂处，动辄仇杀，旁略村民。柔任事后，亲履各寨，察其情形，使每寨公举择立苗头一人，给以印照，使训约其众，民获安堵。有六里苗者，种类繁衍，栖止无常所。地接川黔，中有泉源畅流，堪为水田，可设郡邑。柔创议以抚绥红苗，使苗民杂耕之，举书上湖南巡抚布兰泰。巡抚韪其议，奏闻，特旨召柔入对。途中奉旨，超授衡永彬道，赴部带领引见。上召对便殿，面询六里苗如何抚绥情形。柔备陈机宜，奏对称旨，改授辰沅靖道，并赐西洋折匣五个，准遣家奴，赍折便宜奏事。

清乾隆六年（1741），抵任。时永顺、保靖、桑植三土司正在“改土归流”之际，大吏议于永顺等处增设一府三县。又，桑植有副将一员驻扎弹压，特旨命柔署理。柔前往永顺等处相度形势，遍历艰险。桑、保二县向为土司所侵渔，保靖界邻六里，兵民乏食。柔捐廉买谷，运贮接济，遂具折请旨，以开辟六里苗疆一事，一身任之。督抚惑于浮议，颇见掣肘。柔力排群议，统兵前进，所到苗寨，宣布皇仁不分歧视，辰沅所属无田贫民递次招入，随地安插，为之授田，将苗之不能耕者给之并耕。于是，计里安汛，留兵驻扎。遇险要处，益兵增弁，以为联络。不数月，苗民相安，欢呼称庆，以其地名为“永绥”，设同知一员治之。一时倡浮议者亦尽詟服，以为神奇。事定奏入，上以开辟已有成效，将新设永绥协副将一缺不另除授，即命柔兼署，并赏加按察使衔。

清乾隆十年(1745)春，授湖北按察司使。前任积案多至四百余件，柔到任甫及月余，案牍一清。

清乾隆十一年(1746)冬，容美土司田旻如不服征调，总省迈柱委柔前往查办。其附近之忠峒等处十八土司畏惧有他虑。柔先驰往适中之地，招集开导土司，各欣悦，争请归流，田旻如势孤自缢。遂于其地设"施恩"一府，属县四，一如湖南永顺府规制。平反麻城县民涂如松殴妻杨氏身死一案，意见与总督龃龉。总督以好立新奇、不宜刑名奏劾。秋审，已入情实，杨氏自外生还，卒如柔言，昭雪奇冤三命。湖北省会一时编有《一线天》传奇，又名《楚江清》，争颂柔贤明。奉旨：内召进京，命协同侍郎俞兆岳办理浙江海塘。

清乾隆十三年(1748)秋，改授浙江海防兵备道，攒督修造，日驻工次。以方书内吸沙牛法，用磁石等物下桩，排列二里许，防护塘脚。逾月，沙涨异常，塘工永固。因染受岚瘴致疾，告归调养。适湖南城绥苗匪大乱，界连广西义宁，贵州总督张广泗剿办失利。奉旨：以柔补授辰沅靖道，仍带按察使衔，督办城绥军务。设计诱擒渠凶杨青保等十二名，悉缚帐前，城绥复平。柔以蠢苗生命残杀可怜，亟言于张广泗急宜收兵，胁从无治。凯旋，列军功第一。

乾隆七年秋，闻父病，亟复引，疾告归，中途闻讣。丁父艰，哀毁骨立，乡里以孝闻。

清乾隆十三年(1748)，服缺。圣驾东巡，柔赴故城跪迎，蒙召对于行在。时适金川有事，奉旨：仍带按察使衔，驰赴大金川军营，督办粮饷。抵营，督运南路兵糈、军火，往来蚕丛万山间，崎岖险阻，风雪寒冽，应期无误。授四川建昌道，凯旋撤兵，积劳成疾。

清乾隆十五年(1750)，以老病乞休归里。嗣遇圣驾东巡，十八年迎于通州，二十二年再迎于德州，均蒙天语垂慰。二十五年，皇太后七旬万寿，入都祝嘏，礼成回籍。

居村杜门不出。有同里武生王汉濯，幼与同学，至老衣食之，每日必延聚话旧，风雨无间，里党传为佳话。年七十有六，以乾隆三十年七月卒于家，葬城西北响水河霞岚顶东麓。子三人：显绪、承绪、元绪。显绪自有传。承绪监生，以孝友著。元绪官南河、陶北、邳北同知。

王　检

王检(1707—1767)，字思及，累官至湖广总督。

检少年俊才，办事果敢，受其父潃影响，发奋读书，且有过目不忘之誉。清雍正七年(1729)，检参加顺天府乡试，以第三名中举。清雍正十一年(1733)，入选参加会试，后参加殿试，并以二甲第五十五名考中进士，钦赐进士出身，入翰林院庶吉士。清乾隆元年(1736)，散馆大考一等，授编修。清乾隆二年(1737)，大考列四等，休致居家。

清乾隆十三年(1748)，检奉旨复职国史馆纂修。此年，授直隶河间府知府。在河间府任职期间，检体恤民情，处理积案，减轻百姓负担。重视教育，上任第一件事就重建"瀛州书院"，聘请名师，并亲自督学。为给百姓造福，检将历任知府用以出租的一顷二十亩"官地"分给一些贫民和无业者，时在官场独树一帜。

在任上，检经常化装成教书先生私访。一天，检到雄县一个村，见一老妇在村口啼哭，边哭边骂"秃驴"。检一听，知道骂的是和尚，感觉很奇怪，便到跟前询问。老妇见是书生，就央求帮写状子，检当即答应。老妇把昨夜雄山寺和尚抢走闺女的事告诉了检。检听罢，立即向雄山寺奔去。路过另一村，见一户人家门贴大红喜字，可全家人都在嚎啕大哭，一问才知，原来这家娶媳妇的花轿还没抬到门，就被雄山寺和尚抢去了。检又访问了几个村，民众都说雄山寺和尚欺男霸女，无恶不作。检决心除恶，便与同知商量对策，同知却说："雄山寺是乾隆帝母亲册封的皇家寺院，咱动不得，要动须有圣旨。"检虽有顾虑，却又不甘心，遂报皇帝定夺。乾隆帝接报亦很为难，就降旨给刘统勋处置。

统勋知道检才智过人，定会恰当办好此事，遂令刑部代传谕旨："惊动惊动"雄山寺为恶的和尚。检接到"惊动"旨意，便有了惩治和尚的主意。第二天，检即带兵包围了雄山寺，逮住和尚，当场审讯，取得证据和口供，把为首的几个和尚埋进地里，把头露在地面，用牛拉犁将其头"耕动"乱了，其余和尚各打几十大板，罚为苦役，然后上报朝廷。统勋得知，称道"甚好"。乾隆帝看后笑道："下不为例。"检被擢升为河道。

清乾隆十六年（1751），乾隆帝南巡，检因政绩显著，得到荣崇，被召至随驾南巡。随之，又被擢升为甘肃凉庄道，旋又被调任直隶霸昌道台。在任期间，恰逢直隶发生蝗灾，检率领官员亲临重灾区，说服受灾百姓，引火剿灭蝗源。随后，又用减增粮税办法，补贴受灾民众，百姓无不感恩戴德。清乾隆十八年（1753），调任通永河道总督。为治理河运，检广采老河工及历任同务官员的建议，抢在汛期前整治，仅用数月，便使河运畅通无阻，使南方漕粮如期运往京都，博得乾隆帝"才优守洁"之评价。清乾隆二十四年（1759），调任长芦（今沧州）盐运使。检上任后，发现衙门官员的一切费用皆由盐商供给，立即予以废除。不久，检患病在身，一沈姓盐商便借机挟重金来贿赂检，被检拒绝。众盐商闻检喜爱玉器，便假借与检交厚的朋友之名转贿玉器，同样被谢绝。在检治理下，转运司上下清廉，美誉远扬。是年，乾隆帝至热河，召见检，见其身瘦体弱，笑道："人家当盐运使，个个身宽体肥，而你却消瘦得如此！"旋即传旨，擢升检为安徽按察使；后因治理地方治安有方，又调任直隶按察使。清乾隆二十八年（1763），检调任山西按察使。是年7月，检擢升为广西布政使，旋又调任甘肃布政使。时甘肃正遭旱灾，检亲临灾区，反复查对受灾人数，设立并委任临时管钱粮的官员，按受灾轻重，设立粥场赈灾，同时，奏请朝廷对重灾区赈粥时间延长一至三个月不等，因而灾区无一人饿死。灾民感其政绩，便在布政司衙门里立"德政碑"颂扬他。翌年，检被擢升为湖北巡抚。湖北为"九省通衢"，然多年沿长江水匪出没无常，百姓深受其害。检到任后，成立水上治安队，沿江缉查，江治为之一新，到处夜不闭户。

清乾隆三十年（1765），检擢升为湖广总督，同年又调任广东巡抚。广州地面历来崇尚奢侈，官场更是变本加厉。检上任后，下令严禁一切宴请。当地海盗防不胜防，检调查后发布公告：渔船和商船皆到官府登记立档，凡渔民捕鱼，由官府发给证件方能出海。同时，派官船巡视，保护来往船只，遏制海盗作乱。广东有置祭田习俗，家族间往往有为祭田而抢田械斗之事发生。检请求朝廷批准后，将全省祭田进行普查，统一丈量，加以限制，将多余祭田拿出来分给族中贫者耕种，杜绝了因祭田而械斗的事件发生。

检为官清廉，深得乾隆帝器重。乾隆帝南巡时召见他，问其家世后道："女父子三人俱为翰林，一门多显官，皆能办事，可谓世臣矣。"清乾隆三十二年（1767）八月，检因病而逝。

附《清史稿·王检传》

王检，字思及，山东福山人。父澝，官太常寺卿。检，雍正十一年进士，改庶吉士。乾隆元年，授编修。大考四等，休致。十三年（1748），上幸阙里，召试，复授编修。十四年（1749），授直隶河间知府，迁甘肃凉庄道。以官河间有政声，即调直隶霸昌道。累擢安徽按察使。奏："外任官员眷属外，定例州县家人二十名，府道以上递加十名，违者降级。定额本宽，近则州县一署几至百人，毋论招摇滋弊，即养廉亦不足供，请申明定例，违数详参。"又奏："皖城滨临大江，岁多劫案，请加重沿江乘危抢夺旧例，边海有犯视此。"均得旨允行。调直隶，又调山西。二十八年（1763），迁广西布政使，调甘肃。奏："各省大计举劾，例由藩司主稿。请嗣后藩司新任，得援督抚例展限三月，以重考核。"

二十九年（1764），擢湖北巡抚，署湖广总督。以前巡抚爱必达请于沔阳新堤设文泉县治，地处低洼，城仓库狱俱未兴工，且于民情未便，奏请裁撤，移沔阳州同驻新堤，下部议行。

调广东巡抚。秋审，刑部进湖广招册，检所定拟，多自缓决改情实，或改可矜。上核刑部九卿所改皆允，谕检“秋谳大典，宜详慎持平，失出失入，厥过维钧”，传旨申饬。三十一年(1766)，奏：“凡盗出洋肆劫，伙党、器械，招买皆自内地。如果保甲严查，岂能藏匿？请嗣后洋盗案发，询明由某地出口，将专管及兼辖、统辖各员，照保甲不实力例议处。”从之。广东有名竹洲艇者，其制上宽下锐，行驶极速。海盗用以行劫，追捕为难。检令凡船皆改平底。琼州地悬海外，黎人那隆等劫商骫法，为诸盗最。检亲督剿捕，决遣如律。又以民多聚族而居，置祭田名曰“尝租”，租谷饶裕，每用以纠众械斗。奏请：“尝租自百亩以上者，留供每年祭祀，余田归本人。其以租利所置，按支均派，俾贫民有田以资生，凶徒无财以滋事。”上谕曰：“所奏意在惩凶息讼，唯恐有司奉行不善，族户贤否不齐，难免侵渔攘夺。嗣后因恃祠产丰厚，纠众械斗，按律惩治。即以祠田如检所请分给族人，俾凶徒知所警惧，而守分善良仍得保其世业。”三十二年，因病请假，有诏慰问。旋卒。

子启绪，自编修官河南开归陈许道；燕绪，自编修官侍讲；孙庆长，内阁中书，官福建按察使。

《福山县志稿·宦迹·王检》

王检，字思及，淯四子。生有异质，颖悟绝伦。性至孝嗜学，经传洽熟。

清雍正七年(1729)，举顺天乡试第三。十一年，成进士，改庶吉士。

清乾隆元年(1736)，散馆一等，授编修，习国书，供奉武英殿，蒙恩赐御制文集及喜雨诗石刻。

二年(1737)，大考列四等，休致，家居孝养，一意著述，不以寒暑间。兄柔任湖南辰沅道，总理城绥军务，事繁身劳，父淯使检往赴勷助，一切条议多出检手定。凯旋后，总督张广泗奇其才，欲列荐牍，力辞归，丁父忧。母张氏亦病卧床，检身当大事，兼侍汤药，朝夕饮泣，宗族称孝。旋丁母忧，勉起毁脊中，经理诸事，尽哀尽礼。

三年(1738)，独处不与家人交接，梦寐中时恒作孺子啼，闻者泣下。

十三年(1748)，上幸阙里，召试行在，称旨复职。兄柔同日奉命往办金川军务，检赴都供职，充国史馆纂修官、咸安宫总裁一统志馆纂修官。

十四年(1749)，授直隶河间府知府。德州民人庞久旺诬控原任都司战绳祖邪教通苗谳久未定，检穷得其情，立予昭雪，一时服其明决。重建瀛洲书院，延名师督课，凡修脯膏火之资皆设立规条，以为久远计。时与诸生讲习河间故人文数，以此士尤向学，文风大进。府治向有官地一顷二十亩，岁输租以供薪蔬。官厨食盐向皆取给于商，检悉除之，以畀留养局赡贫民无业者；复倡捐廉俸，择绅董司其事，以故，瀛鄚四百里间乞丐绝于途。

十五年(1750)，赴定州迎跸。

十六年(1751)，南巡，检随扈往返，召对皆称旨，赐克食。

十七年(1752)六月，擢甘肃凉庄道。七月，奉旨：以熟悉直隶地方情形，调霸昌道。霸昌道事繁剧，终岁在署，宁处者不过一两月。检不辞况瘁，综理裕如。

十八年(1753)，所属昌平等处蝗蝻萌生，设法扑灭，是岁蝗不为灾，调补通水河道。检平素熟于河防，莅任后疏浚修防，悉合机宜。

二十二年(1757)，粮艘以水小壅滞，奉旨：于天津兑剥。总督檄检督其事。计漕六十余万石，两旬之间飞速完竣，得旨：议叙本年大计。总督以检才优守洁卓荐。

二十三年(1758)五月，引见，蒙赐内库朝衣一袭。十二月，授长芦盐运使。二十四年三月，抵任，运署什用向出商人供给，检仍如在河间时一切屏除。商沈某以知医至署，乘间挟重贿干请，检立麾使去，禁其出入。众商见检不受贿，又诡以玉器数事，称出自质库贬价求售。又有媒京师贵游设法请托者，检皆一意谢绝之。以故，商不困，而课立办。

二十四年(1759)，奉旨：仍着监理剥运。是秋，扈从至热河，蒙召对，温谕奖励。上见检历年劳瘁，形容减削，笑谕曰：“汝操守朕所深知，但身为运使，乃转瘠也。”旋授安徽按察使。请假修墓，归里祭扫，往来号泣，行路凄怆。

二十五年(1760)二月,抵任。奏:"定外任州县官员准带家人数目,违数参处。"得旨,允行。

二十六年(1761)七月,检以皖城滨临大江,频岁多抢劫案,设法饬属擒治,并奏明严定罪名条例,上从之,抢案遂减。四月,调直隶按察使。十一月,恭逢皇太后七旬万寿,赴京祝嘏,蒙貂皮、文绮之赐,并赏加一级。

二十八年(1763)五月,调山西按察使,奏请陛见。朱批:"汝系朕深知之人,何必又来请训?即赴新任可也。"七月,擢广西布政使。九月,调甘肃布政使。时甘凉各府偏灾,检亲赴履勘。凡不在赈例及降冬无由得食者,奏请:"悉令各州县动支仓粮,设粥场赈之。"旋奉恩旨,皋兰等县于例赈外加赈一月三月不等。检随拨给银粮,委员行县,散放周至,灾民全活无算。又奏:"各省大计,举劾例由藩司主稿。嗣后,藩司到任未及三月,许详明督抚,奏请展限,以重考核。"上从其请,永着为令。甘肃兵糈浩繁,及各官署食米旧系铺商承办,发价不时,多致赔累。检出示:严禁先照市值发价,然后取米,非先给价,不得径取,并饬各属遵行。商民感激,于署前立"德政碑"。

二十九年(1764),擢湖北巡抚。湖北为九省通津,商船络绎,沿江贼匪出没,为商民害。检到任后,严饬州县添设巡船,协弁严辑,江路廓清。整饬属吏,凡有贪墨废弛者,立予参处,吏治为之一振。

三十年(1765)正月,署湖广总督。二月,因前署湖北巡抚爱必达奏准,将沔阳州所辖新堤地方添设文泉县治,即以原驻通判改为知县。检察得该处地势洼下,民情不便,奏请:"勿庸设县,即移该州州同驻扎新堤,定为沿江要缺,在外选补,无庸复设通判。"下部议行。沅州属之芷江县,与贵州界连,施溪县土匪黄明扬、张成章等聚众抢劫。检亲往会同贵州巡抚,督率员弁,尽行拿获,以首恶二人抵法,胁从罔治,边境一清。二月,调广东巡抚。七月,抵广州任。粤俗侈糜,官场尤甚。检至,以俭约率属,罢一切宴会。海洋多盗,所乘船出劫,俗名拖风船,皆富户所造,租给渔户。间有失业者,即因以为贼。检奏请:"凡出洋之船,皆责令船主将船只数目,租赁渔户年、貌、姓名,具结报明,官给执照,查验放行。后有犯案,立即按籍究辑。"又有名竹洲艇者,专于行劫。其船尖底,驾驶神速,追摄甚难。检饬属查明数目,概令换平底,不准如旧式制造。由是,盗无所逞,洋面肃清。二月又奏:"洋盗出洋肆劫,其纠约伙党,制造器械,皆在内地。该州县如果严行保甲,实力查察,匪徒岂能藏匿?除盗犯,并非本地者,仍照向例议处外,其土著居民及流寓匪徒,由该地方出口行劫者,将专管及兼辖、统辖各员,均照编排保甲不实力稽查例议处。"得旨,允准。四月,奏言:"粤民族置祭田,名曰尝祖。请饬分别清查亩数,以示限制,庶免械斗毙命、给产顶凶等弊。"奉旨:"饬令该管督抚实力查察,如有恃祠产丰厚以致纠合族众械斗毙命及给产顶凶之事,除将本犯按律严惩外,照该抚所请,将祠内之田产查明,分给一族之人,俾凶徒知所儆惧,而守分之善良仍得保其世业,以赡族人,于风俗、人心较有裨益。"先是,琼州接界,黎人那隆等挟嫌劫杀商旅,继以拒捕,聚集羽党至乐安、汛城外欲为变。检闻信,兼程前往督率剿捕,获其渠恶及勒胁者,问拟如律,黎民安辑。归途路径高州一带,访查猺人情形,详定章程,责令地方州县加意巡防,日驰骤于蛮烟瘴雨中者凡三阅月,劳瘁致疾。六月,蒙恩赏赐内府上药。至冬,体气稍复,视事如常。

三十二年(1767)八月,旧疾复作,具折请假调理。谕曰:"该抚因感冒风寒迁延致病,现在巡抚印务已交,李侍尧署理该抚。唯当安心调养,以冀速痊。如调治向愈,精神日就平复,仍可接受抚篆办事。至近日病势是否轻减,着即行奏闻,以慰廑念。"初四旋卒,年六十。归葬县城西南迷鸡山南原。

检少从同县进士萧润游,诗法宗杜陵,兼好李义山;文章出庐陵,晚年尤喜陆宣公奏议。平素所作,脱稿辄佚去,其存者若干卷,并奏议藏于家。一生笃于师友,敦于宗祖,乡里待以举火者岁不可数计。榇舆抵里,巷哭声相闻,白衣冠会者填塞道路。教子弟有义方。方之湖北巡抚任，入觐行幄，询及家世，上曰："女父子三人俱为翰林，一门多显官，皆能办事，可谓世臣矣。"温纶稠叠，一时歆动。子二人：启绪、燕绪，自有传。

王积熙

王积熙（1711—1771），字德华，又字澡航，号海源。祖父浵，父栊。

积熙少年俊才，读书有成就，在县、府、道学试皆中第一。清乾隆六年（1741），30岁考取辛酉拔贡，授县丞。清乾隆十五年（1750），参加庚午科顺天乡试中式，成为第十七名举人。尔后，屡困春闱，七次会试不第。清乾隆三十六年（1771），60岁仍矢志不渝，征战科场，经过会试、殿试，终被钦点，考取三甲第五十七名进士，堪称老当益壮、大器晚成。但在复试中，他未及答卷，呕血而卒。乾隆帝为之惋惜，追授为七品文林郎官阶封典，给予褒奖，并树为科考公车之楷模。著有《萝谷诗抄》。

王　机

王机（1698—1773），字研溪，号若虞，监生。

机幼受先辈教育和熏陶，刻苦读书，立志成才。少年得中监生，乡试举人不爽，由太学生援例谒选同知，效力南河。清雍正六年（1728），分发河南，在分担修江苏洪泽湖石堤时，他"督率往来，竭蹶畚锸间，昼夜不遑宁息"，筑成石堰数百丈。当汛期来临时，多有坍塌，唯机所修堤坝"独屹立不动，众始叹服"。因治水有功，署里河同知。时于清江浦的大红庙处开浚新河，河道内多枯冢，白骨暴露。机捐俸买义冢地，将河道中无名墓及白骨全部改葬。是年冬，机调任山安同知，经副都御史刘奉旨保举，清乾隆三年（1738），升任河南南阳府知府。在任期间，他"不畏强权，又善断奇案"，百姓呼为"青天"，遂迁往直隶天津府同知。时值其父母相继去世，奔丧丁忧，期满回京，补甘肃宁夏府西路同知。清乾隆十三年（1748），甘肃凉州一带大旱，灾情严重，百姓流离失所。机亲赴灾区，积极赈灾，朝廷拨银不足，他带头捐俸。因赈灾有政绩，奉旨升平凉府知府。在任三年，深受甘肃平凉风沙之苦，因年事已高，恳请朝廷恩准致仕。

归里后，被族人推举为族长，遂首倡捐钱，置买义田60亩，用于诸事应酬所需。清乾隆三十八年（1773），机病逝家中。朝廷诰授中宪大夫。

附《福山县志稿·宦迹·王机》

王机，字研溪，溶三子。少有令誉，年十三随父任广西，综理家事，尽得其当。父病疟，侍汤药，衣不解带者累月。奋志读书，年十三屡试不售，援例谒选，以同知效力南河。

清雍正六年，分修洪泽湖石工，督率往来，竭蹶畚锸间，昼夜不遑宁息，同官咸目为迂。后数年，湖水泛涨溃堤，唯机所修堰数百丈独屹立不动，众始叹服。署里河同知，时于清江浦之大红庙开浚新河，河身内多枯冢，白骨暴露，机为捐廉俸置义冢地，悉以改葬。调山安同知，副督御史刘奉旨保举府道，特荐机才能。

清乾隆三年，赴部引见，擢授河南安阳府知府。下车治尚廉明，谢绝苞苴，奸民猾吏无所逞。以事与上官龃龉，送部引见。奉旨：交直隶总督，仍以河员用，补直隶天津府同知。丁父母艰，服缺，补甘肃宁夏府西路同知。在任三年，历署兰州、巩昌等府知府，所在有廉能声。

十三年（1748）秋，甘凉等处偏灾，上命发帑赈济。督抚以机强干，调署甘州府知府，多方全活流民无算。事竣，上闻。

十六年（1751），奉旨：补授平凉府知府。平凉为陕甘门户。时朝廷方平定西垂，军兴旁午。机供亿无乏，官兵过其境者帖然。固原州有豪姓某，以小忿搒其家佣，二人至死。佣妻诉于官，屡为所抑，不得通。机至，按之得实，立抵于法，州民欢呼颂"神君"。属员某亏动帑项，机以失察去官。后廉得其实，为因公赔累，乃为之质贷私助，于限内得全完。总督吴某连章请开复，得旨允准。部复已下，机以疾亟力辞归，乡民焚香祖道者络绎境上，日只行二十余里。

乡居十有五载，不预外事，敦本赡族，仁及乡里，远近称善人。王氏族姓既繁衍，岁输钱粮甲于一社，每年族人轮司其事，名曰社差，应之者多苦累。机捐置义田六十亩，计田所出粟以助应差之费，复勒石志之，以垂久远。年七十有五，以乾隆三十八年癸巳七月卒于家。子一人令绪，字叔子，以伯父按察使柔恩荫得监生。积学能文，中乾隆庚午科顺天举人，官贵州松桃理苗同知，有吏声。

王启绪

王启绪（1729—1781），字德圃，号绍衣。检长子，进士，累官至知府。

启绪幼承家学，天资聪颖，在县、府、院生员考试中取得廪生资格。清乾隆十五年（1750），赴省参加辛未科乡试，中第二百名举人。此年会试败北，返里发奋攻读。清乾隆十六年（1751），再次赴京会试，中二甲第五十五名，赐进士出身。传胪之后，又入翰林院，朝考一等，脱颖而出，授翰林院庶吉士。在教习馆三年期满，散馆考试取得第一等好成绩，授翰林院编修。清乾隆二十一年（1756），被授以乡试贵州主考官。启绪推贤进善，简拔士子多寒素，文章倡务实，使黔省群贤毕至。乡试结束，受到乾隆帝褒奖，擢云南道监察御史。任间，启绪察百官，巡郡县，纠刑狱，肃朝仪，尽职尽责；纠官邪，核章奏，一身正气，光风霁月。清乾隆二十四年（1759），任已卯顺天府乡试内帘监试官。清乾隆二十五年（1760），任武英殿监试官，署兵科给事中，巡视天津漕务等职。次年，因父时任湖广总督，遵回避例，改补户部四川司郎中，从四品。旋又被外放，先任河南开封知府，后任署开归陈许道。任河南知府时，“政尚简约，务持大体”。调开封兼署河道，时祥符（今开封县）黄河泛滥决口，启绪“身亲畚锸，不避劳险”，日夜守护在大堤上，率兵民几万众，一连数月，抢险不已。先在黑冈口大堤上，后又奋战于芝麻庄、张家油房堤段，终因劳累过度，猝死于黄河大堤上。朝廷念其忠于王事，鞠躬尽瘁，诰封为中宪大夫。

附《福山县志稿·宦迹·王启绪》

王启绪，检子。丁卯举人，辛未成进士。翰林院编修，充贵州副考官，改云南道御史。疏陈时政，切中利弊。署兵科给事中，补户部郎中，出为河南知府。政尚简约，务持大体，有不便商民者，悉罢除之。调开封兼署河道。祥符时和驿黄河漫口，继以仪封大工，时成时溃，身亲畚锸，不避劳险。补开归陈许道，往返河岸，测量形势。议增建顺黄坝，复于潘家厂开引河。不数月，河工告竣。先是，黑冈口堤为会城保障，水不穿者丈余，兵民并惶遽束手。启绪自仪封工所，疾驰而至，竭力堵防一昼夜，堤始无恙。又有芝麻庄、张家油房之役，时旧疾复作，犹力疾督工，悉归完善，竟以劳卒。墓在迷鸡山南。

王显绪

王显绪（1717—1784），字维章，号闰轩。柔长子，进士，累官至监察御史、布政使，从二品。

显绪少年考中秀才，名列第一。清雍正十三年（1735），参加乙卯科顺天府乡试，中第一百七十五名举人。翌年，清乾隆元年（1736），连捷三甲第二十五名进士，授官吏部文选司主事，在吏部崭露头角。清乾隆十二年（1747），升任考功司郎中，旋又擢升贵州道监察御史。清乾隆十七年（1752），出任贵州乡试副考官。期间，对行贿者严惩不贷，注销其考试资格，“所拔悉单寒士，时论称之”。清乾隆十九年（1754），因直言上疏，触怒满族贵族权益，降补刑部主事。旋又任宝源局监督。次年，外放云南省广南知府。广南位于云南、广西交界处，为汉族、壮族及其他少数民族杂居之地。显绪以汉文化教化少数民族，视之如手足，使广南经济好转，社会稳定。“显绪为政尚宽大，不矜苛细。境内沃壤多荒废，捐给籽粮，令开垦，野无旷土”，使广南百姓过着富庶生活。清乾隆三十年（1765），显绪父柔病逝，遵例守制。两年后，被军机大臣刘统勋推荐外任甘肃平凉知府。后又迁升山西、安徽按察使，继升布政使。在三任按察使中，显绪对所审案件，“手自批阅”，“唯务平允”，上报刑部，无一驳回。在安徽任布政使时，徐州、泗水一带两遭涝灾。显绪亲临灾区，拯救灾民，灾民称他“王青天”。显绪为人善良、俭朴。在安徽任时，一湖北籍官员请他吃饭，其中一菜为烹鸭掌，鲜脆可口。他听说此菜做法之后，毛骨悚然，说：“为口福如此伤生，我不忍也。”从此，坚决不吃此菜。

显绪政绩斐然，美声远播。清乾隆五十年(1785)春，他参加“千叟宴”，得到了“宠锡频颁，同时荣之”的奖赏。

显绪晚年致仕后，竟然清贫如洗。逝世后，竟为下葬资费所困，乡里、族里无不敬仰。朝廷诰授资政大夫正二品封典。

附《福山县志稿·宦迹·王显绪》

王显绪，字维章，柔子。少颖异，有至性，年十一居母丧，哭踊若成人。乾隆元年联捷成进士，授吏部额外主事。年方弱冠，崭然见头角。在铨曹十余年，力谢请托，声闻日著。丁卯，由考功司郎中擢贵州道监察御史，转江南道，巡视通州漕务。前后奏截漕诸大政，皆得旨允行。戊辰，大金州方用兵，建言：以番制番，莫若宣谕。金川毗连诸土司，使自统土兵，捣其巢穴，所得土地人民悉以赐之，解散其党，自当惧而改图。若仍负固，则乘其瓦解剿灭不难矣。奏入，特命军机大臣传示经略大学士斟酌行之。详载《金川方略》。壬申，充贵州典试官，所拔悉单寒士，时论称之。甲戌，以言事降补刑部主事。时刘统勋总部务委办秋谳，多所平反。俸满，出守广南府，地界边陲，番民杂处难治。显绪为政尚宽大，不矜苛细。境内沃壤多荒废，捐给籽粮，令开垦，野无旷土。乙酉，丁父艰，服阕，补甘肃平凉知府，召对称旨。时吏议改广南府以同知驻扎，力陈土流杂处，有非同知所能弹压者，特蒙允俞，温语奖励者再，敕仍以知府统辖之。己丑，擢甘肃肃州道，旋晋山西按察使，调补直隶，任秋曹将十年，一时有于张之目。案牍手自批阅，唯务平允，故秋谳报部，无一案遭饬驳者。未几，宅继母忧，终制，起安徽按察使，晋布政使。徐、泗等属两经灾赈，亲往履勘，赈贷兼施，全活以数万计。丁酉，以属吏罣误削职。昭雪后，复以刑部主事用。历员外郎、郎中、十八司之长，遇重谳，咸取决焉。壬寅，监宝源局事。乙巳春，预千叟宴，宠锡频颁，同时荣之。夏四月，以疾卒于官。

生平究心性命之学，惠廉坦易，三总臬事，三为部主事，弗见愠怒之色。自郡守至方伯，蹶而复起，悉由主知，特膺超擢。晚官京师，休沐之暇，究切心得，不及外事。薪米告匮，晏如也。扬历中外五十年，贫无以葬，其清介之操可想见矣！子六。庚长，仕至江西袁州府同知。著有诗文集各一卷。

王　棫

王棫(1718—1786)，原名枰，字凝斋，号有容，以父荫监生，举人。

棫以父荫入国子监读书，学习刻苦，成绩优异。清乾隆元年(1736)，参加丙辰恩科顺天府乡试，一举考取第一百五十四名举人，授官直隶临城县知县。

棫上任前，临城县盗贼猖獗，积案如山。他上任不足一月即清理完积案，遂又着手治理纲纪。他经常微服私访，抓准几股恶势力，摸清其背景和活动规律，该抓的抓，该判的判，很快使全县治安好转，人民安居乐业，百姓拍手称快。他在临城俸满，调任湖北天门县知县。

棫一到任，先调查水患产生之因，再研究根治之法。他带头捐俸银，乡贤僚属一齐响应。经修堤筑坝，疏通湾汉河道，改良土壤，改良稻、棉品种，水患减少，粮、棉连年丰收，百姓无不称颂。因不服水土，身染疾病，坚持至任满，即上书奏请辞官回乡。

返里后，棫广泛搜集文史资料，一心投入文学、文史创作。《福山县志稿》和《王氏家谱》均有其业绩记载，称他：“继起能文，著有《秋灯丛话》十八卷。文中所作皆福邑及至胶东轶闻、奇事，多所撮录，论者仿之唐宋名人，说部高尚”。所著《秋灯丛话》，深得时为军机大臣、礼部尚书纪昀推重。

棫辞世后，朝廷敕授七品文林郎封典。

王庆长

王庆长(1749—1791)，字积之，号南陔，举人。

庆长“敏而好学”，幼尊家训，奋发读书，苦心孤诣，少年即入生员。清乾隆三十六年(1771)，首次参加山东乡试，中辛卯科五十三名举人。清乾隆三十七年(1772)会试，中正榜，惜殿试不第，授内阁中书，用军机处行走，后升长沙同知，改工部屯田司主事，转营缮司员外郎、记名御史、琉璃窑监督、理街道厅制造车郎中、总理明十三陵工程监督、广东南韶连道道台，官至福建按察使。

闽省积案很多，庆长锐意厘清，阅卷常至深夜。闽地俗好械斗。发生案情，庆长差派要员，严饬各属，先事察访，严肃处治，恶劣风气得到遏制。曹江梁马家淹长期盗行猖獗，无人敢管。庆长为此亲临其地，晓之以理，民皆慑服，缚送首从，无一幸免，百姓称快。

在朝时，他与大学士刘墉相交甚密。因病致仕后，在家教育子侄读书。逢生日，刘墉特差人送贺联一副，上书“人生得一知己足矣，斯世当以同怀视之”，可见二人“情深至极也”。他于不惑之年早逝，年仅四十二岁。朝廷诰授正三品通议大夫封典。

附《福山县志稿·宦迹·王庆长》

王庆长，燕绪子。乾隆辛卯举人，登壬辰中正榜，以内阁中书用军机处行走，升长沙同知，改工部主事，转员外郎、记名御史。擢南韶连道，调高廉道，具折请训，有“汝祖父居官，操守甚好，汝当勉力效法”之谕。擢福建按察使。闽省积案填委，锐意厘清。阅案牍率至丙夜不休。俗好械斗，动成巨案。严饬各属，先事察访，刁风以息。晋江梁马家淹素积盗，亲莅其地，剀切谕之，民咸慑服。缚送首从，无幸免者。以疾卒于官。

王　杲

王杲(1711—1794)，字方旭，监生。

杲生于官宦人家，父与诸兄皆为官，久居于外，杲在籍综理家政。杲自幼嗜学，好诗文，知识广博，性格豪爽，并喜欢习武练功。清乾隆十一年(1746)，由监生入仕，授河工同知，次年又拣选东河效力。清乾隆十三年(1748)，借补上河通判，在任五年，又补曹单同知。清乾隆二十一年(1756)，选云南大理府知府，奏调永昌府知府。清乾隆二十九年(1764)，授广东雷琼道，因兄检巡抚广东回避，改广西右江道。清乾隆四十三年(1778)，补授浙江督粮道，调温处道。清乾隆四十七年(1782)，擢浙江按察使，逾年，内迁太常寺少卿。清乾隆五十年(1785)，乞休归里。清乾隆五十九年(1794)，卒于家。

杲有通敏之才，膺特达之知。历任期间，善修河防，身先士卒，声誉日起。易职辖地，或临海，或边陲，他都无所畏难，靖边氓，戢奸匪，料理军需，在南方的深山丛林中往来征战，履险如夷，很有军事才干。审理案件，公正不苟。德政惠民，屡蒙乾隆皇帝恩赐。致仕归里时，百姓“攀援不忍别赴送者动数十里不绝”。

杲热心公益事业，福山城东有夹河，民众往来，春涉水，冬踏冰，十分不便，他献俸修桥，置船，百姓称善。村内有些老人无人奉养，族人有些贫苦子弟无力读书，杲两次捐田百亩，建义房，设私塾，供养老人，贫苦孩子得以读书。杲先祖有古茔地 27 亩，择新茔地后，旧茔地闲置。时牟城十几个村土地不够税粮，他将 27 亩地捐出，以补税粮之用，村民立石颂德。

杲酷爱藏书，春秋佳日，常聚集文友，咏诗唱和。著有《小太常集》《秋灯丛话》(为兄弟合作)等。

附《福山县志稿·宦迹·王杲》

王杲，字方旭，溶五子。溶子六人，兄弟竞爽。杲幼而歧嶷，性尤豪迈。好诗、古文、词，便弓马。父与诸兄久宦于外，杲少长在籍，综理家政，暇则读书不辍。年三十有四，以乾隆十一年援例由监生纳河工同知。十二年，拣选东河效力。十三年，借补上河通判，调洳河通判。十八年，补曹单同知。二十一年，选云南大理府知府，奏调永昌府知府。旋开缺，以道员补用，请假归里。二十九年，授广东雷琼道，以兄检巡抚广东回避，改广西右江道，因病乞假，归里调养。四十三年，病痊，赴部引见，奉旨：补授浙江督粮道，调温处道。四十七年，擢按察使。逾年，内迁太常寺少卿。五十年十一月，以左股疾痛、步履维艰具折，乞休旋里。年八十三，以五十九年四月卒于家，葬栖霞县高格庄南原。

杲有通敏之材，膺特达之知，扬历有年，职守无缺，屡荷温纶，频邀赏赉。生平首任河防，两守剧郡，似非少年可初试。杲乃善修防，厉表率，声誉日起，迁擢弗稽。及其任监司大员，所辖地方，或隔溟渤，或临边徼，此又老于吏事者所惮。杲乃靖边氓，戢奸匪，军需搘挡，蛮箐往来，履险如夷，有武干焉。清案牍，课农桑，谳讯精明，一本慈惠，多所平反，吏畏民怀。去之日，攀援不忍别赴送者动数十里不绝，有惠政焉。内擢卿寺，高年襄事，夙夜敬恭，迄无陨越，婴疾告休，奉身引退，有亮节焉。

其宦游四方，无时不以宗族生理为念。先后养疴家居，或五六年，或九十年，创诸善举，不可缕数。念旧日祖居宗支荡析，乃重整基址，建家祠三，岁时伏腊，率合族会食其中，以妥先灵。念族姓浩繁，鳏寡茕独多不举火者，两次捐置泉水淀庄田千有一百余亩，准宋范文正公家范，酌定规条，按季支放赒济。其生有不能婚嫁、丧葬与学子无力应试者，以时随事资助。三十年中，岁或荒歉，族人赖以无困。河北村向有族众隙地一区，备价购买，创立义房，宅族人之露处者；中设义塾，集贫族子弟，延乡先生教督之，修脯取诸义田。念先茔在牟城社，岁输钱粮，其社差多以为累，乃捐茔畔私田二十七亩零为津贴费。牟城十八村人德之，立石纪事。念邑之清洋大沽二河徒涉者苦，为置田若干亩，畜水手数人，冬则桥，夏则舟楫，行人安稳。每岁底，积有余粮，必招里中贫病老羸者，施以守岁。既而，数十里外闻风偕来，乃周恤如一。又虑其事之久而将废也，文诸碑碣，书之牌匾；恐其后之涉讼也，立案县官，详之邑乘。在官，恩遇之隆内外，召对凡十数次，敷奏皆称旨。四十五年，任温处道，值圣驾南巡，恭迎銮舆，蒙笔墨、文绮之赐。四十七年，任浙江按察使，恭逢万寿，随班祝嘏，蒙恩与戏宴之赐。五十年，任太常寺少卿，预千叟宴，蒙宸翰之颁及玉如意、朝珠、藤杖、衣料之赐。

著作之美，诗法宗盛唐，古文出入唐宋诸大家，尤嗜苏长公。当兄检翰林中，年里居，弟棫继起能文，每春秋佳日，觞咏闲作，即事命题，埙篪唱和，怡怡如也。平素不自表暴，有奏议、诗、古文若干首藏于家。棫原名枰，字凝斋，以父荫监生，举乾隆丙辰恩科顺天乡试，历直隶临城、湖北当阳天门县知县，所至有廉能声。长于文笔，著有《秋灯丛话》十八卷，轶闻遗事多所撮录，论者方之唐宋名人，说部高品，尚书纪昀、胡高望亟称之。杲子文绪，县学生，官至东河商虞同知。

王燕绪

王燕绪（1730—1800），号治堂，检二子，澔之孙。

清乾隆十二年（1747），17 岁即中第五十七名举人。翌年，会试不第。清乾隆十九年（1754），会试中正榜，授内阁中书、军机处章京。清乾隆二十五年（1760），再次参加庚辰科会试，中式。殿试，中二甲第二名进士，总第五名。燕绪是福山有史以来殿试进士中成绩最高之人。朝考后，入选庶吉士，三年散馆朝考一等，授翰林院编修，旋又授日讲起居注官。清乾隆二十七年（1762），出任陕西乡试副主考。其选拔士子，皆为真才实学者，受到乾隆帝褒奖。次年，又任癸未会试同考官、左春坊左中允教习、翰林院侍读以及文渊阁校理等职，从三品。

清嘉庆元年（1796），获参加“千叟宴”之殊荣。逝世后，诰授中宪大夫，后又以子庆长贵晋封通议大夫，福建按察使衔封典，正三品官阶入葬。享年 71 岁。妻，掖县张氏，诰封三品淑人。生子四：庆长、绶长、龄长、颐长。著有《积翠堂集》。

附《福山县志稿·官迹·王燕绪》

王燕绪，检子，丁卯举人，甲戌登中正榜，以内阁中书用军机处章京。庚辰，成进士，翰林院编修，充日讲起居注官。壬午，陕西乡试副考官。癸未会试，乙酉、辛卯顺天乡试同考官。右春坊右赞善,左春坊左中允教习、庶吉士。《四库全书》蒇事,赐筵文渊阁。时父检司总校,燕绪分检,俱荷优叙。升翰林院侍读,充文渊阁校理。嘉庆元年,预千叟宴,以子庆长封通议大夫。

王衍绪

王衍绪(1719—1804),原名昌绪,举人。

衍绪出身官宦人家,书香门第,自幼聪颖好学,勤奋读书。清乾隆三年(1738),戊午科顺天乡试中第二百十一名举人,授内阁中书,选南安同知。

辖地陋习,死者停柩不葬,经衍绪说服,得以改变。境内出现匪徒,衍绪得知后,半夜驾轻舟,出其不意,将其抓获,人惊以为圣。后辖地遭灾,民不聊生,衍绪赴省,奏陈民情,得邀赈恤,灾民得救。调任直隶大名府知府,教匪倡乱,全郡纷扰。衍绪出重赏,捕捉邪匪,且操练士卒,以备不测,民心始得安定。

清嘉庆元年(1796),预千叟宴,戊午,又重宴鹿鸣。帝以其孙兆琛之功,赠荣禄大夫。

附《福山县志稿·宦迹·王衍绪》

王衍绪,从绳子,原名昌绪。戊午领乡荐,授内阁中书,选南安同知。

南安陋习,死者停柩不葬。谆谆告诫,数日内积棺一空。大庾有村曰小米陇,多盗。衍绪夜半驾轻舟,出其不意擒之,人惊以为圣。

丙午,江西乡试同考官,升宣化知府。值岁祲,乃单骑赴省,具陈小民流离状,上官据情入告,得邀赈恤,全活无算。调大名,时教匪倡乱。之后,一郡扰攘。乃出重赏购捕邪匪,操练士卒,以备不虞,人心始定。

嘉庆元年,预千叟宴。戊午,重宴鹿鸣。以孙兆琛赠荣禄大夫。

王令绪

王令绪(生卒年不详),字淑子,举人。

令绪自幼习书读经,得其伯父按察使柔恩荫,受监生,朂学能文,出类拔萃。清乾隆十五年(1750),庚午科顺天乡试中第一百四十五名举人,授官贵州铜仁府松桃理苗同知、黎平府同知。令绪为官清廉,颇有吏声。

王广绪

王广绪(生卒年不详),字德心,号致亭,举人。祖父湝,父从绳。

广绪生于书香门第,少年刻苦读书,昼耕夜诵。性警悟,有才干,弱冠博得庠生学衔,可谓少年得志。清乾隆二十五年(1760),庚辰恩科乡试考取第二十六名举人,授官云南按板井盐课大使,候选知县。

广绪所辖地区,自西汉以来即为产盐重地,各盐场和批盐所每年都按朝廷规定上缴盐税。他一到任,即鼓励扩大生产,修桥筑路,广开销售渠道,使盐民与朝廷均获增收。在任十几年,年迈致仕,告老还乡。

广绪是福山有名的孝子,"入则孝顺,出则悌"。他常给子孙讲孔融让梨和黄香为父母温席等故事,并自撰家训楹联挂于堂上:孔融让梨,少小深知尊长理;黄香温席,幼年省识孝亲心。

王希旦

王希旦(生卒年不详),字炳东,号仪园。

希旦少年"积学能文",以庠序中式。清乾隆十七年(1752),壬申恩科中经元。清乾隆十九年(1754),参加甲戌科会试、殿试,考中三甲第四名,赐进士出身。授官山东沂州府学教授。在任期间,希旦"下车即修右军祠堂",同时,捐俸修缮义学,赈济贫困学生,解决师资问题。在发起修建"义学堂"时,希旦先选中了赵姓贡生,交流了办学的想法和困难。赵贡生携弟子管学、教学,希旦负责建学堂。希旦会同知州,把各财主请来,要求有钱出钱,有力出力,为沂州百姓慷慨解囊。财主们哭穷不捐。希旦当即点出王子善暗贩私盐违法之事,王见势不妙,先表示捐300两,又表示捐500两。其他财主见风驶舵,一齐响应,捐银共计3000两,义学堂建成。

希旦倡导建立沂州书院，聘请仕进士为山长，自己到书院亲授课程，整个沂州学风为之一新，众学子对其感恩戴德。希旦呕心沥血培养人才，终因长期辛劳，积劳成疾，猝死于任所，众士子有口皆碑。朝廷例授文林郎。

附《福山县志稿·宦迹·王希旦》

王希旦，孙夼社古现村人，积学能文。乾隆甲戌进士，沂州教授。下车即修右军祠、义学。捐俸赈贫生，士怀其德。卒于任所。

王善垲

王善垲（1733—1809），字金田，号密思，又号兰堂。积光三子，栊之孙，累官至知府。

善垲幼怀壮志，昼耕夜读，儿时文誉颇负盛名。清乾隆三十五年（1770），久经科考坎坷，终于考中庚寅乡试副榜，是年 37 岁。清乾隆三十九年（1774），参加顺天乡试，中第三十七名举人，候选教职。清乾隆四十九年（1784），中甲辰科三甲第六十九名进士，授礼部仪制司主事。三年后，又迁升铸印局员外郎。越三年，又迁刑部安徽司、贵州司郎中。任间，所巡查案件，一丝不苟，躬亲审理，赢得公允的好名声。清嘉庆元年（1796），出任丙辰会试同考官。会试结束后，外转升为云南省澄江府知府，俸满又调任普洱府知府。普洱为纳西、汉、白、彝、苗、回、藏、壮等民族杂居地，他与少数民族水乳交融，休戚与共，为民族团结、融合而披肝沥胆，使这里“扶绥安辑”，各民族安居乐业。他长期积劳成疾，加之水土不服，患有严重风湿病，终因当地医生回天乏术，猝死于府衙，以身殉职，当地百姓无不怀念。儿子余枚、余淦二人前往云南运其灵柩时，当地少数民族用隆重的迎送礼节，将他们送出普洱百余里。为表彰他的精神，朝廷诰授五品奉政大夫，后又因其子余枚贵，例授从四品朝议大夫封典。著有《贻后庸言》《啸岩草》一卷、《金田诗草》一卷。

附《福山县志稿·宦迹·王善垲》

王善垲，字金田，父积光。雍正（1735）乙卯拔贡生，有诗名，尤工制艺。在京师时，与巨野邹丽中等为文课，一时有八家之目。以武英殿校录议叙任禹城县教谕。善垲乾隆甲辰进士，由刑部郎中任云南普洱、澄江知府。云南去京师七千里，民猺杂处，最称难治。抚绥安辑，悉得其当，故所至民皆怀之。子余枚，嘉庆甲子解元，有文名。

王景绪

王景绪（1740—1812），字星瑞，举人。

景绪聪颖过人，幼受家训，酷爱读书，矢志不移，立志成才，少年即入生员。清乾隆三十年（1765），乙酉科山东乡试中第四十二名举人。历任福建永春、直隶州州同，补大田县知县。清乾隆四十四年（1779），任恩科乡试同考官。清乾隆四十八年（1783），任乡试同考官，云南鹤庆、镇雄等州知州。诰授奉直大夫，貤封通奉大夫，四川布政使加一品。所任之地，均有政绩。

景绪通经术，擅长诗赋。著有《周易遗筌》《曜圃诗集》等。

附《福山县志稿·文苑·王景绪》

王景绪，字星瑞，从绳子。乾隆乙酉举人。历任福建永春、直隶州州同，大田县知县，云南鹤庆、镇雄等州知州，所至有声。景绪通经术，擅诗赋，著有《周易遗筌》及《曜圃诗集》各若干卷。张鹏展《山左诗续抄》集内诗既入选，并详述及之。子三：允长、嗣长，均庠生；森长，进士，仕至陕西蒲城县知县。

王善壁

王善壁（生卒年不详），字奎东，号乙峰。栊之孙，积泰之子。

善壁少年苦读，有过目成诵之誉。《王氏家谱》载：善壁“童子试，名列前茅”。清嘉庆六年（1801），顺天府乡试中第六十五名举人。翌年，会试不第，回乡苦读。清嘉庆二十四年（1819），己卯恩科高中三甲第七十九名进士，授广东省翁源县知县。越三年，迁和平县知县。

善壁为人淳厚，居官廉洁。到和平县时，他见此地奸商横行乡里，便有心予以治理。一日，微服私访到一家当铺前,遇一穷秀才因病手头拮据,来当旧衣服,以解燃眉之急。当铺掌柜姓胡名福仁,人却称其为“胡不仁”,是个出了名的欺哄诈骗之奸商。秀才送上包裹,众朝奉(当铺管事人)打开一看,虽说衣服穿过,但也算体面,问秀才要当多少银子。秀才诉说自己有病无钱医治,哀求多当些银子。众朝奉听后动了恻隐之心。这时,胡掌柜从银房出来,斥曰破衣烂衫,以无利可图拒当,并将衣服推出柜面,落于地上。一直站在旁边观看的善壁见状,便叫胡掌柜取纸笔过来。胡掌柜本想拒之,可仔细思忖后,觉得此人恐怕有些来头,便走出柜台,欲迎善壁进去。善壁摆摆手,站在柜旁八仙桌前,取过送上的宣纸,挥起大笔,写出一个极大的“当”字,并落款曰“山东福山王善壁奎东题。”胡掌柜当场被这漂亮遒劲的“当”字震惊了,再仔细看落款,方知是新上任的知县大老爷,吓得连忙跪下磕头,并叫朝奉拿出二百两银子向县太爷巴结讨好。善壁不屑一顾,问秀才需多少银子看病,秀才狠劲喊出五两。善壁命“胡不仁”取十两银子,让秀才赶紧去抓药治病,随后带着“当”字换来的当票离去。

事后,“胡不仁”叫人将“当”字装裱一番,悬挂于铺壁上,且心中暗庆自己因祸得福,十两银子就让县太爷赐给一个大大的“当”字,多壮门面!这可是千金难求的美事。可他万没想到,过了数日,善壁就差师爷带着十两银子前来赎字而回,“胡不仁”从此收敛多了。县太爷自写自当、扶危济困之举,在和平县传为美谈。

清道光五年(1825),善壁任广东乙酉乡试官,唯才是举。

晚年归故里后,教育本族子弟读书,“一时诸名流出其门下”。故世后,朝廷诰封文林郎。

附《福山县志稿·宦迹·王善壁》

王善壁,字奎东,孙夼社古现村人。嘉庆己卯进士,广东和平知县。居官清廉,宰治有方。除陋规,重刑恤,讼事不羁滞,不株连,有古循吏风。归里后,裁成后学,善诱循循,一时诸名流多出其门下云。

王善至

王善至(生卒年不详),字元长,举人。

善至父积熙,祖父梭,出身书香门第,自幼聪慧好学,才识渊博。清乾隆三十三年(1768),赴济南参加戊子科山东乡试,中第三十八名举人,官至海丰县教谕,候选知县。

初到海丰,生员们相聚欢迎他,寒暄之后,有个资历颇深的贡生表面客气,却挖空心思发难道:“学正大人,学生们皆盼您前来教诲,想必来日必有登乙榜捷音。”善至一听,知其来者不善,随即笑答道:“师傅领进门,修行在个人。书山有路勤为径,学海无涯苦作舟。”众生员一听,个个点头赞叹。随后即着手实施他在海丰县的教育改革方略,为当地培养了大批人才。

善至自幼喜欢书法艺术,习书如饥似渴,如醉如痴,一生笔耕不辍,其书法在福邑享有盛名,篆隶真行无一不精,天资高而学力到,笔法流利,字迹源深,神采飞扬,又温淳典雅,点画顾盼,笔笔认真而不失度。小字亦是体精笔畅,精雅之至。亲邻们送他个雅号:书痴!他说:“书之佳作,书文谐合,词翰兼优。学书有道,惟勤惟悟。勤能补拙,悟则生灵,学书循此道,书法必能俊逸秀挺,用笔圆转妍美,姿态变幻,流光溢彩,文雅而传情也。”

王善宝

王善宝(生卒年不详),原名善埙,字叔如,号砎干,积熙之三子。

善宝生于书香门第,从小养成勤学苦读习惯,自幼攻读《四书》《五经》,每天都是从晨光微露一直读到暮色朦胧,把必读书都背得滚瓜烂熟。自家的书读熟了,就到处借读,按时归还。冬天,手指冻得不能屈伸,夏季,蚊子叮咬浑身发痒,他仍以“头悬梁,锥刺股”的毅力和精神读书不辍。他每读一篇,都用本子记下心得体会,记下每个疑难问题,随时请教老师和前辈,直至弄懂弄通,再记到笔记本上,经常翻翻看看,温故知新。数十年后,笔记本摞到三尺多高。族人皆称他“书痴”

"书迷"。清乾隆四十二年(1777),参加丁酉科会试,中亚元,授官山东莱芜县训导,候选知县。

他在莱芜任训导时,端正学风,资助贫寒学子,鼓励他们勤奋刻苦读书。他还带头捐俸,倡修莱芜书院,聘请饱学之士到书院讲学,使莱芜学风大振,人才辈出。

善宝能诗善文,有《云峰晚秀》诗传世。

逝后,朝廷敕授正八品修职郎封典。

王善培

王善培(生卒年不详),字因笃,举人,后迁今烟台市福山区回里镇旺远王村。

善培天资聪颖,幼好诗词,博览群书,少年即入县学。《王氏家谱》载:善培"乾隆四十五年(1780)中副榜"。

可是,善培在乡试中连续受挫,他苦恼之至,便决定另谋出路,决心到京城投靠本族亲人,换个好的学习环境,寻求名师栽培。在本家的理解和帮助下,经名师的精心教诲,清乾隆五十一年(1786),参加丙午科顺天府乡试,得中第三名举人,授官山东陵县教谕,候选知县。

善培一到任,首先考察书院,聘请有真才实学之师讲学,为陵县培育了一大批人才。

善培一生痴迷诗词创作,赞颂家乡的代表作《迷鸡山》县志有载。

王余芊

王余芊,字玉泉,后移居旺原村(编者按:今烟台市福山区回里镇旺远村)。父善宝,擅著作,能诗文,著有《易纂》四卷、《离骚经逆志》一卷、《煨芋岩居诗文集》一卷。

余芊天资颖异,年十余入邑庠,文名籍甚。举艺而外,一切词章无不精工,甫冠即著有《四香阁集》三十卷。时伯叔昆弟以文学致科第列黉序者不下二十余人,无不啧啧称美。时人为之语曰:"敻矣!四香阁,高乎!不可攀。"乃年未三十即卒,士林惜之。弟余英,嘉庆己巳进士,亦负文名,为之梓其集行世(《福山县志稿·文苑·王余芊》)。

王余英

王余英(1767—1819),字在成,一字怀仁,号菊潭,后移居旺远村(今烟台市福山区回里镇),父善宝。

余英"秀外慧中",幼遵父教,勤奋读书。20岁即考入邑庠。清嘉庆五年(1800),32岁考中恩科第三十九名举人。此后会试不畅,久困春闱9年,三次名落孙山不自馁,继续努力。清嘉庆十四年(1809),第四次晋京应试己巳恩科,一举高中三甲第九十五名进士,朝考二等,分发湖南宁乡县知县。

余英"下车即以教化为己任",敢于为民请命。宁乡有一民妇黄氏,年幼许配罗家为媳,不料罗家儿子外出做买卖染病身亡。黄氏便与罗家儿子牌位成亲,一心伺候公婆。后怕罗家断了香火,便从尼姑庵里抱回一男孩,抚养成人。后来孩子长大中了举人,要求为母亲旌表,但前任知县因黄氏到尼姑庵领子,怕有闲言碎语,不予办理。余英力排众议,并亲自作文,请求礼部旌表节妇。礼部照准,宁乡人皆称其敢为民请命。

秉公断案,为平民做主,弘扬正气,是其为官懿德。一乡下老农抓了只大芦花鸡进城叫卖,因满街拥挤,无处立摊,只好将鸡放在一家米店门口叫卖。老农一不留神,缚鸡的稻草被挣断,芦花鸡飞进米行,米行老板将鸡捉住。老农忙上前道不是。老板却要将鸡烧汤下酒。老农哀求老板将鸡还给他。老板却说:"鸡是你的,你叫它,它答应吗?"老农急得老泪纵横。此情此景,被在此地巡视的余英看了个一清二楚,于是,命衙役将老板等一起带到衙门。大堂上,余英问老板道:"你说鸡是你的,那你的鸡吃的是什么?"老板道是谷米。他又问老农,老农道吃的是糠和菜。问过双方后,余英令衙役杀鸡,剖开嗉子验看,结果嗉子里全是糠和菜。余英将鸡归还给老农,并责罚老板,令其赔鸡钱给老农,在场百姓无不拍手称快。

清嘉庆十九年(1814),余英在宁乡俸满,又迁任湖南善化县知县。到任后，他看到岳麓书院年久失修，便一边上报礼部筹银两，一边带头捐俸，将岳麓书院修缮一新，并扩建校舍与讲堂。他经常在岳麓书院讲学，“寒暑无间，有鸣琴之风”。因提倡“以文章饬吏治”“文章朴素有物”而著称。在善化因文采不同凡响，先后于清嘉庆十八年(1813)、清嘉庆二十一年(1816)出任癸酉、丙子两科湖南乡试同考官，推举人才，皆为真才实学者，享有“慧眼方师”之称。

清嘉庆二十四年(1819)，因长期水土不服，积劳成疾，病逝于任上。其儿执宜、执慎去长沙运其灵柩时，善化百姓、岳麓书院学子等纷纷为其路祭送行，其场面感天动地。朝廷例授从六品文林郎。著有《四书求是》《镜山草堂四书文》《镜山草堂诗集》等留世。

附《福山县志稿·宦迹·王余英》

王余英，号菊潭。嘉庆己巳进士，湖南宁乡知县。下车即以教化为己任，首请旌表黄氏节妇。以文章饬吏治，所著有《四书求是》。日聚诸生讲习，其中寒暑无间，有鸣琴之风焉。从弟余晋，字迪上，戊辰进士，陕西蒲城县知县。余师，字求之，己巳进士，任直隶宁津知县，均有政声。

王余菖

王余菖(生卒年不详)，字茂方，号缃夫，举人。

余菖自幼养成好学习惯，嗜书如命，手不释卷。在私塾读书时，尊师教，尽心听讲，课后仔细琢磨，加深记忆和理解。清乾隆四十二年(1777)，丁酉科获拔贡。清乾隆五十四年(1789)，乙酉恩科(这一年是乾隆80大寿)顺天乡试考中解元(第一名举人)。清乾隆五十五年(1790)，参加庚戌会试中正榜第二名，授官山东武宁(今山东惠民)府试用教授，后又任学正。在任三年，因他督学有政绩，擢升为顺天府香河县知县。任满，任直隶迁安县知县。任满，又先后迁任湖北武昌县、谷城县、钟祥县知县。

在各任所，余菖恪尽职守，尽职尽责，声名远播。

致仕后，归里颐养天年，教育后代。其长子厚庆中进士，官至浙江台州府知府。得子贵，逝后诰授从四品朝议大夫，云南澄江府知府封典。

王厚庆

王厚庆(1772—1826)，字谷以，又字幼海。余菖长子，善基之孙。

厚庆幼年好学，博览群书。清嘉庆三年(1798)，考取戊午科顺天乡试第二十四名举人。清嘉庆六年(1801)，辛酉恩科中三甲七十七名进士，授官内阁中书、军机处章京(行走)。三年后清嘉庆十三年(1808)，调任宗人府经历主事。清嘉庆十九年(1814)，擢升刑部直隶司员外郎，旋又迁升江西司郎中。清嘉庆二十五年(1820)，外放云南省澄江府知府。任间，恪尽职守，勤政为民。俸满，先后又迁任浙江台州府知府、浙江候补道，旋擢宁波、绍兴、台州兵备道。

厚庆到台州后，遇到天台武举人夏鲸仗势霸占穷人江家山场和祖坟之事，便带领衙役前往访查。经了解，得知现有墓碑是新换的，原碑被扔进水潭里，衙役找碑未捞出。第二天，厚庆邀夏鲸游山过潭时问：“此水源自何处?”又说：“这华山顶难解解元之渴”，到坟前又说：“怎不见解元叩拜?”夏鲸发觉势头不对，便朝坟磕头。厚庆又说：“本官还有一首诗：处处青山有主人，山中草木即金银。新碑高岗坟前立，旧石大潭水底沉。十里鲸吞千里马，百年人有万年心。可怜最是解元公，跪向江郎认父亲。”吟毕，喝令衙役将解元押至潭前，捞出江家墓碑，解元低头认罪，还回所占江家山林墓地。

厚庆居官清直，善断狱，“秉公而行，不稍假借”。晚年，因长期居住沿海，又加之水土不服，体力不支，感染岚瘴症，不久病逝于道衙内。逝后，朝廷诰授四品中宪大夫。云南澄江、浙江台州、宁波皆建生祠纪念其业绩。生前在京都纂修《嘉庆会典》，笔惊文坛。著有《幼海文稿》一卷、《萯山房诗抄》多卷。

附《福山县志稿·宦迹·王厚庆》

王厚庆,字幼海。父余菖,乾隆已酉科解元。庚戌中正榜,湖北钟祥知县。强项不阿,政声卓著。厚庆,嘉庆辛酉成进士,授内阁中书、军机处章京。擢宗人府主事、刑部员外郎、澄江东川知府。居官廉直,善断狱。在都修《嘉庆会典》,任提调官,与同人参校纂辑,秉公而行,不稍假借。

王兆琦

王兆琦(1783—1829),原名用中,字仲玉,号隶亭,举人。祖父景绪,父允长,福山文化名人,有《滇南诗集》传世。

兆琦与其弟兆琛少年聪慧,勤奋读书,出类拔萃。童子试就与弟名噪登州。清嘉庆十二年(1807),丁卯科顺天乡试,兆琦中第四名举人,兆琛中第五名举人,兄弟二人一榜同中经魁。

随后十年,兆琦在大挑中考取右翼宗学教习,教育皇亲子弟多年,俸满,擢任山东德州学正。到任后,他倡教化,修书院,督府学,使书院人气兴旺,学风大盛,人才辈出。

兆琦一生嗜读诗词,笔耕不辍,有《登积金山》诗传世。

清道光九年(1829),积劳成疾,不幸逝于州学。朝廷敕授七品文林郎封典。

王德瑛

王德瑛(1774—1832),原名璠,字念池,一字莲墅,号玉堂。希旦曾孙。父介锡,字鲍南,诰封奉直大夫,河南扶沟县知县。

德瑛少年聪颖,以品学兼优补博士弟子员,使福邑学子刮目相看。清嘉庆十二年(1807),33岁的德瑛赴丁卯科乡试,考取第六名举人。清嘉庆十九年(1814),应甲戌科会试,高中三甲第四十名进士,授河南扶沟县知县。任满,迁往舞阳县任知县。舞阳县洪河穿境而过,常因洪河泛滥而受灾。初任知县的德瑛,这年两遇水灾。为拯救灾民,他步行赴省说服巡抚开仓救灾,使得万余名灾民得以活命,并得上宪调济万金带回,帮助灾民生产自救。为治理水患,造福百姓,他首倡捐献俸银,在县内集资治理洪河。他借鉴四川都江堰治水法,用高粱秸加竹子编成长笼筑槎。在此基础上,在洪河开凿水渠,筑起鱼嘴分水之堤,治理洪河开口,大获成功。同时,他还利用洪河在全县开凿水渠,实施农田灌溉,使舞阳境粮食连年丰收,百姓无不感恩戴德。

德瑛在舞阳任满,又迁安阳任知县。有一天,德瑛到林州镇巡视,时值盛夏,中暑倒于马背,被衙役们扶到树下。一老农手指近处甘泉可取水救命,看泉人要钱,连喝3小桶,花了几十两银子,实在贵得出奇。经德瑛查访,知是蒋忠仗着叔父为知府之势,强行霸占了白家的家院和甘泉井。白峰与妻被逼死,其子白溪9岁,被卖之异乡。白峰生前在院培育多种名贵花,又打出甘泉,任村民取之饮用。蒋忠霸占后,每年收入几千两银子。德瑛又查明井内有"白家井"刻石及邻里证据。德瑛正准备为民作主,恰逢开封府蒋知府抵安阳巡视,并告知家中尚有一侄蒋忠,"请王知县多关照,不过,若是干了坏事绝不姑息"。德瑛将民告蒋忠霸占白家家产事奏明。知府说:"只要有真凭实据,一定要严惩。"德瑛升堂,按程序审理,把白溪领到井旁,挖出"白家井"刻石,真相大白天下,知府哑口无言,拂袖而去。蒋忠受到严惩。白溪回到自家,拆去围墙,让村民自由饮用甘泉。文人将此事编剧、著书传扬后世。

《王氏家谱》载:"官声为豫省第一,到处有颂碑。"德瑛在为其母守制期间,服阙前,拿出家蓄千金,按亲疏分散,并手持乡党本家借贷簿约,一把火将其焚毁,曰:"留此据使后人索债,是以助之者窘之也。"

清道光十一年(1831),德瑛出任河南乡试同考官,为豫省尽心尽力简拔人才。翌年,朝廷擢他从五品衔出任开封知县,他即刻打点行装赴任,不幸猝死于赴任途中。当他两个儿子扶柩返里时,当地百姓哭送四十余里,村民"迎以肩舆而行,近村哭声不绝于路"。故世后,朝廷因其以身殉职,诰封正五品奉直大夫。著述甚多,均载《艺文志》。清道光六年(1826)为《解氏家谱》作序。

附《福山县志稿·宦迹·王德瑛》

王德瑛，字莲墅，孙夼社古现村人。嘉庆甲戌成进士，历任河南扶沟、舞阳、安阳县知县。临治宽大，理讼平允，拔俊才，恤孤贫，完国税无苛求，遇差遣无派累。三任县宰，所至有政声。道光辛卯、壬辰河南同考官。著述甚多，均载《艺文志》。

王森长

王森长（1771—1846），原名绥长，字怡庭，号松涛。祖父从绳，父景绪。

森长出身于官宦世家，祖父、父亲皆为同朝翰林。他少年读书孜孜不倦，童子试就崭露头角，清嘉庆六年（1801），乡试中第四十三名举人。接下来会试不畅，苦读十八年，几经科场，终在清嘉庆二十四年（1819）己卯科，考取三甲第一百一十六名进士，授山东丰县（今山东无棣县）教谕，旋又授陕西省凤翔县知县。

到任后，森长先拜访当地乡贤士绅，仔细了解本地民情民风。每年春天，他亲率兵民植树种草，改善生态环境，以牧养民，为百姓造福，深得百姓拥戴。三年任满，又迁任陕西蒲城知县。在任期间，一年汛季连续下了几天大雨，渭洛河水猛涨，漫过两岸粮田。森长不顾暴雨流急，组织全县民众筑堤防水。他带着蒲城一班人，冒雨向州衙奔去。来到州衙，却发现空无一人，他以为知州关琦到治水前沿去了，迅即组织人马筑堤。当他们来到同州与蒲城交界处，却发现关琦正指挥着人往船上装金银财宝，准备逃离。森长派人拦住关知州，请求他迅速召集两县四乡人快来筑堤，可他根本不听，一边命人继续装船，一边命衙役听信邪说，将官印抛入河中（这样可以让水神认为州城已淹到水底，可以将水退去）。森长见此荒唐可笑之举，再三劝阻无果，只好带民众筑堤去。事后，森长联络四乡士绅和民众向知府秉明此事，知府申报朝廷，将关知州革职下狱。知州暂由森长接替。

森长任满后，当地官员和百姓恳求巡抚挽留他一任。他返故里时，蒲城百姓带着黄米糕、炸豆奶、大枣、鸡蛋等，结队送他出州境。清道光二十六年（1846）病逝。朝廷诰授六品承德郎。

王绥长

王绥长（生卒年不详），字紫，号蓉洲，举人。

绥长生于官宦人家，书香门第。祖父检、伯父启绪、父亲燕绪皆为进士、翰林。受家庭熏陶，自幼以先辈为榜样，好学上进，刻苦读书，出类拔萃，学有所成。清乾隆五十一年（1786），与本家善培一起参加丙午科顺天府乡试，主考官向皇帝奏明考生中有检之孙、燕绪之子时，即“钦赐一体会试”。会试结束，绥长被“钦赐举人”，官至兖州府四氏学（孔、孟、颜、曾）教授，为福山第一个获此殊荣之人。

在任多年，亲登讲坛授课，为当地培养了大批人才。

王余晋

王余晋（1765—1848），原名余芬，字迪上，号芸村，后移居旺远区（今烟台市福山区回里镇）旺远村。祖父积熙，父善在。

余晋于清嘉庆九年（1804）中甲子科顺天府第五十三名举人。清嘉庆十三年（1808），考中戊辰科三甲第五十七名进士，授国史馆誊录。期满，外放陕西蒲城县知县。在任时，“恪尽职守，清廉有声”。届满，迁满城县知县。任满，又擢升为陕西省定远厅同知。定远有一条官渠，百姓常为争水而殴斗。余晋经数天巡视、思考，提出按亩收费办法，改变了富人用水不拿钱，穷人拿钱无水浇田局面。他调拨粮款，调动工匠，固水坝，疏水渠，修闸门，挖新渠，定堰规，刻于石上，立于堰旁，从此再无争斗。

定远位于秦岭与大巴山和夹于两山之间的汉水谷地，当地农民因赋税杂多而逃往四川与汉中边界。于是余晋就利用公田为农民减轻地税，招抚流民安居。同时，鼓励开垦田地，而使定远成为汉中富庶之地。

清嘉庆十八年（1813）、清嘉庆二十四年（1819），余晋先后两次任癸酉、乙卯两科陕甘两省乡试同考官。他推荐人才不拘一格，为陕甘选拔了不少饱学之士，博得了极好的官声。他为人耿直，厌恶官场上的尔虞我诈，遇事不愿曲意奉承。晚年迁任山东兖州府教授，传授孔孟圣学，从“四门学”学子中选拔出不少可用之才，除科举外，选送到国子监深造者为历来之最。

晚年，以诗赋自娱善终。朝廷例授从五品奉直大夫。著有《静香移屋试帖》《静香移屋诗集》多卷传世。

王余师

王余师（1771—1848），字求之，又字宗范，号微村，后移居旺原村（今烟台市福山区回里镇旺远村）。祖父积熙，父善在。

余师少年俊才，21 岁县试入郡庠，成绩屡屡第一。清嘉庆五年（1800），中庚申恩科第二十九名举人，授觉罗教习官。清嘉庆十四年（1809），余师离职应试恩科，一举高中二甲第八十六名进士，朝考二等，授官直隶（今河北省）宁津县知县。

到任后，他经常扮成青衣小帽的教书先生，到大小茶楼、饭庄和百姓交谈，听他们议论县里的事，并将一些欺压百姓的官吏名字一一记在心中。一月后，他开始理事，凡是前任知县的错案一一纠正，百姓无不称快。有一天，前衙鼓声大震，即升堂理案。原告喊冤：“小民尹任天，本县人氏，今天上午同弟弟推粮路过城西关时，刘家庄刘世雄持刀将弟弟砍伤，把粮抢走，请青天大老爷为小民做主。”未传，刘世雄主动到堂，余师问：“你知罪吗？”刘世雄说：“尹任天之弟是尹任天砍伤。”余师心想：哪有兄砍亲弟之理？正要对刘动刑，刘说：“都说大人是个清官，原来你也只听一面之词，是个糊涂官，枉读了圣贤书。”听到这里，他当即休庭，遍查案卷，出访刘家庄，查明是尹任天要杀害其瘸腿、哑巴弟弟，反行诬告，企图一箭双雕。又查明尹任天一贯横行乡里，因刘世雄多次申诉便怀恨在心，故演此“剧”。余师升堂，道：“尹任天，你杀人诬告，罪上加罪，还不从实招来。”尹任天见知情者均在场，只得低头认罪伏法。百姓称余师是“明镜高悬”的好官。

余师因心直口快，不愿奉承上司而遭忌恨。俸满，调任山东莱州府教授，主持教育，培养人才。在莱州任学正时，“惟朝乾夕惕，忠于厥职”，后以身殉职，满府学子无不敬仰。朝廷诰授从六品儒林郎封典。生前著有《求六轩文集》刊世。

王余庄

王余庄（1755—?），字直方，举人，后迁福山城里。

《王氏家谱》载：余庄“幼年博学强记，抱负远大，忠厚谨饬，性情和平”。少年时，他耳聪目明，读书力求深解。青年时，首试入泮，考取庠生。可在以后的乡试中连续失手，便心灰意冷，放下了手中的经史，扛起鱼竿下河垂钓。

一天，他连钓几条大鱼，兴奋不已，不觉天色渐晚，准备夜战。这时，一位白发渔翁撑排来到他的近前，笑吟吟地说：“像先生这样的读书郎，怎么来这里与我们渔人为伍？怕不是要学姜太公等周公？”老者又摇了摇头说：“像先生这样的青年人，真不该在河畔虚度光阴呀！”余庄一听，大吃一惊，面红耳赤，不知所措。渔翁见他沉默不语，又说：“我这里有几本家传之书，请先生笑纳！”说完，把书放在余庄身边，竹竿一点，木排已然远去。余庄忙喊：“老伯，请问尊姓大名？”回答：“乡亲，何必留名？”从此，余庄加倍努力，夜以继日刻苦学习，清乾隆三十九年（1774），一举考取甲午科乡试第六十二名举人，授官拣选知县。

余庄生前留下一首赞颂家乡的《造书山》诗：“夜吟石室泣山鬼，风雨离奇笔阵余。万卷牙讦掀不动，人间尚有未传书。”

王余蒨

王余倩（生卒年不详），字蹈方，举人。

余蒨生于书香门第，官宦人家，祖父及父皆为官。《王氏家谱》载：他“少年聪颖，有一目十行，过目不忘之誉。”在少年时，他即非常喜欢读书，博览群书，无书不读。10 岁时，经县、府院试，取得廪生学衔后，即把自己读过的书全部送给了本族兄弟。长辈问他为何如此？他说：我读过了，都记住了，留之何用?！这话很快传到了县学书院。院长知道后，觉得他太过于自负和疏傲，便决定在书院众士子的集会上当场考他，就以他所学过的书本进行考问，奇迹当场显现。学官提上句，他随口对出下句，从头至尾对答如流。学官又命众学子都提问，结果问者口干舌燥，答者却越背越精神，众人心悦诚服，皆夸他是聪明绝顶之人。福山县知县闻后十分高兴，随即挥笔题写对联："目下十行字，胸藏万卷书"，以示赞扬和勉励。

清乾隆四十四年(1779)，余倩考取己亥恩科山东乡试第三名经魁，授拣选知县任用。此后连科会试不中，余倩身染重疾，一病不起，英年早逝，年仅31岁。朝廷敕赠七品文林郎封典。

其妻鹿氏守节抚孤，常以丈夫的学习精神教育儿子。延庆长大后中进士，授官府学教授。

王余枚

王余枚(生卒年不详)，后改名余万，字静庵，号个臣，举人。祖父积光，父亲善垲。

余枚少年即卓尔不群，勤奋好学，在县、府考试中均独占鳌头，成为福山有名的才子。

清嘉庆九年(1804)，甲子科顺天府乡试，应试举人，获第一名，成为古现东村第二位解元，才名噪都，独领风骚。他的考卷文章被刊入《顺天闱墨》首篇，流行天下，成为士子们揣摩学习的典章。发榜当日晚，礼部为新中解元举行"鹿鸣宴"。宴后，众举子们簇拥解元游金街，从崇文门至东华门，解元身披绸彩带，骑高头大马，鸣锣开道，荣耀至极。

余枚中举后回到家，继续努力学习，准备更上一层楼。次年，他参加乙丑会试不第，被授予湖北候补知县。因眼睛高度近视，余枚再无建树。

王余孚

王余孚(生卒年不详)，字信及，号馨谷，举人。祖父积熙，父善宝，后迁今烟台市福山区回里镇旺远王村。

余孚生于书香门第，耳濡目染，深受影响。他自幼养成良好的读书习惯，日夜勤读，手不释卷。清嘉庆九年(1804)，甲子科乡试，得中第四十四名举人，授官山东巨野县教谕。他生性俭朴，爱穿粗布大褂，学子们都称他"大褂先生"，但对贫寒学子却关怀备至，出手大方，常常资助一些寒士学子，使其安心读书，完成学业。他全身心投入教学，高尚的品格在巨野有口皆碑。

在巨野任教谕三年后，调任胶州学正。到任后，他"为文教事业申旦达夕，鼓励学子惟精惟一，刻苦攻读"，使胶州学风大振。学子们昼夜勤诵，蔚成风气，出类拔萃，他深受爱戴和推崇。

余孚在离任返乡时，百姓送他匾额，上题："学为人师，行为世范。"

王余萃

王余萃(生卒年不详)，字引及，号珠浦，举人。祖父积熙，父善宝，后迁今烟台市福山区回里镇旺远王村。

余萃生于书香门第，少年颖异，读书刻苦，青年时即考取庠生，后又考取优贡恩生，朝考成绩优异，选送英武殿(内阁)授校录官。清道光十一年(1831)，参加辛卯恩科顺天府乡试，考取第七十一名举人，授官直隶任丘县训导。任丘俸满，因政绩优异，擢升山东曹州府教授。一到任，他就考察风土民情和书院情况，尽心尽力为曹州培养人才，做出显著贡献。

著有《闻木樨香斋诗草》二卷。

王余厚

王余厚(生卒年不详)，字聿修，号步亭，举人。

余厚生于书香门第，聪明伶俐，自幼酷爱读书，勤奋好学，饱读经史典籍、诗词歌赋。清乾隆五十三年(1788)，考中顺天府副榜。直至晚年，于清道光十七年(1837)丁酉会试，才考中举人。他一生未入仕途，把全部精力都倾注在刻苦读书、著书立说和教育后代上。

著作有:《读书余味》八册,《四书备考》一卷,《全史纪年》一卷,《韵字燃犀》一卷。

王武曾

王武曾(1782—1851),字炬存,号迪甫,一号珊樵。祖父燕绪,父庆长。

清嘉庆五年(1800),武曾参加庚申科中副榜,拣选山东巨野教谕。清道光八年(1828),参加戊子科乡试,中第六十八名举人。清道光十五年(1835),乙未科考取三甲第一百零四名进士,授官浙江省东阳县知县。在东阳县三年,以清廉官声牧民,无不宾服其为官清正。任满,迁任慈溪县知县。在任间,十分重视教育,整顿县学,大力培养人才。俸满后,获朝廷嘉奖,出任宁波同知。

清道光十七年(1837)、清道光十九年(1839),武曾先后两次分别出任丁酉、已亥科浙江省乡试同考官,为浙江省举荐了众多优秀人才。一次,巡抚衙门为他饯行,吟诗助兴。这时,浙江布政使周某说:"江南一地,乃世代才子之乡,像王大人这样学问高深的不曾多见,今就请王大人先抛玉引砖如何?"武曾知布政使之话有挑衅之意,便道:"大人过奖,王某僻处之鲁郡,也没出过什么人才,只不过是一山一水一圣人也!"巡抚震惊,欲闻其详。武曾道:"一山乃泰山,一水乃黄河,一圣人乃孔圣人也。"语惊四座,众人哑然。少顷,刘按察(和周布政使一样,均为捐班出身,对像武曾这样科班出身的进士抱有成见)道:"都说你们齐鲁出文人、豪杰,刘某虽不才,今愿出个对子与王大人请教。"武曾道:"下官愿听赐教。"刘按察道:"远望宝塔,八楞四方六面。"众人称好对。随即,武曾伸出了五个指头。众人不解,疑惑地看着他。他笑道:"近观手掌,五指两短三长。"众人叫绝,皆称武曾不愧为孔圣人家乡出来的人。

武曾晚年因不服水土,身得顽疾,请求辞官,浙江巡抚不允。后顽疾加重,再次请求引退,才被批准。返里后,他热心于福邑公益事业,福邑名仕与邑民有口皆碑。逝后,例授五品奉政大夫官阶封典。

王延庆

王延庆(1781—1852),原名冀庆,字诜以,号白海,一号香海。父余atorial倩,英年早逝。在母亲的鼓励教育下,发愤读书,继承父亲遗志,"追随科考,光宗耀祖"。

清嘉庆九年(1804),23岁的延庆不负母亲及家族厚望,一举得中顺天乡试第十三名举人。次年,乙丑恩科连捷三甲第七十七名进士,授莱州府教授。清嘉庆十三年(1808),调京擢任国子监博士。他"少负奇气,洽闻强识,经学渊深,其析疑辨难之处,援引浩博","诗文皆淹雅",被学子称为太学师,与当时的郝懿行、牟庭并称"三雅师"。自署联曰:"仕宦止一千里外,文章著廿四科前。"

延庆晚年任兖州府教授,教授孔府家学,名满儒林。除著书立说外,尚喜欢画竹。他用朱砂画的竹子,叶成鸡爪,疏密有度,特别那挺拔的竹竿,节节成趣,堪与郑燮媲美。但他有个怪癖,每画好一幅,只挂在书房里让好友观看,然后便付之一炬,从不外传。由于其竹子画得太逼真,兖州众多达官贵人都想出高价购买,然而都被他一一拒绝。一年冬天,兖州有个富商打听到他新近又画了一幅朱砂竹子,挂在书房里不曾烧掉,便托孔府的人去说,愿出50两白银买下。延庆的家人道:"老爷,今年带头捐俸尼山书院,眼下快过年了,买年货的钱还不曾有着落,你就破例卖了这幅竹子吧!"他叹了口气,道:"前辈板桥画竹,已成大家,我实在觉得画品难超过他,只是神似而已。我又怕为卖几个钱,将这等雅品入俗人之手,把画儿给糟蹋了。"恰在此时,一学生来向他请假,说家中突遭火灾,母亲暴亡,须回家料理后事。延庆见他穿着单薄,浑身哆哆嗦嗦,问起缘故方知此生家境陷入困境,于是便将墙上的朱砂竹子取下,交与孔府家的人,道:"此画我卖了,银两请直接给这位学生吧。"孔府来人和学生感动得都跪下给他磕头。延庆道:"大可不必这样,我卖画只此一回,下不为例!"

延庆晚年后,以"小示现山人"字号著书立

说，著有《史臆》《〈马氏绎史年表〉补正》《驳牟庭〈周公年表〉》《学半斋集》《工倚声有词》各若干卷。

附《福山县志稿·文苑·王延庆》

王延庆，号白海，孙夼社人。嘉靖乙丑联捷成进士，归部铨选，历青州、莱州府学教授，迁国子博士。居未久，改校官，为兖州教授。

少负奇气，洽闻强记，经学渊深，其析疑辨难之处援引浩博，与栖霞郝懿行、牟庭颉颃。诗文皆淹雅。延庆甫冠登第，仕至校官，故于书无所不读。尝自署门联云："仕宦止一千里外，文章著廿四科前。"盖实录也。晚年优游林下，号小示现山人。著有《史臆》、《〈马氏绎史年表〉补正》、《驳牟庭〈周公年表〉》、《学半斋集》、《工倚声有词》各若干卷。

王阶庆

王阶庆（生卒年不详），举人。父余晋，曾祖父积熙。

阶庆少年质慧勤奋，刻苦读书，弱冠随父读书，天天接受教诲，阅历颇深，成绩突出。清嘉庆二十年（1815），到登州参加贡生选拔，中选。清嘉庆二十三年（1818），戊寅科乡试（在北京举行）中举人，考第二名，授官拣选知县。

在北京乡试时，阶庆所住客栈掌柜的父亲是个百岁老人，别人问他高寿，他总是少说十几岁，可当阶庆问他时，却如实告知："我今年整一百岁。既然你是亚元大才子，可否为我写一副寿联？"阶庆稍假沉思，遂提笔书以两广总督陶澍联"人生不满君能满，世上难逢我恰逢"相赠，老人高兴地令儿子裱好，挂在客堂。

王阶人

王阶人，字介臣，岁贡生。父兄早卒，事母奉嫂维谨，弟哑妹弱侄瘫痪，以寒毡生活养育成全，卒完婚嫁，俾各得其所。后嗣亦均长成，族党称之（《福山县志稿·行谊·王阶人》）。

王绂庆

王绂庆（生卒年不详），号子佩，后改名尊泽，举人。父余莒。

绂庆生于书香门第，耳濡目染，少年立志，"笃信好学，以朴素自安，不染陋习"。清道光二年（1822），壬午正科乡试，考取第三十九名举人，授官山东信阳县训导。

绂庆在信阳，清明廉洁，兢兢业业，深受上下好评。在任三年即擢升泰安府教授。

绂庆一到任就走访察看，带头捐俸银，集资扩修书院和圣庙，尽心尽力，受到山东巡抚琦善的赏识，多次聘请他为西席，均予力辞不就。任满，辞官返乡。登州知府又聘请，他欣然应允，知府要用八抬大轿相接，被婉言谢绝。他生活俭朴，不拘小节，讲起学来，却滔滔不绝，口若悬河。讲起经史、诗赋，无所不精，深受学子敬爱。

逝后，敕授七品文林郎封典。

王祐庆

王祐庆（生卒年不详），号子符，举人。父余莒。

祐庆自幼"笃信好学，以朴素自安，不染时习"。早起晚睡，手不释卷。日复一日，学而不厌，年复一年，学有所成。清道光十七年（1837），参加丁酉科乡试，考取第二十八名举人。后大挑一等，授官福建建宁县知县。

祐庆一到任，首先着手处理前任所留下的多起无头案。于是，他在县衙旁边一座土地庙贴一副对联："这一街许多笑话，我二老从不作声；善事善报善口报，不是不报因未到。"此联一出，来往行人见了无不暗笑。

经过几天察访以后，他又贴出一告示："本县已察知确凿证据，只是不忍心看到少数人偶尔犯错而毁掉一生，奉劝犯者知错改错，迷途知返，限三日内自首，从宽处置……"这么一来，许多人前来自首，均给予从轻发落。几个罪大恶极者拒不自首，全部捉拿归案，予以严惩。从此，建宁太平，深得民心，被誉为“青天”父母官。

附《福山县志稿·宦迹·王祐庆》

王祐庆，号子符，道光丁酉举人，福建建宁知县。性伉直，不徇上官意，一时有强项之目。降县丞，而上官终爱其才，且知其政声，故旋降旋复之。其去也，民咸思之，作诗歌以送焉。宦囊涩，不能归，子孙遂占籍焉。

王镦庆

王镦庆（生卒年不详），举人。祖父及父曾在承德府赤峰县为官，后迁居福山城里村。

父余祉，庠生，为人平和，积德行善，善教子女读书上进，成为耕读之家。镦庆承家学渊源，刻苦读书，不贪玩耍，20 岁考取庠生。清道光二十六年（1846），丙午科顺天府乡试，考取第十七名举人。此后，几次会试败北，回乡苦读，屡败屡战，最终考取大挑一等，授官山东汶上县训导。

镦庆在汶上认真教学，俸满，擢升山东莒州学正。在州学，成绩优异，授业突出，颇具学声，被当地誉为“士林楷模”。

王兆琛

王兆琛（1786—1852），原名兆玺，字西舶，山西巡抚。诰授荣禄大夫、振威将军。

兆琛出身仕宦家庭。清嘉庆十一年（1806）中举，清嘉庆二十二年（1817）中进士，入翰林院为庶吉士。学习二年，授翰林院编修。后任会试同考官、江南道监察御史。任内曾对河工人员多由地方佐杂改拨，奏请敕禁经吏部查明酌拨旧例；对选用官吏不及时之弊端提出了解决方略，由朝廷定为明确章法，永久实施。清道光九年（1829），调任湖广道监察御史。任后，见城内街道向无修整经费，奏请库银 3 万两，发至五城典铺生息，每年以息之半用于修整街道，余者归还国库，使国家与地方同时受益。以后，又以同样生息办法增补练兵费用。同年四月，直隶总督奏请将不称职、不能胜任的知府改为京职，他即上疏提出不同看法，认为对不胜任和年力衰迈者，督抚应甄别降调使用，概不得请改京职。其奏章得到道光皇帝的肯定，称：“所奏甚是。”

一日，兆琛在鄂州微服私访，在街上见一书生满脸怒气，嘟嘟囔囔，想其定有不平之事，便与之攀谈。此人名叫阿民，自幼刻苦读书，自学成才。因家境贫寒，只得流落乡间，以塾师养家糊口。到了年底，财主却借口孩子学无长进，并诬他误人子弟，而赖掉全年学俸。阿民气愤不过，告到县衙，但知县与财主有染，阿民一上堂即被一顿棍棒打出。兆琛带着阿民来到县衙，亮出身份，说明来意，差人唤知县陪审。随之将阿民和财主押上堂，兆琛问：“鄂县生员阿民，学东家不愿给你师俸，莫非你真的不学无术，误了人家子弟？”阿民申辩道：“学生虽然无知，但训蒙解惑，一年四季，尽心尽责，自信还能胜任，求大人给生员做主，予以明断。”兆琛笑道：“你口说无凭，本官怎能轻信你一面之词？当着府县大人的面，咱当场一试如何？”“请老爷出题！”阿民应承下来。兆琛说：“你是私塾先生，就以‘塾师’为题。”阿民挥笔写了一副长联：“伤心夜雨打西窗，点半盏残灯，替诸生改之乎者也；回首秋风旧梧院，剩一枝秃笔，为举家谋柴米油盐。”兆琛见他写得工整贴切，生动凄苦，不禁点头感叹，暗暗佩服，但又怕他借用了别人的佳句，便指堂前四方宫灯，又当堂出了个上联：“半支蜡烛，点四方形宫灯，辉辉煌煌，光照东南西北。”阿民想到自己教书之苦，便当堂写出“几贯铜钱，教一整年私塾，辛辛苦苦，身度春夏秋冬。”兆琛见他答对如此迅速工整，深信其才，也就证明了财主纯系无赖，十分可恶。于是令差人重责二十大板，并罚他加倍偿付给阿民教俸，还责知县听参。当年秋，阿民因有了盘缠，到省府参加乡试，一举考中举人。

此后，兆琛历任江西督粮道、安徽宁池太广道、甘肃按察使、四川布政使等职。清道光二十五年（1845），以捐输河工经费赏戴花翎。次年，擢升山西巡抚。清道光二十八年（1848），萨拉齐厅遭水灾，洪洞、襄陵、定襄、陵川又遭旱、雹等灾，兆琛上本请求缓征本年钱粮，获准。清道光二十九年

(1849),遭御史杨淞如奏参有贪污款迹,上命户部、吏部查办,寻经褫职,遣戍新疆。

清咸丰二年(1852),卒于新疆。死后,受特赏正一品封典建威将军,济里杭阿巴图鲁花翎提督衔记名总兵。其著作有《经义测海》二卷、《正俗备用字解》五卷、《重韵辨义》四卷、《御史奏议》一卷、《巡抚奏议》四卷和《柯棠书屋集》。

附《福山县志稿·宦迹·王兆琛》

王兆琛,孙疥社古现村人。嘉庆二十二年进士,改翰林院庶吉士。二十四年散馆,授编修。道光二年,充会试同考官。七年,转江南道监察御史。八年十一月,以河工人员多由地方佐杂改拨,奏请敕禁经吏部查明酌拨旧例,以闻。十二月奏言:正途选期迟滞有三:一、孝廉方正以知县用者,此项归双月;正班三轮之后插用一人,再加各项插班百余缺始选一人,似未平允,请于捐班轮次内稍为调剂,俾得早邀铨选,及时报效;二、荫生外用通判者,因各馆议叙插班名次在后者,非五六十年不能到班,似可于捐班轮次内稍为变通,以免壅滞,并可照荫生内用京官分部行走例,分发各省,依昭画一;三、恩贡岁贡挨选教职者,此项俱在籍候选。向例吏部三年行查一次,各省州县不行具报,往往有部中铨选具题,发凭本籍,已无其人,本籍始行报部开缺,往返咨报,动经数月,请由部酌定章程,通行各督遵照,每年春秋二季各汇报一次。如有凭发原籍而该员已有事故未经报部者,即查明漏报职名议处。寻经议以荫生外用并无外省补班,若准予分发,无班可归寝之孝廉方正,酌改为双月,正班二班后选用一人。恩岁贡铨法应明定章程,由该督抚等饬属照例咨报,从之。九年三月,转掌湖南道监察御史。先是,外城街道向无应支修理经费。十月,兆琛以沟渠与街道相为表里,河道沟渠处例有岁修银三万余两,自道光三年停工,至今约存岁修银一百二十余万两,奏请于岁修未动款内借银三万辆,发五城典铺生息,每年息银半为修理街道经费,半解部库归还原款,俟归完之年,将原借银三万两,提回河道沟渠一万五千两,余银一万五千两照旧生息,以资久远,下部议行。十年二月,奏言:山东嘉祥县宗圣曾子庙载在祀典,自雍正中重修后,迄今百有余年,御碑亭及正寝渐多颓圮。请敕下山东巡抚,于藩库所存民捐庙工生息银两动款修葺,以肃明禋,允之。四月,直隶总督那彦成奏请:以才不胜任之古北口道福全、宣化府知府喻鸿改补京职。部议已如所请行。兆琛疏言:向例道府以下有才不胜任及年力衰迈者,督抚甄别降调,概不得请改京职。道光三年,奉有谕旨:国家设官分职内外并重,外省道府州县固有察吏安民之责,在京各部司员综核奏咨事件,政务殷繁,亦须明干勤慎,方资治理。近来各省督抚率请以衰庸之员改补京职,于吏治大有关系。嗣后道府以下才具平常者,著该督抚遵照定例甄别降补,倘违例请改京职,该部即奏明更正。圣谕煌煌,允昭法守。兹那彦成原奏云:福全精力就衰,喻鸿性情偏执,请以郎中、员外郎改用。臣伏思精力既衰,必不能细心研鞫;性情既偏,必不能听断平允,在该督既有市惠之嫌,且视部曹为藏庸之地,请敕下吏部,将改补京职之例永行禁止。奏入,谕曰:"王兆琛所奏甚是。前降谕旨,业经吏部纂入例册,乃据那彦成奏福全年力就衰,喻鸿性情偏执,请以刑部司员改补,吏部亦未查明更正,均属非是。福全、喻鸿俱著勒令休致,那彦成交部议处,吏部堂官交都察院察议。"七月,俸满,截取以繁缺知府用。十月,授四川成都府遗缺知府。十一年,补重庆府知府。十三年,擢江西督粮道。十六年,调安徽宁池太广道。二十一年,擢甘肃按察使。二十三年,升四川布政使。二十五年,以捐输河工经费,赏戴花翎。二十六年,擢陕西巡抚。二十八年,奏请将司库生息存款动支一万串,发阳曲等八县各当商生息,以备练兵赏需之用,如其所请。旋因萨拉齐厅被水成灾,及洪洞、襄陵、定襄、陵川等四县旱、雹各灾,请缓征本年粮钱,从之。二十九年六月,御史杨淞如奏参兆琛赃污款迹,上命户部右侍郎福济、刑部右侍郎陈孚恩驰往查办,寻经褫职,交军机大臣会同刑部复审定拟。七月,遣戍新疆,并籍其产。咸丰二年卒。

王启樾

王启樾（生卒年不详），字荫坪，德瑛子，庠生。学粹品端，急公好义。嘉道间，岁荐饥，父赈济之，全活多人。嗣捐巨款，修路建祠。且施财臧氏，迎滕氏贞女归夫家。种种善行悉樾一人赞成。咸同间，遇捻匪乱，母老，负登磁山，与贼相遇幸免。

二弟启奎早卒，抚侄书华、书翰入泮。三弟启榀殉难。屡出入于贼营中，寻弟尸归葬。年八十余犹讲经不辍（《福山县志稿·行谊·王启樾》）。

王启樟

王启樟（生卒年不详），字文川，孙夼社古现村人。幼失恃，侍父至孝。父殁，三年犹日夜号泣。尝夜往省墓，迷途入海，至水深处始悟，然距家已十余里矣。归则一转瞬间，家人以为神佑。兄启梓、启松早卒，与兄启楷并孝友。年老精岐黄术，除医病外，闭户著书，不预外事。易箦时，嘱诸子孙读书，言甫毕卒。子，丙泰，举人，授知县。桓魁，庠生（《福山县志稿·补遗·行谊·王启樟》）。

王麟瑞

王麟瑞（生卒年不详），字崇洋，号振庵。曾祖希旦；祖父培芳，庠生；父茂锡，敕赠文林郎，直隶武邑县知县。

清嘉庆二十四年（1819），麟瑞赴顺天乡试，中第四十二名举人。清道光十三年（1833），他晋京应癸巳恩科会试，中三甲第九十一名，赐同进士出身，铨选知县，发放直隶省（今河北）武邑县知县。

麟瑞为官弘扬正气，主持公道。有一百姓在新买的房子里挖出一罐金子，四邻见之眼红，强辞夺理要他与大家分而得之，并威胁道，不如此就报官全部充公。两面争执不下，便告到县衙。有人说，这又不是偷钱，分点给人怕什么？麟瑞升堂审理，查明事情真相后，他大怒道："此金非盗非抢，在自家挖得，与你们有何干？"言罢，命衙役将眼红四邻乱棒打出大堂。

麟瑞为官正直，操守第一，厌恶与上司献媚奉承，故不被按例升迁。在武邑县任满后，主动请求去干教职，任山东沂州教授，作了学官。由于潜心教育，修学馆，倡正气，培养人才，在沂州甚负盛名。

晚年，返故里教育子女，以耕读为乐。在家乡，热心公益事业，照顾孤寡老人，情同父母，乡党族人无不敬佩。故世后，朝廷例授七品文林郎。生二子，长子大桢，监生；次子大铬有传。

附《福山县志稿·宦迹·王麟瑞》

王麟瑞，字崇洋，希旦曾孙。道光癸巳进士，直隶武邑知县。操守清洁，不名一钱。民有得窖金者，其邻欲均之，民不与而成讼。或谓之曰："此非盗泉，稍取何妨？"麟瑞怒不允，卒办如例，其廉如此。以不合上官改教授，任沂州。子大铬，道光庚戌进士，候选知县。

王大铬

王大铬（生卒年不详），字朴园，号文峰。祖父茂锡，父麟瑞。

大铬出生于书香门第和官宦世家，从小就养成勤学苦读精神。5 岁开始读"四书"，8 岁读"五经"。他居住于古现，因家中之书不够读，于是经常徒步到县城本家去借书阅读，且言而有信，无论夏暑冬寒皆能按时归还所借之书，深受城里本家族的好评。一些读书人见他小小年纪如此用功读书，皆交口称颂。13 岁那年，他到县里应考，批为庠生员，但因这年福山名额已满，补为增生。

清道光二十四年（1844），他参加甲辰科乡试，中第四十名举人。考举人获成功，他返乡耕读为乐。"性好施济"的大铬，热心公益事业，修宗祠，建族村两义学，砥节行，族人称颂。时福山城外清洋、大沽二河合流处的永福园村东，有前乡贤倡捐修筑一桥，因桥面窄小，来往拥挤不堪。大铬首倡捐银，找县宰商量复增一桥，得到赞同。集资后，他亲任督修，将桥修好，极大方便了过往百姓。

清道光三十年（1850）庚戌科，大铬再次晋京会试。三月的京城，春寒料峭。他在狭窄的号房里紧张地奋战了9天9夜，三场考完后，别人都去聚友吃酒，他却向同考生借来书籍和以往几科的范文，读得津津有味。发榜日子到了，他以二百五十名中贡士。后参加殿试，中三甲第六十名，赐进士出身。大考二甲，他被归班，铨选知县。可惜在铨选期间，他生了病，没能到职，不得不返乡养病。病愈后，又逢母丧守节，再无机会为国效力。

逝后，朝廷例授七品文林郎封典。

王祖源

王祖源（1822—1886），原名伯濂，字莲塘，一字渊慈，又字莲史，号莲堂，拔贡，兆琛之子，懿荣之父。

祖源生于官宦人家，书香门第。自幼饱受家训，才高八斗，学富五车，嗜书如命，锲而不舍。清道光二十九年（1849），考取己酉科拔贡，候选教谕。清咸丰六年（1856），授兵部主事。清咸丰十年（1860），奉旨到登州办团练，尽职尽责，擢升兵部员外郎。

清同治十一年（1872），升任四川龙安府知府。龙安府是四川极贫困地区。祖源在这穷乡僻壤，安于清苦。他努力维护地方治安，设法帮助民众解贫，百姓安居乐业。

到任第二天，祖源即与前任交割清楚，然后便认真阅读前任积案。休息期间，他微服到龙安府大街，意外遇到一桩冤案。原来邻县一戚姓贡生与龙安许举人自幼交情笃厚，双方婚后曾指腹为婚，正当儿女长大成人准备完婚时，贡生与举人相继故去，戚家又遭火灾，家财烧得一干二净，其妻又一病不起，临终前嘱咐儿子将田地卖掉，投奔许家完婚。儿子携卖地产银二百两到了许家。许夫人见银眼开，当场收下。可是一打听，戚家已破产，便生赖婚之意，开始冷言冷语，继而白眼相讥，而且茶饭不齐，根本不提女儿婚事，终于将女儿又许给一家大财主。戚公子得知后，欲索银回乡，可许夫人不仅不还，反而唤来管家算账，说戚公子欠她十两银子，将其轰出门外。戚公子想：堂堂七尺男儿，何处无芳草，决心赤手空拳，回乡再创业。又一想，还是先到府衙鸣冤，慌忙中撞倒了知府。祖源一听非常气愤，便叫公子在门前等他，自己直进许家大门，径直到了后堂，见了老人即拱手行礼。老夫人不知客从何来，连忙答礼让坐奉茶。祖源说：“老夫人，今有一事，特请帮忙。”老夫人见来人穿着体面，不知深浅，忙说：“先生不必客气，需要什么只管道来。”祖源回道：“我要借贵府的纸墨一用，写张告示贴到东门。宣示许家虽为书香门第，却欺贫赖婚，不还他人聘礼。我要让龙安城家喻户晓许家所为。”老夫人深知此事的利害，忙叫人捧出五十两银子。祖源接银子后又说：“那好，东门我就不贴了，我到西门去贴。”老夫人本想再拿出五十两银子了事，可转念一想，又把脸一沉，唤家人欲将祖源用棍棒打出。刚要动手，只见两个衙役匆匆而进，见了知府便跪下：“老爷外出，怎么不告知小人，衙门里都在找老爷，不想您在这里。”祖源冷笑道：“吾在此审案哩！”老夫人一见，知是新任知府，吓瘫在地，忙叫下人拿出二百两银子。王知府又加罚五十两，将银子全部交给后生。戚公子千恩万谢，祖源嘱他回家好好读书，发愤图强，重振家业。祖源上任龙安府第一件案子处置后，便立即受到龙安人民的敬仰。

清光绪五年（1879），祖源擢任四川成绵龙茂兵备道。两年后，又署四川按察使。任职期间，他清廉自律，认真执法，不徇私情，深受民众爱戴。清光绪十一年（1885），致仕回京，次年病逝于京城寓所，葬于古现李家村北的两甲坡。

祖源一生酷爱金石，传承文化，为国为民呕心沥血。在任主事时，公务之余，流连于厂肆，见有称心者，必量力购置，妥善收藏，精心研究，并从道光末年开始，着手汇编、刊刻、收藏《天壤阁丛书》，直到其子懿荣接编，历时五十余年，收编二十余种，增刊六种，以小学、刑律、诗文评为主，收藏于福山“天壤阁”书楼，可惜被毁。还著有《判花轩集》二卷、《急就篇直音》一卷、《声调前谱》一卷、《声调后谱》一卷、《读谱》一卷、《谈龙录》一卷、《内功图说》一卷、《明刑弼教录》六卷、《渔洋山人秋柳诗笺》一卷、《〈尔雅〉直音》二卷、《判花轩诗集》等。

附《福山县志稿·补遗·宦迹·王祖源》

王祖源，原名伯濂，字莲塘，兆琛子。道光己酉科兵部主事，选四川龙安知府，调成都知府，升授龙绵成茂道，署盐法道，复署四川按察使。

持躬简约，乐道安贫。在都候选时，子懿荣为户部额外主事，京秩清苦，父子尝易衣而出。然性耽金石、古玩，日流连于厂肆中，量力购置。虽箪瓢屡空，弗恤也。及选授龙安，为四川府道第一瘠缺，历任八年，安之若素。调成都后，又连署各缺，俸入稍优，乃汇刻《天壤阁丛书》，以惠学者焉。光绪丙戌，以觐见卒于京都。

兄伯润，陕西长安县知县。丙堃，直隶蔚州知州。伯平，江苏高邮州同。伯淳，浙江仙居知县。子，懿荣，国子监祭酒。懿棨，候补知府。懿荣自有传。

张恩煦

张恩煦（生卒年不详），字墨林，王懿荣表伯、老师。

少年读书孜孜不倦，童子试崭露头角，青年时考中廪生，领朝廷饩廪。清道光二十九年（1849），己酉科顺天乡试中第七名举人。清咸丰十年（1860），庚申恩科中三甲第四十三名进士，铨选知县，发放直隶试用。一年后，改直隶乐亭知县。

恩煦在乐亭兢兢业业，恪尽职守。他宽刑典，重教化，尤重文化教育。俸满，又迁高阳知县。

恩煦初到高阳，四乡巡视，了解民情。保定知府连襟毕五仗势霸占一青年农民两亩土地。恩煦借迎送保定知府晋京之机，巧设机宜，审理了毕五强占他人土地一案，毕五退回土地，包赔两年粮食，维护了青年农民的合法权益。此案一宣结，百姓拍手称快，不法豪绅震慑收敛，高阳一时相安无事，恩煦为民作主的名声远播四方。

恩煦正要雄心勃勃彻底治理高阳官场弊端，不幸因劳成疾，病倒床榻，旋卒任所。朝廷敕授七品文林郎封典。

附《福山县志稿·文苑·张恩煦》

张恩煦，字墨林，古县社人。咸丰庚申成进士，官直隶高阳知县，未久旋卒。

少工诗，赋最有声。著有《储云馆诗草》，士林推重，又著有《记事珠》一卷，详及烟埠诸事，堪资考证。王守训《登州杂事》亟称述之。

王保训

王保训（生卒年不详），改名炅炎，孙奔社古现村人，廪生。少有隽才，诗为一时所推重。文登于泽春称其咏史诸作置之《新城杂咏》《感旧》中风味不减。咸丰辛酉年，未五十骂贼被害，士林惜之。著有《太拙集》十二卷（《福山县志稿·文苑·王保训》）。

王季寅

王季寅（生卒年不详），字石坞，孙奔社旺原村人（编者按：孙奔社后缺“古现村，后移居”六字），隲八世孙。累世科第，而仕皆不显。幼家贫，弃儒为方略馆供事，议叙巡检。会甘肃请拣发，时回匪倡乱，人皆避不往。季寅独慨然曰：“此丈夫有为时也。”遂行。遇甘督左宗棠于潼关，谒见，大器之。至省，委署大靖堡巡检，转运孔道也，事集而民不扰，旋委署隆德知县。栖霞蒋于殉难于此，抵任值残破之余，百计经营，始稍有起色。又竭力筹措，归蒋于之柩于原籍。明年，回首崔某、于某围城，手捻大炮击之，乃退。而别贼复大至，乃一面请兵，一面设计破贼。比兵至，而贼已去。会将军金顺将出关，力言于督臣，挈之以去。委赴四川坐催协饷，先后十余年间，川饷无不如期而至。以新疆肃清案累保至候补道，捐指四川署成绵龙茂道，总办夔州厘务、泸州盐务，整顿鹾务，辨前总办夏旹参案之诬。作《盐案汇编》十二卷，以为后来之规程。旋补建昌道，因罣误革职留任。调川北道，以优归。服阕，陕抚恩寿应诏，以贤能荐，遂授浙江督粮道。时革军四起，叹曰：“时不可为矣。”乃告归。又十余年，卒于烟台。弟伯鹅，直隶阜城知县。堂兄伯方，同治甲子优贡，陕西南郑知县。

均有政声(《福山县志稿·补遗·宦迹·王季寅》)。

王鸿发

王鸿发(生卒年不详),兆琛孙,父伯润,任陕西长安知县。罢归后,卒以贫,故眷属未归,遂居长安。西安陷,鸿发与其侄某均被掠,旋自拔,投官军,充当伙夫。以煮汤饼不熟,将杀之。一营官见之,细询家世,则其父僚友也。释之,以为亲兵。随至新疆,攻城陷阵,屡著战功,递保至记名总兵,署四川川北镇(《福山县志稿·宦迹·王鸿发》)。

王文炯

王文炯(生卒年不详),举人。

文炯自幼聪明伶俐,好学,能学,善辩,在福邑有神童之誉。他参加童子试时,获得全县第一名,知府称之奇才、神童。

清乾隆十五年(1750),文炯应山东庚午科乡试,考取第十九名举人。次年,赴京参加会试受挫,恰逢大挑,考取一等,授官四川中江县知县。

他到任后,即对全县进行察访。见众多贫苦农民和小商人生活极为清苦,其主要原因是前任设立名目繁多的苛捐杂税,特别是小商贩更无法负担,纷纷弃商,百姓购买生活日用品,须披星戴月,翻山越岭,走几十里山路,苦不堪言。他查知情况,当即决定张贴布告,示知全县:除朝廷规定的赋税外,其他一律革除,鼓励商贩重操旧业,还给予一定优惠,很快使经济复苏,市场繁荣,人民齐称他"王青天"。在中江县,他先理广大民众生活的大事,再诉讼公案。他不畏权势,不徇私情,不株连无辜,不冤枉好人。在任四年,兴利除弊,平反冤狱,清处积案,新案随时处结。所处案件公正不阿,令人信服,深得民心。离任时,百姓相送五十余里,直至出县境不绝,他便把自己脚上穿的靴子脱下,留给相送群众,场面令人感动。

文炯返乡后,自奉勤俭,待人谦和,乡里、亲邻有求必应,借钱、借粮等从不拒之门外。他热心善举和公益事业,群众有口皆碑。凭他颇丰的文才,晚年在家潜心著书立说,只是尚未找到存世之大作,只发现《铁门旅次逢汉友得家音》五言诗一首(见《文学艺术》章)。

王钟泰

王钟泰(生卒年不详),举人。

钟泰生于官宦人家,书香门第,少怀鸿鹄之志,刻苦读书,志在四方。为人刚毅,不甘人下,生得清瘦修长,相貌和才学皆属佼佼者。

清乾隆三十三年(1768),戊子科山东乡试考中第六十四名举人,授官候选知县。次年春,参加己丑会试,中正榜,可惜未被录取参加殿试,失掉考取进士的机会,但被授官,任内阁中书,掌撰拟、记载、翻译、缮写等事,秩从七品。

钟泰在内阁任中书几年后,被外放到山西省蒲州府永乐镇(相当于县)任同知。

在永乐镇任满,因身体欠佳,晚年致仕返乡,福山县知县即请他到福山县宾阳书院讲学,其欣然接受。他在讲学时,将自己一生学习心得讲给书生们听,受到热烈欢迎。讲课结束后,众学子要求他给书院题辞,推辞不过,遂题道:"努力才是智慧,成功真庶慧乎。"勉励学子们:"只有勤奋努力学习,才有成功的希望!"不久即病逝。朝廷诰授从四品朝议大夫封典。

附《福山县志稿·文苑·王钟泰》

王钟泰,字瑞封,孙疥社古现村人。乾隆三十三年戊子举人,登中正榜,由内阁中书官山西蒲州府同知。淡泊寡营,不乐仕进。早归林泉,以裁成后学。设草堂为授徒之所,其杰出者为黄邑贾侍郎允升、东昌傅抚部绳勋、同族抚部兆琛、栖霞郝户部懿行。达官三径生一,政事文学萃于一门,所植人才极一时之盛。所著文曰《草堂杂缀》,诗曰《壶海生草》。子,諴,长于文笔,书法尤工。隐居不仕,号绿天居士。

王秉燮

王秉燮(1839—?),字季阳,号理堂、荔塘。祖父钟泰;父諴,福邑名士。

乘燮“劬学能文”，清光绪二年（1876），丙子科考取第六十三名举人，次年会试不第。清光绪六年（1880），庚辰科考取二甲第三十四名进士，入选庶吉士。乘燮在翰林院学习三年后，于清光绪九年（1883）癸未散馆考试列二等，授安徽铜陵县知县。赴任前返里，带上行装南下，途中突发重病，因缺医少药，未能及时医治，不幸英年早逝。朝廷上下莫不为之惋惜，例封七品文林郎。

乘燮在家乡读书时，“好义急公”，十分关注社会公益事业。他见到古现河一到秋天便被山洪冲没两岸土地，就向族中乡里管事者建议，在河两岸植柳护堤。他先在自己的河岸地上栽植，随后众人纷纷效仿。数年后，树茂堤固，水患顿息。乡人夸他“才德流芳”。

乘燮“一生孝友”。家有老母年九十，“扶持动作，日必躬亲”。他居家十余载，以“薄田数亩”过着耕读诗书的简朴生活。

乘燮擅长书法，集众家之长。行书以宋人笔锋，力透圆劲，生动鲜活，有呼之欲出之势。他是近代享有盛名的书法家之一。

附《福山县志稿·行谊·王乘燮》

王乘燮，字理堂，諴子。兄弟四人于序为季。劬学能文，中光绪丙子科举人。庚辰成进士，改庶吉士，癸未以知县用，补授安徽铜陵，未抵任卒。

一生孝友，好义急公。母年九十，扶持动作，日必躬亲，承欢若孺子慕。母没，析居历十余年，以诸兄贫苦，自仅薄田数亩，复同居，而家益不支，作寒毡生活，以补助之。家事由伯兄摒挡，岁入归之，丝毫不敢自专，以私妻子。念伯兄衰老，为雇一仆供奔走，己弗役焉。由是，内外无间，为遐迩所钦仰。里有争者，不待请辄往排解，期于息而后已。村外河水秋涨，为附近患，议植堤柳资捍御，数年长成，患顿息，里人德之。子二：敷；赋，庠生，议叙副贡。

王元玑

王元玑（生卒年不详），举人，后移居福山城里村。

元玑自幼聪颖，勤奋读书，少年即补博学弟子生员。他在登州府参加院试时，府学学正见他聪明伶俐，便出对联考他，令他对出下联，上联是：“冬夜灯前，府学正读春秋传。”元玑沉吟一下，觉得看似容易，对出对仗工整的下联实在难。他忽然灵光一动，想起进登州城时，城边的戏台上正唱着大戏，下联即刻出来，大声念道：“东门楼上，外乡人唱北西厢。”学正大惊，夸他出口成章，对得很好，随即大笔一挥，写出了“冠军”二字，成为最年轻的庠生。

成为秀才后，元玑更加刻苦努力读书，夜以继日向着更高目标拼搏。清嘉庆五年（1800），他参加庚申恩科顺天乡试，考取第七十九名举人，授拣选知县。

王玉汝

王玉汝（生卒年不详），字成斋，号铭西，举人。父钟矩。

玉汝在父亲的教诲下，从小就喜爱读书，不贪玩耍，起早睡晚，学而不厌。清嘉庆九年（1804），参加甲子科乡试，考取第四十九名举人，授官馆陶县训导。

玉汝到任，忠于职守，发挥才能，为馆陶培养了大批人才。

玉汝在馆陶任学正时，南馆陶县衙役捉住两个贩私盐的农民，在押往县衙的路上，有一个逃跑了，另一个吓得浑身发抖。到了县衙，碰巧知县外出，衙役便让王学正处理。

玉汝经过审理，了解到这个贩私盐的农民是个老实孝顺的穷人。他以房产作抵押借来钱，贩盐换钱给老娘治病，虽然违法，实在是无奈。所以，他不仅未追跑的一个，在押的也故意放了。衙役想去追，被玉汝劝止。

王应衔

王应衔（生卒年不详），字佩实，举人。

应衔秉性聪明，刻苦用功，品行端方。一天下大雨，私塾屋子漏雨，同学们都争着到不漏雨的座位去坐，互不相让，争吵不休。应衔的座也漏雨，但他却端坐不动。老师叫他坐无漏雨座，他却让给了本族的小弟弟，令师生们敬佩。

清嘉庆十七年（1812），应衔参加山东壬申科乡试，考中第十五名举人。以后参加进士试均未中。大挑后，授平度县训导，俸满，擢升学正。在任上，他忠于职守，倡教化，修书院，增生员，选名师，尽职尽力，为平度县培养了大批人才，人们称他“学业深纯，品行端方”。

王鹏程

王鹏程（生卒年不详），又名彦青，号梅溪，字守洙，举人，后迁湘里村。

鹏程自幼聪明伶俐，记忆力极强，特别喜欢楹联，经常自己吟对。塾师也特别喜欢他，课余时间经常与之对对。有一天，塾师在家要与鹏程作对，正觉无词可对，忽见妻子提水走到跟前，鹏程手指师娘穿绣花鞋的双脚，老师当即吟出上联：三寸金莲瘦，鹏程遂对出下联：一双绣鞋轻。师娘嗔怪。先生又开口：人谁没有脚？鹏程则笑对：何必动无名？师娘反怒为笑。

清道光八年（1828），鹏程赴京参加顺天府戊子科乡试，考取第二百三十四名举人，出任高密县八品训导。次年乡试，大挑一等，授山东德州府学正。他一到任，就捐俸州学，修学宫，奖励学子发愤读书，使德州学风昌盛。后任登州知府一年，其故里宅舍按官职等级品位建造，故有“衙门”之称，其家产良田500亩。他一生生活俭朴，酷爱藏书，有点剩余，即购书藏之。

鹏程一生喜爱诗词创作，留下大批诗作，语调轻松和谐，内容丰富，立意新颖，摹景拟人，形神兼蓄，理情横溢，给人无限想象。可惜连同藏书一并毁于战乱。

王伯寅

王伯寅（生卒年不详），举人，祖父余英，父执宜，为庠生，后迁今烟台市福山区福新街道褚家疃。

伯寅出身书香门第，自幼刻苦，博览群书，过目不忘，才思敏捷，能诗善对，文词清丽，意境深远。在参加童子试时，考题是《腐草为萤赋》。他一见即联想到“聚萤攻读”，又联想到“青青河边草”，以及“君子之德风，小人之德草”，茅塞顿开，遂提笔疾书一副对联：“昔看河畔，曾习君子之风；今日囊中，复照圣人之典。”考官一见此联，拍案称奇。红榜发布，伯寅被取为福山博士生员。

此后，伯寅更加勤奋努力，在参加登州府府试时，府学教授见他年少，便第一个考他。先生出句：“无风烟焰直”，伯寅对句：“有月竹阴寒”。又出：“日移竹影侵棋局”，对句：“风送花香入酒卮”。教授又云：“风雨烟台暮”，对曰：“波涛海帆秋”。教授再题：“一回酒喝思吞海”，伯寅立马回对：“几度诗狂欲上天”。考官们皆叹服，一致认为才力超群，智慧出众。

清咸丰五年（1855），伯寅到济南参加山东乡试，考取第四十八名举人。又参加大挑，授官候选知县，分发馆陶县，任县学正堂。到任，竭尽全力治教，文教事业蒸蒸日上，深受士林及各界爱戴。

王　庸

王庸（生卒年不详），举人，后迁居福山城里村。

庸幼承家学，天资聪颖，记忆力强，勤奋好学，知识广博，智慧超群。生性顽皮，蕴涵知识。在县、府院的生员考试中，屡次显露头角。

清光绪元年（1875），赴京参加乙亥恩科顺天府乡试，得中第二名举人。次年，会试不畅，三科后，又参加大挑，名列一等，授济宁州学正。

在任期间，“赞薄禄，修书院，拔寒士，助州学”，为士林称道。特别在继承发扬“四民学宫”传统与教学上，成果显著，为世人所推重。他继承元人传统，精擅中国山水画，作品为人珍爱，直至现在，仍有作品流传。

附《福山县志稿·文苑·王庸》

王庸，字午庭，孙夼社（后居城里）人。光绪乙亥举人，选授济宁州学正。精丹青山水，得元人笔意,寸绢尺素人皆珍之。光绪初,幕游陕西,时值秦晋大饥,作《流民记》,人以为比郑侠云。

王崇燕

王崇燕(1868—1893),字翼北,又字孟喜,举人。

崇燕出身名门,曾祖兆琛,祖父祖源,父懿荣。崇燕为长子,生于北京,随祖父在四川龙安府。在祖父严格正规教育下,从小养成良好的读书习惯,十八岁考取廪生。清光绪十七年(1891),参加辛卯科山东乡试,考取第十六名举人。又参加礼部举行的鸿胪寺序班选拔考试,中一等第十六名。此后在京帮助父亲整理文稿,并继续勤奋读书,准备迎接来年会考。因其文笔非凡,深受军机大臣翁同和与潘祖荫的赏识和器重。

清光绪十八年(1892)五月,崇燕参加壬辰科会试,刚考两科便突发重病,因咯血被抬出考场,久治不愈,次年五月病逝,正值英年,令人痛惜。

崇燕生前尤喜《谷梁传》,其"治谷梁学,能发挥先儒遗蕴"。著有《谷梁集解纠谬》十二卷,《起谷梁废疾》一卷,《发微》四卷,《旁通考》一卷,《注疏笺证汇义》三十卷。诗作颇丰,可惜存世流传不多,仅见一首:"雁写遥天字字双,秋思耗尽度远江。霜花腴处容沙宿,岁月寒汀雪满矼。"

附《福山县志稿·文苑·王崇燕》

王崇燕,字翼伯,懿荣长子。性颖悟,治古梁学,能发挥先儒遗蕴。居京师,吴县潘祖荫、常熟翁同和诸名流深器重之。中光绪辛卯举人,癸未旋卒。子福坤,以祖懿荣庚子殉节恤典荫,赏主事。著有《起谷梁废疾》一卷、《发微》四卷、《旁通考》一卷、《注疏笺证汇义》三十卷,《孝经戴义》二卷。

王丙焘

王丙焘(1813—1897),号寿臣,举人,父启樟。

丙焘生于书香门第,自幼受先辈熏陶,耕读传家。少年立志读书成才,博览群书,学识渊博。清光绪二十年(1894),参加甲午科顺天府乡试,时逢中日甲午海战,考生个个义愤填膺,卯足了劲参试,他得中第二十九名举人。

丙焘中举后,会试进士不第,大挑后,授官直隶文安县知县试用。到任后,自己撰书"择友须求三益,克己宜守四箴"楹联挂于室中,以《论语·季氏》中的"三益"和《礼记·曲礼》中的"四箴"作为立身之本和为官之道,因此,在任期间政绩蜚声四方。

丙焘工书法,善诗词,热爱家乡山水,有诗作《清阳人》传世。

王文臣

王文臣(1844—1915),原名甲辰,字季玉,号铁峰,举人。

文臣少小聪颖,勤奋读书,满腹经纶。童子试即补博士生员,在县学曾考副榜第一。清光绪十四年(1888),考取戊子科顺天府乡试第一百七十名举人。此后,连续参加进士会试无果。清光绪二十四年(1898),参加戊戌科大挑,列一等,授湖南省安仁县知县,出任县宰。时值戊戌变法失败,民心浮动,政局不稳。他在县衙大厅挂一副自书联:"得一官不荣,失一官不辱,勿道一官无用,地方全靠一官;穿百姓之衣,吃百姓之饭,莫以百姓可欺,自己也是百姓。"尽表父母官之心怀,以及不计个人得失荣辱之情操,足见其清官本色。

文臣在安仁"言必行,行必果",处处事事为民着想,深受百姓爱戴。俸满,封京察一等,经巡抚保荐,擢升宝庆府同知。

晚年致仕回乡,教育子侄读书。自书懿荣所撰对联"无求方觉人情厚,克己始知世路宽"挂于厅堂,作为家训,教育子孙后代。

文臣逝后,朝廷诰授五品奉政大夫封典。

王崇烈

王崇烈(1870—1919),字汉辅,一字火传,举人,懿荣次子。

崇烈自幼聪颖好学,谨遵家训,学而不厌。清光绪十三年(1887),入泮食饩庠生。清光绪二十年(1894),中甲午科顺天府乡试三十二名举人。清光绪二十四年(1898),授例为直隶候补知州,供职永定河工,后经保荐为候选知府、候补道,分发直隶候缺,驻天津。

清光绪二十六年(1900),崇烈遵从父命,携妻回故乡福山。懿荣殉国后,崇烈回京,遵从朝廷旨意,为父母和嫂子料理后事。刘鹗是父亲的好友,为了支持刘鹗编拓《铁云藏龟》一书,他将父亲收藏的千余片甲骨,半价转给刘鹗。同时,为了还债,他还将父亲收藏的青铜器卖给端方、翁同和等人。在张之洞、袁世凯等官员的主持下,他在父亲殉难井边勒建一亭,并立御制祭文碑,由张之洞亲书:"王文敏公家祠。"是年春,他扶父母、嫂之灵柩,运回家乡,安葬于李家村两甲坡。崇烈逝后亦葬于此。

崇烈饱读诗书经典,文才横溢。主要著述《福山县志稿》有载。

附《福山县志稿·文苑·王崇烈》

王崇烈,字汉辅,懿荣次子。劬学能文,治公羊学。年方十岁,有神童之目。居京师,为祭酒盛昱、提学黄绍箕诸名流所称赏。所治经学及金石、词章之业翘然,为金台诸生冠。中光绪甲午顺天举人,援纳粟例分部郎中,以直隶州知州分直隶,升候补道,改江苏。宣统辛卯,入为民政部丞,参上行走。

子二:福恭、福埴。著有《公羊解诂义证》二卷、《史岁存稿》四十卷、《智雨斋文集》二卷、《佛教浅说》一卷、《智雨斋题跋》四卷、《佛藏简目提要》十六卷、《璜斋金文》一卷、《双红薇馆经眼录》四卷、《种瓜亭笔记》一卷、《殷墟文解字》四卷。

王桐观

王桐观(1888—1927),男,字凤翔。

清末秀才,在晚清创办的中国海关学堂第一期毕业,为中国海关早期骨干人士,曾任烟台海关关长。育二子四女。注重教育,英年早逝。临终时,千叮咛万嘱咐,要求妻子好好教育儿女,牢记:人一辈子可以不求官、不求财,却不可以不读书。长子学忠有传,次子学义有简介。1982年后,学忠回乡以"王桐观于世桥"名义在古现中心完小设立教育基金,连续14年每年捐献1000美元,为家乡教育事业做出了贡献。

王　韬

王韬(1866—1937),原名王延焘,号敬三、静珊。曾任北平市、天津市市长。叔父懿荣。

韬出身仕宦家庭,幼承家训,刻苦学习,立志成才,手不释卷,书灯相伴。步入仕途,为官廉达。民国初年,曾任直隶口北道尹。民国24年(1935)任北平市市长。民国25年(1936)任天津市市长。

任北平市市长时,市政府财政入不敷出,他宁肯向弟弟为蔚乞款补助,也不肯增加税捐,加重市民负担。民国26年(1937)病故,享年70岁。

王为蔚

王为蔚(1868—1938),原名延焕,字啸宇。

为蔚由候选县丞考入北洋陆军速成学堂,毕业后任陆军第三镇炮兵管带(清末新兵制,海军舰长称管带)。后又迁任绥远都统署军务课长,陆军第二混成旅参谋长、团长,陆军第二十四师步兵第四十七旅旅长,兼河南归德镇镇守使。

辛亥革命后,为蔚任皖鲁豫苏四省剿匪副司令,国民党陆军二十四师师长。民国4年(1915)12月袁世凯称帝后,遭到国人军民讨伐。为蔚时任吴佩孚部讨贼联军第一军军长,率部讨袁。袁世凯在全国军民讨伐声中死去时,为蔚被任命为第三方面军军团长、讨袁联军副司令、陆军中将、将军府将军等职,晋授蔚威将军,晋二等文虎章,二等嘉禾章,颁奖五狮军刀。他爱国爱家乡,热心公益事业,曾向古现小学捐资银千元。

王廷煦

王廷煦(1885—?),男,曾任国民党陆军骑兵团团长。

王维涵

王维涵(1923—1947),小学文化,革命烈士。

维涵生于贫困家庭，上完小学即回家务农。憎恨日寇侵略、残害人民的罪恶行径，民国 34 年（1945）参加福山抗日游击队。日寇投降后，又参加中国人民解放军第九纵队，成为革命战士。在历次战斗中，英勇顽强，冲锋在前。民国 36 年（1947）在战斗中英勇牺牲，年仅 25 岁。

王崇焕

王崇焕（1892—1953），字汉章，笔名娱堪、踽公。懿荣四子，出生于北京东安门锡拉胡同王府中。

清光绪二十六年（1900），懿荣殉国时，崇焕尚不满 9 岁，寄居姐夫吴重熹家读私塾。清宣统二年（1910），考入天津铁路局当练习生、文书课课员。后到上海与叶楚伧在一起办《太平洋报》，不久加入"南社"，为早期南社和早期同盟会成员之一。南社为辛亥革命时期进步的文学团体，以文学宣扬资产阶级民主革命，反对清王朝的种族压迫和专制统治。辛亥革命后，崇焕进入直隶（今河北省）省教育厅任秘书，同时兼任烟酒公卖局秘书工作，后又到京奉铁路警察教练所担任教学。工作之余，致力于文史资料辑录和编纂工作，保存并收藏父亲懿荣遗留下的甲骨文片 500 余片。解放后，崇焕之女福重代哥福埏全部捐献给国家收藏。新中国成立后，崇焕曾任天津铁路学校校长。1951 年退休，1953 年病逝，享年 61 岁。

崇焕一生著作甚丰。早年在南社从事文学创作活动，创作了许多诗文作品。晚年从事甲骨文研究与文史研究，著有《甲骨文存》《古董录》《澹归大师年谱》《刘继庄年谱初稿》《纪晓岚年谱》《王文敏公年谱》《盛意园先生年谱》《福山王氏劫印谱》《王文敏公墨迹手札》《王文敏公奏疏稿》《王文敏公遗集》等。

王立夫

王立夫（1911—1966），民间艺人。曾开过玻璃店，卖过破烂，以贴补家用。

立夫自幼喜好京剧，生、旦、净、末、丑，唱、念、做、打，样样皆通；吹、拉、弹、唱，皆为行家里手。特别酷爱鼓板，专业剧团曾登门聘请，均以不愿离家而谢绝。

因过于痴迷京剧，把大量时间都耗在这方面，虽有八亩良田，却因管理不善，产量偏低，一家六口人还是上顿不接下顿，常靠儿女挖野菜充饥。

他擅长青衣、花旦、小生、老生表演，并熟练掌握各流派唱腔。所用戏装多是自己缝制。他掌鼓板的技艺超群，远近闻名，村里王维潭、夏曰强是他带出的徒弟。每年秋收结束后，本村的董云禄、王镇山、王秀言、王辉丰、王耀威，西村的栾谨祥，北斗村的王凤甄，徐家村的徐秀峰，院下村的吕子平，河北村的王登甲，肖家沟村的于德茂，三十里堡村的陶仁友，还有蓬莱方里、大柳行村的十里八乡的戏迷票友，经常汇集家中，一起切磋技艺，各显神通。

新中国成立后，每年春节期间或是赶山会，他都挑选演员，排练节目，走村串乡，登台演出。他常演的剧目有《除三害》《武家坡》《打渔杀家》《棒打无情郎》等，最拿手好戏是《秦琼卖马》。

王金城

王金城（1918—1969），男，民国 36 年（1947）参军，在解放战争、抗美援朝战争中，英勇顽强，多次身负重伤，先后荣立二等功 3 次、三等功 1 次，被评为二等乙级残废军人。1955 年，被授予上尉军衔。1959 年由正团职转业到农垦部外联处，主要负责援非工作，曾多次出访坦桑尼亚、赞比亚等国家。由于工作成绩突出，受到国家外事部门多次表彰。"文化大革命"期间遭迫害致死。粉碎江青反革命集团后，新疆建设兵团在驻地举行了追悼大会，给予全面平反，恢复名誉，并对其家属做了全面安排。

王仕培　王仕垣

王仕培（1901—1982）、王仕垣（1917—1994），民国 31 年（1942），仕培在青岛当厨师，12 月份的一天，他路过码头，见广场上坐着一群衣衫不整的青壮年男子，背剪着手，被绳子串连着绑在一起，边上坐着几个荷枪实弹的日本兵。他想从没有日本兵的一边赶紧走开，忽然听到人群里有人压低嗓音叫他：仕培大哥，快救俺们！他寻声看去，原来是二妻弟韩锡贵。仕培不动声色，慢慢离开广场后撒腿就跑，找到了叔弟仕垣。仕垣在青岛开报关行，学过日语，偶尔也和日本商人有生意上的来往。兄弟两个商定，仕培出钱，由仕垣去买通日本商人，再由日本商人买通日本宪兵，最后解救被抓的乡亲。仕培拿出两年积攒的工钱，仕垣也凑了一些钱，还不够，仕垣又代借了一些，凑齐了款项。

当时，山东半岛上的日军到处扫荡，抓壮丁，成批从青岛走海路运到东北充当苦力。在那里，苦力们九死一生，极少有人能活着回来。经过兄弟俩的努力，成功地把仕培的妻弟及其他乡亲解救出来。仕培又送给他们路费，使他们安全返回烟台。事后得知，这帮青壮年是鬼子在史称“大谷家惨案”扫荡时抓到的，欲送往青岛。仕培慷慨解囊并不惜举债，在叔弟仕垣的帮助下，解救乡亲逃脱鬼子魔掌，此举很快传遍了磁山一带，当时的共产党湘里区委干部于香亭知道了此事。民国35年（1946），于香亭调到古现区任区委书记，他多次登门拜访已经回村务农的仕培，极力邀请并推荐他出来当村干部。那时古现是一个大村，村干部选举由区里推荐候选人，再由村民代表投票选举。就这样，仕培被选为古现村副村长，分管古现东村工作，为土改前准备工作做出很大贡献。

仕培于1982年秋天去世，享年82岁。仕垣于1994年在青岛去世，享年78岁。

王基仁

王基仁（1921—1983），男，中共党员。

基仁民国31年（1942）加入中国共产党，为福山县古现区加入中国共产党最早的党员之一。他曾组织抗日救国民兵宣传队，发动抗日救亡运动。民国36年（1947），任八角完小校长。青岛解放后，被福山县党委组织派往青岛，为青岛市接管委员会成员之一。后任青岛32中校长。1958年，任青岛茂腔剧团团长，编写剧本《三帅升帐》，并发表在《戏剧》刊物上。“文化大革命”中受到迫害。1981年落实政策得以平反，并担任青岛市苍口区宣传部长。1981年离休，1983年逝世。

李文轩

李文轩（1901—1985），男，中共党员，山东省农业劳动模范。

王　友

王友（1924—1994），男，又名光旭，中共党员。

友民国32年（1943）参加革命工作，曾任福山县古现区青年抗日救国会主任。民国34年（1945），在古现镇工商管理所工作。民国34年（1945）3月，去胶东青年干部学校学习，毕业后任福山县二区文书；是年11月，调东北瓦房店政府工作，任科员，后任公安局股长。民国35年（1946）2月，加入中国共产党。民国36年（1947）7月，任辽宁省委党校总务科副科长。民国37年（1948）至1949年，先后担任东北局土改工作团组长、东丰县七区区长。1949～1952年，先后任江西省南昌县政府秘书、南昌土改试验区（四区）区长、区委书记。1952年8月至1960年，先后任中南矿山机械厂、长春652厂、富拉尔基重机厂科长、副处长等职。1962～1974年，先后任黑龙江省建设厅工程公司副经理、黑龙江省安装工程公司经理、党委书记（副厅级）。1994年病故。

王福重

王福重（1921—2004），懿荣嫡孙女，崇焕长女。中共党员，大学文化，副教授，国家特级教师，全国政协委员。

民国20年（1931），考入天津圣功小学。民国22年（1933），越级考入圣功女子中学。民国29年（1940），考入燕京大学研究生院，后因家庭困难，退学回到天津圣功女中任教员。1954年，任该校教导主任，1956年，任副校长。1978年，被评为国家特级教师。1984 年，调天津教育学院，1998 年被评为副教授，1996 年退休。2004 年 4 月，病逝于天津。

福重自幼聪颖过人，为同龄女孩之佼佼者。因家境拮据，两个哥哥上学，她只能在家由母亲教授识字、书法等基础课程。11 岁时，考入天津圣功小学四年级，暑假后又跳了一级。她品学兼优，德智体全面发展，学习成绩总是名列前茅，体育曾为全校十项全能冠军，年年获得奖学金，被誉为才女。

民国 37 年（1948）4 月，福重与薛恩钰结婚，时公婆均年过花甲，丈夫姊妹五人，兄弟三人，她与家人关系和谐融洽，与婆婆一起生活了 30 余年，关系情同母女。不仅如此，福重还和一直未嫁常年患病的大姑姐一起生活了 50 年，相敬相爱，关怀备至。

1962 年，尽管家境贫困，福重却将祖父懿荣收藏保存的 500 片甲骨，全部无偿捐献给国家。

福重从教 50 年，刻苦钻研业务，关心学生成长，改进教学方法，创造了王氏独特风格的教育理论，成为当地最受尊敬的名师之一。

党的十一届三中全会后，福重光荣地加入了中国共产党，《天津日报》以头条新闻予以介绍其事迹。她多次被评为“三八红旗手”“先进工作者”“模范教师”“市（省）级劳动模范”“全国劳动模范”。

自 20 世纪 50 年代起，福重一直担任区人大代表、人大常委、市（省）政协委员、常委、全国政协委员、民进中央委员。在担任全国政协委员 20 余年里，共写出提案 400 余件，充分反映了人民群众的意见和热点问题。同时，为支持家乡福山建设王懿荣纪念馆，捐献先祖遗物甲骨文，为家乡文化事业建设做出了极大贡献。

王学忠

王学忠（1919—2010），男，博士，教授，旅居美国。父桐观。

学忠生于书香门第，名门望族，身为长子，又聪明活泼，深得父母厚爱。3 岁即识字，6 岁读书，秉承家训，以求学济世为己任，以严父慈母教诲为动力，以懿荣为榜样，努力读书成才。8 岁时父亲去世，母亲艰苦抚养两儿四女，尽管生活拮据，还是送子到烟台上小学，民国 24 年（1935）送北京汇文中学读书。在校时，他曾参加学生运动，抗议蒋介石不抵抗日军侵略，头部被宪兵击伤。翌年，京城沦陷，去上海，民国 28 年（1939）在李先岳的资助下，考入上海圣约翰大学，民国 32 年（1943）毕业。29 岁时，获美国纽约哥伦比亚大学奖学金，在该校获经济学博士和工商管理硕士双学位。1950 年朝鲜战争爆发，经济断绝，他半工半读，常到饭店当大厨，自己挣钱解决学费所需。毕业后，受聘于美国田纳西州大学 7 年，转聘于南加州大学，最后被加州州立大学聘为终身教授。在任教期间，曾获 FULLBRICHT 奖金。他曾到香港大学讲学一年，也到过北京工业大学、山东经济学院、湖南大学进行暑假讲学。在舌耕之余，笔耕不辍，著述发行世界各地，并赠福山区史志办存，并被聘为顾问。他热心公益事业，为福山教育和史志办捐款 2000 美元，并于 1994 年，在古现完小设立“王桐观于世桥教育基金会”，至 2004 年共捐助 1 万美元，奖励刻苦学习、品学兼优的学子和勤恳育人的优秀教师，奖励教师 418 人次，学生 1296 人次，资助特困生 74 人次。并决定在他辞世后，将在美资产的大部分献给基金会，实现其父母未竟夙愿。1988 年退休，2010 年 12 月逝世。

二、忠烈名录

忠义之士　王懿荣（京师团练大臣）、王伯津（团总）、王炅炎（又名王保训，有传，团长）、王其方（团长）、王葆溆（团长）、王伯庚（团勇）、王大田（居民）、王福善（居民）、朱喜成（居民）、王仲贤（居民）、王启槵。以上为《福山县志稿》所载清代忠义之士，但仅收录其有村籍记载者，按原顺序排列，王启槵为根据王启樾传补之。

人民烈士　马进忠、王迎焕、王炳燮、王绥禄、王维涵、张其寿。以上为《福山区志》所载人民烈士及以后有据可查之人民烈士。

三、人物简介

王宪钧

王宪钧，男，清宣统二年（1910）生，大学毕业，教授。甲骨之父、爱国志士王懿荣曾孙。出身官宦人家，自幼饱受家训，耳濡目染，立志成才，文采斐然。燕京大学毕业后，自民国27年（1938）起，历任昆明西南联合大学、清华大学、北京大学哲学教授。任教50余年，培养逻辑学方面的学生和研究生遍布五洲四海。发表的论文有《论蕴涵》《批判逻辑实证主义的现实意义理论》《数理逻辑和形式逻辑》《数理逻辑节录》等，专著有《数理逻辑引论》。离休后，嗜书不减。

王宪钿

王宪钿，女，民国4年（1915）生人，研究生毕业，副研究员。甲骨之父、爱国志士王懿荣曾孙女。民国28年（1939）清华大学心理学系毕业后，又于民国30年（1941）就读于燕京大学研究院心理学系，结业后留校任助教，后历任成都高级制革学校教师、中国科学院心理研究所学术秘书、副研究员等职，已离休。编著《十年来的中国心理科学》《人类的智能》《教育心理学》《儿童心理学》等书的儿童心理发展部分，翻译瑞士皮亚杰名著《发生认识论原理》及译介国外有关儿童心理发展的文献多篇。发表关于儿童心理发展的实验论文多篇。

王宪钊

王宪钊，男，民国5年（1916）生，大学毕业，高级工程师。甲骨之父、爱国志士王懿荣曾孙。曾任中央气象局副总工程师，是四、五、六届全国政协委员。现为正研级高级工程师。已离休。

王福埏

王福埏，甲骨之父、爱国志士王懿荣之孙，男，民国6年（1917）生，民国33年（1944）华西大学经济系毕业。民国34年（1945）赴美国，任中国资源委员会驻纽约办事处会计。后任美国一家西药公司总会计师，直至退休。现居美国纽约。

王茂林

王茂林，男，民国9年（1920）生，大学毕业，中共党员，高级工程师。民国34的（1945）上海圣约翰大学毕业，民国35年（1946）到江西赣县钨矿任助理工程师。1949年后，先后分别在沈阳、鞍山、哈尔滨、承德、第六冶金矿山建设工程公司、辽宁省一建、抚顺市一建等单位任工程师。曾任抚顺市城市建设学校副校长，已离休。

王宪钟

王宪钟，男，民国9年（1920）生，博士学位。甲骨之父、爱国志士王懿荣曾孙。世界著名数学家。

宪钟出身官宦人家，自幼饱受家训，在熟读诗文、经典的同时，特好算学，立志成才，矢志不移。大学毕业后，即任美国康奈尔大学教授，执教30余年。一生致力于纤维丛、李群和齐性空间方面的研究，发表相关论文39篇。继承和发扬先祖的爱国主义精神，应中国科学院邀请，曾于1972年、1973年、1977年三次回国讲学，引起海内外专家学者的关注。

史成仁

史成仁，男，民国9年（1920）生，初中文化，中共党员。

民国33年（1944）参加革命工作，曾任古现区联防指导员、福山县各救会副会长。民国37年（1948）南下，历任江苏省江宁县副县长，江苏省财贸部处长、省粮食厅副厅长，江都县委书记，扬州地委常委、专员，市人大副主任。1987 年离休。

王学义

王学义，男，民国 13 年（1924）生，学忠胞弟。黄埔军校学生，总工程师，现为北京黄埔同学会理事。

民国 28 年（1939），烟台志孚中学肄业，是年考入黄埔军校十八期二总队炮兵科。民国 31 年（1942）毕业后，曾任第一军参谋处少尉、中尉参谋、军直属战车防御炮营中尉排长、师属山炮中尉观测员、测量员等职。曾参加过豫西抗日会战和接受日军投降。曾任徐州国民党军战车第一团上尉、战车储备军副团长。在淮海战役中被俘，在第三野战军解放军训练团学习三个月参加中国人民解放军。

1949 年解放上海前夕，派往上海，参加中共地下党发动的国民党京沪杭警备司令部第三处的起义。解放后，曾在上海公安局社会处工作。

从 1978 年始，主持了商业部 3 万平方米住宅设计。

1988 年退职，当年被返聘原单位负责经济日报社新厂及印刷厂建设工程，任总工程师，为国家做出了重大贡献。

1990 年 10 月离休后，66 岁考入中央贸易干校，毕业后分配到贸易部茶叶总公司企业管理处任主任科员，后调往农产品采购部、城市服务部、全国供销总社、二商部、商业部等基建部门工作。其间参与了全国主要茶区的茶厂建设即机械化设备的研发与订货，又参与棉籽脱绒设备研究与订货。

王宪铨

王宪铨，男，民国 14 年（1925）生，大学毕业，中共党员，编审。甲骨之父、爱国志士王懿荣曾孙。清华大学历史系毕业，民国 35 年（1946）参加革命。1950 年后，历任北京市新闻出版处、文化局正副科长、北京出版社编辑部主任、副社长兼编辑部主任、出版局和文化局副局长及北京出版社社长等职。后任北京出版社特邀顾问、北京市出版工作者协会主席和北京市出版专业高级职称评审委员会主任等职。

王辉良

王辉良，又名炳煌，男，民国 14 年（1925）生，初中毕业，中共党员。民国 36 年（1947）入伍，曾在烟台特兵营、32 军特务营、福建军区高炮营、福州军区通信兵团等单位工作，先后担任观察员、排长、助理员、正副股长等职，荣立三等功 3 次，荣获国家解放奖章 1 枚。1965 年转业到地方，先后任江西省新建县粮食局监察组长、县革委会政治部主任、江西省医药公司新建公司经理等职。1985 年离休。

王瑞堪

王瑞堪，又名袭崙，民国 16 年（1927）2 月出生，男，专科学历，中共党员。民国 34 年（1945）参加工作，任福山县古现区工作队员。民国 35 年（1946）入党。解放战争时期，在胶东军区北海分区教导营工作，后被派往辽南军区任见习会计、会计，后到东北军区军工部任行政股长。民国 35 年（1949），转入沈阳市公安局工作。新中国成立初期，先后任沈阳市公安局秘书、副科长、科长以及五五二厂保卫股长。1952 年，任沈阳市公安局四处计划科长。1954 年后，先后任沈阳市公安局第一监狱典狱长、沈阳市公安局七处政治部主任及七处处长。后调任沈阳市劳改局党委副书记、副政委（正厅级）。1985 年离休。

王镇国

王镇国，又名镇山，男，民国 16 年（1927）生，高中文化，中共党员。民国 34 年（1945），参加革命军队，先后任班长、军医、卫生所所长、中国人民志愿军后勤部医院队长。1954 年，转业到地方，历任南京市鼓楼医院医务处主任、副院长，南京市环境监测中心副站长、环保公司经理等职。1987

年离休。曾荣获朝鲜“三级国旗勋章”1 枚。

王镇昌

王镇昌，男，民国 16 年(1927)生，初中文化，中共党员，高级会计师。1951 年参加工作，先后在青岛进出口公司、中国技术进出口公司、中国外运总公司、湖南浏阳税务局、湖南省外运公司、湘东化工机械厂、烟台冷冻机总厂等单位工作，历任审计正副科长、副局长、副总会计师、烟台市政协委员、市会计协会理事、市工业会计学会副会长、市会计师事务所分析副所长等职。1989 年退休。

王德镇

王德镇，男，民国 16 年(1927)生，大专学历，中共党员。

民国 33 年(1944)参加革命工作，先后在福山县大队、胶东军区特务团、十三纵队、济铁警备司令部、公安学院、新疆公安厅、国家工商行政管理局等单位工作任职，先后担任过班长、干事、副指导员、股长、科长、主任教员、处长、国家工商学院副院长、国家工商总局副司长等职务。在职期间，成绩显著，先后荣记二、三、四等功，获通令嘉奖等表扬。1988 年离休。

王德辉

王德辉，男，民国 17 年(1928)生，小学文化，中共党员。

民国 33 年至 35 年(1944～1946)，先后任古现村青救会会长、福山县第七区中队政治干事。民国 36 年(1947)，任福山县警备营三班班长。民国 37 年(1948)于渤海军区特务二团工作，后又被派往天津、上海搞中共地下工作。1949 年，于中国共产党渤海地委党校学习，后被调往黄县任工商组组长。1951 年，任大连市五金总厂电工器材厂总务处主任。1953 年，任大连市轧钢厂党总支宣传委员。1958 年，下放回古现东村。1958～1960 年任村大队长。“文化大革命”后落实政策，1980 年，大连轧钢厂予以办理离休。

王宪鉌

王宪鉌，男，民国 17 年(1928)生，大学文化，中共党员，正师级教员。甲骨之父、爱国志士王懿荣曾孙。

1949 年入伍，随军南下，任十二兵团政治部干事。1951 年，入南京军事学院学习，毕业留校任教员。后调任北京军政干校教员和石家庄高级步校教研室副主任。1985 年，任石家庄高级步校院校正师职教员。任职间曾荣立二等功 1 次，三等功 6 次。曾主编、合编多部军事教材，发表论文多篇。1988 年离休。

王鸿源

王鸿源，又名铭祺，男，民国 18 年(1929)生，中专学历，工程师。

1949 年入伍，先后在苏南军区后勤部、无锡联合米厂、昆明 500 号信箱、沈阳低压开关厂、西安微机电厂工作，历任采购员、技术员、设计员、模具设计校对工程师等职。在福山电器厂设计的 LM－5 五千克快速电子离合器模具成功，受到奖励。

王禧庭

王禧庭，男，民国 18 年(1929)12 月生，初中文化，中共党员。

民国 33 年(1944)，在烟台敦昌百货绸缎庄当店员。民国 34 年(1945)，在青岛福和盛商行任会计。1951 年，任青岛税务局市南区分局查账员。1953 年，任青岛市台西税务分局稽管组长、股长。1956 年 5 月，响应上级号召，积极报名支援新疆，调伊宁市税务局任秘书、人事股股长。1957 年 10 月，调伊宁地区人民医院任人事干事。1958 年，调伊犁州地区人民医院，任院长办公室干事、负责人。1972 年 5 月，调伊犁州畜牧学校，任校办公室主任、党委办公室主任、党委常委。1992 年 5 月退休。

王永江

王永江，男，民国 19 年（1930）生，大学文化，高级工程师，教授。

民国 28 年（1939），于古现小学读书，后因日军飞机轰炸毁家而迁烟台上学。民国 37 年（1948），在烟台读完高中二年级后赴北平。1949 年，于北平高中毕业后考入国立北洋大学电机系。1951～1952 年，因家庭困难休学，在烟台一中从事教学工作，资助家庭。后又考入天津大学电信系学习，1955 年毕业于天津大学电信系。1955～1969 年，于北京气象学院无线电、计算机系教学。1970～1981 年，下放到北京昌平。1982 年，调入北京市半导体研究所，从事技术研究工作，高级工程师、教授。著有《电子探空》《电子探空的故事》两部科普书。1994 年退休。子，殊，为建设部某建筑装饰公司经理。

张道辉

张道辉，男，民国 20 年（1931）生，大学文化，中共党员，副编审。

1949 年参加工作，毕业于胶东公学。曾在新华社烟台分社、胶东日报社、安徽农民报社、党员生活杂志社等单位工作，先后担任过报社记者、编辑以及安徽新闻图片社副主任、科技出版社副社长、社长、副编审等职。编辑出版过大型画册《中国盆景》，并获全国奖。已离休。

于德浩

于德浩，男，民国 20 年（1931）生，初中文化，中共党员。

1949 年参加工作，先后在大连工学院、化工部大连土建公司、冶金部第九冶金建设公司、广东建安公司、广东韶关矿务局、冶金部第十六冶金建设公司、中国有色金属总公司等单位工作，历任股长、党总支副书记、党委办公室主任、党委书记、经理等职，已离休。

于德友

于德友，男，民国 20 年（1931）生，大学文化，中共党员。

民国 34 年（1945）入伍，历任班长、分队长、医助、教员、军区参谋、防化团营长、副参谋长、副团长兼参谋长、团长、济南军区防化教导大队大队长等职。荣立三等功 8 次，获嘉奖 2 次。1983 年离休。

王考真

王考真，男，民国 23 年（1934）生，大学文化，高级工程师，中国工程技术学会会员。

1951 年，古现完小毕业后赴大连学徒当工人，自学初中课程。1956 年，考入锦州工学院机电系学习，大学本科毕业后留校任助教。1970 年，调回福山供电所工作，任技术员。1982 年，先后任烟台电器厂生产技术组长和生产技术厂长，高级工程师。因机电工程专业技术突出，1982 年被评为"烟台市科技拔尖人才"，并作为福山科技界代表被选为福山县一、二届人大常委会委员，同时，兼任烟台工程技术学会福山电气分会理事长。1993 年退休。

王永泉

王永泉，男，民国 23 年（1934）生，大学文化，高级工程师，中共党员。

6 岁随父母移居烟台并入崇正（天主教）小学，12 岁烟台初中二年级随校迁至青岛，秋天又随父转赴天津，又转北京西城五十三中读书，1949 年毕业，同年加入新民主主义青年团。1950 年，考入天津市立学校高工土木科学习。1951 年，受学校派遣，考入交通部南京干部学校路桥专业学习。1952 年，毕业分配到内蒙古交通部工作，曾任测量设计总队队长。1956 年，因工作业绩突出，连升两级，晋升为 10 级技术员。1961 年，带职考入长春地质学院工程地质专业。1966 年本科毕业，任内蒙古公路工程局工程科科长、技术科科长、副总工程师、总工程师。1992年，经内蒙古交通厅党组任命为交通厅副总工程师（正处级）。1993年，任呼包高速公路建设指挥部总工程师。1997年，高速路建成后退休。

王　基

王基，男，民国24年（1935）生，大专学历，中共党员，师副政委。

1951年，参加中国人民解放军，历任团政治处副主任，空军某团副政委、政委，空军某部师副政委，曾荣立三等功两次。1979年，曾率部参加对越自卫反击战，战绩突出，受到中央军委主席邓小平签发的通令嘉奖。1986年，转业地方，在烟台市政协任秘书长、办公室主任，工作认真负责，被市直机关党委评为“优秀党务工作者”。1995年退休。

王汝弼

王汝弼，男，民国25年（1936）生，大学文化，中共党员，副教授。

1960年西安交通大学毕业后，历任郑州工学院水利工程系助教、江苏省轻工厅工程师。1989年后，任河海大学（原华东水利学院）管理系副教授。

王德钧

王德钧，男，民国25年（1936）生，大学文化，中共党员，主任，记者，中国摄影家协会会员，英国皇家艺术研究院荣誉院士、客座教授。

1955年毕业于徐州铁路中学。毕业后赴新疆工作大队，随后入新疆维吾尔自治区干校、新疆语文学院、新疆大学学习。1959年毕业后，分配到新疆青年报社工作。1960年，调到新疆画报社工作。1962年，新疆画报社与新疆日报社合并，历任报社记者、办公室主任等职，同时兼任新疆老摄影家协会副主席和副秘书长、乌鲁木齐职工摄影协会常务理事及组织部长等职。从事新闻、摄影工作四十余年，先后在全国和新疆报刊、画报上发表论文、新闻报道达数十万字，发表摄影作品万余幅。摄影作品曾荣获“中日大自然摄影大赛”最佳奖。撰写的专题稿《美丽富饶的额尔齐斯河》于1996年在《新疆画报》上连载，并荣获全国首届画报连载一等奖。

王其耀

王其耀，字铭远，别署焕珠轩主人，男，民国25年（1936）生，中专学历，中共党员。

福山师范函授学校中师部毕业。1951年参加教育工作，历任教师、教导主任、副校长。1959年，调烟台市教育局任科员。1972年，加入中国共产党组织。1976年，任福山县教育局教学研究室副主任。1982年，任福山县第三中学党支部书记。1983年，从政，历任中共福山县委宣传部宣传科长，中共福山区委企业政工部副部长、部长，福山区监察局长。1989年，被选为中共烟台市党代表。1991年后，历任福山区十一、十二届人大常委会副主任、党组成员。

其耀出身于耕读之家，深得祖上懿德熏陶，幼承家风，聪颖好学。尤酷爱书法，刻苦自励，笔耕不辍。多年来，在深究传统书法艺术基础上，广览博涉，兼收并取，但不拘泥于一时一代，而撷百家之精要，努力追求潇洒苍劲之风格。书作多次于市、省乃至全国书展屡屡入围或参赛获奖，并屡次于报刊上被选用刊登。1999年，《烟台日报》以专题《王其耀的书法艺术》详细予以介绍。1994年，书法作品获省“金春杯”书画大赛二等奖，是年，书法作品参加新加坡举办的国际书法大展，被载入《狮城国际书法大展作品集》。1996年，书法作品参加马来西亚举办的国际书画艺术邀请展，当年，《中国书画报》（总第525期）以专题《书苑人物——王其耀》予以介绍。其耀不仅书法艺术突出，且文学造诣颇深。1978 年，与人合编历史剧《雄风祭酒》，并在北京《剧本》上头题发表，是年，该剧本荣获中国戏剧家协会山东分会颁发的"剧本奖"；1989 年又荣获中共山东省委、省政府颁发的"山东省泰山文艺创作奖"。1999 年与人合写《王懿荣其人及其书法艺术——纪念王懿荣发现甲骨文一百周年》论文，在上海《书法》杂志上发表。2000 年，为纪念王懿荣殉国一百周年，撰写的《百年翰墨，百年星光》一文在《书法导报》上发表。孙，得其真传，11 岁参加福山区少年书法大奖赛获一等奖。

王丙见

王丙见，1980 ~ 1986 年，连续被中共福山县委授予"模范共产党员"荣誉称号。1983 年 1 月，被福山县人民政府授予"劳动模范"荣誉称号。1984 年，出席中共福山县第六次党代会。1989 ~ 1992 年，被中共福山县委授予"优秀共产党员"荣誉称号。1990 年 3 月，出席中共福山县第八次党代会。1995 年 5 月，被古现镇选为人大代表，出席福山县第十三次人民代表大会。1995 年 5 月，被中共烟台市福山区委员会、福山区人民政府授予"计划生育先进工作者"荣誉称号。1993 ~ 1999 年，5 次被古现镇党委授予"优秀共产党员"荣誉称号。2000 年 12 月，被镇党委、政府授予"先进工作者"荣誉称号。2007 年 5 月，被中共古现街道工委、办事处授予"优秀计划生育专职副会长"荣誉称号。

王宪钧

王宪钧，民国 28 年（1939）1 月生，男，小学文化，中共党员。甲骨之父、爱国志士王懿荣曾孙。

宪钧生于书香门第、官宦之家。生于抗日战争时期，家庭生活困难，民国 37 年（1948）入学，1954 年在古现完小毕业，一直在家务农。20 世纪 60 年代初，曾参加莱山军用机场建设。1974 ~ 1980 年，在古现公社建筑队加入中国共产党，先后任分队长、党支部委员。1981 ~ 1983 年，在古现镇工交任司务长。1984 ~ 1990 年，任镇办古现服装厂厂长。1991 年转金河实业总公司。1993 年从金河实业总公司回村务农至今。

宪钧对先祖十分敬仰，曾收集曾祖王懿荣的珍贵文物及先祖的文史资料，在"文化大革命"中，冒着被抄家与批斗的风险，将收藏的一些重要文物保存完好，并且在福山区建设王懿荣纪念馆时，无偿提供了部分有关资料。在编修村志过程中，也提供了大量珍贵资料，为村志编纂做出了积极贡献。

王毓镛

王毓镛，男，1939 年生，大学文化。

山东世源建筑集团第五工程公司（公司资质为一级）总经理，法人代表，烟台国海商贸有限公司董事长，总经理。

高中毕业后，考入昌潍医学院医疗系本科，后因病肄业回家。改革开放初期，白手起家办起个体建筑队，从几个人的瓦匠帮发展到几百人的建筑公司。个人富了不忘回报社会，继承王氏祖辈"尊师重教，助人为乐"的传统，捐赠巨资建学校。曾先后被授予国家级一、二届尊师重教先进个人称号，并被选为烟台市芝罘区人大代表和多届镇、街人大代表。

在建筑领域业绩辉煌，曾创烟台市级首届建筑优质工程，多项工程获市优。20 世纪 90 年代，创造了全市乃至全省首家准入进京施工单位，进而取得了甲方信任，成为被客户高度评价的名优企业。

王毓镛不抽烟，不喝酒，不赌钱，唯一爱好就是读书、看报、听广播。对书报的痴迷达到不惜代价的程度，因而，家藏书画甚多。他一生重视教育，女儿上海外语学院毕业后留学美国，获电脑硕士。儿子王国庆上海同济大学毕业后，留学澳大利亚墨尔本莫纳什大学获电脑硕士学位。王毓镛的侄儿王琳现留学英国伦敦大学攻读电脑博士学位；侄儿王家庆留学美国，大学毕业后成为高级工程师；王家庆的女儿王佩琦在美国奥斯汀大学获药学博士学位。

虽年逾古稀，王毓镛仍奋斗在建筑行业之中，继续实现着一生的梦想。

王荣莲

王荣莲，民国28年（1939）5月生，女，中专学历，自学大学，高级工程师。

自幼爱学习，1954年毕业于古现完小，同年以优异成绩考入福山一中。1957年7月初中毕业，回村务农一年，次年9月考入烟台机器制造学校，经过三年刻苦努力学习，以优秀成绩取得中专文凭，被分配到山东新华医疗器械厂技术科，主管技术文字档案工作。

荣莲一到工作岗位就全身心投入工作，在积极完成工作任务的同时，夜以继日地学习本厂所产各种医疗器械的专业知识和生产工艺流程，学习大学本科机械制造专业知识，先后被评为助理工程师、工程师、高级工程师，为全厂的医疗器械制造事业做出了重大贡献。先后在省、国家级专业刊物发表《论技术档案管理》、《医疗装备、手术器械分门别类理论》等论文多篇。1994年8月退休。

王瑞城

王瑞城，男，民国29年（1940）生，高中文化，中共党员。

1954年毕业于古现完小。1958年应征入伍，于济南军区独立一大队当战士。1965年提干，先后任济南军区守备三十四团一连副排长、排长。1966～1968年，任蓬莱守备区司令部军务参谋。1969～1972年，任济南军区守备二十师侦察连指导员。1973～1979年，任济南军区守备三师政治部文化干事（正营职）。1979年12月，转业到福山人民法院，先后任民事庭庭长和告诉申诉庭庭长（正局级）。1998年11月，被国家最高人民法院授予四级高级法官称号。2003年退休。

夏曰源

夏曰源，男，民国30年（1941）生，大学文化，中共党员，教授。

1966年山东大学物理系毕业后，留校工作。1977年，到英国苏尔福大学进修一年，回国后在山大物理系任讲师、教授。任教期间承担国家自然科学基金的研究课题，学术论文获1985年山东省教育厅科技进步理论成果二等奖。2001年退休。

于菊梅

于菊梅，女，民国32年（1943）生，大学文化，中共党员，中学一级教师。

1969年北京钢铁学院毕业后，历任兰州连城铝厂中学教员、洛阳钢铁厂职工学校副校长等职。

葛竹花

葛竹花，1990年9月，被中共烟台市委、烟台市人民政府授予“计划生育先进工作者”荣誉称号；1991年11月，被山东省计划生育委员会、山东省人事局授予“全省计划生育系统先进个人”荣誉称号；2001年12月，因从事计划生育工作满15年（工龄30年），为社会主义事业做出了贡献，中华人民共和国国家计划生育委员会颁发“荣誉证书”，以资表彰。

王汝娟

王汝娟，女，民国33年（1944）生，本科学历，教授。

1966年，从福山一中考入上海华东师范大学。1970 年，上海华东师范大学本科毕业后，先后在天津市宝坻工业局、济南军区东都制药厂工作。后调山东中医药大学，历任讲师、副教授、学院基础化学系主任、教授。2004 年退休。

王永玫

王永玫，女，民国 33 年（1944）生，大专学历，中学高级教师。

历任烟台养正小学副校长、烟台道恕街小学副校长。已退休。

王金福

王金福，民国 33 年（1944）12 月生，大专学历，中共党员，主治医师。

出身于贫苦农民家庭，受村内学习风气影响，自幼即爱书识字，11 岁入学，17 岁考入烟台技工学校，因学校停办，任生产队记工员。1965 年应征入伍。1966 年，被选送去驻威海 6136 部队学习卫生员。1967 年，回部队任卫生员，连续两年被评为“五好战士”。1968 年，加入中国共产党。1970 年，提为排级干部，任医助，先后两次参加军队和地方合办的新医疗法学习班，医术有较大提高。1971 年，参加“三支两军”。1972 年，被选送到济南军区军医学校学习两年。1975 年，参加烟台地区中医学习班一年。1979 年 10 月，转业到福山县精神病医院。1980 年，又到莱阳精神卫生康复医院学习一年。1983 年，被评为福山县劳动模范、模范共产党员，以后历年均被评为先进工作者。1992 年，被评为主治医师。1999 年，福山精神病医院并入福山医院，任精神科主任。2005 年退休。退休前多次参加专业知识学习，发愤为学，博学多能，成为具有现代中西医医术和精神病防治全面技能的医师，曾发表《精神病调查问卷》等论文多篇，为国家医学事业做出了积极贡献。

王昌福

王昌福，男，民国 34 年（1945）7 月出生于黑龙江省哈尔滨市，大学文化，高级工程师。

1970 年，毕业于哈尔滨建筑工程学院（今哈尔滨工业大学）。1987 年，由陕西汉中调入烟台第二建筑公司，晋升为高级工程师，国家注册监理工程师。退休后，就职于烟台田园牧歌工程咨询有限公司，任副总经理兼总工程师。

王汝霖

王汝霖，男，民国 35 年（1946）生，大学文化，讲师。

1970 年山东海洋学院毕业后，历任青岛市粉末冶金研究所自动化仪表及电器技术员、山东海洋大学物理系教研室主任、讲师、副教授等职。

王铭富

王铭富，男，民国 36 年（1947）生，大专学历，中共党员。

1965 年于福山三中毕业后，入航空飞行学院学习。毕业后历任空军部队飞行中队长、大队长、师领航主任、师副参谋长（正团级）等职。在部队期间，先后荣立二等功 1 次、三等功 3 次，并被评为特级飞行员。1988 年，转业到烟台市粮食局粮油运输公司任副经理（正县级）。

王明德

王明德，男，民国 36 年（1947）生，小学文化，中共党员。

1969 年应征入伍，于解放军二三九团先后当战士、班长。1971 ~ 1974 年，于二三九团任排长。1975 ~ 1985 年，先后任副连长、连长、营长。在军队期间，荣立三等功 2 次。1985 年，转业到福山人民法院任古现法庭庭长。1994 年，调福山区人民法院任行政庭庭长。1997 年，改任福山人民法院立案庭庭长。1989 年，被省高院授记二等功 1 次，1998 年，荣获福山区“优秀共产党员”荣誉称号。2000 年，被烟台市人民法院授记三等功。

张心礼

张心礼，男，大学文化，中共党员，海军上校军衔（正团级）。

1972 年入伍，为三七四〇一部队战士。1973～1988 年，在部队先后担任过营房股助理员、分队长、油料运输股股长、管理处副处长等职。1988 年 9 月，被授予海军少校军衔。1992 年 9 月，被授予海军中校军衔。1996 年 12 月，被授予海军上校军衔。1975 年荣立三等功 1 次。1997 年 9 月，转业到青岛市财政局工作。

王明忠

王明忠，1994～2009 年，多次被古现镇（街）、党委（工委）、政府（办事处）授予“优秀共产党员”“优秀农村干部”“优秀党支部书记”“优秀计划生育协会会长”“先进工作者”等荣誉称号。2001～2002 年，两次被中共烟台市福山区委、福山区人民政府授予“社会治安综合治理先进工作者”荣誉称号。因在 2008 年度、2011 年度、2012 年度工作成绩优良，被中共烟台市委、烟台经济技术开发区工委、管委，特给予嘉奖 3 次。2010 年，荣立三等功 1 次，2011 年，被烟台经济技术开发区工委、管委授予“优秀共产党员”荣誉称号。

王红军

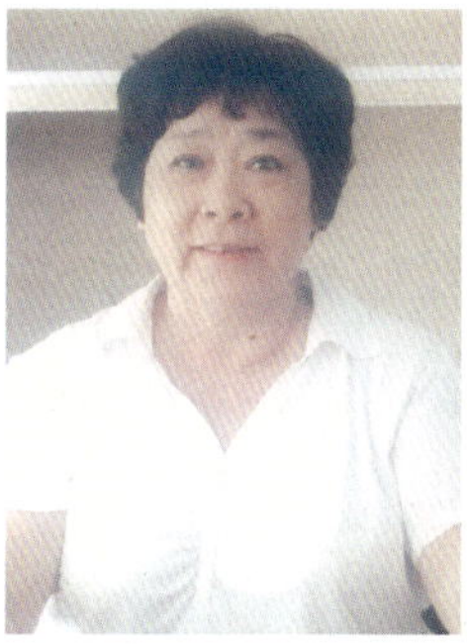

王红军，女，1950 年生，大学文化，现为烟台君悦湾社区法人代表。

童年时跟随父母离别家乡去天津，自 1993 年开始从事基建工作，至今 20 余载，成为房地产行业女企业家。

2003 年，王红军回乡探亲，家乡山好、水好、人更好，物产丰富，空气清新，她心情非常激动，遂动落叶归根之念，欲回家乡，把家安在烟台。她经过不懈努力，实地调研，规划方案，历经 6 个春秋，最终于 2011 年 2 月 24 日挂牌取得了君悦湾的开发权。

君悦湾位于芝罘区、开发区、福山区三区接壤的金三角位置，夹河在其中穿行而过，400 亩湿地公园一湾相隔，近山、近海、交通便利。在君悦湾的规划方案里，生态与高科技是她追求的重点，该楼盘拥有公 1.5 的容积率，高达 5% 的绿化，人均近 3 平方米的绿化面积。君悦湾是烟台首家真正意义的智能化家居社区，完善的智能化家居系统，成本高昂的环境治理费用，这一切，王红军说是一种责任，是做自己的良心。这里不仅是她和家人的梦想，也会变成所有人的梦想的家园所在。

王红军六十多岁的年纪，绝大数同龄人在家看孙子，晒太阳，拉家常，安享晚年，而她仍像年轻人一样，为实现她的理想奋斗不止。

王铭玉

王铭玉，2001 年 7 月，被烟台市人事局、烟台市司法局授予“优秀人民调解员”荣誉称号。

王克邦

王克邦，生于 1951 年 2 月，大专学历，中学高级教师，中共党员。

克邦从小学到高中，品学兼优。1970 年高中毕业，因“文化大革命”停止高考，无缘大学，回村任生产小队保管、出纳、会计。1972 年，任村团支部书记、古现公社团委委员。1974 年，村保送到福山师范学习，并担任学校团总支委员。1976 年，加入中国共产党，响应党和国家号召，回村担任党支部副书记和生产队长。1977 年，被评为“山东省社会主义革命和建设积极分子”，出席山东省第二次社会主义革命和建设积极分子代表大会。

1978 年，被福山县教育局招聘为中学教师，热爱教育事业，寓教于乐，当年被评为“福山县优秀园丁”。1990 年，又被评为“任小艾”优秀班主任。2000 年，被评为中学高级教师，还被选为教育界党代表，参加古现镇党代会。2002 年，获福山区政府嘉奖。2006 年，获开发区“教学能手”荣誉称号。1998 ~2011 年，每年都被评为镇(街)和学校优秀教师。2011 年退休。

高中毕业后，一直坚持文化学习，1990 ~ 1995 年，参加电视大学学习，获中文大专毕业资格。先后在国家或地方刊物上发表小说《吴叔告状》《聪聪嫂与老钱》及论文《说明文三段教学法》等多篇。

李卫启

李卫启，字子石，号字奴，菁文斋主人。男，

1953 年生。现为中国文化艺术研究院一级篆刻家，中国东方书画协会研究员，中日书画家协会会员，泰山诗书画协会刻字技师。

1972 年，济南军区建设兵团独立师十五团任技师。1974 ~ 1976 年在山东工艺美术学院进修。后转到泰安国营棉纺针织厂工作，先后任宣传干事、技师。1999 年，转到泰安文化艺术研究院工作，兼任泰安老年大学教师。

自幼酷爱书画刻字，曾得到中国文化艺术名人朱复戡先生的启蒙和王个移先生的授传，在继承发展中国书法篆刻艺术中刻苦钻研，持之以恒，具有很深的艺术功底。艺术成就颇丰，1999 年，荣获“世界风筝画廊”二等奖，作品被永久收藏；入选《世界人物辞海》《世界华人文学艺术界名人录》《亚太地区名家书画集》《中国书画作品收藏宝典》《中国专家大辞典》《2000 年中国杰出人物特集》等。作品被多家报刊和国内外友人选用、收藏。2006 年 12 月，被中国书画艺术家协会授予全国百位书画艺术家“人民书画艺术家”荣誉称号。2007 年 10 月，被中国国学研究会授予首届中国国学奖创作成果类金奖。

王　羽

王羽，男，1954 年生，大学毕业，中共党员，主治医师，现任卫生部医政司司长。甲骨之父、爱国志士王懿荣嫡玄孙。

1969 年，入黑龙江生产建设兵团，曾任兵团化肥厂医院副院长。1982 年，毕业于哈尔滨医科大学，调北京朝阳医院内科任医师，后调卫生部医政司任主治医师、医政司司长。曾多次参加世界卫生组织召开的国际会议以及卫生管理高级研修班等各种国际活动，在国内报刊发表多篇管理文章。

夏云焕

夏云焕，男，1954 年生，高中文化，中共党员。

1963 ~ 1969 年，古现小学读书。1969 ~ 1972 年，先后在古现联中、福山三中相继读初中、高中。1974 年，应征入伍到济南军区警卫营。1976 年，调济南军区司令部管理局。1978 年提干，历任机关食堂司务长、正连职行政管理员、正营职汽车队队长、副团职机关服务中心主任、正团职军区首长秘书。荣立三等功 2 次。1999 年退休。

林宝凤

林宝凤，女，大专学历，中共党员。

1973 年高中毕业后，跟随舅父到安徽和县。1975 年 9 月，考入和县师范。1977 年，调入含山县二中任教。1986 年，调入含山县妇联工作，任干事、部长、副主任至今。在县妇联期间，多次被评为县、市先进工作者和先进个人。2006 年，曾被评为安徽省“双学双比”先进工作者。2010 年，被评为安徽省“三八红旗手”，安徽省妇女维权先进个人。

王昌荣

王昌荣，男，1955 年 7 月出生于黑龙江省哈尔滨市，大学文化。

幼年时在哈尔滨市。1962 年，随父母至陕西省汉中市上学，后考入陕西工程学院。2001 年，进入汉中工具有限公司（国家大二型企业），任公司副总经理，兼销售总公司总经理。

王昌萼

王昌萼，字学军，男，1960 年生，大学文化，政工师，中共党员。

1977 年参加工作，任烟台宽幅布厂车间团支部书记，随后就读于山东省青年管理干部学院现代管理系。1983 年，调福山区物资协作公司工作，任副经理。1992 年，调福山机电设备总公司任经理，同时兼任物资集团副总经理（副科级）。1994 年，任福山区物资局局长（正科级）。2000 ~ 2008 年，任福山区物资集团总公司董事长兼总经理。1995 ~ 1998 年，先后被评为“烟台市青年企业家”“烟台市物资系统先进工作者”。

王汝晟

王汝晟，生于 1961 年 5 月，大学文化，中共党员。

汝晟自幼好学，从小学至高中，学习成绩均列班级前茅。1979 年于烟台十九中高中毕业，1980 年 5 月，在本村应征入伍，在吉林省长春市空军某部服役，历任战士、机械师、分队长、中队长、战机发动机质量控制室主任（副团级）。在部队期间，认真学习专业知识，考取“航空维修”大专学历。2000 年 10 月，从部队转业，到长春市净月监狱工作，任副处级助理调研员。到任积极工作，全面学习专业知识，很快考取“监狱管理专业”本科学历。2004 年 8 月，调任长春市司法局工作，任调研员，一级警督（正县级）至今。工作之余，不忘学习，习练书法，研究篆刻，维修家电。

王洪江

王洪江，男，1961 年 10 月出生，大学文化，主任医师，王懿荣玄孙。

1979 年 9 月考入武汉科技大学医学院医疗系医学专业本科。毕业后分配到辽宁镁矿公司海美医院内科工作 6 年。后调到烟台东源医院工作。现任医院院长、主任医师，中国民主建国会烟台市委员会卫生专业委员会主任，文教卫生支部副主任。在烟期间多次荣获中国民建烟台市优秀会员称号。防“非典”先进个人称号。曾获得烟台市福山区科研成果三等奖。

朱元涛

朱元涛，男，1962 年 6 月生，中共党员，大专文化。

1980 年 11 月应征入伍，1981 ~ 1982 年解放军七飞院一团战士，1982 年 9 月加入中国共产党，1983 年 9 月考入空军航空救生大队学员，并完成 300 次跳伞任务。1985 年 10 月毕业后任空军飞行学院排级教员，1986 年 6 月担任空军第五批女飞行员学员教员，因工作突出，荣立三等功一次。1987 年 10 月调入飞行学院地面科任救生主任，被评为优秀共产党员。提前晋级正连级。1988 ~ 1990 年入空军指挥学院大专学习，1990 ~ 1998 年任飞行学院教员（副营），1998 调沈空侦四团司令部任航空救生主任（正营），1999 ~ 2003 年任空军航空兵 16 师救生室主任（副团），现已退休。

王伯松

王伯松，男，1963 年生，大学文化，中共党员。

1985 年毕业于烟台十九中，后考入烟台商业学校。1987 年，商校毕业后分配到烟台市计划委员会办公室任科员。1994 年，加入中国共产党，是年，擢升为烟台市计划委员会办公室主任，其间在职学习并取得山东经济学院大专学历。2001 年，任烟台市发展改革委员会协作科科长。2004

年，任烟台市发展改革委员会国内经济办公室科长（正科级）。

王永寿

王永寿，男，1964 年生，本科学历，中共党员。

1981 年高中毕业，翌年 3 月参加工作。1982～2001 年，先后任中共古现镇党委报道组报道员、福山区司法局宣传干事、中共福山区委宣传部新闻干事、福山区高疃镇党政办公室主任、中共高疃镇党委组织委员、中共高疃镇党委政法委员、中共东厅乡党委宣传委员、中共东厅镇党委组织委员、中共回里镇党委纪委书记。2001 年，调烟台福山高新区工作，先后任工委委员，管委办公室主任。2002 年 12 月，兼任福山高新区工会工作委员会主任，2005 年 12 月，任福山高新区管委会副主任。2000～2003 年，两次荣立三等功。2004 年，受嘉奖奖励。2005 年 5 月，多方筹资创办《高新区发展报》，任总编，为宣传高新区，促进福山经济发展做出了积极贡献，连年被中共烟台市福山区委员会、福山区政府授予“优秀新闻外宣工作者”荣誉称号。

于雪梅

于雪梅，1995 年 5 月，被中共烟台市福山区委员会、福山区人民政府授予“计划生育先进工作者”荣誉称号；1996 年 10 月 28 日，参赛的“三件套服”荣获福山区“双学双比”协调小组、福山区妇女联合会联合颁发的优秀奖。

王镇军

王镇军，男，1965 年生，副教授。

1988 年毕业于曲阜师范音乐专业，当年留校。1989 年，上海音乐学院进修后，任曲阜师范大学音乐系钢琴主科教师。1993 年被评为讲师。1997 年，调烟台市青少年宫工作，从事青少年钢琴教学与研究。

镇军曾先后在曲阜师范大学、山东艺术学院、上海音乐学院钢琴系跟随多名钢琴家学习，具有较高的演奏才能，并多次举办个人钢琴独奏音乐会，广受好评。在烟台市青少年宫任职期间，全身心扑在青少年钢琴教学上，培养出一大批青少年钢琴手，在省、市级钢琴大赛中获奖。其中所教学生刘子微，三年通过十级考试，并在山东省首届青少年乐器大赛中荣获钢琴演奏金奖。结合教学实践撰写并发表了《浅谈儿童钢琴教学的要点与对策》《从前奏曲第一集看德彪西钢琴音乐的色彩表现》《儿童钢琴教学中心理素质的培养》等十余篇学术论文，并引得同行们的关注。

2001 年在烟台市创办了“黄河钢琴音乐工作室”。

王昌杰

王昌杰，字晨军，男，1966 年生，本科学历，中共党员。

1985 年毕业于烟台第十七中学，是年 11 月参加福山区委组织部招聘干部考试，以优异成绩被烟台市公安局福山分局录取为国家干部。2001～2003 年，参加山东省党校法律系学习，考取本科学历。在烟台市公安局福山分局工作期间，分别在预审科、局办公室、审计科、110 指挥中心工作，先后担任过秘书、办公室副主任、主任、审计科科长、110 指挥中心教导员、副科级侦察员、局党委委员兼指挥中心主任、分局纪委书记。自 2004 年分管科室先后被山东省档案局评为“全国档案工作先进单位”；被山东省公安厅评为“年鉴工作先进单位”；连续 2 年被中共烟台市委、市政府授予“模范公务员集体”荣誉称号；被烟台市创建青年文明号组委授予“青年文明号”荣誉称号；被烟台市团委授予“青年志愿者先进集体”荣誉称号；被烟台市公安局授予“全市优秀 110 报警服务台”荣誉称号；被烟台市公安局荣记集体三等功 1 次。个人连续两年被中共福山区委、区政府授予“十佳人民满意政法干警”荣誉称号；两次被烟台市公安局荣记三等功；连续被烟台市公安局评为“优秀公务员”；被中共福山区委、区政府授予“‘诚信福山’建设先进工作者”；连年被福山分局评为“优秀民警”。

于福军

于福军，男，1971年5月生，大专学历，中共党员，烟台市福山区人大代表。

1989年3月应征入伍，在海军威海水警区服役。在服役期间，积极完成各项业务工作和军事训练任务。参加师军事比武大会，荣获两次第一名，并荣立三等功1次，师嘉奖两次，其他嘉奖多次。1994年5月加入中国共产党。在部队期间，利用业余时间学习高中文化课程。1992年7月，被选拔参加部队深造考试，以优异成绩考入安徽省蚌埠海军士官学校雷达检修系学习3年（大专文凭），在部队服役12年。

2002年退役，被分配到福山水产养捕公司工作。虽然工作对口，比较满意，但自己一心想在商业战线闯一番事业。经过市场调查，利用与威海金猴鞋业集团熟悉的关系，借款2万元在福山开办金猴鞋业产品代理总经销。经过十年打拼，规模不断扩大，现在福山开设店铺（含办公室）3000平方米，在芝罘区开设店铺1400平方米，在开发区开设店铺640平方米，在本村开设店铺500平方米，除自用部分，大部分对外出租。在上疋山夼村承租荒山300亩，进行植树造林，绿化荒山，林果双丰收。在10年奋斗中，由夫妻店发展到今日4个初具规模的店铺，店铺面积由20多平方米发展到今天5500平方米，经营的产品由单一鞋类发展到服装和其他商品，职工已达120余人。

企业发展壮大，收益增加，不忘回报社会。曾先后向受灾地区捐款2.50万元，资助3名家庭困难大学生完成学业。2012年1月被选为烟台市福山区人大代表。

王　晶

王晶，又名王晶晶，女，大学文化。

1990年从福山三中毕业后考入烟台艺术学校戏剧班吕剧专业，学习5年，毕业后分配到烟台市吕剧院成为一名正式吕剧演员。在剧院期间，先后参演了吕剧《三子争父》《姊妹易嫁》等剧目，特别在主演新编现代吕剧《大桥故事》中，充分展示出个人的表演天赋，得到省市吕剧名家的高度评价。在参加现代吕剧《楝树坡》进京汇报演出中，获文化部教育司颁发的优秀表演奖。在市吕剧5年中曾多次荣获省、市有关部门的奖励。但王晶并不满足已取得的成绩，2000年考入中央戏曲学院表演系专科，2002年又考入北京电影学院导演及制片管理专业本科，实现了进入国家最高文艺学府深造的梦想。

现就职于北京中艺雅苑文化公司。

夏云良

夏云良，男，1973年出生，中国烹饪大师、鲁菜特级大师、国家高级技师、国家职业营养师、国家餐饮业一级评委、国家职业技能鉴定考评委，省商业技术学院和省劳动服务职校客座教授、省名厨委专家委员，烟台市烹饪协会副秘书长、烟台新亚集团新雅酒楼总经理。

1989年开始学习烹饪，先后担任金苑大酒店厨师长，金城温泉大酒店、东方明珠大酒店、新雅餐饮管理公司等多家星级宾馆行政总厨、餐饮总监、副总经理。2000年后多次到北京、上海等全国知名酒店学习深造，并考取了烹饪专业各种技术职称，取得了中国餐饮业职业经理人资格认证。期间积极参加国际国内各级烹饪大赛，均取得优异成绩。2003年获全国金牌美食烹饪大赛金牌，2004年参加第二届国际食神争霸赛获金牌，2005年参加首届中华鲁菜烹饪技艺大赛获金牌，2006年参加世界烹饪大赛获金牌，2007年荣获“中国烹饪大师”荣誉称号，其事迹入选《中华优秀人物大典》。

人物索引

以姓氏笔画为序，第一字同者，以第二字笔画排序，二、三字类推。

附　录

一、规章制度

村民委员会职责

支持和组织村民发展各种形式的合作经济和其他经济，承担村的生产服务和协调工作，促进村经济发展和村民增收；尊重集体经济组织依法独立进行经济活动的自主权，维护以家庭承包经营为基础、统分结合的双层经济体制，保障集体经济组织、村民承包经营户、联产或合伙的合法财产权及其他合法的权利和利益；依法管理村集体土地、林木、水利设施及其他财产，教育村民爱护公共财物和设施，合理利用自然资源，保护和改善生态环境；宣传宪法、法律、法规和国家政策，教育和推动村民履行法定义务，落实国家计划生育政策；按照总体规划制定并实施村建设规划，兴办和管理村的公共事务和公益事业，大力发展村的教育、体育、文化、卫生等社会事业，普及科技知识；对村民进行爱国主义、社会主义、集体主义以及荣辱观教育，促进邻里之间、村与村之间的团结互助，开展反邪教、破除迷信、移风易俗等多种形式的社会主义精神文明活动；调解民间纠纷，协助维护社会治安，维护村的秩序稳定；协助街道办事处开展工作，及时向街道办事处反映村民的意见、要求，并提出建议；办理“两委”联席会议、村民会议或村民代表会议决定的事项，并向村民会议或村民代表会议报告工作，接受评议和监督；建立健全村务公开和民主管理制度，并严格管理执行；完成法律、法规规定的其他职责。

村务公开制度

严格按照“一日、两月、两会、两组”的要求，搞好村务公开民主管理。

一、“一日”即每月的15日为村务公开日，集中进行村务公开活动。

二、“两月”即农历7月和12月为民主管理活动月，由村“两委”班子向群众通报半年或一年的工作情况，组织群众对“两委”班子干部进行民主评议。

三、“两会”即村民会议和村民代表会议，重大村务活动和财务开支等涉及群众切身利益的重大事项都召开村民会议或村民代表会议表决通过。

四、“两组”即村务公开监督小组和民主理财小组。村务公开监督小组负责监督村务公开落实情况；理财小组负责对村所有财务开支进行审核、签字、盖章方可入账。

两委联席会议制度

“两委”联席会议制度是保证村“两委”协调运行的主要组织形式。会议由党支部书记主持召开，“两委”成员共同参加。支部书记外出时，一般不得召开联席会议研究重大问题，因工作需要确需召开的，必须请示街道办事处工委，由街道办事处工委协调安排。会议一般每月召开一次，亦可根据情况随时召开，参加会议人数超过半数（应出席会议人数）方可开会。

确定议题。村“两委”成员根据各自分工，分别向党支部书记、村委主任提出需研究解决的问题，由党支部书记、村委主任相互沟通，确定议题，并提出初步意见。如果党支部书记和村委主任对需要讨论决定问题的初步意见分歧较大，应暂缓召开会议，由街道办事处工委协调解决。

集体研究。会议主持人组织“两委”成员围绕议题充分发表意见，如意见分歧较大，应暂缓表决，进一步酝酿后，重新召开会议研究。

进行表决。按照少数服从多数原则，采取口头或举手或无记名投票等方式进行表决。表决赞成票必须超过应到会人员的半数，决议方可生效。若研究多项议题，须逐项表决，表决结果要当场宣布。

民主决策制度

村民会议或村民代表会议表决的主要事项：村民委员会换届选举有关工作；村民自治章程、村规民约的制定与修改；年度财务预算和重大财务收支；村公益事业的决定、经费筹集方案等；村集体土地承包、租赁和调整，建设项目的规划、立项、招标以及有关资金的筹集；集体企业改制、集体举债、集体资产的拍卖发包租赁等；各类经济合同的签订、变更和解除；社会救济金的发放和宅基地使用方案；村务公开监督小组、民主理财小组等村级组织的产生；村享受误工补贴的人数及补贴标准；其他涉及群众切身利益的重大事项。

印章管理制度

村党支部书记、村委会主任不宜直接保管印章。党支部印章一般由组织委员保管，无委员的可由支部书记提名，党员大会讨论决定一名党员保管；村委印章保管人由“两委”提名，并经村民代表会议讨论决定，一般由村助理会计保管；实行印章使用审批制度，日常工作需要盖章的，须经党支部书记、村委会主任按职责分工签字同意；涉及全体村民经济责任和利益的重大问题需要盖章的，须提交村民代表会议或村民会议讨论通过；实行印章使用登记制度，印章管理人员要做好使用纪录备查；对不经批准擅自用章的，依照法律和有关规定追究管理人员的责任。

综合治理办公室职责

传达学习上级关于综合治理工作的指示精神，组织综合治理人员学习有关文件和法律法规，完成上级部署的工作任务；制定本村综合治理工作的规划意见，领导和统一组织协调开展综合治理工作；加强对治安巡逻队、综合治理信息员以及暂住人口协管员的联络、培训和管理；协调村治保、调解委员会间的关系，经常分析民情动态和治保形势；按要求及时上报本村矛盾纠纷的排查情况。

平安村庄综合指标

治安良好，实现无重大刑事案件、“民转刑”案件、治安灾害事故、严重刑事犯罪以及“法轮功”顽固分子滋事破坏活动和组织窝点；社会稳定，各类矛盾纠纷调解成功率达到95%以上，实现无越级或集体上访案件，无群众闹事事件；群众满意，群众对本村治安满意率达到95%以上，对建设创建“平安村庄”知晓率达到95%以上。

平安村庄工作标准

基层组织健全。村两委班子充分发挥领导作用，建立起由村党支部书记担任组长建设平安村庄的领导小组，以“两委委员”、村民小组长为成员定期研究工作，认真制订计划，加快平安村庄建设。以党支部为核心的融治保、调解、巡逻、普法、帮教“五位一体”的综合治理办公室达到规范化标准，做到人员、任务、责任、制度、报酬五落实；治安管控扎实。长年治安巡逻队或季节性治安巡逻队达到规范化要求，治安信息畅通。暂住人口登记办证率达到98%，房屋出租治安责任保证书签定率达到100%。对外出务工经商人员100%掌握去向。刑释解教人员帮教措施落实，安置率达

95%,无重新犯罪。对顽固分子和不放心人员教育转化,防范监控措施100%落实。疏导化解有力。做到每半月排查调处一次矛盾纠纷,排查调处率达到98%,调解成功率达到95%以上,排查报表和调节台帐健全。赡养、邻里纠纷发生率低于1%。法德教育扎实。认真开展多种形式的道德法制宣传教育和依法治村活动,村规民约健全,村务、财务管理规范,"两书制"签约率达90%以上,星级文明户评选率达90%以上。平安建设氛围浓厚,定期张贴综合治理标语,主要街道至少有一条长久性平安建设宣传标语。村庄环境优化,无"脏、乱、差"现象。

治安巡逻队职责

坚持值班巡逻,搞好村居民点的联防,防范控制不安定因素;把村内的要害部位作为巡逻重点,并督促其落实安全防范措施;认真排查可疑人员,对抓获的违法犯罪分子及时交公安机关处理;保护好犯罪现场,积极提供破案线索,做好保卫保密和控制工作;协助治保会对监外执行、判处缓刑的人员进行监督控制;服从公安机关、治保会的统一指挥,严守岗位,遵守纪律,依法办事,不徇私枉法。

人民调解委员会的任务和范围

及时调解民间纠纷,防止民间纠纷激化;通过调解工作,积极宣传法律法规、政策,教育村民遵纪守法,维护社会公德,预防民间纠纷发生;及时向村民委员会和基层人民政府反映民间纠纷和调解工作的情况;矛盾纠纷受理范围,包括发生在公民与公民之间、公民与法人和其他社会组织之间涉及民事权利义务的各种纠纷。

调解工作原则

依据法律、法规、规章及政策进行调解,法律、法规、规章及政策没有明确规定的,依据社会主义社会道德准则进行调解;在双方当事人自愿平等的基础上进行调解;尊重当事人的诉讼权利,不得因未经调解或者调解不成而阻止当事人向法院起诉。

人民调解委员工作纪律

不得徇私舞弊;不得对当事人压制或打击报复;不得侮辱、处罚纠纷当事人;不得泄露当事人的隐私;不得吃请受礼。

计划生育工作月查季访制度

1. 药具月查季访制度。坚持每月上门发放药具随访一次,并做好随访随纪录。

2. 重点管理对象月查季访制度。对药具失败、有残疾人员以及用药具出现副反应的育龄妇女,做到及时发现,及时上报;做好重点随访、服务上门、指导到人、记录完整。

3. 已婚育龄妇女和健康孕情查访制度。结合孕情普查工作,做好每季度已婚育龄妇女的避孕节育及生殖健康询访工作,对发现异常者,及时处理并上报街道服务站。

计划生育工作例会制度

1. 支部和村委例会制度。每季度要召开一次例会,研究计划生育日常管理服务工作和计划生育协会工作。

2. 计划生育协会会议制度。按上级规定要求召开。

3. 育龄妇女小组长例会制度。每月30日召开育龄妇女小组长、统计员、药管员、宣传员参加的工作例会,总结研究本月基础工作,搞好统计报表,布置下月工作。

4. 工作总结例会。每半年、年终各召开一次由两委成员、协会干部、计生主任、统计员、药管员、宣传员、保育员、小组长参加的计划生育总结会议。

计划生育培训学习制度

1. 村计划生育管理人员每年按上级规定要求,参加办事处举办的计生培训学习。

2. 每月办事处计生主任利用工作例会，组织四员一长集中学习一次。

3. 村人口学校每年按上级要求组织已婚育龄妇女培训学习四次，并做好培训学习记录及报表工作。

4. 学习内容以烟台市统一下发的“三集中一推广”教材为基础，结合本村实际情况进行培训。

5. 学习时间前三次与健康孕情普查同时进行，第四次按烟台市统一规定定期进行。

6. 组织有关人员及时参加办事处人口学校婚前孕前培训。

村民申办一孩生育证程序

申请者将夫妻双方身份证、户口簿、结婚证及街道办计生服务站出具的查体证明交村居委会计生主任审查合格后，持上述证件、证明和男女双方所在村居委会或单位出具的双方均无生育子女和收养子女的证明，再在计生主任处领取《一孩生育证审批表》，携带 3 张夫妻合影照片（2 寸），即可到街道办计生办办理一孩生育手续。

村民申办二孩生育证程序

申请办证者经村居委会计生主任审查合格后，填写《照顾生育二孩审批表》，持该审批表到街道办计生服务站查体。经孕检合格后，将结婚证、男女双方身份证和户口簿、服务站孕检证明、男女双方所在村居委会或单位出具的双方只有一个子女或者再婚已有一个子女而另一方无子女的证明、离婚判决书以及 3 张夫妻全家合影照片（2 寸）一并交街道办计生办审核。同时缴纳照顾生育二孩社会抚养费 1000 元。审核后，报区计生委审批后，将“二孩生育证”发给申请人。

村民申办结婚登记程序

1. 申请办理结婚登记者，首先持身份证、户口簿到村居委会计生主任处审核证件。

2. 持计生主任开具的《准予登记证明》于本月或下月 15 日，到街道办事处参加婚（孕）前培训教育学习。

3. 凭学习结业证明再回村居委会会计或计生主任处领取“婚姻登记状况证明信”，持“证明信”和街道办计生办审查证明可到区或区外婚姻登记处办理结婚登记手续。

二、文献选辑

王懿荣与甲骨文的发现文献选辑

刘鹗《〈铁云藏龟〉自序》（摘录）

（甲骨）既出土后，为山左贾人所得，咸宝藏之，冀获善价。庚子岁，有范姓客，携百余片走京师，福山王文敏公懿荣见之狂喜，以厚值留之。后有潍县赵君执斋得数百片，亦售归文敏。未几，义和拳乱起，文敏遂殉难。壬寅年，其哲嗣翰甫观察售所藏，清公夙债，龟版最后出，计千余片，予悉得之。

罗振玉《〈殷商贞卜文字考〉自序》（摘录）

光绪己亥，予闻河南之汤阴发现古龟甲兽骨，其上皆有刻辞，为福山王文敏公所得，恨不得遽见也。翌年拳匪起京师，文敏殉国难，所藏悉归丹徒刘氏。又翌年，始传至江南，予一见，诧为奇宝。

王国维《〈戬寿堂所藏殷虚文字〉序》（摘录）

光绪戊戌、己亥间，洹曲崖岸为水所啮，土人得龟甲牛骨，上有古文字。估客携至京师，为福山王文敏公懿荣所得。

汐翁《龟甲文》、董作宾《甲骨年表》（摘录）

罗振常《洹洛访古游记》、明义士《甲骨研究》等书都说，一八九九年以前，小屯村农民早已发现甲骨，并作为药材“化龙骨”卖给中药铺。一直到一八九九年（也就是清朝光绪二十五年），山东福山人王懿荣才首先认识了甲骨上刻的乃是古代的文字。据传说那年王懿荣在北京作官时,因患疟疾而吃中药,其中有味药就是龙骨。当那包药从宣武门外菜市口达仁堂买回来时,王氏亲自打开审视,发现龙骨上面刻有篆文。王氏本来就是金石学家,精研铜器铭文之学,知道这种骨头一定很古,就派人到那家药铺,问明来历,选了些文字比较鲜明的,全部买下。从此甲骨文字才重见于世。

王汉章《古董录》(摘录)

回忆光绪己亥、庚子间,潍县估人陈姓,闻河南汤阴县境小商屯地方(按:当为安阳小屯村之讹)出有大宗商代铜器,至则已为他估席载以去,仅获残鳞剩甲,为之嗒然!乃亲赴发掘处查看,见古代牛骨龟版,山积其间。询之土人,云牛骨椎以为肥田之用,龟版则药商购为药材耳。估取骨之稍大者,则文字行列整齐,非篆非籀,携归京师,为先公述之。先公索阅,细为考订,始知为商代卜骨,至其文字,则确在篆籀之前,乃畀以重金,嘱令悉数购归。

明义士《甲骨研究》(摘录)

一八九九年(己亥,光绪二十五年),有学者名王懿荣(字廉生,谥文敏)到北京某药店买龙骨,得了一块有字的龟版,见字和金文相似,就问来源,并许再得了有字的龙骨他要,价每字银二两。回家研究,颇有所得。王廉生是研究甲骨的第一人。

吴浩坤、潘悠《中国甲骨学史》(摘录)

王懿荣,字正儒,一字廉生,谥文敏,山东福山人。他是最早认识甲骨文字的人,也是第一个搜购甲骨的学者。一八九九年秋,山东潍县古董商人范维卿以甲骨十二片售于王氏,每片(或说每字)价银二两。一九〇〇年春,范估又带了甲骨八百多片,高价售于王氏,约得二百金;据说其中有全甲一片,共五十二字。同年,潍县另一古董商赵执斋亦将甲骨数百片卖给王氏,值百余金。是年秋天,义和拳运动兴起,王氏以国子监祭酒(国子监,当时唯一的国立大学;祭酒,相当于大学校长)任团练大臣。帝国主义的八国联军入京,王氏殉难。所藏甲骨的大部分约千余片,由其子王翰甫转售与刘鹗;一部分赠送天津新学书院,由美国人方法敛摹写,编入《甲骨卜辞七集》;另有一小部分在一九三九年由唐兰编为《天壤阁甲骨文存》一书。王懿荣本是精研金石文字的学者,他在一八九九年首先认定并大批收买甲骨文后,第二年即殉难,没有顾上对甲骨作著录和研究。刘鹗除购买王氏千余片甲骨之外,又向古董商多方搜集,共得五千余片,于一九〇三年选拓一千〇五十八片,编为《铁云藏龟》,这是第一部将甲骨文拓印问世的材料书。

胡厚宣《〈五十年甲骨学论著目〉序言》(摘录)

殷虚甲骨文字,自从一八九九年,也就是清朝光绪二十五年开始发现……王懿荣是第一个认识甲骨文字的人。

赵洛《义不苟生——甲骨文的发现者王懿荣》(摘录)

刻在龟兽骨版上的殷商时代的文字,叫甲骨文,因其与占卜祭祝有关,又称卜辞。它是研究我国商代社会历史的珍贵资料。这种文字的年代虽然久远,但被后人辨识出的时间却不太长。王懿荣首先发现了这种古老的文字,为甲骨文的研究做出了开创性的贡献。

仁言《大放异彩的地下档案库——漫谈甲骨文》(摘录)

一八九九年,有一个古董商把小屯出土的一块较大的字骨带到北京,请古文字学家王懿荣鉴定。经王懿荣细为考订,始知为商代卜骨。王懿荣叮嘱古董商以后再遇到这种东西要悉数购回。

王福重《王崇焕传》手稿(摘录)

一九四二年在先母(沈蕴芬)弥留之际嘱我姊妹,生活再苦,也不能将此(甲骨片)出售糊口,必须留给二胞兄（王福埏），以继承先人遗志。后来二胞兄在抗日胜利后，直接由成都去美国纽约，在资源委员会驻纽约办事处任职，因此一直保存在我手中。六十年代初，从历史博物馆展览中看到国家器重甲骨，当时我反复考虑先母遗志与先母遗命，以将甲骨上缴给国家为最佳方案，一方面不致于流失，另一方面会有更多的专家学者研究它，使先祖未完成的使命得以完成，对于殷商时代历史文物会有更多的发现。于是将剩下的五百余块甲骨上缴到天津市文化局，获得天津市文化局的表彰与奖励。一九八五年二胞兄回国探亲时，对此事深表赞同，认为只有这样处理才能更好地继承先祖遗志。

陈梦家《殷虚卜辞综述》（摘录）

（一）王懿荣收藏甲骨始末

依据不同的记载，王氏一共买过三批甲骨。

第一次，己亥一八九九年秋，范估以十二版甲骨售于王氏，每版银二两。此据一九一四年范估所言（《甲骨研究讲义》七页）。

第二次，庚子一九〇〇年春，范估又以八〇〇片售于王氏，其中据说有一片是全甲的上半，刻了五十二字（据同上材料）。《〈铁云藏龟〉自序》云："庚子岁有范姓客携百余片走京师，福山王文敏公懿荣见之狂喜，以厚价留之。"

第三次，庚子。同上自序云："后有潍县赵君执斋得数百片，亦售归文敏。"

刘氏自序中提到王氏两次收购甲骨，皆在庚子那年。他的《抱残守缺斋日记》于辛丑十月二十八日（一九〇一年）记："今早王端士来，其说与赵（执斋）孚。端士云：'文敏计买两次，第一次二百金，第二次一百余金。'孝禹（王瓘）云：'文敏处极大者不过二寸径而已，并未有整龟也。'德宝云有整龟十余片，共价十七两，皆无稽之谈矣。"由此段日记可知：(1)在王氏生前，刘氏似并未看到他的甲骨，当时王氏对此秘藏，并不轻以示人；(2)刘氏辛丑日记于十月二十日记：赵执斋送龟版来，云"龟版颇有大者，晚点龟骨共千三百件，可谓富矣"。则一九〇一年刘氏自己有收藏；(3)刘氏只相信王氏庚子年买了两批，并无全甲之说；(4)当时王氏收藏甲骨很严密，外界有许多无稽之谈。

关于第一批甲骨的收藏与王氏严密其事，也见于王国维的记述中。《二三十年中中国新发明之学问》上说："初出土后，潍县估人得其数片，以售之福山王文敏懿荣（闻每字银四两）。文敏命秘其事，一时所出，先后皆归之。"《洹洛访古记》上十二亦说："村人得骨，均以售范，范亦仅售与王文敏公，他人无知者。"

王懿荣当己亥秋与庚子秋之间所购藏的甲骨和其分散著录的情形略如下述：

一、归于刘鹗者一〇〇〇余片，一九〇二年壬寅由其次子售出。著录于《铁云藏龟》（见该书自序）。

二、增于天津新学书院二十五片，大多数是带骨臼的牛甲骨，只有一片甲的上端。著录于《七》（见该书序言第四页）。

三、归于福开森者三十一片，著录于《福》。编者商承祚以为此三十一片是刘鹗故物，唐兰《天》序定为王氏旧藏。《福》、《天》所录，可能皆是王氏故物之归于刘氏者。

四、王氏家中保留未出售部分，其数不详。唐兰据王氏第二子拓本所印行的《天》共一〇八片，但其间有十四片已著的，即著录于《续编》者《天》五、七、八、十、二十七、三十、三十一、三十五、三十六、四十四、六十八、七十六。著录于《佚存》者《天》十七、三十四、三十五、七十六。

凡此两书多采用刘铁云旧藏拓本，所以《天》所录者虽曾为王氏故物，其中至少有一部分是售于刘氏的。据《五十年甲骨文发现的总结》注一〇七，王氏三孙女曾以二片赠借方豪。我于一九五一年冬在天津北疆博物院看到两片甲骨，据说也是王家旧物。

由以上收购与流散的情形，可估计王氏收藏甲骨约在一二〇〇片左右，最多不超过一五〇〇片。其中恐并无整龟十余片之说。据范估说，庚子春，范估以八〇〇片售于王氏，其中有全龟甲一壳，文五十二字(《甲骨研究》页八)。此所谓全龟甲，如王襄的《易穞园殷契拓册》所说："有全甲之上半，珍贵逾他品，闻售诸福山王文敏公。"《天》七十九所录一版系龟甲上半，今可识者四十八字。龟甲易于脆落，此甲或整甲，由一个整甲讹为十数片。其实较完整的龟甲在甲骨初出时期是有过的，如《库》二九五(一九〇六年首先发表于库寿龄《中国早期文字》第十二版)，系由数片缀合而成，保存全甲的四分之三以上。

王宇信《建国以来甲骨文研究》(摘录)

自甲骨文被发现以后，一些学者便开始了积极的搜购。第一位大量搜集甲骨文的，就是它的发现者王懿荣，与他同时孟定生、王襄等人也搜集了不少。王懿荣死后，所藏甲骨转到刘鹗之手，并且刘鹗自已也另外搜购了不少。……从一八九九年到一九二八年这三十年当中，各家搜集甲骨情形如下：

王懿荣所得一五〇〇片

孟定生、王襄所得一五九七片

刘鹗所得约五〇〇〇片

罗振玉所得约三〇〇〇〇片

其他各家所得约四〇〇〇片

赵汝珍《古玩指南·甲骨之源流》(一九四二年)(摘录)

甲骨者龟甲兽骨也。在古玩中所谓之甲骨，系专指河南安阳出土之甲骨，非一般所见之甲骨也。甲骨之所以可贵在其上之文字，故研究甲骨者即系研究甲骨上之文字，非对于甲骨本体有所研究也。按甲骨之出世已不知若干年矣。只以无人理会，无人明晓，遂致湮没未彰。

前清光绪二十五年，福山王公懿荣字廉生购药于肆，见药中有龙骨一味，其上多有刻划，皱纹者辨之皆篆体，经详细之检讨，始认定为三代时占卜所用之龟甲兽骨也。因此，遣人于附近药肆遍事收买，穷多日之力，仅得残破不完者百余片。盖药商之出售大片，不便于包装，虽有大片，亦均为药商所破碎，故于药肆极不易购得整齐成块者。王公辗转询问，始知带有文字之龙骨，并非真品，乃系杂骨伪充者，其来源均为河南安阳县之小屯村。王公遂遣古玩商范维卿、赵允中二君，赴河南收买，经数次之往返、数年之采购，仅得千余片。王公详细研讨，断定为殷代之文字，于中国文献有极大之功用。经此一呼，国人始知甲骨文字之重要。于是，研究者风起云涌，遍于士林。迄今，甲骨文字已为国学中之重要部门。推源溯本，固完全王公一人提倡之功也。王公本拟详细研求，以明究竟，不幸拳匪作乱，王公殉难，以致未能有所发明，衔恨以殁，殊足痛惜。

再论甲骨文发现问题

胡厚宣

一

殷商甲骨文自从一八九九年开始发现，迄今已经有了近百年的历史，究竟是什么人首先认识和搜集的，自来都以为是山东福山的王懿荣。学术界无异说。

抗日战争时期，我在后方成都编印《甲骨学商史论丛》，曾写过一篇《甲骨文发现之历史及其材料之统计》，于一九四四年在齐鲁大学国学研究所出版。根据王襄在《河北第一博物院半月刊》上发表的《题所录贞卜文册》一文和在《河北博物院画刊》上发表的《题易穞园殷契拓册》一文，断定与王懿荣同时搜购甲骨的还有天津的王襄和孟定生。到一九五一年我在上海商务印书馆出版《五十年甲骨文发现的总结》，一九五五年在上海学习生活出版社出版《殷虚发掘》，仍然提出过这一论点。

一九五六年陈梦家作《殷虚卜辞综述》，也采用了这一论点，说"除王懿荣外，最早鉴定与收藏甲骨的，应推孟定生与王襄"。

乃近年忽然由于对王襄文章的曲解，把王懿荣首先认识和搜集甲骨文的学说想予以推翻，另外以为孟定生、王襄才是首先认识和搜集甲骨文字之人。这事倒出乎我早年为孟王鸣不平的意料之外,真所谓矫枉过正了,使我不能不为此再进一言。

二

一九八〇年十一月孟世凯在《殷虚甲骨文简述》(文物出版社出版)一书中说:实际上,在王懿荣出高价收买甲骨文的前一年(一八九八年,即光绪二十四年),古董商人已将甲骨文带到天津出售。当时天津有两个穷秀才,一个叫孟定生,一个叫王襄,他们已经将甲骨辨识出是古代的遗物,叫它为"古简"(牛胛骨边上刻的卜辞很像古代的竹简)。一九八四年七月又在《安阳小屯与甲骨》一文(刊《中州古今》一九八四年四期)说:

光绪二十四年(一八九八)古董商将从安阳收购到的古器物和有刻文的甲骨带到天津出售,被孟定生和王襄发现是古代遗物,称为"古简"。次年(一八九九年)古董商将大批的有字甲骨带至北京出售,为当时任北京团练大臣的古物收藏家王懿荣发现,他不惜高价全部买下。

孟君在这里是误解了。王襄原文只说是"范贾售古器物来余斋,座上讼言所见,乡人孟定生世叔闻之,意为古简,促其诣车访求"。并不曾把"有刻文的甲骨带到天津"来。

一九八二年九月《历史教学》发表了一九五五年王襄写的《簠室殷契》序,其中有这样一句话,"余也宝此殷契六十年"。王老的哲嗣王翁如附注说:自光绪二十四年(一八九八)作者购藏殷契起至乙未(一九五五)写本文时止近六十年了。

王翁如说错了,由王老的文章看来,只在光绪二十五年己亥即一八九九年,才"仅于所见十百数中,获得一二,意谓不负所见,借兹考古而已"。更有甚者,王翁如在一九八三年四月三日的《天津日报》还写一篇文章《甲骨文是天津人发现的》,这是多么干脆明快的标题呀!只可惜文章说:

事实的经过是,清光绪二十三年(一八九七)潍县古物商范寿轩来天津说,河南汤阴(实际是安阳)地方农民在地里刨花生,发现龙骨(中药名)上面有字迹。天津一些古物爱好者便怂恿他带来看看。把光绪二十四年(一八九八)提早到光绪二十三年(一八九七)又怎么能使人相信呢?

一九八三年十一月五日李先登在《光明日报》也写了一篇文章,题目是《也谈甲骨文的发现》说:

王懿荣首先发现甲骨文之说,除时间较晚外,还有两点漏洞。一是,虽然当时小屯村的农民确曾将一部分甲骨作为龙骨卖给药店作为中药,但是药店在收购龙骨时是不要有字的,因此,农民往往将字铲掉后再卖给药店。二是,据调查,光绪时北京菜市口并没有一个达仁堂中药店,而且中药店一般都是将龙骨捣碎后才出售配药,因此,是无法在上面发现文字的。正如有的学人所说,关于生病服药云云,出自汐翁《龟甲文》,此文用笔名登在小报画刊,本来就带有传说演义性质,不可全信,"但对它要作具体分析",要看这一传说,是附在什么人身上。"在当时的金石学者中间,王懿荣较早地重视并收购有字甲骨,则是符合实际的"(萧艾《甲骨文史话》二页,一九九八年六月,文物出版社)。至于说"王懿荣首先发现甲骨文之说,时间较晚",事实上恰恰相反,时间较早的说法,首先发现甲骨文的,正是王懿荣。

一九八四年冬我去天津南开大学讲学,又获读李鹤年先生于当年十月在南开大学印制的《孟广慧、王襄、王懿荣与甲骨》一文,他引了我的说法,批评说"论断比以往学者们的看法虽然进了一步,但仍不确切"。在引了陈梦家的论点后,也批评说,"我觉得这个说法跟胡厚宣先生的说法同样都还嫌含混,并没有作出谁先谁后的判断"。

孟定生、王襄知道有甲骨比王懿荣早三个季度。

孟王收购甲骨比王懿荣在先,他们没收购或没见到的才卖给了王懿荣。

孟定生、王襄是最早知道鉴定和收购甲骨文的人,王懿荣在他们之后。

话也并非这样简单,首先王襄的文章一篇发表在一九三三年,一篇发表在一九三五年,离甲骨文的发现已经过了三十多年。其次这又只是王襄一面之辞,这只是讲的天津的情况,至于北京的情况他们不知悉,怎么能三十多年之后,只凭王襄一面之辞,就能成为“简单明确”的定论呢?

此后,又于天津的刊物上连篇累牍地登出文章,主题无非一个,孟王最早见到了甲骨。如《天津文史丛刊》第一期(天津市文史研究馆,一九八三年)刊李世瑜、王翁如《怀念王襄老人》说:

甲骨自清光绪二十五年(一八九九)在天津被发现后,立即引起天津学者的重视。同期上尚有王巨儒《记父亲王襄二三事》说:

一八九八年(清光绪二十四年)冬十月,山东潍县古董商人范寿轩来天津售古器物到父亲家,谈到河南汤阴(实系安阳)出骨版(实系甲骨)事,当时,名书法家孟广慧在座,他“意为古简,促其诣车访求”。翌年秋,范携甲骨来,孟和父亲皆寒素,“仅于所见十百数中获得一、二,意谓不负所见,借兹考古而已”。

《天津文史资料选辑》第二十五辑(天津人民出版社,一九八三年)有龚作家、刘炎臣《殷虚文字专家王襄事略》一文,说:

一八九八年(光绪二十四年)冬十月,有山东潍县古物商范寿轩(亦名守轩),将龟甲兽骨携来天津,求教于王襄。……当时孟定生(广慧)在座,经孟仔细鉴定,揣度为古简。于是促范继续访求,以便搜罗更多,再进行研究。《天津文史丛刊》第七期(天津市文史研究馆,一九八七年)有王巨儒编辑,卞慧新、唐石父、王翁如校《王襄年谱》,记:

一八九八年(光绪二十四年戊戌)二十三岁先父和孟广慧知有殷契出土事。一八九九年(光绪二十五年己亥)二十四岁秋,范寿轩来津,携来甲骨求售。先父和孟广慧各得若干。范贾随即赴京,将所余甲骨售与王懿荣。

一九〇〇年(光绪二十六年庚子)二十五岁六月,先父从潍县古董商人范维清手购得甲骨百余片。……八个帝国主义国家联合攻入天津。潍县古董商人范维清流散天津,将所携甲骨约百余片售与先父。

另外,《天津日报》一九八七年一月十日刊齐治源《胸掩万卷笔底生花——忆先师王襄一二事》,称王为“我国第一个发现甲骨及研究甲骨文字学家”。十四日又刊王臣儒《从晚清举人到共产党员》,称:“一八九九年秋,是他(王襄)与天津书法家孟广慧,首先从商人处购得这种‘朽骨敝甲’,才揭开甲骨文字的秘密。而过去传说的王懿荣买龙骨云云,不过是小说家言,这比他要晚得多。”这篇文字,一月二十五日《人民日报》(海外版)还以《首先识得甲骨文的学者》为题以转载。九月二十八日《人民日报》(海外版)摘录了王翁如于九月十九日《今晚报》上的文章。题作《甲骨文的发现》,称“王襄是最早发现者,辨识者之一”。

三

要问到底是谁首先认识和收集之人,不是只靠自己来说,要看同行和专家是怎么说的。甲骨文自从一八九九年被发现以后,王懿荣没有著作,孟定生和王襄也还没有著作。印第一部甲骨文材料书的是刘鹗一九〇三年出版的《铁云藏龟》。但《铁云藏龟》的出版,罗振玉曾帮了忙。一九一〇年罗氏在《殷商贞卜文字考》中说:“(刘氏甲骨)传至江南,予一见诧为奇宝,怂恿刘君,亟拓墨,为选千纸,付影印,并为制序。”

一九一二年在《殷虚书契前编》自序说:“于是尽墨刘氏所藏千余,为编印之。”一九一五年在《铁云藏龟之余》自序说:“刘君所藏,予既为之编辑为《铁云藏龟》。”一九三三年在《殷虚书契续编》自序又说:“越岁辛丑予就丹徒刘氏所藏编印为《铁云藏龟》,此为殷虚遗物传世之始。”罗振玉所作《铁云藏龟》序成于一九〇三年八月,亦在刘鹗自序之前,实为研究甲骨文字之第一篇著作。罗序说:

至光绪己亥(光绪廿五年,一八九九年)而古龟古骨乃出焉。

一九一〇年罗氏在《殷商贞卜文字考》自

序说：

光绪己亥（光绪廿五年，一八九九年），予闻河南之汤阴发现古龟甲兽骨，其上皆有刻辞，为福山王文敏公所得，恨不得遽见也。

公元一九一二年罗氏在《殷虚书契前编》自序说：

光绪二十五年，岁在己亥（一八九九年），实为洹阳出龟之年。

一九三三年罗氏在《殷虚书契续编》自序又说：

光绪己亥（光绪廿五年，一八九九年），殷商贞卜遗文出于洹水之故虚。

都以甲骨发现在光绪己亥即光绪廿五年公元一八九九年，而福山王懿荣首得之。

但罗振玉在一九三一年所写的《松翁自叙》（刊《考古社刊》第三期，一九三五年出版）亦即《贞松老人遗稿甲集》（一九四一年出版）的《集蓼编》中又说：

洹滨甲骨，自庚子岁始由山东估人，携来都门，福山王文敏公懿荣首得之。

为什么罗氏一人先说甲骨出自己亥，现又说出自庚子，怎么会自相矛盾呢？这是因为据明义士《甲骨研究》（一九三三年齐鲁大学讲义本）己亥年王氏只买了十二块，到了庚子则买了八百块，举多数而言，便称作庚子了。

刘鹗的《铁云藏龟》自序，与罗序同时而稍后，罗氏写于一九〇三年八月，刘序写于同年九月。刘序说：

龟版己亥（光绪廿五年，一八九九年）出土，在河南汤阴县属之古牖里城。他又说：

既出土后，为山左贾人所得，咸宝藏之，冀获善价。庚子岁，有范姓客携百余片走京师，福山王文敏公懿荣见之狂喜，以厚值留之。后有潍县赵君执斋得数百片，亦售归文敏。未几，义和拳乱起，文敏遂殉难。

也是说庚子岁王懿荣以厚值购买甲骨，所以说庚子岁，也是因为这年买的甲骨比较多，而最初买甲骨的，也是说的王懿荣。

罗刘之后，研究甲骨关心甲骨，与甲骨关系较深的，还有王国维。王国维一九一七年在他代替姬佛陀所作《戬寿堂所藏殷虚文字》序说：

光绪戊戌己亥，洹曲崖岸，为水所啮，土人得龟甲牛骨，上有古文字。估客携至京师，为福山王文敏公懿荣所得。

一九二〇年（庚申秋日）又在《随庵殷虚文字跋》（见陈乃乾编印《观堂遗墨》，一九三〇年出版。又收入《观堂别集》，题为《随庵所藏甲骨文字序》，原件现存南图）中说：

甲骨文字出土于安阳小屯，福山工文敏公首得之。

一九二五年又在《最近二三十年中中国新发现之学问》（《学衡》四十五期，又收入《静安文集》续编）一文中说：

殷虚甲骨文字，光绪戊戌己亥间始出于河南彰德府西北五里之小屯。初出土后，潍县估人得其数百以售之福山王文敏懿荣，文敏命秘其事，一时所出先后皆归之。王国维研究甲骨文字，实受罗振玉的启导，长年同罗振玉在一道，为什么他在己亥之前又添了一个戊戌年呢？我们认为罗振玉、刘鹗和王国维专门研究甲骨时代又较早，一般认为己亥为出甲骨之年，所以又称庚子者，以庚子年买的最多，所以又称戊戌者可能是从戊戌年即开始见到或购到极少数之故。但都以王懿荣首得之，则论断一致，没有问题。

四

罗振玉是早期搜集甲骨文字最勤、所得甲骨数量最多之一人。自从一九〇七年以后，他除了几次派遣古董商人去安阳专为他采购甲骨之外，一九〇九年还派他的内弟范兆昌恒斋去搜集，他自己于一九一五年也曾由日本回国，专程去过小屯。特别是一九一一年春天，他还特派他的堂弟罗振常子敏及内弟范兆昌两人去安阳、洛阳作了“两个月之游”，单在安阳搜购甲骨就呆了五十几天，那时他们“日有记载”。到一九三六年由罗振常将当年的日记整理成《洹洛访古游记》（上海蟫隐庐印行，一九三六年；河南人民出版社一九八七年重印）。他在现场所见所闻，应视作是第一手的资料，我们看他说：

连日以发掘龟骨源流，访诸土人，颇得其详。今汇萃众说，参以所知，记之如次：

此地埋藏龟骨，前三十余年已发现，不自今日始也。谓某年某姓犁田，忽有数片随土翻起，视之，上有刻画，且有作殷色者（即涂朱者），不知为何物。北方土中，埋藏物多，每耕耘，或见稍奇之物，随即其处掘之，往往得铜器、古泉、古镜等，得善价。是人得骨，以为异，乃更深掘，又得多数，姑取藏之，然无过问者。其极大胛骨，近代无此兽类，土人因目之为龙骨，携以示药铺，药物中固有龙骨、龙齿，今世无龙，每以古骨充之，不论人畜。且古骨研末，又愈刀创，故药铺购之，一斤才得数钱。骨之坚者，或又购以刻物。乡人农暇，随地发掘，所得甚伙，捡大者售之。购者或不取刻文，则以铲削之而售。其小块及字多不易去者，悉以填枯井。

北方估客，有北京、山东二派。京估概居旅店，候人持物来售，服用颇奢，恒留妓停宿。东估则甚苦，所居为极湫隘之小饭店或人家，日间则四处出回村落，谓之跑乡。某年有估范兆庆者，跑乡至小屯，索土中发掘物，土人问其种类，则曰有字者皆可，因以骨示之，范虽不知其名，然观其刻画颇类古金文，遂悉购之。土人得善价喜过望，亟觅旧所填井，则已成平田，迷不得处。后村人得骨，均以售范，范亦仅售与王文敏公，他人无知者。（《洹洛访古游记》上册十一～十二页，宣统三年二月二十三日条）

这是他根据现场调查，知道甲骨在三十年前即已发现，当时只用作龙骨药材和刀尖药。直到后来东估范兆庆才以那一位金石学家的提示以为“颇类古金文，遂悉购之”，但自后小屯“村人得骨，均以售范，范亦仅售与王文敏公，他人无知者”。以范得骨仅以售王，知那一位认识甲骨文的金石学家应该是王懿荣而不是别人。

早期搜购甲骨的，还有几个外国人。加拿大人明义士一九一〇年接受加拿大长老会授予的牧师职务，派往中国河南北部服务，最初在武安，后来到彰德，一九一四年调查殷虚（《明义士传》，《中国文字》第二册，国立台湾大学文学院古文字学研究室，一九六一年）。一九一七年明氏作《殷虚卜辞》自序说：

甲寅（一九一四）始春，作者乘其羸老白马徘徊于彰德迤北之洹水南岸，……此即殷朝武乙故都殷虚是也。……然则作者在中西考古家中，实为探访殷虚之第一人。

约十五年前，中国一考古学家王姓者，当诣北京一中国药店，购买龙骨，以当药料，碎骨之中，有一小片，上刻细致文字，其中若干例，颇与其家藏最古钟鼎文字绝其类似，遂亟事访求，意欲多购，及问此物出土原地，杳不可知，乃裹其秘宝，深藏怀中，仅于返家后，秘宝研索而已。是则今之所称甲骨卜辞彼宝发现之第一人也。

一九三三年明氏于齐鲁大学作《甲骨研究》（初编）（齐鲁大学讲义，齐鲁书社一九九六年重印——振宇案）说：

在一八九九年以前，小屯的人用甲骨当药材，名为龙骨。最初发现的甲骨，都经过潍县范氏的手，范氏知道最详。先是范氏不肯告人正处，如告刘铁云“汤阴牖里”。余既找到正处，又屡向范氏和小屯人打听，又得以下的小史，今按事实略说如下：

前清光绪二十五年（一八九九）以前，小屯有剃头商名李成，常用龙骨面作刀尖药。北地久出龙骨，小屯居民不以为奇。乃以兽骨片龟甲版鹿角等物，或有字或无字，都为龙骨。当时小屯人以为字不是刻上的，是天然长成的，并说有字的不好卖，刮去字迹药店才要。李成收集龙骨，卖与药店，每斤制钱六文。按范氏一九一四年所言：一八九九年（己亥光绪二十五年），有学者王懿荣（字廉生谥文敏公），到北京某药店买龙骨，得了一块有字的龟版，见字和金文相似，就问来源，并许再得了有字的龙骨，他要，价每字银一两，回家研究所得。王廉生是研究甲骨的第一人。（《甲骨研

究》，一九三三年春，第二章《甲骨发现小史》）

此前，还称："民国三年（一九一四）余移驻安阳，常骑老白马游洹河岸。"（同上五页）

日本人林泰辅合将商周遗文会、确古斋、听冰阁、继述堂诸家日本所藏，编成《龟甲兽骨文字》一书，其序说：

光绪二十五年（一八九九）河南安阳县洹水之南，始出龟甲兽骨，片片奇古，且有文字，别放一异彩矣。（大正六年 < 一九一七 > 十二月）

一九一八年四月，林氏来华，亲至安阳小屯村调查殷墟，搜集甲骨，又记载甲骨出土地方之风土区域，回国后发表了一篇《殷墟遗物之研究》，（参见徐嘉瑞《日本甲骨之收藏与研究》，《国学月报》二百零一，一九二七年；又，东洋文库古代史研究委员会《东洋文库所藏甲骨文字》序，一九七九年）。

在国内，稍晚一些又有马衡《中国金石学概要》（北京大学史学系讲义，一九二四年，收入《凡将斋金石从稿》，中华书局，一九七七年），谈到"甲骨"说：

甲骨者，龟甲与兽骨也。其刻辞则殷商贞卜之辞也。……出土之时地及发见之人，皆可得而考也。一八九九年（清光绪二十五年），王懿荣得若干枚于估人之手，珍秘不以示人。

同时还有容庚《甲骨文字之发见及其考释》（国立北京大学《国学季刊》第一卷第四号，一九二三年）一文说：

甲骨文字发见于河南安阳县城西北五里之小屯中，东西北三面，洹水环焉，殆《史记·项羽本纪》所谓"洹水南殷虚上"《彰德府志》所谓"河亶甲城"者是也。……清光绪二十五年（民国纪元前十三年）始出见于世。其文字刻于龟甲兽骨上，估客携至京师，售于王懿荣。

皆以王懿荣为发现甲骨第一人，时间则是一八九九年（清光绪二十五年己亥）。

五

在引述上列各家论叙之后，我们再来看王襄老人自己如何说明。王氏一九二〇年作《簠室殷契类纂》二册，为首部甲骨文字典。一九二五年又有《簠室殷契征文》出版，序文说：

自清光绪己亥下迄民国纪元，此十四年间所出甲骨颇有所获……。

一九三二年有《簠室题跋》（刊《河北第一博物院半月刊》第二十九期，一九三二年十一月二十五日）于《题贞卜文》说：

贞卜文，前清光绪己亥年出河南安阳县小屯村。为古人贞卜之用品。

次年又有《题所录贞卜文册》（刊《河北第一博物院半月刊》第三十二期，一九三三年一月十日），说：

前清光绪己亥年，河南安阳县出贞卜文。是年秋潍贾始携来乡求售。

上面三文，提及甲骨发现之年，亦为清光绪己亥年，即光绪二十五年，一八九九年。一九三五年发表《簠室题跋》卷二（刊《河北博物院画刊》第八十五期，一九三五年三月二十五日），于《题易穞园殷契拓册》说：

殷契始发见，掘术未精，致多破碎。……当发见之时，村农收落花生果，偶于土中捡之，不知其贵也。潍贾范寿轩辈见而未收，亦不知其贵也。范贾售古器物来余斋，座上讼言所见，乡人孟定生世叔闻之，意为古简，促其诣车访求，时则清光绪戊戌冬十月也。翌年秋，携来求售，名之曰龟板，人世知有殷契自此始。

还是把"人世知有殷契"之年作光绪己亥年（一八九九年）。在《亡弟雪民家传》（雪民，一八八三～一九四五，见杨鲁安《王雪民印存》，一九八四年）说：

殷墟出契文之年，在清光绪戊戌。翌年，潍县贾范寿轩携之来津；乡人孟定生、马景含二君及余家兄弟见之，惊为千载瑰宝。（见王巨儒《王襄年谱》上，刊《天津文史丛刊》第七期，天津市文史研究馆，一九八七年。又收入《纶阁文稿》第二册，现存天津市图书馆）

一九四七年作《簠室所藏殷契拓本》中一、自藏殷契拓本之一，最初习拓，说：

此习拓之龟甲兽骨，皆己亥庚子之际所得，为契文最初之发现，拓法未工，为学拓之物，甚可宝。丁亥纶阁记于簠斋。（现存天津市历史博物馆）

一九五二年作《题宝契小相》（未刊）说：

惟昔己亥秋之季，潍贾创获甲骨文。至今小屯候庄地，宗庙陵寝溯有殷。五十余年积发现，十六万版数纷纭。（收入《纶阁诗稿》卷二，现存天津市图书馆）

至一九五五年十月二十七日《殷契墨本选集序》时，则说：

世人知有殷契，自公元一八九八年始（即清光绪廿四年）。潍友范寿轩集古器物来言河南汤阴（实为安阳）出骨版（实为龟甲兽骨），中有文字，征询吾人欲得之否。时有乡人孟定生共话，极怂恿其往购，且言欲得之。孟氏意此骨版为古之简策也。翌年十月，范君来，告以得骨版，期吾侪到彼寄观览。彼寓西外马家店，店甚简陋，土屋壁立窗小于窦，炕敷簟席，群坐其间，出所谓骨版者相互摩挲，所见大小不一，沙尘满体，字出刀刻。既定其物，复审其文知为三古遗品。

此篇文字，由王老后人以《簠室殷契》发表于一九八二年九月《历史教学》，亦被视作一八九八年甲骨发现的主要依据之一。

一九五七年六月作《写题孟定生所藏殷契拓本》说：

昔潍友范寿轩来津，携有河南安阳所出之殷契，同仁等以为人间未见之奇，遂奔走相告，咸至范君寓所，时前清光绪己亥冬十月也。（《纶阁文稿》第四册，现存天津市图书馆）

此篇文字，亦由王老后人以《孟定生殷契序》先后发于《天津文史丛刊》第三期，一九八四年九月及《历史教学》一九九三年第九期，李鹤年一九八四年作《孟广慧、王襄、王懿荣与甲骨》一文中刊出其手稿影印件，笔者手中也存有其手稿一份。

一九六一年作《古文流变臆说》（龙门联合书局出版）于上编导言《殷代文字之发现》说：

殷契之发现，始于清光绪戊戌秋，潍人范寿轩来说河南出骨片事，翌年冬携来求售，巨大之骨，计字索值一金，同好力不能得者，尽以携之京师，后闻为王廉生懿荣购去，有全龟腹甲之上半，曩时视为珍品，亦在其中。

由上列王襄本人于不同时期的论述中，我们可以看出，首先，对甲骨文发现之年说法不一；其次，从未说到一八九八年见到甲骨实物，只说一八九九年秋，即清光绪己亥二十五年。

六

孟广慧，字定生，也作定僧，号远公，天津人。生于清同治六年丁卯（一八六七年）十二月二十八日，卒于民国二十八年（一九三六年）十二月十四日，终年七十三岁。

孟氏因获一方刻有“白云山人”的旧玉印，因以为号，曾收藏过一件叫錞于的乐器，所以斋名錞于室，此外还有问梅吟社等室名。收藏以大钱为最出名。工四体书，能诗，特别擅长隶书和行书，与天津华世奎、刘嘉深、赵元礼并称四家。著有《两汉残石编》、《定生藏泉》，藏李鹤年处。

王襄序《錞于室契文余珠》（即上引之《写题孟定生所藏殷契拓本》、《孟定生殷契序》）说：

此次购得巨大之边条与凹形之骨数十片，费去数十百金。定老固非雄于资者，何得此项巨金？盖其叔志青先生继埙，时官武昌盐法道，适寄旅费至，欲其游湖北，故挹彼注兹，以成其大愿，所谓千载一时也。

然吾乡藏殷契者固以定老为创始人。

孟氏为了一龟片，曾请王懿荣次子翰甫写信介绍去北京见王懿荣一面，即所谓“全甲之上半珍贵逾他品”者。

孟氏所收甲骨共四百三十一片，都用两汉残石编稿页包裹，大片的一片一包，外标第几版，碎小的几片包一包，也标明片数。

孟氏藏品，甲骨经杨富村手归李鹤年，除第一片早被孟长子孟九龄售出外，余全部保存。孟骨一九五二年四百片售归中央文化部文化局，李现存三十片。

王襄，字纶阁，号簠室，天津人。生于光绪二年丙子（一八七六年）十一月十六日（十二月三十日），卒于一九六五年一月三十一日，终年九十岁。

王氏《贞卜文临本序》说：

前清光绪己亥年，河南安阳县出贞卜文。是年秋，潍贾始携来乡求售。巨大之骨计金字定值，字价一金，一骨之值动即十数金。乡人病其值昂，兼之骨朽脆薄，不易收藏，皆置而不顾，惟孟定老世叔与予知为古人之契刻也，可以墨迹视之，奔走相告，竭力购求。惜皆寒索，力有不逮，仅于所见十百数中获得一二，意谓不负所见，借资考古而已，后闻人云：吾侪未购及未见之品，尽数售诸福山王文敏公矣。（《簠室题跋》卷一）

又于《贞卜文临本》第一册第二编题注中说：

此殷契清光绪庚子四月间所获，多龟甲块小而字少，以津钱十千购得，有赠人者，不尽在簠室也。是时清兵与联军肇衅，兵火仓皇，念之有余痛矣。甲子上元后一日纶阁记（一九二四年）（《簠室题跋》卷一，《簠室殷释殷契》，天津历史博物馆藏）。

王氏一九〇四年始研究甲骨文字，《题所录贞卜文册》说："甲辰乙巳年间，从学于京师高等实业学堂，日课余间，始治其文字。"一九一〇年秋，识罗振玉。"庚戌秋，罗叔老贻所著《殷商贞卜文字考》。……"一九二三年与叶玉森通信，一九三三年与易穞园来往，易寄拓本。与王孝禹熟，有《再题王孝禹山水卷》（一九五〇年）。

一九四五年抗战胜利，时我在后方成都齐鲁大学，曾回到北京天津，调查并搜集战后新出的甲骨文字。于津时，知王襄家藏有三千片左右，其中八百片，可以出让。我由京以刘盼遂、徐宗元两先生之介，并来薰阁陈济川经理陪同抵津，反复商量了一星期之久，终因索价太高，距离甚远，没有买成，不过因大半为已著录过的材料，买不成也就罢了。

后来我转往上海复旦大学，便同王襄老人书信来往，现在还留有王老书信。一九六一年我们编辑《甲骨文合集》时，特别到天津请王老任《合编》编委会委员，王老慨然应允，并拿旧藏甲骨文拓本提供我们使用。在他老故世前一年，我还看到他，给他拍了照，他老认为照得很自然。王襄去世后，遗著统由天津市图书馆收藏。

顺便一提，上述之李世瑜、王翁如《怀念王襄老人》及李鹤年《孟广慧、王襄、王懿荣与甲骨》二文，称："董（作宾）去美国讲学数年，解放初曾来信询出售甲骨事，并介绍卖与美国，被他婉言谢绝了。"及一九五二年董作宾自美国来信劝先生将甲骨卖给美国某大学，说可得善价。先生一面婉言谢绝，一面劝董回归大陆，从事学术研究。（李文注称："详见王翁如《簠室殷契》跋。载《历史教学》一九八二年九期。"）按：董氏赴美是在一九四七年，临行前曾有信予我。查《董作宾先生年谱初稿》（严一萍编，刊《董作宾先生全集》乙编第七册，台北艺文印书馆，一九七七年）及《董作宾先生年表》（刊《董作宾百年纪念文物展》，台北国立历史博物馆，一九九三年），董氏（一九四七年）一月赴美芝加哥，一九四八年曾游波士顿、华盛顿、纽约，冬返国；一九四九年随中央研究院迁台，于一九五五年先赴韩国、日本，八月飞香港，此期间只一九五二年访菲律宾，其余一直居台北。不知"董氏来信"一事何据。又多篇记述王襄事略之文均称，先生逝世后，中国科学院院长郭沫若为题墓碑云云。郭王二氏如何得识？实际上乃天津市文史馆通过领导请我办理，郭老还书写多幅，让我挑选。

孟定生、王襄均为最早甲骨收藏家之一，两位早期所购，号称四五千片。今王襄旧藏归天津历史博物馆，才一一六六片；孟定生旧藏，归北京图书馆和李鹤年，才四三一片。

七

作为金石学家的王懿荣于一八九九年认识了甲骨文并加以收藏后，尚未及进行研究，及留下著述，便于次年庚子八国联军入侵殉难。我们不知王氏获得甲骨是在何时，但后人多有记载，王维朴《东武王氏高盉堂金石丛话》（刊《东方杂志》二十七卷二号，一九三〇年一月二十五日）说：

光绪己亥，河南洹阳武乙氏之故墟，发现龟甲文，族伯文敏公定为殷商贞卜文字，彼时先君亦收得数百枚，……洎民国丙辰，避地来津，与侨居日本上虞罗文，借邮筒商榷旧学，乃整理旧藏，购致新出，积万余枚，选拓成《殷虚书契菁英》一书，已经黄毅候农部选入《金石书目》中矣。

王汉章《古董录》（刊《河北第一博物院画报》五十、五十一期，一九三三年十月十日、二十五日）说：

回忆光绪己亥庚子间，潍县估人陈姓，闻河南汤阴县境小商屯地方（志称河亶甲城，俗呼何三家城土村，总名小商屯）出土大宗商代铜器，至则已为他估席载以去，仅获残鳞剩甲，为之嗒然，乃亲赴发掘处查看，惟见古代牛骨龟版，山积其间，询之土人云，牛骨椎以为肥田之用，龟版则药商购为药料耳。（以上五十期）

估取其一稍大者，则文字行列整齐，非篆非籀，携归京师，为先公述之，先公索阅，细为考订，始知为商代卜骨。至其文字，则确在篆籀之前，乃畀以重金，嘱令悉数购归，仅至一批而庚子难作，先公殉国。（以上五十一期）

王崇焕《王文敏公年谱》（刊《中和月刊》四、七，一九四三年七月）中"光绪二十五年己亥五十五岁纪事"说：

河南彰德府安阳县小商屯地方发现殷代卜骨龟甲甚多，上有文字。估人携之京师，公审定为殷商故物，购得数千片，是为吾国研究殷墟甲骨文字开创之始，事在是年秋。

王崇烈（汉辅）《题鄦阁藏龟拓本》（现藏青岛博物馆，一九六一年王杏东捐）说：

龟版出土在洛阳（当作安阳）属之小屯，地方为河亶甲旧都，宋时已有古物发现，光绪己亥，忽出龟版一大坑，人无识古，贩运至京师，先文敏公悉数收之，当谓可以上傲许徐下卑欧赵也。……二叔大人命崇烈识。

李鹤年后得识王氏哲嗣汉章，询及王氏收购甲骨经过，告曰：第一个送甲骨给王懿荣的是范寿轩，范跟王既是同乡又多年有过交易。范把甲骨出土之经过和详情告之王氏，王当即收下范携来甲骨，另交范六百两银，让范全部收购出土甲骨。庚子夏范带着几麻袋甲骨抵京，全部放在王氏花园内。时王氏已无暇及此，只于下朝后着人以铜盘托几片玩赏而已。王殉难后，为了筹资发丧，出售其古物，王氏两个学生，刘鹗买了甲骨，廉南湖要了字画。（见上引之《孟广慧、王襄、王懿荣与甲骨》）

范寿轩（亦名守轩），山东潍县志稿人物艺术本传载：范春清，字守轩，范家庄人。好贩鬻古器，与弟怀清游彰德小屯，得商爵一。次年复往，屯人出龟甲相示。春清以钱数千购四十片，去京师，谒王文敏懿荣，见之惊喜不置，曰："君等真神人也，何处得此？"以厚值偿之。春清家小康，有田十余亩，以好购古器，荡其产。懿荣及刘鹗、端方诸公，皆器重之，而甲骨文始显于世。虽然我们不知王懿荣是否在一八九九年之前就已得知甲骨出土之事，但至少在一八九九年王氏已通过估人收购甲骨，这点已是不容置疑的事实。王懿荣（一八四五～一九〇〇）此时五十四岁，在京任官；孟定生（一八六七～一九三九）此时三十二岁，在津"寒索"；王襄（一八七六～一九六五）此时二十三岁，在塾读书。古董商人，目的赚钱，往往是秘藏宝物，待价而沽，怎么可能抛开有钱有势的高官不顾，而先去找二十几岁的小孩子、穷书生呢？似乎与情理不符。况且范估与王懿荣之间又有"同乡"及"多年交易"这一层关系。

再者，从安阳到北京间的京汉铁路那时尚未通车（清廷于一八八九年成立中国铁路总公司，向比利时银团——后改为俄法比银团，借款兴建北京卢沟桥至汉口的卢汉铁路，先由清政府建卢——保定和汉口——滠口两段，通车后一九〇一年由卢展至京城前门，至一九〇六年京汉全线通车），估人直接前来京师不便，如由家乡转来，山东北京间，天津是其中一站，但其终目的是京师，天津只是路过而已。

八

称甲骨文发现之年为一八九八年，仅依王襄先生一句话便下此结论为时尚早，更不用说对这句话的误解，因王氏并未宣称本年见到甲骨，即便明闻甲骨出土之事，王氏亦有不同说法，如刊于《历史教学》一九九三年第九期上之《〈孟定生殷契〉序》便称作："时前清光绪己亥（一八九九年）冬十月也。"王氏后人王翁如"附记"中并未解释这一年代问题，只是对"汐翁"文章穷追不舍，把一九三一年北平《华北日报》《华北新闻》八十九期上的这篇小文作"王廉生吃药发现甲骨的说法最初见于民国初年天津出版《华北新闻》"。早先李鹤年《孟广慧、王襄、王懿荣与甲骨》曾附有王氏手书《〈孟定生殷契〉序》复制件。（王、孟两文均见前引）对这一年代的"小有出入"作过说明，认为王氏写这篇序时（一九五七年）"已将近八十岁，记忆力有些衰退了，印象模糊了"，并称"这是常情"。李氏的结论是要以王氏一九三五年《题易穞园殷契拓册》所说时间为准，这样"孟定生、王襄知道有甲骨比王懿荣早三个季度"，在这几字下还划了着重符号。如此说来，王襄于一九二五、一九三二、一九三三三年的文章应是更接近甲骨发现之年，更近于事实的吧，三文中王氏将甲骨出土之年均作"光绪己亥"即一八九九，那又作如何解释呢？即便《题易穞园殷契拓册》中，亦称贾辈一八九八年"见而未收"，到一八九九年才"携来求售"，此前三个季度，王襄本人未见实物，如何又知"甲骨"为何呢？

称王襄首先发现甲骨文同样证据不足。即便听说，不见实物，谈何发现？硬要这么说，谁先发现甲骨，是潍县估人，还是小屯村民？说王懿荣未有著作，那么孟定生有耶？我们还称其为甲骨文字首先发现者之一。李氏文章举出同刊于《河北博物院半月刊》的王懿荣四子王汉章（崇焕）文章中"对甲骨文发现经过王汉章并没有提出和王襄不同说法，可以证明王襄所谈是事实"。实际上，王懿荣去世时，其四子年纪尚小（八岁）。而照此说来，对王懿荣首先辨认甲骨文一事王襄并没有提出和众人不同的说法，王襄于一九六五年逝世，时甲骨文发现已有六十六年，总不见得王襄没有读过众多的著述吧，且我在《五十年甲骨学论著目》中已列出中外文书目及论文篇目八百余种。这又可以证明些什么呢？

综上所述，在甲骨学发展近百年的今天，我们仍可以说：殷墟甲骨文是在一八九九年，也就是光绪二十五年已亥，由山东福山人，名叫王懿荣的，首先认识并加以搜购的。（原载《中国文化》第十五、十六期）

关于殷墟甲骨文的发现

王宇信

殷墟甲骨文，是商朝后期（公元前 14 ~ 公元前 11 世纪）王室占卜记事之遗物。自一八九九年发现、购藏迄今，八十五年来出土十五万片左右。由于我国古代典籍中有关商代的记载较少，所以殷墟甲骨文成了研究我国古代历史弥足珍贵的第一手资料。

近年来，随着集大成式的甲骨著录《甲骨文合集》一书十三巨册的陆续出版，以及安阳又有大批甲骨出土和在陕西周原、澧西，北京昌平和山西洪赵等地不断有西周甲骨的发现，愈益引起了更多人对甲骨学的注目。这不仅促进了甲骨学和商史研究的进一步深入，也促进了甲骨学知识的普及，形成了一股不大不小的"甲骨热"。

因此，殷墟甲骨文一八九九年发现，是我国学术史上的一个重大事件。而它的第一个发现和购藏者王懿荣等人在我国学术史上，特别是在甲骨学史上做出了重要贡献，理所当然地应受到人们的尊重与怀念。但是，近年又有人旧事重提，对甲骨文的发现年代及它的第一个鉴定者提出了不同意见，引起了人们的兴趣。本文拟对这一问题，谈一些个人的看法，不妥之处，切望指正。

一、甲骨文的发现年代能提前到一八九八年吗？

我们这里所说的殷墟甲骨文的"发现"，是指亲自鉴定甲骨实物,因目睹文字而认识它的价值,并把它作为珍贵文物有目的地进行搜集和研究。从这个意义上说,甲骨文的发现应是一八九九年从王懿荣开始。关于此,胡厚宣先生《五十年甲骨文发现的总结》(第二十～三十五页)、《殷墟发掘》(第十一～十三页)和陈梦家《殷墟卜辞综述》(第一～三页)等书论述颇详,早已为学术界所公认。但基本与王懿荣同时,作为甲骨最早发现者之一的王襄,晚年对甲骨文发现年代提出了异议,说:

"世人知有殷契,自一八九八年始(即清光绪二十四年)"(《簠室殷契》,《历史教学》一九八二年,第九期),并得到了一定的反响。甲骨文究竟在哪一年发现,只要我们将有关当事人的记述文字稍加排列分析,就不难得出明确结论。

王汉章在一九三三年《河北第一博物院画报》(第五十期)上发表的《古董录》一文追述说:

回忆光绪己亥庚子间……估(笔者按:好古董商)取其一稍大者,则文字行列整齐,非篆非籀,携归京师,为先公述之,先公索阅,细为考订,始知为商代卜骨。至其文字,则确在篆籀之前,乃畀以重金,嘱令悉数购归。

这是关于王懿荣搜集、鉴定甲骨较为全面的记述。虽然他最早鉴定、搜购甲骨,但自己并没有留下什么有关于此的文字。我们只能根据他后人的追记并参照与他同时人的记录,来考证他发现与搜集甲骨的时间。王汉章(崇焕)是王懿荣的儿子,这篇文章写于王逝世(一九〇〇年)以后的三十四年。王懿荣发现甲骨时,王汉章也不过才十多岁,因此他的记述当是从其父生前故旧处听来的。文中把甲骨发现之年笼统说成是"光绪己亥(一八九九年)庚子(一九〇〇)",就说明他作为非当事人,所听传闻有含糊不确之处。但我们从与王懿荣同时代人的甲骨著述中,还是可以找到较为确切的时间记载的。

《铁云藏龟》是我国甲骨学史上的第一部甲骨著录书,此书乃刘鹗于一九〇三年从其收藏甲骨五千多片中选拓编成。刘鹗所藏甲骨,就包括了王懿荣死后所售出的全部藏品。罗振玉在为《铁云藏龟》所写的"序言"中说:

……至光绪己亥而古龟古骨乃出焉……

他是把光绪己亥(即一八九九年)作为甲骨的发现与收购之年的。刘鹗为此书写有"自序",也说:

龟版己亥岁出土在河南汤阴县属之古羑里城……

此序作于光绪癸卯年九月。癸卯为一九〇三年,己亥为一八九九年,相距不过五年。虽然他关于甲骨出土地受古董商之骗而误信为羑里(此说直到一九〇八年才为罗振玉在《殷墟古器物图录》一书"序"中揭穿),但基本上作为与王懿荣同时人的刘鹗,所记甲骨发现的时间当是可信的。因此,《铁云藏龟》罗振玉和刘鹗序中所记甲骨发现时间相同,都为光绪己亥(一八九九)年。这就较三十多年后王汉章追述的"己亥庚子间"要为确切了。还有一些书中也谈到己亥年(一八九九年)发现甲骨之事,就不在此一一罗列了。我们只举晚年持不同看法的王襄早年的记述看看也就够了。

王襄也是早期甲骨购藏家之一。他在一九二五年编辑出版的《簠室殷契征文》一书"序"中说:

自清光绪己亥下迄民国纪元,此十四年间所出甲骨颇有所获,往年编《殷契类纂》兼及旧藏……

他所说的光绪己亥(一八九九年)至民国纪元(一九一二年),正好是十四年。因此,《簠室殷契征文》一书虽较《铁云藏龟》一书晚出了二十多年,但作为当事人的王襄在"序"中所追述的甲骨发现之年与《铁云藏龟》罗、刘序中所说的年代还是认识相同的。

一九三〇年出版的董作宾《甲骨年表》(载《史语所集刊》二本二分),虽误把甲骨发现者说成端方,但甲骨发现之年还是列在一八九九年栏内的。八年之后(一九三七年)出版的董作宾、胡厚宣合著《甲骨年表》,虽据一九三〇年出版的《甲骨年表》"增订重编",但年表中仍把一八九九年作为甲骨发现并始搜购之年。这说明，直到此时期甲骨学界关于甲骨文发现于一八九九年的看法基本上是没有什么异议的。

就在《甲骨年表》出版和重编的八年当中，王襄也曾两次著文谈甲骨的发现和他购藏甲骨的情况。一次是在一九三三年发表在《河北博物院半月刊》（三十二至三十三期）的《题所录贞卜文册》一文。此文较他《簠室殷契征文》一书"序"中所谈较详，但关于甲骨文的发现，他仍认为：

前清光绪己亥年，河南安阳县出贞卜文。是年秋，潍贾始携来乡求售……

另一次是在一九三五年发表在《河北博物院半月刊》（八十五期）的《题易穞园殷契拓册》。此文追述甲骨发现前之情况说：

这一年前冬天（笔者按：即其文中"时则清光绪戊戌〈即一八九八年〉冬十月也"）当发现之时，村农收落花生，偶于土中捡之，不知其贵也。潍贾范寿轩见而未收，亦不知其贵也。范贾售古器物来余斋，座上讼言所见，乡人孟定生世叔闻之，意为古简，促其诣车访求……

而关于甲骨文的发现，还像他过去的记述一样：

翌年秋（笔者按：即戊戌之翌年己亥——一八九九年）携来求售，名之曰龟版。人世知有殷契自此始。

从王襄这两次谈甲骨发现的文章，我们可以看出：在《甲骨年表》两次出版的八年当中，他对甲骨一八九九年发现的看法不仅没有什么异议，而且说得十分明确：

"人世知有殷契自此始"。

殷墟甲骨文于经典失载，所以千百年来人们一直不知商朝还有甲骨文这回事。这正如罗振玉《殷墟书契》序中所说，甲骨文"与古文或异，固汉以来小学家若张杜杨许诸儒所不得见"之物。因此，在一八九九年甲骨文被认识并开始购藏以前，虽然早有出土，但充其量也只不过是作为一斤才值数钱的"龙骨"成批卖给药店或磨成"刀尖药"在庙会上零售，并不认识其珍贵的文物史料价值。正因为如此，连古董商都"见而未收"；直到一八九八年还只是"讼言所见"，而听者怀疑其为"古简"，并没有见到实物和进行鉴定、购藏，所以不能说这一年就是甲骨文的发现和认识之年。

但是到了一九八二年，即甲骨文被发现八十三年以后，王襄写于一九五五年的《簠室殷契》一文发表，此文的跋中说："目前出版的几种有关介绍甲骨文知识的小册子，对于普及甲骨文知识是有好处的。但是，谈到甲骨发现一事时，有的不甚确切或不太全面，现将先严王襄同志遗作《簠室殷契》一文加以注释，刊登在这里"（《〈簠室殷契〉跋》，《历史教学》一九八二年，第九期），重新提出了甲骨文发现年代问题。《簠室殷契》说：

世人知有殷契，自公元一八九八年始（即清光绪二十四年）。潍友范寿轩售古器物来言："河南汤阴（实是安阳）出古版（实是龟甲兽骨），中有文字。"征询吾人，欲得之否？时有乡人孟定生共话，极怂恿其往购，且言欲得之。孟氏意：此骨版为古之简策也。翌年十月，范君来，告以得古骨版……既定其物，复审其文，知为三古遗品。……孟氏与襄皆寒士，各就力所能得者，收之而已。所余之骨版，据云：尽售诸王廉生（即王懿荣），得价三千金，言之色喜。……

当然，如果有确凿的证据，我们并不拘执于甲骨文发现于一八九八年的说法，我们也并不反对将甲骨文发现的年代提前。但我们从王襄所写的这段文字里，并不能找到甲骨文一八九八年发现的证据。这是因为，上引这段话，产生了几个使人不能解决的疑团：

其一，写于一九五五年的《簠室殷契》所说的甲骨文发现年代不仅与前引作者一九二五年、一九三三年所说的时间不同，就是一九三五年"翌年秋（按即一八九九年），携来求售……世人知有殷契自此始"，与本文说"世人知有殷契，自公元一八九八年始"这两段话，所说一事，用语基本相同，就是时间有了变化。究竟是王襄早年说的准确，还是他晚年说的准确呢？使人在对比之下，莫知所从。一般说来，当事人早年对事情发生记述要比晚年确切些。

其二,既然文中记古董商售古器物时说“河南汤阴出骨版,中有文字”,那甲骨第一发现者应为古董商人范氏了。因为孟定生当时也只是听说有古骨出土,并没有见到实物,只不过是推测“此骨版为古之简策也”。直到“翌年(即一八九九年)十月,范君来,告以得古骨版……既定其物,复审其文,知为三古遗品”,才真正认识与鉴定甲骨。这与上引文章开头所说“世人知有殷契,自公元一八九八年始”是矛盾的。

其三,一八九九年范估出售甲骨,究竟先售王懿荣,还是先售王襄、孟定生的呢?《簠室殷契》一文说的是含糊不清的。从“孟氏与襄皆寒士,各就力所能得者,收之而已。所余之骨版,据云:尽售诸王廉生”这段文字看,应是王、孟先于王懿荣购得甲骨。不然,又何谈“所余”呢?但从下文之“据云:尽售诸王廉生,得价三千金,言之色喜。……”看,又应是范估先卖给王懿荣。不然,何以知范估从王懿荣处“得价三千金”,并因买卖作成在王、孟面前“言之色喜”呢?此外,王襄在《题易穞园殷契拓册》里也说,一八九八年古董商“见而未收”,到一八九九年再次至津时,才将甲骨“携来出售,名之曰龟版”以及《錞于室契文余珠·跋》(《古文字研究》第八辑《孟广慧旧藏甲骨选介》所引)所说:“至则见范,询其所谓‘殷契’者果何以?”看,甲骨当为王懿荣先认出,称之为“龟版”或“殷契”了。虽然《簠室殷契》关于甲骨最早购藏者的记述有种种模棱之处,但我们通过分析比较,有一点还是可以明确的,即王襄自述他与孟定生购藏甲骨始于一八九九年,这与他一九三三年、一九三五年两文所记时间是相同的。但在文末“余也宝此殷契,近六十年”这段文字的注释却说:

自清光绪二十四年(一八九八)作者购藏殷契起,至乙未(一九五五年)写本文时止,近六十年了。

此注虽把王襄购藏甲骨的时间说得很明确,但我们在上引几篇王襄的文章中,从没有见到他说购藏甲骨始于一八九八年的话。注释是把王襄等人听说安阳有古骨出土之年与购藏甲骨之年合而为一,很显然,把时间往前提了一年。就是王襄一九五七年写的《錞于室契文余珠·序》也说他鉴定、购藏甲骨是“时前清光绪己亥冬十月也”即一八九九年。因此,注释把时间提前到一八九八年是缺乏根据的。

自《簠室殷契》和《〈簠室殷契〉跋》将甲骨文发现时间“提前”以后,有人在《也谈甲骨文的发现》(《光明日报》,一九八三年十一月五日)文章中,提出流传的甲骨文发现于“清光绪二十五年”的说法“时间较晚”了。那么时间应“较早”到什么时候呢?我们不妨引述一段该文看看:

一八九八年潍县古董商人范寿轩到天津出售古物之时,向王襄、孟定生等知识分子请教,而孟定生等判断可能是古代简策,促其前往收购。一八九九年范寿轩由小屯村购回甲骨,带到天津,请王襄、孟定生等鉴定,始确定为古代文物与古文字,甲骨文就是这样被发现和鉴定的。

此文所说的甲骨文发现之年也是模棱两可的。究竟是一八九八年还是一八九九年?其实,此文所说范估带甲骨至天津的一八九九年,与本文中所说的“清光绪二十五年”本是一回事。如果真像作者所说甲骨文发现于“清光绪二十五年”、“时间较晚”了,那自然就应是文中所述一八九八年范估向王襄、孟定生等知识分子“请教”之时。但细揣上述引文,就是作者本人也并不认为这“请教”之年就是将甲骨“始确定为古代文物与古文字”之年的。

凡此种种,我们从有关甲骨发现者的同时人、后人留下的记述,经过认真的分析、比较和研究,只要有实事求是之心,就不难得出公正的结论:甲骨文确是发现于一八九九年,而不能人为地“提前”到一八九八年。

二、甲骨文发现者王懿荣等及其他

关于甲骨文的第一个购藏者,董作宾在一九三〇年《史语所集刊》(二本二分)上所刊载的《甲骨年表》“己亥，清光绪二十五年，西历一千八百九十九年”栏下曾记：

山东潍县古董商人范维卿，初以安阳小屯村出土的甲骨文字介绍于世，先是，小屯此地滨洹水的农田，常有甲骨发现，村人李成捡拾之，售于药店，谓之龙骨，经过数十年，本年范估才开始收买若干片，献于端方。

对王懿荣是甲骨文最早购藏者之一，是有不同看法的。文中说：

相传安阳小屯殷故墟出土的甲骨文字，为王懿荣所发现，但据村人所言，初购求者为古董商人范维卿。范为端方搜买古物，往来武安彰德一带，见甲骨刻有文字，购若干片献端方，端喜极，每字酬以价银二两五钱，范乃竭力购致。村人至今以为美谈。据访闻，今端方家出售古器物，有甲骨文字，可证村人之言不虚。王懿荣得自北京在次年（笔者按：即一九〇〇年），为时较晚。

学术界曾一度流传甲骨的第一个购藏者为端方。但据陈梦家的研究，《洹洛访古记》（上，十二页）说：“至近三年（谓宣统元年以来）余兄（笔者按：即罗振玉）专意收此，京客东客所有，无不留之。继之者为端午桥（笔者按：即端方）。其余好古之士如沈子培方伯亦尝购之。”《甲骨年表》（页九、十五）说，“一九〇四年范氏又得一千块，到长沙售归端方”。指出：“我们以为端方收藏甲骨当作王、刘（笔者按：即王懿荣、刘鹗）之后，与罗同时或前后，即当光绪的末叶”（《殷墟卜辞综述》第六五一页）。因此，端方不是第一个购藏甲骨者。

也有以刘鹗为第一个认识和购藏甲骨者的。汐翁在一九三一年《华北日报华北画刊》（第八十九期）上发表的《龟甲文》说：

丹徒刘铁云客游京师，寓福山王懿荣正孺私第……铁云见龟版有契刻篆文，以示正孺，相与惊讶。……铁云历遍诸肆，择其文字较明者购以归。

一九三七年重编的《甲骨年表》在己亥年（一八九九年）栏内，据此增补了刘鹗鉴定、购藏甲骨的记事。其实，一八九九年王懿荣开始收购甲骨，很少为外人知晓，王国维曾记甲骨“初出土后，潍县估人得其数片，以售之福山王文敏懿荣（闻每字银四两）。文敏命秘其事，一时所出，先后皆归之”（《最近二三十年中中国新发现之学问》，《学衡》，四十五期）。陈梦家据刘鹗《抱残守缺斋日记》辛丑十月二十八日（一九〇一年）条指出：“在王氏生前，刘氏似乎并未看到他的甲骨，当时王氏对此秘藏并不示人。”并说：“刘氏只相信王氏在庚子年买了两批。”而对一八九九年王懿荣购藏第一批甲骨之事就不甚了了（《综述》，第六四七页）。因此，刘鹗不大可能于一八九九年在王懿荣处“见龟版有契刻篆文”，发现并去“诸肆”购藏甲骨文。刘鹗开始购藏甲骨，据他《抱残守缺斋日记》辛丑十月二十日所记“晚点龟骨共千三百版”言，当较王懿荣为晚，时在一九〇一年左右。

甲骨文在一八九九年被发现认识后，第一个购藏者应是王懿荣。刘鹗在《铁云藏龟》自序中说得很清楚：

既出土后，为山左估人所得，咸宝藏之，冀获善价。庚子岁，有范姓客，携百余片走京师，福山王文敏公懿荣见之狂喜，以厚值留之。后有潍县赵君执斋得数百片，亦售归文敏……壬寅年，其哲嗣汉辅观察售所藏，清公夙债，龟版最后出，计千余片，予悉得之。

虽然刘鹗记王懿荣始购甲骨的时间迟后了一年，但并没说他本人就是甲骨的第一个购藏者。刘鹗的好友罗振玉一九〇一年曾在其家见到所藏甲骨，为其墨拓并促其编为《铁云藏龟》出版。罗振玉在一九一〇年出版的《殷商贞卜文字考》自序中，也是把王懿荣作为购藏甲骨的第一人的：

光绪己亥，予闻河南之汤阴发现古龟甲兽骨，其上皆有刻辞，为福山王文敏公所得，恨不得遽见也。

罗振玉是王懿荣、刘鹗等人之后的著名甲骨收藏家，他从一九〇七年开始收藏，直到一九四〇年去世时，先后收藏达三万片之富（参看胡厚宣《五十年甲骨文发现的总结》第二十六～三十三页、《殷墟发掘》第十八～二十五页、陈梦家《综述》第六四九～六五一页），为甲骨学的建立做出了重大贡献。他早就留意于此学,说甲骨最早收藏者为王懿荣,当非虚语。

还应当谈一谈王襄和孟定生。虽然,并不一定就是他们在一八九八年第一个发现了甲骨,但在一八九九年与王懿荣不约而同地先后认识、鉴定并购藏甲骨,基本上可以与王懿荣一起,作为最早发现与购藏甲骨者之一。但长期以来,王襄、孟定生虽然一再写文申述之,但毕竟声音太微弱了,故他们对甲骨学这一贡献被人们忽视了。直到一九四四年胡厚宣在《甲骨学商史论丛》初集四册《甲骨文发现之历史及其材料之统计》一文中提出与王懿荣"同时搜求甲骨者,尚有王襄及孟定生,此事前人多未知",嗣后,一九五一年胡厚宣《五十年甲骨文发现的总结》(第二十～二十二页),一九五五年《殷墟发掘》(第十四～十五页)和陈梦家在一九五六年出版的《殷墟卜辞综述》(第六四八页)等著作中,对王、孟二氏这一贡献又反复予以充分肯定后,才恢复了他们在甲骨学史上的这一个地位,得到了公正的对待。

为什么作为最早甲骨发现和购藏者之一的王襄和孟定生在甲骨学史上长期没有得到应有地位呢?我们推测其原因,可能是:

其一,虽然王襄、孟定生与王懿荣基本同时最早地认识并搜购甲骨文,但他们"惜皆寒索,力有不逮,仅于所见十百数中获得一、二,意谓不负所见,借资考古而已"(《题所录贞卜文册》),又说,"孟氏与余皆困于力,未能博收"(《题易穞园殷契拓册》)。而与他们基本同时的收藏家,家资富有,所收甚伙。王懿荣在一九〇〇年就已购藏了一千多片。与这些人比较起来,王襄、孟定生收购较少,加上一九〇〇年四月范贾去天津"以零碎殷契,质津钱十千而去"(《簠室殷契》)所购进的一批,他们早期收购不过"大约有五六百片左右"(《五十年甲骨文发现的总结》第三十二页)。直到"清季出土日富,购求者鲜,其值大削。余时读书故京师,且京津两地所遇,尽以获得……最括存四千余品"(《题易穞园殷契拓册》)。其中,"一九一七年有大批甲骨发现,卖给了王襄和霍保禄。王襄的东西,一部分后来收入所编《簠室殷契征文》一书"(《五十年甲骨文发现的总结》第三十五页)。因此,王襄、孟定生在早期收藏家中,因藏品较少和精品不多,没有像王懿荣、刘鹗等大宗收藏家那样引人注意。

其二,王襄所藏甲骨,于一九二五年才选拓成《簠室殷契征文》一书出版,加之此书印刷不精,拓本有的经过剪割,人们曾怀疑其材料的真实性,一度曾缩小了此书的影响。而与他同时或稍后的收藏家,如王懿荣、刘鹗、罗振玉等人的藏品,一九〇三年在《铁云藏龟》、一九一一年在《殷墟书契》、一九一四年在《殷墟书契菁华》、一九一五年在《铁云藏龟之余》、一九一七年在《戬寿堂所藏殷墟文字》、一九二五年在《铁云藏龟拾遗》等书中早已先于王襄的收藏而公布,在社会上流传较广并为世人研究所用,扩大了影响。

其三,王襄自一九〇〇年以后,"时值军尘澒洞,老母病笃,志在缓人之急,固不重此殷契。念之余痛悸心,至今犹觉懔懔。自是不读殷契者且十二年"(《簠室殷契》)。在中止了研究工作较长时间以后,直到一九二〇年出版了《簠室殷契类纂》。而就在这二十多年中间,一九一〇年出版了罗振玉的《殷商贞卜文字考》,一九一四年出版了罗振玉的《殷墟书契考释》,一九一七年出版了孙诒让写于一九〇四年《契文举例》等书,甲骨学研究经历了识文字、断句读的重要发展阶段。特别是王国维在一九一七年发表了《殷卜辞中所见先公先王考》及其后的《续考》等重要论文,把甲骨文应用到商史研究领域,使甲骨文的学术价值大大提高。我们可以看到,在甲骨学形成阶段,王襄由于较长时间的沉默而没有能发挥自己的影响。

其四,自一九二八年以后到一九三七年,殷墟开始了大规模的十五次发掘工作。甲骨文研究也开始突破了第一时期的传统金石学的局限,与近代科学方法结合起来。以董作宾为首的一批甲骨学者用科学方法谈分期、探商史,把甲骨学研究提高到一个新水平。郭沫若则异军突起,用马克思主义指导甲骨文商史研究,开辟了我国史学研究的新天地。甲骨学逐渐完善并得到全面发展。而就是在此期间，据《〈簠室殷契〉跋》所述，王襄在《簠室殷契类纂》和《簠室殷契征文》二书完成后，“他去浙江、闽、粤、滇工作”，“一九三四年由湖北回天津”。虽然将“这批甲骨都随身带着，供研究和摩挲欣赏”，但公务使他无暇全力投入研究。因此在甲骨学发展的第二时期（即科学发掘时期），也正是甲骨学进一步完善的关键时期，自然是建树较多的郭沫若、董作宾和其后的于省吾、胡厚宣、陈梦家等学者成了甲骨学界的“中心人物”。

虽然如此，王襄作为甲骨文的最早发现者之一，在甲骨学史上还是应有一定地位的。他的《簠室殷契类纂》和《簠室殷契征文》二书，是甲骨文研究第一时期（即一九二八年以前的非科学发掘时期）后一阶段的两部重要著作。关于此，崔志远《王襄及其甲骨文研究》（载《天津社会科学》一九八二年第五期）已作评介，我们就不再妄评了，特别是王襄收藏甲骨的曲折历程和他保护祖国文化珍品的爱国主义精神和民族气节（见《〈簠室殷契〉跋》所述），是永远值得我们尊敬和学习的。

总之，我们不能像过去那样，长期忽视王襄、孟定生作为甲骨发现者之一在甲骨学史上的地位。但也不能矫枉过正，把甲骨发现之年提前到一八九八年，从而否定另一位甲骨最早发现者王懿荣。我们更不能以他是“当时在北京的大官僚”，不公正地对待他。其实，王懿荣在一九〇〇年八国联军攻陷北京后，以身殉职，是一位伟大的爱国主义者。现在，党和人民已把他列入历史上爱国主义者的英雄行列。

一九八四年于劲松寓所

（原载《殷都学刊》一九八四年第四期）

王懿荣其人其书

王树春

一、王懿荣传略

古现村坐落在烟台市西郊福山城西北三十华里处，村庄在不高的凤凰山北坡山脚下，西紧靠南北纵向起伏峻拔的磁山，村东北面临大海，方圆几十里是平坦、肥沃的小平原。此地山清水秀，五谷丰登，风景诱人。王懿荣始祖王忠在明朝洪武初年官至福山登宁盐课大使，后由祖籍云南省大理府乔迁在这块历史悠久、人杰地灵富庶之地，加上世代教子有方，子孙科第相接。明清两代科第先后录取翰林六名、进士二十四名、举人五十八名、贡生五十八名、秀才三百五十七名，有父子三翰林、兄弟三举人之称。乾隆帝曾称：“父子三人俱为翰林，一门多显官，皆能办事，可谓世臣矣。”此为王文敏公懿荣之直系家族，被人称为“天眷其后，世泽蝉联”。明朝始祖王忠至王懿荣共十六世，均在政界为官，清廉有惠政，县志有记载。

（一）家庭及师承对他的影响

王懿荣（一八四五～一九〇〇）字正孺，号廉生，一八八〇年（清光绪六年）中进士，改庶吉士，授编修，官至国子监祭酒。

王懿荣出身在书香官宦世家，第九世祖王隲一六五五年（清顺治十二年）中进士，累官至户部尚书，政绩有声，书法有名。祖父王兆琛，清嘉庆进士，翰林院庶吉士，官至山西省巡抚，为官清廉，有政声，书法名动京都，时人崇尚，著作《正俗备用字解》、《柄棠书屋集》。父亲王祖源清道光拔贡，官至四川省按察使，有惠政，精于书法，家藏金石甚多，善于鉴别真伪，著作《渔洋山阴秋柳诗笺》、《天壤阁丛书》。家学直接影响了后生王懿荣。

王懿荣六岁入私塾，十五岁拜礼部员外郎周孟伯为师。《莱阳县志》中载：“周悦让，字孟伯，号孟得，清道光二十六年进士，选翰林院庶吉士，改户部主事，调礼部擢员外郎。悦让清廉自持，羞谒权门，博闻强识，有过目不忘之誉。嗜书若性命，学无不通，尤精邃于经学。当时兵部尚书潘祖荫扢扬风雅，为海内经学大师，尤推服悦让。（潘祖荫＜一八三〇～一八九〇＞，字伯寅，江苏吴县人，咸丰进士，累官工部、兵部尚书、军机大臣等职。“通经史，好收藏”。著作《喜斋丛书》、《秦輶日记》等。《清史稿》有传＜四百四十七卷＞）。浙人李慈铭，才高气傲，于当世士多否少可，以不得面为憾。(李慈铭<一八三〇~一八九四>,又名李模,号莼客,浙江绍兴人。光绪进士,官至山西道监察御使。《清史稿》称其诗文"自成一家",史学造诣亦深,极富盛名,著作《湖塘林馆骈体文抄》、《白华绛跗阁诗集》、《越缦堂笔记》,《清史稿》有传<四百九十一卷>)。悦让著述宏富,而《倦游庵槧记》最精,晚年去登郡瀛洲书院续修府志凡二十卷。在当时周悦让是一位大学问家,人品、学问折服他人,也直接影响着王懿荣少年至青年这段时间的成长和文化修养。

《莱阳县志》中载:"悦让之没,邑人徒仰其名,无复能详道者矣。《倦游庵槧记》闻福山王文敏懿荣谋为刊行,后懿荣殉国难未果,瑰宝久湮可惜哉。"反映了周悦让著作的价值,也反映了王懿荣对恩师的崇敬。推其子而知其父,推其徒而知其师,儿子有教养,有好的道德品质,爱好特长,可以想到他父母有好的传统教育和熏陶,徒弟的成才,要想到他恩师的教诲。家族的光辉政绩和家学渊源及师承给了少年的王懿荣自身的素质、品质、气质上的培养和造就,对他以后各方面学问的研究和成才奠定了基础。王懿荣天资卓越,聪颖勤奋,雄才博学,甚负时誉。青年时期,他学识渊博,酷爱文物古籍、金石之学。把搜罗来的资料和实物,家中藏有的资料和实物,昼夜致力考订,补正经史,编撰成《汉石存目》、《南北朝存石目》、《六朝石存目》、《攀古楼藏释文》、《古泉选》、《天壤阁杂记》、《王廉生古泉精选拓本》、《翠墨园语》、《正读亭诗》、《福山金石志稿》等十几种有重要学术价值的著作,给后世留下了大量的精神财富和科研资料。

王懿荣是一位著名的金石文字学家,有很高的鉴别能力,当时北京古玩店的老板、富商、高官、贵人、收藏家均登门向他请教,名噪京都。他的五百多方秦汉章为《老残游记》的作者刘鹗铁云所得,成为《铁云藏印》材料的主要来源。

(二)王懿荣是一位杰出的文字学家

甲骨文埋藏在地下几千年,它的出土也不知是何年何月,没有被人发现,一直到一八九九年(清光绪二十五年)王懿荣独具慧眼辨识了甲骨文,再次说明他有扎实的文字功底。中国社会科学院出版的《建国以来甲骨文研究》一书中,明确指出了"王懿荣不仅第一个发现甲骨文,而且是第一个将其断为商代文字的人"。说他曾"细为考订,始知为商代卜骨",并认为其中大都是商王室的"档案","至其文字,则确在篆籀之前"。甲骨文的发现是一件轰动中外学术界的大事,把汉字的历史推到公元前一七〇〇年殷商时代,开创了文字学、历史学研究的新局面。王懿荣对甲骨文的伟大发现,精细研究,对国内外做出了伟大贡献。

(三)伟大的爱国志士

王懿荣不仅是清代杰出的金石文字学家、考古学家、书法家,也是一位有理想、有实践、有民族气节的爱国志士。一八八八年(清光绪十四年),他在翰林院供职时,为激励山东官民,发扬明代抗倭名将戚继光杀敌御侮的爱国精神,他特意借抄翰林院所藏戚继光所著的《止止堂集》送交山东巡抚张曜在济南刊刻重印,并亲自为文作序。可见王懿荣的赤胆忠心,为国家命运分忧解难,积极进行宣传,提高人们的爱国意识。他珍藏了民族英雄戚继光生前用的腰刀,时刻不忘报国,现藏福山王懿荣纪念馆。

一八九四年(清光绪二十年),中日甲午战争爆发,"日军据威海,分陷荣成,登州大震"。次年消息传到北京,王懿荣忧心如焚,眠食俱废,在保卫祖国大好河山爱国思想的支配下,他决心投笔从戎,毅然上疏请旨,要求回山东故乡办团练,御日寇。光绪帝批准了他的奏请,并拨给饷银两万五千两以助军饷,他当即由京驰驿赶赴济南,会同山东巡抚商酌防务,旋又遄赴登州防次,周览形势,联络乡团,在短时间内,一支初具规模的抗日团练在登州形成。成员斗志昂扬,民众一心,严阵以待,要与日本侵略者决一死战。在这关键时刻,腐败的清政府派李鸿章同日本签定了丧权辱国的《马关条约》,他深以"未能为国家尽力"而遗憾。他变卖家产,缴还国家发给的饷银,遣散了调集的抗日将士。

一九〇〇年（清光绪二十六年）八月，八国联军入侵北京，王懿荣被任命为京师团练大臣。八月十三日，侵略军攻入东便门，王懿荣奋然“率勇拒之”，终因寡不敌众，败回私宅。八月十五日他对家人说：“吾义不可苟生！”即题楷书绝命词数语于壁：“主忧臣辱，主辱臣死。于止知其所止，此为近之。”“遂偕继室谢夫人、长媳张夫人，从容投井殉国。”终前，这幅书法写得何等精湛，字如其人，表现了临终前，安然、视死如归，大方、从容不迫；没有国家，哪有自己，这种大无畏的英雄气魄可歌可泣。遗憾的是有忠心而无力回天。

一九八三年，《红旗》杂志第四期发表的评论员文章《从爱国主义到共产主义》文中写道：“陈天华、王懿荣为了向外国侵略者表示抗议，不惜蹈海坠井而尽，显示了宁为玉碎、不为瓦全的决心。”

二、王懿荣在书法上有继承有创新

清代金石出土日多，故文人士大夫尚从事金石考据之学。西周金文、秦汉刻石、南北朝摩崖、造像以及唐朝碑版等书法令士大夫们耳目一新。于是清代中后期金石碑版大兴，促进了文字学的大发展，促进了书法艺术的发展。清末王懿荣亦是其中一位有造诣的书法家。王懿荣在中国文字学史上足以傲世的是发现甲骨文，并认定是商朝文字，这说明他有高深的学问知识。但，从他各个时期书法作品看，承传统为本，开新面为荣，写出了自己风格的书体。

王懿荣少年时期用功写馆阁体，因时代的需要，从他的奏章小楷看，可以知道他有深厚功底，他书写的小楷虽光黑媚俗，千字一面，毫无个性，无风格，完全迎合考场、官场，却严整精到，法度森严，没有功力是不能奏效的。这种书体虽有落后与保守的一面，但也有规范书法非常重要的另一面。从中，也使我们看到从法规的底层次到直抒胸臆高层次的过渡是不易的。首先观念更新，然后逐步蜕变，还要摆脱很多世俗，以及与时弊的斗争，加上个人的拼搏，方能成功。但少了法规是不行的，规范是任何艺术家的起步之始。

王懿荣在书法艺术上由传统能走向创新，其主要因素，其一，时代的推动。清代中期，碑帖合写，一大开放直至清末，涌现出很多名书法家，遗留很多真品、珍品，对王懿荣的直观影响和对他的启发太大了。其二，家学渊源。少年时期受到父亲、祖父的直接熏陶、教育，特别在金石、考古、书法方面，由启蒙到研究，又得到当时有名学问家周孟伯恩师的培育，这对他后来事业的发展和成功是分不开的。其三，有高深的文字学素养和多学科的知识。由少年到青年时期，在原有的基础知识上，他又潜心研究了文博，笃好旧椠本书、古彝器、字画、器皿、印章、货币、刻石、碑版等。尤其对金石与书法的结合进行了精心的研究。凡有价值的材料和实物，皆用重金购来收藏，亲自到实地考察、走访、挖掘、整理，爬山越岭，风餐露宿，呕心沥血，“典衣求物”，辛辛苦苦拼搏了十几年，足迹遍及大半个中国，把搜罗来的丰富资料和实物，边研究，边著书立说。他有很高的鉴别能力，把搜来的青铜器，亲自拓铭片，画出图形，进行考订，而后临写；把搜集来的汉碑及不同历史阶段的刻石拓片进行装裱成册，考订、临写。他认识到必须认真临写而后逐步进行创新。他临写了魏、晋、唐、宋、明、清各时代名书家之碑帖。凡是他临过的碑帖都能达到乱真的程度，功夫表现在熟上，熟才能生巧，巧则能变。无论他临写哪种碑帖，摩古而不泥古。他博览了遗迹宏富的书法之海，撷诸家之精萃，参自己之情感，融会贯通，推陈出新，终于写出了自己风貌的楷书、行书、草书、隶书、篆书。

再看他在馆格体的基础上，进行了正楷字的改革。他的《赴鹿鸣宴启》这篇蝇头小楷可谓精品。字的结体略成扁方，稳重大方，飘逸遒劲，随心所欲，而不失法度，横、撇、捺画均延长，有魏、隶之风骨。

王懿荣书写篆书有自己独到之处，在用笔上无论起笔、行笔、收笔这三个过程中，都做到了认真严格的笔笔中锋，起笔藏锋（逆锋），显得笔画有力，行笔中锋而下，不偏软，每笔力量都均衡，又有力度，每笔都有流动之感。收笔做到齐圆（藏头护尾），力在字中。通篇书写一气呵成，接笔不露痕迹，每字书写能做到平稳匀称，婉转流通又有变化。布局气度大方自然，风格统一。

王懿荣各体皆能，但留给后世的多见于篆书、行书，现以他的行楷为例，较详细地介绍给读者。

（一）行楷书的章法布局

王懿荣的行楷书，多见于对联、中堂，通篇观之如金石铺地，字距、行距布局疏朗别致，字字独立，上下呼应，意连笔不连，气贯通篇。结体浓郁朴茂，方正谨严，骨气深隐，看出他是一位堂堂正正做人，认认真真研究学问，心底善良，对人正直笃实，不事逢迎的文人。清同治年间状元吏部尚书、东阁大学士陆润庠对他的评说："王廉生（懿荣）祭酒同年，于光绪甲午入值南斋，迄庚子七月殉节，记与庠同事者七载，其性情学问嗜好至今忆之如在目前，洵不愧一代伟人；即其书法一端，刚健清华，无美不备，亦实足以传世。"清光绪年间进士、翰林院编修徐谦评说："文敏公（王懿荣谥号）书法渊源魏、晋碑版，当世业享重名，加以劲节孤忠，增光翰苑，得者竟成至宝。"可以看出王懿荣书品、人品对社会的影响，崇尚的人很多。

（二）行楷书的点画变化

王懿荣书写的行楷，点画变化较突出，基本在颜、柳书体的基础上金石内涵特点蜕变而成自己的风格。他书写的字笔笔藏锋，长、短横画均浑厚圆润粗壮，微微上亢，竖画细而瘦硬挺拔，长撇长捺非常突出，舒展大方，斜捺、横卧钩、拐折竖画宽博厚重，显得稳如基石，点呈圆形，有高山坠石之感，盖头点偏左，田字、日字、月字笔画圆健，墨实成金，左上角张开，右竖画微长，口字聚墨浓重，落笔成石，左上角张开，左画微长，隐约可见柳书之风貌，但他改变了柳书脱巾露肘之病，却有颜书圆健雄强之风骨。

王懿荣留下的信札很多，多见于行草，可以看出得法于唐朝李邕书法之妙处，结字宽博，左低右高，呈侧势之美，给人以险峭爽朗的感觉。

一个世纪以来，后人一直怀念这位伟大的学问家和伟大的爱国志士，他的书法作品在社会上流传甚多，故宫博物院珍藏了他的书法作品。为纪念和研究他，福山区建立了王懿荣纪念馆。相信王懿荣的人品、艺品会有更多人研究，并发扬光大。（原载《中国书法杂志》一九九六年第二期）

王懿荣年谱并叙

王汉章纂辑

原　叙

福山王文敏公以经义金石之学享盛名于海内者，垂四十年。殉庚子之难，朝野翕然，益相引重。至于忠烈风规与绩学琦行相辉映，稽诸史乘，是岂儒林、文苑两传所能括公大节也哉？溯自咸、同以来，翁（文恭）、潘（文勤）两相国互以朴学相尚，张（文襄）、吴（窓斋中丞）两公从而辅翼张大之，文章经济蔚然为一代冠冕。公更掉鞅其间，周旋乎师友姻娅之际，切磋砥砺，相得益彰。上邀九重特达之知，下系并世坫坛之望，此为当代之公言，而非蒙一人嫔阿景行之私论也。往者遗集之刊，距公殉国已越二十余年以后，仅由公子汉章捃摭存稿纂辑而成，其流布四方未及收录者，时时有所表见。网罗散佚，正复有待。近又见公年谱草稿，亦系汉章所辑，将以是为蓝本，陆续有所增加。而公生平出处大端具在，知人论世者，得所凭借，以为参稽，益足觇公行谊之高且大。他日倘更搜捕加详，则请视此为滥觞焉可也。因汉章之嘱，敬为填讳。回忆曩时宴对公前，曷胜今昔之感！甲子六月，遵化李孺拜叙。

王文敏公年谱

道光二十五年乙巳，一岁。

福山王氏本籍云南大理府云南县。明洪武间，盐场公讳忠官福山，遂卜居焉。世为邑望族。

是年，六月初八寅时公生。时公祖荣禄公讳兆琛官山西巡抚，命名曰懿荣，字曰廉生。行十三，为公考资政公讳祖源长子。公妣谢太夫人，为同邑广东虎门同知牧之公女。

二十六年丙午，二岁。

二十七年丁未，三岁。

是年，公祖荣禄公在山西巡抚任。公祖妣于太夫人在籍，闻戚党称颂蓬莱黄公熙庭讳宗敬次女姿禀端淑，性情柔顺，乃为公议亲黄氏。时熙庭公之封翁南城公（讳璇光）方卸江西南城县知县篆，就养熙庭公保定寓宅。南城公谓熙庭公曰："吾郡大姓，惟福山王氏德最厚，故其世泽亦最长，子孙蕃昌，科第绵衍。中丞公第五子尤孝友笃厚，其后必大，可许之！"公即以是年订婚，方三岁耳。

二十八年戊申，四岁。

二十九年己酉，五岁。

是年，公考资政公中式道光乙酉科拔贡。三月初三，公弟竹庚公生，行十七，为资政公次子，命名懿霖，字曰仲铭，谢太夫人出。

十二月二十日，公祖妣于太夫人殁。太夫人为荣禄公元配，生于乾隆四十八年癸卯正月初十，享年六十七岁，为文登乾隆己酉科拔贡江苏防同知颖发公女。

三十年庚戌，六岁。

是年，公受业于外叔祖谢学庵先生（敩之，邑庠生）。

咸丰元年辛亥，七岁。

是年二月二十二日，公弟信卿生，行二十一，为资政公第三子，命名曰懿棨，字曰信卿，谢太夫人出。

二年壬子，八岁。

是年十二月二十七日，公祖考荣禄公殁。生于乾隆五十一年丙子正月初四，享年六十七岁。后于同治四年乙丑与于太夫人合葬本县古巇村西南原两甲坡。

三年癸丑，九岁。

是年，公受业于母舅谢琴南（焕昭，廪生）、谢价人（应劭，庠生）两先生。

四年甲寅，十岁。

五年乙卯，十一岁。

六年丙辰，十二岁。

是年，资政公入都，供职兵部主事。公侍谢太夫人留居里中，依外祖家。就读台子街同里王氏家塾，受业母舅谢虞臣先生（应起，道光乙酉拔贡，河南宜阳县知县）。

七年丁巳，十三岁。

是年，公妹张夫人生，谢太夫人出。

八年戊午，十四岁。

是年，公受业表伯张墨林先生（恩煦，咸丰庚申进士，直隶乐亭县知县）。

九年己未，十五岁。

是年，公受业母舅谢仁山先生（荣宗，廪生，咸丰辛酉殉难）。公携弟妹侍谢太夫人于本年入都。

在京受业于崔清如先生（穆之，山东茌平县人，咸丰庚申进士，翰林院编修，湖南岳常澧道）。

十年庚申，十六岁。

公考资政公奉旨回籍团练，公随侍至济南。后《重至济南》诗云："二十八年心事违，忆随此地策征騑。先君到处留诗墨，重对湖山泪满衣。"

是年，公肄业济南泺源书院。掌院为胶州匡鹤泉尚书（源）。公旋侍资政公回京师。在济同学最相得者为诸城尹慈经（彭寿）、掖县张菊如（士保）。

十一年辛酉，十七岁。

是年，公受业明仲居先生（广，山东禹城县人，道光癸卯举人，候选知县）。

同治元年壬戌，十八岁。

是年五月三日，公就姻保定。时公外舅黄公熙庭需次保定，寓十家姑子庵街。黄夫人长公四岁，以道光二十一年辛丑六月三十日生于熙庭公邢台任所。时熙庭公方任直隶邢台县典史也。七岁时随母回蓬莱原籍，住城内上马台旧宅。至是复来保定。公伯父文安公（讳丙堃，任直隶文安县知县）、伯母孔恭人在保定为公主婚，亲视成礼。

公应本年顺天乡试，房官许涑文先生（其光）得公文奇之，以北元请于主试者，未获允，而涑文先生遂不以一第争，坐是报罢。

二年癸亥，十九岁。

是年，公受业于周孟伯先生（悦让，山东莱阳县人，道光丁未进士，礼部主事）。

十月，长女生于保定，命名保生，黄夫人出。

三年甲子，二十岁。

是年，公以外舅熙庭公在直隶任邱县知县任内捐办天津海防，部议给奖，移奖以主事用，签分户部，六月到官。黄夫人先于二月携长女由保定来京，随侍资政公及谢太夫人于京宅。

四年乙丑，二十一岁。

是年五月十八日，公弟仲铭公殁于京师，年十七岁，归葬本县两甲坡祖茔。公与仲铭公最友爱，仲铭公易箦时，公慰之曰："后必为汝立嗣。"及庚午岁，次子崇烈生，即以为仲铭公后。

公祖考荣禄公谢世后，家道中落。所居城西村曰古巘，地当孔道，七遭兵燹，庐舍衣物，焚掠一空。资政公官兵部十余年，连值公伯父长安公（讳伯润，任陕西长安县知县）、文安公之丧。荣禄公柩由伊犁入关，行至陕西为军事间阻，浮厝于蒲城县傅马村者二十年。

资政公是年以知府注选，始得乞假措资迎取先灵，六柩一时回里安葬。此二十年中，京曹清苦，甚于寒素，米盐鳞杂，皆赖公妣谢太夫人主持筹画，一力支拄。及黄夫人来归，尤能左右奉养，亲小姑如姊妹，视诸叔如弟昆，举家怡怡，不知有穷官之感。

五年丙寅，二十二岁。

是年三月，公外姑王太夫人病殁京师。时黄夫人兄宝山先生（昭鉴）官刑部郎中，王夫人来京就养，黄夫人得以时归省侍。及遭丧，哀毁骨立。九月，长女保生以痘殇。十月十四日，次女生，乳名定住，资政公命名崇媖，黄夫人出。时公侍资政公及谢太夫人于京宅，寓长巷上头条胡同。黄夫人分娩后，下血太多，病几不支。

六年丁卯，二十三岁。

七年戊辰，二十四岁。

是年十二月初七，长子生。资政公命名曰崇燕，字曰翼北，又曰孟喜，黄夫人出。

八年己巳，二十五岁。

正月，题《登州古器物拓本》，福山出土各物，悉数收入。后编县志，金石门即据此为蓝本。

九年庚午，二十六岁。

是年七月十五日，次子生。资政公命名曰崇烈，字曰汉辅，亦曰火传。黄夫人出，出嗣为公仲弟仲铭公后。

十年辛未，二十七岁。

九月，公校栖霞牟先生（廷相）《周公年表》竟，后刻于蜀中。

是年，公任京秩。时笃好旧椠本书、古彝器、碑版、图书之属，散署后必阅市，时有所见，归与黄夫人相对语。夫人曰，明珠白璧，异日有力时，皆可立致之，惟此等物事往往如昙花一现，撒手便去，移时不可复得，后来纵有奇遇，未必即此类中之此种也，好极力怂恿购之以为快。以故裘葛钗钏往来质库有如厨笥。

冬月，黄夫人得乳癌之疾，为庸医所误创，血涔涔下，日数斗，历三年不瘳，体气大亏。

十月朔日，为海丰吴虞年仪部（峋）题其祖《吴子米苾阁部（式芬）道光乙未会试朱墨卷》。

十一年壬申，二十八岁。

是年五月，资政公简放四川龙安府知府，旋携眷赴任，公留京供职。长子崇燕随侍资政公入蜀，因褓褓时即为资政公及谢太夫人所鞠养，于诸孙中尤为钟爱。

六月，和潘文勤公《消夏六咏》。

七月初五，汉郑康成生辰，潘文勤公置酒展拜，邀公及胡甘伯（澍）、陈六丹（彝）、谢麟伯（维藩）、许鹤巢（赓扬）、陈木夫（乔森）、张孝达（子洞）、吴清卿（大澂）、顾缉庭（肇熙）、严汝成（玉森）、李莼客（慈铭），计十二人。张文襄公有诗纪事。

十二年癸酉，二十九岁。

是年秋，公应顺天乡试，中式副贡第一名。正考官为那拉小汀尚书（全庆），副考官为童薇研尚书（华）、胡小蘧侍郎（家玉）、潘文勤公（祖荫），房师胡介卿先生（毓筠）。

公官京曹已十年，性本不善综核，又素无人事于外，仰视俯畜得黄夫人之助为多。因母家外官，一时稍裕，然从未向母家书称贷一字。训饬子女，于玩物虽琐屑不使毁弃暴殄。内室所蓄书画、碑帖、墨本等物，盛夏时必手自抖晒，防蠹鼠极力，岁以为常。儿女虽幼稚无知识，于文物戒不敢近也。

九月，黄夫人陡患伤寒，又误于医药。有江西县丞丁君者，医学甚深，景剑泉阁学荐来使救之，虽就愈而羸弱益甚。

十三年甲戌，三十岁。

八月，公大病，病疟三阅月未已。黄夫人力疾奉汤药，恒日夜不寐，夜静时辄焚香吁祝。又素不知医，幸铜梁王孝禹、番禺张延秋两工部及胡石查户部浼云南倪翰卿太守诊之，始愈。而黄夫人心力已瘁，益惫不支。

光绪元年乙亥，三十一岁。

公妹张夫人受南皮张氏聘，是年八月于归，为大学士军机大臣张文襄公之洞继配。时文襄公官四川学政，即在任所迎娶。

试顺天恩科不第。本房荐卷为房师鲁芝友太守（琪光）。

二年丙子，三十二岁。

元、二年来，每秋冬之交，黄夫人必大呕血，百计不能止，病遂大剧。

秋试又不第。公试东北闱至此凡七次报罢，黄夫人伤之甚，每于重阳放榜日夜半闻街衢有唱卖题名录声者，辄以被蒙头曰："此声凄凉，与秋风并厉，不可闻也。延塾师课子女，虽于病亟时，稍清醒必唤取所具馆馔，目治之而后进。"

本年秋试，房荐为房师樊介轩提学（恭煦）。

三年丁丑，三十三岁。

是年八月初四，黄夫人殁于京寓兵部洼中街宅，享年三十七岁。黄夫人性喜奉佛，持观音经咒，无事动念念相续。公多聚南北朝古金石佛造像，时已二十余区，大小累累，皆龛置卧内。亲串至，争咤以为奇，见辄敛手去。或劝以移置别室，勿渎亵有罪。夫人笑应之曰："是未知佛法也。"亦以朝夕瞻拜为礼。又善毡蜡法，凡公所购彝器、泉、印、镜、剑、砖瓦等物，每得一种，必手自椎拓，务使纸白如玉，墨光如漆，无丝毫墨渖浸入字口中乃已。押小印一，志其物名，文字灿然。或拓一造像，必再拜祝之曰，"心心相印，此便作亿万化身"云。纸尾缀小横方印一，文曰"王懿荣妇黄氏一心供养"，盖仿造像中文语也。又善绣篆及八分书字，能知其笔趣所在。时患病日笃，夫人兄昭鉴任北河南岸同知，驻固安，遣家属来视疾，春夏相继，且为之料理衣衾。至八月大剧，嗽不止，吐若沫，方书以为白血。自知不起，召子女谕之曰："我死后，尔父一人只身在此。此去川署又六七千里，近年河陕大饥，路上不靖，尔辈可就近先往依尔舅父母常住。时须善为人，女每日自梳理，男每日自温习，一切饮食言语，向人听从，勿令人厌。以待明春，尔祖父母必遣人取尔辈至川署，庶尔时吾魂魄可稍释也。"又向公恸哭曰："人生必有死，顾吾无他念，惟老父年将八旬，在山东，翁姑又远在川西。向者送别时，俱言及多病，恐此后无福再见。乃一时情极语，不觉自出诸口，旋悔之，惧伤亲心，今果然矣！"即以月之四日病殁。病凡七年，甚病者三年，然至死神明不乱。夫人一生托身阀阅，两姓皆累世仕宦。自来归，适家中厄，食贫茹苦，不知有愁，安之若素，积十五年如一日也。

公撰诰封宜人元配黄宜人行状。

四年戊寅，三十四岁。

是年三月，公乞假赴蜀省亲，携次女崇煐、次子崇烈由京遵陆起程，至四川龙安府资政公官署。

五年己卯，三十五岁。

二月，公由川返京师。

四月，公父资政公调署四川成都府知府。

八月，公妹张夫人殁，张文襄有《永叹》诗，自注"悼亡室福山王夫人，即王文敏公之妹"。诗云："重我风期谅我刚，即论私我亦堂堂。高车蜀使归来日，尚借忠穰斗面香。妄言处处触危机，侍从忧时自计非。解识篝灯悲愤意，终羞揽袂道牛衣。门第崔卢又盛年，馌耕负戴总欢然。天生此子宜栖隐，偏夺高柔室内贤。"

公应顺天乡试，中式三十一名举人。考官为徐荫轩相国（桐），副考官为费莫叔雅尚书（志和）、殷谱经侍郎（兆镛）、钱平甫（宝廉），房师为缪小山京卿（荃荪）。

复试一等第七名。阅卷大臣宗室芗生尚书(灵桂)、万藕舲相国(青藜)、颜札俭卿尚书(景廉)、董酝卿尚书(恂)、许星叔尚书(庚身)。

六年庚辰,三十六岁。

公应会试联捷,中式第一百五十六名贡士。考官为颜札俭卿尚书(景廉),副考官为许昌德侍郎(应骙)、宗室素文尚书(麟书)、翁叔平尚书(同和),房师为陈伯平太史(启泰)。

复试一等第三十五名。阅卷大臣为徐荫轩相国(桐)、宗室吟涛尚书(松森)、李兰孙尚书(鸿藻)、杨春宇侍郎(宜振)、孙子授侍郎(诒经)、额尔德特席卿尚书(锡珍)、邵汴生侍郎(亨豫)、富察达峰尚书(乌拉喜崇阿)。

殿试二甲第十七名,赐进士出身。朝考一等第三名,授翰林院庶吉士。读卷大臣为宗室芗林尚书(桂昂)、王夔石相国(文韶)、祁子禾尚书(世长)、夏伯英侍郎(家镐),教习庶吉士则为所绰罗佩蘅相国(宝鋆)、刘赞虞太史(廷枚)。寓宗室伯羲祭酒(盛昱)意园(在京师裱褙胡同)。

是年十一月,旋里,道出直隶盐山县境王墅镇,得天保造像残石。十二月抵里。祀皂后,至登州城,大雪,住二日,回古巘村度岁。

七年辛巳,三十七岁。

新年至烟台,住二日。二月间北上,过黄县,住族人松溪太史(讳守训,山东黄县人,光绪丙戌科进士,官翰林院检讨。与公为兄弟行,至相契洽,有逾手足)家;过潍县,住陈簠斋太史(介祺,山东潍县人,道光乙巳科进士,官翰林院编修)家;过寿光,谒本生高祖母家李宗丞祠。还京寓。

春间,撮录《南北朝存石目》成,题云:“始自壬戌,迄今辛巳,前后十九年中,探索借读往返商榷者,为胶州匡鹤泉师(源,山东胶州人,道光庚子科进士,官至军机大臣、吏部左侍郎、署礼部尚书)、吴县潘郑龛师(祖荫,江苏吴县人,咸丰壬子科进士,官至军机大臣、工部尚书,谥文勤)、江阴缪炎之师(荃孙,江苏江阴县人,光绪丙子科进士,官翰林院编修,四品卿衔)、潍县陈簠斋太史(见前)、诸城尹慈经秀才(彭寿,山东诸城县人,诸生)、会稽赵撝叔大令(之谦,浙江会稽县人,举人,江西知县)、吴县吴清卿太仆(大澂,江苏吴县人,同治戊辰科进士,官至湖南巡抚)、光山胡石查户部(义赞,河南光山县人,举人,官至浙江同知);考订违合,剔抉幽隐,则大兴孙问羹兵部(汝梅,顺天大兴人,进士,官至兵部郎中)、铜梁王效禹工部(瓘,四川铜梁县人,举人,官至江苏盐巡道)、永明周譻季编修(銮诒,湖南永明县人,光绪丁丑科进士,官翰林院编修)、会稽章硕卿大令(浙江会稽县人,举人,官知县)之力为多;利津李竹朋丈(佐贤,山东利津县人,官福建汀州府知府)、大兴刘子重刑部(诠福,顺天大兴县人,官刑部主事)、绩溪胡甘伯户部(澍,安徽绩溪县人,官户部主事)、诸城家戟门刑部叔氏(锡棨,山东诸城县人,官刑部郎中),亦尝有事于此。”

三月,为潍县高南郑(庆龄)撰《〈齐鲁古印捃〉序》。

公乞假由京赴川省资政公,自京起程,遵陆抵川。时资政公任成都府知府。

八年壬午,三十八岁。

是年三月,公考资政公陛授四川成绵龙茂兵备道。

八月,由川入都应馆试,绕道河南陈州府,遣嫁次女崇媖适海丰吴氏,为吴仲饴太守(重熹,山东海丰县人,官至河南巡抚)次子葑(字阒生,官江苏江安督粮道,至署两淮盐运使)妇。时仲饴先生官河南陈州府知府也。

十一月北行,二十八日抵直隶良乡县。十二月初八,续娶谢夫人,为公母舅谢公方平(讳伟勋,山东福山县人,官直隶候补知府)女。时方平公任良乡县知县。

十二月入京,寓连升店,旋租大外廊营北口内路东大门。二十四日谢夫人至京师。

九年癸未,三十九岁。

是年,公考资政公署四川按察使司按察使。

公散馆取一等二十六名,授职编修。

十一月二十六日,移居东安门外锡拉胡同宅,为长白敏恪公广寿故居。始而租寓,继购得之。

公尝曰:“为翰林必当供奉内廷,得地如此之在两掖,方足以待滴漏候鸣鸡也。”

召试南书房,未取录。

充国史馆协修官,本衙门撰文。

十年甲申,四十岁。

充会典馆纂修帮总纂官。

二月初八,奏上《更定京员津贴银两名目疏》。

同日,奏上《请复古本〈尚书〉附入〈十三经注疏〉与今本〈尚书〉并行疏》。

三月,奏上《醇亲王位分尊崇请恪遵御论收回成命疏》。

同月,奏上《请速开马颊分减黄流以弥东患而卫畿辅疏》。

是年,公有眩晕呕吐之疾,经久不愈。

公考资政公调署四川盐茶道,任事七阅月,仍饬回成绵龙茂兵备道原任。

第三子崇熿生,继室谢夫人出,旋殇。

十一年乙酉,四十一岁。

是年,公以有疾未痊,不与考差之试。服潘伟如中丞(霨,山东巡抚)方甚效,公座师翁文恭(同和)、潘文勤公(祖荫)所介也。

公考资政公在蜀以两届俸满,请咨赴部引见。蜀督丁文诚公(宝桢)再四挽留,而资政公以官蜀十六年,颇怀东归之志,屡请引退不许,至是决意北上。适值严冬,晚岁长途,颇形劳顿,遂感寒疾。十二月扶病入都,征尘甫卸,病势转加。公躬率家人昼夜奉侍,衣不解带者逾月。

十二年丙戌,四十二岁。

二月十四日,公考资政公殁于京寓锡拉胡同,距生于道光二年壬午十月初三,享年六十五岁。公哀毁尽礼,又以谢太夫人在堂,更需节悲宽慰。公适卧病两年,至是益形况瘁。

是岁,公偕信卿公扶资政公柩由京遄返福山原籍,奉厝先茔。于时家无储积,仅治祭产薄田百亩,不足以供烝尝。而谢太夫人留养京邸,每思归里,信卿公因以筹建县城北街新宅。倚庐之暇,纠工庀材,从事版筑,将以落成之日奉迎谢太夫人归养里第。

七月,公赴登州府城谢吊戚党。于张允襄骑尉处见即墨郭根庵(庭翕)、胶州高南阜(凤翰)两先生所辑《桑梓之遗》目录,于齐鲁先哲手迹搜求略备。知原册曾存潍县陈晋卿(介锡)处,旋为势家豪夺以去,公思踵其意收集海岱人文。

十三年丁亥,四十三岁。

是年,公由里返京,侍谢太夫人居京邸。信卿公留里治宅,未竣工。

长子崇燕入府庠,次子崇烈入县庠。

十四年戊子,四十四岁。

公奉谢太夫人归养福山,时县宅落成。旋以服阕赴省呈报起复,返京供职。

十二月,以借抄翰林院藏明刻《止止堂集》,嘱山东巡抚张勤果公(曜)刻于济南。

十五年己丑,四十五岁。

三月,撰《重刻戚武毅公〈止止堂集〉叙》。

六月十六日,奏上《恳恩特饬续修〈四库全书〉疏》。

同日,奏上《请训饬衍圣公向学并饬整理衍圣公府地产疏》。

同日,奏上《胪陈本朝儒臣所撰〈十三经疏义〉请列学宫疏》(户科给事中洪良品因公两疏所请续修《四库全书》及本朝儒臣所撰《十三经疏义》请列学宫事,上疏劾公专己守残,又谓续修《四库全书》尚属可行,儒臣经义请列学宫,无庸置议等语。疏上不报)。

是年,公乞假归葬资政公于两甲坡先茔,事毕还京。为长子崇燕授室,娶丰润张氏,为给事中张公安圃(人骏,直隶丰润县人,同治戊辰科进士,官至两江总督、协办大学士)长女。

己丑恩科各直省乡试,公任磨勘试卷官。

公考试御史,钦取第一名,记名御史,晋侍讲衔。

任己丑科庶吉士教习,及门者十一人:丁维禔、陈长樞、何尔钧、邓维琪、刘尔炘、爱仁、王祖同、钟广(后易名杨钟义,官江苏江宁府知府)、刘元亮、喻兆蕃、温仲和。

十六年庚寅,四十六岁。

十一月，以资政公两甲坡（一名梁甲坡）墓前石付琉璃厂工制座，并系以辞云："松山一角，海色苍茫，梦魂千里，风雨泷冈。"至是公已释服两年，犹复惓怀弗已也。

为次子崇烈授室，娶南皮张氏，为湖北督粮道蓉江观察（之渊）女。

任庚寅科庶吉士教习，及门者十一人：吴荫培、谢佩贤、许晋祁、王安澜、徐兆玮、王乃征、吴煦、韦履洁、黄曾源、吴庆祥、闫志廉。

十七年辛卯，四十七岁。

公长子崇燕应山东乡试，中式第十六名举人。

公长孙福垚生，为次子崇烈妇张氏所出，出为公从侄来庶后。来庶为公伯父长安公长孙，早年从军陕西阵亡。所聘妇张氏为蓬莱张公焕璿女，过门守节，侍公母谢太夫人有年。至是以福垚为之后，因字曰大宗，旋即殇去。崇烈妇张氏亦以产病殁于京宅。

八月二十三日，次孙生，为长子崇燕妇张氏所出，命名福坤，字曰光地。张氏侍谢太夫人居里第。福垚既殇，且出嗣，乃以福坤为长孙。

公自本年始搜集海岱人文。九月，撰《〈海岱人文〉序》。

十八年壬辰，四十八岁。

壬辰科会试，公任磨勘试卷官。

三月二十一日，公第四子生，继室谢夫人出，命名曰崇焕，字曰汉章。有《举第四子崇焕示次女》诗，云："京曹岁月太匆匆，二十八年一梦中。但愿此儿能长大，半耕半读作村翁。"后出嗣公从弟文卿公（鸿发）。

五月，长子崇燕患病甚剧。先是应本年会试，二三场出，咯血满地。

命次子崇烈就婚济南，续娶玉田蒋氏，为山东章丘县知县蒋公庆第次女，翰林院检讨蒋式瑀胞姊。

十九年癸巳，四十九岁。

五月初三，公长子崇燕殁于京宅，年二十六岁。时病已经年，急召妇张氏自福山返京，俾侍汤药。虽广延名医，中西并进，卒鲜效益。公哭之恸。

秋，公奉旨派充河南正考官，副考官为临榆李子丹太史（桂林），自京驰驿赴汴，扃闱试士。榜发，时称得人。试毕归京。有《过邢台悼黄夫人》及《闱中望月忆长子崇燕》诸诗之作，哀怀凄恻，溢于行间。虽试事勤劳，悲终未塞也。

二十年甲午，五十岁。

京察一等，以道府记名。

四月，大考翰詹。初八奉上谕："此次考试翰詹各员，经校阅大臣等校阅进呈，朕复加披览，亲定等第，一等六员，二等七十七员，三等一百二十三员。其考列一等之编修文廷式着以侍读学士升用，编修秦绶章、陆宝忠，俱着以侍讲学士升用，编修戴鸿慈、陈兆文俱着以庶子生用，编修王懿荣着以侍读升用。钦此。"四月二十九日，呈请掌院学士宗室麟书、徐桐代奏谢恩。

五月初七奉上谕："翰林院侍读王懿荣着在南书房行走。钦此。"初八，奏上《南书房行走谢恩疏》。

五月二十四日，翰林院衙门以补署汉日讲起居注馆三缺带领引见。奉旨圈出王懿荣，钦此。二十六日，奏上谢恩疏。

六月十四日奉上谕："陆润庠现出试差，国子监祭酒着王懿荣署理。钦此。"十五日奏上谢恩疏。

七月初二，奉敕校补元人王恽《承华事略》，奉上《呈进拟补〈承华事略〉疏》。

八月十六日，奉恩诏赏加一级，钦此。偕同张仁黼、曹鸿勋、张百熙、高赓恩于十七日联名具疏谢恩。

八月，长孙女生，次子崇烈妇蒋氏出，命名曰福至。

九月初一，奏上《皇太后万寿吁请暂停点景但行朝贺疏》。时中东战起，海内震惊。此疏既上，京朝为之变色。

同日，奏上《时势孔亟请召用亲贤疏》。

同日，偕同王文锦、吴树梅联名，奏上《请召用恭亲王疏》。

公次子崇烈应顺天乡试，中式第三十二名举人。九月十二日具疏谢恩，有云“一家累世受国厚恩，四甲午迭举贤书，敢谓析薪克荷？万寿年聿开明榜，讵期芳桂重攀”之语。

十月初九，偕同徐郙、李文田、吴树梅、陆宝忠、张百熙奏上《蒙恩颁赏御笔久寿图一幅荷包一匣谢恩疏》。

十一月初四，奏上《详度夷情审量时局疏》。

同日，奏上《重申前请整理孔子祀田并清查地产疏》，附片，奏请修复曲阜尼山、洙泗两书院；又夹片，以曲阜衍圣公府不戒于火，旧藏书籍焚毁一空，请饬各督抚无论新旧刻本图书解交山东巡抚转行曲阜收藏。

十二月二十三日，蒙恩颁赏御笔“福寿”字一幅，“松寿”字一幅，偕同徐郙、李文田、陆润庠、吴树梅、陆宝忠、张百熙具疏谢恩。

任甲午科庶吉士教习，及门者十人：郑沅、李组坤、袁桐、林钺、胡矩贤、吴敬修、张怀信、蔡琛、余晋芳、孙桐康。

二十一年乙未，五十一岁。

正月，奉旨派王懿荣办理登州团练，遵即回籍。事竣，请假两月，奉旨恩准。

公值南斋，兼署祭酒，内廷百忙，未能外简。而中东战事方亟，毗近山东，公愁虑彷徨，眠食俱废。本年正月，以回籍办理团练入奏，蒙旨允准，颁发饷银，此又向来办理团练者所未经见之殊恩也。束装方急，东海关道刘芗林观察（含芳）飞函相告，于正月初三专轮奉谢太夫人赴公妹婿南皮张文襄公（之洞）江督任所。文襄公为谢太夫人赁宅南京城内花牌楼大街，供应一切至为安适。

公筹划团务，部署营章，奏准调用翰林院编修王埒、检讨王守训、分部行走郎中陈阜随同办事。又公从弟文卿公（鸿发）时以济里杭阿巴图鲁记命提督统带陕西永兴军勤王入卫，派守榆关。公亦奏请偕行，未蒙谕旨。当即由京驰驿前往济南，曾同山东巡抚商酌防务后，遄赴登州防次，粗具规模。幸朝廷修复旧好，请旨停办团练，仍以颁饷缴还部库。公曰：奉命阅数月之久，所奏调各员派委各营哨，经历登州府属各州县，川资之费，粮饷马干之需，皆奉旨所允行。而终未能为国家出一力，吾不敢累国家以度支也。

公奏请以从弟文卿公随行练兵，未获俞允，文卿公乃统所部兵屯防榆关，事峻还陕。初，文卿公聘室谢氏，为同邑谢振之太史（文起，同治乙丑科进士）之女，方在襁褓。已而长安公殁，文卿转徙兵间，犹未及冠。频年戎马，音问隔绝，所聘谢夫人停辛伫苦，待年以终。文卿既贵显，始悉音耗，仅得迎柩附葬先茔而已。以故终身不娶，乃置箧室乔氏，西域回部人。生女一，命名崇熺，受贵筑黄氏聘，为原任署理江苏巡抚子寿中丞（彭年）之孙、原任湖北襄阳府知府铁生太守（国瑾）之子信成妇，未嫁而信成以病殁，过门守节。文卿时思立嗣，至是请于公。公曰：“吾弟身莅戎行，位至专阃，但能无负君恩，无违祖训，将来诸子中任弟自择。”文卿乃指公第四子崇焕为嗣，公允之。

二月，公第三女生，继室谢夫人出，乳字来住，未命名旋殇。

东事之棘也，公弟信卿懿棨适遣嫁其女于陕西长安，为陕抚定兴鹿文瑞公（传霖）第三子涟理妇。闻变东归，取道京师，始知谢太夫人已移养江南，乃携公长子妇张氏、长孙福坤由海道遄程驰往南京，随侍谢太夫人。

兵事既平，里闾亦靖，张文襄公专使扶送谢太夫人率眷安旋福山原籍，公亦来自防次恭迎板舆于烟台海口，因以缴还部饷事禀陈。谢太夫人欣然色喜，饬即质衣裘，售钗钏，用弥亏欠，并谕曰：“吾衣饰岂所固有？皆国恩之余。以国家赐予复为国家用之，何憾？汝勿以累吾为念!”公再拜受命。

五月十八日，奉上谕：“王懿荣着补国子监祭酒。钦此。”二十九日具疏谢恩，有“即家超擢，洽毛义捧檄之私；闻命悚惶，愧韩愈名篇之旨。部勒乡土子弟，甫解弓刀；翘望頖水宫墙，尝闻俎豆。况在省亲给假，复邀逾格真除；既非梦想所敢期，实属生成之独厚”等语。

六月假满，由烟台起程北上。二十日回京复

命，具疏谢恩，并奏请注销钦命办理山东登州团练木质关防。

十一月二十五日，奏进《山东海丰儒臣前内阁学士兼礼部侍郎衔吴式芬所撰集〈古金文捃古录〉九卷，有裨经训，恭呈御览疏》。

十二月二十三日，蒙恩颁赏御笔“福寿”字、“荣庆”字各一幅。二十四日偕同徐郙、陆宝忠、张百熙、吴树梅具疏谢恩。

二十二年丙申，五十二岁。

公母谢太夫人以高年往返南北，劳累之余，时多不适，正月初六病殁福山城内北街里第。生于道光三年癸未二月二十六日，享年七十四岁。与资政公合葬于本县两甲坡西原祖茔。

谢太夫人既弃养，公在京闻讣，星夜匍匐奔丧，遵制成服。自里中丧次驰函天津，手谕次子崇烈曰：“吾父母吾不能奉养矣，此后之致身君国者，赴汤蹈火亦不敢辞。”公殉国之念盖已始于此时。

十二月初九，次孙生，次子崇烈妇蒋氏出，命名曰福埭，字曰次蠡，出为公从侄来庶后。因福垚既殇，大宗不可无后，又以福埭嗣之。时蒋氏侍谢夫人居京宅。

二十三年丁酉，五十三岁。

是岁，公里居守制，将以读礼之暇，重修《福山县志》。顾以旧志印行已久，应进行纂修者事多待访，乃先定义例，陆续从事。洎公殉国，尚未成书。

公性嗜古，凡书籍字画，三代以来之铜器、印章、泉货、残石片瓦，无不珍藏而秘玩之。钩稽年代，补证经史，搜先达所未闻，通前贤所未解，爬罗剔抉，每多创见。至于购求古物，固未尝一日有巨资，处极困之时，则典衣以求之，或质他种以备新收。至是居丧奇窘，抵押市肆至百余种，然不愿脱手鬻去也。

二十四年戊戌，五十四岁。

二月十二日邸抄：会典馆总裁大学士麟书以恭修会典全书过半，公在事出力，奏请奖叙。奉旨：王懿荣赏加二品顶戴。具疏谢恩。

四月，公服阕，由籍率长子妇张氏、孙福坤来京。

四月二十一日，请圣安，蒙谕召见。奉旨：仍在南书房行走。钦此。二十二日，具折诣湖苑谢恩，二十三日到任。公自值内廷，仰荷恩纶，独深倚任，鉴别书画，特命恭写御屏风，恭代御笔，日极其多。两宫奖励，时有传宣，或奉敕书于私第，或一日再入于宫廷。复命时进经史子集异本新刊，以备观览。

次子崇烈妇蒋氏病殁京师。时崇烈以甲午举人援例为直隶候补直隶州知州，供差永定河工，再届安澜，叠蒙保荐为候补知府、候补道，赏加二品衔，分发直隶候补，需次天津。

七月，公从弟文卿（鸿发）奉旨署理四川川百镇总兵，八月到任。

二十五年己亥，五十五岁。

五月二十九日，奉上谕：王懿荣补授国子监祭酒。钦此。三十日具疏谢恩。公之昕夕入直也，风雨无间，至是三为祭酒。启迪两学诸生，虽退直余闲，犹复秉烛批判。在公固为称职，而诸生讲解益得切磋也。

六月，奏上《请重申旧章封禁天下古墓疏》。因上年服满诣省取咨，路出青州府益都、临淄两县地方，亲见世传齐桓公、景公及齐四王墓者大逾一丘，犁耕其上，故有是奏也。

七月十一日，公弟信卿公殁于福山城内北街里第，享年四十九岁，葬本县豹卧夼老茔（又名罗山坡）八世祖墓侧。先是信卿公以西征军功叙奖至盐运使衔候补知府，上年戊戌入都赴部投供，未获铨简。适值变法之际，京师设农工商务总局，朝旨以端方、吴懋鼎为督办、会办，因檄派信卿公为提调。端与公为至契，信卿公因以见重，乃入局办事。同时关内外铁路督办胡云梅侍郎（燏芬）亦拟奏调信卿公到路助理。会逢政变，均以中辍，信卿公郁郁回里。至是以误服补剂，病遂不起。

宗室祭酒盛昱与公为金石之交，谊重昆弟，亦以是年病故。公既遭信卿公之丧，复恸祭酒之殁，益觉颓唐。十二月，据国子监南学肄业生翰林院编修喻长霖、余堃、魏时钜，检讨洪汝源、陈曾佑、刘树屏，庶吉士何联恩等呈请，代奏请将已故祭酒宗室盛昱平生事迹宣付史馆立传。

公次子崇烈在京续娶原任山东章丘县知县陈云生大令(代卿,四川叙州府宜宾人)之女为妇。

河南彰德府安阳县小商屯地方发现殷代卜骨龟甲甚多,上有文字。估人携之京师,公审定为殷商故物,购得数千片。是为吾国研究殷墟甲骨文字开创之始,事在是年秋。

二十六年庚子,五十六岁。

五月二十一日奉上谕:“五城御史文瑔等奏京城地面情形日亟,请安民心而弭祸变一折,着派李端遇、王懿荣为京师团练大臣,会同五城御史督率弁勇,严密稽查,加意巡逻。城门出入,亦按时启闭,以靖闾阎。钦此。”二十四日具疏谢恩。是时拳匪聚閧,寻仇抢劫,群商歇业,出京者相踵于路。朝廷轸念商民,又以山东人在京贸易者多,欲有以安定民心,遂有简派公及李小研侍郎(端遇,山东安丘县人)办理京城团练之命。公勉为其难,殚竭精力,用效补苴,辄喟然而叹曰:“此天与我以死所也!”见拳匪目无法纪,白昼行凶,特于帝、后召见时历陈情状,请旨严饬统率大员,而九重始知邪说不可尽恃,外侮不可轻启。然而战事已忧,莫由补救。又以拳匪与练勇不协,时生龃龉,公约束部伍,力遏匪焰,往往夜漏三下未及就眠,心力交瘁,殆难言喻。时随公办理团练者为御史陈璧(雨苍,福建侯官县人,举人,官至邮传部尚书)、郎中铁良(宝臣,满州人,官至江宁将军)、晏安澜(海臣,甘肃人,举人,官至度支部左丞员外郎)、主事于宗潼(梓生,山东福山县人,进士,官至四川劝业道)、潘江(问楼,直隶盐山县人,举人,官刑部郎中)、卢德复(来庭,山东福山县人,进士,官度支部主事)、道员刘祖桂(仲木,直隶吴桥县人,官湖北候补道)等皆公所遴选奏派者。时方盛暑,李侍郎多病,每在假中,公独当其冲,与陈、铁诸公昼夜擘画,日无暇晷。

京寓有井,井穴宽深倍于寻常,列横石其上,另斲巨石为井阑。六月间,公及谢夫人知京师之必危岌也,率仆媪启横石而察之,复觅工斲之使大,意以是为止水之计。公与谢夫人熟商,城破必死,长子妇张氏惨立侍侧,默然无语。

公手谕次子崇烈,言京师情形并拜命办理团练为难各节,并云:京师闭塞,若非尔谢仲廉母舅之接济已成饿殍。又促崇烈速携妻女离津。时崇烈以道员需次天津,乃遵谕携眷返里。

七月二十日,公呼宣武门而出,至团练局。则洋兵已入城,甘军溃散,充斥途巷,练勇不能成军,大势已去。公抵夜入城。夜半,洋兵攻东安门。公徘徊庭院,念两宫之惊扰,不能入卫。翌晨,传闻銮舆西狩。十时,公谓谢夫人曰:“吾可以死矣!”楷书绝命词一纸,曰:“主忧臣辱,主辱臣死。于止知其所止,此为近之。”末署“京师团练大臣国子监祭酒南书房翰林王懿荣”。书竟,吞金钱二,不绝,复仰药,仍不绝,遂入井。谢夫人率长媳张氏相从入井死焉。时光绪二十六年七月二十一日也。谢夫人生于咸丰八年戊午九月二十六日,享年四十三岁,张氏生于同治八年己巳七月初二,年三十二岁。

十日后,张振卿侍郎(英麟,山东历城县人,同治乙丑科进士,官至督察院左都御史)措资七十余金,置薄材三具,躬视国子监学正王伯恭率南学诸生王杜松等从井捞获,权为成敛,渴葬于本宅花园隙地,距井不数武也。未几,王孝禹观察(瓘,四川铜梁县人,官至江苏盐巡道)、张燕谋侍郎(翼,通州人,官至户部右侍郎)复为移厝三柩于京师郊外宝应寺之义园。宝应寺者,登、荣两府之义地也。公平日整理寺产,安新送旧,异地旅榇运还故土,不意公之忠骸亦厝寺中也!

九月初八,行在内阁抄奉上谕:“袁世凯奏大员殉节,吁恳恩施,据呈代奏一折,二品衔国子监祭酒王懿荣,敦品续学,持躬清正;侍从南斋,叠承恩眷;平日夙怀忠义,恩济时艰。本年七月间,临难捐躯,从容就义,洵属大节凛然,加恩着追赠侍郎衔,照侍郎例赐恤。其妻谢氏及其长子妻张氏,亦同时殉难,忠烈孝义萃于一门,允宜特予褒扬,以彰贞节。王谢氏、王张氏均着准其旌表。伊长孙王福坤着俟服阕后,以主事分部行走,该部知道。钦此。”

九月二十四日,行在内阁抄奉上谕:“前经赐恤之国子监祭酒王懿荣加恩予谥,该衙门知道。

钦此。”同日，奉朱笔圈出“文敏”二字。

二十七年辛丑。

二月，公次子崇烈扶公柩及谢夫人、张氏之柩，由京遵海道遄返福山原籍，奉葬于本邑两甲坡西北顶，是为新茔，与中丞公、资政公之兆域相近。

二十八年壬寅。

二十九年癸卯。

公次子崇烈就京师锡拉胡同宅公殉节处建祠奉祀，旋经张文襄公为署祠额曰“福山王文敏公家祠”八字横匾。祠既落成，顺天府尹陈雨苍京兆（璧）题楹曰：“率诸生以时习礼，君隆祀典，臣重儒行，瘅心讲学术，且幸文章宗工，政事名族，金石通家，春酒一尊瞻遗像；忆圣驾蒙难出巡，我捍牧圉，公守社稷，泪笔写奏稿，可怜父子尽节，夫妻捐躯，儿妇从井，秋风七月葬忠魂。”复于井上甃砖为小亭，勒石记之曰“福山王文敏公殉节处”。

国子监奏准以公及熙文贞公（元，满州人，光绪己丑科进士，国子监祭酒，二十六年殉节）附祀国子监韩文公祠。南皮张文襄公有《国子监拜熙文贞、王文敏两公祠，遂观石鼓》诗云：“戟门阶下绿苔生，风翥鸾翔老眼明。人纪未沦文未丧，岿然十鼓两司成。”

三十年甲辰。

荣城孙佩南京卿（葆田，山东荣城县人，同治甲戌科进士，安徽宿松等县知县，四品京堂）掌教河南开封省城大梁书院。公次子崇烈曾从受业，又与公为总角交，相契甚深。是年，崇烈至开封乞京卿撰拟公神道碑铭。京卿属稿既竟，拭泪授公次子崇烈、幼子崇焕，切嘱勒石墓门，以示异祀。以公降生之岁计之，恰值六十年，适一周年甲也。

三、考证资料

大谷家溶洞遗址

董智家　柳宗铎

大谷家溶洞位于福山城西北18.50公里，高疃镇大谷家南。1990年11月发现，为中晚更新世文化。因地属大谷家，故名。洞坐西面东，口径1.20米，内南北长15米，东西宽10.50米，高4.50米，面积220平方米。内多柱石，石质属石灰岩，为石灰岩溶洞。1992年，北京大学考古系、烟台文管会、福山文管所联合挖掘，出土物有：獾下颌骨及上牙和肢、犀牛残肱骨和肋骨，化石程度较重。从土的颜色看，时代可能为中更新世纪晚期至晚更新世早期，距今约20万年。在福山区尚未见到出土时代如此早的化石，是烟台市唯一一处原始动物化石出土地，很可能据此化石，挖出人类的文化遗物和遗骸，有待进一步发掘后下定论。该洞列为区级重点文物保护单位。（《福山区地名志》）

牟子国遗址

董智家　柳宗铎

位于古现东村东3公里，三十里堡村南山岚，牟子国故城，以城名命名。

据《左传》记载，祝融之后，春秋时，鲁桓公十五年（公元前697年）附属鲁国，据南宋罗泌《路史》载，该国位置在泰山郡牟县。《山东考古录》引《路史·齐记》云：“牟逼近临淄乃迁于东海”，“惟因牟国原在今莱芜县。”牟国何时东迁，史书无载。春秋时鲁襄公六年（公元前567年），齐侯灭莱，莱公奔棠，则迁牟当在莱之后。《福山县志稿》载：福山周时为青州牟子国地。登州（今蓬莱市）东南有牟故城。周围十八村庄，仍冠“牟城”（今古现街道柳林河沿岸院下等十八个村庄，旧称“牟城社”）。《文献通考》云：古青州春秋时可考者五国：齐、莒、莱、牟、谭。又云：登州牟子国也。

牟子国故城城墙依山砌筑，为不规则四方形城池，墙根宽20米，上端宽16米，高6至8米不等。墙体以土逐层分段夯实。东、南、北门痕迹明显，东南角设炮台。城内北部有冶铸铜钱残渣遗迹，西南有监狱遗址，中央高地为君府遗址。南北有中央大道。出土文物有陶缸、陶豆柄、白釉陶片、粉白色卷沿大肚陶罐、氧化铁渣等。

清朝中期，已人去城塌，十分荒凉。邑举人王械(编者按:古现东村人)《过古牟城》诗写道:“无限苍茫旧感生,高低禾黍见牟城。曾传庭实随邾葛,岂有瑶编纪世名?一代市朝荒夜雨,千秋陵寝佐春耕。扬尘不信麻姑语,又听寒潮向晚声。”邑人鹿寿祺也在《过牟子古城》中写道:“荒原一望夕阳多,牟子城边按辔过。夜雨莓苔侵石马,秋风荆棘隐铜驼。种瓜惟见邵侯地,秀麦恍闻箕子歌。兴废已怀千载恨,沧溟犹是昔年波。”

新中国成立后,各级政府对古城保护十分重视。1979 年列为县级重点文物保护单位,1986 年升为市级重点文物保护单位。1992 年跃为省级重点文物保护单位。到 2000 年,区、镇级人民政府议予重点开发,并由山东大学拟定方案。(《福山区地名志》)

牟子国迁都在福山

柳宗铎　徐嘉涛

周武王灭商后,为巩固周王朝在全国的统治,采取“封建亲戚以蕃屏周”的分封政策。对原商王朝统治的广大地区,实行“封邦建国”,将土地分给宗族和功臣,称诸侯。在各诸侯国内,国君除留部分地区直管外,余者再分封给自己的子弟亲属,称大夫,封地称邑。公元 770 年,周平王东迁,史进春秋,邦国林立,见诸文献者百余,山东亦有 55 个。诸侯争霸,弱肉强食,王室失令,征战不已。时曹姓,受封于牟,建立牟国,其都原设今莱芜市钢城区辛庄镇赵泉要。后东迁,都地有“高密说”、“莱阳说”、“福山说”。根据成份所集资料,福山说理由充实。

一、文字记载。据《中国历史大辞典》记载:“牟,周国名,子爵。”《左传》释:“牟子国,祝融之后。”为周代小国。春秋时,鲁桓公十五年(公元前 697 年),附属于鲁国,“邾人、牟人、葛人来朝”。《汉书 · 地理志》载:“泰山郡牟县,故牟国地。”《史记》载:“周灵王五年(公元前 567 年),楚国先打败鲁国,后攻打牟国,其牟都为楚所占。”《山东考古录》引《路史》曰:“齐牟逼近临淄,迁牟于东海。牟国在今福山县牟城社。惟牟国原在今之莱芜县,何时东迁,诸书无考。春秋鲁襄公六年(公元 567 年)灭莱,莱共公奔棠(今即市境内),则迁牟当在灭莱后矣。”《周礼》记载:牟国之东迁,“或谓在今莱阳县境,或谓在今高密县境,二说未知孰是县境,又在二县境北……惟《一统志》、《通志》、《府志》皆作青州。”《中国古今地名大词典》目释:“牟,周国名,子爵,故城一在今山东莱芜县东二十里;一在今山东福山县西三十里……。”《山东故国考》载:“牟本在莱芜,齐迁之于今福山沿海,遂名东牟。”《福山县志 · 沿革》明万历版、清康熙、乾隆版、民国版皆曰:福山“周为牟子国地”。《牟平县志 · 沿革》清光绪版、民国版亦曰:牟平县“周为牟子国地”。《栖霞县志 · 沿革》清乾隆版、民国版、共和国版均称:“春秋时,县境属牟子国地。”史籍足证:牟国为周王封地,依附鲁国,齐灭莱后,牟国君不堪大国欺压,携臣民脱离鲁国,避开齐国,经高密、莱阳,东迁福山,重建牟子国。

二、故里遗址。《登州府志》记曰:“牟城在福山县西北三十里,春秋时为牟子国国都,遗址尚存。城外有牟冢数座。”《福山县志 · 古迹》清康熙版、乾隆版亦载:牟子国“有城址,城外有冢,皆其旧陵也。”牟城遗址位于烟台市福山区古现镇三十里堡村南,南接山。古城依岗而筑,南高北低,北窄南宽,呈不规则型。周有城墙,基底宽约 20 米,顶端约 16 米,高约 6 至 8 米。整墙以粘土逐层夯实,夯窝仍有印痕。城内平坦,南北长约 600 米。东西宽约 550 米。城外有两条沟,古为护城河。现存残垣,东较宽整,北断续,南、西清晰。城设四门,东、西、南、北门有痕迹。城东南角设炮台,西北部为商业区,东北角有冶炼场,西南部似监狱状,中央高地为君宫地,有南北大道纵贯。总览故城布局,与莱芜弃城相似。

三、出土文物。三十里堡故国牟都,未曾进行规模发掘,自古至今,前来考察者众:有省勘察队,市考察队,更有王懿荣、吕遵鄂、栾丰实等著名学者和专家来此考察、调研。从中发现故城东北角冶炼场内有冶铁、冶铜痕迹,遗址高台呈红烧土层，昔日牟人曾在此炼铁、冶铜、铸币、锻制农具和刀枪武器。清至今，在古城城区及其周围，村民在治水改土、整地种田时，发现诸多出土文物。主要有：齐三字化土范、古陶残字、酱和边关、半两线文、铁剑、铜剑、箭簇、铁犁、瓦当、钱范、罐口沿、残豆柄等。从出土文物推理可知：牟国迁都，冶炼制钱，工商俱全，曾有辉煌。

四、思故念旧。国迁都福山，经百年生息，得渔盐之利，农业发达，经济繁荣，社会稳定，百姓安居乐业。进入战国后，七国争雄，炮火连天，牟国为大国所逼，至战国中期，逐步衰落，末期城破国亡，后裔聚居于今古现及附近村庄，或为庶民。故国遗民，思故念旧，以多种形式表达纪意。一是更山名。磁山，在牟子国之西，南北长 5 公里，东西宽 3 公里，面积 27.60 平方公里，海拔 528.90 米，因产磁石故名。牟国裔孙思念牟国，将磁山更称牟山。二是改姓氏。牟国君原为曹姓，国亡后，氏遗民改姓为牟氏。新编《百家性》曰："春秋时，祝融后裔，被周王封于牟，建立牟国，齐灭莱后，逼牟东迁，其后以牟为姓。"古牟子国辖地福山两甲庄，有牟氏望族，清嘉庆六年（公元 1801 年）牟惇儒和牟颖儒兄弟二人考取同科进士，皆放州官，在期所修《牟氏族谱》序曰："吾牟氏为牟国之后也。"今福山全区牟姓有近千户，1820 人，位居福山诸姓第 40 位。三是冠村名。古牟子国城东有条柳林河，发源于洪钧顶，长 9 公里，沿河两岸有 18 个村落，百姓为不忘牟君恩德，各村名皆冠"牟城"二字，如牟城孙家、牟城陈家、牟城潘家、牟城林家、牟城吴家、牟城张家等。四是命县名。牟子国亡后，秦始皇统一中国，实行郡县制，辖地置腄县，县治在今福山城。西汉时，胶东王汉武帝（刘彻），体恤民情，元溯三年（公元前 126 年），割腄县西部（原牟子国城西）、蓬莱县东部，按牟子国后裔之民意，设牟平县，封齐孝王子为牟平侯，县治在已故牟子国城西今古现镇，其城区规模与布局类似牟都。五是赋念诗。牟国迁城，历经沧桑，至清朝中期，已人去城塌，十分荒凉。邑清乾隆元年举人王槭，授官湖北天门县知县，回乡省亲，赋《过古牟城》诗曰："无限苍茫旧感生，高低禾黍见牟城。曾传庭实随邾葛，岂有瑶编纪世名？一代市朝荒夜雨，千秋陵寝佐春耕。扬尘不信麻姑语，又听寒潮向晚声。"邑人乾隆十六年恩贡鹿寿祺在《过牟子古城》中写道："荒原一望夕阳多，牟子城边按辔过。夜雨莓苔侵石马，秋风荆棘隐铜驼。种瓜惟见邵侯地，秀麦恍闻箕子歌。兴废已怀千载恨，沧溟犹是昔年波。"新中国成立后，各级政府对古城保护较为重视。古牟城，1956 年被山东省列为省级文物保护单位，1992 年重新公布为第二批重点文物保护单位。

综上四条，我们认为春秋战国时，牟子国变迁，文载清楚，遗址尚存，文物可证，怀旧达理，牟都初建莱芜，迁都重建在福山。（2008 年 11 月）

山王家曾是齐国国都

于永光

王更夫给我讲过山王家曾是齐国最后一个国都这一不为人知的历史。王更夫是原福山一中教导主任，"文革"时，他也是大队部的人。闲暇时，他讲了三十里堡南"牟子国"地这个众所周知的事，还讲了山王家曾是齐国最后国都之事。齐国国都为临淄时，齐国拥有兵车 800 辆（1 辆兵车 75 个甲士）。后移即墨，这时拥有兵车 300 辆。从即墨到山王家兵车只有 30 辆。最后，国君带 18 辆兵车的人乘船去东海。齐国在临淄，人所共知，后去即墨也有人知道。至于到山王家又入东海，没人知晓。我想，王更夫是见到这个资料的，不然，为何说得这样详细？（《八十年随记》）

编者按：王更夫之说应该是言之有据的，《福山县志稿 · 艺文志 · 金石》篇在存目中列有周时"齐三字化"，其下标有"出山儿汪家村"说明。"山儿汪家村"就是现在的"山王家"，20 世纪 60 年代"山王家"还写作"山汪家"。这里出土周朝齐国的文物，绝非偶然，正是王更夫之说的一个历史佐证。同类文物在小汪家（小王家）和古城堷均有出土，《福山县志稿 · 艺文志 · 金石》篇亦有记载。

汉之牟平城考

柳宗铎　解广海

编史修志,提及牟平,多从今治,张冠李戴。为避失误,我们在编撰《福山区志》《建置》志中,对牟平县治进行了历史勘考。

从设县朝代看,史载牟平城址有三:一为汉之牟平,故城在今烟台经济技术开发区古现街道(原福山区古现镇);二为高齐之牟平,故城在今蓬莱市马岭山南;三为唐后之牟平,故城即今牟平城。三城址立县朝代不同,故城治所各有所别。

秦始皇统一中国后,实行郡县制,历代沿之。西汉元朔三年(公元前126年),武帝(刘彻)封齐孝王子渫为牟平侯,设牟平县。其县治所《隋书》牟平下云:"有牟山、龙山、金山、九目山。"《元和郡县图志》载:"在牟山之阳,其地夷坦,故曰牟平。"《齐乘》云:"故牟平城在登州东南九十里,汉县。"《福山县志》其"牟平城"条下云:"在县西北二十五里,故址犹存,牟城社以得名。"《牟平县志》载:"汉之牟平,故址在今福山县北(西北)三十里古县社(俗作古现),或谓在福山县西北二十五里牟平社。"《辞海》牟平条释:"县名。故址在今福山县境。"《中国历史地名大辞典》和《中国古今地名大辞典》的牟平条下皆云:"汉之牟平,故城在今山东省福山县境内。"《中国历史地图集》标汉之牟平,故城在福山境域。综其引文,汉之牟平在福山,已是共识。

古现,作为古代牟平县治,有其历史源渊和自然环境。从历史上看,春秋时鲁襄公六年(公元前567年),齐侯来莱,逼牟国东迁于今三十里堡村南(汉时为牟平县地),建立牟子国,筑城设防,兴盛一时,周边18个村庄,皆冠"牟城",统称"牟城社"。迁之牟,战国时,国亡人散城废,为齐康公食邑。时距350年,汉武帝封齐孝王子渫侯爵于牟子国地,并顺其念旧民意之故,命名牟平县,理所当然。从地理位置、自然环境看,古现在登州东南90里,福山县城西北30里。西有牟山(今称磁山),北有九目山,南有龙山(今称隆山)、凤凰山,东临黄海,黄金河擦村北由西向东穿过,中为10.50平方公里平原,土地良沃,山、水、原俱全,为坐城驻地,与史记牟平完全相符。从现存遗址看,故城坐北面南,南北长约500米,东西宽约550米,主街有南北、东西各两条,型似井字,县衙位其中。据老年人回忆,在遗址内,古现西村西边,曾有一所古城墙基址,墙外有条护城河。在今咸鱼市街西口处,有座跨护城河石桥。在西村栾姓村民旧居东侧,有城南门墙垛。东村崔姓村民旧居西侧,有南门,地铺石条。古现村西南有块高地,称祭祀台,相传为古牟平县知县祭天的地方。附近,还有座楼(已塌),相传是知县吸纳民意之地,称南楼,两名沿袭至今。另据《姜氏家谱》记载,汉时古现栾姓居牟平城里,姜姓住城西今臧家村一带,因常遭匪患,姜、栾二姓联姻,姜姓迁至南关,故称南关姜家。汉之牟平,后经东汉、三国、西晋、东晋列国、南北朝至北齐,在福山历时682年。

北齐文宣帝(高洋)天保七年(公元556年),移牟平县治于黄县东七十三里马岭山南(今蓬莱市东南60里)。唐贞观二年(公元628年),牟平废,在黄县历时72年。唐麟德二年(公元665年),析文登县地,设牟平县,于东牟县(汉设)故城置牟平县治至今,历时业已1500余年。(2005年冬)

古现东村考释

解广海

古现东村,由古现村析出。古现,原称"古县"(又作古嶮)。

一、古现为何原称"古县"

自西汉元朔三年(公元前126年)至北齐天保七年(公元556年),在682年之久的多个朝代中,古牟平县(因牟山即磁山以东为平泊而得名)治所均设于古现村,古现是后起之名,原称"古县"。而以"古县"称村,表示此村从古至今,历史久远,且为县治。县治一般设在发达地区,据此推知,古现建村当早于古牟平县建制很久,古现周边的历史背景即可证明。其一，位于古现西南方的大谷家有新石器时期的溶洞，据考古推算，6000 年前就有人类居住其地。古现村距大谷家仅一山（牟山，即磁山）之隔，不足 10 公里，这里北临大海，更适合人类生息繁衍，具有良好的建村条件。其二，古现偏南不足 5 公里的山王家曾是战国时期齐国最后一个国都（第一个国都是临淄，后迁即墨，又从即墨迁至山王家），其时的繁华景象可以想象，古现自在其辐射圈内，同样有利于建村。其三，古现东不足 5 公里的三十里堡南曾是春秋时期鲁国附属国牟子国地，其遗迹至今尚存，当时之繁荣亦可想见，受其影响，古现地域自会发达起来，利于形成村庄。总之，古现在汉代古牟平县建制以前早就建成村庄，只是具体建村时间，以及何氏建村，村名为何，已无从考证。而后来因县治居此，加之福、蓬、栖三县人皆到这里赶“古县集”，时间既久，把县名叫出去了，村名遂日渐淡化，而为“古县”取代，原村名倒不知称什么了。

二、古现是怎样衍变来的

汉代以降，山东王氏家族已达十八个之多，胶东古现王为十八大家族之一。至明洪武年间登宁盐课司大使王忠定居河北村，繁衍生息，兴为望族。王忠“再传之后以明经登仕，版官县令者踵相接”。至乡贤王道增（明崇祯年间由河北村迁入“古县”村）更是声望日隆，有口皆碑，以致“古县”这个地名也因之而衍为“古现”。福山第一部县志——明万历《福山县志》就已将“古县”记为“古现”。考释“古现”之名，其衍变意义有二：

其一，“现”为“今时”之义，一个“现”字，衬托出古今时间之久。“现”字在后，还有出新之意，表示这个地方古老而弥新。所以，“古县”衍为“古现”。

其二，“古现”标志王氏这个古老家族玉一般的美德。“古”的本义为“过去久远年代的事物”。王姓是中华民族众多姓氏中文化渊源最深的姓氏，可谓古老。“现”为形声会意字。左边的偏旁为形符，表义；右边的偏旁为声符，表声兼义。形符为“玉”字省点（、）变形，称斜玉旁，因形状为一个仄“王”字，所以又称“王”字旁。这个“王”，代表古现王氏家族。声符“见”字读为“xiàn”（现），表示被看见之义，即显现。古人读书习惯自右而左，“见”和“玉”组合，意为“显现玉之美”。“现”字形象地把王氏家族及其美德展现出来。“现”的这一表义，源于古人以“玉”喻德。“玉”有五美，即“润泽以温”，“鰓理自外可以知中”，“其声舒扬专以远闻”，“不桡而折”，“锐廉而不技”。玉之“五美”，正如人之“仁”、“义”、“智”、“勇”、“洁”五种美德。而古现王氏从王忠至王道增，充分体现并弘扬了这五种美德。诚如后之仕宦黄璇光所言：“吾郡（登州）大姓，惟福山王氏德最厚，故其世泽亦最长，子孙蕃昌，科第绵衍。”

胶东有三个古现，除福山区（原福山县）古现（今划烟台经济技术开发区）外，海阳市（原海阳县）和莱阳市（原莱阳县）也各有一个古现。海阳和莱阳的古现皆为福山古现王氏分支所建，他们不仅建成了村庄，而且还把王家的传统美德传承下来，所以仍以“古现”名村，以彰显先人美德。平度市（原平度县）的古现也是如此。

三、古现东村何时从古现析出，为何由“里”改“村”

1945 年，古现村按方位划为 3 个行政村，分别为古现东里、古现西里、古现北里。今之古现东村即昔之古现东里。“里”是个会意字，上部是“田”，下部是“土”。人民“恃田而食，恃土而居”，有“田”有“土”，才能生活，由此而形成居民聚居的地方，称之为“里”。从“聚居”又引申为古代居民户籍管理的一级组织单位，各代大小不同：八家为邻，三邻为朋，三朋为里（七十二家），五里为邑；五家为邻，五邻为里（二十五家）；郊内则以五家为轨，轨十为里（五十家），里四为连，连十为乡。古现村析出的三个“里”，虽表示“居民聚居的地方”，但很容易产生“居民户籍管理的一级组织单位”的歧义，给人以小家气之感，所以，1948 年古现东里又改为古现东村。“村”字本为“邨”，为会意兼形声字，从邑（右阝）从屯（聚集）会意，屯也兼表声，本义为村庄。“邨”是“屯”的加旁分化字，以区别“屯”的其他义。俗根据口语音变写作“村”，改为从木，寸声，因村必有树木。如今规范化用“村”字，废“邨”字。“古现东里”改为“古现东村”之后，行政单位的色彩非常鲜明，而“古现东里”，即使按“里”的另一引申义“乡里”、“家乡”来理解，也不如“村”大气豪壮，古现人从来都崇尚大家风范，所以，古现东村一直沿用至今。

四、其　他

古现王氏先祖及名人传（河北村籍）选萃

王锦（1469—1539）　字世重。孙夼社河北村人，礼部儒官。其先云南大理府云南县王氏，世居鸡头村。始祖忠，洪武间以官山东登宁场盐课大使来福山，悦其风土，殁遂葬城西北河北村西北原，既隶县籍。再传之后以明经登仕，版官县令者踵相接。五世至锦。

锦天性孝友，质直好义，喜怒不形于色。长兄钺以恩贡出仕，任江南上海知县，未几而卒。锦家居持门户，延名师教诸子姓。昆弟督课益力，皆彬彬有学行，蜚声庠序。乡里有贫乏者，辄解衣推食以济之。岁既丰，贫者少舒，各持所有以来偿。锦笑应之曰：“曩者贷汝乎，吾一时不忍人之心也，哪复记忆讵望报耶?”善却之。值县中编驿传，无马应役者群议逃避以去。锦虑其穷窜失业，遂以所蓄马轮助之，一方得安堵。乡邻相交，有过失则面斥之，遇事务持其平，不稍假。以故，里中有争言者，率以锦口为三尺。名论所至，甚于刑罚，有王彦章之遗风。磁山寺久废，出己资重修，复碧宇绀宫，架山临涧，遂为一方胜概。

生平未尝究心理学，而所存所发，动合古人。年七十以嘉靖十八年十月殁，葬圣水夼北原。子四人：国学、国史、国仕、国亨。学、史并为名诸生。（《福山县志稿·行谊·王锦》）

王久任（？—1634）　字凤池，锦孙。万历十四年，岁贡生，任山西太原府文水县主簿，迁王府纪善。归里候缺。崇祯七年十二月二十七日卒。

久任秉性刚直，笃志气节。父国学，为名诸生，早殁。母张氏，苦节教子，孀居四十余年，敕旌节孝。先意承志，侍奉唯谨。一兄病废且死，抚诸孤如己出，祖产尽以付与，乃教学授徒自给，唯孝友于远近称之。未弱冠补博士弟子员。年二十一，学使者会考八属优等诸生于宁海，擢第一。后每试辄冠其曹。治《易》善程朱传义。设教村西磁山洞，四方来学，一时习《易》者宗之。

以岁贡入国子监。文行兼隆，声名籍甚。御史某重其材品，深相结，巡按河北，敦请同行。所至廉静，人不敢干以私，为直指所敬重。及谒选，有以幸窦告者，峻绝之，果得一主簿最下之缺。未几，其人以贿败，群服其职。

官文水时，当万历中叶，珰竖用事，矿税繁兴，所在扰害，官困民危，而监矿之使尤为横暴。久任奉委理矿场事，能持大体，接待中使，不亢不卑，调剂补救，备极苦心，徒役赖以保护，共绘像生祀之。又，尝赎欠户所鬻子女四人，士民勒碑颂德，巡抚魏允贞深器之。以廉直与文水令不谐，迁王府纪善，候缺。东归，百姓攀辕号送者至五十余里，出境犹络绎不绝，县令乃悔叹曰：“我不意王君之得民心有如此也。”

抵家卖田三十亩，完路费。里居仍以教学自给，键户潜修，一编终老。殁后四十余年，县学生员鹿兆赓、张蛟曾、孔脉一百三十三人等公举乡贤，康熙二十一年具题入祠。子三人：道溥、道隆、道增。道增有传。（《福山县志稿·宦迹·王久任》）

王允谐（生卒年不详）　字伊和，俊五世孙，为古现王氏家族第一个进士。《福山县志》载：允谐“幼苦学，为文雅饬。”他面貌清秀，身材修长。少有鸿鹄之志，读书刻苦，志在四方。为人刚毅，不甘屈居人下。明崇祯十年（1637），允谐参加辛未科乡试，几经拼搏，考中第四十三名举人。翌年，入京会试落第。此后皆以战乱避居于家。直到十六年后，已届天命之年的允谐应新朝清顺治四年（1647）丁亥科会试，中三甲第一百五十四名进士，授大理寺观政。届满，外放甘肃省成县知县。初到成县，他目睹饱受战乱的西北满目疮痍，地方财政匮乏，广大农民被赋税剥夺，民不聊生，人口锐减。明朝后期，实行一条鞭法，丁役摊入地亩。允谐以减轻农民负担为第一政务，采取新法，把向朝廷上缴部分的田地重新丈量，由过去的对半分成，改为四六制（民六地主四）。他鼓励商民开矿，官府抽税。这一系列保护农民的举措，使外出的流民都返回家乡安居乐业，一时成县呈现一片繁荣景象。

允谐为人性直情急，凡看不惯之陋习，便大声咤斥。县衙属官一些刁钻之徒，因其为官清廉，得不到油水，而时常抱怨。清顺治十年（1653），成县有个明朝旧吏在京任吏部员外郎，乞假回乡扫墓祭祖。时正逢大雪封道，天水知府要允谐派民丁将成县至徽县地界道路打扫干净，迎接那个吏部郎官。时允谐正在四乡检查百姓房屋是否倒塌，牛羊是否冻死。听到此令，他雷霆大发，更不派人扫除道路积雪。此举得罪了知府与吏部郎官。当届满考绩时，以不称职被罢官。

允谐被罢官后，遂归故里，以耕读为生，安度晚年，而得善终。《福山县志稿》载有小传。娶妻陶氏，生子六：瓛、璛、璹、琰、璵、瓐。

附《福山县志稿·宦迹·王允谐》

王允谐，顺治丁亥进士。幼苦学，为文雅饬，任陕西成县知县。已行取，有忌者，中以他事，遂归里。

王甲　字瀛洲，隲三从弟，序次七，为诸生。有学行，事亲孝。父道国，性刚戾，甲下气怡色柔声，曲得欢心，蔼然若春日之承冬雪。宗族有事，必以身任之，戚党有事，务为处置明白。生平不疑人欺，横逆之加犯而不校，孳孳为善，敦行不怠。推而至于邻里、乡党，再推而至于郡县，四方行路莫不皆然。以故，远近感动，欣然称为河北王七相公。

顺治辛丑，土贼于七倡乱于栖霞之巨齿牙山，将掠县境，预诫其群丑曰："福山王七公善人也，无犯其家！"并插一箭于门首志之。是年冬十一月五日，贼魁刘五率精甲千人、散贼数万，西薄县城，至古县集。甲崎岖逃避山谷间，猝遇贼将劫掠，熟视之，忽下马环拜曰："此王七相公也，吾党小人感戴久矣！安敢无礼？"反促甲向某方去，甲都不识其面目。

平居佐从兄隲理家务，井井有法，使尽心王事，不至有内顾忧。尤喜奖掖后进。族侄灌才可造，而不嗜学，塾师敛手。自课于家，得成立，列庠序。其德施于宗祊、功在于先祖者，不可胜数。

年六十三卒于家。葬村外黄顶坡南麓。后有地师过此，相之曰："左之罘，右磁山，崮岦在前，九目在后，形势拱卫，俨然佳城也。"无心值之，咸以为善人之报云。（《福山县志稿·行谊·王甲》）

王三锡（生卒年不详）　字怀万，福山县孙夼社河北村（今烟台经济技术开发区古现街道河北村）人。祖父朝锡、父道长（京师锦衣卫百户）。

《福山县志》载："三锡，幼而沉毅，倜傥不群，能诗文，善草书，出笔明健。稍长，身材矫捷便利，弓马绝伦，试补武生。"明崇祯六年（1633），三锡初试顺天癸酉科中乡试第一名，中武解元。七年（1634），又先后参加兵部甲戌科会试中式，兵部会同总兵官于帅府试策略及教场试弓马、签册等，考取了一等二十七名，赐进士，受官直隶昌平道中军守备。

三锡立志学习戚继光，作一代名将。他熟读《孙子兵法》、《吴子》、《六韬》、《司马法》等古代兵家韬略名作，尤其爱读戚继光的《纪效新书》、《练兵实记》等军事著作。无奈，他生长在大厦将倾的明末，虽心怀壮志，但报效无门。他曾决心担负起朝廷中兴重任，力挽狂澜，来挽救末途的明王朝，但此时的明王朝官场腐败，大清已在关外称王称帝，朝廷每年要耗巨资来防止清军入侵。

明朝末年，李自成、张献忠等人揭竿而起，起义军深得民心，声势浩大，明王朝随时都有倾覆的危险。崇祯皇帝朱由检不甘心退出历史舞台，为应付内忧外患局面，特别重视武科人才的选拔。

就在此时,三锡被调往陕西任游击,奉命剿灭李自成起义军。十七年(1644),甲申二月,三锡周历关中山川,得地势之险要,晋京上书面陈崇祯帝。崇祯召见了他,了解战事后,委以重任,鼓励他放手作战,并赐以御宴、铠甲。三锡返陕后,准备调集人马进山围剿,不料李自成自山西突出,一路势如破竹,攻克了北京城。崇祯见大势已去,在煤山(今景山)自缢。消息传之关中,三锡闻声,北向大哭。后弃军独自东下,匿深山不出。后清顺治帝,为笼络汉人民心,诰封三锡怀远将军,从二品官阶封典。

附《福山县志稿·宦迹·王三锡》

王三锡,字怀万,久任族孙。自忠至三锡,且九世。父道长,隶北京锦衣卫籍,饶于资产。娶刘氏,三子,三锡其长也。幼而沉毅,倜傥不群,能诗文,善草书,出笔明健。稍长,身材矫捷便利,弓马绝伦,试补武生。日与京师之力士侠客游,如安邦、赛贺之徒,服药较力时,无匹敌。熟孙武子书及从来兵家言。比成立,伟躯干,美须髯,善谈论,饶权略,多智数,其踔立无前之概,不可羁绁。

崇桢庚午应顺天武试,中式。明季定制,凡武举会试,中式乃以武职选用;若会试不入格则仍归武生,三次中式,始得为武举。又时方多故,头场试马步箭,合格后,复添掇石、舞刀、开弓三事,名曰技勇,略同今制。故三锡下第,复应癸酉乡试,弓马技勇策皆冠场,发解为第一人。仲弟慎言,同登乡举。甲戌会试,艺勇复冠场,而卷文被人割换。三锡故机警,欲伏阙明冤状,试官惧被处,极力搜查,中二十七名进士,授昌平道中军守备。慎言亦于是科中会副,任锦衣卫百户。三锡旋擢山东提标水师左营游击。履任登州,诣原籍祭扫,有昼锦之荣,乡人艳称之。调陕西某营游击,所守要害,挺身前往。甫入关,而李自成贼大举破某城,三锡无所赴,乃潜身草野,遇异人指引,周历关中山川,得其形势险阻,并侦知贼中虚实情状。甲申二月,还京师,诣阙上书,自陈及剿贼守御诸要略,皆切中机宜。时自成既据关中,屠戮三边,由山西内逼,大势将去,而内外将领懵于从事,京师戒严,举朝震动。怀宗忧愤,得三锡奏,洞悉情形,即日召对,三锡因得面陈,激切详明,上意宽慰,传谕中官云:“与他些酒饭吃。”将畀以重任,未及传旨,而李贼已薄都城,怀宗殉社稷。慎言逸去,三锡东下,将蹈海以死,及闻王师底定,北向痛哭,遂佯狂海上,终日浮泛岛屿间。再遇异人,自称华山陈希夷,事之甚谨,指授导引之术,饮啖兼人。又与以符录,能役使鬼神,为人谈休咎无不验。乃披发长往,往往匿深山不出。夙善弈棋,神于用子,当残局,能变化,出人意表,群推国手。殁葬臧家北原。有二子:季弟文举,亦善膂力,老于畎亩,重复故业,居顺天。文举之子曰家利,娴骑射,尚任侠使气。明亡后,游荡市尘,溷迹禁林,聚徒习演绳马刀棒及诸拳技,装服诡异,好作秧歌,声情激越,闻者凄楚,有柳敬亭、贾凫西之风,时号秧歌王四,至国朝康熙间犹在。

王慎言(生卒年不详)　三锡二弟,崇祯六年(1633)癸酉科与兄长三锡一起赴顺天府武科乡试中式,为武举人。次年,又同大哥三锡共赴会试考场。在头场考马步箭合格后,复试舞刀、举石、开弓,均名列优等中式。而后,在考策略、兵书、策问时,慎言下笔如有神,行文如流水,提前交卷。监考官收卷后,竟将卷子偷递给别人,恰巧此考生就在三锡旁边,他们窃议之话全被三锡听见。三锡本想大闹考场,冷静一想,认为这样不妥。考完,三锡与弟慎言商议后,在考场封门时,猛地向前拉住那个监考官,来到主考官处鸣冤叫屈,当场讲明原因。主考决定叫他们上堂质对。先要慎言将试卷重述,可慎言坚持让那个考生先述,而那个人却说不出来,等慎言述说时,却几乎背得与试卷一字不差。主考、同考皆愕然,当场拿下监考,打入死牢。随后又重新出题要慎言当场应试,慎言答卷到深夜,主考、同考均无疑问,慎言中式,考取三等第五十名进士,授京师锦衣卫百户官。

王绳矩(生卒年不详)　字直方,号墨庄,举人。孙夼社河北村(今古现街道河北村)人。

绳矩少年好学,博览群书,满腹经纶。嘉庆三年(1798),戊午科顺天府乡试得中第八十五名举人，拣选知县。“历任莱芜、诸城、馆陶、高唐、章丘各县教谕。”晚年又被漕运、山东巡抚聘为“丽正书院”、“泺阳书院”山长。在任教谕和书院山长期间，他“诱掖奖劝”，为山东培养了大批人才，为文化教育事业做出了贡献。

绳矩从少年时即特别喜爱诗词，不仅手不释卷，而且背诵如流，也留下了不少诗作，《福山县志稿》有载。

附《福山县志稿·宦迹·王绳矩》

王绳矩，号墨庄，孙夼社河北村人。嘉庆戊午领乡荐，历任莱芜、诸城、馆陶、高唐、章丘各县教谕。在都与吉抚军时相过从，抚军雅爱重之，尝云：“以子学问经济沦落闲曹，殊属可惜。”逮吉督漕运，聘充丽正书院主讲。旋抚山东，聘充泺阳书院主讲，并设帐其官署，一切地方利弊时询及之。于是，游于门者日众，诱掖奖劝均荷裁成。以故，列门墙为名诸生者极一时之选。

济南一民妇被诬，拟重辟，将定谳矣。廉得其情，请于抚军，得白。抚军欲奏减荣城学额增入福山，力争乃已。邑立官斗事起，为陈其状，即行停止。其正直无私多此类。

归里后，有族人念诚者农夫也，聆孝友训辄起舞，后事母以孝闻。其盛德感人又如此。子三人：颖傅；颖储，附生；颖儒，国学生。孙，钟淮，进士，自有传。著有《东园存草》四卷、《塾解笔记》六卷。

王钟淮（生卒年不详）　字香海，福山县古现区孙夼社河北村（今烟台经济技术开发区古现街道河北村）人。祖父绳矩，父颖傅。

钟淮少年聪慧，读书用功。道光十四年（1834），甲午科中第五十二名举人。二十五年（1845），乙巳恩科考取三甲第六名进士，授甘肃西河县知县。三十年（1850），迁任甘肃渭源县知县。

时境内土匪势力颇大，扰官害民，他“亲率役捕获巨盗数百，阖境以安”。上一任知县留下积案甚多，他在短时间内一一审理清楚。“案无积牍”，“不枉一人”。他审案重证据，从不刑求，深得渭源县绅民称颂。在渭源县俸满那年，恰逢春大旱，他带头捐廉银，赈灾民，并号召当地士绅和州府开仓，境内无一人饿死。祸不单行，是年秋，又发大水，渭源县南关厢被泛涨的河水淹没，他亲率全县士绅、兵民抢险救灾。水灾过后，他“鸠工筑堤”，并又捐出养廉千金，分二年控河筑堤，使河永不受害。当地士绅称他为“李冰再世”。

渭源县三年任满后，又迁甘肃宁远县。此为“咽喉重地”，朝廷特拨防兵千余，“以备守御”。时边塞蒙古兵常来侵扰百姓，掠劫粮草。一次，蒙古兵三千余骑将宁远县城围了个水泄不通。钟淮将兵分成两班，日夜坚守城池50余日，使蒙古兵无法攻下城池。后朝廷又从近处派兵增援，蒙古兵大败而退。朝廷为表彰其守城有功，擢升为直隶州知州。然而，因终年劳累，他在从宁远赴兰州的路上不幸猝死，以身殉职。其家人前往兰州运灵柩时，宁远县百姓在城外路祭几千人，其场面感天动地。

逝后，朝廷例授六品承德郎。

附《福山县志稿·宦迹·王钟淮》

王钟淮，字香海，绳矩孙。幼读书慧，过目成诵。道光甲午春入泮，秋领乡荐，乙巳恩科会试成进士，以知县用，分甘肃，委署西河县，旋署渭源。

南乡巨盗数百，为害日久，率役亲往捕获，阖境以安。遇有词讼，随准随审结，案无积牍。讯时，必再四推鞫，从不刑求，故不枉屈一人。值岁饥，捐廉赈米数百石，全活无算，自奉实泊如也。南关厢外有大河，五六月间河水泛涨，民房不时被淹，亟鸠工筑堤，并捐廉千金，二载竣事，河不为害，绅民颂德。同治丙寅，署宁远县。时寇骑蹂躏，往来不绝。上宪以咽喉重地，特拨防兵千名，以备守御。兵食供给虽拮据万状，均自筹画，不扰及民。后贼侦知粮缺，悉其精锐，围攻五十余日，城几陷者数矣。日夜巡查，料理城防诸务，月余弗遑假寐，城终获全。大吏奏闻，奉旨：免补本班，以直隶州用，遇缺即补。丁卯，补授肃州直隶州知州，未抵任卒。

王钟沄　父颖儒，精于医，好藏医书，随侄钟淮甘肃任所。钟沄自幼聪敏，年十四病风痹，不能起床，乃发书读之。数年，忽有所得，于是自治，遂得痊愈。十八岁，行动如常人，以为神，咸知其能医。一媪年逾七旬，得时疫，群医束手。延其诊视，至则曰："此大承气汤症，且非重用不可。"诸医皆曰："年已七旬，而大黄用至五六钱可乎?"钟沄曰："非此不可，且有病病，受何惧焉?"投之一剂而愈。同治壬戌，疾疫流行，死人如麻，唯钟沄所至之地全活尚过半数。年二十九以劳致疾，叹曰："吾病非不可疗，若得真参真术，尚可以救，顾地僻家贫，安所得此? 其死矣夫!"遂卒。兄钟沚得其绪论，不过十之三四，犹以医名于邑者数十年。(《福山县志稿·方伎·王钟沄》)

王照圆(1763—1851) 字瑞玉，号婉佺，福山县西北保古现社(今烟台经济技术开发区古现街道)人。清末女诗人和训诂学家。

照圆系锡玮女，出身于书香门第。适户部主事栖霞郝懿行后，以字行。其母林氏生于栖霞县名门望族，饱读诗书，居家有法度，对子女教育甚严。照圆六岁丧父，在母亲教诲下，十岁读《孝经》、《内则》，十二岁读《毛诗》，十五岁知励志，兼读经史，二十岁即作《葩经小记》。二十五岁(1788)与栖霞经学家郝懿行结婚，志同道合，相互启迪，感情融洽，常以诗词唱合。是年秋，懿行去济南应试中举，作两首诗寄给照圆，她当即和诗两首寄与懿行，鼓励丈夫不要骄傲，应再接再厉，争取登进士第。

照圆自己更是虚心好学，锲而不舍，常以"平生要做校书女，不负乌衣巷里人"的诗句自勉。《〈列女传〉注》是东汉史学家班昭注释《烈女传》的著作，其书早已佚失。照圆遵母遗命，为《烈女传》作补注。写完之后，又经懿行订正，成书《〈烈女传〉补注》八卷。她对朱熹的《诗经》注释不甚满意，认为有些注释晦涩难懂，从二十岁(1783)起即重注《诗经》，后因故停笔，手稿已多散失。四十岁(1803)后，又重整旧稿，并同懿行一起研究考订，每日以答问的形式，写出两人对《诗经》的新解，每日一篇，多至二、三篇，日积月累，到嘉庆年间，写成《诗问》七卷问世。

照圆为人清贤，到嘉庆四年(1799)，懿行中进士，授户部江南主事。她随夫进京，同当时的文人、学者广泛交往，并受到尊重。曾为尚书阮元题"齐名积古从公定，室有藏书是母留"诗句。阮元据此改居室"续古斋"为"积古斋"。她常同丈夫一起著书立说，懿行曾一度因病中止《〈尔雅〉义疏》的著述，她一面护理丈夫，一面帮助缮清整理，积之成册。懿行常说，在自己的著作中"照圆说"甚多。清道光五年(1825)，丈夫去世后，她回归故里，深居简出，专门整理丈夫遗书，以备日后刊印问世。照圆于清咸丰元年(1851)病故，享年88岁。《辞海》中言她"长于训诂，亦擅文学"。其书法遒劲，有唐人欧、褚遗范。生前著有《〈列女传〉补注》八卷、《〈列仙传〉校正》二卷、《诗说》二卷、《诗问》七卷、《诗小记》一卷、《梦书》一卷、《闺中记》二卷、《叙录》一卷、《录赞》二卷、《校正》一卷、《和鸣集》二卷等。

王作宾 字嘉有，锦十世孙，嘉庆四年恩贡生，选朝城县教谕，未赴任卒。

作宾为诸生，有文名，内行醇笃。亲殁后，与兄攸宾同居产破。攸宾航海而北，家道贫困，艰难万状，然绝不一仰丐人。以授徒为生计，善教法，必尽其心，量其材质所近，曲成而不遗，人争延致之。顾馆谷所入，每岁辄加丰，竭力经营。妻刘与嫂宋同操作家事，一惟嫂是从，与人言，则极称嫂贤。女弟一既嫁出，距所居三十里外，时以馆金市物亲馈之，或命从子代往，送迎馈问无虚岁。方攸宾之赴北地也，子邻才数岁，教诲婚娶，及时条理，悉如嫂所志。念距所处馆地远难携带，乃嘱族弟毓淳者师之，具束修。毓淳量其贫，坚弗受，然逢佳节，以已所受馆中者，转致而加厚焉。

尝设帐本邑，东家某公故外宦，书来必嘱其家人忠敬待先生。学徒亦聪慧，称师意。某公后迁官，长子之任所，遂辞去。留之者，具兼金，以其余为请，峻却之。当其在馆也，某公治具相邀，席间多异味，偶言曰："是常啖此否?"对曰："寒士乌得办此，然西席仁粟美于此者多矣，何足异?"某公每出游乐，与偕一日，方讲业，仆不辨，遽往约，乃作色曰:“某师道也,岂门下客哉?”某公闻之,益敬重。

终其身与人无戏言,道貌岸然而应接谦和,正直高洁之风见于眉宇。攸宾久劳于外,资业既就,归老聚顺,家用小康。作宾所教侄邻与子酆俱以学行闻于时,有声庠序间,迄为邑名宿。酆道光十四年岁贡生。(《福山县志稿·行谊·王作宾》)

科第佳话

王其耀

一门两进士

自明至清,古现王氏家族可谓书香门第、科第绵绵。其中,清嘉庆年间,官至禹城县教谕的王善在,其子王余晋、王余师先后及第致仕,为后世留下兄弟月宫同折桂的佳话。

王余晋于嘉庆九年(1804)甲子科顺天府考中第五十三名举人;其弟王余师,早哥哥4年,于嘉庆五年(1800)庚申恩科考中第二十九名举人。嘉庆十三年(1808),王余晋于戊辰科考中三甲第五十七名进士,哥哥金榜题名,弟弟亦不示弱,就在王余晋考中进士的第二年,其弟王余师于嘉庆十四年(1809)己巳恩科一举考中二甲第八十六名进士。一年一进士,二子登科,双喜临门,王善在喜不胜喜。

父子三翰林

王检,雍正十一年(1733)成进士,官至湖南、湖北、广东巡抚,署湖广总督。

王检长子启绪,乾隆十六年(1751)辛未成进士,官至河南开、归、陈、许四地之管河兵备道。

王检二子燕绪,乾隆二十五年(1760)庚辰成进士,官至日讲起居注官、翰林院侍讲,与父俱为《四库全书》校理。乾隆帝称:“女父子三人俱为翰林,一门多显官,皆能办事,可谓世臣矣。”

眷属三进士

清光绪六年(1880),福山出了三名进士。这三名进士是:

王懿荣,二甲第十七名;王乘燮,二甲第三十四名;谢隽杭,二甲第七十二名。三人又都因优于文学书法,同时被选为翰林院庶吉士。三年之后,王懿荣、谢隽杭又以成绩优良,同时被授以翰林院编修。王乘燮则以知县用。这三人原来还是一家亲眷:谢隽杭是王懿荣的舅父,王乘燮是王懿荣的同族叔伯。

轶闻趣事

王瑞圭

王隲撰联教子孙

王隲为官谨守“诚以居心,忠以事主,廉以立节,哲以保身”的信条,为百姓做了许多好事。四川、山西、江西、浙江、福建等省的名宦祠,四川七公祠,直隶宣化府生祠、四贤祠王公讲堂,浙江金沙巷祠遗爱堂,都是为纪念他的政绩建立的。

王隲不仅一生洁身自好,还念念不忘教育后代奉公守法,安分为人。79岁时,他给长子王涉的手训中写道:“我平生见富贵家不知起一羡心,见富贵人不知起一媚心,即我今日亦在富贵之列,然我自视却与作秀才时无异。遇事之有功于世者,虽大害亦所必为;若败名之事,恶其丧心,虽大利亦不为。列子云,善吾生乃所以善吾死,深信为三教之秘诀,尔能领悟此语,则我心我行矣。”他特意撰写了一副对联,留给后代作为遗训:

有子能文何必贵,为官致富不如贫。

王懿荣千金易石

光绪十四年(1888),王懿荣奉旨到河南开封当考官,在那里见到一块南朝碑刻《刘怀民墓志》。这块墓志从书写格式上看,先铭后序,别具一格,与著名的《爨龙颜碑》书写时间相去仅6年,书法风格极相似,楷中尚多隶意,隶楷的嬗变,从这里可以看得很清楚。这自然使独具慧眼的金石家王懿荣见猎心喜,便出“千金”重资购下。

王懿荣酷爱古代文物典籍,深受其父影响。

《福山县志稿》载：王祖源“持躬简约，乐道安贫。……京秩清苦，父子尝易衣而出。然性耽金石、古玩，日流连于厂肆中，量力购置。虽箪瓢屡空，弗恤也。”不仅如此，他还得到贤妻黄夫人的热情支持。王汉辅在《王懿荣年谱并叙》中说：“公任京秩。时笃好旧椠本书、古彝器、碑版、图书之属，散署后必阅市，时有所见，归与黄夫人相对语。夫人曰，明珠白璧，异日有力时，皆可立致之，惟此等物事往往如昙花一现，撒手便去，移时不可复得，后来纵有奇遇，未必即此类中之此种也，好极力怂恿购之以为快。以故，裘葛钗钏往来质库有如厨笥。”一个成功的男人背后，必有一个贤良的女人！

王斗街头行侠记

徐嘉涛

20世纪20年代，在福山一带乃至全省最有名的武术家当属只楚镇东南哨村的八卦大师王斗。尤其他武德高尚，锄强扶弱的精神可嘉，至今流传，并一致鼓励着习武之士。

王斗真名王钟庆(1863—1923)，幼时赴京拜八卦掌创始人董海川之高徒宋长荣为师，苦练16年，工夫好生了得，飞檐走壁，蹿墙越脊，不足百斤之躯，重则千钧，轻则四两，足显中华神功。艺成，回故里，崇尚武德，造福乡邻。

一天，古现王家后裔王某在烟台街市闲逛，正巧碰上一个樵夫担柴过街不小心剐破了一个阔少的大褂，阔少就挡住了樵夫，不依不饶，纠缠不清。这时，王某看不惯，就上前说情，对阔少好言相劝道：他一个穷卖柴的，即便把这担柴卖了，也赔不起你这件长衫。阔少横不讲理，朝着王某大发厥词，便要动手打。王某身手不凡，打发走卖柴的樵夫，撩起长衫，一掌将无赖打倒在地。无赖一看不妙，就说，你等着，我去叫人。王某自觉武艺高强，果真在此等候。不一会，呼啦来了一群，刚要动手，正赶上王斗大师路过此地，只听啪啪啪三下五除二，地下倒了一片。王斗告诉他们，我是王斗，家住东南哨。倒地的无赖一听是王斗，砰砰磕头求饶，便慌忙爬起来，一溜烟蹿了。过后王斗告诉王某：你知道他们是干什么的？是烟台街拳坊的泼皮，身上都有两下，你惹得起他们吗？说罢，王某还没来得及说谢谢，王斗便若无其事地走了。

苏东坡《古风》诗

佳谷卧风雨，稂莠登我场。
陈前漫方丈，玉食惨无光。
大哉天宇间，美恶更臭香。
君看五六月，飞蚊殷回廊。
兹时不少暇，俯仰霜叶黄。
期君蟠桃枝，千岁终一尝。
顾我如苦李，全生依路旁。
纷纷不足愠，悄悄徒自伤。
空山学仙子，妄意笙箫声。
千金得奇药，开视皆豨苓。
不知市人中，自有安期生。
今君已度世，坐阅霜中蒂。
摩挲古铜人，岁月不可计。
阆风安在哉，要君相指似。

康熙帝七言诗

锦缆无劳列画艘，轻桡自爱倚船窗。
勤民不惮周行远，早又观风向浙江。

五　绝

(清)王照圆

海上一轮月，
乾坤通彻明。
兔宫桂花满，
先照玉堂中。

励　志

(清)王照圆

三十年来拂面尘，而今未改镜中春。
平生要做校书女，不负乌衣巷里人。

自尔方山听鹿鸣

(清)王照圆

小试文场久擅名，矮庐一人倍经营。

案头挥笔风添势，夜半构思月助明。
花结锦成人易懒，云飞露白马登程。
如君折得蟾宫桂，自尔方山听鹿鸣。

晚　眺

（清）王绳矩

晚凉随适意，缓步出孤城。
残日林梢下，微烟远墅生。
麦黄经雨熟，衣薄受风轻。
恨少青山色，柴门罢送迎。

九日携诸孙登西岗眺望

（清）王绳矩

衰老偏多兴，登临携众孙。
层崖回窘步，平野荡吟魂。
露冷栖岩菊，霜明隔树村。
儿童谁解事，含笑指蓬门。

雨霁野望

（清）王绳矩

微雨澄夕霁，新意见远山。
残阳分树杪，野水涨溪湾。
径仄因村出，云停为客闲。
青溪谁过访，策杖未应还。

风景，这边独好

徐嘉殿

烟台经济技术开发区古现街道办事处境内的自然风景，得天独厚，山川名胜、古迹文物颇丰。大自然为境内造化出众多的名山圣水，为历代人们所青睐。“人间四月芳菲尽，山寺桃花始盛开”，时值“踏青”好时节，又因撰志之需，笔者再次“造访”了境内久负盛名的第一高山——磁山。

坐落于黄海之滨，位于古现街道办事处境内西端的磁山，海拔 528.90 米，方圆 27.60 平方公里。登山览胜，目不暇接，奇景叠生，风景，这边独好。

奇景一　“天门”览胜

磁山自北向南列三峰，晴朗无云之日，远远望去，三峰耸峙，有如鬼斧神工，“突兀如笔架形，望之者疑为三岛也”。耸峙的三峰，岩岩雄峻，直刺云霄，清人有诗赞曰：“峭磐摩天不可攀，三峰耸秀自云间。”雾霭云翳之时，三峰匿身于云海之中，好似“海市蜃楼”，俄而便消失得无影无踪。登上磁山南峰之巅稍下的山脊处，便见南北立有夹石，谓之“天门”。登立“天门”之上，不仅有“诗圣”的“会当凌绝顶，一览众山小”之悟，而且还会顿生飘飘欲仙之感或欲九天揽月之念。立“天门”举目北眺，近在数里之遥的碧海蓝天尽收眼帘。顺着湛蓝大海向东望去，是遥遥相对的芝罘岛和高楼林立的海滨城市烟台。回眸西北，便是隐约可见的蓬莱仙阁。俯瞰山麓沟壑，仲春时节是花的海洋。雪白的樱花、粉红的桃花、淡黄的菜花、火红的杜鹃，还有不知名的野花都竞相绽放，姹紫嫣红，摇曳多姿，争妍斗奇地一簇簇、一层层、一片片地铺满山野。昔日磁山庵下的樱桃涧也无法与此媲美。置身此景的游者，临着和煦的春风，闻着阵阵的芳香，仿佛走进“世外桃源”，尘埃被扫除，杂念被净化……。立“天门”览胜，美不胜收，令人心旷神怡！

奇景二　磁山瀑布

福山八景之一的磁山瀑布位于南峰磁山庵旁的陡峭崖壁上。青色的崖壁光滑如削，顺山峰而下，陡然垂直而挂，约数丈之高，宽五丈有余。每逢大雨季节，峰巅之水顺坡而下，流至崖壁顶部陡然垂直而泻，像缟带，像素练，像银河，像雪原的大瀑布跌落下来后，撞击着悬崖壁下岩石，激起无数水花，如飞珠，似溅玉，使瀑布下方宛如在云雾中。远观此景，那急遽奔泻的水壁，好像天门大开，尽情地把水倾泻下来，壮观之景，令人叫绝。清朝诗人谢乃实有诗赞曰：

万仞嵯峨插碧空，山腰飞瀑隐仙宫。
岩前喷薄珠帘雾，洞里凄清白练风。

泉落月明僧扣磬，雨余山晚壁腾虹。

深秋烟树寻归路，乱涧潺湲泻绿丛。

诗中所呈景致，尽管年代不同，时序迥异，但大多依然存在，唯“僧扣磬”之声听不到了，实乃遗憾之事。假如先贤已有现代高科技的手段，定会用摄像机将“僧扣磬”的镜头定格下来，然这只是一种设想，我们现在只有在古诗中去领略那时“明月落于泉水中，僧家古刹中敲磬”的古风古韵了。

奇景三　山腰古刹磁山庵

磁山庵坐落于南峰东面半山腰之上，旧志所载在县西北四十五里磁山洞前建磁山庵即指此。此庵究竟何年何人创建，说法不一，但据旧志《王道增传》中记载的文字推测，磁山庵就为晚明时期福山县古现村人王道增所建。道增者为清礼部儒官，因子贵累赠光禄大夫、户部尚书加一级。据史料记载，道增中年嗜浮屠，广建刹宇，好施舍，每周人急难。“道增晚年精通《内典》，深入佛海，啸傲山水间，日与方外游，足不履城市。所造磁山洞、佛刹、樱桃涧、阴主祠，幽胜绝处，常栖息其中。”从记载中可见，磁山庵为道增所建，并非虚妄之说。

古僧家选此建庵，可谓睿眼识“英雄”，伯乐识“千里马”，其土、其水、其光、其色、其险、其峻可谓天下之甲，依从叹为观止。清乾隆年间文人于橿在《磁山碑记》中作了这样的描述：“山半有古刹焉，辉煌金碧，光彩照人，望之者疑为珠宫贝阙也，实则磁山庵也；未至庵则如步天梯，登栈阁，仰攀屡息莫知所极，山中之石磴也；已而如鸣琴，如急雨，如惊涛骇浪自树间来，徐而聆之，则庵外之松风也。于是历山门，憩庵下，恍疑此身在云霄间，以为此山之奇尽此矣！”作者将庵内庵外、攀庵之石磴及两旁松涛之声洋溢于笔端，然而作者并没有停下他的画笔，不要以为“此山之奇尽此矣”，这仅仅是这幅大画卷的序幕，美景还在后面，于是作者笔峰一转，接着对庵前庵后、庵上庵下周围那如诗如画的旖旎风光淋漓尽致地进行了描述：“乃复绕庵旁，出庵后，俯仰而周览焉。见若锦帐、若画屏、若金城之横亘，陡起如削，则庵后一带翠壁也；壁之上若龙翔、若凤翥、若猿猱之倒挂，盘错而交横，则悬壁之古树也；树下有古洞，洞口斜出，有若缟带、惹素练、若银河之横斜，束山之腰，络山之腹，宛转而过厨下者，则飞流之奇泉也。他若琉璃万顷海波平矣，火云千叠初日升矣，苍烟数点村落密矣，一苇横飞舳舻过矣，是皆可收入座临中者。既乃循故道而下，见夫对面有山，势若朝拱，询之则芝罘也。”

昔日磁山庵上庵下，前后左右之奇景，而今基本依然如故。唯磁山庵这座古刹于20世纪40年代战乱中，被陈昱军队拆掉去筑防御工事，现只有遗址上的墙基和当年僧人用以碾米的两个岩石制成的大碾盘。古刹已去，大山犹存，那满山翠绿挺秀的松林，终年为大山穿着绿装，如惊涛骇浪的松声依旧从松林间发出来，可谓青山永驻，涛声依旧；那挂绿抹翠陡险峭立的崖壁，那嶙峋多姿的怪石可谓风姿不减当年；那云蒸霞蔚、林壑幽深、佳木秀丽且繁阴的山谷，可谓韵味和灵气胜似往昔。碑记中作者从庵上俯瞰所见山麓下那“苍烟数点村落密，一苇横飞舳舻过”的画面，而今另有一番新景象：山麓下的座座村庄，旧时茅庐已无踪迹，代之的是掩映于绿荫中的排排白墙红瓦房和拔地而起的栋栋小楼；旧时羊肠小道成历史，代之的是条条柏油大道连村通户。烟黄公路从磁山北麓下迤西而过；轸八环城高速公路由磁山南麓向西北而去；号称亚洲第一路的开发区“长江路”由东向西直达磁山之麓。四通八达的条条大道，拉近了世人与磁山的距离，更增加了世人涌进磁山怀抱亲昵的频率和机遇。如果说条条公路为磁山之麓添上亮点的话，那么磁山麓下的座座水库更是一道亮丽的风景线。沿南峰磁山庵下走约2华里之遥，便是汪家沟大水库。堤坝高筑山谷间，库岸树木成荫，库中碧波荡漾，碧水在阳光辉映下熠熠闪亮。库中鱼儿时而不动，时而远逝，往来翕忽。赶上风和日丽之日，库面宛如一面大镜面，亮晶晶地镶嵌在青山怀抱中，煞是一道好景观。

奇景四　磁山洞

磁山洞位于磁山庵西侧崖壁之下。洞口呈半圆形向东而开,洞口高处一丈有余。洞内约有两间平房大,高丈许,可容百余人同时入内,亦不显拥挤。洞内地面平整,有石礅、石座供人憩息其上。洞壁石缝间经年滴水叮咚,如琴弦奏鸣,韵味古雅,似银珠落盘,叮叮当当。相传,过去人们为祈求菩萨赐福保佑,能避灾避祸,时常特地赶来接上一碗洞中的"圣水"喝。洞内气温冬暖夏凉,炙热盛夏,进得洞来,顿觉凉爽之极,心脾清新;酷寒之冬,走进此洞,有如登堂入室,倍感温馨。洞口外上部及两侧为一个笔直似削的崖壁,崖壁高有五丈,宽约六丈。崖壁缝隙间偶有松柏、古藤生于其上,松柏虬枝盘曲嶙峋,俯仰生姿;藤条偃卧在石壁上,纵横相藉,错落有致。立庵前,迎面视其崖壁,好似一道大银屏,上面青树翠蔓,蒙络摇缀,参差披拂。若值雨后,崖壁隙间流水哗哗,有如喷薄飞泻的银色珠帘,景致非丹青高手能为,简直就是一幅绝妙的山水画!故磁山之洞久负盛名。究其洞的由来,很少有人能说出,但决非人工所为,盖大自然所赐而已。

由磁山洞向东移至十多米处,即磁山庵后的岩石下,又有一石洞,洞口可容一人通过。此洞被称为"通海洞"。传说,从此洞进去可直通到山北的大海。据说很久很久以前,住在磁山庙里的一对和尚,欲去北海玩耍,嫌其路远,便从此洞而去。去时俩个和尚备足了一捆蜡烛,入洞后秉烛前进,历尽艰难险阻,终也未走到海边。这时蜡烛已用完了,无奈只好往回返。在洞里摸着昏暗漆黑的道路,东碰西撞,好容易才走回来。出洞口后,俩个和尚已是衣服褴褛,满面血痕。

磁山通海洞,到底是否通海无人深究,历来也众说不一,其中有人认为过去确实能通到北海,只是年久塌陷阻塞而已。此言似乎在其情理之中。

奇景五　山腰上的石老公

越过南峰来中峰,一峰更比一峰奇。磁山中峰半腰上,有一尊瘦削屹立的巨石,形似一老公倚山而立,凝望着东北八角海湾里那块似人佝偻的礁石,此即磁山石老公也。海湾里被石老公凝望的礁石,便是石老公的老伴石老母。石老公与石老母夫妻因何各居一方,不得相伴呢?对此,人们流传着一个比董永和七仙女更为感人的故事:

相传很久以前,磁山中峰半腰下住着一对膝下无儿无女的老夫妻,每天靠种田和野果野菜度日。一年,适逢大旱,庄稼颗粒不收,山上寸草不生,老俩口度日如年。不久,老公公因饥饿而病倒,老婆婆心急如焚,急难中猛然想起海来,何不到大海里捞条鱼,熬点鱼汤给老公公喝。然而令她担忧的是,自己一个裹足老妇,年迈体弱,要往返跋涉这么远的路,老公的病又危急,何时才能回来呢?犹豫间,她想起了磁山的通海洞,从那里去海不是又近又快吗?几年前,她在磁山通海洞旁挖野菜时,看见从洞里走出两个衣服褴褛、满脸血迹的和尚,她惊吓不已之际,和尚告诉她不必害怕,他们是带着捆蜡烛想从这洞到海里去,因蜡烛用完没能实现,只好摸黑返回,所以碰得浑身衣服破烂,满脸是血。和尚还告诉她,海中有龙王,平民百姓想吃鱼,需先宰猪杀羊祭祀龙王,不然下海捕鱼会让海夜叉抓去,命就没了。想从通海洞去大海捞鱼,老婆婆深知也充满了艰难险阻,但她为救老公公心切,顾不上那么多,毅然决定进洞去北海捞鱼。

太阳刚落山,老婆婆便进了洞。洞中伸手不见五指,她时而跌倒,时而碰伤,但还是不顾一切地往前走。不知过了多长时间,眼前豁然开朗起来,只见黛青色的海水在黯淡的星光辉映下涌动,她万分惊喜地扑进海里,海中的大鱼小鱼围着她游。她伸手去抓却抓不住,只得将衣服脱下来兜,左兜右兜,直到雄鸡报晓时才捉到一条小鱼。老婆婆惊喜若狂,心想这下老公公可有救了,于是便想走出大海。正欲抬腿时,不幸的事情发生了,她被巡海的夜叉发现了,海夜叉用手一指,她便成了一块礁石,再也没有回来。

老婆婆走后,卧床的老公公撑着颤弱的病身

出屋爬到山腰上，倚山而立，望着大海祈盼着老婆婆快些归来。然而日复一日，年复一年，也不见老婆婆回来，渐渐地他也变成了一个石头人。

石老公的故事，给美丽的磁山增添了无穷的神秘色彩，也增添了无穷浪漫的遐想。毋庸置疑，当你立于石老公身边时，定然会从他那饱经风霜的脸上读出他的坚毅，从他那凝望着北海的眼神里读出他的执着与祈盼。

历史悠悠，沧海桑田，然石老公的故事却久传不息，人们无须也不必去考究他的真伪，只须去感悟他给人留下的启迪也就足够了。

（略有删节）

秦始皇东巡的故事

解广海

始皇展风崮岦山

崮岦山，主脉由洪钧顶、疋山、陀山组成。陀山，平峰绵延，峭立似城，巍峨壮观，颠有玉皇庙，东有清洋河；疋山，列峰并峙，突兀挺拔，气势磅礴，颠有龙王庙，麓有疋山河；洪钧顶，隆崇嵂崒，洪峰连天，势拔五岳，为崮岦之主，颠有祭山台，坡有仙洞，下有清泉，麓有柳林河。三峰相连，碧水傍山，纵贯福山西境，天赐自然景观。

一日，始皇借芝罘刻石逗留之际，由从臣方士簇拥，腄县令引领，驱车至崮岦山览胜展风。始皇驾临柳林河，忽闻远方轰鸣，似山洪倾泻，犹惊雷贯耳。始皇纳罕，溯流而上。猛然昂首，但见前方，飞流百尺，直下绝壁。此乃罗山坡磕头崖崮岦飞瀑也。瀑水源于去西里许之崮岦泉。泉水极旺，喷涌而出。始皇达于泉畔，俯察泉水，望之清莹，令取品饮，味之甘醇，连声赞叹："美哉！斯水！"史臣记曰："圣水泉"。

始皇心旷神怡，环顾四野，曰："此地水丰土沃，山清水秀，物华天宝，地灵人杰，礼当登高，祭山福之。"由是，率从臣自泉畔，过柳树河，取古驿路，沿洪钧顶之中岭，达于峰巅。始皇居高临下，饱览群山，曰："疆域之山，皆横亘东西，唯此山崮岦成峰，纵贯南北，诚一奇也。"侍臣称是，记曰"崮岦山"。又曰："诸峰孰高？"赵高曰："近身者高。"问曰："此峰名何？"对曰："俗称歪嘴山。"曰："弗雅矣。朕登者，洪钧也，天也；高者，诸峰之极也，顶也；是谓洪钧顶矣。"臣极称是，记曰"洪钧顶"。始皇训毕，雄视群山：叠峰耸峙，林壑幽美，花木丰茂，蔚然深秀，崮岦风光，尽收眼底。放眼北望：蓝天碧水，辽阔浩淼，芝罘磁山，巍峨呼应，牟子故城，一览无余。始皇踌躇满志，雄风荡起，遂令从臣，于巅设台，行礼祭山。始皇面对群山，庄严呼曰："山神保佑，吾大秦永世无疆！"从臣齐拜，山呼："吾皇万岁！万岁！万万岁！"

祭山毕，始皇与从臣由洪钧顶沿来路，归于崮岦泉畔。徐福等众奉命遍山觅宝。

忽报：泉后里许有一神洞，深莫可测。始皇闻言，径至洞中，定神四顾，仔细勘察，此乃北海龙王出没之所。遂借佳境，休憩纳凉。徐福等众，踏遍三峰，得崮岦参一棵，其重愈斤，堪为瑰宝。徐福取悦始皇，名曰"长生参"奉上，尚有灵芝、丹参等上品药材，以备御用，龙颜大悦。

崮岦山，因始皇之幸，名闻天下，遂为生息繁衍之风水宝地。

始皇游牟子国故城

始皇崮岦山展风毕，众臣簇拥而归。行至牟子国故地，始皇对丞相李斯曰："朕于洪钧顶巅，远眺牟子故城，宏观而已，既行至此，何不入而观之？"李斯曰："吾皇所言极是。"由是，人马歇息待命，始皇与侍臣奔向城南。

牟子国故城，为方型城池。南北东西四门，内有宫殿区、商业区、监狱及冶铸铜铁遗迹，中轴有南北大道。东南角筑射台，西南角设监狱，北部有铸币厂。《左传》记载：春秋时，牟子国附属鲁国，后属齐。六国破灭，随之消失。大秦一统，人去城空。如今杂草丛生，瓦砾遍地，一片狼藉，十分荒凉。有诗为证："荒原一望夕阳多，百年附庸为空郭（编者按：亦作"牟子城边按辔过"）。夜雨莓苔侵石马，秋风荆棘隐铜驼。种瓜惟见邵侯地，秀麦恍闻箕子歌。兴废本来天下事，沧溟犹是昔年波。”

始皇入得南门，驾临君府高地，四下眺望：南有峁岦山，东有芝罘山，西有牟山，北靠大海，方圆十里，一马平川，柳林河水依山流向大海。始皇对李斯曰：“此乃天府之国，兵家用武之地。牟子远虑矣。”李斯对曰：“皇上，普天之下，莫非王土，此乃大秦王朝之疆域耳。小小牟子，何足道耶?”始皇近指城内，曰：“附庸之国，虽属弱小，兵刑车币，依然齐备。”李斯对曰：“皇上扫灭六国，区区附庸，不战而胜，国体齐备，无济于事。依臣所见，国家愈多，浪费愈过。由是看来，天下一统，乃大势所趋，人心所向，历史必然也。吾皇英明至此，臣敬祝吾皇，万寿无疆！万寿无疆!”始皇曰：“丞相真乃治国之良臣也。”

始皇忽觉足下有物，低头看时，原是一枚古钱。始皇俯拾，掂之又掂，若有所思，离开君府，径至监狱，登临射台，凝视荒城，突然掷其古钱，惊起一只飞鸿。始皇心中一振，沉吟曰：“世事沧桑，弹指一挥；坚兵利刃，无奈光阴；人生百年，壮志未酬；万世帝业，惟期长生；访仙求药，举足轻重。丞相，徐氏等众，肩负重任，只许成功，弗辱使命耳!”李斯心领神会，曰：“臣遵旨。吾皇洪福齐天，仙人灵药，必速如愿。吾即敦促徐氏，急去仙山为是。”始皇曰：“臣真乃朕之心腹矣!”

始皇与侍臣浏览一过，取北门，由腄县令引归而回。

始皇改置阴主祠

一日，始皇驾到牟山（磁山）。临近山前，但见一人昂首远望，似迎驾之姿。始皇问土著，曰：“前方为何人?”对曰：“此乃石公。”遂将牟山参姑娘、仙姑诸故事告于始皇。始皇不觉来到山前，抬头但见一片竹林，惊曰：“朕知，竹生南方，长于洼处，未见山顶之竹。”李斯曰：“竹为圣洁之物，祥瑞之兆。”土著接曰：“皇上，此山水源丰沛，上有奇泉，盛夏之际，飞瀑环流山间。”始皇颔首，曰：“吾大秦盛运水德，神福朕也。”顾而对李斯曰：“朕登芝罘，远望牟山，疑为三山。”李斯曰：“牟山发于艾（山），作高于西南；芝罘终乎棋（山），纳气于东北。两山相雄长也。”始皇曰：“阳主祠置芝罘西南麓，牟山东北麓恰与之相对。”李斯曰：“自古祭神，历有变革。皇上变周之分封为郡县，何不变阴主置三山岛为牟山?”始皇明眸，曰：“丞相之意，正合朕心。”遂改置阴主于牟山。八神之祠，福邑遂有其二，阴阳两祠相顾望。每岁，乡人具少牢，以春三月三日祀芝罘，在腄邑东；至秋七月七日祀牟山，在腄邑西。春阳秋阴，东生西成，尽显阴阳造化之功也。

参考书目

《清史稿》 赵尔巽等 中华书局 2012 年 3 月
《福山县志稿》 于宗潼 烟台福裕东书局 中华民国辛未年
《古现王氏家谱》
《中国历史年代简表》 文物出版社 1973 年 12 月
《福山区志》 柳宗铎 臧宜永 齐鲁书社 1990 年 12 月
《中国现代学术经典 李济卷》 刘梦溪 河北教育出版社 1996 年 8 月
《王懿荣集》 吕伟达 齐鲁书社 1999 年 3 月。
《福山区地名志》 董智家 柳宗铎 山东省地图出版社 2003 年 12 月
《话说甲骨文》 刘佳 山东出版集团 山东教育出版社 2009 年 11 月
《八十年随记》 于永光 融之书社 2012 年 10 月
《王懿荣先生书作集》 刘铭伟 黄海数字出版社 2012 年 11 月
《山东清代科考录》(上编 下编) 王功仁 宋和文 明天出版社 2013 年 3 月

跋

《古现东村志》在村党支部、居委会、村志编委的领导和编撰人员的积极努力下,历经四年,三修其稿,今日出版,这是全村人民的大喜事。

欣逢盛世,故里修志,约吾顾问,似著席温。故将多年来搜集的史料、传说和故事一并出之。余年留剩迹,往事今理论。蠹简仍风叶,鸿泥再雪痕。志录先祖训,传给后辈人。

我出生在东村宝地,成长在可爱故乡,走上工作岗位亦常来常往,对故乡有着特别深厚的情感,常动落叶归根之念。读了村志,深知是东村各姓先祖和睦相处,共同艰苦奋斗,才为后代奠定了创造美好今天的坚实基础。特别是为后代留下了无比珍贵的精神财富,那就是各姓先祖们在明清时代不足200户、不足260年的历史期间,先后涌现出封疆大吏3人,翰林6人,进士和武进士23人,举人和武举58(含成进士者)人,贡生,即恩贡、岁贡、拔贡、副贡、优贡、庠生、廪生、附生、增生、监生、武生(村民统称秀才)516名。还有在所查得的资料中,只有九品以上官职而无学历文字记载者103人,均应有秀才以上文化,此两项共计619人。这仅仅是所查到有文字记载的王、张两姓中学业有成之人物,没有文字记载的也一定还有。而村中其他姓氏成名人物查获资料甚少,虽感遗憾,但相信会有后来人补之。那些学业有成之先祖们的共同点是:父母都有文化底蕴,注重从幼儿至成年的教育,深知"养不教、父之过"古训旨要,以教育子孙为天职,从而营造了东村出学子的大环境、大气候。

在社会发展到网络时代的今天,父母、祖父母或外祖父母怎样教育孩子?读本村志中耐人深省的典型记述,定会受到深刻启迪,受益匪浅,正所谓"以史为鉴,策励未来"也。我相信,古现东村的后辈必能教育出更多大量有用的人才。

念我桑梓,山川壮丽,绿水长流;愿我故乡,经济繁荣,文化昌盛;祝我村邑,邻里和睦,人民安康!

王其耀

2012年5月

编辑手记

古现东村自有其突出的鲜明特点:历史悠久,农业发达,商贸繁荣,文化昌盛,教育进步,人才辈出,民风淳朴。在这些鲜明的特点中,人才辈出则是最大的亮点,这个亮点的聚焦点就是村里出了一位世界名人——甲骨之父、爱国志士王懿荣。因此,《古现东村志》得天独厚,社会价值倍增,而赢得政要、专家及学者的关注与青睐。

一

古现东村历史悠久,不仅有文字史料记载,而且有地下出土文物、地上古迹名胜为证,还有民间流传的故事以及村人的文学作品辅证。

首先,古现东村之“古现”就是一个表明历史悠久的地理标志。“古现”这个地名原本是“古县”(又作“古嶢”)二字,它清楚地告诉人们,这里是个古老县邑——西汉之牟平县治即设于此。“古县”在《登州府志》已有记载,而后才衍为今之“古现”(详见《古现东村考释》)。

其次,司马迁的《史记》则从侧面记载了古现一带文明开化久远的史实。公元前221年,秦统一中国后,始皇“行祠名山大川及八神”,他三次东巡,“过黄腄,穷成山,登芝罘”,其中“过黄腄”就经过了古现这个地方。“腄”即“腄县”,秦置,今之福山区境(含开发区)为其一部分(详见王积熙《腄城辨》)。始皇东巡,不仅经过古现一带,而且在这里活动频繁。他涉水“柳林”,畅饮“圣水”,展风“崀岦”,造访“古城”,驻跸“磁山”,封禅“阴主”,……因此,这里留下了圣水泉、洪钧顶(崀岦山主峰)、阴主祠等秦代名胜古迹,也有了始皇东巡的历史故事,福山县旧志均有直接或间接记载。“磁山”,《福山县志稿》云:“‘牟’‘磁’音转相通,后遂为‘磁山’耳。”也就是说,“磁山”最早称“牟山”,后因古音的发展变化,而“转”为“磁山”了。“牟山”在《登州府志》里称“邑镇山”,“镇山”乃名山殊大者也,亦取安重镇压之义。古人以为山有神灵,所以皇帝登基之后必禅山川,以求福佑,设郡县亦镇之,古邑牟平即因牟山而得名。当然,牟山改为磁山,民间还有不同说法,这里不赘述。除此之外,“磁山”还有“笔架山”“三山”“龙祖山”之称。“笔架山”乃依其形而名之,“三山”亦然,两者皆为俗名,旧府、县志书亦有记载。“龙祖山”则因始皇驻跸而得名。龙祖者,始皇嬴政之谓也。明万历《福山县志》载:“磁山,……秦始皇东游禅为阴主云。”这是始皇东巡在古现一带留下的遗迹在《福山县志》中最早的记载。清康熙《福山县志》称"磁山"为"龙祖山"，即本于斯，此乃雅名也，意谓始皇驻跸行祠之山。《史记》记载"八主"之四的"阴主"祀莱郡"三山岛"，但后来又祀腄县"磁山"，时间既久，世人一般不知其故，此乃因始皇"祀三山于此"而改置也(详见王隲《移置阴主祠记》)。阴主祠的兴建具有划时代的意义，说明古现人在公元前221年的秦代已经具备承建大型土木工程的能力，也反映出这里经济发展、物资供应的相当水平。而后来阴主祠的修缮，古现王氏功不可没，这是后话。

再次，古现一带出土的文物也证明古现历史之悠久。在《福山县志稿》的《金石存目》中，记载了古现一带从周到唐出土的16件文物，其中，出自古现村的有2件，河北村2件，古城堐8件，小汪家2件，山儿汪家1件，王氏收藏1件。这些文物包括字化、字化土范、鉨(即玺)、古陶、钱、钱石范、印、砖、瓦、瓦蟾等。将这些文物与大谷家溶洞联系起来思考，可以断定6000年前古现地域也有了人类活动，因此说，最晚从周朝开始，这里就已经有了村庄部落，开始了人类文明生活，所以秦朝即在黄邑以东(含古现一带)设古邑"腄县"，而汉朝又设古邑"牟平"，治所就在"古现"村。

另外，于永光先生的《山王家曾是齐国国都》一文以及笔者整理的《秦始皇东巡的故事》，清王保训的《游磁山》等作品皆可证明古现村历史之悠久。

上述内容在志书《大事记》、《村庄沿革》、《王懿荣》、《文化艺术》、《古迹文物名胜》等章及《附录》均有记载。

二

古现东村农业发达，既有古代资料，也有近代和现代材料。早在公元前567年，牟子国迁至三十里堡后，村内就开始种植牟子国的"牟图腾"小麦，可见东村农业文明的历史之长。

进入近代社会之后，东村农业更是得到长足发展。19世纪30年代，村里就引种永福园村培育的"七叶葱"。20世纪20年代，已使用上由国外传入的"肥田粉"。30年代，苹果得到较快发展，而且果园开始使用单管喷雾器喷药。50年代，开始学习13项耕作改革技术，引进各种新品种。60年代，成立了农业科技队，时为福山县最早的科技队之一。当时村里农业产量不仅在福山比较高，而且从此以后不断攀升，其中科技队起了关键性作用。

当然，起决定性作用的还是村党政领导，其根本作用还在于村民共同的集体创造性劳动。50年代和60年代，古现公社60余个大队书记中有8个模范人物，时称"八大金刚"，古现东村王在和书记为"八大金刚"之首，堪称表率。在他的带领下，村里农业、林果业发展均在各村先列。这些内容在《党政团体》《村政组织》《农业》《林果牧渔》各章均予详细记载，为本志重点和精彩部分之一。

三

古现东村商贸繁荣,表现在两个方面:一是一年一度赶古现山。我小的时候就把赶古现山视为参加盛大庆典。其实,那时已经没有庙会活动,只不过是个大型农贸交流会而已,但对一个生在经济欠发达的农村孩子来说,就是一个大饱眼福与口福的完美盛会了。据老人讲,古现山为福山最盛大的三大山会之一,热闹非凡,可惜古老山会的风光不能重现。令人欣慰的是,当今山会的文化活动、商贸活动,无论从规模、种类、档次、效益哪方面来看,都是昔日山会所无法比拟的,这是社会进步使然。

二是古现街面的店堂馆所应有尽有,这也是古现的绝对优势所在。过去古现街面就一直比较繁华,不仅因为这里有“古现寺”“太师第”等古色古香的庙宇和名门豪宅,以及一月六个集市,更因为古现是这一带的经济文化中心,一般物品和其他生活所需,到了古现即可解决,一点也不亚于到福山城或烟台市(今芝罘)。今天更是繁荣空前了。与往昔不同的是,今天的这里已经是高楼矗立,商店门市鳞次栉比,每天都有小集市。如此繁荣的局面,既有福、蓬、栖三市(区)交界的地理位置优势,也有历代邑、镇、社、街驻地的政治中心优势,关键还是人才辈出的古现人的优势。清末民初,因战乱兵燹的影响,福山城的商贸业曾一度萧条冷落,而古现街却一如既往,依旧兴隆,足见古现人民叱咤风云的英雄气概,何况 21 世纪的今天呢!

相比而言,东村因商贸繁荣工业起步却较晚,但所幸现在大有后来居上之势。其中,王建平就是民营企业突出的领军人物之一,由他的企业可以预见,东村的工业发展前景非常广阔。

以上内容在《工业》《商贸服务》《村庄建设》《村民生活》各章均有记载。

四

古现东村文化昌盛,是指大文化而言,尤其是厚重的历史文化,举国闻名,所以烟台经济技术开发区把古现作为历史文化体验区来重点加强建设。所谓大文化,包括文教卫生以及各个人文领域,在《教育》《医疗卫生》《文化艺术》《古迹文物名胜》以及其他章皆可领略古现的人文大观,其中文物不乏稀世国宝,著述可谓洋洋洒洒,书画更是异彩分呈。

古现东村教育进步,是村庄的亮点之一,理应是志书记载的重点和精彩部分。前面已经谈及古现人的作用,实在是人才难得,尤其是辈出之人才。之所以会有如此硕果,是因为古现人教育的成功,其成功之处就在于重视进步教育,讲究科学方法,抓住了教育的本质——读书育人。

古现东村教育的成就无疑以清代王氏家族为代表。细考王氏人物资料就会发现，那些为官者、成功者们，虽然大多都经过科考的重要历程，但这还不是关键，其关键在于王氏家族重视进步的教育，秉承优良的传统家训以及儒学的精髓，以科学的方法教育子孙，以读书求知、读书做人为要，从而发展成材，造福社会。出类拔萃的王懿荣就"不屑屑于章句帖括"，他"性诙谐，与人语辄喜笑怒骂，独谈至'忠孝'事，则娓娓忘倦"，由此可见王懿荣的精神品格。说到王懿荣的"忠孝"事，不由令人想起王道增在"弥留之际，谆谆嘱诸子以'忠孝'二字为遗命"的动人情节，又想起王道增长子王隲《甲戌除日扶病谒乡贤祠》一诗"'忠孝'两遗言，铭刻在风波"的名句。可见王氏家族的"忠孝""遗命"代有传承，而到了王懿荣这一代，其家训遗风仍然持久不衰。读王汉章《王懿荣年谱并叙》即能从中洞悉王懿荣家族秉承"忠孝""遗命"做人育人之堂奥。

王懿荣曾对从弟文卿说："吾弟身莅戎行，位至专阃，但能无负君恩，无违祖训，将来诸子中任弟自择。"这是王懿荣从弟文卿在与他计议立嗣之事时王懿荣说的一段话，在家与国的选择中，王懿荣首先考虑的是后者，因此，他甘愿让自己的儿子出嗣，从而让文卿从弟为国家利益效忠。再看黄夫人在移箦时召子女说的一段话："我死后，尔父一人只身在此。此去川署又六七千里，近年河陕大饥，路上不靖，尔辈可就近先往依尔舅父母常住。时须善为人，女每日自梳理，男每日自温习，一切饮食言语，向人听从，勿令人厌。以待明春，尔祖父母必遣人取尔辈至川署，庶尔时吾魂魄可稍释也。"黄夫人临终对子女的教诲，听之令人泣下。而在谢太夫人弃养以后，王懿荣自里中丧次驰函天津，手谕次子崇烈曰："吾父母吾不能奉养矣，此后之致身君国者，赴汤蹈火亦不敢辞。"真乃"忠孝"之旨溢于言表，报国之志感铭肺腑。从上述三件事中，足可窥见王懿荣家族秉承祖训教育子孙之一斑，知其一门"三忠烈"固有其"忠孝""遗命"之根柢，所以，王懿荣才能国难当头毅然挺身，抗击外侮以身殉国，谢夫人亦大义凛然，亲率长媳从容殉国，其壮举可谓惊天地，泣鬼神，连"敌兵闻知其一门忠烈"，都"相戒勿犯"。

王懿荣家族成功的教育，从被传为佳话的一门"三翰林"，到连同眷属的一榜"三进士"，终至王懿荣的一家"三忠烈"，至此，王氏家族的"忠孝""遗命"已经升华到了至高无上的境界，实乃叹为观止矣！

至于秉承儒学精髓，则集中表现在这个仕宦接踵的家族为官者身上，他们以民为本的思想和可歌可泣的事迹，读一下其著述和传记即可了然，相信读者一定会被那"青天"（王柔、王文炯、王溍等）、"神君"（王机）、"明镜高悬"（王余师）、"士林楷模"（王镦庆）、"才德流芳"（王乘燮）的赞誉，《一线天》之传奇（王柔），离任相送的场面（王隲、王杲等），以身殉职的事迹（王启绪、王希旦、王善垲等 8 人），以及皇帝褒奖、百姓生祀、勒碑颂德，公举乡贤等懿行嘉许所打动和折服，兹不赘述。

其实，王氏家族成员在科考历程中，并非人人成功，但说他们当中大多都是做人的成功者并不为过，尤其是那些没有获取科考功名而依然奋发有为、颇多建树者更为可贵，他们的人生更能给人以深刻的启迪。

另外，古现人教育的成功还在于清代他们即拥有从训导、教谕、学正、教授、博士一直到国子监祭酒这样一批教育专家，据不完全统计，这些人村里有近 50 名，他们致仕归里以后，大多仍然从事教育事业，为当地的人才培养发挥了重要作用。

应当指出的是，科举制度是以政治规范的知识为知识，不可能产生民主与科学因子，它有积极光明的一面，更有消极黑暗的一面，其历史使命必然伴随着封建王朝的寿终正寝而告结束，留下的只是那些寒窗苦读、金榜题名的历史剪影，启迪我们大彻大悟地反思传统文化的沉疴，反思儒家道学传统对人格塑造的严重缺陷。而到了现代社会，教育才真正担负起培养全面发展人才的历史重任。

上述内容皆载于《王懿荣》《教育》《文化艺术》章以及《人物》《附录》中。

五

古现东村人才辈出，是继承优良传统兴办进步教育的必然硕果，其代表人物甚众，而首推王懿荣。正是基于这个理由，所以，本志单设《王懿荣》一章，这是本志的最大亮点，精华所在，全书之魂，因此放在重要位置。

王懿荣为我国近代著名的金石文字学家、收藏家、甲骨文的发现者和杰出的爱国志士。在这些称誉中，甲骨文的发现者尤具世界意义。因此，本章记载王懿荣，把甲骨文的发现放在首位，其次为爱国壮举，再后是做官为民、巨大影响、收藏著述、代表作品、书法艺术等。之所以这样，其目的在于让村人乃至国人更好地了解、认识王懿荣为人类所做出的伟大贡献，体会中华民族在世界科学史上的地位，从而学习他的精神，继承他的遗志，努力去完成他所未竟的事业，为村居、社区、国家和世界文明奉献自己的才智。一般人所能见到王懿荣的资料很少，本志收编了一些重要内容，以飨读者，因不便记于专志，故附于书后。

王懿荣发现甲骨文，这在史学界、考古学界、文字学界和甲骨学界早有定论，专家、学者对此亦有颇多论证。本志特收录了刘鹗、罗振玉、王国维等近代甲骨学者的有关言论，尤其是胡厚宣、王宇信两位现代甲骨专家的经典论文，这是引导我们研读甲骨文学说登堂入室的金钥匙，读后关于甲骨文发现的迷雾即会涣然冰释。为了更好地认识王懿荣为什么会发现甲骨文，我们又选收了王懿荣在金石收藏、古文字研究方面的著述和成果，注意收取了王懿荣造诣颇深的与他古文字研究理论相辅相成的篆隶两体书法作品。这些史料反映了王懿荣在古文字研究方面的深厚功底和发现甲骨文之前的广博积累，而这两方面的建树和造诣是王懿荣之前任何人所无法企及的，相信对读者定会大有裨益。编完此章，笔者仍然感慨不已，因撰拙联，敬题伟大的甲骨之父、爱国志士王懿荣先生：

收求甲骨，异口称之父，卓识慧眼开文史；

爱护国家，同声赞此臣，壮志忠心守士节。

古现东村民风淳朴，历久弥新。古代的敬神与拜佛、崇文与重教、赈粥与献粮、援田与捐俸、举贤与上疏、孝亲与忠国，等等，一脉相承；到了现代，支前与支边、访贫与问苦、拥军与优属、扶危与济困、奖学与兴教、争先与创优，等等，蔚然成风。而在众多东村后裔中，王学忠、王福重、张舜卿等堪称传承淳朴民风的优秀代表，他们的动人事迹业已载入东村史册，以资人们学习与效仿。

上述有关内容在《党政团体》《村政组织》《村民生活》《习俗风尚》等章及《人物》中皆有详细记载。

六

《古现东村志》的基础资料可谓丰富珍贵，了解、分析、选择、提炼、编辑、润色这些资料的过程，也是编者学习、感受、提高、升华的过程，尤其是遇到那些感人的资料，不禁使人肃然起敬，甚而惶惶。这既使我们产生动力，又给我们增加压力。在交谈中，村志编纂委员会王明忠主任说：“我们一定要依据志书规范，把村志写好。”话虽不多，却颇具睿智，给我们以很大的激励，使我们增加了足够的信心和力量，尤其是政要、专家和学者的参与，更增强了我们的使命感和责任感。虽然这样，但是就我们的能力与水平而言，并无十分把握，心中不禁惴惴，毕竟这部志书要写一位世界级重量人物和举国闻名的“历史文化名人第一村”。庆幸的是，有村志编纂委员会的强有力领导，有王宇信、王其耀、徐嘉涛先生作顾问，还有更多的人予以直接和间接的大力支持，特别是有王瑞圭副主审主持村志编纂，工作得以扎实推进。王瑞圭副主审60年代初期就从事财会工作，青年时期干过科技队长，是青年民兵工作骨干，长期担任过村里通讯报道文化宣传工作，村里不少文稿资料出自他手，至年老还一直帮助居委会工作。编写村志过程中，在明忠主任的指导下，他积极筹划，上下协调，通过内查函调，翻阅历史资料，为村志编写提供了大量珍贵资料，还编写了部分初稿，精心修改送审稿，付出了艰辛的劳动。面对这位古稀老人，我们敬佩、感激的同时，也更加放宽了心，减少了忧虑，鼓足了勇气，尽力而为，直至满意为止。

七

在编写过程中，我们从立意、构思、剪裁、组织、表达等方面努力下功夫，尽量避免失控、失实、失范、失体、失收、失误、失重、失浮、失衡、失偏、失忌等现象。

所谓失控，就是志书的记载范围越界，不该写的却写。我们把志书范围控制在村庄之内。古现虽属古邑和重镇，但不能涉猎过多，选材应适可而止，不然，以邑镇框架选材谋篇，那就越俎代庖了。所以，在定稿中，我们把涉及大方面的“军事”“民政”“文化大革命”“建筑业”“交通电信”“金融税赋”“科学技术”“社会保障”“华侨台胞”等不单列章，而将相关内容分散于《党政团体》《村政组织》以及《村民生活》等章，合情入理地记载。

所谓失实，就是违背事实，这是志书之大忌。我们坚持秉笔直书，实事求是，写符合历史真实、经得住历史检验和有益的材料，因此，定稿适当删减了初稿《教育》《文化艺术》等章和《人物》中的有些内容。

所谓失范，就是违背志书规范，这是不允许的。在定稿中，我们不仅严守规范，而且在掌握规范的前提下努力创新,以求写得更好些。比如人物,东村明清时期的王氏人物涉及古现村和河北村两个村庄,自河北村迁入古现村的王氏人物自当以王道增为分水岭,但也不尽然。王道增长子王隲生长于河北村,父亲迁村时他已27岁,在道、府、县学中已经取得了功名,所以《福山县志稿》将王隲记为河北村籍,这是毫无疑义的,王隲以下五个弟弟亦然。但我们却把王道增的嫡系子孙全部划归古现东村,这是可以理解的,毕竟不能把一家人分开。而王允谐、王钟湛、王三锡、王慎言、王绳矩、王照圆等旁系名人本为河北村籍,且未迁出河北村,所以皆以河北村籍附于书后,这些人的相关资料也不记于专志,亦附于书后。另有王锦(王久任祖父)、王久任(王道增之父)、王甲因是王氏先祖名人,亦为河北村籍,故特补充收录,附于书后。

所谓失体,就是背离志书体制。本志确定为章节体的小编制,显然不能以大分类标准设大编制的编或篇,但也不能因小分类就错把相对完整的内容肢解,而把节的内容硬撑成小编制的章,定稿特别注意了这一点。因此,我们把初稿的《人口控制》《党支部》《群众组织》《治安与调解》等章分别合并归一到相关章的节或目。

所谓失收,就是已有资料该收录而未收,这会给志书造成缺陷,给读者留下遗憾。因此,我们对收录资料反复审核,慎防遗漏,凡能得到材料一线之索,必求取之而后罢。所以,《人物》中定稿又增添了29人,并补充《福山县志稿》人物传20人。《大事记》《概述》《教育》《文化艺术》《古迹文物名胜》等,也根据立意作了适当增补。

所谓失误,就是出现明显的错误,且是不应该出现的错误,如年代、人名、地名、辈分、用字、选材等等,这也是志书之大忌。尤其是涉及关于甲骨文的发现时间问题,我们更加审慎,不敢越雷池一步。我们不仅在编辑基础资料时尽量避免出现错讹,而且,在引用资料时,也不盲从,而是注意校勘,以免贻误后人。如《福山县志稿》将“大沽夹河”作“大姑夹河”,引用时便予正之。又如,《福山县志稿》记载王检“归葬县城西北觅鸡山南原”,记载其子启绪“墓在迷鸡山南”,收录时根据《福山区地名志》将墓地统一为“迷鸡山”。《福山县志稿》记载王崇燕字“翼伯”,收录时据《王懿荣年谱并叙》记为“翼北”。等等。

所谓失重,就是同一件事或人物等在不同章节重复出现。本志篇幅较长,计35万余字,我们注意把各章节内容相互兼顾起来,尽量避免重复累赘。因此,定稿将初稿《教育》章重复及不该记载的内容删除,几近全章之大半,《华侨台胞》、《文学艺术》及其他章和《人物》中类似情况亦予删之。

所谓失浮,就是在专志中有背景、因由、评议等虚浮内容。志者,记也。因此,我们在专志中只记史实,尽量不述背景、因由、过程,少予评论。我们持的态度是:让事实说话,任后人评说,由历史检验。初稿专志中凡有背景、因由、评论者,以及过多引用文件者,定稿皆尽酌情删之。

所谓失衡,就是志书结构层次不均衡。一书之结构层次不能像一篇文章那样,有话则长,无话则短,而应讲究中庸之美,各章节要保持基本平衡。因此,全书不能出现孤章;各章之节一般保持在四~六节的区间;各节之目一般保持在两级目的区间;特殊情况例外。初稿中凡一章只有两节的,定稿或归并划入他章,或增加节数,如《治安与调解》《军事》《畜牧渔业》《林果业》《科学技术》《社会保障》《华侨台胞》等皆归并划入他章,《方言》则增加节数。目之处理亦然。

所谓失偏,就是偏离志书主旨。专志部分记载的是历史史实和当今事实,主旨是客观存在的,不以人的意志为转移的,不需修志者表白,应当让读者自己去领悟,读者亦会根据自己的欣赏水平和审美标准去感受欣赏。但是，在全书概述和各章无题述以及书之前后的序跋中，应准确地揭示出志书客观存在的主旨，并合乎客观存在的规律，让读者清楚明白，如东村的特点、古现王氏优良的传统家训、古现明清时代教育成功的关键所在诸于此类的问题，表述应当通志一体，天衣无缝，否则即为偏离主旨。定稿对初稿偏离主旨之处作了适当修正，使志书主旨更加集中、鲜明、突出。

所谓失忌，就是违犯志书禁忌。志书要求坚守纵不断线，横不缺项，生不立传，保守秘密，避免写成工具书等原则，失去这些原则，即为失忌。定稿对纵断线、横缺项、工具性等失忌现象均作了适当弥补与调整。

另外，还有写史、写总结等笔法亦分别予以匡正。

本志初稿由徐嘉殿执笔，至稿完成70%时因故搁笔；继由林治楠与徐家起完成剩余部分；后由解广海与王瑞圭将初稿从立意、结构上进行了调整，内容进行了增删，并对文字、资料，进行了校正、补充与润色；且增加了《王懿荣》章及附录内容，以突出志书特色和亮点。最终，由王明忠、王瑞圭审核，经《古现东村志》编纂委员会全体成员通过。本志是集体智慧的结晶。

虽然大家尽了很多努力，但缺点与错误仍会在所难免。我们恳切希望专家学者和广大读者提出批评意见，以便及时勘误，而待再版或续修纠正。

本志参考并引用、转载了部分著述，书目附后，不能与著者亲自见面，在此一并表示衷心感谢。

解广海

2014年2月14日